천태지의의 『법화문구』에 의한

묘법연화경

한산 김윤수

1951년 경남 하동에서 태어나
부산에서 초·중·고등학교를 졸업하고
1975년 서울대학교 법과대학을 졸업하였다.
1976년 사법시험(제18회)에 합격하여
1981년부터 10년간 판사로,
1990년부터 10여 년간 변호사로,
2001년부터 10년간 다시 판사로 일하다가
2011년 퇴직하였다.
2003년에 《육조단경 읽기》(2008년 개정판)
2005년에 《반야심경·금강경》(2009년 개정판)
2006년에 《주석 성유식론》
2007년에 《불교는 무엇을 말하는가》(2014년 개정판)
2008년에 《여래장 경전모음》
2008년에 《설무구칭경·유마경》
2009년에 《묘법연화경》
2011년에 《대방광불화엄경》(전7권)
2012년에 《대승입능가경》
2012년에 《해밀심경》
2013년에 한문대역《잡아함경》(전5권)
2013년에 《인류의 스승 붓다께서는 이렇게 말씀하셨다》를 냈다.

묘법연화경

옮긴이 | 김윤수
1판 1쇄 펴낸 날 | 2009년 5월 8일
1판 2쇄 펴낸 날 | 2018년 3월 10일
펴낸이 | 노혜영
펴낸곳 | 한산암
등록 | 2006. 07. 28 제319-2006-31호
주소 | 경기도 양평군 양동면 황거길324번길 27
전화 | 0505-2288-555
이메일 | yuskim51@naver.com

ⓒ김윤수, 2009
ISBN 978-89-958484-6-3 93220

이 책은 저작권법에 의해 보호를 받는 저작물이므로
무단 전재와 무단 복제를 금합니다.
값 30,000원
총판 | 운주사(전화 02-3672-7181~4)

천태지의의 『법화문구』에 의한

묘법연화경

김윤수 역주

한산암

글머리에

보통 '법화경'이라는 이름으로 약칭되는 이 대승불교경전은 우리나라의 불교 현실에서 결코 가볍게 볼 수 없는 자리를 차지하고 있는 것으로 생각된다. 불교계의 매스컴에 따르면, 지금도 전국 곳곳에서 이 경전이 읽혀지고 해설되고 있으며, 나아가 적지 않은 불교인들에 의해서 사경까지도 이루어지고 있는 것으로 보이기 때문이다.

그렇지만 이 경전만큼 극단적으로 상반된 평가를 받고 있는 불교경전도 흔치 않다. 한 쪽에서는 근원적이고 최종적이며 완전한 진실을 드러낸, 불교 최고의 경전이라는 극단적인 찬사를 보내는 반면, 다른 한 쪽에서는 불교의 근본에서 벗어난 것이라고 하면서, 인도사회에 깊이 뿌리내린 힌두이즘의 불교 포용전략의 일환으로, 힌두이스트에 의해 만들어진 경전이 아닌가 하는 의심의 눈초리를 보내기까지 한다.

그 중 전자를 대표하는 인물은 이 책의 번역과 해석을 의지한, 수나라의 천태지의天台智顗대사가 아닐까 한다. 대사는 이 경전의 해석을 통하여, 기존 모든 경전의 가르침은 모두 이 경전의 가르침에 통합되고, 이 경전에서 그 실제의 뜻이 밝혀짐과 동시에, 불교적 진실의 본체가 드러나며, 이로써 더 이상 밝혀지지 않는 진실은 남지 않게 되었다고 하여, 이 경전에 대해 위와 같은 극단적인 찬사를 보낸다. 그 의미는 이 책의 주석을 보는 동안 충분히 이해될 수 있을 것이다.

그렇지만 이렇게 보는 것이 과연 옳은 것일까? 이 경전의 중심 주제를 형성하고 있는 여래의 구원성久遠性은, 다음과 같은 석가모니붓다의 육성에 어긋나는 것이 아닌지 의심된다. 머리말에서 인용하기에는 적절하지 않지만, 이 경전에 접근하는 시각의 균형을 돕기 위해 그 핵심에 해당하는 부분을 여기에 옮긴다.

「비구여, '여래는 사후에 존재한다'는 것은 단지 견해일 뿐이다. '여래는 사후에 존재하지 않는다'는 것은 단지 견해일 뿐이다. '여래는 사후에 존재하기도 하고 존재하지 않기도 한다'는 것은 단지 견해일 뿐이다. '여래는 사후에 존재하는 것도 아니고 존재하지 않는 것도 아니다'는 것은 단지 견해일 뿐이다.

비구여, 배우지 못한 범부는 이러한 견해를 분명히 알지 못하고, 견해의 발생을 분명히 알지 못하고, 견해의 소멸을 분명히 알지 못하고, 견해의 소멸로 인도하는 길을 분명히 알지 못한다. 그에게 이러한 견해는 강해진다. 그는 태어남·늙음·죽음에서 해탈하지 못하고, 근심·탄식·신체적 고통·정신적 고통·절망에서 해탈하지 못하며, 괴로움에서 해탈하지 못한다고 나는 말한다.

비구여, 잘 배운 고귀한 제자는 이러한 견해를 분명히 알고, 견해의 발생을 분명히 알고, 견해의 소멸을 분명히 알고, 견해의 소멸로 인도하는 길을 분명히 안다. 그에게 이러한 견해는 소멸한다. 그는 태어남·늙음·죽음에서 해탈하고, 근심·탄식·신체적 고통·정신적 고통·절망에서 해탈하며, 괴로움에서 해탈한다고 나는 말한다.

비구여, '여래는 사후에 존재한다'는 것은 갈애에서 나온 것이고, 이것은 지각에서 나온 것이고, 이것은 생각에서 나온 것이고, 이것은 희론에서 나온 것이고, 이것은 집착에서 나온 것이고, 이것은 후회할 일이다.
'여래는 사후에 존재하지 않는다'는 것은 갈애에서 나온 것이고, 이것은 지각에서 나온 것이고, 이것은 생각에서 나온 것이고, 이것은 희론에서 나온 것이고, 이것은 집착에서 나온 것이고, 이것은 후회할 일이다.

'여래는 사후에 존재하기도 하고 존재하지 않기도 한다'는 것은 갈애에서 나온 것이고, 이것은 지각에서 나온 것이고, 이것은 생각에서 나온 것이고, 이것은 희론에서 나온 것이고, 이것은 집착에서 나온 것이고, 이것은 후회할 일이다.

'여래는 사후에 존재하는 것도 아니고 존재하지 않는 것도 아니다'는 것은 갈애에서 나온 것이고, 이것은 지각에서 나온 것이고, 이것은 생각에서 나온 것이고, 이것은 희론에서 나온 것이고, 이것은 집착에서 나온 것이고, 이것은 후회할 일이다.

비구여, 이렇게 알고 이렇게 보는 잘 배운 고귀한 제자는, '여래는 사후에 존재한다'는 것은 설명하지 않는다. '여래는 사후에 존재하지 않는다'는 것은 설명하지 않는다. '여래는 사후에 존재하기도 하고 존재하지 않기도 한다'는 것은 설명하지 않는다. '여래는 사후에 존재하는 것도 아니고 존재하지 않는 것도 아니다'는 것은 설명하지 않는다.

비구여, 이렇게 알고 이렇게 보는 잘 배운 고귀한 제자는 설명하지 않은 것들에 대해서 설명하지 않게 된다. 비구여, 이렇게 알고 이렇게 보는 잘 배운 고귀한 제자는 설명하지 않은 것들에 대해서 흔들리지 않고 동요되지 않고 떨지 않고 전율에 빠지지 않는다.

비구여, 이러한 원인과 이러한 조건 때문에 설명하지 않은 것들에 대해서 잘 배운 고귀한 제자에게는 의심이 일어나지 않는다.」
《앙굿따라 니까야》 중 설명하지 않음의 경[Abyākatasutta] (대림 역 제4권 pp.439−442, 전재성 역 제7권 pp.149−152)

이것이 저 유명한 '설명하지 않음' 즉 '무기無記abyākata'의 선언이다. 이렇게 설명하시지 않는 이유에 대해 붓다께서는 다른 경전에서 다음과 같이 말씀하셨다.

「말룽끼야뿟따여, 어떤 사람이 독이 짙게 묻은 화살을 맞았다고 하자. 그의 친구나 동료나 친지나 친척들이 와서 그를 의사에게 데리고 갔다. 그런데 그가, "나는 나를 쏜 사람이 왕족계통인지 사제계통인지 평민인지 노예인지 알아야 화살을 뽑을 것이다. 나를 쏜 사람의 이름과 성이 무엇인지 알아야 화살을 뽑을 것이다. ···· 나를 쏜 사람의 활이 보통의 활인지 석궁인지 알아야 화살을 뽑을 것이다. ···· 나를 쏜 사람의 화살이 보통의 화살인지 뾰족한 화살인지 굽은 화살인지 알아야 화살을 뽑을 것이다."라고 말했다고 하자. 말룽끼야뿟따여, 이 사람은 그러한 사실을 알기도 전에 죽을 것이다.

이와 같이 말룽끼야뿟따여, 만약 어떤 사람이 여래는 사후에 존재한다든가, 여래는 사후에 존재하지 않는다든가, 여래는 사후에 존재하기도 하고 존재하지 않기도 한다든가, 여래는 사후에 존재하는 것도 아니고 존재하지 않는 것도 아니다든가 라는 것에 대하여 설명을 듣고서야 비로소 나는 여래 밑에서 청정한 삶을 영위할 것이라고 말한다면, 그는 여래로부터 그 설명을 얻기 전에 죽을 것이다.

말룽끼야뿟따여, 여래는 사후에 존재한다는 견해가 있어도 청정한 삶을 영위할 수 없고, 여래는 사후에 존재하지 않는다라는 견해가 있어도 청정한 삶을 영위할 수 없고, 여래는 사후에 존재하기도 하고 존재하지 않기도 한다라는 견해가 있어도 청정한 삶을 영위할 수 없고, 여래는 사후에 존재하는 것도 아니고 존재하지 않는 것도 아니다라는 견해가 있어도 청정한 삶을 영위할 수 없고, 태어남·늙음·죽음·근심·탄식·신체적 고통·정신적 고통·절망이 있다. 나는 그 태어남·늙음·죽음·근심·탄식·신체적 고통·정신적 고통·절망을 지금 여기에서 파괴하는 것을 가르친다.

말룽끼야뿟따여, 그러므로 나는 설명해야 할 것은 설명했고, 설명하지 않아야 할 것은 설명하지 않았다는 사실을 명심하라.

말룽끼야뿟따여, 내가 왜 그것들을 설명하지 않았는가? 그것은 유익하지 않고 청정한 삶과는 관계가 없으며, 멀리 떠나고 사라지고 소멸하고 멈추고 삼매에 들고 올바르게 원만히 깨닫고 열반에 이르는데 도움이 되지 않기 때문이다. 그러한 이유로 그대에게 그것에 대해 설명하지 않는 것이다.」

《맛지마 니까야》 말룽끼야뿟따의 작은 경[Cūḷamāluṅkyaputta-sutta] (전재성 역 제3권 pp.71-75)

확실히 이 경전에서 다루고 있는 주제는, 붓다께서 청정한 삶에 도움이 되지 않는다는 이유로 논의 자체를 금하신, 바로 그 사변적 견해에 해당하는 것이다. 그럼에도 이 경전에서 이를 정면으로 다룬 이유는 무엇이었을까? 경전에서 설명하듯이 과연 중생들의 근기가 이를 감당할 만큼 충분히 성숙하고 예리해졌기 때문일까?

만약 그렇지 않다면 의도는 무엇일까? 힌두이스트에 의해 전략적으로 만들어진 것이라는 견해를 받아들이는 길밖에 없는가? 그런 이유로 무시해 버려도 무방한 것일까? 우리의 불교 현실에서 결코 작지 않은 자리를 차지하고 있는 경전인데, 그러는 것이 과연 옳은 길인가? 달리 볼 여지는 없을까?

여래의 구원성에 대한 논의가 청정한 삶에 도움이 되지 않는다는 붓다의 말씀은 붓다 재세시에는 수긍될 수 있었을 것이다. 그렇지만 붓다께서 입멸하셔서 세상에 계시지 않는 시대에는 오히려 여래의 구원성에 대한 믿음이, 여래의 내재성에 대한 신뢰와 함께, 청정한 삶의 영위에 도움이 될 수도 있다. 적어도 대승불교운동가들에게는 그렇게 판단되었을 것이다.

그렇다면 한 편에 치우칠 일이 아닐 것이다. 불교의 근본원리를 공부하는 사람이라면 앞서 인용한 붓다의 육성이 없었다고 하더라도, 이 경전에 등장하는 본체론적 사유구조가 갖는 문제점을 간과해서는 안될 일이다. 하물며 붓다께서 직접 이 문제를 자세히 거론하여 경계하고 계셨음이겠는가. 이 경전을 볼 때에는 앞서 인용한 붓다의 말씀을 항상 염두에 두어야 할 것이다.

그러면서 경전의 뜻과 의도를 충분히 이해해야 할 필요가 있다. 그러자면 찬사의 원류 속으로 들어가 그 목소리로 이 경전을 읽어 보아야 할 것이다. 이 책에서 이 경전을 대사의 『법화문구』에 의거하여 읽는 이유는 여기에 있다. 그러면서 이 경전의 글과 주석을 보는 눈은 불교의 근본원리에서 움직이지 않았음을 밝혀두고 싶다.

이 경전의 역주 작업에서는 이원섭 선생께서 남기신 『법화문구(상·하)』(1997년 영산법화사 출판부)로부터 큰 도움을 받았다. 이에 힘입어 크게 시간과 노력을 절약할 수 있었음에 깊은 감사의 뜻을 밝힌다.

교정은 이번에도 신동엽 거사가 계속 수고를 해 주었고, 사업에 바쁜 김재홍 거사가 새로 참여하여 함께 수고해 주었다. 번거로운 교정 문제를 잊고 작업할 수 있도록 도와준 두 분에게 감사드린다.

또 항상 편집과 출판을 도와 주고 있는 마고북스의 노미영 대표와 신은경 씨를 비롯한 직원들에게도 다시 한번 감사의 뜻을 밝힌다.

이 졸작이 부디 후학들의 공부에 조금이라도 보탬이 되고, 조그마한 디딤돌이 되기 바라는 마음 간절하다.

2009년 봄 한산암에서
한산 김윤수

차 례

머리말　　5
차례　　14
일러두기　　16
본문　　19
찾아보기　　673

쪽수	품명		『문구』의 분단	
21	제1	서품	서분	
62	제2	방편품	정종분	적문迹門
123	제3	비유품		
183	제4	신해품		
213	제5	약초유품		
231	제6	수기품		
245	제7	화성유품		
301	제8	오백제자수기품		
323	제9	수학무학인기품		
334	제10	법사품	유통분	
356	제11	견보탑품		
376	제12	제바달다품		
391	제13	권지품		
403	제14	안락행품		

쪽수	품명		분절	『문구』의 분단	
436	제15	종지용출품	~15.2	서분	
			15.3~	정종분	
462	제16	여래수량품			
486	제17	분별공덕품	~17.1		
			17.2~	유통분	본문本門
515	제18	수희공덕품			
526	제19	법사공덕품			
554	제20	상불경보살품			
565	제21	여래신력품			
576	제22	촉루품			
580	제23	약왕보살본사품			
601	제24	묘음보살품			
615	제25	관세음보살보문품			
635	제26	다라니품			
646	제27	묘장엄왕본사품			
659	제28	보현보살권발품			

일러두기

1. 이 책에 번역된 《묘법연화경》의 원문은 대정신수대장경 제9책에 수록된 것이고, 각주에서 소개한 『묘법연화경문구』(전20권)는 같은 대장경 제34책에 수록된 것이다.

    다만 오·탈의 의심이 있어 다른 판본을 참고하여 고쳐 읽은 부분은, 해당 부분에 [ ]와 < >를 써서 표시하였으니, [A]<B>로 표시된 것은 A를 B의 오자인 것으로 보았다는 것이다. 그리고 컴퓨터에서 지원되지 않는 한자는, 같은 글자로 간주되는 다른 한자로 바꾼 것이 있었다.

2. 책은 다음과 같은 방식으로 편성되어 있다.
    (1) 본문 좌측에 우리말 번역문을, 우측에는 한역문을 각각 배치하였다.
    (2) 각주에는 원칙적으로 해당 부분에 대한 『법화문구』의 주석 중 경전 이해에 긴요한 부분을 발췌 번역하여 수록하되, 『법화문구』의 해석은 그 주석서인 당나라 잠연湛然의 『법화문구기記』(전30권)의 도움을 받기도 하였다.

    그리고 『법화문구』에 주석이 없거나, 의문이 있는 부분은 가산길장의 『법화의소義疏』(전12권), 자은규기의 『법화현찬玄贊』(전20권)을 찾아 보고, 도움될 만한 글이 있을 경우 참고로 소개하였다.

⑶ 본문의 우리말 번역문에 대응되는 한역문이 없는, 제목과 부호 등은 모두 역자가 삽입한 것이고, 각주의 내용 중 '*' 표시와 '=' 표시가 있는 부분도 이해를 돕기 위한 역자의 메모로서, 『법화문구』의 내용이 아니다.
⑷ 경전의 범본은 현해玄海 스님이 범·한·영·국역의 4본을 대조하여 편집한 『묘법연화경』(전3권, 2004년 민족사)에 수록된 것을 참고하였다.

3. 권말의 찾아보기에는 각주의 내용에 등장하는 특이한 용어들을 모아 그 뜻이 소개되는 쪽수를 표기하였다.

4. 각주에서 필자가 보충하여 소개하는 니까야의 경우, 쿳다까를 제외한 4부 니까야의 한글 번역이 최근 완성되었으므로, 한글 번역본의 권수와 수록면수를 표시하였다. 쌍윳따(7권본)와 맛지마(전5권)는 전재성 박사, 디가(3권본)는 각묵 스님, 앙굿따라(6권본)는 대림 스님이 각각 번역한 것이다. 니까야의 표기에서 사용한 약어는 다음과 같다.
 · SN : 쌍윳따 니까야   · MN : 맛지마 니까야
 · DN : 디가 니까야   · AN : 앙굿따라 니까야

5. 불교용어 설명의 중복을 피하기 위하여 역자가 이미 펴낸 『불교는 무엇을 말하는가』, 『반야심경·금강경』, 『육조단경읽기』, 『설무구칭경·유마경』에서 설명된 용어에 대해서는 거듭 설명하지 않았다.

妙法蓮華經
묘법연화경

卷第一
제1권

後秦 龜茲國 三藏法師 鳩摩羅什 奉 詔譯
후진 구자국 삼장법사 구마라집 봉 조역

묘법연화경 제1권   妙法蓮華經 卷第一

             제1 서품¹   序品 第一

1.1

　이와 같이 나는 들었다.   如是我聞.

　한 때 붓다께서는 왕사성의 기사굴산   一時佛住 王舍城 耆闍
중에서,   崛山中.

⑴² 큰 비구대중 일만이천 분과 함께 머   與大比丘衆　萬二千人

---

1 천태지자는 글을 셋으로 나누었다(=『법화문구』는 천태지의가 친히 저술한
  것이 아니라, 그의 서술을 제자 관정灌頂이 기록해 두었다가 후일 정리한 것
  이라고 한다). 초품을 서분으로 하고, 방편품(제2)에서 분별공덕품(제17)
  의 17.1까지 대략 15품반을 정종분으로 하며, 17.2에서 경전 끝까지 대략
  11품반을 유통분으로 한다.
　또 동시에 둘로도 나누었다. 서품부터 안락행품(제14)까지 14품은 적문
  [迹](=아득한 옛날에 성불하여 영원히 실재한다고 하는 본불本佛이 중생교
  화를 위해 이 세상에 출현하여 드러낸 자취)에 입각한 개권현실開權顯實(=
  방편을 열고 진실을 드러냄)이고, 종지용출품(제15)부터 경전 끝까지 14품
  은 본문[本](=현상적인 붓다의 근원이 되는 본불의 근본 내지 본질)에 입
  각한 개권현실이라고 했다.
　본문과 적문에 각각 서분, 정종분, 유통분이 있다. (적문의 경우) 초품은
  서분이 되고, 방편품에서 수학무학인기품(제9)까지가 정종분이 되며, 법사
  품(제10)에서 안락행품까지가 유통분이 되고, (본문의 경우) 종지용출품의
  15.2까지 반품을 서분, 15.3부터 분별공덕품의 17.1까지를 정종분, 17.2부
  터 경전 끝까지를 유통분으로 한다. 여기에서는 후자의 방법에 따라 글을
  해석할 것이다.
　서분에는 통서와 별서가 있다. 처음 1.1은 통서이고, 그 이하는 별서이다.
2 함께 들은 청중을 해석하면 셋이 된다. 처음 ⑴은 성문이고, 다음 ⑵는 보살
  이며, 뒤의 ⑶은 잡중雜衆이다. 성문을 열거함에 둘이 있으니, 앞은 비구이
  고, 뒤는 비구니이다. 또 둘이 있으니, 앞은 많이 알려진 분[多知識]이고, 다

제1 서품　21

무셨다. 모두가 아라한으로서, 모든 루漏가 이미 다해 다시는 번뇌가 없었고,3 자리[己利]를 성취하였으며,4 모든 존재에 대한 결박[有結]을 다하고 마음으로 자재를 얻은 분들이었다.5

그들의 이름은 아야 교진여,6 마하 가섭,7 우루빈라 가섭, 가야 가섭, 나제 가섭, 사리불, 대목건련, 마하 가전연, 아누루타, 겁빈나劫賓那,8 교범바제憍梵波提,9 이바다離婆多,10 필릉가畢陵伽 바차婆蹉,11

俱. 皆是阿羅漢, 諸漏已盡 無復煩惱, 逮得己利, 盡諸有結 心得自在.

其名曰 阿若憍陳如 摩訶迦葉 優樓頻螺迦葉 迦耶迦葉 那提迦葉 舍利弗 大目揵連 摩訶迦旃延 阿㝹樓馱 劫賓那 憍梵波提 離

음은 적게 알려진 분[少知識]이다.
3 덕을 찬탄하는 글에 5구가 있어, (아라한의) 3덕(=살적殺賊·응공應供·불생不生)을 찬탄하였다. 이 2구는 살적을 찬탄한 것이다.
4 이 1구는 응공을 찬탄한 것이다. 자리를 구족했기 때문에 응공을 이룬다.
5 이 2구는 불생을 찬탄한 것이다. 지금 '마음으로 자재'라고 한 것은 곧 정·혜를 구족한 구해탈의 사람이니, 구해탈의 사람은 태어남이 결정적으로 다하므로, 불생의 덕을 찬탄한 것임을 알 것이다.
6 * 여기에 열거된 아라한 21분에 관한『법화문구』(이하『문구』라고만 함)의 설명은 매우 자세하지만, 역자의 다른 책에서 소개되지 않은 인물에 한하여 간략히 옮긴다. 아야 교진여와 우루빈라 가섭·나제 가섭·가야 가섭의 3형제는 졸저『반야심경·금강경』p.201 참조.
7 * 마하 가섭과 아래의 사리불, 대목건련, 마하 가전연, 아누루타, 부루나미다라니자, 수보리, 아난, 라후라 등 9분에 대해서는 졸역『설무구칭경·유마경』pp.92~144 참조.
8 《증일아함》에서, "내 불법 중 성수星宿와 일월을 잘 아는 것은 겁빈나가 제일"이라고 말했다(PKappina). * '宿'자가 별자리의 뜻으로 쓰일 때에는 '수'라고 읽는다.
9 《증일아함》에서, "천상에 있는 것을 즐기고 인간에 있기를 즐기지 않는 것은 우적友跡(=교범바제)비구가 제일"이라고 했다(PGavampati).
10 《증일아함》에서, "좌선하여 선정에 들어서 마음이 산란하지 않는 것은 이

박구라薄拘羅,12 마하摩訶 구치라拘絺羅,13 난타難陀,14 손타라孫陀羅 난타難陀,15 부루나미다라니자, 수보리, 아난, 라후라였으니, 이와 같이 대중들에게 알려진 대 아라한들이었다.

또 학인과 무학인 이천 분이 있었고,16

마하바사바제 비구니17가 육천 명의 권속들과 함께 했고, 라후라의 어머니 야수다라 비구니18도 역시 권속들과 함께 했다.

婆多 畢陵伽婆蹉 薄拘羅 摩訶拘絺羅 難陀 孫陀羅 難陀 富樓那彌多羅尼子 須菩提 阿難 羅睺羅, 如是 衆所知識 大阿羅漢等. 復有學無學 二千人, 摩訶波闍波提 比丘尼 與眷屬 六千人俱, 羅睺羅母 耶輸陀羅 比丘尼 亦與眷屬俱.

월離越(=이바다)비구가 제일"이라고 했다(PRevata).
11 《증일아함》에서, "나무 아래에서 좌선하면서 괴로움을 무릅쓰고 비바람도 피하지 않은 것은 바차비구가 제일"이라고 했다(PPilinda-Vaccha).
12 나이 160세를 살았다. 《증일아함》에서, "수명이 극히 길어 끝내 요절하지 않고 항상 한거閑居를 즐기며 대중 속에 거처하지 않는 것은 박구라가 제일"이라고 했다(PBakkula).
13 사리불의 외숙이다. 《증일아함》에서, "4변재(=4무애해)를 얻어 어떤 힐난에도 대답할 수 있는 것은 구치라가 제일"이라고 했다(PMahākoṭṭhita).
14 * 누구를 가리키는 것인지 『문구』는 특정치 않고 있는데, 붓다의 이복동생(붓다의 이모인 뒤에 나오는 마하바사바제PMahāpajāpati와 정반왕 사이의 아들)인 난타PNanda를 가리키는 것이 아닐까 한다. 그는 감각기관의 문을 잘 수호하는 자들 중 제일이라는 평가를 받았다(한글 AN 제1권 p.129).
15 * 『문구』에 본인의 의사에 반해 붓다께서 출가를 유도한 일화가 소개되어 있는 또다른 난타인데, 전자와 구별하기 위해 부인 손다리의 이름을 붙여 손다리의 남편인 난타(PSundara-Nanda)라고 부른 것이라 한다.
16 다음은 적게 알려진 대중을 열거한 것이다.
17 * 붓다는 어머니 마야부인이 붓다를 낳고 7일후 돌아가셨으므로, 마야부인의 여동생인 마하바사바제에 의해 양육되었다.
18 《십이유경十二遊經》에 붓다의 세 부인이 나온다. 첫째는 구이瞿夷, 둘째는 야수다라PYasodharā, 셋째는 녹야鹿野이다. 라후라는 야수다라의 아들이다.

(2) 보살마하살 팔만 분은 모두 아뇩다라삼먁삼보리에서 퇴전하지 않는 분들로서,19 모두 다라니와 요설변재20를 얻었고, 불퇴전의 법륜을 굴렸으며, 한량없는 백천의 붓다들을 공양하고 모든 붓다들의 처소에서 온갖 덕의 근본을 심어서

菩薩摩訶薩 八萬人 皆於阿耨多羅三藐三菩提不退轉, 皆得陀羅尼 樂說辯才, 轉不退轉法輪, 供養無量 百千諸佛 於諸佛所 殖衆德本 常爲

---

19 이것은 (성문의 '아라한'에 대응해) 위계를 밝힌 것이다. * 그런데 이 위계가 어떤 것인가에 관한 『문구』의 설명은 대단히 복잡하다. 이 부분뿐만 아니라 다른 글도 마찬가지인데, 그것은 천태대사 고유의 네 가지 해석방법에 의해 설명하기 때문이다. 네 가지 해석이란, ① 붓다와 중생 사이의 인연에 의해 해석하는 인연석因緣釋, ② 교화하는 네 종류 교법[화법사교化法四敎=장교藏敎·통교通敎·별교別敎·원교圓敎]의 관점에서 해석하는 약교석約敎釋, ③ 본문과 적문의 관점에서 해석하는 본적석本迹釋, ④ 마음을 관찰하는 수행의 관점에서 해석하는 관심석觀心釋의 네 가지이다.
  '장교'란 삼장의 가르침(='삼장교')이란 뜻인데, 여기에서는 소위 소승의 교법을 가리킨다. '통교'란 성문·연각·보살에 공통되는 가르침이라는 뜻인데, 여기에서는 공의 이치에 따른 가르침을 말한다. '별교'란 보살만을 위한 가르침이란 뜻으로, 가유에 입각한 가르침을 말한다. '원교'란 공·가를 초월하여 중도에 입각한 원만한 가르침이라는 뜻이다. 이 네 가지는 교법의 내용에 따른 분류이고, 그 외 대사는 교화의 방식에 따라 교법을 다시 네 가지[화의化儀사교=점교漸敎·돈교頓敎·비밀교秘密敎·부정교不定敎]로 분류해, 모두 여덟 가지[팔교八敎]로 구분하는데, 이를 오시교판(=졸저『반야심경·금강경』p.74)과 합쳐 '오시팔교五時八敎'라고 부른다.
  본문의 위계에 대해 『문구』는 대략 다음과 같이 풀이한다. 「'퇴전하지 않는다'고 함은 지위[位]·수행[行]·새김[念]의 관점에서 물러서지 않음을 논한 것이다. 삼악도에 태어나지 않음은 지위의 불퇴이고, 변지邊地에 태어나지 않고 모든 근根을 완전히 갖추며 여인의 몸을 받지 않는 것은 수행의 불퇴이며, 항상 전생을 아는 것은 새김의 불퇴이다. 이들을 갖추는 것을 불퇴전의 지위라고 이름하니, 삼장교의 뜻이다. … 예컨대《화엄경》에서, 초주(=십주의 처음인 발심주)에서 여래의 일신一身이 무량신無量身인 경지를 얻어 세 가지 불퇴를 갖춘다고 밝힌 것은 원교圓敎의 불퇴이다. 이것이 하나의 진실[實事]이니, 지금은 이것을 써서 위계를 판별한다.」
20 * 사무애해 중 변무애해를 가리킨다(졸역『주석 성유식론』pp.901-902).

항상 모든 붓다들의 칭찬을 받았고, 자비로써 몸을 닦고 붓다의 지혜에 잘 들어 큰 지혜를 통달하고 피안에 이르러, 명성이 한량없는 세계에 널리 들렸고 수없는 백천의 중생들을 능히 건졌다.21

그들의 이름은 문수사리文殊師利보살,22 관세음觀世音보살, 득대세得大勢보살, 상정진常精進보살,23 불휴식不休息보살,24 보장寶掌보살,25 약왕藥王보살,26 용시勇施보

諸佛 之所稱歎,
以慈修身 善入佛慧 通達大智 到於彼岸,
名稱普聞 無量世界 能度無數 百千衆生.
其名曰 文殊師利菩薩 觀世音菩薩 得大勢菩薩 常精進菩薩 不休息菩薩 寶掌菩薩 藥王菩薩 勇施菩

---

21 * 『문구』는 첫 구의 '퇴전하지 않음'은 앞서 본 것처럼 위계를 가리는 뜻과 동시에, 뒤의 12구(한역문에서 한 칸씩 띄어져 구분되어 있는 12구)와 함께 보살의 덕을 찬탄하는 뜻이 있다고 보아, 이 13구를 지위[豎]와 공통[橫]이라는 두 가지 관점에서 해석한다. 먼저 지위의 관점에서는 앞의 10구는 순서대로 하나씩 초지(='불퇴전') 내지 제10지(='큰 지혜를 통달')에 해당하고, 뒤의 3구는 10지에 공통되는 것으로 보며, 공통의 관점에서는 초발심주 이하 등각等覺까지 각 지위 공히 본문의 열세 가지 공덕을 갖춘 것으로 해석하는데, 글이 많아 여기에서는 옮기지 않는다.

22 * 문수사리와 뒤의 미륵보살에 대해서는 졸역『설무구칭경·유마경』p.151 및 195, 관세음과 득대세보살에 대해서는 졸역『육조단경 읽기』p.272 및 졸저『반야심경·금강경』p.118 각 참조

23 * 이 보살에 대해서는『문구』에 설명이 없다.

24 《사익思益(범천소문)경》에서 이르기를, "… 항하의 모래와 같은 붓다를 만나 모든 범행梵行을 행하고 공덕을 수습한 연후에 수기를 받기까지 마음이 쉬지 않았기 때문에 '불휴식'이라고 이름한다."라고 하였다.

25 《보초普超경》에서 이르기를, "… 항상 진실한 마음과 신통 지혜의 마음으로 남에게 설법하고 진보珍寶에 대해 마음으로 탐하거나 아낌이 없기 때문에 보장이라 이름한다."라고 하였다.

26 《비화悲華경》에서 이르기를, "… 겁이 다하도록 고뇌를 내가 다 구호하고, 도병刀兵과 질병에 있어서 대의왕大醫王이 되고 나서야 붓다를 이루리라고 서원하였다."라고 하였다.

살,27 보월寶月보살, 월광月光보살, 만월滿月보살, 대력大力보살, 무량력無量力보살, 월삼계越三界보살, 발타바라跋陀婆羅보살,28 미륵彌勒보살, 보적寶積보살, 도사導師보살29이었으니, 이러한 등의 보살마하살 팔만 분이 함께 하셨다.

薩 寶月菩薩 月光菩薩 滿月菩薩 大力菩薩 無量力菩薩 越三界菩薩 跋陀婆羅菩薩 彌勒菩薩 寶積菩薩 導師菩薩, 如是等菩薩摩訶薩 八萬人俱.

(3)30 그 때 석제환인釋提桓因은 그의 권속 2만의 천자와 함께 했고, 또 명월名月천자, 보향普香천자, 보광寶光천자와 사대천왕四大天王이 있어 그들의 권속 1만의 천자들과 함께 했으며, 자재自在천자와 대자재大自在천자가 그들의 권속 3만 천자들과 함께 했고,31

爾時 釋提桓因 與其眷屬 二萬天子俱, 復有名月天子 普香天子 寶光天子 四大天王 與其眷屬 萬天子俱, 自在天子 大自在天子 與其眷屬 三萬天子俱,

---

27 * 이 보살부터 월삼계보살까지 일곱 보살과 그 아래의 보적보살에 대해서는 『문구』 스스로, "해석을 빠트린다[欠釋]"고 적고 있다.
28 발타바라는 이 곳에서는 선수善守 또는 현수賢守라고 하는데, 《사익경》에서 이르기를, "만약 중생으로서 그 이름을 듣는 자라면 반드시 삼보리를 얻을 것이기 때문에 선수라고 이름한다."라고 하였다.
29 《사익경》에서 이르기를, "사도邪道에 떨어진 중생에 대해 대비심을 일으켜 정도正道에 들게 하되, 보은을 구하지 않기 때문에 도사라고 이름한다."라고 하였다.
30 셋째 잡중雜衆을 열거하였다. 소위 5도(=아귀·축생·아수라·인·천)와 2계(=욕·색계)의 여덟 가지(=욕계천·색계천·용·긴나라·건달바·아수라·가루라·사람)이니, 그래서 잡중이라 말하는 것이다.
31 석제환인은 도리천의 주인이 되니, 도리는 이곳 말로 삼십삼이라고 번역한다. 욕계천의 주인이므로 앞에 열거하였다. 명월 등 3천자는 제석천(=석제환인)의 내신內臣이니, 경상卿相과 같다. 사대천왕은 제석천의 외신이니

사바세계의 주인인 범천왕 시기尸棄대범과 광명光明대범 등이 그들의 권속 1만 2천 천자들과 함께 했다.32

난타難陀용왕, 발난타跋難陀용왕, 사가라娑伽羅용왕, 화수길和脩吉용왕, 덕차가德叉迦용왕, 아나바달다阿那婆達多용왕, 마나사摩那斯용왕, 우발라優鉢羅용왕 등 여덟 용왕이 있어 각각 여러 백천의 권속들과 함께 했고,33

법法긴나라왕, 묘법妙法긴나라왕, 대법大法긴나라왕, 지법持法긴나라왕의 네 긴나라왕이 있어 각각 여러 백천의 권속들과 함께 했으며,34

악樂건달바왕, 악음樂音건달바왕, 미美

娑婆世界主 梵天王 尸棄大梵 光明大梵等 與其眷屬 萬二千天子俱.
有八龍王 難陀龍王 跋難陀龍王 娑伽羅龍王 和脩吉龍王 德叉迦龍王 阿那婆達多龍王 摩那斯龍王 優鉢羅龍王等 各與若干百千眷屬俱,
有四緊那羅王 法緊那羅王 妙法緊那羅王 大法緊那羅王 持法緊那羅王 各與若干百千眷屬俱,
有四乾闥婆王 樂乾闥婆

....
무장武將과 같다. 자재천은 (욕계의) 제5천(=화락천)이고, 대자재천은 제6천(=타화자재천)이다.
32 다음은 색계의 천신을 열거하였다. 《대지도론》에 의하면 '시기⑤Sikhin'는 범천왕의 이름이다. 광명대범은 제2선천이다.
33 난타와 발난타 형제는 항상 마가다국을 수호하며 때맞춰 비내려서 나라에 기근 드는 해가 없었다. 사가라는 사는 바다를 따라 이름을 받았다. 화수길은 이 곳 말로 다두多頭(=머리가 아홉 개라고 함)라고 한다. 덕차가는 이 곳 말로 다설多舌이라고 한다. 아나바달다는 못(=아뇩달지阿耨達池)을 따라 이름을 얻었다. 마나사는 이 곳 말로 대신大身이라고 한다. 우발라는 못(=대색연화지黛色蓮花池)을 따라 이름을 얻었다.
34 긴나라는 사람과 비슷하지만 뿔이 하나 있기 때문에 인비인人非人이라 부르는데, 천제를 위한 법음악[法樂]의 신이다. 옛날 사람은 법긴나라는 사성제를 연주하고, 묘법긴나라는 십이연기를 연주하며, 대법긴나라는 육바라밀을 연주하고, 지법긴나라는 앞의 세 가지를 모두 연주한다고 하였다.

건달바왕, 미음美音건달바왕의 네 건달바왕이 있어 각각 여러 백천의 권속들과 함께 했고,35

바치婆稚아수라왕, 거라건타佉羅騫馱아수라왕, 비마질다毘摩質多아수라왕, 라후라羅睺아수라왕의 네 아수라왕이 있어 각각 여러 백천의 권속들과 함께 했으며,36

대위덕大威德가루라왕, 대신大身가루라왕, 대만大滿가루라왕, 여의如意가루라왕의 네 가루라왕이 있어 각각 여러 백천의 권속들과 함께 했고,37

위제희韋提希의 아들 아사세阿闍世왕38

王 樂音乾闥婆王 美乾闥婆王 美音乾闥婆王 各與若干百千眷屬俱,

有四阿修羅王 婆稚阿修羅王 佉羅騫馱阿修羅王 毘摩質多羅阿修羅王 羅睺阿修羅王 各與若干百千眷屬俱,

有四迦樓羅王 大威德迦樓羅王 大身迦樓羅王 大滿迦樓羅王 如意迦樓羅王 各與若干百千眷屬俱,

韋提希子 阿闍世王 與

...
35 건달바는 이 곳 말로 후향嗅香(=향기를 음식으로 함) 또는 향음香陰(=몸에서 향기가 남)이라고 하는데, 천제를 위한 세속음악[俗樂]의 신이다. 악은 당도幢倒(=악기 종류)의 기예이고, 악음은 현弦·관管을 연주하는 것이며, 미는 당도의 기예가 뛰어난 것이고, 미음은 현·관의 연주가 뛰어난 것이다.
36 아수라에는 두 종류가 있다. 아귀에 포함되는 것은 대해의 가에 거처하고, 축생에 포함되는 자는 대해의 밑에 거처한다. 바치는 이 곳 말로 피박被縛(=제석천에 결박 당함)이라고 한다. 거라건타는 바닷물을 치솟게 한 자(=제석천의 궁전 희견성喜見城을 물에 잠기게 하려고)이다. 비마질다는 다리로 바닷물을 파도치게 하고 손으로 희견성을 공격했으나, 제석천이 반야의 주력으로 해칠 수 없게 하였다고 한다. 라후는 일월을 가리는 자다.
37 가루라는 금시조로, 용을 잡아 먹는다. 대위덕은 위덕이 무리보다 뛰어나고, 대신은 무리보다 크다는 것이며, 대만은 용들이 항상 자기의 뜻을 채워준다는 것이고, 여의는 목에 이 구슬(=여의주)이 있다.
38 * 위제희ⓟVedehi는 붓다 재세시 마가다의 국왕이던 빔비사라ⓟBimbisāra의 부인으로, 아사세ⓟAjātasattu는 둘 사이의 아들이다. 아사세는 후에 데와닷따(이 경전 제12품에 나오는 제바달다)와 모의하여 부왕을 살해하고 왕위

이 여러 백천의 권속들과 함께 하여, 각각 붓다의 발에 엎드려 예배하고 한 편에 물러나 앉았다.

若干百千眷屬俱, 各禮佛足 退坐一面.

1.2.³⁹

1.2.1
(1) 그 때 세존께서는 사부대중[四衆]이 둘러싸 공양하고 공경하며 존중하고 찬탄하는 가운데,

爾時 世尊 四衆圍遶 供養恭敬 尊重讚歎,

(2)⁴⁰ ① 여러 보살들을 위하여 무량의無

爲諸菩薩 說大乘經 名

를 찬탈하였다가, 자신의 아들 우다이밧다ⓟUdāyibhadda에 의해 역시 살해당한다(한글 DN 제1권 pp.186-187).

39 별서의 글은 다섯이 된다. 첫째 1.2.1의 (1)은 대중이 모임[衆集]이고, 둘째 (2)와 (3)은 상서를 나타냄[現瑞]이며, 셋째 1.2.2는 의심하는 생각[疑念]이고, 넷째 1.2.3은 물음을 일으킴[發問]이며, 다섯째 1.2.4는 물음에 답함[答問]이다.

40 (상서를 나타냄에 관하여) 광택光宅(=『법화경의기義記』를 쓴 광택사의 법운法雲)은 이 국토와 다른 국토에 각각 여섯 가지 상서가 있다고 하였다. 이 국토의 여섯 가지는, ① 동動, 즉 설법하여 사람을 제도하고, ② 정靜, 즉 선정에 들어 이치를 관찰하는, 동정動靜이 한 쌍이 되고, ③ 위에서는 하늘에서 네 가지 꽃을 비내리고, ④ 아래에서는 땅이 여섯 가지로 진동하는, 상하가 한 쌍이 되며, ⑤ 대중은 안으로 환희를 품고, ⑥ 여래는 밖으로 광명을 놓은 안팎이 한 쌍이 되는 것이다. 상서는 무엇을 알리는 것인가? 미묘한 이치[妙理]는 그윽하고 깊어서 말하는 것이 지극히 어려운데, 사람들의 마음은 유유하여 존중할 줄 모르므로, 먼저 기이한 모습으로써 놀라게 하여 평소의 생각을 변하게 하는 것이다. 평소의 생각이 이미 변하니, 흠모와 갈망을 내는 것이다.

量義라고 이름하는 대승경전을 설하셨으니, 보살을 가르치는 법으로서, 붓다께서 호념하시는 것이었다.41

② 붓다께서는 이 경전을 설하시고 나서 결가부좌하시고 무량의처삼매에 드시어 몸도 마음도 움직이지 않았다.42

③ 이 때 하늘에서는 만다라曼陀羅꽃과 마하만다라꽃, 만수사曼殊沙꽃과 마하만수사꽃을 비내려서 붓다의 위[上]와 모든 대중들에게 뿌렸고,43 ④ 널리 붓다세계

無量義, 教菩薩法, 佛所護念.

佛說此經已　結加趺坐 入於無量義處三昧　身心不動.

是時 天雨 曼陀羅華 摩訶曼陀羅華　曼殊沙華 摩訶曼殊沙華, 而散佛上 及諸大衆, 普佛世界

....

41 '무량의'란 하나의 법에서 생기는 것이다. 그 하나의 법은 소위 무상無相이니, 이름하여 실상이라고 한다. 이 실상으로부터 무량의 법이 생기니, 소위 2법(=돈교·점교)·3도(=삼승)·4과(=아라한·벽지불·보살·붓다)이다. 이러한 여러 법을 이름하여 '무량'이라고 하고, 실상은 의처義處(=이치의 근원)가 되니, 하나의 의처로부터 무량의 법이 나온다. 무량의 법(=법화경에 앞서 설한 무량의경)이 하나의 의처(=법화경)로 들어가므로 서序가 될 수 있는 것이다.

42 (무량의처삼매에 드신 것이) 서序가 되는 뜻은, 신법身法이란 움직이는 것인데 지금 움직이지 않게 하고, 심법心法이란 분별하는 것인데 지금 분별하지 않게 하였으므로, 서의 뜻이 분명하다. (문) 설법이나 입정入定은 붓다의 항상한 위의인데, 어찌 상서가 될 수 있는가? (답) 설법은 비록 끝났지만 이 청중들이 해산하지 않고 숙연히 기다리는 바가 있었던 것이니, 이 일은 기특해서 평상시와 다르므로 기이하다고 말하는 것이다. 또 비록 개정開定(=경전을 여는 선정)에 드시는 것이지만, 뜻은 합정合定(=무량의경에 앞선 무량의삼매를, 이 경전에 앞선 무량의처삼매에 합일하는 것)에 있으므로 평상시의 입정과 다름이 있는 것이다.

43 지금 하늘에서 꽃을 비내린 것은 그들이 성불의 인因을 얻을 것임을 알린 것이니, 꽃은 인위를 나타낸다. 다만 인에는 과果로 향하는 뜻이 있기 때문에 붓다 위에도 뿌려진 것이다. 네 가지 꽃은 십주·십행·십회향·십지, 또한 붓다의 지견[佛知見]에 개開·시示·오悟·입入함을 나타낸다.

는 여섯 가지로 진동하였다.44

⑤ 그 때 법회 중에 있던 비구·비구니·우바새·우바이, 천신·용·야차·건달바·아수라·가루라·긴나라·마후라가와 같은 인비인人非人45 및 여러 작은 왕[小王], 전륜성왕 등의 이 모든 대중들은 일찍이 경험하지 못했던 것을 얻어 기뻐 합장하고 일심一心으로 붓다를 보았다.46

⑥ 그 때 붓다께서는 미간의 백호상白毫相에서 광명을 놓으시어,47

(3) ① 동방 일만팔천 세계를 비추시니 두루하지 않음이 없어, 아래로는 아비지옥에 이르고 위로는 색구경천[阿迦尼吒天]에 이르러,48 이 세계에서 저 국토의 육

六種震動.

爾時 會中 比丘比丘尼 優婆塞優婆夷 天龍夜叉 乾闥婆阿修羅 迦樓羅緊那羅 摩睺羅伽 人非人 及諸小王 轉輪聖王 是諸大衆 得未曾有 歡喜合掌 一心觀佛.

爾時 佛放 眉間白毫相光,

照東方 萬八千世界 靡不周遍, 下至阿鼻地獄 上至阿迦尼吒天, 於此世界 盡見彼土 六趣衆

---

44 땅의 육종진동(=뒤에서 동動·기起·용涌·진震·후吼·각覺의 6종과, 여섯 가지 방향의 진동 두 가지로 설명함)은 원교圓敎에서 여섯 번에 걸쳐 무명을 깰 것을 나타낸다. 여섯 가지는 십주·십행·십회향·십지·등각·묘각이다. 또 관행觀行에 의한다면, 아직 정화된 적이 없는 육근六根을 움직이는 것이다.
45 * 인비인은 긴나라의 의역어이지만, 긴나라는 앞에 이미 열거되었다. 길장(『법화의소』 제2권)은, "(천신 내지 마후라가의) 8부귀신은 본래 사람이 아니지만 사람의 모습으로 변하여 와서 설법을 들었기 때문에 '인비인'이라고 한 것이다."라고 설명한다.
46 이는 대중의 심희心喜의 상서를 밝힌 것이다. 대중이 우화雨華와 지동地動을 보고 감로가 장차 내릴 것임을 알아서 기쁨이 안에 충만하니, 대승의 근기가 일어나 뛰어난 응화에 감응할 것임을 나타낸다.
47 이는 붓다의 방광의 상서를 밝힌 것이니, 곧 근기에 응해 가르침을 설하여 번뇌를 깨트리고 의심을 제거할 것임을 나타낸다.

취六趣의 중생들을 모두 다 보고, ② 또 저 국토의 현재의 모든 붓다들을 보며, ③ 그리고 모든 붓다께서 설하시는 경법經法을 듣고, ④ 아울러 저 모든 비구·비구니·우바새·우바이와, 수행하여 도 얻는 모든 자들을 보며, ⑤ 또 모든 보살마하살들이 갖가지 인연과 갖가지 신해信解와 갖가지 모습으로 보살도를 행하는 것을 보고, ⑥ 또 모든 붓다께서 반열반하시는 것을 보며, 또 모든 붓다의 반열반 후 붓다의 사리로써 칠보탑 세우는 것도 보았다.

生, 又見彼土 現在諸佛,

及聞諸佛 所說經法,
幷見 彼諸比丘 比丘尼 優婆塞 優婆夷, 諸修行得道者, 復見 諸菩薩摩訶薩 種種因緣 種種信解 種種相貌 行菩薩道, 復見諸佛 般涅槃者, 復見諸佛 般涅槃後 以佛舍利 起七寶塔.

1.2.2⁴⁹

---

48 이 부분은 다른 국토를 비추는 총상의 글이다. '동방'은 방위의 처음이다. 다른 방위도 그러하다고 알아야 한다. '일만팔천'이란 18계의 관점에서 백법계(=십법계가 각각 십법계씩을 갖추기 때문)와 천여시如是(=백법계에 각각 십여시가 있기 때문. 십여시는 제2 방편품 참조)를 논하면 곧 일만팔천(=18×1,000)이 있다. 이러한 등의 경계는 붓다의 지혜가 아직 열리지 않아 지금 열어야 하므로, 수로써 나타낸 것이다. 아비지옥으로부터 색구경천(=아가니타천)에 이른다는 것은 곧 육법계(=지옥 내지 하늘)이고, (그 아래에서) 모든 붓다·보살·비구 등을 보므로 십법계가 구족된다.
　　다음 타국토의 6상서란, ① 육취의 중생을 보고, ② 모든 붓다를 보는 것은 곧 위의 성인과 아래의 범부가 한 쌍이 된 것이고, ③ 붓다의 설법을 듣고 ④ 사부대중의 득도를 보는 것은 곧 인법人法의 한 쌍이며, ⑤ 보살의 수행을 보고 ⑥ 붓다의 열반을 보는 것은 곧 시종始終의 한 쌍이다.
49 의념서疑念序의 글에는 둘이 있다. (1)은 미륵의 의심이고, (2)는 대중의 의심이다.

(1) 그 때 미륵보살은 이렇게 생각하였다. '지금 세존께서는 신통변화의 모습을 나투셨는데, 무슨 인연으로 이 상서가 있었던 것인가? 지금 붓다세존께서 삼매에 드셨으니, 이 불가사의하고 희유한 일의 출현을 누구에게 물어야 하고, 누구가 대답할 수 있을까?'

다시 이렇게 생각하였다. '이 문수사리법왕자는 일찍이 과거의 한량없는 붓다들을 이미 친근하고 공양하였으니, 필시 이러한 희유한 모습을 보았으리라. 내 이제 물어 보아야겠다.'

(2) 그 때 비구·비구니·우바새·우바이들 및 모든 천신·용·귀신 등도 모두 이러한 생각을 하였다. '이 붓다의 광명과 신통의 모습을 이제 누구에게 물어야 하나?'

1.2.3[50]

(1) 그 때 미륵보살은 스스로 의심을 풀고자 하고, 또 비구·비구니·우바새·우바이의 사부대중 및 모든 천신·용·귀신 등 법회 대중의 마음을 관찰하고서 문수사

爾時 彌勒菩薩 作是念. '今者世尊 現神變相, 以何因緣 而有此瑞? 今佛世尊 入于三昧, 是不可思議 現希有事 當以問誰, 誰能答者?'

復作此念. '是文殊師利法王之子 已曾親近供養 過去無量諸佛, 必應見此 希有之相. 我今當問.'

爾時 比丘比丘尼 優婆塞優婆夷 及諸天龍 鬼神等 咸作此念. '是佛光明 神通之相 今當問誰?'

爾時 彌勒菩薩 欲自決疑, 又觀四衆 比丘比丘尼 優婆塞優婆夷 及諸天龍鬼神等 衆會之心

------
50 발문서發問序의 글에는 둘이 있으니, (1) 장행과 (2) 게송이다.

리에게 물었다.　　　　　　　　　　　而問文殊師利言.

"무슨 인연으로 이 상서와 신통의 모습　　"以何因緣 而有此瑞 神
이 있었습니까? 큰 광명을 놓아 동방의　　通之相? 放大光明 照于
일만팔천 국토를 비추시므로, 저 불국토　　東方 萬八千土, 悉見彼
세계의 장엄을 모두 다 보았습니다."　　　佛國界莊嚴."

(2) 그 때 미륵보살은 이 뜻을 거듭 펴고　　於是 彌勒菩薩 欲重宣
자 게송으로 물었다.51　　　　　　　　　此義 以偈問曰.

① 문수사리보살이여, 도사께선 어찌하여　　文殊師利　　導師何故
　 미간의 백호에서 큰 광명 비추셨소　　　眉間白毫　　大光普照

② 만다라꽃과 만수사꽃을 비내리고　　　　雨曼陀羅　　曼殊沙華
　 전단향 바람 대중 마음 기쁘게 하며　　　梅檀香風　　悅可衆心

③ 이 인연으로 땅은 모두 엄정하고　　　　以是因緣　　地皆嚴淨
　 이 세계는 여섯 가지로 진동하니　　　　而此世界　　六種震動

------

51 어떤 뜻으로 게송이 있는 것인가? 용수의 《십주비바사론》에서 이르기를, "첫째 국토를 따른다. 천축에는 산화散華(=풀어 놓은 꽃. 장행을 비유)와 관화貫華(=꿰어 놓은 꽃. 게송을 비유)의 설명방법이 있기 때문이다. 둘째 바라고 좋아하는 바가 같지 않기 때문이다. 셋째 이해를 내는 것이 같지 않기 때문이다. 넷째 근기의 이둔利鈍을 따르기 때문이다."라고 하였다.
　게송에 62수가 있다. 처음 54수는 위의 물음을 노래한 것이고, 뒤의 8수는 답을 청한 것이다. 전자에도 둘이 있다. 앞의 4수는 이 국토의 일을 묻는 것이고, 뒤의 50수는 저 국토의 일을 물은 것이다.

| 4 | 이에 사부대중 모두 다 환희하고 | 時四部衆 | 咸皆歡喜 |
| 몸과 마음 상쾌하여 미증유를 얻었소 | 身意快然 | 得未曾有 |

| 5 52 미간의 광명으로 동방을 비추시니 | 眉間光明 | 照于東方 |
| 일만팔천 국토는 모두가 금색이라 | 萬八千土 | 皆如金色 |

| 6 아비지옥에서 위로는 유정천53까지 | 從阿鼻獄 | 上至有頂 |
| 모든 세계 중 육도의 중생들이 | 諸世界中 | 六道衆生 |

| 7 나고 죽어 가는 곳과 선악의 업으로 | 生死所趣 | 善惡業緣 |
| 받는 과보의 호추 여기서 다 보았소 | 受報好醜 | 於此悉見 |

| 8 또 보니, 성주54요 사자이신 제불의 | 又睹諸佛 | 聖主師子 |
| 경전 연설하심은 미묘하기 제일이라 | 演說經典 | 微妙第一 |

| 9 청정하고 부드러운 음성 내시어 | 其聲淸淨 | 出柔軟音 |
| 무수 억만의 보살들 가르치시고 | 敎諸菩薩 | 無數億萬 |

---

52 저 국토의 6상서를 묻는 글은 여섯 부분이 된다. 첫째 이하 3수는 육취의 중생을 묻는 것, 둘째 8 이하 4수는 저 곳의 붓다와 설법을 보는 것, 셋째 12 이하 3수는 저 국토의 사부대중을 묻는 것, 넷째 15~16의 제2행까지 1수반은 앞을 맺고 뒤를 여는 것, 다섯째 16의 제3행부터 47까지 31수반은 저 국토에서 보살행 닦는 것을 묻는 것, 여섯째 48~54의 7수는 사리에 공양함을 묻는 것이니, 곧 붓다의 열반을 묻는 것이다.
53 앞에 나온 아가니타천, 즉 색구경천을 가리키는 것이다.
54 * 사람의 주인, 왕을 뜻하는 범본의 'narendra'를 '성주聖主'라고 한역한 것이다. '人中尊', '世尊' 등으로 한역하는 용어이다.

|10| 깊고 묘한 범음으로 즐겨 듣게 하서 　　梵音深妙　令人樂聞
　　　각각의 세계에서 정법 강설하시되　　　各於世界　講說正法

|11| 갖가지 인연과 한량없는 비유로　　　　種種因緣　以無量喻
　　　불법을 조명하여 중생 깨우치시니　　　照明佛法　開悟衆生

|12| 사람이 괴로움에 노병사 싫어하면　　　若人遭苦　厭老病死
　　　열반을 설해서 괴로움 다하게 하고⁵⁵　　爲說涅槃　盡諸苦際

|13| 사람이 복 있어 붓다 이미 공양하여　　若人有福　曾供養佛
　　　뛰어난 법 구하면 연각을 설하시며　　　志求勝法　爲說緣覺

|14| 불자 있어 갖가지 행을 닦고　　　　　若有佛子　修種種行
　　　무상 지혜 구하면 청정도를 설하셨소　　求無上慧　爲說淨道

|15| 문수사리보살이여, 내 여기 머물며　　文殊師利　我住於此
　　　견문함이 이처럼 천억 가지에 이르니　　見聞若斯　及千億事

|16| 이처럼 많은 일 이제 대략 설하리다　　如是衆多　今當略說
　　　내 보니, 저 국토의 항하사 보살들　　　我見彼土　恒沙菩薩

|17| 갖가지 인연으로 불도 구하는데⁵⁶　　　種種因緣　而求佛道

---

55 * 한역문의 '고제苦際'는 괴로움의 경계 내지 끝이라는 뜻이다.
56 |16|의 제3행 이하 31수반의 저 국토의 보살 수행은 셋이 된다. 처음 여기

혹자는 보시 행하되 금은 산호와57	或有行施	金銀珊瑚
18 진주 마니 차거 마노와	眞珠摩尼	車磲馬腦
금강 등의 진보에 노비 수레와	金剛諸珍	奴婢車乘
19 보배 장식한 가마를 기쁘게 보시하여	寶飾輦輿	歡喜布施
불도에 회향해 삼계 제일이고	迴向佛道	願得是乘
20 제불 찬탄하는 이 교법 얻기 바라고	三界第一	諸佛所歎
혹 어떤 보살은 난간과 꽃 덮개로	或有菩薩	駟馬寶車
21 장식한 사마58의 보배 수레 보시하며	欄楯華蓋	軒飾布施
또 보니, 보살은 몸의 살과 손발	復見菩薩	身肉手足
22 및 처자를 보시하여 무상도를 구하고	及妻子施	求無上道
또 보니, 보살은 머리와 눈과 신체를	又見菩薩	頭目身體
23 기꺼이 보시하여 붓다 지혜 구하였소	欣樂施與	求佛智慧
문수사리보살이여, 내 보니 여러 왕이	文殊師利	我見諸王

....

까지 1수는 총체적인 물음이고, 다음 32의 제3행까지 15수는 순차적인 물음이며, 뒤의 15수반은 뒤섞인 물음이다.
57 순차적인 물음에는 여섯 가지가 있다. 처음 6수는 보시, 다음 2수는 지계를 묻는 것이고, 다음 1수는 인욕, 다음 1수는 정진, 다음 2수는 선정, 마지막 3수는 반야를 각각 묻는 것이다.
58 * '사마보거'는 네 필의 말[駟馬]이 끄는, 보배로 장식된 수레라는 뜻이다.

제1 서품　37

| 24 | 붓다 처소 찾아가 무상도를 묻고는 | 往詣佛所 | 問無上道 |
| | 낙토와 궁전, 신하와 처첩 버리고 | 便捨樂土 | 宮殿臣妾 |

| 25 | 머리와 수염 깎고 법복을 입으며 | 剃除鬚髮 | 而被法服 |
| | 혹은 보니, 보살은 비구 되어 | 或見菩薩 | 而作比丘 |

| 26 | 한가한 곳 홀로 살며 경전 즐겨 외고 | 獨處閑靜 | 樂誦經典 |
| | 또 보니, 보살은 용맹 정진하여 | 又見菩薩 | 勇猛精進 |

| 27 | 깊은 산에 들어가 불도를 사유하며 | 入於深山 | 思惟佛道 |
| | 또 보니, 욕망 떠나 공한처에 머물며 | 又見離欲 | 常處空閑 |

| 28 | 선정을 깊이 닦아 오신통을 얻고 | 深修禪定 | 得五神通 |
| | 또 보살은 선정에 안주해 합장하고 | 又見菩薩 | 安禪合掌 |

| 29 | 천만 게송으로 법왕 찬탄함을 보며 | 以千萬偈 | 讚諸法王 |
| | 또 보니, 보살은 지혜 깊고 뜻 견고해 | 復見菩薩 | 智深志固 |

| 30 | 붓다께 물어 들은 것 모두 수지하고[59] | 能問諸佛 | 聞悉受持 |
| | 또 보니, 불자는 선정 지혜 구족하여 | 又見佛子 | 定慧具足 |

| 31 | 한량없는 비유로 대중 위해 강의하고 | 以無量喩 | 爲衆講法 |

---

59 29의 제3행 이하 3수의 반야를 묻는 것 중 여기까지의 1수는 자리행이고 그 아래의 2수는 이타행이다.

즐겁게 설법하여 보살들 교화해서	欣樂說法	化諸菩薩

32 마군을 깨트리고 법고를 치며 　　　　破魔兵衆　　而擊法鼓
　　또 보니, 보살은 고요히 침묵하여 　又見菩薩　　寂然宴黙

33 천·용이 공경해도 기쁨으로 삼지 않고 　天龍恭敬　　不以爲喜
　　또 보니, 보살은 숲에서 광명 놓아 　　又見菩薩　　處林放光

34 지옥고에서 건져 불도에 들게 하고[60] 　濟地獄苦　　令入佛道
　　또 보니, 불자는 잠도 자지 않고 　　　又見佛子　　未嘗睡眠

35 숲 속을 경행하며 불도를 근구하고[61] 　經行林中　　勤求佛道
　　또 보니, 계 갖추고 위의에 흠 없어 　又見具戒　　威儀無缺

36 청정하기 보주 같이 불도를 구하고 　　淨如寶珠　　以求佛道
　　또 보니, 불자는 인욕하는 힘으로 　　又見佛子　　住忍辱力

37 증상만의 사람이 욕하고 때려도 　　　增上慢人　　惡罵捶打
　　모두 다 능히 참고 불도를 구하며[62] 　皆悉能忍　　以求佛道

---

[60] 뒤섞인 물음의 글에는 일곱 가지 뜻이 있다. 첫째 여기까지 2수는 선정을 묻는 것이다. 그 중 앞의 1수는 평온의 선정[捨禪]에 관한 것이니, 곧 자리이고, 뒤의 1수는 연민의 선정[悲禪]에 관한 것이니, 곧 이타이다.
[61] 둘째 이 1수는 정진을 묻는 것이고, 셋째 다음 1수는 지계를 묻는 것이다.
[62] 넷째 여기까지 1수반은 인욕을 묻는 것이고, 다섯째 다음의 2수는 다시 선정을 묻는 것이다.

| 38 | 또 보니, 보살은 모든 웃고 놀며 | 又見菩薩 | 離諸戲笑 |
| | 어리석은 권속들 떠나 지자 친근하고 | 及癡眷屬 | 親近智者 |

| 39 | 일심으로 산란 없애 산림으로 거두어 | 一心除亂 | 攝念山林 |
| | 천억만 년 동안 불도를 구하며 | 億千萬歲 | 以求佛道 |

| 40 | 혹은 보니, 보살은 맛 좋은 음식과 | 或見菩薩 | 餚膳飮食 |
| | 온갖 탕약들을 붓다와 승가에 베풀고 | 百種湯藥 | 施佛及僧 |

| 41 | 가치가 천만인 유명하고 좋은 옷이나 | 名衣上服 | 價直千萬 |
| | 무가의 옷을 붓다와 승가에 베풀며 | 或無價衣 | 施佛及僧 |

| 42 | 천만억 가지 전단 보배의 집과 | 千萬億種 | 栴檀寶舍 |
| | 온갖 묘한 침구 붓다와 승가에 베풀고 | 衆妙臥具 | 施佛及僧 |

| 43 | 청정한 원림과 꽃 열매 무성한 | 淸淨園林 | 華果茂盛 |
| | 샘과 욕지를 붓다와 승가에 베풀며 | 流泉浴池 | 施佛及僧 |

| 44 | 이런 등 갖가지 미묘한 것 보시하되 | 如是等施 | 種種微妙 |
| | 기뻐하며 싫증 없이 무상도 구했소63 | 歡喜無厭 | 求無上道 |

| 45 | 혹 어떤 보살은 적멸의 법 설하여 | 或有菩薩 | 說寂滅法 |

---
63 여섯째 이상 5수는 보시를 묻는 것이고, 일곱째 다음의 3수는 반야를 묻는 것이다. * 44의 제2행 중 '種種'은, 저본에는 '種果'로 되어 있다.

무수한 중생들 갖가지로 가르치고	種種教詔	無數衆生
⑯ 혹은 보니, 보살은 모든 법의 성품은	或見菩薩	觀諸法性
두 모습 없어 허공 같음을 관찰하며	無有二相	猶如虛空
⑰ 또 보니, 불자는 마음에 집착 없어	又見佛子	心無所著
이 묘한 지혜로 무상도를 구했소	以此妙慧	求無上道
⑱ 문수사리보살이여, 또 어떤 보살은	文殊師利	又有菩薩
붓다의 멸도 후 사리에 공양하고	佛滅度後	供養舍利
⑲ 또 보니, 불자는 무수한 항하사의	又見佛子	造諸塔廟
여러 탑묘 세워 국토를 장식하니	無數恒沙	嚴飾國界
⑳ 보배탑은 높고 묘해 오천 유순이고	寶塔高妙	五千由旬
가로 세로는 똑같이 이천 유순인데	縱廣正等	二千由旬
㉑ 탑묘마다 각각 천의 당번64 세우고	一一塔廟	各千幢幡
구슬로 휘장하고 보배 방울 울리니	珠交露幔	寶鈴和鳴
㉒ 모든 천신 용신 사람과 비인들이	諸天龍神	人及非人
향과 꽃, 음악으로 항상 공양했소	香華伎樂	常以供養

---

64 * 불당 등을 장식하는 깃발인 당기와 번기를 합친 것. 이하 '幢'은 당기로, '幡'은 번기로, '幢幡'은 당번 또는 깃발이라고 각각 옮긴다.

53 문수사리보살이여, 모든 불자들이 사리에 공양 위해 탑묘를 장식하니	文殊師利 爲供舍利	諸佛子等 嚴飾塔廟
54 불국토 저절로 빼어나게 아름다워 하늘나무에 꽃이 활짝 핀 듯했소65	國界自然 如天樹王	殊特妙好 其華開敷
55 붓다의 방광에 나와 법회의 대중은 이 불국토의 갖가지 미묘함 보니	佛放一光 見此國界	我及衆會 種種殊妙
56 붓다의 신통력과 지혜는 희유해 한 줄기 광명으로 무량국토 비추어	諸佛神力 放一淨光	智慧希有 照無量國
57 우리들 이를 보고 미증유를 얻었으니 불자 문수여, 대중 의심 결단하소66	我等見此 佛子文殊	得未曾有 願決衆疑
58 사부대중은 인자67와 나를 보고 있소 세존께서 어찌해 이 광명 놓으셨소	四衆欣仰 世尊何故	瞻仁及我 放斯光明
59 불자여, 대답해 의심 풀고 기쁨 주소 무슨 이익 주려고 이 광명 펴시었소	佛子時答 何所饒益	決疑令喜 演斯光明

---

65 이상의 7수는 불멸 후 사리로 탑을 세움을 밝힌 것이다. '수왕수왕(樹王)'이란 곧 파리질다라수波利質多羅樹ⓢParijāta이다.
66 55 이하의 8수는 답을 청하는 것이다.
67 * '인자[仁, 仁者]'는 '그대' 또는 '당신'을 높여서 부르는 말이다.

| 60 | 붓다께서 도량 앉아 얻으신 묘법을 | 佛坐道場　所得妙法 |
| | 설하려 하심이오 수기 주려 하심이오 | 爲欲說此　爲當授記 |

| 61 | 온갖 보배로 엄정한 불국토 보이고 | 示諸佛土　衆寶嚴淨 |
| | 여러 붓다 봄은 작은 인연 아니니 | 及見諸佛　此非小緣 |

| 62 | 문수여 아소서, 사부대중과 용 등은 | 文殊當知　四衆龍神 |
| | 인자 무엇 말할지 기다리고 있음을 | 瞻察仁者　爲說何等 |

1.2.4[68]

(1) 그 때 문수사리는 미륵보살마하살 및 여러 대사들에게 말하였다.[69]

"㈎ 선남자들이여, 나의 추측같아서는 지금 붓다 세존께서 큰 법을 설하시고, 큰 법비를 내리시며, 큰 법소라를 부시고, 큰 법북을 치시며, 큰 법의 뜻을 펴시고자 하는 것입니다.

㈏ 여러 선남자들이여, 나는 과거 여러 붓다들에게서도 이 상서를 보았는데, 이 광명을 놓고 나서 곧 큰 법을 설했습니다. 그러니 지금 붓다께서 광명을 나투신

爾時 文殊師利 語彌勒菩薩摩訶薩　及諸大士.

"善男子等,　如我惟忖 今佛世尊 欲說大法, 雨大法雨, 吹大法螺, 擊大法鼓, 演大法義.

諸善男子, 我於 過去諸佛 曾見此瑞, 放斯光已 卽說大法.

是故當知, 今佛現光 亦

---

68 답문서答問序의 글에는 둘이 있으니, (1) 장행과 (2) 게송이다.
69 장행의 글에는 넷이 있다. ㈎는 추측하여 답하는 것[惟忖答], ㈏는 과거에 본 것을 간략히 답하는 것[略曾見答], ㈐~㈑는 과거에 본 것을 자세히 답하는 것[廣曾見答], ㈒는 분명하게 가려 답하는 것[分明判答]이다.

것도 또한 이와 같아서, 중생들로 하여금 일체 세간이 믿기 어려운 법을 모두 듣고 알게 하시고자 하여 이 상서를 나투신 것이라고 알아야 할 것입니다.

㈐70 여러 선남자들이여, 예컨대 과거 한량없고 가이없으며 불가사의한 아승기겁, 그 때에 명호를 일월등명日月燈明여래 응공 정변지 명행족 선서 세간해 무상사 조어장부 천인사 붓다 세존이라고 하는 붓다께서 계셔서 정법正法을 연설하셨습니다.

처음도 훌륭하고 중간도 훌륭하고 뒤도 훌륭하며, 그 뜻은 심원하고 그 말은 교묘하며, 순일하고 잡됨 없어 청백한 범행의 모습을 구족해서, 성문을 구하는 자에게는 사성제의 법을 설함으로 응하시어 생노병사를 건너 구경열반에 이르게 하시고, 벽지불을 구하는 자에게는 십이인연의 법을 설함으로 응하시며, 모든 보살들에게는 육바라밀을 설함으로 응하시어 아뇩다라삼먁삼보리를 얻고 일체종지

復如是, 欲令衆生 咸得聞知 一切世間 難信之法 故現斯瑞.

諸善男子, 如過去 無量無邊 不可思議 阿僧祇劫, 爾時有佛 號日月燈明 如來 應供 正遍知 明行足 善逝 世間解 無上士 調御丈夫 天人師 佛世尊. 演說正法.
初善中善後善, 其義深遠 其語巧妙, 純一無雜 具足清白 梵行之相,
爲求聲聞者 說應四諦法 度生老病死 究竟涅槃,
爲求辟支佛者 說應十二因緣法, 爲諸菩薩 說應六波羅蜜 令得阿耨多羅三藐三菩提 成一

---

70 과거에 본 것을 자세히 답하는 글에 셋이 있다. ㈐ 한 붓다의 동일함을 인용하는 것, ㈑는 이만 붓다의 동일함을 인용하는 것, ㈒~㈘는 최후의 한 붓다의 동일함을 인용하는 것이다.

를 이루게 하셨습니다.

㈑ 다음에 또 붓다께서 계셔서 역시 일월등명이라 이름하였고, 다음에 또 붓다께서 계셔 역시 일월등명이라 이름하였으며, 이와 같이 이만의 붓다께서 모두 동일한 이름으로 명호가 일월등명이었고, 또 동일한 성으로 성이 파라타頗羅墮71였습니다.

미륵이여, 처음의 붓다나 뒤의 붓다 모두 동일한 이름으로 명호가 일월등명이었고, 열 가지 명호를 구족하였으며, 설하신 법은 처음도 중간도 뒤도 훌륭하였다고 알아야 합니다.

㈒72 그 최후의 붓다께서 아직 출가하지 않으셨을 때에 여덟 왕자가 있었으니, 첫째는 유의有意, 둘째는 선의善意, 셋째는 무량의無量意, 넷째는 보의寶意, 다섯째는 증의增意, 여섯째는 제의의除疑意, 일곱째는 향의嚮意, 여덟째는 법의法意라고 이

切種智.

次復有佛　亦名日月燈明, 次復有佛　亦名日月燈明,

如是二萬佛　皆同一字 號日月燈明,　又同一姓 姓頗羅墮.

彌勒當知, 初佛後佛　皆同一字　名日月燈明, 十號具足, 所可說法 初中後善.

其最後佛　未出家時　有八王子,

一名 有意, 二名 善意, 三名 無量意, 四名 寶意, 五名 增意, 六名 除疑意, 七名 嚮意, 八名

---

71 성이 '파라타ⓢBharadvāja'라고 한 것은 이 곳 말로 번역하면 첩질捷疾(=빠르다는 뜻)이다. 또한 이근리근利根이라고도 하고, 만어滿語(=모두 만족시키는 말)라고도 한다.
72 셋째 (최후의) 한 붓다의 동일함을 인용하는 글에 셋이 있다. ㈒는 일찍이 본 것이 지금 붓다의 과거와 같음을 밝히는 것이고, ㈓는 일찍이 본 것이 지금 붓다의 현재와 같음을 밝히는 것이며, ㈔와 ㈕는 일찍이 본 것이 지금 붓다의 미래와 같을 것임을 밝히는 것이다.

름하였습니다. 이 여덟 왕자는 위덕이 자재하여 각각 사천하를 다스렸는데, 이 모든 왕자들은 아버지가 출가하여 아뇩다라삼먁삼보리를 얻었음을 듣고는, 모두 왕위를 버리고 역시 따라 출가하여, 대승의 마음을 일으키고 항상 범행을 닦아 모두 법사가 되어서, 천만 붓다들의 처소에서 모든 선근을 심었습니다.

(ㅂ) 이 때 일월등명붓다께서 '무량의'라고 이름하는 대승경전을 설하시니, 보살을 가르치는 법으로, 붓다께서 호념하시는 것이었습니다. 이 경전을 설하시고 나서 곧 대중 속에서 결가부좌하시고 무량의처삼매에 드시어 몸도 마음도 움직이지 않았습니다. 이 때 하늘에서는 만다라꽃과 마하만다라꽃, 만수사꽃과 마하만수사꽃을 비내려서 붓다의 위와 모든 대중들에게 뿌렸고, 널리 붓다세계는 여섯 가지로 진동하였습니다.

그 때 법회 중에 있던 비구·비구니·우바새·우바이, 천신·용·야차·건달바·아수라·가루라·긴나라·마후라가와 같은 인비인 및 여러 작은 왕, 전륜성왕 등의 이 모든 대중들은 일찍이 경험하지 못했던

法意. 是八王子 威德自在 各領四天下, 是諸王子 聞父出家 得阿耨多羅三藐三菩提, 悉捨王位 亦隨出家, 發大乘意 常修梵行 皆爲法師, 已於千萬佛所 殖諸善本.

是時 日月燈明佛 說大乘經 名無量義, 敎菩薩法, 佛所護念.
說是經已 卽於大衆中 結加趺坐 入於無量義處三昧 身心不動.
是時天雨 曼陀羅華 摩訶曼陀羅華 曼殊沙華 摩訶曼殊沙華 而散佛上 及諸大衆, 普佛世界 六種震動

爾時會中 比丘比丘尼 優婆塞優婆夷 天龍夜叉 乾闥婆阿修羅 迦樓羅緊那羅 摩睺羅伽 人非人 及諸小王 轉輪聖

것을 얻어 기뻐 합장하고 일심으로 붓다를 보았습니다.

그 때 여래께서는 미간의 백호상에서 광명을 놓으시어, 동방 일만팔천 불국토를 비추시니 두루하지 않음이 없는 것이, 지금 본 이 모든 불국토와 같았습니다.

미륵이여, 그 때 법회 중에 이십억 보살들이 있어 법 듣기를 바랐고, 이 모든 보살들은 이 광명이 불국토를 널리 비추는 것을 보고 미증유를 얻어, 이 광명이 지어진 인연을 알고자 하였다는 것을 알아야 합니다.

(새)73 ① 그 때 이름을 묘광妙光이라고 하는 보살이 있어, 팔백 제자를 두었습니다.74 ② 이 때 일월등명붓다께서 삼매에서 일어나 묘광보살에게 묘법연화라고 이름하는 대승경전을 설하셨으니, 보살을 가르치는 법으로, 붓다께서 호념하시

王等 是諸大衆 得未曾有 歡喜合掌 一心觀佛.
爾時如來 放眉間白毫相光, 照東方 萬八千佛土 靡不周遍, 如今所見 是諸佛土.
彌勒當知, 爾時會中 有二十億菩薩 樂欲聽法, 是諸菩薩 見此光明 普照佛土 得未曾有, 欲知此光 所爲因緣.

時有菩薩 名曰妙光, 有八百弟子.
是時 日月燈明佛 從三昧起 因妙光菩薩 說大乘經 名妙法蓮華, 敎菩薩法, 佛所護念.

....
73 일찍이 본 것이 지금 붓다의 미래와 같을 것임을 밝히는 글에는 여섯이 있다. 첫째 ①은 상대한 사람[因人]이 같음이고, 둘째 ②는 설하는 법의 이름이 같음이며, 셋째 ③은 경과한 시절이 같음이고, 넷째 ④는 입멸의 선언[唱滅]이 같음이며, 다섯째 ⑤는 수기의 같음이고, 여섯째 ⑹는 입멸후 경전의 유통이 같음이다.
74 과거에는 묘광을 상대하였고, 지금은 사리자를 상대한다. 상대한 사람이 같다는 것은, 과거 붓다의 여덟 아들은 묘광을 스승으로 하였고, 지금 붓다의 아들 라후라는 사리자를 스승으로 하였기 때문이다.

는 것이었습니다.

③ 육십 소겁을 자리에서 일어나지 않으시니, 그 때 법회의 청중들 역시 한 곳에 앉아 육십 소겁 동안 몸과 마음을 움직이지 않고 붓다의 말씀을 들으면서 한 끼의 식사시간 같다고 하였습니다. 이 때 대중들 중에는 몸이든 마음이든 싫증 낸 이가 한 사람도 없었습니다.

④ 일월등명붓다께서 육십 소겁 동안 이 경전을 설하시고 나서, 곧 범천·악마·사문·바라문 및 천신·사람·아수라 대중 가운데에서 이렇게 선언하셨습니다.

"여래는 오늘 밤중에 무여열반에 들 것이다."

⑤ 그 때 이름을 덕장德藏이라고 하는 보살이 있었는데, 일월등명붓다께서 곧 그에게 수기 주시고 여러 비구들에게 알리셨습니다.

"이 덕장보살은 다음에 붓다가 되어 명호를 정신淨身 다타아가도 아라하 삼먁삼불타75라고 하리라."

六十小劫 不起于座, 時會聽者 亦坐一處 六十小劫 身心不動 聽佛所說 謂如食頃.
是時衆中 無有一人 若身若心 而生懈倦.

日月燈明佛 於六十小劫 說是經已, 卽於梵魔沙門婆羅門 及天人 阿修羅衆中 而宣此言.
"如來於 今日中夜 當入無餘涅槃."

時有菩薩 名曰德藏, 日月燈明佛 卽授其記 告諸比丘.

"是德藏菩薩 次當作佛 號曰淨身 多陀阿伽度 阿羅訶 三藐三佛陀."

---

75 '다타아가도'는 여래라고 번역되는 'ⓈTathāgata'의 음역어이고, '아라하'는 응공으로 번역되는 'Ⓢarhat'의 음역어이며, '삼먁삼불타'는 정등각이라고 번역되는 'Ⓢsamyaksaṃbuddha'의 음역어이다.

(아)[76] ① 붓다께서 수기하시고 나서 밤중에 무여열반에 드셨다. 붓다께서 멸도하신 후 ② 묘광보살은 묘법연화경을 지녀서 ③ 팔십 소겁이 차도록 사람들에게 연설하였다.

④ 일월등명붓다의 여덟 아들은 모두 묘광을 스승으로 모셨으니, 묘광은 그들을 아뇩다라삼먁삼보리에 대한 마음이 견고하도록 교화하였다. 이 모든 왕자들은 한량없는 백천만억의 붓다를 공양하고 나서 모두 불도를 이루었으니, 그 최후에 성불한 분은 명호를 연등이라고 하였다.

팔백 제자 중 구명求名이라고 이름하는 한 사람이 있었는데, 이양을 탐착하여 비록 여러 경전을 거듭 독송하였으나 통달하지 못하고 많이 잊어버렸기 때문에 구명이라고 불렀다. 이 사람 역시 여러 선근을 심은 인연으로 한량없는 백천만억의 붓다들을 만나 뵙고, 공양하며 공경하고 존중하며 찬탄하였다.

⑤ 미륵이여, 알아야 하오. 그 때의 묘

佛授記已 便於中夜 入無餘涅槃. 佛滅度後 妙光菩薩 持妙法蓮華經 滿八十小劫 爲人演說.

日月燈明佛 八子 皆師妙光, 妙光敎化 令其堅固 阿耨多羅三藐三菩提. 是諸王子 供養無量百千 萬億佛已 皆成佛道, 其最後成佛者 名曰燃燈.

八百弟子 中有一人 號曰求名, 貪著利養 雖復讀誦衆經 而不通利 多所忘失 故號求名.

是人亦以 種諸善根因緣故 得值無量 百千萬億諸佛, 供養恭敬 尊重讚歎.

彌勒, 當知. 爾時 妙光

---

76 입멸후 경전의 유통이 같음을 밝히는 글에는 다섯이 있다. ①은 시절이니, 곧 붓다의 멸도 후이다. ②는 사람이다. ③은 시절의 길이이다. ④는 교화한 중생이니, 여덟 아들과 팔백의 제자이다. ⑤는 고금을 연결하는 것이다.

광보살이 어찌 다른 사람이리오? 바로 내 몸입니다. 그리고 구명보살은 그대 몸입니다.

㈐77 지금 이 상서를 보니, 본래와 다름이 없습니다. 그러므로 오늘 여래께서 보살을 가르치는 법이요 붓다께서 호념하시는 바 묘법연화라고 이름하는 대승경전을 설하시리라 추측하는 것입니다."

(2) 이 때 문수사리는 대중 가운데에서 이 뜻을 거듭 펴고자 게송으로 말하였다.78

菩薩 豈異人乎? 我身是也. 求名菩薩 汝身是也.

今見此瑞, 與本無異. 是故惟忖 今日如來 當說大乘經 名妙法蓮華 敎菩薩法 佛所護念.

爾時 文殊師利 於大衆中 欲重宣此義 而說偈言.

|1| 내 생각하니 과거세
　　무량 무수 겁 전에
　　붓다 세존[人中尊] 계셨으니
　　명호가 일월등명이라

我念過去世
無量無數劫
有佛人中尊
號日月燈明

|2| 세존께서는 법 연설하셔

世尊演說法

....
77 이는 장행의 글 네 부분 중의 넷째, 분명하게 가려 답하는 것이다.
78 게송에 45수가 있다. 게송은 추측하여 답하는 것과 과거에 본 것을 간략히 답하는 것은 노래하지 않고, (앞의 41수는) 과거에 본 것을 자세히 답한 것 중 처음과 뒤만을 노래하고, 뒤의 4수는 분명하게 가려 답한 것을 노래했다. 전자 중 앞의 2수는 시절·명호·설법이 같음을 노래하고, 그 아래의 39수는 세 가지의 같음[三同]을 노래했다.

한량없는 중생들 건지시고	度無量衆生
무수한 억의 보살들	無數億菩薩
붓다의 지혜에 들게 하셨소	令入佛智慧

③79 붓다께서 출가하시기 전 　　　　佛未出家時
　　낳은 여덟 왕자도 　　　　　　　所生八王子
　　대성大聖의 출가를 보고 　　　　見大聖出家
　　또한 따라 범행梵行 닦았소 　　　亦隨修梵行

④80 그 때 붓다께선 무량의라 　　　時佛說大乘
　　이름하는 대승경전을 설하시고 　經名無量義
　　모든 대중들에게 　　　　　　　於諸大衆中
　　자세히 분별해 주셨으며 　　　　而爲廣分別

⑤ 붓다께선 이 경전 설하시고 나서 　佛說此經已
　　곧 법좌 위에서 　　　　　　　　卽於法座上
　　가부좌하시고 무량의처라 　　　　加趺坐三昧
　　이름하는 삼매에 드시니 　　　　　名無量義處

....
79 세 가지의 같음 중에는 셋이 있다. 처음 ③의 1수는 과거에 본 것이 지금 붓다의 과거와 같음이고, 다음 ④에서 ⑲의 제2행까지 15수반은 지금 붓다의 현재와 같음이며, ⑲의 제3행부터 ㊶까지 22수반은 지금 붓다의 미래와 같음이다.
80 지금 붓다의 현재와 같음을 노래하는 것에는 셋이 있다. 처음 ④ 이하 4수는 이 국토의 육서六瑞의 같음이고, 다음 ⑧ 이하 10수는 저 국토의 육서의 같음이며, ⑱ 이하 1수반은 사부대중의 회의懷疑의 같음이다.

| 6| 하늘에서는 만다라꽃 비내리고 | 天雨曼陀華
| 하늘북은 저절로 울리며 | 天鼓自然鳴
| 모든 천신과 용과 귀신은 | 諸天龍鬼神
| 세존께 공양드렸고 | 供養人中尊

| 7| 일체의 모든 불국토는 | 一切諸佛土
| 즉시 크게 진동하니 | 卽時大震動
| 붓다께선 미간에서 광명 놓으셔 | 佛放眉間光
| 여러 희유한 일 나투시었소81 | 現諸希有事

| 8|82 이 광명이 동방의 | 此光照東方
| 일만팔천 불국토를 비추어 | 萬八千佛土
| 일체 중생들의 | 示一切衆生
| 생사의 업과 과보 받는 곳 보이고 | 生死業報處

| 9| 여러 불국토들이 온갖 보배로 | 有見諸佛土
| 장엄된 것 봄도 있었으니 | 以衆寶莊嚴
| 유리琉璃와 파리頗梨의 빛이라 | 琉璃頗梨色
| 붓다의 광명이 비쳐서이며 | 斯由佛光照

─────────

81 '여러 희유한 일 나투시었소'는 모든 상서를 전체적으로 노래한 것이다.
82 저 국토의 육서의 같음을 노래하는 10수에는 다섯이 있다. 첫째 |8| 이하 3수는 육취중생을 보는 것이 같음이고, 둘째 |11|에서 |12|의 제2행까지 1수반은 붓다를 뵙는 것이 같음이며, 셋째 |12|의 제3, 4행은 돈교법을 설하신 것이 같음이고, 넷째 |13| 이하 3수는 성문 등의 3승을 보는 것이 곧 과거 붓다께서 점교법을 여신 것과 같음이고, 다섯째 |16| 이하 2수는 보살의 갖가지 인연을 보는 것이 같음이다.

⑩ 그리고 보니, 여러 천신과 사람 　　　　及見諸天人
　　용신龍神과 야차 대중들 　　　　　　　龍神夜叉衆
　　건달바와 긴나라들이 　　　　　　　　乾闥緊那羅
　　각각 그 붓다께 공양하였소 　　　　　各供養其佛

⑪ 또 보니, 모든 여래들은 　　　　　　　又見諸如來
　　저절로 불도佛道 이루어83 　　　　　自然成佛道
　　몸의 모습은 금산金山84과 같이 　　　身色如金山
　　단엄하고 매우 미묘하며 　　　　　　端嚴甚微妙

⑫ 마치 맑은 유리 속에 　　　　　　　　如淨琉璃中
　　진금상眞金像이 나타난 듯 　　　　　內現眞金像
　　세존은 대중 속에서 　　　　　　　　世尊在大衆
　　깊은 법의 뜻 자세히 펴시었소85 　　敷演深法義

⑬ 낱낱의 모든 불국토마다 　　　　　　一一諸佛土
　　성문 대중들 무수했으니 　　　　　　聲聞衆無數
　　붓다의 광명이 비춤을 따라 　　　　因佛光所照
　　그 대중들을 모두 다 보았고 　　　　悉見彼大衆

⑭ 혹은 여러 비구들 있어 　　　　　　　或有諸比丘

....
83 방편의 도는 가행하여 수습해야 하지만, 진실한 도를 일으키는 것은 곧 저절로이니, 임운하여 이치와 더불어 합하는 것이다.
84 * 범본의 'suvarṇa-yūpa'의 역어인데, 금으로 된 기둥을 뜻한다.
85 법이 이미 깊으므로 필시 큰 근기를 실고 돈교를 열 것임을 알 수 있다.

산림 속에 있으면서	在於山林中
정진하고 청정한 계 지니길	精進持淨戒
마치 마니보주[明珠]86 수호하듯	猶如護明珠

15 또 보니, 여러 보살들이   又見諸菩薩
　보시와 인욕 등을 수행하는데   行施忍辱等
　그 수효 항하의 모래와 같았으니   其數如恒沙
　이것도 붓다의 광명 비쳐서였소   斯由佛光照

16 또 보니, 여러 보살들은   又見諸菩薩
　여러 선정에 깊이 들어서   深入諸禪定
　몸과 마음 고요히 움직이지 않고   身心寂不動
　위없는 도를 구했으며   以求無上道

17 또 보니, 여러 보살들은   又見諸菩薩
　법의 적멸한 모습 알아   知法寂滅相
　각각 그들의 국토에서   各於其國土
　법 설하고 불도 구하였소   說法求佛道

18 그 때 사부대중들은   爾時四部衆
　일월등명붓다께서   見日月燈佛
　큰 신통의 힘 나투심 보고   現大神通力
　그 마음 모두 기뻐하며   其心皆歡喜

---

86 * 한역문의 '명주明珠'는 범본의 'maṇi-ratna(마니보주)'의 역어이다.

19 각각 서로 묻기를　　　　　　　　　各各自相問
　　이 일이 무엇 때문인가 하는데　　　是事何因緣
　　천신 인간들이 받드는 세존께서는[87]　天人所奉尊
　　때마침 삼매에서 일어나셔서　　　　適從三昧起

20 묘광 보살을 찬탄하시기를　　　　　讚妙光菩薩
　　그대는 세간의 눈 되어　　　　　　汝爲世間眼
　　일체가 귀의하고 믿으리니　　　　　一切所歸信
　　능히 법장 받들어 지니고　　　　　能奉持法藏

21 내가 말한 법을　　　　　　　　　　如我所說法
　　오직 너만은 깨달아 알리라　　　　唯汝能證知
　　세존께서 이렇게 찬탄하셔　　　　　世尊旣讚歎
　　묘광을 기쁘게 하시고　　　　　　令妙光歡喜

22 이 법화경을 설하셨는데[88]　　　　說是法華經
　　육십 소겁을 채우도록　　　　　　滿六十小劫
　　이 법좌에서 일어나지 않고　　　　不起於此座
　　설하신 극히 미묘한 법　　　　　　所說上妙法

23 이 묘광 법사가　　　　　　　　　是妙光法師

---

[87] 이하 22수반은 일찍이 본 것이 지금 붓다의 미래와 같을 것임을 노래한 것이다. 글에는 여섯이 있다. 첫째 2수반은 상대한 사람의 같음이다.
[88] 이 1행은 둘째 설하신 법의 같음이다.

모두 다 받아 지녔소[89]	悉皆能受持
붓다께선 이 법화경을 설하시어	佛說是法華
대중들을 기쁘게 하고 나서	令衆歡喜已

24 곧 이어서 이 날에	尋卽於是日
천신과 인간 대중에게 이르시기를	告於天人衆
모든 법의 진실한 모습과 뜻	諸法實相義
이미 그대들에게 설하였으니	已爲汝等說

25 내 이제 밤중에	我今於中夜
열반에 들리라	當入於涅槃
그대들은 일심으로 정진하고	汝一心精進
방일함을 떠나라	當離於放逸

26 모든 붓다는 매우 만나기 어려워	諸佛甚難値
억 겁에야 한 번 만나는 것이다	億劫時一遇
세존의 모든 아들들은	世尊諸子等
열반에 들리라는 붓다의 말씀 듣고	聞佛入涅槃

27 각각 지극한 슬픔 품고	各各懷悲惱
붓다의 멸도 어찌[90] 이리 빠른가 하니	佛滅一何速

....

89 이상 1수 1행은 셋째 시절의 갖음이다. 그리고 그 아래부터 28의 제2행까지 5수는 넷째 입멸 선언의 갖음이다.
90 * 한역문의 '일一'은 '하何'의 어세를 강하게 하는 조사로 쓰인 것이다.

법의 왕이신 성주聖主께선	聖主法之王
한량없는 중생 위로하시되	安慰無量衆

28 내가 만약 멸도한 때라 해도 　　　我若滅度時
　　그대들은 근심치 말라 　　　　　　汝等勿憂怖
　　이 덕장德藏 보살이91 　　　　　　是德藏菩薩
　　무루의 실상을 　　　　　　　　　於無漏實相

29 마음으로 이미 통달하여 　　　　　心已得通達
　　그가 다음에 붓다 이루어 　　　　其次當作佛
　　명호를 정신淨身이라고 하고 　　　號曰爲淨身
　　한량없는 중생 제도하리라 하시고　亦度無量衆

30 92 붓다께서 이 날 밤 멸도하시니 　佛此夜滅度
　　섶 다한 불이 꺼지듯 하였소 　　　如薪盡火滅
　　모든 사리를 나눠 배포해 　　　　分布諸舍利
　　한량없는 탑을 세웠고 　　　　　　而起無量塔

31 항하의 모래와 같은 수의 　　　　比丘比丘尼
　　비구와 비구니들은 　　　　　　　其數如恒沙

---

91 이하 29까지 1수반은 다섯째 수기의 같음이다.
92 이하 41까지 12수는 여섯째 경전의 유통이 같음이다. 글에 다섯이 있으니, 첫째 31까지 2수는 사부대중이 이익을 얻음이고, 둘째 32의 첫 2행은 경전을 펴는 사람이며, 셋째 뒤의 2행은 경전을 펴는 시절이며, 넷째 33 이하 8수는 이익을 받는 제자이며, 다섯째 41의 1수는 고금을 연결하는 것이다.

더욱 가행 정진하여　　　　　　　倍復加精進
　　위없는 도를 구하였으며　　　　　以求無上道

32　이 묘광 법사는　　　　　　　　　是妙光法師
　　붓다의 법장을 받들어 지니고　　奉持佛法藏
　　팔십 소겁 동안　　　　　　　　　八十小劫中
　　법화경을 널리 폈으니　　　　　　廣宣法華經

33　이 모든 여덟 왕자는　　　　　　　是諸八王子
　　묘광의 교화를 받고　　　　　　　妙光所開化
　　위없는 도에 견고하여　　　　　　堅固無上道
　　수없는 붓다 만나 뵙고　　　　　　當見無數佛

34　모든 붓다들 공양하고 나서　　　供養諸佛已
　　큰 도를 따라 행해서　　　　　　　隨順行大道
　　서로 이어 붓다를 이루고　　　　相繼得成佛
　　차례 차례 수기 주었으니　　　　轉次而授記

35　최후의 붓다[天中天]는　　　　　最後天中天
　　명호를 연등붓다라 하셨고　　　　號曰燃燈佛
　　모든 선인[仙]들의 도사導師로서　諸仙之導師
　　한량없는 중생 도탈시키셨소93　　度脫無量衆

---

93 이익을 받는 제자를 노래한 8수에는 둘이 있으니, 처음 여기까지 3수는 이미 제자를 성취한 것이고, 그 아래의 5수는 장래 제자를 성취할 것이다.

36 이 묘광 법사에게　　　　　　　　　是妙光法師
　　그 때에 제자 한 사람 있었는데　　時有一弟子
　　마음에는 항상 게으름 품고　　　　心常懷懈怠
　　명리名利를 탐내어 집착하고　　　　貪著於名利

37 명리 구함에 싫증도 없어　　　　　求名利無厭
　　허다히 명망가[族姓家]에서 노닐어　多遊族姓家
　　익히고 왼 것 버리고　　　　　　　棄捨所習誦
　　잊어 통달하지 못했으니　　　　　　廢忘不通利

38 이 인연 때문에　　　　　　　　　　以是因緣故
　　그를 불러 구명求名이라 했으나　　　號之爲求名
　　또한 여러 선업도 행하여　　　　　　亦行衆善業
　　수없는 붓다 뵐 수 있었소　　　　　得見無數佛

39 모든 붓다들 공양하고　　　　　　　供養於諸佛
　　큰 도 따라 행하며　　　　　　　　隨順行大道
　　여섯 바라밀 갖추어　　　　　　　　具六波羅蜜
　　이제 석가 사자 뵈었으니　　　　　　今見釋師子

40 그는 후에 붓다 이루어　　　　　　　其後當作佛
　　명호를 미륵이라고 하고　　　　　　號名曰彌勒
　　여러 중생들 널리 제도하여　　　　　廣度諸衆生
　　그 수가 한량 없으리라　　　　　　　其數無有量

41 저 붓다 멸도하신 뒤　　　　　　彼佛滅度後
　　게을렀던 자는 그대이고　　　　　懈怠者汝是
　　묘광 법사는　　　　　　　　　　妙光法師者
　　지금의 내 몸이라오　　　　　　　今則我身是

42 [94] 내가 보았던 일월등명붓다의　我見燈明佛
　　본래 광명의 상서도 이와 같았으므로　本光瑞如此
　　이로써 지금의 붓다께서도　　　　以是知今佛
　　법화경 설하려 하심이라 안다오　欲說法華經

43 지금의 모습이 본래의 상서와 같음은　今相如本瑞
　　모든 붓다들의 방편이라　　　　　是諸佛方便
　　지금 붓다께서 광명 놓으심은　　今佛放光明
　　실상의 뜻 일으킴을 돕는 것이니　助發實相義

44 모든 사람은 이제 알아야 하오　　諸人今當知
　　합장하고 일심으로 기다리면　　　合掌一心待
　　붓다께서 법비를 내리시어　　　　佛當雨法雨
　　구도자의 마음 채워 주시고　　　　充足求道者

45 삼승을 구하는 모든 사람에게　　　諸求三乘人
　　만약 의심과 후회 있다면　　　　　若有疑悔者
　　붓다께서 없애고 끊어주셔서　　　佛當爲除斷

---
94 이하 4수는 분명하게 가려 답한 것을 노래한 것이다.

남음 없이 다하도록 해주시리라고　　　令盡無有餘

제2 방편품[1]   方便品 第二

2.1[2]

(1) 그 때 세존께서는 삼매에서 조용히 일어나 사리불에게 말씀하셨다.[3]

爾時 世尊 從三昧 安詳 而起 告舍利弗.

"㈎ ① 붓다들의 지혜는 매우 깊고 한량없어,[4] 그 지혜의 문은 알기도 어렵고

"諸佛智慧 甚深無量, 其智慧門 難解難入, 一

---

1 첫째 '방'은 방법[法]이고, '편'은 쓰는 것[用]이다. 둘째 '방편'이란 문[門]이다. 예컨대 경전에서 "방편의 문을 열어 진실한 모습을 보인다"고 하는 것과 같다. 셋째 '방'이란 비밀[秘](=이전의 경전에서는 숨겨져 있었던 것이라는 취지)이고, '편'이란 묘妙이다. 묘로써 비밀에 이르니, 곧 진실의 비밀[眞秘]이다. 앞의 둘은 그것으로 다른 경전(에서의 방편이라는 뜻)을 해석할 수는 있지만 지금 품의 뜻은 아니고, 뒤의 것이 바로 지금 품의 뜻이다.

2 이 품부터 아래의 분별공덕품의 17.1까지는 정종분이다. 만약 두 가지(=적문과 본문) 정종분을 세운다면, 여기에서부터 제9 수학무학인기품의 끝까지가 적문의 정종분이다. 적문의 정종분에는 둘이 있다. 첫째 여기에서 2.4까지는 간략한 개삼현일開三顯一(=셋을 열어 하나를 드러냄. 삼승 모두 실제로는 불승의 방편임을 털어놓아 일승임을 드러내는 것)이고, 둘째 2.5 이하는 자세한 개삼현일이다. 전자에 다시 둘이 있다. 처음 2.1은 간략한 개삼현일이고, 뒤의 2.2 이하는 집착이 흔들려 의심을 냄[動執生疑]이다. 전자의 글에도 다시 둘이 있으니, (1)은 장행이고, (2)는 게송이다.

3 장행의 글에 둘이 있다. 처음 ㈎와 ㈏는 말에 의지해 이지二智(=방편의 지혜 즉 권지權智와 진실의 지혜 즉 실지實智)를 찬탄하는 것이고, ㈐와 ㈑는 말을 끊어 이지二智를 찬탄함이다. 전자에도 둘이 있다. ㈎는 모든 붓다의 권·실權實을 밝히는 것이고, ㈏ 석가의 권·실을 밝히는 것이다.

　사리불에게 말씀하신 것은 소승 중 지혜제일이므로, 장차 그를 상대해서 작은 지혜를 깨고 큰 지혜를 드러내고자 한 것이다.

4 제불의 이지二智를 찬탄하는 글에 셋이 있다. ①은 쌍으로 찬탄하는 것, ②는 쌍으로 해석하는 것, ③은 쌍으로 맺는 것이다. ① 중에 여기까지는 진실[實]을 찬탄하는 것이고, 그 아래는 방편[權]을 찬탄하는 것이다. 붓다의 진실한 지혜는 종적으로 여리如理의 바닥을 뚫으므로 '매우 깊다'고 하고, 횡적으로 법계의 가[邊]를 다하므로 '한량없다'고 한다.

들어가기도 어려우니, 일체의 성문과 벽지불은 알 수 없는 것이다.

② 까닭이 무엇이겠는가? 붓다께서는 일찍이 백천만억의 무수한 붓다들을 친근하고, 붓다들의 한량없는 도법道法을 다 행하며,5 용맹정진하여 명성은 널리 퍼지고, ③ 매우 깊은 일찍이 없던 법을 성취해서6 근기 따라[隨宜] 설하신 것이므로, 뜻이 이해하기 어렵기 때문이다.

(나) ① 사리불이여, 내가 성불한 이래7 갖가지 인연과 갖가지 비유로 언교言敎를 널리 펴고 무수한 방편으로 중생을 인도하여 모든 집착을 여의게 하였다.

② 까닭이 무엇이겠는가? 여래는 방편과 지견知見바라밀을 모두 이미 구족하였기 때문이다.8

切聲聞 辟支佛 所不能知.

所以者何? 佛曾親近 百千萬億 無數諸佛,
盡行諸佛 無量道法,
勇猛精進 名稱普聞,
成就甚深 未曾有法 隨宜所說, 意趣難解.

舍利弗, 吾從成佛已來 種種因緣 種種譬喩 廣演言敎 無數方便 引導 衆生 令離諸著.

所以者何? 如來 方便知見波羅蜜 皆已具足.

---

5 이지의 쌍석 중 여기까지는 실지의 해석이고, 그 아래는 권지의 해석이다.
6 이지의 쌍결 중 여기까지는 실지의 맺음이고, 그 아래는 권지의 맺음이다. 근기를 따르면 곧 이치를 가리게 되므로[翳理] 이해하기 어렵다고 하였다.
7 석가의 권실을 찬탄하는 글에도 위와 같은 셋이 있다. 이지를 쌍탄하는 글 중 여기까지는 실지의 찬탄이고, 그 아래는 권지의 찬탄이다.
8 '여래'는 실지를 해석하고, '방편'은 권지를 해석하는 것이다. '지견 바라밀'은 권실의 지견을 쌍으로 든 것이니, 일체종지(=천태교학에서는 근본지와 차별지를 포괄하는 소위 '일체지지'를 일체종지라고 표현함)를 실지實知라고 하고, 불안佛眼을 실견實見이라고 하며, 도종지道種智(=세간과 출세간의 모든 도의 종류와 차이를 두루 아는 지혜. 소위 차별지에 해당)를 권지權知라고 하고 법안을 권견權見이라고 하며, 현상과 이치[事理]의 궁극까지 모두

③ 사리불이여, 여래의 지견은 광대하고 심원해서,9 사무량심, 사무애해, 십력, 사무소외, 선정, 해탈, 삼매에 끝없이 깊이 들어, 일찍이 없던 일체의 법을 성취하였다.

㈐10 ① 사리불이여, 여래는 능히 갖가지로 분별해서 모든 법을 교묘하게 말하고, 언사가 부드러워 중생의 마음을 기쁘게 한다. ② 사리불이여, 요컨대 한량없고 가이없는 일찍이 없던 법을 붓다는 모두 다 성취하였다.

㈑ 그만 두자. 사리불이여, 다시 말할 필요가 없다.11 까닭이 무엇이겠는가?12

舍利弗, 如來知見 廣大深遠, 無量無礙 力無所畏 禪定解脫三昧 深入無際, 成就一切 未曾有法.

舍利弗, 如來 能種種分別 巧說諸法, 言辭柔軟 悅可衆心.

舍利弗, 取要言之 無量無邊 未曾有法 佛悉成就.

止. 舍利弗, 不須復說. 所以者何?

도달했으므로 '바라밀'이라고 한다.
9 이지의 쌍결 중 여기까지는 실지의 맺음이고, 그 아래는 권지의 맺음이다. * '선정, 해탈, 삼매'는 범본에 'dhyāna, vimokṣa, samādhi, samāpatti'의 넷으로 열거되어 있고, 이들은 보통 '정려靜慮, 해탈, 삼매[等持], 등지等至'라고 번역하는 것인데, 그 뜻은 졸역『설무구칭경·유마경』pp.79-80 참조.
10 예전에는 (이 부분 글이) 앞의 권실을 맺어 이루는 것이라고 하였지만, 지금은 이를 써서 뒤를 일으킨 것이니, 장차 말을 끊고자 해서, 다시 권실을 들어서 말 끊어 찬탄함의 연유로 삼은 것이다. 글에 둘이 있으니, ①은 말을 끊어 찬탄하는 연유이고, ②는 말을 끊어 찬탄하는 경계이다.
11 다음 ㈑는 말을 끊어 찬탄함이다. 이 법은 깊고 고요해서[深寂] 언어의 길이 끊어져 자체를 말할 수 없기 때문에, 말을 그쳐서 찬탄한 것이다.
12 이하는 말을 그치고 찬탄하는 뜻을 해석한다. 뜻에는 둘이 있다. 처음 "다 알 수 있는 것이니[乃能究盡]"까지(=한역문의 표현을 기준)는 붓다께서는 최상의 사람이시고 최상의 법을 성취하고 닦아 얻으셨으므로 말할 수 없다는 것이고, 뒤의 "모든 법의 실상을[諸法實相]" 이하는 매우 깊은 경계가 불가사의하기 때문에 말할 수 없다는 것이다. 후자에도 둘이 있다. 처음의 1

붓다가 성취한 제일 희유하고 난해한 법은, 오직 붓다와 붓다만이 모든 법의 실상[諸法實相]을 다 알 수 있는 것이니, 소위 모든 법의 이러한 상相, 이러한 성품[性], 이러한 체體, 이러한 힘[力], 이러한 작용[作], 이러한 인因, 이러한 연緣, 이러한 과果, 이러한 보報, 이러한 본말구경등 本末究竟等13이다.

佛所成就 第一希有 難解之法, 唯佛與佛 乃能究盡 諸法實相, 所謂諸法 如是相, 如是性, 如是體, 如是力, 如是作, 如是因, 如是緣, 如是果, 如是報, 如是本末究竟等.

구(='제법실상')는 권실의 글을 간략히 표방한 것이고, 뒤의 10구는 권실의 모습을 자세히 해석한 것이다.
13 소위 '십여시十如是'를 네 가지 관점에서 해석한다.
    첫째 십법계의 관점이다. 십법계의 관점이란 육도六道와 사성四聖을 말하니, 법이 한량없다고 해도 그 수는 이 열 가지를 벗어나지 않고, 다시 많은 갈래가 있다 해도 이 십여시를 벗어나지 않는다. 예컨대 지옥계의 경우에도 자기 경지의 상·성·본말등을 갖추고 있을 뿐 아니라, 또한 축생계의 상·성·본말등도 갖추고, 나아가 불법계佛法界의 상·성·본말등도 갖추어 결여된 것이 없는 것이다. 그러므로 하나하나의 계에는 나머지 9계의 십여시도 모두 있는 것이라고 알아야 한다.
    둘째 불법계의 관점이다. 불계佛界는 상相도 아니고 상 아님도 아니지만 이러한 상이라고 한 것이니, 만선萬善이라는 연인緣因을 가리킨다. 불계는 성품도 아니고 성품 아님도 아니지만 이러한 성품이라고 한 것이니, 지혜라는 요인了因을 가리킨다. 불계는 체도 아니고 체 아님도 아니지만 이러한 체라고 한 것이니, 실상이라는 정인正因을 가리킨다. 불계는 힘도 아니고 힘 아님도 아니지만 이러한 힘이라고 한 것이니, 보리도의 마음과 자비 선근의 힘 등을 가리킨다. 불계는 작용도 아니고 작용 아님도 아니지만 이러한 작용이라고 한 것이니, 임운任運 무공용無功用의 도를 가리킨다. 불계는 인도 아니고 인 아님도 아니지만 이러한 인이라고 한 것이니, 41위(=42위에서 과果인 묘각을 제외한 것)를 가리킨다. 불계는 연도 아니고 연 아님도 아니지만 이러한 연이라고 한 것이니, 보리를 돕는 도[助菩提道]를 가리킨다. 불계는 과도 아니고 과 아님도 아니지만 이러한 과라고 한 것이니, 묘각의 환함이 원인圓因에서 온 것임을 가리킨다. 불계는 보도 아니고 보 아님도 아니지만 이러한 보라고 한 것이니, 대반열반을 가리킨다. 불계는 본

(2) 이 때 세존께서는 이 뜻을 거듭 펴시고자 게송으로 말씀하셨다.14　　爾時世尊　欲重宣此義 而說偈言.

> 도 아니고 말도 아니지만 본말이라고 한 것이니, 본은 곧 붓다의 상相이고, 말은 곧 붓다의 보報로서, 이는 자리행의 방편이다. 불계는 평등도 아니고 평등 아님도 아니지만 '구경등'이라고 말한 것이니, 실상을 가리키는 것으로서 자리행의 진실이다. 진실에 즉한 방편이므로 '본말'이라고 하고, 방편에 즉한 진실이므로 '등'이라고 한 것이다.
> 　셋째 이합離合(=나누고 합함)의 관점이다. 만약 불심佛心 중에서 보는 십계의 십여시가 모두 무상無上의 상이고 나아가 무상의 과보라면, 오직 하나의 불법계일 뿐이니, 마치 바다가 온갖 흐름을 거두는 것과 같다. 이는 자리自利의 권실이다. 만약 남을 위한 뜻을 따른다면 곧 9법계의 십여시가 있으리니, 이는 곧 화타化他의 권실이다. 화타에도 진실이 있지만 모두 묶어서 방편으로 삼고, 자리에도 방편이 있지만 모두 묶어서 진실로 삼는다면, 이는 곧 자리·화타의 권실이다. 남을 따르면 곧 나누어지고, 자기를 따르면 곧 합쳐지니 종횡으로 두루 비추어, 개開·합合이 자재한 것이다. 비록 무량으로 나눠져도 무량이면서 하나이고, 비록 하나로 합쳐져도 하나이면서 무량이니, 비록 무량과 하나이지만 하나도 아니고 무량도 아니며, 비록 하나도 아니고 무량도 아니지만 하나이기도 하고 무량이기도 한 것이다.
> 　넷째 지위의 관점이다. '이러한 상'이란 일체의 중생에게는 모두 실상이 있어, 본래부터 이것을 가졌다는 것이니, 바로 여래장의 모습이다. '이러한 성품'이란 곧 성품의 덕의 지혜이니, 제일의 공이다. '이러한 체'란 중도의 법성의 이치이다. 이 세 가지는 삼덕으로 십법계에 공통하여 모든 지위마다 모두 있는 것이다. 만약 이 삼덕을 연마하여 십신의 지위에 든다면 곧 '이러한 힘'과 '이러한 작용'이라고 이름하고, 41위에 들면 '이러한 인'과 '이러한 연'이라고 이름하여, 만약 불지의 이른다면 '이러한 과'와 '이러한 보'라고 이름한다. 처음의 셋은 '본'이라고 하고, 뒤의 셋은 '말'이라고 하며, 이 처음과 뒤가 같이 삼덕이므로 '구경등'이라고 말하는 것이다.
> 　이러한 등은 불가사의하여 말할 수 없는 것이므로 '그만 두자'고 하여 말을 끊으신 것이다.

14 게송에 21수가 있는데, 둘이 된다. 처음 17수반은 장행의 글을 노래한 것이고, 뒤의 3수반은 간략히 개삼현일하여 집착이 흔들려 의심을 낸 것이다. 전자에도 둘이 있으니, 처음 4수는 말에 의지해 찬탄한 것이고, 뒤의 13수반은 말을 끊어 찬탄한 것이다. 다시 전자에도 둘이 있으니, 처음 2수는 이불二佛(=제불과 석가)의 이지를 합쳐서 노래한 것, 뒤의 2수는 이불의 찬탄을 해석하고 맺은 것을 합쳐서 노래한 것이다.

① 세간의 영웅은 헤아릴 수 없으니　　　世雄不可量
　　모든 천신 및 세상 사람과　　　　　　諸天及世人
　　일체 중생의 무리로서　　　　　　　　一切衆生類
　　붓다를 알 수 있는 자 없고　　　　　　無能知佛者

② 붓다의 힘과 무소외　　　　　　　　　佛力無所畏
　　해탈과 여러 삼매　　　　　　　　　　解脫諸三昧
　　및 붓다의 모든 다른 법을　　　　　　及佛諸餘法
　　헤아릴 수 있는 자 없다　　　　　　　無能測量者

③ 본래 무수한 붓다들 따라　　　　　　本從無數佛
　　모든 도 갖추어 행하였으니　　　　　具足行諸道
　　매우 깊고 미묘한 법은　　　　　　　甚深微妙法
　　보기 어렵고 알기 어렵지만　　　　　難見難可了

④ 한량없는 억 겁 동안　　　　　　　　於無量億劫
　　이 모든 도 이미 행했으므로　　　　　行此諸道已
　　도량에서 과보를 성취하여　　　　　　道場得成果
　　내 이미 모두 다 알고 보도다　　　　我已悉知見

⑤15 이와 같이 큰 과와 보　　　　　　　如是大果報

---

15 ⑤ 이하 13수반의 말을 끊어 찬탄한 것에는 다섯이 있다. 첫째 ⑤의 앞 2행은 곧 불가사의한 경계를 노래한 것이고, 둘째 ⑤의 뒤 2행은 장행에서 "요컨대 붓다는 모두 다 성취하였다."라고 한 부분을 노래한 것이며, 셋째 ⑥의 앞 2행은 장행에서 "그만 두자. 다시 말할 필요가 없다."라고 한 부분

제2 방편품　67

갖가지 성품과 상의 뜻	種種性相義
나와 시방의 붓다들은	我及十方佛
이 일들을 능히 알지만	乃能知是事
⑥ 이 법은 보일 수 없고	是法不可示
언사의 상은 적멸해서	言辭相寂滅
다른 모든 중생의 무리로서	諸餘衆生類
알 수 있는 자 아무도 없다16	無有能得解
⑦ 여러 보살 대중으로서	除諸菩薩衆
믿음의 힘 견고한 자만 제외될 뿐	信力堅固者
모든 붓다의 제자들로서	諸佛弟子衆
일찍이 모든 붓다 공양하였고	曾供養諸佛
⑧ 일체의 번뇌가 이미 다하여	一切漏已盡

....

을 노래한 것이고, 넷째 ⑥의 제3행부터 ⑯까지 10수반은 (붓다의 경계를) 모르는 사람을 든 것이며, 다섯째 ⑰에서 ⑱의 제2행까지 1수반은 위에서 요약해서 권실을 그친 경계(=2.1 ⑴㈐②의 글)를 든 것이다.

16 넷째 ⑥의 제3행부터 (붓다의 경계를) 모르는 사람을 든 10수반의 글에는 여덟이 있다. 첫째 이 2행은 들어오지 못하는 자를 총체적으로 가린 것이고, 둘째 ⑦의 앞 2행은 들어올 수 있는 자를 가린 것이니, 곧 원교圓敎의 십신十信이다. 셋째 그 다음부터 ⑧까지 1수반은 이승도 알지 못함을 가렸고, 넷째 ⑨의 1수는 사리불도 알지 못함을 가렸으며, 다섯째 ⑩에서 ⑪의 제2행까지 1수반은 여러 대제자들을 든 것이고, 여섯째 그 다음부터 ⑬의 제2행까지 2수는 벽지불을 든 것이며, 일곱째 그 다음부터 ⑮까지 2수반은 발심한 보살로서도 들어갈 수 없음을 든 것이고, 여덟째 ⑯의 1수는 불퇴보살 역시 알지 못함을 가린 것이다.

최후의 몸에 머물고 있는	住是最後身
이러한 모든 사람들도	如是諸人等
그 힘으로 감당할 수 없는 것이고	其力所不堪

⑨ 가사 세간에 가득한 사람 　　假使滿世間
　　모두가 사리불 같고 　　　　皆如舍利弗
　　모두 생각하며 함께 헤아린대도 盡思共度量
　　붓다의 지혜를 헤아릴 수 없으며 不能測佛智

⑩ 가사 시방에 가득한 사람 　　正使滿十方
　　모두가 사리불 같고 　　　　皆如舍利弗
　　그리고 다른 모든 제자들도 　及餘諸弟子
　　또한 시방 국토에 가득하여 　亦滿十方刹

⑪ 모두 생각하고 함께 헤아린대도 盡思共度量
　　역시 또한 알 수 없으며 　　 亦復不能知
　　벽지불의 예리한 지혜와 　　 辟支佛利智
　　무루의 최후의 몸이 　　　　 無漏最後身

⑫ 역시 시방의 세계에 가득하여 　亦滿十方界
　　그 수가 대나무숲과 같고 　　其數如竹林
　　이들이 함께 한 마음으로 　　斯等共一心
　　억의 한량없는 겁 동안 　　　於億無量劫

제2 방편품　69

|13| 붓다의 진실한 지혜 생각코자 해도　　欲思佛實智
　　조금도 알 수 없고　　　　　　　　莫能知少分
　　새로 마음 일으킨 보살로서　　　　新發意菩薩
　　무수한 붓다 공양하여　　　　　　供養無數佛

|14| 모든 뜻을 환히 알고　　　　　　　了達諸義趣
　　또 잘 설법할 수 있는 이가　　　　又能善說法
　　벼, 삼, 대, 갈대와 같이　　　　　如稻麻竹葦
　　시방의 국토에 가득하여　　　　　充滿十方刹

|15| 한 마음 미묘한 지혜로써　　　　　一心以妙智
　　항하의 모래 같은 겁 동안　　　　於恒河沙劫
　　모두 다 함께 생각하고 헤아린대도　咸皆共思量
　　붓다의 지혜를 알 수 없으며　　　不能知佛智

|16| 불퇴전의 여러 보살들이　　　　　不退諸菩薩
　　그 수가 항하의 모래와 같아　　　其數如恒沙
　　한 마음으로 함께 생각해 구한대도　一心共思求
　　역시 또한 알 수가 없다　　　　　亦復不能知

|17| 또 사리불에게 이르니　　　　　　又告舍利弗
　　무루의 불가사의하고　　　　　　無漏不思議
　　매우 깊으며 미묘한 법을　　　　甚深微妙法
　　내 지금 이미 갖추어 얻어서　　　我今已具得

⑱ 오직 나만이 이 모습 알고 　　　　　唯我知是相
　　시방의 붓다들도 역시 그러하다 　　十方佛亦然
　　사리불이여 알아야 한다17 　　　　舍利弗當知
　　모든 붓다의 말씀은 다름 없으니 　諸佛語無異

⑲ 붓다가 말한 법에 대해 　　　　　　於佛所說法
　　큰 믿음의 힘을 내어야 한다 　　　當生大信力
　　세존은 법이 오랜 후에야 　　　　　世尊法久後
　　응당 진실을 말한다 　　　　　　　要當說眞實

⑳ 모든 성문 대중들과 　　　　　　　告諸聲聞衆
　　연각승 구하는 이들에게 이르노라 　及求緣覺乘
　　내가 괴로움의 속박에서 벗어나 　　我令脫苦縛
　　열반에 이르도록 한 것은18 　　　　逮得涅槃者

㉑ 붓다가 방편의 힘으로 　　　　　　佛以方便力
　　삼승의 가르침 보여서 　　　　　　示以三乘教
　　중생들을 곳곳의 집착으로부터 　　衆生處處著
　　이끌어 벗어나게 하려는 것이었다 　引之令得出

─────────────────
17 이하는 간략히 개삼현일開三顯一함에 집착이 흔들려 의심을 내는 것이다(=따라서 간략히 개삼현일함의 둘째인 '집착이 흔들려 의심을 냄'의 글은, 뒤의 2.2의 장행에 앞서 이 게송에서 사실상 시작된다). 글에 둘이 있다. 첫째 이하 ⑲까지 1수반은 제불의 진실 드러냄[顯實]을 밝힌 것이고, 둘째 ⑳ 이하 2수는 석가의 개삼開三을 밝힌 것이다.
18 '내가 괴로움의 속박에서 벗어나 열반에 이르도록 한 것'이라고 한 말은 육바라밀의 보살승에게도 해당되는 것이다.

2.2[19]

(1) 그 때 대중들 중 성문들로서 번뇌 다한 아라한인 아야 교진여 등 일천이백 분과, 성문이나 벽지불에 대한 마음을 일으킨 비구, 비구니, 우바새, 우바이들이 있다가 각각 이렇게 생각하였다. '① 지금 세존께서는 무엇 때문에 은근히 방편을 찬탄하여 이르시기를, 붓다께서 얻으신 법은 매우 깊어 이해하기 어렵고, 말씀하신 취지는 알기 어려워, 일체의 성문과 벽지불은 미칠 수 없는 것이라고 하셨을까? ② 붓다께서 한 가지 해탈의 뜻 말씀하셔서 우리들도 이 법 얻어 열반에 이르렀는데, 이제 이 뜻의 취지를 모르겠구나.'[20]

爾時 大衆中 有諸聲聞 漏盡阿羅漢 阿若憍陳如等 千二百人, 及發聲聞 辟支佛心 比丘比丘尼 優婆塞優婆夷 各作是念. '今者世尊 何故慇懃稱歎方便 而作是言, 佛所得法 甚深難解, 有所言說 意趣難知, 一切聲聞 辟支佛 所不能及? 佛說 一解脫義 我等 亦得此法 到於涅槃, 而今不知 是義所趣.'

(2)[21] 그 때 사리불은 사부대중의 의심을   爾時 舍利弗 知四衆心

---

19 적문의 정종분의 첫째, 간략히 개삼현일하는 글 중의 둘째(=그 첫째는 간략한 개삼현일이었다) 집착이 흔들려 의심을 냄의 글에는 둘이 있다. 첫째 2.2의 (1)은 의심을 서술하는 것이고, 둘째 (2) 이하는 바로 결단해 주실 것을 청하는 것이다.
20 의심에는 둘이 있다. 첫째 ①은 붓다의 두 가지 지혜에 대해 의심하는 것이니, '붓다께서 얻으신 법은 매우 깊다'고 한 것은 실지實智를 의심하는 것이고, '말씀하신 취지는 알기 어렵다'는 것은 권지權智를 의심하는 것이다. 둘째 ②는 자기가 얻은 법에 대해 의심하는 것이다.
21 이하는 둘째 바로 청하는 것이다. 글에 세 번의 청함[三請]과 두 번의 그침[二止]이 있지만, 앞에서 그친 것과 합하면 세 번의 그침[三止]이 된다. 붓다

알고, 또한 스스로도 알지 못하여 붓다께 여쭈었다.

"세존이시여, 어떤 인연에서 모든 붓다의 으뜸 가는 방편과 심오하고 미묘하여 난해한 법을 은근히 찬탄하셨습니까? 저는 이제까지 붓다로부터 이렇게 말씀하시는 것을 들은 적이 없습니다. 지금 사부대중이 모두 의심을 가졌으니, 오직 세존께서 이 일을 자세히 말씀해 주시기 바랄 뿐입니다. 세존이시여, 무엇 때문에 심오하고 미묘하여 난해한 법을 은근히 찬탄하셨습니까?"

(3) 그 때 사리불은 이 뜻을 거듭 펴고자 게송으로 말하였다.22

疑, 自亦未了 而白佛言.

"世尊, 何因何緣 慇懃稱歎 諸佛第一方便 甚深微妙 難解之法? 我自昔來 未曾從佛 聞如是說. 今者四衆 咸皆有疑, 唯願世尊 敷演斯事.

世尊, 何故 慇懃稱歎 甚深微妙 難解之法?"

爾時 舍利弗 欲重宣此義 而說偈言.

....
께서 세 바퀴[三周](=뒤의 2.5에서 설명되는, 상근기를 위한 법설주法說周, 중근기를 위한 비설주譬說周, 하근기를 위한 인연설주因緣說周의 삼주三周설법)에서 이익을 얻는 것이 앞뒤가 있어서 같지 않을 것임을 미리 아셨기 때문에, 세 번 억눌러 세 번의 청법을 기다리신 것이다. 처음의 청법에 둘이 있다. 처음 (2)는 장행이고, 뒤의 (3)은 게송이다.
22 게송에 11수가 있는데, 여섯 부분이 된다. 첫째 [1]의 첫 2행은 실지를 의심하는 것, 둘째 [4]의 제2행까지 3수는 권지를 의심하는 것, 셋째 [7]의 제2행까지 3수는 삼승과 사부대중에 의심 있음을 밝히는 것, 넷째 [8]까지 1수 반은 사리자의 의심을 밝히는 것, 다섯째 [9]의 1수는 보살의 의심을 밝히는 것, 여섯째 마지막 2수는 같이 의심해 청법함을 전체적으로 밝히는 것이다.

1	지혜의 태양이신 큰 성인께서	慧日大聖尊
	오랜 세월 지나 이 법 설하셔서	久乃說是法
	스스로 이르시되, 이와 같은	自說得如是
	십력과 사무소외와 삼매와	力無畏三昧

2	선정과 해탈 등의 불가사의한	禪定解脫等
	법 얻으셨다 하시나	不可思議法
	도량에서 얻으신 법	道場所得法
	물을 수 있는 자 없고	無能發問者

3	나의 뜻 헤아리기 어렵다 하시나	我意難可測
	역시 물을 수 있는 자 없었지만	亦無能問者
	물음 없이도 스스로 말씀하셔서	無問而自說
	행하신 도 찬탄하시고	稱歎所行道

4	지혜는 매우 미묘해서	智慧甚微妙
	붓다들만이 얻는 것이라 하시니	諸佛之所得
	번뇌 다한 여러 아라한들과	無漏諸羅漢
	열반 구하는 자들은	及求涅槃者

5	이제 모두 의혹의 그물에 떨어져	今皆墮疑網
	붓다께서 왜 이렇게 말씀하실까	佛何故說是
	그 연각 구하는 자들과	其求緣覺者
	비구와 비구니들과	比丘比丘尼

| 6| 여러 천신과 용과 귀신과 | 諸天龍鬼神
| 그리고 건달바 등은 | 及乾闥婆等
| 서로 바라보며 의심을 품고 | 相視懷猶豫
| 양족존 우러러보고 있으니 | 瞻仰兩足尊

| 7| 이 일이 어떤 것인지 | 是事爲云何
| 원컨대 붓다께서 해설해 주소서 | 願佛爲解說
| 붓다께선 모든 성문 대중 중 | 於諸聲聞衆
| 제가 제일이라 이르셨지만 | 佛說我第一

| 8| 저는 이제 스스로 지혜에 대해 | 我今自於智
| 의혹하여 확신할 수 없습니다 | 疑惑不能了
| 이것이 구경의 법이고 | 爲是究竟法
| 이것이 가는 길일까 | 爲是所行道

| 9| 붓다의 입에서 태어난 아들들도 | 佛口所生子
| 합장하고 우러러보며 기다리니 | 合掌瞻仰待
| 원컨대 미묘한 음성 내시어 | 願出微妙音
| 지금 여실하게 설해 주소서 | 時爲如實說

|10| 여러 천신과 용과 귀신 등은 | 諸天龍神等
| 그 수가 항하의 모래와 같고 | 其數如恒沙
| 붓다 구하는 여러 보살들은 | 求佛諸菩薩
| 대략[大數] 팔만이 있으며 | 大數有八萬

⑪ 또 여러 만억 국토의	又諸萬億國
전륜성왕들도 여기 이르러	轉輪聖王至
합장하고 존경하는 마음으로	合掌以敬心
구족한 도 듣고자 합니다	欲聞具足道

2.3[23]

⑴ 그 때 붓다께서 사리불에게 이르셨다. "그만 그만, 다시 말할 필요 없다. 만약 이 일을 말한다면 일체 세간의 모든 천신과 사람들 모두 놀라고 의심하리라."	爾時 佛告 舍利弗. "止止, 不須復說. 若說是事 一切世間 諸天及人 皆當驚疑."
⑵ 사리불이 거듭 붓다께 말하였다. "세존이시여, 오직 원하오니, 말씀하여 주소서. 까닭이 무엇이겠습니까? 이 법회의 무수한 백천만억의 아승기 중생들은 일찍이 여러 붓다를 뵈어서, 모든 감관이 예리하고 지혜가 명철하므로, 붓다의 말씀을 듣는다면 곧 능히 공경히 믿을 것이기 때문입니다."	舍利弗 重白佛言. "世尊, 唯願說之, 唯願說之. 所以者何? 是會無數 百千萬億 阿僧祇衆生 曾見諸佛, 諸根猛利 智慧明了, 聞佛所說 則能敬信."
⑶ 그 때 사리불은 이 뜻을 거듭 펴고자 게송으로 말하였다.	爾時 舍利弗 欲重宣此義 而說偈言.

---
23 다음 ⑴은 두 번째로 멈추신 것이고, 아래의 ⑵와 ⑶은 다시 의심을 들어 청법하는 것이니, 이하 모두 글과 같다.

    법왕이시고 위없는 성인이시여   法王無上尊
    말씀해 주시고 염려 마소서   唯說願勿慮
    이 법회의 한량없는 대중들은   是會無量衆
    능히 공경히 믿을 자들입니다   有能敬信者

2.4

(1) 붓다께서 다시 사리불을 제지하셨다.   佛復止 舍利弗.
"만약 이 일을 말한다면 일체 세간의 천·인·아수라들은 모두 놀라고 의심할 것이고, 증상만의 비구는 장차 큰 구덩이[大坑]에 떨어질 것이다."   "若說是事 一切世間 天人阿修羅 皆當驚疑, 增上慢比丘 將墜於大坑."

(2) 그 때 세존께서는 거듭 게송으로 말씀하셨다.   爾時 世尊 重說偈言.

    그만 두자, 말할 필요 없다   止止不須說
    나의 법 미묘하고 사의하기 어려워   我法妙難思
    여러 증상만인 자들은 듣고   諸增上慢者
    필시 공경히 믿지 않으리라   聞必不敬信

(3) 이 때 사리불은 거듭 붓다께 말하였다.   爾時 舍利弗 重白佛言.
"세존이시여, 오직 원하오니, 말씀하여 주소서. 지금 이 법회 중 저희들 같은 백천만억의 무리[比]들은 세세世世에 붓다   "世尊, 唯願說之, 唯願說之. 今此會中 如我等比 百千萬億 世世已曾

제2 방편품   77

로부터 교화를 받았으므로, 이러한 사람들은 반드시 공경하게 믿고, 긴 밤 동안 많은 이익 얻어 안온할 것입니다."

從佛受化, 如此人等 必能敬信, 長夜安隱 多所饒益."

⑷ 그 때 사리불은 이 뜻을 거듭 펴고자 게송으로 말하였다.

爾時 舍利弗 欲重宣此義 而說偈言.

1 위없는 양족존이시여
　으뜸 가는 법 설해 주소서
　저는 붓다의 큰 아들이니
　분별하는 말씀 베풀어 주소서

無上兩足尊
願說第一法
我爲佛長子
唯垂分別說

2 이 법회의 한량없는 대중들
　능히 이 법 공경하게 믿으리니
　붓다께서 일찍이 세세에
　이들을 이미 교화하셨으므로

是會無量衆
能敬信此法
佛已曾世世
敎化如是等

3 모두 한 마음으로 합장하고
　붓다 말씀 청수聽受하고자 합니다
　저희들 일천이백과
　그리고 나머지 붓다 구하는 자들

皆一心合掌
欲聽受佛語
我等千二百
及餘求佛者

4 이 대중들 위해서
　분별하는 말씀 베풀어 주소서

願爲此衆故
唯垂分別說

| 이들은 이 법 듣고서 | 是等聞此法 |
| 곧 큰 기쁨 일으키리다 | 則生大歡喜 |

2.5[24]

(1) 그 때 세존께서 사리불에게 이르셨다. 爾時 世尊 告舍利弗.
"그대가 간절하게 세 번이나 청하니 어찌 말하지 않을 수 있겠는가.[25] 그대는 이제 잘 듣고 잘 새기라. 내 그대 위해 분별하여 해설하리라." "汝已 慇懃三請 豈得不說. 汝今諦聽 善思念之. 吾當爲汝 分別解說."

---

[24] 이하는 적문의 정종분의 둘째, 자세히 개삼현일을 밝히는 글인데, 아래의 7품반이 그러하다. 글은 셋이 되는데, 첫째는 상근기를 위한 법설이고, 둘째는 중근기를 위한 비설이며, 셋째는 하근기를 위한 숙세인연설이다.

초주의 법설의 글에 다섯 부분이 있다. 첫째 이 품의 끝까지는 바로 법을 설하시는 것, 둘째 제3품의 3.1은 사리자가 이해하는 것, 셋째 다음 3.2의 (1)은 붓다께서 인정하시는 것, 넷째 3.2의 (2) 이하는 수기를 주시는 것, 다섯째 3.3은 사부대중이 기뻐하는 것이다.

첫째의 글에는 장행과 게송이 있는데, 장행은 셋이 된다. 첫째 2.5의 (3)까지는 허락하시는 것, 둘째 2.5의 (4)는 뜻을 받는 것[受旨], 셋째 2.6 이하는 바로 말씀하시는 것이다.

* 여기에서 적문 정종분의 구조를 간략히 도표화하면 다음과 같이 된다.

약개삼현일	2.1~2.4			
광개삼현일		법설	비유설	인연설
	정설正說	2.5~2.7	3.4~3.6	제7품
	이해[領解]	3.1	제4품	
	붓다의 인정[述成]	3.2(1)	제5품	
	수기授記	3.2(2)~(3)	제6품	제8, 9품
	환희歡喜	3.3		

[25] 허락하는 첫째의 글에도 셋이 있다. 첫째 여기까지는 청법에 따라 허락하시는 것, 둘째 그 아래는 경계시키며 허락하시는 것, 셋째 (2)와 (3)은 가려서 허락하시는 것이다.

⑵ 이 말씀을 하셨을 때 법회에 있던 5천 명의 비구, 비구니, 우바새, 우바이 등은 곧 자리에서 일어나 붓다께 예배하고 퇴장하였다.

　까닭이 무엇인가 하면, 이들 무리는 죄의 뿌리가 깊고 두터운데다가 증상만이어서, 얻지 못하고서도 얻었다 하고 깨닫지 못하고서도 깨달았다 하였기 때문이었다. 이러한 허물이 있어서 머물지 못한 것이므로, 세존께서도 잠자코 계시면서 제지하지 않으셨다.

說此語時 會中有 比丘 比丘尼　優婆塞優婆夷 五千人等 卽從座起 禮佛而退.
所以者何, 此輩 罪根深重 及增上慢,
未得謂得 未證謂證.

有如此失 是以不住, 世尊默然 而不制止.

⑶ 그 때 붓다께서 사리불에게 이르셨다.
　"이제 이 대중들에는 다시 지엽枝葉은 없고 순전히 열매[貞實]만 있구나. 사리불이여, 이러한 증상만인들은 떠나도 좋다.26 그대는 이제 잘 들어라, 그대 위해 말하리라."

爾時 佛告 舍利弗.
"我今此衆 無復枝葉 純有貞實. 舍利弗, 如是增上慢人 退亦佳矣. 汝今善聽, 當爲汝說."

⑷ 사리불이 말하였다.
　"예, 세존이시여, 듣고 싶습니다."

舍利弗言.
"唯然世尊, 願樂欲聞."

---

26 '떠나도 좋다'고 하신 것은, 지금 떠나면 법을 비방하는 허물이 없고, 또 남을 장애하는 과실도 없으므로, 떠나도 좋다고 하신 것이다.

2.6[27]

(1) 붓다께서 사리불에게 이르셨다.[28]

"㈎ 이러한 묘법은 제불여래께서 때가 되어야 말씀하시니, 마치 우담발화가 때가 되어야 한 번 나타나는 것과 같다.[29]

㈏ 사리불이여, 그대들은 붓다의 말을 믿어야 하니, 말이 허망하지 않기 때문이다.[30]

㈐ 사리불이여, 모든 붓다께서 근기 따라 설하신 법은 뜻이 이해하기 어렵다.[31]

佛告 舍利弗.

"如是妙法 諸佛如來 時乃說之, 如優曇鉢華 時一現耳.

舍利弗, 汝等當信 佛之所說, 言不虛妄.

舍利弗, 諸佛 隨宜說法 意趣難解.

----

[27] 이하 바로 자세히 말씀하시는 글에 둘이 있다. 첫째 여기에서부터 (2)까지는 사불四佛(=제불·과거불·미래불·현재불)의 글[사불장四佛章]을 밝혀 위의 제불의 권실을 자세히 하는 것이고, 둘째 (3) 이하는 석가의 글[석가장釋迦章]을 밝혀 위의 석가의 권실을 자세히 하는 것이다. 먼저 사불장은 둘이 된다. 처음은 제불을 전체적으로 밝히는 것이고, 뒤의 (2)의 ㈏ 이하는 삼세의 붓다를 열거하는 것이다.
[28] 전체적인 글에서는 여섯 가지 뜻[六義]을 갖추어야 하지만, 지금은 넷 뿐이니, 첫째 법이 희유함을 찬탄하는 것, 둘째 말에 허망함이 없는 것, 셋째 방편이었음을 밝히는 것, 넷째 진실을 보이는 것이다. (다섯째 오탁五濁을 들어 방편을 해석하는 것과, 여섯째 거짓을 가려 진실을 도탑게 하는 것의) 두 가지 뜻이 빠진 것은 뒤(=(4)·(5) 및 게송)에 글이 있음을 가리킨다.
[29] (첫째) 법을 찬탄함 중에는 법과 비유의 쌍으로써 찬탄한다. 오래도록 말하지 않은 것은 사람이 감당하지 못했기 때문이고, 때가 이르지 않았기 때문이며, 오천 명을 아직 보내지 않았기 때문이다. 지금 사람이 감당할 수 있고, 때가 이르렀으며, 오천 명이 가버렸으므로, 결정적으로 대승을 말하는 것이다. '우담발화'는 이 곳 말로 영서靈瑞라고 한다. 삼천 년에 한 번 나타나고, 나타나면 금륜왕(=금륜으로 다스리는 전륜성왕)이 출현한다고 하니, 삼승이 이미 성숙한 다음 비로소 묘법을 설하고 법왕의 기별을 주는 것을 나타낸다.
[30] (둘째) 허망함이 없는 법을 믿으라고 권하는 것이다.

까닭이 무엇이겠는가? 내가 수없는 방편과 갖가지 인연·비유·언사로써 여러 법을 펴 말했지만,32 ① 이 법은 사량 분별로 알 수 있는 것이 아니니, 오직 모든 붓다들께서만 아실 수 있는 것이다. ② 어째서인가 하면 제불세존께서는 오직 일대사인연一大事因緣으로 세상에 출현하시기 때문이다.33

③ 사리불이여, 무엇을 제불세존께서 일대사인연으로 세상에 출현하신다고 이름하는가?34 ④ 제불세존께서는 중생으

所以者何? 我以 無數方便 種種因緣 譬喩言辭 演說諸法, 是法 非思量分別 之所能解, 唯有諸佛 乃能知之.

所以者何 諸佛世尊 唯以一大事因緣故 出現於世.

舍利弗, 云何名 諸佛世尊 唯以一大事因緣故 出現於世? 諸佛世尊 欲

---

31 이하는 (셋째) 방편이었음을 밝히는 글이다. 글에 셋이 있으니, 밝히는 것[開]과 해석하는 것[釋]과 맺는 것[結]이다. [* 이하 제불장의 분단과목은 서로 겹쳐 있어 혼란스러운 측면이 있다. 이 셋 중의 맺는 과목은 뒤의 (2)(가)④의 글이, 해석하는 글의 다섯 번째 맺어 이루는 과목인 것과 겹치는 것으로 보인다.] 이것은 첫째 모든 붓다께서 세 가지 근기를 따라 방편으로 말씀하셨음을 밝히는 것이다.

32 이하 해석하는 글에 다섯이 있다. ①은 수승한 사람과 법을 표방하는 것, ②는 세상에 출현하시는 뜻을 표방하는 것, ③은 거듭 보이는 것, ④는 바르게 해석하는 것, (2)(가)④는 맺어 이루는 것이다. * 여기에서 ④도 여섯 가지 뜻 중의 넷째 진실을 드러내는 글과 겹치는 것으로 보인다.

33 모든 붓다께서는 여실한 모습을 깨달으셔서 이 진실한 도를 타고 세상에 출현하시어, 오직 중생들로 하여금 이 실상을 얻게 하시니, 오직 이 일로 세상에 출현하시는 것일 뿐 다른 일은 없다. 글자를 나누어 해석하자면 '일'은 곧 하나의 실상이라는 것이고, 그 성품이 매우 넓으므로 '대'라고 하였으며, 제불이 출세하는 의식儀式이므로 '사'라고 하였고, 중생에게 이 근기가 있어 붓다를 감응하므로 '인'이라고 하고, 붓다께서는 근기를 타고 응현하시므로 '연'이라고 한다. 이것이 출세하시는 근본 뜻이지만, 지금 삼승이 방편임을 털어놓는 것은 일승을 위한 실마리이다.

34 셋째 거듭 표방하시는 것은, 장차 분별하시고자 다시 거듭 제기해서 해석

로 하여금 붓다의 지견[佛知見]을 열어[開] 청정을 얻게 하고자 세상에 출현하시는 것이고, 중생에게 붓다의 지견을 보이고자[示] 세상에 출현하시는 것이며, 중생으로 하여금 붓다의 지견을 깨닫게[悟] 하고자 세상에 출현하시는 것이고, 중생으로 하여금 붓다의 지견의 도에 들게[入] 하고자 세상에 출현하시는 것이니,35 사리불이여, 이것이 모든 붓다께서 일대사인연으로 세상에 출현하시는 것인 것이다."36

令衆生 開佛知見 使得淸淨故 出現於世,
欲示衆生　佛之知見故 出現於世,
欲令衆生　悟佛知見故 出現於世,
欲令衆生　入佛知見道故 出現於世,
舍利弗, 是爲諸佛 以一大事因緣故 出現於世."

의 단서로 삼으신 것이다.

35 이제 (넷째) 진실 드러냄을 해석하자면, 무량한 법이 모두 하나인 것이니, 『법화현의』중의 십묘十妙(=묘법연화경의 '묘'를 본·적문 각각 열 가지로 해석한 것 중 적문의 십묘, 즉 경境묘·지智묘·행行묘·위位묘·삼법三法묘·감응묘·신통묘·설법묘·권속묘·이익묘를 말함)와 같이 곧 열 가지의 하나이다. 만약 예전의 해석에 응한다면 사일四一(=네 가지의 하나. 모든 가르침이 일승의 이치라는 이일理一, 모든 수행은 일승의 수행이라는 행일行一, 삼승인 모두가 보살이라는 인일人一, 삼승은 모두 일불승이라는 교일敎一의 넷)로 할 수도 있다. 이제 간략함을 쫓아 사일로 글을 해석하되, 먼저 이일을 해석한다. '개開'란 곧 십주이니, 처음으로 무명을 깨고 여래장을 열어 실상의 이치를 보는 것이다. '시'란 번뇌의 장애가 이미 제거되어 지견의 자체가 드러나는 것이니, 자체에 만덕을 갖추어 법계의 온갖 덕을 현시함이 분명하므로 '보인다'고 한 것이다. 곧 십행의 지위이다. '오'란 장애가 제거되어 자체가 드러남에 법계의 행이 밝아져 현상과 이치가 융통하여 다시 두 가지 길이 없으니, 곧 십회향의 지위이다. '입'이란 현상과 이치가 이미 융통하여 자재무애하고 자재유주流注하여 저절로 일체지의 바다에 들어가니, 곧 십지의 지위이다. *『문구』는 이 외에도 몇 가지 관점에서의 해석을 더하고 있다.

36 이는 곧 이일理一의 뜻을 맺어 이루는 것이다.

(2) 붓다께서 사리불에게 이르셨다.

"㈎ ① 제불여래께서는 다만 보살을 교화하실 뿐이니,37 ② 하시는 모든 것은 항상 한 가지 일을 위함이라, 오직 붓다의 지견을 중생에게 보여 깨닫게 하려는 것이다.38 ③ 사리불이여, 여래는 다만 일불승一佛乘으로 중생에게 법을 설할 뿐, 이승이든 삼승이든 다른 승은 없다.39

④ 사리불이여, 일체 시방의 모든 붓다의 법도 또한 이와 같다.40

㈏41 사리불이여, 과거의 모든 붓다들께서는 한량없고 수없는 방편과 갖가지 인연·비유·언사로써 중생 위해 모든 법

佛告 舍利弗.
"諸佛如來 但敎化菩薩, 諸有所作 常爲一事, 唯以佛之知見 示悟衆生.

舍利弗, 如來但以 一佛乘故 爲衆生說法, 無有餘乘 若二若三.

舍利弗, 一切十方 諸佛法 亦如是.

舍利弗, 過去諸佛 以無量無數方便 種種因緣 譬喻言辭 而爲衆生 演

---

37 이는 인일人一을 밝힌 것이니, 과거의 방편에서는 삼승을 교화한다 하였지만, 이치의 진실로는 단지 보살을 교화할 뿐이다.
38 이것은 행일行一을 말한 것이다. 이 행이 어디에 이르는가 하면 오직 붓다의 지견으로 나아가니, 곧 이것이 행일의 뜻이다.
39 이것은 교일敎一을 말한 것이다. 원돈圓頓의 가르침을 일불승이라고 이름한다. '다만 일불승으로'라고 한 것은 순수히 불법 중의 원교의 가르침을 말한 것이고, '다른 승은 없다'라고 한 것은 별교別敎의 방편을 띤 미진한 말씀은 없다는 것이다.
40 이는 제불의 사일에 관한 글을 맺어 이루는 것이다. * 이는 방편이었음을 밝히는 글의 셋째 맺는 글임과 동시에, 방편이었음을 해석하는 글의 다섯째 맺어 이루는 글에도 해당하는 것으로 보인다.
41 이하 삼세불장에서는 각각 교일과 행일을 밝히고, 뒤(=㈏의 글)에서 인일과 이일을 총체적으로 논했다. 그리고 과거제불장부터는 여섯 가지 뜻 중 단지 둘만 나온다. 하나는 방편이었음을 밝히는 것이고, 다른 하나는 진실을 드러내는 것이다. 나머지 중 두 가지(=법의 찬탄과 말에 허망함이 없음)는 위에서 나왔음을 가리키고, 두 가지는 뒤에 나올 것임을 가리킨다.

을 펴 말씀하셨는데, 이 법은 모두 일불승을 위한 것이었으므로, 이 모든 중생들은 붓다들로부터 법을 듣고 구경에 모두 일체종지를 얻었던 것이다.42

㈐ 사리불이여, 미래의 모든 붓다께서도 세상에 출현하시어 역시 한량없고 수없는 방편과 갖가지 인연·비유·언사로써 중생 위해 모든 법을 펴 말씀하실 것인데, 이 법도 모두 일불승을 위한 것이므로, 이 중생들도 붓다로부터 법을 듣고 구경에 모두 일체종지를 얻을 것이다.

㈑ 사리불이여, 현재 시방의 한량없는 백천만억 불국토 중의 제불세존께서 중생들을 요익하고 안락케 하심이 많다. 이 모든 붓다들 역시 한량없고 수없는 방편과 갖가지 인연·비유·언사로써 중생 위해 모든 법을 펴 말씀하시는데, 이 법도 모두 일불승을 위한 것이므로, 이 중생들도 붓다로부터 법을 듣고 구경에 모두 일체종지를 얻는 것이다.

說諸法, 是法皆爲 一佛乘故, 是諸衆生 從諸佛聞法 究竟皆得 一切種智.

舍利弗, 未來諸佛 當出於世 亦以無量無數方便 種種因緣 譬喻言辭 而爲衆生 演說諸法, 是法皆爲 一佛乘故, 是諸衆生 從佛聞法 究竟皆得 一切種智.

舍利弗, 現在十方 無量百千萬億 佛土中 諸佛世尊 多所饒益 安樂衆生. 是諸佛亦 以無量無數方便 種種因緣 譬喻言辭 而爲衆生 演說諸法, 是法皆爲 一佛乘故, 是諸衆生 從佛聞法 究竟皆得 一切種智.

---

42 '한량없고 수없는 방편으로'라고 한 것은 방편이었음을 밝히는 것이고, '이 법은 모두 일불승을 위한 것이므로'라고 한 것은 진실을 드러낸 것이다. 사일로 말한다면 '일불승'은 곧 교일이다. '구경에 모두 일체종지를 얻는다'는 것은 일체종지로 아는 대상[所知]은 곧 이일이지만, 아는 수단[能知]은 곧 행일이다.

㈤ 사리불이여, 이 모든 붓다들은 다만 보살을 교화하실 뿐이니, 붓다의 지견을 중생에게 보이려 하시기 때문이고, 붓다의 지견으로 중생을 깨닫게 하고자 하시기 때문이며, 중생들을 붓다의 지견에 들게 하고자 하시기 때문이다.43

舍利弗, 是諸佛但 敎化菩薩, 欲以 佛之知見 示衆生故, 欲以 佛之知見 悟衆生故, 欲令衆生 入佛之知見故.

⑶44 사리불이여, 나도 지금 역시 이와 같아서 모든 중생에게 갖가지 욕구와 깊은 마음으로 집착하는 바가 있음을 알고, 그들의 본성을 따라 갖가지 인연·비유·언사와 방편의 힘으로 법을 설한다.45 사리불이여, 이러한 것은 모두 일불승과 일체종지를 얻게 하기 위한 것이다.46

舍利弗, 我今 亦復如是 知諸衆生 有種種欲 深心所著, 隨其本性 以種種因緣 譬喩言辭 方便力 而爲說法. 舍利弗, 如此皆爲 得一佛乘 一切種智故.

⑷ 사리불이여, 시방세계에는 이승조차 없는데, 어찌 하물며 삼승이 있겠는가.47

　사리불이여, 모든 붓다께서는 오탁의

舍利弗, 十方世界中 尙無二乘, 何況有三.

舍利弗, 諸佛出於 五濁

---

43 (이로써) 글이 사일을 갖추는 것이다(='다만 보살만을 교화하실 뿐'은 인일이고, '붓다의 지견을 보이려 하시기 때문'이하는 이일이기 때문).
44 이하는 제2 석가장을 자세히 해석하는 것이다.
45 (석가장에는) 여섯 가지 뜻 중 법이 희유함을 찬탄하는 것이 없다. 첫째 이 부분은 방편이었음을 밝히는 것이다.
46 이는 둘째 진실을 드러내는 것이다.
47 ⑷는 셋째 오탁을 들어 방편이었음 밝히는 것을 해석하는 것이다. 이 부분은 장차 오탁을 들고자 하므로 먼저 그 뜻을 표방한 것이다.

악세에 출현하시니, 소위 겁탁·번뇌탁·중생탁·견탁·명탁이다.48

이와 같이 사리불이여, 겁탁이 어지러울 때에는 중생의 때가 무거워 간탐과 질투로 여러 불선근을 성취하기 때문에 모든 붓다께서는 방편의 힘으로 일불승을 셋으로 분별하여 말씀하신다.

惡世, 所謂 劫濁 煩惱濁 衆生濁 見濁 命濁. 如是 舍利弗, 劫濁亂時 衆生垢重 慳貪嫉妒 成就諸不善根故 諸佛以方便力 於一佛乘 分別說三.

(5) ① 사리불이여, 만약 나의 제자로서 스스로 아라한이고 벽지불이라고 이르는 자가, 제불여래가 단지 보살을 교화할 뿐이라는 것을 듣지도 못하고 알지도 못한다면, 이는 붓다의 제자가 아니고 아라한도 아니며 벽지불도 아니다.49

舍利弗, 若我弟子 自謂阿羅漢 辟支佛者,
不聞不知 諸佛如來 但教化菩薩事,
此非佛弟子 非阿羅漢 非辟支佛.

....
48 '겁탁'에는 별도의 체가 없다. 다만 나머지 4탁에 입각하여 이 가명을 세우는 것이다. 아래의 경문에서 '겁탁이 어지러운 때'라고 한 것은 곧 이 뜻이다. '중생탁' 역시 별도의 체가 없다. 견해와 거만의 과보를 잡아 이 가명을 세우는 것이다. 아래의 글에서 '중생의 때가 무겁다'라고 한 것은 곧 이 뜻이다. '번뇌탁'은 오둔사鈍使(=탐·진·치·만·의)를 체로 함을 가리키고, '견탁'은 오리사利使(=5견)를 체로 함을 가리키며, '명탁'은 색·심이 연속하여 유지되는 것을 체로 함을 가리킨다. 탁의 모습은 허다해서 갖추어 말할 수 없다. 그 차례라면 번뇌탁과 견탁이 근본이 되고, 이 두 가지 탁을 쫓아 중생탁이 이루어지며, 중생탁으로부터 그것이 상속되는 명탁이 있게 되고, 이 네 가지가 시절을 경과하는 것을 겁탁이라고 말하는 것이다.
49 넷째 거짓을 가려 진실을 도탑게 하는 (5)의 글에 둘이 있다. 처음은 진위를 가리는 것이고, 뒤의 ③ 이하는 제외해서 의심을 풀어주는 것이다. 처음의 글에도 둘이 있으니, 첫째 ①은 듣지도 못하고 알지도 못한다면 진정한 제자가 아니라는 것이고, 둘째 ②는 듣고도 믿지 않는다면 증상만을 이룬

② 또 사리불이여, 이 모든 비구와 비구니가 스스로 이미 아라한을 얻어 최후의 몸이고 구경열반이라고 말하면서, 다시 아뇩다라삼먁삼보리를 구하지 아니한다면, 이들 무리는 모두 증상만인이라고 알아야 한다.50 까닭이 무엇인가 하면 만약 어떤 비구가 실제로 아라한을 얻고서도 이 법을 믿지 않는다면 있을 수 없는 일이기 때문이다.51

③ 다만 붓다의 멸도 후 현전에 붓다가 없을 경우는 제외한다. 왜냐 하면 붓다의 멸도 후 이러한 등의 경전을 수지 독송하고 뜻을 아는 자, 이 사람은 있기 어렵기 때문이다.52 ④ 이들도 만약 다른 붓다[餘佛]를 만난다면, 이 법에 대해 분

又舍利弗, 是諸比丘比丘尼 自謂 已得阿羅漢 是最後身 究竟涅槃, 便不復志求 阿耨多羅三藐三菩提, 當知此輩 皆是增上慢人. 所以者何 若有比丘 實得阿羅漢 若不信此法 無有是處.

除佛滅度後 現前無佛. 所以者何 佛滅度後 如是等經 受持讀誦解義者 是人難得.
若遇餘佛, 於此法中 便得決了.

....
다는 것이다. 여래가 과거 오탁악세에 삼승을 열어 말했을 때 그대는 수순하여 열반을 얻었으니, 들을 수 있고 알 수 있어 제자라고 이름하였다. 지금 오탁을 제거하고 그대 위해 일불승을 말하는데, 어찌해 듣지도 못하고 알지도 못하는가 라는 것이다.
50 그대는 스스로 최후의 몸이라고 하지만, 몸이 오히려 한량없을 것이므로 실제로 최후의 몸이 아니다. 그대는 스스로 구경이라고 하지만, 아직 이백 유순이 남았으니(=제7 화성유품 참조) 실제로 구경이 아니다. 얻지 못하고도 얻었다고 하니, 어찌 증상만이 아니겠는가?
51 진정한 아라한은 탁함이 제거되고 근기가 예리하여 구경이 아님을 알고서 진실한 이 법을 믿으며, 아직 최후신이 아니므로 증상만을 일으키지 않는다는 것이다.
52 이는 불멸후에는 증상만이 되지 않는다고 제외하는 것이다.

명히 알게 될 것이다.53

(6) 사리불이여, 그대들은 일심으로 붓다의 말을 신해하여 수지해야 한다. 제불여래의 말씀에는 허망함이 없으니, 다른 승이란 없고 오직 일불승뿐이다."54

舍利弗, 汝等當 一心信解 受持佛語. 諸佛如來 言無虛妄, 無有餘乘 唯一佛乘."

2.7

그 때 세존께서는 이 뜻을 거듭 펴시고자 게송으로 말씀하셨다.55

爾時 世尊 欲重宣此義 而說偈言.

① 비구와 비구니로서
　증상만을 품은 자 있고

比丘比丘尼
有懷增上慢

....

53 이는 의심을 풀어주는 것이다. 이런 사람은 비록 멸도했다는 생각을 내더라도 목숨을 버린 후 삼계 밖의 유여有餘국토(=천태교학에서의 범성동거토・방편유여토・실보무장애토・상적광토라는 네 가지 불토 중 소위 방편유여토. 삼계의 번뇌를 끊어 분단생사는 벗어났으나, 아직 근본의 무명혹을 끊지 못해 변역생사를 받는 국토)에 태어나 다른 붓다를 만나 이 경전을 듣고 분명히 알게 된다는 것이다.《대지도론》제93권 중에서 필정품畢定品을 해석하면서 말하였다.「(문) 아라한은 전생의 인연으로 받은 몸이 필시 멸하는데, 어디에 있으면서 불도를 갖춘다는 것인가? (답) 아라한은 삼계의 번뇌의 인연이 다하였으므로 다시는 삼계에 태어나지 않지만, 삼계 밖으로 나가 번뇌라는 이름이 없는 청정한 불국토가 있어, 그 국토의 불소佛所에서《법화경》을 듣고 불도를 갖추니, 곧《법화경》에서 이르기를, "어떤 아라한이 만약《법화경》을 듣지 못하여 스스로 멸도를 얻었다고 말한다면, 내가 다른 국토에서 이 일을 말하여 그대들 모두 붓다가 되게 하리라."라고 하였다.」

54 (6)은 다섯째 허망함이 없음을 밝히는 것이다.

55 게송은 121수가 있는데, 나누면 둘이 된다. 처음 4수1행은 답 허락하신 것을 노래했고, 뒤의 116수3행은 바르게 답하신 것을 노래한 것이다.

아만의 우바새와	優婆塞我慢
믿지 않는 우바이	優婆夷不信

2 이와 같은 사부대중들　　　　　　如是四衆等
　그 수가 오천 명 있어서　　　　　　其數有五千
　스스로 그 허물 보지 못하고　　　　不自見其過
　계에도 결함이 있어　　　　　　　　於戒有缺漏

3 그 흠 지키고 아끼는　　　　　　　　護惜其瑕疵
　지혜 작은 자들 나갔으니　　　　　　是小智已出
　대중들 중 지게미와 겨[糟糠]가　　　衆中之糟糠
　붓다의 위덕 때문에 떠난 것　　　　佛威德故去

4 이 사람들은 복덕이 적어　　　　　　斯人尟福德
　이 법을 감당해 받지 못한다56　　　不堪受是法
　이제 대중들 중에 지엽은 없고　　　此衆無枝葉
　오직 여러 열매뿐이니　　　　　　　唯有諸貞實

5 사리불이여, 잘 들어라　　　　　　　舍利弗善聽
　모든 붓다께서는 얻으신 법을57　　 諸佛所得法

---

56 답 허락하심을 노래한 것에 두 부분이 있다. 처음 4수는 청중을 가려 허락하시는 것이고, 뒤의 5의 제1행은 경계시키는 것이다. 전자 중에 둘이 있으니, 4의 제2행까지 3수반은 오천 명의 퇴석을 노래한 것이고, 4의 제3, 4행은 청중이 청정해졌음을 노래한 것이다.
57 이하 116수3행의 바르게 답하심을 노래한 것에는 둘이 있다. 처음 78의

한량없는 방편의 힘으로	無量方便力
중생들 위해 설하시되	而爲衆生說

⑥ 중생들 마음으로 생각하는 것과	衆生心所念
갖가지 행하는 도와	種種所行道
여러 가지 욕구·성품과	若干諸欲性
전생의 선업과 악업	先世善惡業

⑦ 붓다께선 이들 모두 다 아시고	佛悉知是已
여러 인연과 비유	以諸緣譬喩
언사와 방편의 힘으로	言辭方便力
모두를 기쁘게 하신다	令一切歡喜

⑧ 혹은 수다라를 설하시고	或說修多羅
가타伽陀와 본사本事	伽陀及本事
본생本生과 미증유를 설하시며	本生未曾有
또한 인연과	亦說於因緣

....
제2행까지 73수1행은 사불장을 노래한 것이고, 뒤의 43수반은 석가장을 노래한 것이다. 전자에는 다시 넷이 있다. 첫째 ㉟까지 34수3행은 제불문, 둘째 ㊇의 제2행까지 27수반은 과거불문, 셋째 ㊓까지 6수반은 미래불문, 넷째 ㊄의 제2행까지 4수반은 현재불문을 각각 노래한 것이다. (제불문을 노래한) 첫째 게송의 글은 다섯이 된다. 첫째 ⑩까지 5수3행은 제불의 방편 베푸심[施權], 둘째 ㉓까지 13수는 제불의 진실 드러내심[顯實], 셋째 ㉘의 제2행까지 4수반은 믿기를 권함[勸信], 넷째 ㊲까지 9수반은 오탁, 다섯째 ㊴까지 2수는 허망하지 않음을 각각 노래한 것이다. 그 중 첫째의 게송에는 둘이 있다. 처음 ⑨의 제2행까지는 바로 방편 베푸심을 노래한 것이고, 뒤의 ⑩까지 1수반은 방편 베푸신 뜻을 맺는 것이다.

9	비유 아울러 기야祇夜와	譬喩幷祇夜
우바제사경優波提舍經을 설하시니	優波提舍經
둔근기가 작은 법 즐겨	鈍根樂小法
생사에 탐착하고	貪著於生死

10 한량없는 붓다들에게서　　　　　於諸無量佛
　　깊고 오묘한 도 행하지 아니해　　不行深妙道
　　온갖 고통으로 괴로움 받으므로　　衆苦所惱亂
　　이들 위해 열반 설하신다　　　　爲是說涅槃

11 [58] 내 이 방편 시설하여　　　　我設是方便
　　붓다의 지혜에 들게 하면서도　　令得入佛慧
　　일찍이 그대들에게는　　　　　　未曾說汝等
　　불도 이루리라 말하지 않았으니　當得成佛道

12 일찍이 말하지 않은 까닭은　　　所以未曾說
　　말할 때가 이르지 않아서이나　　說時未至故
　　이제 바로 그 때이므로　　　　　今正是其時
　　대승을 결정해서 말한다　　　　決定說大乘

13 나의 이 구부九部의 법은　　　　我此九部法

---

58 이하 23까지 13수는 (제불문 중의) 둘째 진실 드러냄[顯實]을 노래한 것이다. 글에 넷이 있는데, 13까지 3수는 이일理一을 노래한 것이다. * 13의 제1행 중 '9부의 법'은 8과 9에서 든 수다라 내지 우바제사경의 아홉 가지를 가리킨다.

	중생들 수순해 설한 것으로	隨順衆生說
	대승에 들게 하는 근본이 되니	入大乘爲本
	그래서 이 경전들 설한 것이다	以故說是經

14|59| 불자 있어 마음 청정하고
   부드러우며 또한 이근利根이어서
   한량없는 여러 붓다 처소에서
   깊고 오묘한 도 행하였으면

有佛子心淨
柔軟亦利根
無量諸佛所
而行深妙道

15| 이 모든 불자 위해
   이 대승경전 말하고
   나는 이러한 사람에게 수기하여
   내세에 불도 이루리라고 하니

爲此諸佛子
說是大乘經
我記如是人
來世成佛道

16| 깊은 마음으로 붓다 새겨
   청정한 계 닦고 지닌 연고라
   이들은 붓다 얻으리란 말 듣고
   큰 기쁨 온 몸에 충만하리라

以深心念佛
修持淨戒故
此等聞得佛
大喜充遍身

17| 붓다는 그들의 심행을 알므로
   그들 위해 대승을 설하니
   성문이건 보살이건

佛知彼心行
故爲說大乘
聲聞若菩薩

---

59 둘째 |18|의 제2행까지 4수반은 위에서 '제불여래는 다만 보살을 교화할 뿐' 이라고 한 것을 노래한 것으로, 인일人一을 밝히는 것이다.

제2 방편품 93

내가 말한 법을	聞我所說法

18	나아가 게송 하나라도 듣는다면	乃至於一偈
	모두 틀림 없이 붓다 이루리라	皆成佛無疑
	시방 불국토 중에는60	十方佛土中
	오직 일불승의 법만 있을 뿐	唯有一乘法

19	이승도 없고 삼승도 없다	無二亦無三
	붓다가 방편으로 말하여	除佛方便說
	단지 임시의 이름[假名字]으로써	但以假名字
	중생 인도함은 제외하니	引導於衆生

20	붓다의 지혜 말하려는 연고라61	說佛智慧故
	모든 붓다 세상에 출현하셔서62	諸佛出於世
	오직 이 한 가지 일만 진실이고	唯此一事實
	나머지 둘은 곧 진실 아니니	餘二則非眞

21	끝내 소승으로는	終不以小乘
	중생들 제도하지 않는다	濟度於衆生
	붓다는 그 얻은 법대로	佛自住大乘

---

60 이하 20의 제1행까지 1수3행은 셋째 곧 교일敎一이다.
61 가명假名으로 인도함은 곧 방편의 가르침이니, 가명의 삼승교를 드는 것은 붓다의 지혜라는 하나의 가르침을 드러내려는 것이다.
62 이하 23까지 3수3행은 넷째, 위에서 '하시는 모든 것은 항상 한 가지 일을 위함'이라고 한 행일行一을 노래한 것이다.

대승에 스스로 머물며　　　　　　如其所得法

22　선정과 지혜의 힘으로 장엄하여　　定慧力莊嚴
　　이로써 중생들 제도하는 것이지　　以此度衆生
　　스스로 위없는 도와　　　　　　　自證無上道
　　대승의 평등법 깨닫고도　　　　　大乘平等法

23　만약 나아가 한 사람이라도　　　　若以小乘化
　　소승으로 교화한다면　　　　　　　乃至於一人
　　내 곧 간탐에 떨어진 것이겠지만　我則墮慳貪
　　이런 일은 있을 수 없다　　　　　　此事爲不可

24 63 만약 사람이 붓다 믿어 귀의하면　若人信歸佛
　　여래는 속이지 않고　　　　　　　　如來不欺誑
　　또한 간탐과 질투의 마음 없으며　亦無貪嫉意
　　모든 법 중의 악을 끊었으니　　　　斷諸法中惡

25　그러므로 붓다는 시방에서　　　　　故佛於十方
　　홀로 두려움 없도다　　　　　　　　而獨無所畏
　　내 이 상호로 장엄한 몸의　　　　　我以相嚴身
　　광명으로 세간 비추어　　　　　　　光明照世間

---

63 이하 28의 제2행까지 4수반은 (제불문 중의) 셋째 믿기 권하신 것을 노래한 것이다. 글에 둘이 있으니, 처음 26의 제2행까지 2수반은 과를 들어 믿기를 권하신 것, 뒤의 2수는 인을 들어 믿기를 권하신 것이다.

26 한량없는 중생들 존경받으니 　　　無量衆所尊
　　그들 위해 실상의 이치 설한다 　　爲說實相印
　　사리불이여, 알아야 하니 　　　　舍利弗當知
　　내 본래 서원 세워 　　　　　　　我本立誓願

27 일체의 중생들 나와 같고 　　　　欲令一切衆
　　다름 없게 하고자 하였는데 　　　如我等無異
　　내 과거에 서원한 바대로 　　　　如我昔所願
　　이제 이미 만족했으므로 　　　　　今者已滿足

28 일체의 중생들 교화하여 　　　　　化一切衆生
　　모두 불도에 들게 하려는 것임을 64　皆令入佛道
　　만약 내가 중생들 만나 65　　　　若我遇衆生
　　다 불도로써 가르친다면 　　　　　盡敎以佛道

....

64 이제 보리를 이미 만족했으므로 중생들도 역시 들게 하겠다는 것이다. (문) 본래의 서원이 이미 넓었는데, 지금도 중생들은 오히려 많다. 서원이 어떻게 만족되었다는 것인가? (답) 붓다께서는 삼세에 걸쳐 중생 교화하시는데, 지금은 현재를 논하여 서원이 만족되었다는 것을 밝히신 것이다.

65 이하 37까지 9수반은 제불문의 넷째 오탁을 드는 것이다. 위에서는 오탁을 밝히는 것이 석가장의 뒤에 있었는데, 지금 게송의 글에서는 제불문의 끝에 있고, 석가장 중에서도 다시 거듭 나온다. 이는 제불이 같이 오탁에 출현하여 모두 먼저 삼승을 말하고 뒤에 일승을 말한다는 것을 밝히시는 것이다. 이 글은 넷이 된다. 첫째 29의 제2행까지 1수는 오탁이 대승을 장애함을 총체적으로 밝히시는 것, 둘째 35의 제2행까지 6수는 오탁이 삼승을 장애함을 개별적으로 밝히시는 것, 셋째 36의 제2행까지 1수는 오탁 때문에 방편으로 소승을 설함을 밝히시는 것, 넷째 37까지 1수반은 대승을 위해 소승을 설함을 밝히시는 것이니, 소승도 오탁을 다스려 대승의 서원을 일으킬 수 있다는 것이다.

|29| 지혜 없는 자는 혼란하고 　　　　　無智者錯亂
　　미혹하여 가르침 받지 못한다 　　迷惑不受敎
　　나는 이 중생들이66 　　　　　　　我知此衆生
　　일찍이 선근[善本] 닦지 않고 　　　未曾修善本

|30| 오욕五欲에 굳게 집착해서 　　　　堅著於五欲
　　치·애癡愛로 고뇌를 일으키며 　　癡愛故生惱
　　모든 욕망의 인연 때문에 　　　　以諸欲因緣
　　삼악도에 떨어지기도 하고 　　　　墜墮三惡道

|31| 육도를 윤회하면서 　　　　　　　輪迴六趣中
　　온갖 고통을 갖추어 받으니67 　　　備受諸苦毒
　　수태한 작은 형상 　　　　　　　受胎之微形
　　세세에 항상 자라지만 　　　　　　世世常增長

|32| 박덕하고 복 적은 사람이라 　　　薄德少福人
　　온갖 고통으로 핍박 당하고68 　　　衆苦所逼迫
　　사견邪見의 조림稠林에 들어가 　　　入邪見稠林
　　있다거나 없다는 등의 　　　　　　若有若無等

|33| 이러한 여러 소견에 의지해 　　　依止此諸見

---

66 * 한역문 중의 '안다'는 내용은 |35|의 제2행까지 이른다.
67 이는 둘째 오탁이 삼승을 장애함을 개별적으로 밝히는 것 중 이 처음 2수는 중생탁을 밝히는 것이다.
68 이는 명탁을 밝히는 것이다.

육십이견을 구족하며69　　　　具足六十二
　　　허망한 법을 깊이 집착하여　　　深著虛妄法
　　　굳게 지키고 버리지 못하며　　　堅受不可捨

34 아만으로 스스로 높이고　　　　我慢自矜高
　　　첨곡諂曲하는 마음 진실치 못하여70　諂曲心不實
　　　천만억의 겁 동안　　　　　　　於千萬億劫
　　　붓다라는 이름 듣지 못하고　　　不聞佛名字

35 바른 법 또한 듣지 못하니　　　　亦不聞正法
　　　이러한 사람 제도하기 어려움 알고71　如是人難度
　　　그래서 사리불이여　　　　　　　是故舍利弗
　　　내가 방편을 시설하여　　　　　我爲設方便

36 괴로움 다하게 하는 여러 도 말하고　說諸盡苦道
　　　이들에게 열반을 보였지만72　　　示之以涅槃
　　　내 비록 열반 말했어도　　　　　我雖說涅槃
　　　이 또한 진실한 소멸[眞滅] 아니고　是亦非眞滅

37 모든 법은 본래부터　　　　　　　諸法從本來

---

69 이는 견탁을 밝히는 것이다.
70 이는 번뇌탁을 밝히는 것이다.
71 이는 겁탁을 밝히는 것이다.
72 이 1수는 오탁을 드는 것 중의 셋째, 오탁 때문에 방편으로 소승 설하신 것을 밝히는 것이다.

항상 스스로 적멸한 모습이라	常自寂滅相
불자는 도 행하고 나서	佛子行道已
미래세에 붓다 이룬다73	來世得作佛

38 74 내게 방편의 힘 있어	我有方便力
삼승의 법 열어 보였으나	開示三乘法
일체의 모든 세존은	一切諸世尊
모두 일승의 도를 말하니	皆說一乘道

39 이제 이 모든 대중들은	今此諸大衆
모두 의혹 없애야 하리	皆應除疑惑
모든 붓다의 말은 다름이 없으니	諸佛語無異
오직 일승일 뿐 이승은 없다	唯一無二乘

40 75 과거 수없는 겁 동안	過去無數劫
한량없이 멸도하신 붓다들	無量滅度佛
백천만억의 종류	百千萬億種
그 수를 헤아릴 수 없는데	其數不可量

41 이러한 모든 세존들께서도	如是諸世尊
갖가지 인연과 비유와	種種緣譬喩

---

73 이 1수반은 오탁을 드는 것 중의 넷째, 끝내 대승에 들게 한다는 것이다.
74 이하 39까지 2수는 (제불문 중의) 다섯째 허망하지 않음을 노래했다.
75 이하 27수반은 위의 과거불장을 노래한 것이다. 글에 둘이 있으니, 처음 41까지 2수는 개삼開三이고, 뒤의 그 아래는 현일顯一이다.

수없는 방편의 힘으로	無數方便力
모든 법의 모습 펴 말씀했지만	演說諸法相

42 76 이 모든 세존들께서도 　　　　　是諸世尊等
　　　모두 일승의 법을 말씀하셔 　　　　皆說一乘法
　　　한량없는 중생 교화해 　　　　　　　化無量衆生
　　　불도에 들게 하셨다 　　　　　　　　令入於佛道

43 77 또 모든 대성주大聖主들은 　　　　　又諸大聖主
　　　일체 세간의 천·인 등 　　　　　　　知一切世間
　　　중생의 무리들이 깊은 마음으로 　　天人群生類
　　　바라는 것을 아시고 　　　　　　　　深心之所欲

44 　다시 다른 방편으로써 　　　　　　　更以異方便
　　　제일의를 도와 드러내셨으니 　　　助顯第一義
　　　만약 어떤 중생의 무리가78 　　　　若有衆生類
　　　과거의 여러 붓다들 만나 　　　　　值諸過去佛

---

76 이하 현일을 노래한 25수반에 둘이 있다. 처음 1수는 간략히 위의 세 가지 하나[三一]를 노래했으니, '모두 일승의 법을 말씀하셔'는 교일이고, '한량없는 중생 교화해'는 인일이며, '불도에 들게 하셨다'는 이일이다. 뒤의 43 이하 24수반은 오승五乘(=인·천·성문·연각·보살)에 입각해 현일을 자세히 노래한 것이다.

77 오승에 입각해 현일을 노래한 것에 둘이 있다. 44의 제2행까지 처음 1수반은 총체적으로 드러낸 것이고, 뒤의 23수는 개별적으로 드러낸 것이다.

78 개별적으로 드러낸 23수의 글은 셋이 된다. 첫째 46의 제2행까지 2수는 보살승을 연 것이고, 둘째 47의 제2행까지 1수는 이승을 연 것이며, 셋째 67의 제2행까지 20수는 천·인승을 연 것이다.

45	만약 법 들고 보시하며	若聞法布施
	혹은 계율 지니고 인욕하며	或持戒忍辱
	정진과 선정, 지혜 등	精進禪智等
	갖가지로 복덕과 지혜 닦았다면	種種修福慧

46	이러한 모든 사람들은	如是諸人等
	모두 이미 불도 이루었고	皆已成佛道
	붓다들 멸도하시고 나서	諸佛滅度已
	만약 사람 마음 선연善軟하였다면	若人善軟心

47	이러한 모든 중생들도	如是諸衆生
	모두 이미 불도 이루었다79	皆已成佛道
	붓다들 멸도하시고 나서80	諸佛滅度已
	사리에 공양한 자가	供養舍利者

| 48 | 만억 가지의 탑 세우되 | 起萬億種塔 |
| | 금 은 및 파리와 | 金銀及頗梨 |

---

79 이는 성문 연각이 모두 일승에 들었음을 연 것이다. 어떻게 아는가? 《대품반야경》에서 아라한은 마음이 조복되어 유연하다고 찬탄하였고, 또 《정명경》에서는 조복된 마음에 머무는 것이 현성의 행이라고 하였으므로, 이로써 아는 것이다.

80 이하 20수는 인·천승을 연 것이다. 인·천승임을 밝히지는 않았지만, 단지 불상을 만들고 탑을 일으킴을 밝혔으니, 이것은 천·인의 업임을 안다. 글에 두 부분이 있다. 앞의 19수는 천·인의 작은 선이 연인불성의 종자를 이루는 것의 관점에서 현실顯實을 밝혔고, 뒤의 1수는 요인불성의 종자의 관점에서 현실을 밝힌 것이다. 전자에는 열 부분이 있다 첫째 50까지 3수반은 탑 짓는 것에 의해 천승을 밝힌 것이다.

| 차거와 더불어 마노와 | 車磲與馬腦 |
| 매괴와 유리구슬로써 | 玫瑰琉璃珠 |

49 청정하고 널리 모든 탑 　　淸淨廣嚴飾
　　장엄하고 장식했으며 　　　莊校於諸塔
　　혹은 어떤 자는 석묘를 세웠고 　或有起石廟
　　전단향 및 침수향과 　　　　栴檀及沈水

50 목밀木櫁과 아울러 다른 재목과 　木櫁幷餘材
　　기와와 진흙 등으로 세웠으며81 塼瓦泥土等
　　혹은 광야 중에서 흙 쌓아 　　若於曠野中
　　붓다의 묘 만들었고 　　　　積土成佛廟

51 82 나아가 어린아이가 장난으로 　乃至童子戲
　　모래 쌓아 불탑 만들었어도 　聚沙爲佛塔
　　이러한 모든 사람들도 　　　如是諸人等
　　모두 이미 불도 이루었고 　　皆已成佛道

52 83 만약 사람이 붓다 위하여 　　若人爲佛故
　　여러 형상을 건립하거나 　　建立諸形像
　　온갖 상 조각해 만들었다면 　刻彫成衆相

---

81 * 한역문에는 '세웠다'는 말이 없지만, 범본에 의하면 앞의 돌(='석묘')과 함께 탑을 세우는 자료로서 병렬되어 있다.
82 이 1수는 둘째 아이가 장난으로 모래로 탑 만드니, 곧 인업人業이다.
83 이하 55까지 4수는 셋째 뜻 세워 불상 만드는 것에 의해 천업을 밝혔다.

모두 이미 불도 이루었으며	皆已成佛道

53 혹은 칠보로 만들거나 · 或以七寶成
　유석[鍮石]과 적백동 · 鍮石赤白銅
　백납 및 납과 주석 · 白鑞及鉛錫
　쇠와 나무 및 진흙 · 鐵木及與泥

54 혹은 아교와 옻칠한 베로써 · 或以膠漆布
　불상을 장식하여 만들었다면 · 嚴飾作佛像
　이러한 모든 사람들도 · 如是諸人等
　모두 이미 불도 이루었고 · 皆已成佛道

55 그림 그려 불상을 만들고 · 彩畵作佛像
　백복으로 장엄한 상을 · 百福莊嚴相
　스스로나 남 시켜 만들었다면 · 自作若使人
　모두 이미 불도 이루었으며 · 皆已成佛道

56 84 나아가 어린아이가 장난으로 · 乃至童子戲
　초목이나 붓 · 若草木及筆
　혹은 손톱으로 · 或以指爪甲
　불상을 그려 만들었다면 · 而畫作佛像

57 85 이러한 모든 사람들은 · 如是諸人等

84 이 1수는 넷째 인업을 밝힌 것이다.

점점 공덕을 쌓고	漸漸積功德
대비의 마음 구족하여	具足大悲心
모두 이미 불도 이루어서	皆已成佛道

58 다만 보살들만 교화하고 　　　但化諸菩薩
　　한량없는 중생 도탈시켰다 　度脫無量衆
　　만약 사람이 탑묘와[86] 　　　若人於塔廟
　　보배불상 및 그림불상에 　　　寶像及畫像

59 꽃 향 번기 일산을 　　　　　以華香幡蓋
　　공경하는 마음으로 공양하고 　敬心而供養
　　사람 시켜 음악 연주하며 　　若使人作樂
　　북치고 뿔나발 소라 불며 　　擊鼓吹角貝

60 퉁소 피리 거문고 공후와 　　簫笛琴箜篌
　　비파 징 동발銅鈸 같은 　　　琵琶鐃銅鈸
　　이러한 온갖 오묘한 소리를 　如是衆妙音
　　모두 지녀서 공양하고 　　　盡持以供養

61 혹은 기뻐하는 마음으로 　　或以歡喜心
　　붓다의 공덕 노래하거나 　　歌唄頌佛德
　　나아가 한 마디만 했어도 　　乃至一小音

---

85 이하 1수반은 다섯째 진실 드러냄을 맺어 이루는 것이다.
86 이하 61까지 3수반은 여러 가지 공양에 의해 천업을 밝힌 것이다.

모두 이미 불도 이루었고	皆已成佛道

62 87 만약 사람이 산란한 마음으로　　　若人散亂心
　　　나아가 한 송이 꽃이라도　　　　　乃至以一華
　　　그림불상에 공양했다면　　　　　　供養於畫像
　　　수없는 붓다를 점차 뵙고　　　　　漸見無數佛

63 88 혹은 어떤 사람이 예배하거나　　　或有人禮拜
　　　혹은 또 합장만 하거나　　　　　　或復但合掌
　　　나아가 한 손을 들거나　　　　　　乃至擧一手
　　　혹은 또 머리 조금 숙이거나　　　　或復小低頭

64 89 이렇게 불상에 공양했어도　　　　以此供養像
　　　한량없는 붓다를 점차 뵈어서　　　漸見無量佛
　　　위없는 도 스스로 이루고　　　　　自成無上道
　　　수없는 중생 널리 제도하여　　　　廣度無數衆

65　섶 다함에 불 꺼지듯　　　　　　　入無餘涅槃
　　　무여열반에 들게 했으며　　　　　　如薪盡火滅
　　　만약 사람이 산란한 마음으로90　　若人散亂心

....

87 이 1수는 일곱째 산심散心으로 물건을 공양함에 의해 인업을 밝혔다.
88 이 1수는 여덟째 신업공양에 의해 천·인업을 밝혔다. 예배한다는 1구는 오체를 땅에 붙이는 것이니 곧 천업이고, 나머지는 인업이다.
89 이하 1수반은 아홉째 맺어 이루는 것이다. 비단 스스로 불도 이루는 진실 드러냈을 뿐 아니라, 또한 능히 섶 다한 열반의 방편을 열었다는 것이다.

탑묘 안에 들어가	入於塔廟中

66 나무불[南無佛] 한 번만 불렀어도	一稱南無佛
모두 이미 불도 이루었고	皆已成佛道
과거 여러 붓다들의91	於諸過去佛
재세시나 혹은 멸도하신 후에	在世或滅度

67 만약 누구라도 이 법 들었다면	若有聞是法
모두 이미 불도 이루었다	皆已成佛道
미래의 여러 세존들92	未來諸世尊
그 수가 한량없는데	其數無有量

68 이 모든 여래들도	是諸如來等
역시 방편으로 법 말씀하시리니	亦方便說法
일체의 모든 여래들은	一切諸如來
한량없는 방편으로	以無量方便

69 93 여러 중생들 도탈시켜	度脫諸衆生
붓다의 무루지에 들게 하시므로	入佛無漏智
만약 법 듣는 자 있다면	若有聞法者

---

90 이 1수는 열째 구업에 의해 인업을 밝힌 것이다.
91 이 1수는 천·인승을 연 글 중의 둘째 요인불성의 종자를 밝힌 것이다.
92 이하 6수반은 셋째 위의 미래불문을 노래했다. 글에는 둘이 있으니, 처음 1수반은 개삼을 노래했고, 뒤의 69 이하 5수는 현일을 노래한 것이다.
93 이 1수는 인일을 노래한 것이다.

| 성불 못할 이 하나도 없으리 | 無一不成佛 |

70⁹⁴ 모든 붓다의 본래 서원은 　　　　諸佛本誓願
　　내가 행한 불도를 　　　　　　　　我所行佛道
　　널리 중생들도 역시 　　　　　　　普欲令衆生
　　같이 얻게 하고자 하심이니 　　　　亦同得此道

71⁹⁵ 미래세의 모든 붓다들이 　　　　未來世諸佛
　　비록 백천억의 　　　　　　　　　　雖說百千億
　　수없는 여러 법문 설하시더라도 　　無數諸法門
　　기실은 일불승 위하심이라 　　　　　其實爲一乘

72　양족존이신 모든 붓다들은 　　　　諸佛兩足尊
　　법의 항상 성품 없음을 아시지만 　　知法常無性
　　붓다의 종자는 연 따라 일어나므로 　佛種從緣起
　　그래서 일불승 설하시리라⁹⁶ 　　　　是故說一乘

73⁹⁷ 이 법의 머묾[法住]과 자리[法位]는 　是法住法位

---

94 이 1수는 행일을 노래한 것이다.
95 이하의 2수는 교일을 노래한 것이다.
96 중도의 무성이 곧 붓다의 종자이니, 이 이치에 미혹한 자는 무명을 연으로 함에 의해 곧 중생을 일으키고, 이 이치를 아는 자는 교와 행을 연으로 함에 의해 곧 정각을 일으킨다. 붓다의 종자 일으키고자 하면 곧 일승의 가르침을 필요로 하니, 이는 곧 교일을 노래한 것이다.
97 이 1수는 이일을 노래한 것이다. 중생과 정각은 하나의 여如일 뿐 둘이 없어서, 모두 그대로의 법[如法]을 자리[位]로 한다. '세간의 모습에 상주한다'

세간의 모습에 항상 머묾을	世間相常住
도량에서 아시고 나서도	於道場知已
도사께서는 방편으로 말씀하시리라	導師方便說

74 98 천신과 사람들이 공양하는　　　天人所供養
　　현재의 시방의 붓다들　　　　　　現在十方佛
　　그 수 항하의 모래와 같이　　　　其數如恒沙
　　세간에 출현하시어　　　　　　　出現於世間

75 중생들 안온케 하고자　　　　　　安隱衆生故
　　역시 이러한 법 설하시는데　　　　亦說如是法
　　으뜸 가는 적멸을 아시되99　　　　知第一寂滅
　　방편의 힘으로써　　　　　　　　以方便力故

76 갖가지 도 보이시지만　　　　　　雖示種種道
　　기실은 불승 위하심이라　　　　　其實爲佛乘
　　중생의 모든 행과100　　　　　　知衆生諸行

....
　　고 한 것은, 출세간의 정각은 여를 자리로 하고 또한 여를 모습으로 하므로 자리[位]와 모습[相]이 상주하는 것이고, 세간의 중생도 역시 여를 자리로 하고 또한 여를 모습으로 한다는 것이다. 어찌 상주하지 않겠는가? 세간의 모습에 이미 상주하니, 어찌 이일理一이 아니겠는가? * 한역문의 '법주法住'와 '법위法位'는 범본의 'dharma-sthiti'와 'dharma-niyāmatā'를 각각 번역한 것인데, 전자는 법의 성품, 후자는 법의 결정성을 뜻하는 말이다.
98 이하 78의 제2행까지 4수반은 위의 현재불문을 노래한 것이다. 처음 1수반은 교화하시는 뜻을 노래했다.
99 이 1수는 위의 현실을 노래한 것이다.
100 이하의 2수는 위의 개권을 노래한 것이다.

깊은 마음으로 생각하는 것	深心之所念

77 과거에 익힌 업과　　　　　　　過去所習業
　　욕구와 성품과 정진의 힘　　　欲性精進力
　　및 모든 근기의 이·둔利鈍 아서서　及諸根利鈍
　　갖가지 인연과　　　　　　　　以種種因緣

78 비유 또한 언사로써　　　　　　譬喩亦言辭
　　근기 따라 방편을 말씀하신다　隨應方便說
　　지금 나도 또한 이와 같아서[101]　今我亦如是
　　중생들 안온케 하고자　　　　　安隱衆生故

79 갖가지 법문으로　　　　　　　以種種法門
　　불도를 펴 보이니　　　　　　宣示於佛道
　　나는 지혜의 힘으로　　　　　我以智慧力
　　중생의 성품과 욕구를 알고　　知衆生性欲

80 방편으로 여러 법 말하여　　　方便說諸法
　　모두 다 기쁨 얻게 한다[102]　　皆令得歡喜

---

[101] 이하 끝까지 43수반은 위의 석가장을 노래한 것이다. 크게 나누면 둘이 된다. 처음 2수는 위의 권실을 간략히 노래하여, 아래의 총비總譬(=제3 비유품 3.4(3)의 총체적 비유)의 근본이 된다. 뒤의 80의 제3행 이하 41수반은 위의 여섯 가지 뜻을 자세히 노래하여, 아래의 별비別譬(=비유품 3.4(4) 이하의 개별적 비유)의 근본이 된다.

[102] 이상의 2수는 비록 간략하기는 해도 붓다 일대의 교화를 거두고 있으므로, 아래의 총체적 비유의 근본이 된다고 한 것이다.

사리불이여, 알아야 한다103	舍利弗當知
내 불안佛眼으로 관찰하여	我以佛眼觀

81 보니, 육도의 중생들이	見六道衆生
빈궁하여 복덕과 지혜 없어	貧窮無福慧
생사의 험한 길에 들어	入生死嶮道
괴로움 이어지고 끊이지 않는데도	相續苦不斷

82 오욕에 깊이 집착함이	深著於五欲
마치 모우가 꼬리를 사랑하듯이104	如犛牛愛尾
탐애로써 스스로 가려서	以貪愛自蔽
눈 멀어 보이는 것 없어	盲瞑無所見

....

103 이하 여섯 가지 뜻을 노래하여 아래의 개별적 비유의 근본이 되는 글에는 넷이 있다. 첫째 84의 제2행까지 4수는 위의 오탁을 자세히 노래하여, 아래의 불을 보는 비유[見火譬]의 근본이 된다. 둘째 101까지 17수반은 위의 일승에서 삼승 연 것을 자세히 노래하여, 아래의 대승을 쉬고 소승을 베푸는 비유[寢大施小譬]의 근본이 된다. 셋째 107까지 6수는 위의 진실 드러냄을 자세히 노래하여, 아래의 평등하게 큰 수레 주는 비유[等賜大車譬]의 근본이 된다. 넷째 113의 제2행까지는 위의 법이 희유함을 찬탄한 것을 노래하고, 다음 115까지 2수반은 위의 허망하지 않음을 노래하며, 다음 마지막 6수는 위의 믿음 도탑게 함을 노래하여, 이 세 가지 뜻이 합쳐 아래의 허망하지 않음의 비유[不虛譬]의 근본이 되는데, 정확하게는 위 2수반을 써서 위 허망하지 않음을 노래하여 아래의 허망하지 않음의 비유의 근본이 된다고 해야 할 것이다. 대략은 이와 같지만, 자세한 갈래는 다시 나누어진다.

첫 부분에는 또 셋이 있다. 첫째 (81의 '見'자까지) 11글자는 붓다에게 보시는 눈[能見之眼]이 있음을 밝혔고, 둘째 83까지는 보신 바의 오탁[所見五濁]을 밝혔으며, 셋째 84의 첫 2행은 대비를 일으켜 부응하심을 밝혔다.

104 * 모우는 꼬리 긴 것을 자랑하지만, 그 꼬리로 깃발을 만들기 위해 모우를 잡는다고 하는데, 중생이 오욕에 집착함이 그와 비슷하다는 취지이다.

83	큰 세력의 붓다와	不求大勢佛
	괴로움 끊는 법 구하지 않고	及與斷苦法
	여러 사견에 깊이 들어서	深入諸邪見
	괴로움으로 괴로움 버리려 하므로105	以苦欲捨苦

84	이 중생들을 위해	爲是衆生故
	대비의 마음 일으켰다	而起大悲心
	내 처음 도량에 앉아106	我始坐道場
	보리수 보고 또한 경행도 하며	觀樹亦經行

85	스무하루[三七日] 동안	於三七日中
	이러한 일을 사유하였다	思惟如是事
	내가 얻은 지혜는	我所得智慧
	미묘하기 가장 제일이지만	微妙最第一

| 86 | 중생들의 모든 근기가 둔해 | 衆生諸根鈍 |
| | 즐거움 집착하고 무명으로 눈 머니 | 著樂癡所盲 |

---

105 이상은 보신 바의 오탁을 밝히는 것이다. 81의 제2행까지는 중생탁, 제4행까지는 명탁, 82는 번뇌탁, 83의 제2행까지는 겁탁, 제4행까지는 견탁을 각각 노래한 것이다.

106 이하 101까지 17수반의 방편 베풀어 교화하심을 노래한 글에는 둘이 있다. 처음 90까지 6수반은 대승을 쓸 것을 생각했으나 불가능하리라 헤아리신 것을 밝혔고, 뒤의 11수는 제불과 같이 삼승을 써 교화하면 근기에 맞아 가능하리라 생각하신 것을 밝힌 것이다. 전자에는 다시 셋이 있다. 첫째 85까지 1수반은 대승을 쓰려고 헤아리셨음을 밝혔고, 둘째 88까지 3수는 중생에게 근기 없음을 밝혔으며, 셋째 90까지 2수는 대승의 교화를 그치기로 생각하셨음을 밝힌 것이다.

이러한 등의 무리를	如斯之等類
어떻게 제도할 수 있으랴	云何而可度

87 그 때 여러 범왕　　　爾時諸梵王
　　및 여러 천제석과　　　及諸天帝釋
　　세간 보호하는 사천왕　護世四天王
　　및 대자재천과　　　　及大自在天

88 아울러 다른 여러 천중들과　幷餘諸天衆
　　권속 백천만이　　　　　　眷屬百千萬
　　공경히 합장하고 예배하면서　恭敬合掌禮
　　나에게 법륜 굴리기 청하였다　請我轉法輪

89 내 곧 스스로 사유하기를　我卽自思惟
　　만약 단지 불승만 찬탄한다면　若但讚佛乘
　　중생들 괴로움에 빠져서　　衆生沒在苦
　　이 법 믿을 수 없어　　　　不能信是法

90 법 깨트리고 불신하는 까닭에　破法不信故
　　삼악도에 떨어질 것이니　　墜於三惡道
　　내 차라리 법 설하지 말고　我寧不說法
　　속히 열반에 들리라 하다가　疾入於涅槃

91 107 곧 과거의 붓다께서 행하신　尋念過去佛

방편의 힘을 생각하고	所行方便力
내가 지금 얻은 도 역시	我今所得道
삼승으로 설해야 하리라 하였다	亦應說三乘

[92]108 이렇게 생각했을 때　　　　　　作是思惟時
　　시방의 붓다들 모두 나타나서　　 十方佛皆現
　　청정한 음성으로 날 위로하셨다　 梵音慰喩我
　　훌륭하십니다, 석가모니시여109　 善哉釋迦文

[93] 으뜸 가는 도사께서　　　　　　　第一之導師
　　이 위없는 법 얻어　　　　　　　 得是無上法
　　모든 일체의 붓다 따라　　　　　 隨諸一切佛
　　방편의 힘 쓰려 하신다　　　　　 而用方便力

[94]110 우리들도 역시 모두　　　　　　我等亦皆得

....
107 이하 [101]까지 11수는 둘째 위의 일불승에서 방편으로 삼승을 설하신 것을 노래한 것이다. 여기에는 둘이 있으니, 처음 10수는 교화할 수 있음을 밝혔고, 뒤의 [101]의 1수는 의심을 풀어준 것이다. 전자에는 넷이 있다. 첫째 [91]의 1수는 삼승이 적절함을 헤아리시는 것, 둘째 [98]의 제2행까지 6수반은 근기가 있음을 밝히신 것, 셋째 [99]까지 1수반은 교화 베푼 것을 밝히신 것, 넷째 마지막 1수는 받아 행함을 밝히신 것이다.
108 이하 소승의 근기 있음을 밝힌 둘째의 글에도 둘이 있다. 처음 [96]의 제2행까지 4수반은 제불의 찬탄을 밝히신 것, 뒤의 2수는 석가가 응하여 따르심을 밝히신 것이다. 전자에 다섯이 있다. 첫째 [92]의 제3행까지는 제불의 출현을 서술하시는 것이다.
109 둘째 [93]까지 1수1행은 제불이 석가모니 찬탄함을 밝히신 것이다. * 한역문의 '釋迦文'은 석가모니를 음역한 것이다.
110 셋째 [94]의 1수는 제불 역시 진실 숨기고 방편 썼음을 밝히신 것이다.

미묘하기 제일인 법 얻었으되	最妙第一法
모든 중생의 무리 위해	爲諸衆生類
분별하여 삼승 설했소	分別說三乘

95 111 지혜 적어 작은 법 즐기고　　少智樂小法
　　　스스로 붓다 이룰 것 믿지 못해서　不自信作佛
　　　그래서 방편으로　　　　　　　　是故以方便
　　　여러 과보 분별하여 설했으니　　分別說諸果

96 비록 삼승을 설했어도　　　　　　雖復說三乘
　　오직 보살 가르치기 위함이었다고　但爲敎菩薩
　　사리불이여, 알아야 한다112　　　舍利弗當知
　　나는 성스러운 붓다들[聖師子]의　我聞聖師子

97 깊고 청정하며 미묘한 음성 듣고　深淨微妙音
　　기뻐 나무불이라고 부르고　　　喜稱南無佛
　　다시 이렇게 생각하였다　　　　復作如是念
　　내 오탁의 악세에 나왔으니　　　我出濁惡世

98 모든 붓다께서 설하신 대로　　　如諸佛所說
　　나 역시 따라 행하리라고　　　　我亦隨順行

---

111 넷째 95의 1수는 두 가지 뜻(진실 숨김과 방편 씀)을 쌍으로 해석한 것이고, 다섯째 96의 제2행까지는 두 가지 뜻을 쌍으로 맺은 것이다.
112 이하 2수의, 석가가 응하여 따르심을 밝히신 글에 둘이 있다. 처음 1수는 말을 해서 따르신 것이고, 뒤의 1수는 중생 근기 따를 것을 생각하심이다.

이렇게 생각하고 나서113	思惟是事已
곧 바라나시로 가서	卽趣波羅柰

|99| 모든 법의 적멸한 모습은 諸法寂滅相
　　 말로 펼 수 없는 것이지만 不可以言宣
　　 방편의 힘으로써 以方便力故
　　 다섯 비구 위해 설하니 爲五比丘說

|100|114 이를 전법륜이라고 부르고 是名轉法輪
　　 곧 열반이라는 소리 便有涅槃音
　　 및 아라한과 及以阿羅漢
　　 법·승의 차별된 명칭 있게 되었으나 法僧差別名

|101|115 구원의 겁 이래로 從久遠劫來
　　 열반의 법 찬탄해 보여 讚示涅槃法
　　 생사의 괴로움 영원히 다하도록 生死苦永盡
　　 내 항상 이렇게 설해 왔다 我常如是說

....
113 이하 |99|까지 1수반은 (교화할 수 있음을 밝히는 글의) 셋째 교화 베푸심을 바로 밝히신 것이다.
114 이 1수는 넷째 받아 행하고 깨달아 들어감을 밝히는 것이다.
115 이 1수는 (위의 일불승에서 방편으로 삼승을 설하신 것을 노래한 글의) 둘째 의심을 풀어준 것이다. 스승을 의심하여, 붓다께서 처음 근기를 살펴 보지 못하다가 제불을 생각하고 나서 비로소 근성을 알게 되었다 라고 하고, 또 제자를 의심하여, 어떻게 중생이 일세一世에 잠시 듣고 아라한을 증득했는가 라고 하는 등을 풀어주는 것이라는 취지이다.

|102| 116 사리불이여, 알아야 한다 　　　　舍利弗當知
　　　 내 불자들 보았으니 　　　　　　　我見佛子等
　　　 뜻 세워 불도 구하는 　　　　　　　志求佛道者
　　　 한량없는 천만억이 　　　　　　　　無量千萬億

|103| 모두 공경하는 마음으로 　　　　　　咸以恭敬心
　　　 모두 붓다의 처소로 와서 　　　　　皆來至佛所
　　　 모든 붓다들로부터 　　　　　　　　曾從諸佛聞
　　　 방편으로 말씀하시는 법 들었다 　　方便所說法

|104| 117 나는 곧 생각하기를 　　　　　　我卽作是念
　　　 여래가 출현하는 까닭은 　　　　　　如來所以出
　　　 붓다의 지혜 말하기 위함이니 　　　爲說佛慧故
　　　 지금이 바로 그 때라 하였다 　　　　今正是其時

|105| 118 사리불이여, 알아야 한다 　　　　舍利弗當知
　　　 근기 둔하고 지혜 작은 사람과 　　　鈍根小智人
　　　 상相에 집착하고 교만한 자는 　　　著相憍慢者
　　　 이 법을 믿을 수 없지만 　　　　　　不能信是法

---

116 이하 6수는 여섯 가지 뜻을 노래하여 아래의 개별적 비유의 근본이 되는 글 중의 셋째 진실 드러냄을 노래한 것이다. 글은 사일四一을 갖추고 있으니, 처음 2수는 인일을 노래하였다.
117 이 1수는 이일을 노래한 것이다.
118 이하의 2수는 교일을 노래한 것이다.

|106| 내 지금 기뻐서 두려움 없이　　　　今我喜無畏
　　　여러 보살들 속에서　　　　　　　　於諸菩薩中
　　　방편을 바로 버리고　　　　　　　　正直捨方便
　　　다만 위없는 도만 설하니　　　　　但說無上道

|107|119 보살들은 이 법 들어　　　　　　菩薩聞是法
　　　의심의 그물 모두 없애고　　　　　疑網皆已除
　　　일천이백의 아라한들은　　　　　　千二百羅漢
　　　모두 또한 붓다 이루리라　　　　　悉亦當作佛

|108|120 삼세의 모든 붓다들께서　　　　如三世諸佛
　　　법 설하시는 방식처럼　　　　　　　說法之儀式
　　　나도 지금 또한 이와 같이　　　　　我今亦如是
　　　무분별의 법 설한다　　　　　　　　說無分別法

|109|121 붓다들이 세상에 출현하심은　　諸佛興出世
　　　멀고 멀어 만나기 어렵고　　　　　懸遠值遇難
　　　바로 세상에 출현하신다 해도　　　正使出于世
　　　이 법 설하심은 더욱 어려우니　　說是法復難

---

119 이 1수는 행일을 노래한 것이다.
120 이하 |113|의 제2항까지 5수반의 넷째 법 희유함을 찬탄한 것에는 둘이 있다. 처음 1수는 위(=2.6 (1)(가))의 '이러한 묘법'을 노래했다.
121 이하 |113|의 제2행까지 4수반은 둘째 위(=2.6 (1)(가))의 '때가 되어야 말씀하시니'를 노래했다.

110	한량없고 수없는 겁에	無量無數劫
	이 법 듣기는 또한 어렵고	聞是法亦難
	이 법 들을 수 있는 자	能聽是法者
	이 사람은 또한 더욱 어려움이	斯人亦復難

111	비유하면 우담발화는	譬如優曇花
	일체 모두가 사랑하지만	一切皆愛樂
	천·인에 희유하여	天人所希有
	때로 한 번 나오는 것과 같다	時時乃一出

112	법 듣고 기뻐해 찬탄하고	聞法歡喜讚
	나아가 한 마디만 한다 해도	乃至發一言
	곧 일체의 삼세의 붓다들을	則爲已供養
	공양한 것이 되니	一切三世佛

113	이 사람은 매우 희유한 것이	是人甚希有
	우담발화보다 더하다	過於優曇花
	그대들은 의심 갖지 말라122	汝等勿有疑
	나는 모든 법의 왕으로서	我爲諸法王

| 114 | 모든 대중들에게 널리 이르니 | 普告諸大衆 |

---

122 이하 115까지 2수반은 다섯째 위의 허망하지 않음을 노래하였다. 글에 둘이 있으니, 처음 1수반은 믿을 수 있는 사람에 대해 의심 내지 말라는 것이고, 뒤의 1수는 믿을 수 있는 법에 대해 의심 내지 말라는 것이다.

다만 일승의 도로써	但以一乘道
여러 보살들 교화할 뿐	敎化諸菩薩
성문의 제자란 없다	無聲聞弟子

⑮ 그대들 사리불 등	汝等舍利弗
성문과 보살들이여	聲聞及菩薩
이 묘법이	當知是妙法
제불의 비요祕要임을 알아야 한다	諸佛之祕要

⑯ 123 오탁의 악세에는	以五濁惡世
여러 욕망에만 즐겨 집착하니	但樂著諸欲
이러한 등의 중생들은	如是等衆生
끝내 불도 구하지 아니하고	終不求佛道

⑰ 미래세의 악인들은	當來世惡人
붓다가 일승 설하는 것 들고도	聞佛說一乘
미혹하여 신수信受하지 못해서	迷惑不信受
법 깨고 악도에 떨어질 것이나	破法墮惡道

⑱ 참괴하고 청정하게 뜻 세워	有慚愧淸淨
붓다의 도 구하는 자 있으리니	志求佛道者

....
123 이하 마지막 6수는 여섯째 위의 중생 가려서[揀衆] 믿음 도탑게 함[敎信]을 노래하였다. 글에는 둘이 있으니, 처음 3수는 중생 가림을 노래하고, 뒤의 3수는 믿음 도탑게 함을 노래한 것이다.

이러한 자들 위하여	當爲如是等
널리 일승의 도 찬탄해야 하리라	廣讚一乘道

[119] 124 사리불이여, 알아야 한다　　　舍利弗當知
　　　모든 붓다의 법은 이와 같아서　　諸佛法如是
　　　만억 가지의 방편으로　　　　　　以萬億方便
　　　근기 따라 법 설하는 것임을　　　隨宜而說法

[120]　그 익히고 배우지 않은 자는　　　其不習學者
　　　이를 환히 알 수 없지만　　　　　不能曉了此
　　　그대들은 세상의 스승인　　　　　汝等旣已知
　　　모든 붓다의 근기 따른　　　　　 諸佛世之師

[121]　방편의 일 이미 알아서　　　　　隨宜方便事
　　　다시는 모든 의혹 없으리니　　　 無復諸疑惑
　　　크게 기뻐하는 마음 내고　　　　 心生大歡喜
　　　붓다 이룰 것 스스로 알라　　　　自知當作佛

---

124 둘째 믿음 도탑게 하는 글에 둘이 있다. 처음 1수반은 방편을 믿으라는 것이고, 뒤의 1수반은 진실을 믿으라는 것이다.

妙法蓮華經
묘법연화경

卷第二
제2권

後秦 龜茲國 三藏法師 鳩摩羅什 奉 詔譯
후진 구자국 삼장법사 구마라집 봉 조역

묘법연화경 제2권   妙法蓮華經 卷第二

제3 비유품[1]   譬喩品 第三

3.1[2]

(1) 그 때 사리불은 뛸듯이 기뻐서 곧 일어나 합장하고 존안을 우러러보며 붓다께 말하였다.

"㈎[3] 지금 세존으로부터 이 법음을 들으니, 미증유를 얻어 마음 뛸듯합니다.[4]

㈏ 까닭이 무엇이겠습니까? 저는 과거 붓다로부터 이와 같은 법을 듣고 여러

爾時 舍利弗 踊躍歡喜 卽起合掌 瞻仰尊顏 而白佛言.

"今從世尊 聞此法音, 心懷勇躍 得未曾有. 所以者何? 我昔從佛 聞如是法 見諸菩薩 授記

---

1 '비'란 견주어 나타내는 것[比況]이고, '유'란 깨우쳐 가르치는 것[曉訓]이니, 이것에 의탁해 저것을 견주고, 얕은 것에 의지해 깊은 것을 가르치는 것이다. 앞에서 5불에 관한 장행과 게송으로 자세히 밝히시니, 상근上根과 이지利智는 두루 듣고 깨달음을 얻었지만, 중·하의 부류는 미혹에 잡혀서 아직 알지 못했다. 대비는 그치지 않고, 교묘한 지혜는 가이없으니, 다시 나무를 흔들어 바람을 가르치시고, 부채를 들어 달을 깨우쳐, 그들로 하여금 깨닫게 하시기 때문에 '비유'라고 말한 것이다.
2 (초주의) 법설에 있는 다섯 단락의 경문 중 그 하나가 비로소 끝나고, 넷은 아직 끝나지 않았다. 그 둘째 사리자가 이해하는 단락은, 그 들은 것을 받아들여 그 이해한 바를 서술했다. 글에 둘이 있다. 처음은 경전편집자의 서술이고, 뒤의 ㈎ 이하는 사리자의 진술이다.
3 사리자의 진술에는 둘이 있으니, 처음은 장행이고, 뒤의 (2)는 게송이다. 전자에는 셋이 있다. ㈎는 세 가지 기쁨[三喜]을 표방하는 것, ㈏는 해석하는 것, ㈐는 맺어 이루는 것이다.
4 '이제 세존으로부터'는 몸의 기쁨이고, '이 법음을 들으니'는 입의 기쁨이며, '미증유를 얻어'는 마음의 기쁨이다.

보살들에게는 성불하리라고 수기하심을 보았지만, 저희들은 이 일에 끼지 못하여 매우 상심해서 여래의 한량없는 지견을 잃었다고 하였기 때문입니다.5

세존이시여, 저는 항상 홀로 산림의 나무 아래에서 앉거나 경행하면서 매번 이렇게 생각했습니다. '우리들도 같이 법성에 들었거늘, 어찌해 여래께서 소승법으로써 제도하심만 보았을까?'라고. 이는 저희들의 허물이지, 세존 때문이 아닙니다.6

까닭이 무엇인가 하면, 만약 저희들이 아뇩다라삼먁삼보리를 성취하는 원인되는 것 말씀하시기를 기다렸더라면, 필시 대승으로 도탈할 수 있었을 것이기 때문입니다. 그러나 저희들은 방편으로 근기 따라 하시는 말씀을 이해하지 못하고, 처음 불법을 듣자 곧 믿고서는 깨달았다고 생각해 버렸습니다. 그리하여 세존이시

作佛,
而我等 不豫斯事 甚自感傷 失於如來 無量知見.

世尊, 我常獨處 山林樹下 若坐若行 每作是念. '我等 同入法性, 云何如來 以小乘法 而見濟度?' 是我等咎 非世尊也.

所以者何, 若我等 待說所因 成就阿耨多羅三藐三菩提者, 必以大乘而得度脫.

然我等 不解方便 隨宜所說, 初聞佛法 遇便信受 思惟取證.

世尊, 我從昔來 終日竟

---

5 이하 둘째 해석한 것에서는 과거의 상실을 들어 지금의 얻음을 드러내었다. 여기까지는 붓다를 뵙지 못한 것(=뵈어도 뵙지 못한 것과 같다는 취지인 듯)이 상실이 됨을 밝힌 것이다.
6 이 부분은 과거에 법을 듣지 못한 상실을 밝힌 것이다. '이는 저희들의 허물'이라 한 것은, 우리가 방편에 미혹했기 때문이지, 이치의 가르침 때문이 아니고, 우리가 진실에 미혹했기 때문이지, 붓다께서 편애하신 것이 아니라는 것이다.

여, 저희들은 지금까지 밤낮으로 매번 자책하였으나,7

㈐ 이제 붓다로부터 듣지 못했던 미증유의 법을 듣고, 모든 의심과 후회를 끊어 신심이 편안하고 안온함을 얻었으니,8 오늘에야 진정 불자佛子라, 붓다의 입에서 나고 법에서 화생하여 불법의 유산[佛法分]을 얻었음을 알겠습니다."

夜 每自剋責,

而今從佛聞 所未聞未曾有法, 斷諸疑悔 身意泰然 快得安隱, 今日乃知 眞是佛子, 從佛口生 從法化生 得佛法分."

⑵ 이 때 사리불은 이 뜻을 거듭 펴고자 게송으로 말하였다.9

爾時 舍利弗 欲重宣此義 而說偈言.

|1| 저는 이 법음法音 듣고
　　예전에 없었던 것 얻어
　　마음에는 큰 기쁨 가득하고
　　의심은 모두 사라졌습니다

我聞是法音
得所未曾有
心懷大歡喜
疑網皆已除

|2|10 과거부터 붓다의 가르침 입어

昔來蒙佛教

---

7 이 부분은 마음에 이해가 없었던 상실을 밝힌 것이다.
8 ㈐는 셋째 세 가지 기쁨을 맺어 이루는 것이다. 먼저 여기까지는 맺는 것이고, 뒤의 그 아래는 이루는 것이다. * '불법의 유산을 얻었다[得佛法分]'라는 것은 범본의 '법의 상속자[dharmadāyādo]'라는 표현을 옮긴 것이다.
9 게송에 셋이 있다. 처음 1수는 세 가지 기쁨을 표방하는 것, |2|에서 |23|까지 22수는 해석하는 것, 마지막 2수반은 맺어 이루는 것이다.
10 해석하는 게송에도 셋이 있다. 처음 1수반은 붓다를 뵌 기쁨을 노래한 것이고, 다음 |3|의 제3행부터 |14|의 제2행까지 11수는 법을 듣지 못했다는 것

대승 잃지는 않았지만	不失於大乘
붓다의 음성 매우 희유하여	佛音甚希有
중생의 고뇌 능히 없애시니	能除衆生惱

③ 번뇌 이미 다한 저도 듣고서 　　　我已得漏盡
　　역시 근심과 고뇌 없앴습니다 　　　聞亦除憂惱
　　제가 산골짜기에 있거나11 　　　　我處於山谷
　　혹은 나무 아래에 있거나 　　　　　或在樹林下

④ 앉아 있거나 경행하거나 　　　　　若坐若經行
　　항상 이 일을 생각하여 　　　　　常思惟是事
　　오호라 깊이 자책하기를 　　　　　嗚呼深自責
　　어찌 스스로 속였던가12 　　　　　云何而自欺

⑤ 저희들 역시 불자로서 　　　　　　我等亦佛子
　　같이 무루법에 들었거늘 　　　　　同入無漏法
　　미래세에 　　　　　　　　　　　　不能於未來
　　위없는 도 연설하지 못하고 　　　　演說無上道

을 노래한 것이며, 뒤의 ㉓까지 9수반은 마음으로 묘해妙解 얻은 기쁨을 노래한 것이다.
11 둘째 법을 듣지 못했다는 것을 노래한 글에 둘이 있다. 처음 ⑫의 제2행까지 9수는 몸이 멀었기[身遠] 때문에 듣지 못한 것을 노래하였고, 뒤의 2수는 법성에 들었기 때문에 듣지 못한 것을 노래한 것이다. 사견은 범부의 집착이고, 법성에 듦은 이승의 집착인데, 모두 법을 듣지 못하는 것이다.
12 * 길장(『법화의소』제5권)은 「스스로 지어 스스로 그르쳤기[自作自誤] 때문에 '스스로 속였다'라고 한 것」이라고 해석하였다.

6 황금색의 삼십이상과　　　　　　金色三十二
　십력과 여러 해탈이　　　　　　　十力諸解脫
　같이 하나의 법 속에 함께 하거늘　同共一法中
　이 일도 얻지 못하며　　　　　　　而不得此事

7 팔십 가지의 묘호妙好와　　　　　八十種妙好
　십팔불공법　　　　　　　　　　　十八不共法
　이러한 등의 공덕도　　　　　　　如是等功德
　나는 모두 잃었구나 하였습니다　　而我皆已失

8 제가 홀로 경행할 때에　　　　　　我獨經行時
　붓다께서 대중 속에서　　　　　　見佛在大衆
　명성이 시방에 가득하도록　　　　名聞滿十方
　널리 중생 요익하심 보고　　　　　廣饒益衆生

9 스스로 생각하기를, 이 이익 잃음은　自惟失此利
　저 스스로 속인 탓이라 하였으며　　我爲自欺誑
　저는 항상 밤낮으로　　　　　　　我常於日夜
　매번 이 일을 생각하고　　　　　　每思惟是事

10 세존께 잃었는가 잃지 않았는가　　欲以問世尊
　 묻고자 하였으며　　　　　　　　爲失爲不失
　 저는 항상 세존께서　　　　　　　我常見世尊
　 보살들 칭찬하시는 것 보고　　　　稱讚諸菩薩

|11| 이 때문에 밤낮으로　　　　　　　以是於日夜
　　 이러한 일을 헤아렸는데　　　　　籌量如此事
　　 이제 붓다의 음성 들으니　　　　今聞佛音聲
　　 근기 따라 법 설하시되　　　　　隨宜而說法

|12| 무루의 사의하기 어려운 법으로　　無漏難思議
　　 중생들 도량으로 인도하십니다　　令衆至道場
　　 제가 본래 사견에 집착하여　　　 我本著邪見
　　 여러 바라문의 스승 되었지만　　 爲諸梵志師

|13| 세존께서 저의 마음 아시고　　　 世尊知我心
　　 사견 뽑고 열반 설하심에　　　　拔邪說涅槃
　　 저는 사견 모두 다 없애고　　　 我悉除邪見
　　 공의 법에서 깨달음 얻어　　　　於空法得證

|14| 그 때 마음으로 스스로 이르기를　爾時心自謂
　　 멸도에 이르렀다 하였지만　　　 得至於滅度
　　 이제야 진실한 멸도 아니었음13　而今乃自覺
　　 스스로 깨달았으니　　　　　　　非是實滅度

|15| 만약 붓다를 이루었을 때　　　　若得作佛時
　　 삼십이상을 갖추고　　　　　　　具三十二相
　　 천신 인간 야차 대중과　　　　　天人夜叉衆

---

13 이하 |23|까지 9수반은 마음으로 묘해妙解 얻은 기쁨을 노래한 것이다.

| | 용신 등이 공경한다면 | 龍神等恭敬 |

16 이 때라야 비로소 남음 없이 영원히 是時乃可謂
　　모두 멸하였다 말할 수 있으리　　永盡滅無餘
　　붓다께서 대중들 속에서　　　　　佛於大衆中
　　저가 성불하리라 말씀하시니　　　說我當作佛

17 이러한 법음을 듣고　　　　　　　聞如是法音
　　의심과 후회 모두 사라졌습니다　　疑悔悉已除
　　처음 붓다의 말씀 들었을 때에는　　初聞佛所說
　　마음에 놀람과 의심이 커서　　　　心中大驚疑

18 악마가 붓다 모습 지어 내 마음　　將非魔作佛
　　혼란시키는 것 아닌가 하였으나　　惱亂我心耶
　　붓다께서 갖가지 인연과　　　　　佛以種種緣
　　비유로 교묘하게 말씀하심에　　　譬喩巧言說

19 그 마음 편안하기 바다와 같아　　　其心安如海
　　저는 듣고 의심의 그물 끊었습니다　我聞疑網斷
　　붓다께선 과거세의 헤아릴 수 없는　佛說過去世
　　멸도하신 붓다들께서도　　　　　無量滅度佛

20 방편 중에 안주하셔서 역시　　　　安住方便中
　　모두 이 법 설하였다 하시고　　　亦皆說是法

그 수가 한량이 없는	現在未來佛
현재와 미래의 붓다들께서도	其數無有量

21 역시 여러 방편으로　　　　　　亦以諸方便
　　이러한 법 연설하신다 하시며　　演說如是法
　　지금의 세존께서도　　　　　　如今者世尊
　　태어나셔서 출가하시고　　　　從生及出家

22 도 얻으신 뒤 법륜 굴리시되　　得道轉法輪
　　역시 방편으로 설하신다 하시니　亦以方便說
　　세존께서는 진실한 도 설하시지만　世尊說實道
　　파순에게는 이런 일이 없으므로　波旬無此事

23 이로써 저는 결정코 알았습니다　以是我定知
　　악마가 붓다 모습 지은 것 아니고　非是魔作佛
　　저가 의심의 그물에 떨어졌기 때문에　我墮疑網故
　　악마의 짓이라 말했던 것임을　謂是魔所爲

24 [14] 붓다께서 부드러운 음성으로　聞佛柔軟音
　　심원하고 매우 미묘하게　　　深遠甚微妙
　　청정한 법 연설하심을 듣고　　演暢淸淨法
　　저의 마음은 크게 기뻐하고　　我心大歡喜

---

14 이하 2수반은 위의 맺어 이룬 것을 노래한 것이다.

㉕ 의심과 후회는 영원히 다하여	疑悔永已盡
진실한 지혜 가운데 안주하니	安住實智中
저는 결정코 붓다 이루어	我定當作佛
천신과 사람들이 존경하는 바 되고	爲天人所敬

| ㉖ 위없는 법륜 굴리어 | 轉無上法輪 |
| 모든 보살들 교화하겠습니다 | 敎化諸菩薩 |

3.2[15]

(1) 이 때 붓다께서 사리불에게 이르셨다.

"㈎ 내 지금 천신과 인간, 사문과 바라문 등의 대중 속에서 말하는데, 나는 과거 일찍이 이만억의 불소佛所에서 위없는 도를 위해 항상 그대를 교화하였고, 그대 역시 긴 밤 동안 나를 따라 배워, 내가 방편으로 그대를 인도한 까닭에 나의 법 가운데에서 태어난 것이다.

㈏ 사리불이여, 내 과거에 그대에게 불도를 뜻하여 원하도록 가르쳤으나, 그대는 지금 모두 다 잊고서 스스로 멸도를 얻었다고 말했던 것이다.

爾時 佛告 舍利弗.
"吾今於 天人沙門 婆羅門等 大衆中說, 我昔曾於 二萬億佛所 爲無上道故 常敎化汝, 汝亦長夜 隨我受學, 我以方便 引導汝故 生我法中.

舍利弗, 我昔敎汝 志願佛道, 汝今悉忘 而便自謂 已得滅度.

---

15 다음 3.2의 (1)은 초주 법설의 셋째 붓다께서 인정하시는 단락[述成段]이다. 이 글에 셋이 있다. 먼저 ㈎는 과거에 일찍이 대승을 설하셨다는 것, 다음 ㈏는 중간에 잊고 소승을 취했다는 것, 뒤의 ㈐는 다시 그를 위해 대승을 말씀하신다는 것이다.

㈐ 내 이제 다시 그대가 본원本願으로 행하던 도를 기억토록 하기 위하여16 여러 성문들에게 묘법연화라고 이름하는 이 대승경전을 설하니, 보살을 가르치는 법으로서 붓다가 호념하는 것이다.

我今還欲　令汝憶念　本願所行道故　爲諸聲聞說是大乘經　名妙法蓮華, 敎菩薩法 佛所護念.

⑵17 ① 사리불이여, 그대는 미래세에 한량없고 가이없는 불가사의한 겁을 지나 ② 여러 천만억의 붓다들을 공양하고 정법을 받들어 지니며 보살이 행할 도를 구족하여18 ③ 붓다를 이루어서, 명호를 화광華光여래 응공 정변지 명행족 선서 세간해 무상사 조어장부 천인사 붓다 세존이라고 할 것이고,19 ④ 나라의 이름은 이구離垢라고 할 것이니, 그 국토는 평탄하고 청정하게 장식되며 안온하고 풍족해서 천·인이 번성하며, 유리가 땅이 되고 팔방으로 길이 나 황금을 줄로 해서

舍利弗, 汝於未來世　過無量無邊　不可思議劫供養若干　千萬億佛　奉持正法　具足菩薩　所行之道　當得作佛, 號曰華光　如來　應供　正遍知　明行足　善逝　世間解　無上士　調御丈夫　天人師　佛　世尊, 國名離垢, 其土平正　淸淨嚴飾　安隱豐樂　天人熾盛, 琉璃爲地　有八交道　黃金爲繩

---

16 이는 곧 그의 이해가 거짓 아님을 서술하신 것이니, 먼저 방편의 가르침을 베푸시어 중도에 조그만 선을 이루게 한 뒤에, 진실을 드러내어 그 본원의 대승심을 이루게 하신다는 것이다.
17 다음 ⑵와 ⑶은 초주 법설의 넷째 수기를 주시는 단락[授記段]이다. 글에 둘이 있으니, ⑵는 장행이고, ⑶은 게송이다. 전자에는 열 부분이 있다. 먼저 ①은 시절이다.
18 ②는 수행의 인이다.
19 ③은 과보를 얻음이다.

그 곁을 경계 삼으며, 그 옆에는 각각 칠보의 가로수 있어 항상 꽃과 열매 열리리라.20

⑤ 화광여래 역시 삼승으로써 중생을 교화할 것이니, 사리불이여, 그 붓다가 출현할 때는 비록 악세가 아니지만 본원 때문에 삼승을 설할 것이다.21

⑥ 그 겁은 이름이 대보장엄인데, 어째서 대보장엄이라 이름하는가? 그 나라에서는 보살을 큰 보배로 삼기 때문이다.22

⑦ 그 보살들은 한량없고 가이없으며 불가사의하여 산수나 비유로는 미칠 수 없고, 붓다 지혜의 힘이 아니고서는 알 수 있는 자가 없으리라. 만약 걸으려 할 때면 보배꽃이 받들리니, 이 보살들은 처음 발심한 것이 아니라, 모두 오래도록 선근 심고 한량없는 백천만억의 불소에서 청정히 범행을 닦아 항상 제불께서

以界其側, 其傍各有 七寶行樹 常有華果.

華光如來 亦以三乘 敎化衆生, 舍利弗, 彼佛出時 雖非惡世 以本願故 說三乘法.

其劫名 大寶莊嚴, 何故名曰 大寶莊嚴? 其國中以菩薩 爲大寶故.

彼諸菩薩 無量無邊 不可思議 算數譬喩 所不能及, 非佛智力 無能知者. 若欲行時 寶華承足, 此諸菩薩 非初發意, 皆久殖德本 於無量百千萬億佛所 淨修梵行恒爲諸佛 之所稱歎.

---

20 ④는 국토이다.
21 ⑤는 설하는 법이다. * 길장(『법화의소』 제5권)은 이에 대해 다음과 같이 해석한다. 「이는 의심을 풀어 준 것이다. 방편품에서, 모든 붓다께서는 오탁의 악세에 출현하시기 때문에 삼승을 설하신다고 하였다. 사리자는 지금 정토에 출현한다고 했는데, 무엇 때문에 역시 삼승을 설하는가? 까닭을 해석해서 말하기를, 그 붓다께서 출현하실 때는 비록 악세는 아니지만, 본원 때문에 삼승의 법을 설하신다는 것이다.」
22 ⑥은 겁의 이름이다.

칭찬하시는 바였다. 항상 붓다의 지혜 닦고 큰 신통 갖추어 일체의 모든 법문을 잘 알며, 질직하고 거짓 없으며 뜻은 견고하리니, 이러한 보살들이 그 나라에 충만할 것이다.23

⑧ 사리불이여, 화광붓다의 수명은 왕자로서 붓다 이룰 때까지를 제외하고 십이 소겁이고, 그 나라 인민의 수명은 팔소겁일 것이다.24

⑨ 화광여래는 십이 소겁이 지나서 견만堅滿보살에게 아뇩다라삼먁삼보리의 수기를 주고 모든 비구들에게 이르기를, '이 견만보살은 다음에 붓다 이루어 명호를 화족안행華足安行 다타아가도 아라하 삼먁삼불타라고 할 것이니, 그 붓다의 국토 역시 이와 같으리라.'라고 할 것이다.25

⑩ 사리불이여, 이 화광붓다의 멸도 후 정법이 세상에 머무는 것도 삼십이 소겁이고, 상법像法이 세상에 머무는 것도 삼십이 소겁일 것이다.26

常修佛慧 具大神通 善知一切 諸法之門,
質直無僞 志念堅固,
如是菩薩 充滿其國.

舍利弗, 華光佛壽 十二小劫 除爲王子 未作佛時, 其國人民 壽八小劫.

華光如來 過十二小劫 授堅滿菩薩 阿耨多羅三藐三菩提記 告諸比丘, '是堅滿菩薩 次當作佛 號曰 華足安行 多陀阿伽度 阿羅訶 三藐三佛陀, 其佛國土 亦復如是'.

舍利弗, 是華光佛 滅度之後 正法住世 三十二小劫, 像法住世 亦三十二小劫.

....
23 ⑦은 대중의 수이다.
24 ⑧은 수명의 크기이다.
25 ⑨는 보처補處(=입멸 후의 붓다를 보임하는 것)이다.
26 ⑩은 법이 머무는 기간이다.

(3) 그 때 세존께서는 이 뜻을 거듭 펴시　　爾時 世尊 欲重宣此義
고자 게송으로 말씀하셨다.27　　　　　　　而說偈言.

① 사리불은 미래세에　　　　　　　　　　舍利弗來世
　　넓은 지혜 가진 붓다 이루어　　　　　　成佛普智尊
　　명호를 화광이라고 부르고　　　　　　　號名曰華光
　　한량없는 중생 제도하리라28　　　　　　當度無量衆

② 수없는 붓다들 공양하고　　　　　　　　供養無數佛
　　보살행과　　　　　　　　　　　　　　　具足菩薩行
　　십력 등의 공덕 구족하여　　　　　　　 十力等功德
　　위없는 도 깨달을 것이니29　　　　　　 證於無上道

③ 한량없는 겁이 지나고 나서　　　　　　 過無量劫已
　　겁의 이름은 대보장엄이고30　　　　　　劫名大寶嚴
　　세계의 이름은 이구離垢로서　　　　　　世界名離垢
　　청정하여 흠과 더러움이 없고　　　　　 淸淨無瑕穢

④ 유리가 땅이 되며　　　　　　　　　　　以琉璃爲地

---
27 게송에 11수반이 있는데, 둘이 된다. 처음 10수는 위의 아홉 가지 뜻을 노래했으니, 위의 보처는 생략된 대신, 사리에 공양함이 들어 있고, 뒤의 1수 반은 맺어 찬탄하는 것이다.
28 이 1수는 건너뛰어 과보 얻는 것을 노래했다. * 제2행의 한역문 중 '普智尊'은 넓은 지혜 가진 존귀한 분이라는 뜻으로, 붓다를 가리키는 말이다.
29 이 1수는 수행의 인을 노래한 것이다.
30 이 2행의 겁의 이름을 노래한 것이다.

황금 줄이 그 길을 경계 짓고	金繩界其道
칠보가 뒤섞인 빛깔의 나무에	七寶雜色樹
항상 꽃과 열매 열리리라31	常有華果實

5⃣ 그 국토의 모든 보살들은 　　彼國諸菩薩
　　뜻이 항상 견고하고 　　　　志念常堅固
　　신통과 바라밀을 　　　　　　神通波羅蜜
　　모두 다 구족하며 　　　　　　皆已悉具足

6⃣ 수없는 붓다들의 처소에서 　　於無數佛所
　　보살의 도를 잘 배우리니32 　　善學菩薩道
　　이러한 등의 대사들이 　　　　如是等大士
　　화광붓다에게 교화받으리라33 　華光佛所化

7⃣ 붓다는 왕자일 때에 　　　　　佛爲王子時
　　나라와 세상의 영화 버리고 　 棄國捨世榮
　　최후의 몸으로 　　　　　　　 於最末後身
　　출가하여 불도 이루리니 　　　出家成佛道

8⃣ 화광붓다 세상 머무는 　　　　華光佛住世
　　수명은 십이 소겁이고 　　　　壽十二小劫

---

31 이 1수반은 국토의 청정을 노래한 것이다.
32 이 1수반은 보살대중의 수를 노래한 것이다.
33 이 2행은 설법을 노래한 것이다.

그 나라의 인민대중들의	其國人民衆
수명은 팔 소겁이며34	壽命八小劫

⑨ 붓다 멸도 후에 　　　　　　佛滅度之後
　정법이 삼십이 소겁 동안 　　　正法住於世
　세상에 머물러 　　　　　　　三十二小劫
　여러 중생들 널리 제도하고 　　廣度諸衆生

⑩ 정법이 사라지고 나서 　　　　正法滅盡已
　상법도 삼십이 소겁이며35 　　 像法三十二
　사리가 널리 유포되어 　　　　舍利廣流布
　천신과 사람들 널리 공양하리라36　天人普供養

⑪ 화광붓다가 할 　　　　　　　華光佛所爲
　그 일은 모두 이러해서 　　　　其事皆如是
　그 성스러운 양족존은 　　　　其兩足聖尊
　가장 뛰어나 짝할 이 없을 것인데　最勝無倫匹

⑫ 그는 곧 그대의 몸이니 　　　　彼卽是汝身
　의당 스스로 기뻐하라 　　　　宜應自欣慶

---

34 이 2수는 수명의 크기를 노래한 것이다.
35 이 1수반은 법이 머무는 기간을 노래한 것이다.
36 이 2행은 사리 공양함을 노래한 것이다.

3.3[37]

⑴ ① 그 때 비구, 비구니, 우바새, 우바이들과 천신, 용, 야차, 건달바, 아수라, 가루라, 긴나라, 마후라가 등의 대중들은 사리불이 붓다 앞에서 아뇩다라삼먁삼보리의 수기 받는 것을 보고는, 마음이 크게 기뻐서 한량없이 뛰어오를 듯하여, ② 각각 몸에 걸친 상의를 벗어 붓다께 공양하였고, 석제환인과 범천왕 등은 수없는 천자들과 더불어 역시 하늘의 묘한 옷과 하늘의 만다라화, 마하만다라화 등으로써 붓다께 공양하니, 흩어진 하늘옷은 허공 중에 머물면서 스스로 회전하였고, 여러 하늘의 음악 백천만 가지가 허공 중에서 일시에 함께 울리면서 온갖 하늘꽃이 비내리는 가운데, ③ 그들은 이렇게 말하였다.

"붓다께서 과거 바라나시에서 처음 법륜 굴리시더니,[38] 이제 다시 위없는 최대의 법륜을 굴리셨다."

爾時 四部衆 比丘比丘尼 優婆塞優婆夷 天龍夜叉 乾闥婆 阿修羅 迦樓羅 緊那羅 摩睺羅伽 等大衆 見舍利弗 於佛前受 阿耨多羅三藐三菩提記, 心大歡喜 踊躍無量, 各各脫身 所著上衣 以供養佛, 釋提桓因 梵天王等 與無數天子 亦以天妙衣 天曼陀羅華 摩訶曼陀羅華等 供養於佛, 所散天衣 住虛空中 而自迴轉, 諸天伎樂 百千萬種 於虛空中 一時俱作 雨衆天華, 而作是言. "佛昔 於波羅奈 初轉法輪, 今乃復轉 無上最大法輪."

---

37 다음 3.3.은 초주 법설의 다섯째 사부대중이 기뻐하는 것이다. 글에 장행과 게송이 있다. (전자에는 셋이 있다.) 첫째 ①은 경전 편집자가 대중의 기쁨을 서술하는 것이고, 둘째 ②는 공양하는 것을 말했으며, 셋째 ③은 바로 이해하는 것이다.
38 여기까지는 개권을 이해함이고, 그 아래는 현실을 이해함이다.

(2) 이 때 여러 천자들은 이 뜻을 거듭 펴고자 게송으로 말하였다.39

爾時 諸天子 欲重宣此義 而說偈言.

① 과거 바라나시에서
　사성제의 법륜 굴리시어
　모든 법과 오온[五衆]의 생멸을
　분별해 설하시더니

昔於波羅奈
轉四諦法輪
分別說諸法
五衆之生滅

② 이제 다시 가장 오묘하고
　위없는 큰 법륜 굴리시니
　이 법은 매우 심오하여
　믿을 수 있는 자 적습니다

今復轉最妙
無上大法輪
是法甚深奧
少有能信者

③ 저희들은 이제까지
　세존 말씀 자주 들었지만
　이와 같이 깊고 오묘한
　최상의 법은 듣지 못했는데

我等從昔來
數聞世尊說
未曾聞如是
深妙之上法

④ 세존께서 이 법을 말씀하시니
　저희들은 모두 따라 기뻐합니다
　큰 지혜의 사리불이
　이제 존귀한 수기 받으니

世尊說是法
我等皆隨喜
大智舍利弗
今得受尊記

---

39 6수반의 게송은 둘이 된다. 처음 2수는 위의 개권현실을 노래했고, 뒤의 4수반은 이해 얻음[得解]과 따라 기뻐함[隨喜]과 회향함을 노래한 것이다.

5 저희들도 또한 이와 같이　　　　　　我等亦如是
　　반드시 붓다 이루어　　　　　　　　必當得作佛
　　일체의 세간에서 가장 존귀하고　　於一切世間
　　위없는 자 될 것입니다　　　　　　最尊無有上

6 붓다의 도는 사의할 수 없어　　　　佛道叵思議
　　방편으로 근기 따라 설하시니　　　方便隨宜說
　　저희가 금생이나 과거생에　　　　　我所有福業
　　가졌던 복덕의 업과　　　　　　　　今世若過世

7 그리고 붓다 뵈온 공덕을　　　　　　及見佛功德
　　모두 다 불도에 회향합니다　　　　盡迴向佛道

3.4[40]

(1) 그 때 사리불이 붓다께 말하였다.　　爾時 舍利弗 白佛言.
　　"① 세존이시여, 저는 지금 다시 의심　　"世尊, 我今 無復疑悔
과 후회 없어 친히 붓다 앞에서 아뇩다　　親於佛前 得受阿耨多

---

40 이하 (적문 정종분의 둘째, 자세한 개삼현일의) 두 번째 큰 단락으로, 중근기를 위한 비유설이다. 글에 네 품이 있으니, 첫째 이 1품은 바로 비유하여 개삼현일하는 것, 둘째 제4 신해품은 중근기의 이해 얻음[得解]을 밝히는 것, 셋째 제5 약초유품은 여래께서 인정하시는 것[述成], 넷째 제6 수기품은 결정해 주시는 것[與決]이다. 이 네 번은 모두 비유에 의해 설하신다. (이 품의) 비유설에 둘이 있으니, 처음 3.4의 (1)은 청하는 것이고, 뒤의 (2) 이하는 답하시는 것이다. 청함의 글에는 셋이 있다. 첫째 ①은 자신은 의혹 없음을 서술하는 것, 둘째 ②는 같은 무리에 의혹 있음을 서술하는 것, 셋째 ③은 널리 사부대중 위해 청하는 것이다.

라삼먁삼보리의 수기를 받았습니다만, ② 이 모든 일천이백의 마음 자재한 이들은 과거 학인의 지위에 머물 때 붓다께서 항상 교화해 이르시기를, '나의 법은 능히 생노병사를 떠나 구경에 열반에 이르게 한다'라고 하셨으므로, 이 학인과 무학인들 역시 스스로 아견 및 유·무견 등을 떠나 열반 증득했다고 하였습니다. 그런데 이제 세존 앞에서 듣지 못했던 것을 듣고는 모두 의혹에 떨어졌습니다.

③ 거룩하신 세존이시여, 사부대중들 위해 그 인연41을 설하셔서 의심과 후회를 여의게 해 주소서."

羅三藐三菩提記,
是諸千二百 心自在者
昔住學地 佛常敎化言,
'我法能離 生老病死 究
竟涅槃',
是學無學人 亦各自 以
離我見 及有無見等 謂
得涅槃.
而今 於世尊前 聞所未
聞 皆墮疑惑.
善哉 世尊, 願爲四衆
說其因緣 令離疑悔."

(2)42 그 때 붓다께서 사리불에게 이르셨다.

"㈎ 내가 전에, 제불세존께서 갖가지 인연과 비유와 언사로써 방편으로 설법하시는 것은 모두 아뇩다라삼먁삼보리를 위한 것이라 말하지 않았더냐? 이 모든 말은 모두 보살을 교화하기 위한 것이다.

爾時 佛告 舍利弗.
"我先不言, 諸佛世尊
以種種因緣 譬喩言辭
方便說法 皆爲阿耨多
羅三藐三菩提耶? 是諸
所說 皆爲化菩薩故.

----

41 '인연'이란 앞에서 삼승을 설하시고 뒤에 일승을 설하시는 인연이다.
42 이하 답하시는 글에 셋이 있다. 첫째 (2)는 발기하는 것, 둘째 (3) 이하 3.6의 ⑩까지는 비유하는 것, 셋째 그 아래는 믿기를 권하는 것이다. 전자에 둘이 있으니, ㈎는 억누르는 것[抑]이고, ㈏는 이끄는 것[引]이다. 억눌러 분발케 하고, 이끌어 속히 나아가게 하는 것이다.

㈘ 그렇지만 사리불이여, 이제 다시 비유로써 이 뜻을 밝힐 것이니, 지혜 있는 사람이라면 비유로써 이해할 수 있을 것이다.

然舍利弗, 今當 復以譬喩 更明此義, 諸有智者 以譬喩得解.

(3)43 사리불이여, ① 만약 국읍이나 취락에 큰 장자가 있는데, 그의 나이는 늙었으나 재산은 한량없어 밭과 집 및 여러 하인들이 많고44 ② 그 집은 넓고 큰데45 ③ 문은 오직 하나이며,46 ④ 일백 이백 내지 오백 명 등의 많은 사람들이 그 안에 사는데,47 ⑤ 가옥은 낡았고 담장은

舍利弗, 若國邑聚落 有大長者, 其年衰邁 財富無量 多有田宅 及諸僮僕 其家廣大 唯有一門, 多諸人衆 一百二百 乃至五百人 止住其中, 堂閣朽故 牆壁隤落 柱

....
43 둘째 비유를 말하는 것에는 장행과 게송이 있고, 장행에는 개비開譬(=비유를 전개하는 것)와 합비合譬(=법과 연결하여 비유의 뜻을 밝히는 것)의 둘이 있다. 그리고 전자에는 둘이 있으니, 첫째는 총체적 비유이고, 둘째는 개별적 비유이다. 총체적 비유는 석가장 중 2.7의 ⑱ 제3행 이하 2수의 게송이 간략한 개권현실을 노래한 것을 비유한 것이고, 개별적 비유는 ⑳의 제3행 이하 41수반의 게송이 자세한 개권현실을 노래한 것을 비유한 것이다. * 이하에 전개되는 비유를 '법화칠유'(=법화경의 일곱 가지 비유) 중 제1 화택유火宅喩(=불난 집의 비유. '삼계三界화택유' 또는 '삼거三車화택유'라고도 부름)라고 한다. 나머지 여섯 가지는 제4품의 ② 궁자유窮子喩, 제5품의 ③ 약초유藥草喩, 제7품의 ④ 화성유化城喩, 제8품의 ⑤ 의주유衣珠喩, 제14품의 ⑥ 계주유髻珠喩, 제16품의 ⑦ 의자유醫子喩이다.
44 총체적 비유에는 여섯이 있다. 첫째 장자는 위 게송 중의 '나'를 비유하는 것이니, '나'는 곧 석가이다.
45 둘째는 집이니, 불난 집[화택火宅]은 게송 중의 '안온'이 삼계의 불안온에 상대됨을 비유한 것이다.
46 셋째 하나의 문은, 게송 중의 '갖가지 법문으로 불도를 펴 보이신 것'을 비유한 것이다.

퇴락했으며 기둥뿌리는 썩었고 동량은 기울었거늘,48 주위에서 동시에 홀연 불이 일어나 집을 태우는데, ⑥ 장자의 열이나 스물이나 혹은 서른에 이르는 자식들은 이 집 안에 있다고 하자.49

根腐敗 梁棟傾危, 周匝俱時 欻然火起 焚燒舍宅, 長者諸子 若十二十 或至三十 在此宅中.

(4)50 ① 장자는 ② 이 큰 불이 사방에서 일어난 것을 보고 ③ 크게 놀라고 두려워하며 이렇게 생각하였다. '나는 비록 이 불타는 집의 문을 안전하게 나왔지만,

長者 見是大火 從四面起 卽大驚怖 而作是念. '我雖能於 此所燒之門 安隱得出,

---

47 넷째 오백 명은 게송 중의 '중생'을 비유한 것이니, 곧 오도五道이다.
48 다섯째 불이 일어남은 위의 안온에 상대되는 불안온법인 오탁과 팔고를 비유하는 것이다. 이 부분은 태워지는 집의 모습을 보여 육도의 과보를 비유하였고, 그 뒤는 태우는 불을 밝혀 팔고와 오탁을 비유하였다.
49 여섯째 서른의 자식은 게송 중 '중생의 성품과 욕구를 알고'라고 한 삼승의 수행인을 비유한 것이다. 일찍이 불법을 익혀 천성이 서로 관련되는 것이 곧 아들의 뜻이다. 이러한 근기가 없는 것이 위의 '오백 명'이다.
50 이하 제2 개별적 비유에 다시 넷이 있다. 첫째 (4) 장자가 불을 보는 비유[견화비見火譬]는 위의 붓다께서 오탁을 보시는 4수의 게송(=2.7 80의 제3행 이하)을 비유한 것이고, 둘째 (5) 책상을 버리고 수레를 쓰는 비유[사궤용거비捨机用車譬]는 석가께서 오탁 때문에 대승을 쉬고 소승을 베푸시는 17수반의 게송(=88의 제3행 이하)을 비유한 것이며, 셋째 (6) 평등하게 큰 수레 주는 비유[등사대거비等賜大車譬]는 석가께서 진실한 모습을 보이시는 6수의 게송(=102 이하)을 비유한 것이고, 넷째 (7) 허망 없음의 비유[무허망비無虛妄譬]는 같은 취지의 위 2수반의 게송(=113의 제3행 이하)을 비유한 것이다.
처음의 불을 보는 비유의 글에 넷이 있는데, 그 뜻은 셋 뿐(=아래의 ②와 ④는 사실상 하나이기 때문)이다. 첫째 ①은 보는 주체[能見]를 밝히고, 둘째 ②는 보는 대상[所見]을 밝히며, 셋째 ③은 놀라고 두려워함[驚怖]을 밝히고, 넷째 ④는 앞의 보는 대상을 넓힌 것이다.

④ 자식들은 불난 집에서 놀이에 빠져, 불이 몸에 닥쳐 고통이 극심할 것을 깨달아 알지도 못하고 놀라 두려워하지도 않으며 걱정하는 마음이 없어 나오려는 생각이 없구나.'51

而諸子等 於火宅內 樂著嬉戱, 不覺不知 不驚不怖 火災逼身 苦痛切己 心不厭患 無求出意.'

(5)52 ㈎ 사리불이여, ① 이 장자는, '내 몸과 손에 힘 있으니 옷바구니나 책상처럼 끼고 집에서 꺼낼까'라고 생각하다가, ② 또 다시 생각하기를, '이 집은 문이 하나 뿐인데다가 협소한데, 자식들은 어리고 아는 것 없어 노는 곳에 연연하니, ③ 혹시나 떨어지면 불에 타버릴 것이다. 내 두려운 일과, 이 집이 이미 타고 있으니 늦기 전에 빨리 나오도록 말하여 불로 해를 입는 일이 없도록 해야겠다.' 이렇게 생각하고 나서 그대로 모두 자식들에

舍利弗, 是長者 作是思惟, '我身手 有力 當以衣裓 若以机案 從舍出之', 復更思惟, '是舍 唯有一門 而復狹小, 諸子幼稚 未有所識 戀著戱處, 或當墮落 爲火所燒. 我當爲說 怖畏之事, 此舍已燒 宜時疾出 無令爲火 之所燒害'. 作是念已 如所思惟 具告諸子,

....
51 불난 집은 오탁을 비유했으니, ('놀이' 중) '희嬉'는 견탁을, '희戱'는 번뇌탁을 각각 비유하고, '깨달아 알지도 못하고 놀라 두려워하지도 않음'은 중생탁을 비유하며, '불이 몸에 닥쳐 고통이 극심할 것'은 명탁을 비유하고, '걱정하는 마음이 없어 나오려는 생각이 없음'은 겁탁을 비유한 것이다.
52 이하 둘째 사궤용거비는 위에서 대승을 쉬고 소승 베푸신 것을 비유한 것이다. 그 중 앞의 6수반은 대승이 불가능하리라 헤아리신 것을 밝혔고[=㈎], 뒤의 11수는 소승이 가능함을 헤아려 쓰신 것이었는데[=㈏], 앞의 불가능함에 셋이 있었으니, 첫째 대승이 마땅함을 헤아리시는 것[=①], 둘째 근기가 없는 것[=②], 셋째 대승의 교화를 그치신 것[=③]이었다.

게 이르고, '너희들은 빨리 나오라'고 하였다. 아버지가 가엾이 여겨 좋은 말로 타일렀지만, 자식들은 놀이에 빠져 믿으려 하지 않고 놀라지도 두려워하지도 않으며 나오려는 마음이 없고, 또한 무엇이 불이고, 무엇이 집이며, 어떻게 해서 잃는지도 알지 못하고,53 오직 동서로 뛰어놀면서 아버지를 바라볼 뿐이었다.

(나)54 ① 그 때 장자는 이렇게 생각하였다. '이 집은 이미 큰 불로 타고 있으니 나와 자식들이 지금 나가지 않는다면55 필시 타고 말 것이다. 내 이제 방편 베풀어 자식들이 이 피해를 면하도록 하리라.'

② 아버지는 자식들이 마음으로 각각 좋아하던 갖가지 진귀하고 기이한 물건

'汝等速出'.

父雖憐愍 善言誘喩, 而諸子等 樂著嬉戲 不肯信受 不驚不畏 了無出心, 亦復不知 何者是火, 何者爲舍, 云何爲失, 但東西走戲 視父而已.

爾時 長者 卽作是念. '此舍已爲 大火所燒 我及諸子 若不時出 必爲所焚. 我今 當設方便 令諸子等 得免斯害.'

父知 諸子先心 各有所好 種種珍玩 奇異之物

---

53 팔고와 오탁이 능히 선근을 태우는 것을 알지 못하는 것이 불을 알지 못하는 것과 같고, 음·계·입의 법이 괴로움의 그릇[苦器]임을 알지 못하는 것은 집을 알지 못하는 것과 같으며, 법신을 상실하는 이유를 알지 못하는 것은, 어떻게 해서 잃는지를 알지 못하는 것과 같다.
54 이하 용거비용車譬가 위의 11수의 게송을 비유하는 것에 넷이 있다. 첫째 ① 삼거三車가 마땅함을 헤아리는 비유는 위의 삼승이 적절함을 헤아리시는 글을 비유하고, 둘째 ② 자식들이 전에 좋아하던 것을 아버지가 아는 비유는 득도의 근기가 있음을 비유하며, 셋째 ③ 삼거를 찬탄하는 비유는 삼승을 베푸신 것을 비유하고, 넷째 ④ 자식들의 원하던 것에 맞는 비유는 위의 받아 행하여 깨닫는 것을 비유한 것이다.
55 앞에서 (나는 이미 안온하게) 나왔다고 한 것은 법신이 나왔다는 것이고, 이제 '지금 나가지 않는다면'이라고 한 것은 응신이 (중생과) 병을 함께 하고 있는 것이다.

이 있어 필시 애착할 것을 알고, ③ 그들에게 말하였다. '너희들이 좋아할 희귀하고 얻기 어려운 물건을 만약 갖지 못한다면 뒤에 반드시 후회할 것이다. 이와 같은 갖가지 양거·녹거·우거56가 지금 문밖에 있어 갖고 놀 만하니, 너희들은 이 불난 집에서 속히 나오너라. 너희들이 바라는 대로 모두 다 주겠다.'

④ 그러자 자식들은 아버지가 말한 진귀한 물건은 그들이 원하던 것이므로 씩씩한 마음으로 서로 밀치면서 다투어 불난 집에서 뛰쳐 나왔다.57

(6)58 ① 이 때 장자는 자식들이 안전하게 나와서 네 거리의 빈 땅에 앉아59 다시는 장애가 없는 것을 보고는 그 마음이 놓

情必樂著. 而告之言. '汝等 所可玩好 希有難得 汝若不取 後必憂悔. 如此種種 羊車鹿車牛車 今在門外 可以遊戲, 汝等 於此火宅 宜速出來. 隨汝所欲 皆當與汝.'

爾時 諸子 聞父所說 珍玩之物 適其願故 心各勇銳 互相推排 競共馳走 爭出火宅.

是時 長者 見諸子等 安隱得出 皆於 四衢道中 露地而坐 無復障礙 其

---

56 * '양거'·'녹거'·'우거'는 각각 양·사슴·소가 이끄는 수레라는 뜻이다.
57 '다투어 나왔다'라고 함은 삼계에서 다투어 나와 무학과를 성취한 것이다.
58 이하 셋째 등사대거비가 위에서 진실한 모습을 드러낸 게송을 비유하는 글에 넷이 있다. ① 아들이 재난 면한 것을 보고 기뻐하는 비유는 위 104~106의 제1행까지 2수1행의 게송을 비유했고, ② 자식들이 수레를 찾는 비유는 위 102~103의 2수의 게송을 비유했으며, ③ 자식들에게 같이 큰 수레를 주는 비유는 위 106 제2~4행의 게송을 비유했고, ④ 자식들이 수레 얻고 기뻐하는 비유는 위 107의 게송을 비유한 것이다.
59 사성제의 관찰이 다른 것을 '네 거리'라고 하였으니, 사성제가 같이 모여 진리를 보는 것[見諦]은 교차로와 같고, 삼계의 사혹이 다한 것을 '빈 땅'이라 하였으며, 과에 머물러 나아가지 않으므로 '앉았다'고 하였다.

여 뛰어오를듯이 기뻐하였다.

② 그 때 자식들은 각자 아버지에게 말하였다. '아버지께서 아까 주시겠다던 양거·녹거·우거의 장난감을 이제 주십시오.'

③ 사리불이여, 그 때 장자는 자식들에게 같은 하나의 큰 수레를 주었다.60

그 수레는 높고 넓으며 온갖 보배로 장식하고 둘레는 난간이며 사면은 방울을 달았고, 또 그 위에는 차양 펼치고 또한 진기한 보배들로 장식했으며 보배줄로 얽어매고 꽃끈을 드리웠으며 자리를 겹쳐 깔고 붉은 베개 놓았으며, 흰 소로 부리는데 피부빛 청결하고 형체 아름다우며 큰 근력 있고 걸음걸이 바르며 빠르기는 바람 같았고, 또 많은 하인들이 이를 시위하였다.61

까닭이 무엇인가 하면 이 대 장자는 재산이 한량없고 갖가지 곳간들이 모두

心泰然 歡喜踊躍.
時諸子等 各白父言. '父先所許 玩好之具 羊車鹿車牛車 願時賜與.'

舍利弗, 爾時 長者 各賜諸子 等一大車.
其車高廣 衆寶莊校 周匝欄楯 四面懸鈴,
又於其上 張設幰蓋 亦以珍奇雜寶 而嚴飾之 寶繩絞絡 垂諸華瓔 重敷綩綖 安置丹枕, 駕以白牛 膚色充潔 形體姝好 有大筋力 行步平正 其疾如風, 又多僕從 而侍衛之.
所以者何 是大長者 財富無量 種種諸藏 悉皆

---

60 첫째는 평등한 자식이고, 둘째는 평등한 수레이다. 자식이 평등하기 때문에 마음도 평등하니, 일체 중생에게 같이 불성이 있음을 비유한 것이다. 둘째 수레가 평등한 것은 법이 평등하므로 불법 아닌 것이 없으니, 일체법이 모두 대승임을 비유한 것이다. 대승이 같기 때문에 같은 큰 수레인 것이다.
61 이상은 수레의 바탕[車體]을 자세히 서술한 것이다. * 이것이 무엇을 비유하는지는 『문구』(제5권하下)에 자세한 설명이 있다.

다 충만해서 이렇게 생각하였기 때문이다.62 '나의 재산은 끝이 없는데 하열한 작은 수레를 자식들에게 줄 것이 아니다. 지금 이 어린애들은 모두 내 자식이라 사랑에 치우침이 없고, 내게 이런 칠보의 큰 수레는 그 수가 한량없이 있으니, 응당 평등한 마음으로 각각 줄 것이고 차별할 것이 아니다.63 왜냐 하면 나의 이 물건은 널리 한 나라에 공급해도 모자라지 않는데, 어찌 하물며 자식들에게랴.'

④ 이 때 자식들은 각자 큰 수레를 타고 미증유를 얻었는데, 본래의 소망을 넘어선 것이었다.

充溢 而作是念.
'我財物無極 不應以 下劣小車 與諸子等.
今此幼童 皆是吾子 愛無偏黨, 我有如是 七寶大車 其數無量, 應當等心 各各與之 不宜差別.
所以者何? 以我此物 周給一國 猶尚不匱, 何況諸子.'

是時諸子 各乘大車 得未曾有, 非本所望.

(7)64 ① 사리불이여, 그대 생각에는 어떤가? 이 장자가 자식들에게 진보珍寶의 큰 수레를 평등하게 준 것에 정녕 허망함이 있겠는가?"

② 사리불이 말하였다.65

舍利弗,   於汝意云何?
是長者 等與諸子 珍寶大車 寧有虛妄不?"

舍利弗言.

---

62 이는 수레가 있게 된 연유를 해석한 것이다. '재산과 곳간이 충만해서'라고 한 것은 과지果地의 복덕과 지혜가 원만함을 비유한 것이다.
63 이는 마음의 평등을 자세히 밝힌 것이고, 그 아래는 이를 해석한 것이다.
64 이하 넷째 허망하지 않음의 비유에는 셋이 있으니, ①은 물음, ②는 대답, ③은 찬탄이다.
65 대답에는 둘이 있다. ㉮는 재난 면하여 허망하지 않음이고, ㉯는 본심에 어긋나지 않아서 허망하지 않음이다.

㉮ 그렇지 않습니다, 세존이시여. 이 장자가 단지 자식들로 하여금 화재를 면하게 해 그 신명을 보전케 한 것만 해도 허망하지 않습니다. 왜냐 하면 만약 신명을 보전하면 곧 장난감을 얻은 것이 될 것이거늘, 하물며 다시 방편으로 저 불난 집에서 건져냄이겠습니까.66

㉯ 세존이시여, 만약 이 장자가 나아가 가장 작은 수레 하나조차 주지 않았어도 오히려 허망하지 않습니다. 왜냐 하면 이 장자는 먼저 '내가 방편으로 자식들을 나오게 해야겠다'라는 마음을 가졌기 때문이니, 이 때문에도 허망함은 없습니다. 어찌 하물며 장자가 재산 한량없음을 스스로 알고, 자식들을 요익케 하고자 평등하게 큰 수레를 줌이겠습니까?"67

③ 붓다께서 사리불에게 이르셨다.

"참으로 훌륭하다, 그대의 말과 같다.

"不也, 世尊. 是長者 但令諸子 得免火難 全其軀命 非爲虛妄.

何以故 若全身命 便爲已得 玩好之具, 況復方便 於彼火宅 而拔濟之.

世尊, 若是長者 乃至不與 最小一車 猶不虛妄.

何以故 是長者 先作是意 '我以方便 令子得出', 以是因緣 無虛妄也.

何況 長者自知 財富無量, 欲饒益諸子 等與大車."

佛告 舍利弗.

"善哉善哉, 如汝所言.

---

66 팔고의 불을 면하고 오분법신을 보전한 것은 이미 큰 보배인데, 하물며 이만 불소佛所에서의 대승의 혜명으로 원인圓因을 성취하여 붓다의 지견 열린 것이 어찌 허망함이겠는가 라는 뜻을 맺은 것이다.
67 본래 소승이 없는 것을 알고 (일불승을) 비방하여 악도에 떨어지지 않도록 하려는 마음이었는데, 이미 헐뜯는다는 원인이 없어져 악한 과보에 떨어지지 않으므로 본래의 마음에 어긋나지 않는다. 본래의 소망을 넘어섰으니, 허망하지 않은 것이다.

3.5[68]

(1) 사리불이여, ① 여래도 역시 이와 같아서 곧 일체 세간의 아버지 되어, 모든 두려움·고뇌·우환과 무명의 어둠이 덮음을 남음 없이 영원히 다하여, 한량없는 지견·힘·무소외를 모두 다 성취하고 큰 신통의 힘과 지혜의 힘을 가져 방편과 지혜의 바라밀을 구족하며,[69] ② 대자대비해서 항상 싫증 없이 선한 일 구하고 일체를 이익되게 한다.[70]

③ 그러면서도 삼계의 썩고 낡은 화택에 태어남은,[71] ④ 중생을[72] ⑤ 생노병사의 우비고뇌와 무명의 어둠으로 덮인 삼독의 불에서 건져서,[73] ⑥ 교화하여 아뇩다라삼먁삼보리를 얻게 하기 위함인데,[74]

舍利弗, 如來 亦復如是 則爲一切 世間之父, 於諸怖畏 衰惱憂患 無明闇蔽 永盡無餘, 而悉成就 無量知見 力無所畏 有大神力 及智慧力 具足方便 智慧波羅蜜, 大慈大悲 常無懈倦 恒求善事 利益一切.
而生三界 朽故火宅,
爲度衆生 生老病死 憂悲苦惱 愚癡闇蔽 三毒之火, 教化令得 阿耨多羅三藐三菩提,

---

68 이하는 (비유를 말하는 글의 장행 중) 둘째 합비合譬이다. 글에 둘이 있다. 처음 (1)은 위의 총체적 비유의 뜻을 밝히는 것이고, 뒤의 (2) 이하는 위의 개별적 비유의 뜻을 밝히는 것이다.
69 이상은 위의 총체적 비유 여섯 가지 중 첫째 장자의 뜻을 밝힌 것이다.
70 이상은 넷째의 뜻을 밝힌 것이니, 자비는 교화 베풂의 근본이고, '일체'는 5도道이다. 5도가 항상 자비를 받는 것은 위 '오백 명'의 뜻을 밝힌 것이다.
71 이는 둘째인 '그 집'의 뜻을 밝힌 것이다.
72 이는 여섯째인 '서른의 자식'의 뜻을 밝힌 것이다. 중생에게 연이 있어 가까운 자를 먼저 건지는 것이다.
73 이는 다섯째 홀연 불이 일어남을 본 비유의 뜻을 밝힌 것이다.
74 이는 셋째 오직 문이 하나뿐이라고 한 비유의 뜻을 밝힌 것이다.

(2) ① 보니,75 ② 여러 중생들이 생노병사의 우비고뇌로 태워지고, 또한 오욕과 재물의 이익 때문에 갖가지 괴로움을 받으며, 또 탐착하고 추구함으로써 현생에서 온갖 괴로움을 받다가 뒤에는 지옥·축생·아귀의 괴로움을 받고, 천상이나 인간에 태어나서도 빈궁하여 고달픈 괴로움과 애별리고·원증회고 이러한 등의 갖가지 모든 괴로움, ③ 그 속에 중생들이 빠져 기뻐하며 놀면서, 깨달아 알지도 못하고 놀라 두려워하지도 않으며 또한 싫어하지도 않고 벗어나기를 구하지도 않으며, 이 삼계의 화택에서 동서로 달리면서, 큰 괴로움 만나도 근심으로 여기지 않는다.76

④ 사리불이여, 붓다는 이를 보고서 이렇게 생각하였다. '내 중생들의 아버지 되어 그들을 고난에서 건져 한량없고 가이없는 붓다 지혜의 즐거움 주어서, 그들로

見諸衆生 爲生老病死憂悲苦惱 之所燒煮, 亦以五欲財利故 受種種苦, 又以貪著追求故 現受衆苦 後受地獄 畜生餓鬼之苦, 若生天上 及在人間 貧窮困苦 愛別離苦 怨憎會苦 如是等種種諸苦, 衆生 沒在其中 歡喜遊戱, 不覺不知 不驚不怖 亦不生厭 不求解脫, 於此三界火宅 東西馳走, 雖遭大苦 不以爲患.

舍利弗, 佛見此已 便作是念. '我爲 衆生之父 應拔其苦難 與無量無邊 佛智慧樂, 令其遊

---

75 (2) 이하는 둘째 개별적 비유의 뜻을 밝히는 것이다. 처음 (2)는 개별적 비유의 첫째인 견화비의 뜻을 밝힌다. 그 중 ① '보니[見]'라는 한 글자는 첫째 위의 보는 주체인 눈을 밝힌 것이고, 아래의 ②는 보는 대상된 불이 사방에서 일어남을 밝힌 것이다. 여기에서는 8고를 '불'이라고 했으니, '탐착하고 추구'하는 것은 구부득고求不得苦이고, '뒤에 (과보) 받는' 것은 오음성고五陰盛苦이며, 나머지는 글에서와 같다.
76 이는 견화비의 제4(=보는 대상을 넓힌 것)의 뜻을 밝힌 것이다.

하여금 노닐게 하리라.'77

(3)78 사리불이여, 여래는 다시 이렇게 생각하였다. '만약 내가 방편 버리고 다만 신통의 힘과 지혜의 힘만으로 중생들 위해 여래의 지견·힘·무소외를 찬탄한다면 중생들은 이로써 제도되지 못할 것이다. 까닭이 무엇이겠는가? 이 모든 중생들은 아직 생노병사의 우비고뇌도 면하지 못해 삼계의 화택에서 태워지고 있는데, 어떻게 붓다의 지혜를 알 수 있으랴.'

사리불이여, 그 장자가 비록 몸과 손에 힘 있어도 이를 쓰지 않고, 단지 은근한 방편으로 자식들을 화택의 재난에서 건져내고, 그런 다음에 각각 진보의 큰 수레를 주었듯이, 여래도 또한 이와 같아서 비록 힘과 무소외가 있어도 이를 쓰지 않고,

(4)79 ① 다만 지혜의 방편으로 삼계의 화

戲.'

舍利弗, 如來 復作是念. '若我 但以神力 及智慧力 捨於方便 爲諸衆生 讚如來知見 力無所畏者 衆生不能 以是得度. 所以者何? 是諸衆生 未免 生老病死 憂悲苦惱 而爲三界 火宅所燒, 何由能解 佛之智慧.'

舍利弗, 如彼長者 雖復身手有力 而不用之, 但以殷勤方便 勉濟諸子 火宅之難, 然後各與 珍寶大車, 如來 亦復如是 雖有 力無所畏 而不用之,

但以 智慧方便 於三界

....
77 이는 견화비의 제3 놀라고 두려워한 비유의 뜻을 밝힌 것이다.
78 다음 (3)은 위 사궤용거비 중 사궤비의 뜻을 밝힌 것이다.
79 용거비의 뜻을 밝힌 (4)에는 넷이 있다. ①은 삼거가 마땅함을 헤아리시는 뜻, ②는 자식들의 예전의 마음 아시는 뜻, ③은 삼거의 희유함을 찬탄하시는 뜻, ④는 자식들의 원하던 것에 맞는 뜻을 각각 밝힌 것이다.

152 묘법연화경 제2권

택에서 중생들 건지려고 ② 성문승·벽지불승·불승80의 삼승을 설하여 ③ 이렇게 말하였다. '너희들은 삼계의 화택에서 즐겨 머물러서는 안 되고, 추악한 색·성·향·미·촉을 탐해서는 안 된다. 만약 탐착하여 갈애를 낸다면 곧 태워질 것이니, 너희들은 속히 삼계에서 나와 성문승·벽지불승·불승의 삼승을 얻어야 한다. 내 이제 너희들에게 이 일을 보증하니, 끝내 허망하지 않을 것이다. 그대들은 단지 부지런히 정진하기만 하면 된다.'

여래는 이런 방편으로 중생들 권유해 정진시키고 다시 이렇게 말했다. '너희들은 이 삼승법은 모두 성인들이 찬탄하시는 바라, 자재해 매임 없고 의지해 구할 것 없으니, 이 삼승을 타면 무루의 오근·오력·칠각지와 선정·해탈·삼매 등으로 스스로 즐겨 곧 한량없는 안온한 즐거움을 얻을 것이라고 알아야 한다.'

④ 사리불이여, 만약 어떤 중생이 내면에 지혜의 성품 있어 붓다 세존으로부터 법을 듣고 신수信受하여 간절히 정진해 속히 삼계 벗어나고자 스스로 열반 구한

火宅 拔濟衆生 爲說三乘 聲聞辟支佛佛乘 而作是言. '汝等 莫得樂住三界火宅, 勿貪麤弊 色聲香味觸也. 若貪著生愛 則爲所燒, 汝速出三界 當得三乘 聲聞辟支佛佛乘. 我今爲汝 保任此事, 終不虛也.
汝等但當 勤修精進.'

如來 以是方便 誘進衆生 復作是言. '汝等當知 此三乘法 皆是聖所稱歎, 自在無繫 無所依求, 乘是三乘 以無漏 根力覺道 禪定解脫三昧等 而自娛樂 便得無量 安隱快樂.'
舍利弗, 若有衆生 內有智性 從佛世尊 聞法信受 慇懃精進 欲速出三界 自求涅槃 是名聲聞

---
80 * 여기에서 '불승'은 보살승의 뜻이다.

다면 이는 성문승이라고 이름하니, 저 자식들이 양거羊車를 구해 화택에서 나오는 것과 같다.

만약 어떤 중생이 붓다 세존으로부터 법을 듣고 신수하여 간절히 정진해 자연의 지혜[自然慧]81를 구하고 홀로 고요하기를 즐겨 제법의 인연을 깊이 안다면 이는 벽지불승이라고 이름하니, 저 자식들이 녹거鹿車를 구해 화택에서 나오는 것과 같다.

만약 어떤 중생이 붓다 세존으로부터 법을 듣고 신수하여 부지런히 정진하여 일체지·불지佛智·자연지自然智·무사지無師智82와 여래의 지견·힘·무소외를 구하고, 한량없는 중생을 연민하여 안락케 할 것을 생각하고 천·인을 이익케 하며 일체를 도탈케 한다면 이는 대승이라고 이름한다. 보살은 이 승乘을 구하므로 마하살이라고 이름하니, 저 자식들이 우거牛車

乘, 如彼諸子 爲求羊車 出於火宅.

若有衆生 從佛世尊 聞法信受 慇懃精進 求自然慧 樂獨善寂 深知諸法因緣 是名辟支佛乘, 如彼諸子 爲求鹿車 出於火宅.

若有衆生 從佛世尊 聞法信受 勤修精進 求一切智 佛智 自然智 無師智 如來知見 力無所畏, 愍念安樂 無量衆生 利益天人 度脫一切 是名大乘.

菩薩 求此乘故 名爲摩訶薩, 如彼諸子 爲求牛

---

81 '자연'이란 십이인연의 문으로 들어가는 것이니, 이 문은 본래 있어서 붓다나 천·인이 만든 것이 아니므로 '자연의 지혜'라고 이름하고, 남으로부터 들은 것이 아니므로 다시 '자연의 지혜[自然慧]'라고 이름한다.

82 * '자연지自然智'와 '무사지無師智'는 각각 범본의 'svayaṃbhu-jñāna'와 'anācāryaṃ-jñāna'를 옮긴 것이다. 전자는 인위적인 노력에 의하지 않고 아는 지혜, 후자는 스승으로부터 배우지 않고 아는 지혜라는 뜻으로, 모두 붓다의 지혜를 뜻하는 용어이다.

를 구해 화택에서 나오는 것과 같다.

(5)[83] 사리불이여, 저 장자가 자식들이 안전하게 화택에서 나와 두려움 없는 곳에 도착한 것을 보고, 스스로 재산 한량없음을 생각하고 평등하게 큰 수레를 자식들에게 주었듯이, 여래도 역시 그와 같이 일체 중생의 아비 되어서 만약 한량없는 억천의 중생들이 불교의 문으로써 삼계의 괴로움과 두렵고 험한 길에서 벗어나 열반의 즐거움 얻은 것을 보면, 여래는 그 때 이렇게 생각한다. '나에게 한량없고 가이없는 지혜·힘·무소외 등 제불의 법장이 있는데, 이 모든 중생들은 모두 나의 아들이니 같이 대승을 주어서, 어떤 사람이라도 홀로 멸도를 얻지 않게 하고, 모두 여래의 멸도로써 멸도하도록 하리라.'

그리고 이 중생들로서 삼계를 벗어난 자들에게 모두 제불의 선정·해탈 등 즐길 거리를 주니, 모두가 한 모습[一相]이고 한 가지[一種][84]라 성인들이 찬탄하는

車 出於火宅.

舍利弗, 如彼長者 見諸子等 安隱得出火宅 到無畏處, 自惟財富無量 等以大車 而賜諸子, 如來 亦復如是 爲一切衆生之父 若見無量 億千衆生 以佛敎門 出三界苦 怖畏險道 得涅槃樂, 如來爾時 便作是念.
'我有無量 無邊智慧 力無畏等 諸佛法藏,
是諸衆生 皆是我子 等與大乘, 不令有人 獨得滅度, 皆以 如來滅度 而滅度之.'
是諸衆生 脫三界者 悉與諸佛 禪定解脫等 娛樂之具, 皆是一相一種 聖所稱歎, 能生淨妙 第

---

83 (5)는 위의 (개별적 비유의) 셋째 등사대거비의 뜻을 밝힌 것이다. 등사대거비에는 글이 넷 있었는데, 지금은 생략되어 재난 면한 것[免難]이 수레 찾는 것[索車]을 겸하고, 평등하게 주는 것[等賜]이 기뻐하는 것[歡喜]을 겸한다.

제3 비유품　155

것으로, 능히 청정 오묘하고 으뜸 되는 즐거움을 내는 것이다.

一之樂.

(6)85 사리불이여, 마치 저 장자가 처음 삼거로써 자식들을 유인하고, 그런 다음 보물로 장식하고 안온하기 제일인 큰 수레만 주었지만, 저 장자에게 허망함의 허물이 없었듯이, 여래도 또한 그와 같아서 처음에 삼승을 말해 중생을 인도하고, 그런 다음 대승으로써만 그들을 도탈케 한 것에 허망함은 없는 것이다.

왜냐 하면 여래에게는 한량없는 지혜·힘·무소외의 모든 법장이 있어 일체의 중생에게 대승의 법을 줄 수 있지만, 단지 모두가 받을 수 없었기 때문이다.

사리불이여, 이 때문에 제불께서는 방편의 힘으로 일불승에서 분별하여 삼승을 말씀하신 것이라고 알아야 한다."

舍利弗, 如彼長者 初以三車 誘引諸子, 然後但與大車 寶物莊嚴 安隱第一, 然彼長者 無虛妄之咎, 如來 亦復如是 無有虛妄, 初說三乘 引導衆生, 然後 但以大乘而度脫之.

何以故 如來有 無量智慧 力無所畏 諸法之藏 能與一切衆生 大乘之法, 但不盡能受.

舍利弗, 以是因緣 當知諸佛 方便力故 於一佛乘 分別說三."

3.6

붓다께서는 이 뜻을 거듭 펴시고자 게

佛 欲重宣此義 而說偈

---

84 '한 모습'이란 곧 실상이니, 곧 법신이고, '한 가지'란 일체종지이다.
85 다음 (6)은 (개별적 비유의) 넷째 허망하지 않음의 비유의 뜻을 밝혔다. 위의 답에서는 신명 보전함과 본심에 어긋나지 않음의 두 가지가 있었으나, 지금은 다만 후자만이 있어, 전자를 겸하였다.

송으로 말씀하셨다.⁸⁶   言.

① 장자에게⁸⁷ 큰 집 하나 있는데⁸⁸   譬如長者   有一大宅
  그 집 오래되어 낡은데다 헐어서   其宅久故   而復頓弊

② 집채는 위태롭고 기둥뿌리 썩었으며   堂舍高危   柱根摧朽
  동량은 기울고 섬돌은 무너졌으며   梁棟傾斜   基陛隤毁

③ 담장은 갈라지고 바른 흙 떨어지며   牆壁圮坼   泥塗褫落
  이엉은 흩날리고 서까래는 빠졌으며   覆苫亂墜   椽梠差脫

④ 두른 담 굽어 더러움 가득한데   周障屈曲   雜穢充遍
  오백 명 그 안에서 사는 것과 같다⁸⁹   有五百人   止住其中

⑤⁹⁰ 올빼미 수리 까막까치 비둘기⁹¹   鴟梟雕鷲   烏鵲鳩鴿

----
86 둘째 게송에 165수가 있는데, 나누면 둘이 된다. 앞의 100수는 위의 장행을 노래한 것이고, 뒤의 65수는 경전 유통방법을 밝힌 것(=이는 이 품의 비유설의 둘째 답하시는 글 중 셋째 믿기를 권하는 것에 해당)이다. 전자에 둘이 있으니, 앞의 65수반은 개비開譬를 노래했고, 뒤의 34수는 합비合譬를 노래했다. 전자에 다시 둘이 있으니, 앞의 33수는 총비를 노래했고, 뒤의 32수반은 별비를 노래한 것이다. 전자의 총비에는 여섯 가지 뜻이 있었는데, 그 네 가지만 노래하는 것으로 그치고, 나머지 두 가지는 겸하게 했다.
87 이 첫 1구는 총비 중 장자를 밝힌 것이다.
88 이하 ④의 제2행까지 3수1항은 총비 중 둘째 집의 비유를 노래한 것이다.
89 이 2행은 셋째 오백 명을 노래한 것인데, 삼승의 근기와 성품이 5도에 포함됨을 비유하므로, 서른 명의 자식의 비유를 겸할 수 있다.
90 이하 ㉝까지 29수는 불이 일어난 것을 노래했다. 이는 다시 넷이 된다. 첫째 ㉖까지 22수는 땅 위의 일을 밝혀 욕계를 비유하고, 둘째 ㉚의 제2행까

살모사 전갈 지네 그리마92	蚖蛇蝮蠍　蜈蚣蚰蜒
⑥ 도마뱀 노래기 살쾡이 생쥐와	守宮百足　狖貍鼷鼠
여러 악충 무리들 뒤섞여 뛰어다니고	諸惡蟲輩　交橫馳走
⑦ 똥오줌내 나는 곳에 더러움 흘러넘쳐	屎尿臭處　不淨流溢
말똥구리 벌레들 그 위에 모이며93	蜣蜋諸蟲　而集其上
⑧ 여우·이리 승냥이가 씹고 짓밟고	狐狼野干　咀嚼踐蹋
물어뜯은 시체들 뼈와 살 널렸고	齩齧死屍　骨肉狼藉

　지 3수반은 구멍 속의 일을 밝혀 색계를 비유하며, 셋째 ㉜까지 2수반은 공중의 일을 밝혀 무색계를 비유하고, 넷째 ㉝의 1수는 온갖 어려움이 하나가 아님을 총결하였다. 첫째 욕계의 불이 일어난 것도 다시 넷이 된다. 첫째 ㉒의 제2행까지 17수반은 태워지는 대상의 종류를 밝혀 십사十使의 중생을 비유하고, 둘째 ㉓의 제2행까지 1수는 불이 일어난 연유를 밝혀 오탁이 일어나는 연유를 비유하며, 셋째 ㉕의 제2행까지 2수는 불이 일어난 형세를 밝혀 바로 오탁 일어난 것을 비유하고, 넷째 ㉖까지 1수반은 태워지는 모습을 밝혀 팔고와 오탁 받는 것을 비유하였다.
　첫째의 17수반은 다시 둘이 된다. 처음 ⑳까지 16수는 태워지는 대상을 밝히고, 뒤의 1수반은 총체적으로 맺는다. 전자에 둘이 있으니, 처음 6수는 금수가 태워짐을 밝혀 오둔사의 중생을 비유하고, 뒤의 10수는 귀신이 태워짐을 밝혀 오리사의 중생을 비유한다.
91 처음의 오둔사에 다섯이 있다. 처음 2행은 거만[慢使]을 비유한 것이다. 중생이 자신을 높이고 남을 경시함이, 마치 새가 높이 올라 아래를 내려보는 것을 성품으로 함과 같다는 것이다.
92 둘째 이 2행은 진에[瞋使]를 비유했다. *『문구』(제6권上)에는 이하의 금수가 위의 새에 관한 설명처럼 해당 번뇌를 뜻하는 취지를 자세히 설명하고 있는데, 이하에서는 생략하였다.
93 셋째 이 2수는 무명[癡使]을 비유했다.

| ⑨ | 이로 인해 개떼 다퉈 와 치고 잡고 | 由是群狗 | 競來搏撮 |
| | 굶주려 갈팡질팡 곳곳에서 먹이 구해[94] | 飢羸慞惶 | 處處求食 |

| ⑩ | 싸우고 잡아끌고 으르렁 짖어대니[95] | 鬪諍齩掣 | 喍嘊𠹺吠 |
| | 그 집의 두려운 변고 이와 같고[96] | 其舍恐怖 | 變狀如是 |

| ⑪ | 곳곳에 모두 산신과 수신들 있어[97] | 處處皆有 | 魑魅魍魎 |
| | 야차와 악귀는 인육을 먹고 | 夜叉惡鬼 | 食噉人肉 |

| ⑫ | 독충의 무리와 여러 악한 금수들이 | 毒蟲之屬 | 諸惡禽獸 |
| | 새끼쳐 기르고 각자 지켜도 | 孚乳産生 | 各自藏護 |

| ⑬ | 야차들 쫓아와 다투어 잡아 먹고 | 夜叉競來 | 爭取食之 |
| | 배불리고는 악한 마음 더 치열해져 | 食之旣飽 | 惡心轉熾 |

| ⑭ | 다투는 소리 심히 두려우며[98] | 鬪諍之聲 | 甚可怖畏 |
| | 구반다귀신 흙더미에 웅크렸다가 | 鳩槃荼鬼 | 蹲踞土埵 |

....

94 넷째 이 2수는 탐욕[貪使]을 비유했다.
95 다섯째 이 2행은 의심[疑使]을 비유했다.
96 이 2행은 위의 오둔사를 맺은 것이다.
97 이하 10수의 둘째 오리사를 비유한 것에 둘이 있다. 이 처음 2행은 이사를 총체적으로 밝힌 것이고, 그 다음의 9수반은 개별적으로 밝힌 것이다. 대저 귀신에게는 신통도 있고 지혜도 있지만, 금수는 없으니, 그래서 이사는 귀신으로 비유하고, 둔사는 벌레와 금수로 비유하였다.
98 이 3수는 오리사 중의 첫째 사견邪見이 인과를 부정함을 비유했다.

제3 비유품 159

|15| 때로 한 자나 두 자 뛰어올라　　　或時離地　一尺二尺
　　 오가며 노닐고 멋대로 장난하면서　　往返遊行　縱逸嬉戲

|16| 개 두 다리 잡고 쳐서 침묵시키고　　捉狗兩足　撲令失聲
　　 목에 다리 얹고 겁주며 즐기고[99]　　以脚加頸　怖狗自樂

|17| 또 여러 귀신은 그 몸이 길고 크며　復有諸鬼　其身長大
　　 헐벗고 여위어 항상 그 속에 살면서　裸形黑瘦　常住其中

|18| 큰 소리로 울부짖으며 먹이 구하고[100]　發大惡聲　叫呼求食
　　 또 여러 귀신은 그 목 바늘 같으며[101]　復有諸鬼　其咽如針

|19| 또 여러 귀신은 머리가 소머리 같아　復有諸鬼　首如牛頭
　　 혹은 인육 먹고 혹은 또 개 먹으며　或食人肉　或復噉狗

|20| 머리칼 흐트러지고 해침은 흉악하며　頭髮蓬亂　殘害凶險
　　 기갈로 핍박받아 절규하며 치달리고[102]　飢渴所逼　叫喚馳走

|21| 야차와 아귀 여러 악한 조수들은　　夜叉餓鬼　諸惡鳥獸
　　 굶주려 급히 사방으로 창 엿보나　　飢急四向　窺看窓牖

....
99 이상 2수반은 둘째 계금취견을 비유했다. 구반다kumbhāṇḍa(＝악귀의 일종)는 귀신 중 뛰어나서, 유루의 선이 여러 악보다 나은 것과 같다.
100 이상 1수반은 셋째 신견을 비유했다.
101 이 2행은 넷째 견취견을 비유했다.
102 이 2수는 다섯째 변견을 비유했다.

| 22 | 이러한 재난에 두려움 한량없다103 | 如是諸難 恐畏無量 |
| | 이 낡은 집이 한 사람에 속하는데 | 是朽故宅 屬于一人 |

| 23 | 그 사람 출타하고 얼마 되지 않아104 | 其人近出 未久之間 |
| | 집에서 홀연 불이 일어나서 | 於後舍宅 忽然火起 |

| 24 | 사방에서 일시에 사납게 타올라 | 四面一時 其炎俱熾 |
| | 동량과 기둥 등은 터지고 갈라지며 | 棟梁椽柱 爆聲震裂 |

| 25 | 부러져 떨어지고 담장은 무너지니105 | 摧折墮落 牆壁崩倒 |
| | 여러 귀신들은 소리 높여 울부짖고 | 諸鬼神等 揚聲大叫 |

| 26 | 수리 등의 새들과 구반다 등은 | 雕鷲諸鳥 鳩槃茶等 |
| | 당황하고 두려워 나오지를 못하고106 | 周章惶怖 不能自出 |

| 27 |107 악한 금수와 독충은 구멍에 숨고 | 惡獸毒蟲 藏竄孔穴 |
| | 비사사귀신 또한 그 안에 머물지만 | 毘舍闍鬼 亦住其中 |

---

103 이상 1수반은 욕계의 번뇌의 모습을 전체적으로 맺고, 또한 이·둔 중생의 모습을 맺는 것이다.
104 이상 1수반은 둘째 불이 일어난 연유를 밝힌 것이다.
105 이상 2수는 셋째 불이 일어난 형세를 밝힌 것이다.
106 이상 1수반은 넷째 태워지는 모습을 밝힌 것이다.
107 이하 3수반은 구멍[穴] 속의 일을 밝혀 색계의 불을 비유하였다. 글에 넷이 있다. 처음 27의 1수는 태워지는 종류를 밝힌 것이다. * 비사사는 범어 'piśāca'의 음역어인데, 시체의 고기를 먹는 귀신이다.

| 28| 복덕이 박해서108 불로 핍박받고   薄福德故 爲火所逼
    서로 해쳐 피 빨고 살 씹으며   共相殘害 飮血噉肉

| 29| 승냥이 무리들은 이미 전에 죽은   野干之屬 並已前死
    여러 악한 금수들 다투어 먹으며   諸大惡獸 競來食噉

| 30| 냄새연기 난무하여 사방을 메우고109   臭煙熢㶳 四面充塞
    지네 그리마와 독사의 무리들은   蜈蚣蚰蜒 毒蛇之類

| 31| 불에 타서 구멍에서 뛰쳐나오니110   爲火所燒 爭走出穴
    구반다귀가 잡는 대로 먹어치우고   鳩槃茶鬼 隨取而食

| 32| 또 아귀들 머리 위는 불타올라   又諸餓鬼 頭上火燃
    기갈과 뜨거움에 당황해 치달리니   飢渴熱惱 周章悶走

| 33|111 그 집이 이렇게 심히 두려워   其宅如是 甚可怖畏
    독해와 화재의 온갖 재난 허다하더라   毒害火災 衆難非一

| 34|112 이 때 집주인 문밖에 서 들으니   是時宅主 在門外立

----
108 둘째 이 제1행은 불이 일어난 것을 비유하고, 셋째 다음 제2행은 불의 형세를 밝힌 것이다.
109 이상 2수는 넷째 태워지는 모습을 밝힌 것이다.
110 |32|까지 2수반은 공중空中의 일을 밝혀 무색계를 비유하였다. 글에 둘이 있는데, 여기까지 1수는 태워지는 종류를 밝히고, 그 아래의 1수반은 태워지는 모습을 밝힌 것이다.
111 이 1수는 삼계의 온갖 재난이 하나둘이 아님을 총결한 것이다.

어떤 사람 말하기를113 당신 자식들	聞有人言	汝諸子等
㉟ 먼저 놀려고 이 집에 들어왔다가	先因遊戲	來入此宅
어리고 무지해서 놀이에 빠져있다고	稚小無知	歡娛樂著
㊱ 장자 듣고서 놀라 불난 집에 들어가	長者聞已	驚入火宅
바야흐로 구제해 화재입지 않도록114	方宜救濟	令無燒害
㊲ 자식들에게 재난 일러 타이르기를	告喩諸子	說衆患難
악귀와 독충에 화재까지 만연하고	惡鬼毒蟲	災火蔓延
㊳ 온갖 괴로움 이어져 끊이지 아니하며	衆苦次第	相續不絶
독사와 살모사 및 여러 야차들과	毒蛇蚖蝮	及諸夜叉
㊴ 구반다귀 승냥이 여우 개	鳩槃荼鬼	野干狐狗
수리 올빼미와 다리 많은 무리가	雕鷲鴟梟	百足之屬

....

112 이하 32수반은 둘째 개별적 비유를 노래한 것이다. 개별적 비유에는 넷이 있었지만, 지금 게송에는 셋뿐이다. 첫째 ㊱의 제2행까지 2수반은 장자의 견화비를 노래하고, 둘째 ㊾의 제2행까지 13수는 사궤용거비를 노래하며, 셋째 ㊿의 제2행까지 17수는 등사대거비를 노래했다.
113 첫째 장자의 견화비를 노래한 것에 셋이 있다. 처음 여기까지 3행은 보는 주체를, 다음 ㉟까지 1수1행은 보는 대상을, ㊱의 제2행까지 2행은 놀라 두려움 일으킨 것을 노래한 것이다.
114 이하 13수의 사궤용거비를 노래한 것에 둘이 있다. 먼저 ㊶까지 5수반은 사궤비를, 뒤의 ㊾의 제2행까지 7수반은 용거비를 각각 노래한 것이다. 전자에 다시 셋이 있다. 첫째 ㊵까지 4수반은 마땅함 헤아린 것을 노래했다.

|40| 기갈로 허덕여 심히 두려우니　　　　飢渴惱急　甚可怖畏
　　　이 괴로움도 난처한데 큰 불까지랴　　此苦難處　況復大火

|41| 자식들 무지하여 아비 말 듣고도　　　諸子無知　雖聞父誨
　　　여전히 집착해115 장난 그치지 않았다　猶故樂著　嬉戲不已

|42|116 이 때 장자는 생각하기를　　　　　是時長者　而作是念
　　　자식들 이러해서 내 근심 늘리누나　　諸子如此　益我愁惱

|43| 지금 이 집엔 즐길 것 하나 없는데　　 今此舍宅　無一可樂
　　　자식들은 놀이에 깊이 빠져　　　　　而諸子等　耽湎嬉戲

|44| 내 말 듣지 않으니 불타 죽을라　　　 不受我教　將爲火害
　　　곧 생각하여 여러 방편 시설해　　　 卽便思惟　設諸方便

|45|117 자식들에 이르되, 나에게 갖가지　 告諸子等　我有種種
　　　장난감인 묘한 보배의 좋은 수레들　　珍玩之具　妙寶好車

|46| 양 수레 사슴 수레 큰 소 수레가　　　羊車鹿車　大牛之車

....
115 둘째 이상 3행은 아버지의 경계를 받지 않는 것을 노래하고, 셋째 다음 1행은 교화 쉼을 노래한 것이다.
116 이하 7수반의 용거비를 노래한 것에는 셋만 있고, 장행에서의 둘째 자식들의 예전 마음을 안 것은 노래하지 않았다. 첫째 |44|까지 3수는 마땅함 헤아린 것을 노래한 것이다.
117 이하 |47|까지 3수는 둘째 삼거를 권하며 희유함 찬탄하는 것이다.

지금 문밖에 있으니 지금 나오라	今在門外	汝等出來
⑰ 내 너희들 위해 이 수레 만들었으니 마음대로 갖고 놀 수 있으리라	吾爲汝等 隨意所樂	造作此車 可以遊戲
⑱118 자식들 이런 수레 얘기 듣고 즉시 다투어 달려 나와	諸子聞說 卽時奔競	如此諸車 馳走而出
⑲ 빈 땅에 도착해 여러 고난 벗어나니 장자는 자식들 불난 집에서 나와119	到於空地 長者見子	離諸苦難 得出火宅
⑳ 네 거리에 있음 보고 사자좌에 앉아 자축해 말하기를, 내 이제 즐겁도다	住於四衢 而自慶言	坐師子座 我今快樂
㉑ 이 자식들 낳아 기르기 심히 어려워 어리석고 무지하여 위험한 집 들어가	此諸子等 愚小無知	生育甚難 而入險宅
㉒ 여러 독충들 많고 귀신들 무서우며 맹렬한 큰 불이 사방에서 일었는데	多諸毒蟲 大火猛炎	魍魅可畏 四面俱起

118 이하 ㊾의 제2행까지 1수반은 셋째 자식들의 소원에 맞음을 노래했다.
119 이하 ㊅의 제2행까지 17수는 셋째 등사대거비를 노래한 것이다. 글에 넷이 있으니, 첫째 ㊾의 제2행까지 5수는 재난 면하여 기뻐하는 것, 둘째 ㊼의 제2행까지 3수는 수레를 찾는 것, 셋째 ㊄까지 7수반은 평등하게 주는 것, 넷째 ㊅의 제2행까지 1수반은 수레 얻어 기뻐하는 것을 각각 노래했다. 첫째의 글에 둘이 있다. 처음 1수는 재난 면한 것을 노래하고, 뒤의 4수는 기뻐하는 것을 노래한 것이다.

제3 비유품 165

|53| 이 자식들 놀이 빠져 즐기는 것　　　而此諸子　貪樂嬉戱
　　　내 이미 건져 재난 면케 하였으니　　我已救之　令得脫難

|54| 그래서 사람들아 내 이제 즐겁도다　　是故諸人　我今快樂
　　　그 때 자식들 아버지 안주함 알고[120]　爾時諸子　知父安坐

|55| 모두 아버지 찾아가 말하기를　　　　皆詣父所　而白父言
　　　우리들에게 세 가지 보거 주소서　　願賜我等　三種寶車

|56| 자식들아 나오거든 원대로 주마고　　如前所許　諸子出來
　　　좀 전에 허락하신 세 가지 수레를　　當以三車　隨汝所欲

|57| 지금 바로 그 때이니 내려 주소서　　今正是時　唯垂給與
　　　장자는 큰 부호라 곳간 허다해서[121]　長者大富　庫藏衆多

|58| 금은 유리 차거 마노 등의　　　　　　金銀琉璃　車磲馬腦
　　　온갖 보물로 큰 수레를 만들고[122]　　以衆寶物　造諸大車

|59| 장엄하게 장식하여 둘레는 난간에　　莊校嚴飾　周匝欄楯
　　　사면에 방울 달며 금줄을 얽어매고　四面懸鈴　金繩交絡

---
120 이하 3수는 둘째 수레를 찾는 것이다.
121 이하 7수반의 셋째 평등하게 주는 것에 넷이 있다. 첫째 이하의 1수는 큰 수레를 해석한 글을 노래하였다.
122 이하 6수는 둘째 위의 큰 수레 자세히 해석한 글을 노래하였다.

| 60 | 진주 그물을 그 위에 펼치고 | 眞珠羅網 | 張施其上 |
| | 금과 꽃의 끈 곳곳에 드리우며 | 金華諸瓔 | 處處垂下 |

| 61 | 온갖 비단 장식으로 주위를 두르고 | 衆綵雜飾 | 周帀圍繞 |
| | 보드라운 비단 솜으로 자리 만들고 | 柔軟繒纊 | 以爲茵蓐 |

| 62 | 가치 천억의 청백하고 정결한 | 上妙細疊 | 價直千億 |
| | 훌륭한 무명으로 그 위를 덮었으며 | 鮮白淨潔 | 以覆其上 |

| 63 | 살찌고 힘 좋으며 형체 아름다운 | 有大白牛 | 肥壯多力 |
| | 큰 흰 소 있어 보배수레 부리고 | 形體姝好 | 以駕寶車 |

| 64 | 여러 하인들로 이를 시위하는 | 多諸儐從 | 而侍衛之 |
| | 이 묘한 수레 자식들에 같이 주니123 | 以是妙車 | 等賜諸子 |

| 65 | 자식들 이 때 기뻐 뛰어오르며 | 諸子是時 | 歡喜踊躍 |
| | 이 보배수레 타고 사방을 다니며 | 乘是寶車 | 遊於四方 |

| 66 | 놀고 즐기되 자재하여 걸림이 없다124 | 嬉戲快樂 | 自在無礙 |
| | 사리불에 이르니, 나 또한 이 같아125 | 告舍利弗 | 我亦如是 |

---

123 이 2행은 셋째 평등한 수레, 넷째 평등한 자식을 각각 표방한 것이다.
124 이상 1수반은 넷째 수레 얻어 기뻐하는 것을 노래한 것이다.
125 이하 100까지 34수반은 비유의 뜻 밝히는 것[合譬]을 노래한 것이다. 이 중 70의 제2행까지 4수는 총비, 그 이하 30수반은 별비의 뜻을 각각 밝히는 것이다. 전자 중에 넷이 있는데, 이하 1수는 첫째 장자의 뜻을 밝혔다.

제3 비유품　167

67	성인 중의 어른이고 세간의 아비여서 일체의 중생은 모두가 내 자식이나	衆聖中尊 一切衆生	世間之父 皆是吾子
68	세간 낙에 집착하고 지혜 없는데126 삼계는 편안 없어 화택과 같아127	深著世樂 三界無安	無有慧心 猶如火宅
69	온갖 괴로움 가득해 심히 두렵고 항상 생노병사의 우환 있어	衆苦充滿 常有生老	甚可怖畏 病死憂患
70	이런 불 쉬지 않고 사납게 타는데128 여래는 삼계의 화택 이미 벗어나	如是等火 如來已離	熾然不息 三界火宅
71	고요히 편안한 임야에 한거해서129 지금 이 삼계는 모두 나의 것이고	寂然閑居 今此三界	安處林野 皆是我有
72	그 속의 중생들은 모두 내 아들인데 지금 이 곳엔 여러 환난 많아130	其中衆生 而今此處	悉是吾子 多諸患難

---

126 이상 1수는 둘째 오도의 뜻을 밝히고, 뜻으로 서른 명의 자식을 겸했다.
127 이 2행은 셋째 집의 뜻을 밝히고, 문 하나인 뜻을 겸했다.
128 이상 1수반은 넷째 불이 일어난 것을 노래한 것이다.
129 70의 제2행 이하 별비의 뜻을 밝힌 30수반 중 처음 3수는 견화비의 뜻 밝힌 것을 노래했다. 그 중에 셋이 있다. 처음 1수는 보는 주체를 노래한 것이다.
130 이상 1수반은 둘째 보인 대상을 노래한 것이고, 그 아래의 2행은 셋째 놀란 것을 노래한 것이다.

|73| 오직 나만이 구호할 수 있다 하여 　　唯我一人　能爲救護
　　　비록 다시 가르쳐도 믿지 못하고[131] 　雖復敎詔　而不信受

|74| 여러 욕망에 탐착함이 깊기 때문에 　　於諸欲染　貪著深故
　　　방편으로 그들 위해 삼승 설하여[132] 　以是方便　爲說三乘

|75| 모든 중생 삼계의 괴로움 알게 하고 　令諸衆生　知三界苦
　　　출세간의 도를 개시하여 연설해서 　　開示演說　出世間道

|76| 이 자식들 만약 마음 결정된다면 　　　是諸子等　若心決定
　　　삼명과 육신통을 구족하고 　　　　　具足三明　及六神通

|77| 연각과 불퇴보살 되기도 한다 　　　　有得緣覺　不退菩薩
　　　그대 사리불이여, 내 중생 위해[133] 　汝舍利弗　我爲衆生

|78| 이 비유로 일불승을 설한 것이니 　　以此譬喩　說一佛乘
　　　그대들이 만약 이 말 믿는다면[134] 　 汝等若能　信受是語

....
131 이하 |77|의 제2행까지 4수는 (개별적 비유의) 둘째 사궤용거비를 노래한 것이다. 이것에 둘이 있으니, 처음 1수는 사궤를 노래했다.
132 이하 3수는 둘째 수레를 써서 자식 구할 수 있었던 비유를 노래했다.
133 이하 8수가 셋째 등사대거비를 노래한 글에 둘이 있다. |82|의 제2행까지 5수는 등사의 뜻을 밝힌 것이고, 그 아래의 3수는 기뻐한 뜻을 노래한 것이다. 전자의 글에 다시 넷이 있다. 이하 1수는 첫째 평등한 수레를 표방한 뜻을 노래했다.
134 이하 1수는 둘째 평등한 마음 표방한 뜻을 노래했다.

79 일체 모두 불도 이룰 수 있으리라 　　　一切皆當　成得佛道
　　이 가르침 미묘 청정하기 으뜸이라135　是乘微妙　淸淨第一

80 세간에서 더 높은 것 없고 　　　　　於諸世間　爲無有上
　　붓다께서 기뻐하고 일체의 중생들은　佛所悅可　一切衆生

81 찬탄하고 공양 예배해야 할 　　　　　所應稱讚　供養禮拜
　　한량없는 억천의 모든 힘·해탈136 　　無量億千　諸力解脫

82 선정·지혜와 붓다의 다른 법들이니　　禪定智慧　及佛餘法
　　이런 가르침 얻어 자식들이137 　　　　得如是乘　令諸子等

83 밤낮으로 영원히 항상 노닐고 　　　　日夜劫數　常得遊戲
　　여러 보살 및 성문 대중들과 더불어　與諸菩薩　及聲聞衆

84 이 수레 타고 바로 도량 이르게 하니　乘此寶乘　直至道場
　　이 때문에 시방으로 아무리 구해도　以是因緣　十方諦求

85 붓다의 방편 빼곤 다른 수레 없도다　更無餘乘　除佛方便
　　사리불에 이르니, 그대들은138 　　　 告舍利弗　汝諸人等

---

135 이하 2수는 셋째 큰 수레를 자세히 밝힌 뜻을 노래했다.
136 이하 1수는 넷째 수레가 있는 이유를 밝힌 것이다.
137 이하 3수는 둘째 수레 얻고 기뻐한 뜻을 노래한 것이다.
138 이하 15수반이 넷째 불허비의 뜻 밝힌 것을 노래한 글에 둘이 있다. 88 까지 처음 3수반은 허망하지 않음을 표방한 것을 노래하고, 뒤의 12수는

| 86 | 모두 내 아들이고 나는 곧 애비라 | 皆是吾子 我則是父 |
| | 그대들 누겁에 온갖 고통으로 태워짐에 | 汝等累劫 衆苦所燒 |

| 87 | 내 모두 건져서 삼계 나오게 하려고 | 我皆濟拔 令出三界 |
| | 내 먼저 그대들에게 멸도 말했지만 | 我雖先說 汝等滅度 |

| 88 | 생사만 다했을 뿐 실제 멸도 아니니 | 但盡生死 而實不滅 |
| | 지금 구해야 할 건 붓다의 지혜뿐 | 今所應作 唯佛智慧 |

| 89 | 만약 이 대중들 중에 보살이 있어139 | 若有菩薩 於是衆中 |
| | 일심으로 제불의 진실한 법 들으면 | 能一心聽 諸佛實法 |

| 90 | 제불 세존께서 방편 쓰시더라도 | 諸佛世尊 雖以方便 |
| | 교화받는 중생들은 모두 보살이다 | 所化衆生 皆是菩薩 |

| 91 | 만약 지혜 작아 애욕에 집착하여140 | 若人小智 深著愛欲 |
| | 이들 위해서 고제 설하면 | 爲此等故 說於苦諦 |

| 92 | 중생 마음 미증유 얻어 기뻐하여 | 衆生心喜 得未曾有 |
| | 고제는 진실이라 틀림 없다고 하고 | 佛說苦諦 眞實無異 |

허망하지 않음을 해석한 것을 노래했다.
139 이하 12수의 둘째 허망하지 않음을 해석한 것에 셋이 있다. 처음 90까지의 2수는 모두 같은 아들이므로 이치상 평등해야 함을 해석한 것이다.
140 이하 97까지 7수는 둘째 받지 못하므로 삼승 설한 것을 해석한 것이다.

| 93 | 만약 어떤 중생이 고의 근본 몰라 | 若有衆生 | 不知苦本 |
| | 고의 원인 집착해서 버리지 못하면 | 深著苦因 | 不能暫捨 |

| 94 | 이들 위해서는 방편으로 도 말하여 | 爲是等故 | 方便說道 |
| | 모든 고의 원인은 탐욕이 근본이라 | 諸苦所因 | 貪欲爲本 |

| 95 | 탐욕이 멸한다면 의지할 곳 없어서 | 若滅貪欲 | 無所依止 |
| | 모든 고 멸진함을 멸제라 이름하고 | 滅盡諸苦 | 名第三諦 |

| 96 | 멸제 위해 도 닦고 행해서 | 爲滅諦故 | 修行於道 |
| | 고의 속박 떠남을 해탈이라 했으나 | 離諸苦縛 | 名得解脫 |

| 97 | 이 사람 어디에서 해탈했는가 | 是人於何 | 而得解脫 |
| | 오직 허망 떠남을 해탈이라 하는데 | 但離虛妄 | 名爲解脫 |

| 98 | 기실은 일체 해탈 얻지 못했으니141 | 其實未得 | 一切解脫 |
| | 진실로 멸도하지 못했다 말씀하시고 | 佛說是人 | 未實滅度 |

| 99 | 이 사람은 위없는 도 얻지 못했으므로 | 斯人未得 | 無上道故 |
| | 멸도에 이르기 바라지 않았지만 | 我意不欲 | 令至滅度 |

---

141 이하 100까지 3수는 셋째 뒤에 감당할 수 있다면 대승 주시는 것을 해석한 것이다. 장애가 이미 제거되고 중생의 근기도 또 예리하므로 돌이켜 본래의 마음을 이루어 대승의 법을 주시는 것이다.

| 100 | 내 이제 법왕으로 법에 자재하므로 | 我爲法王　於法自在 |
| | 중생 안온케 하고자 세상에 나왔다 | 安隱衆生　故現於世 |

| 101 | 142 그대 사리불이여, 나의 이 법인은 | 汝舍利弗　我此法印 |
| | 세간 이익하고자 설하는 것이니 | 爲欲利益　世間故說 |

| 102 | 다니는 곳마다 망령되이 선전치 말라 | 在所遊方　勿妄宣傳 |
| | 만약 듣는 자가 수희 정수한다면143 | 若有聞者　隨喜頂受 |

| 103 | 이 사람은 불퇴144라고 알아야 하고 | 當知是人　阿鞞跋致 |
| | 만약 이 경법經法을 믿는 자 있다면 | 若有信受　此經法者 |

---

142 이하 65수는 (답하시는 것의 셋째) 믿어 유통하기를 권하는 것이다. 믿는다는 것은 붓다께서 말씀하시고 말씀하시지 않은 것[설說·불설]을 믿는 것이고, 권한다는 것은 유통해도 좋음과 유통해서는 안됨[가통可通·불가통]을 권하는 것이다. 글에 둘이 있으니, 처음 102의 제2행까지 1수반은 위 두 가지를 표방하는 것이고, 뒤의 그 아래는 해석한 것이다. 첫 1수가 설·불설을 표방했다는 것은 여래께서 이 법인法印을 설하신 것은 세간을 이익하고자 설하신 것이고, 설하시지 않은 것은 40년간 설할 때가 아니었고, 오천 명이 떠나지 않았기 때문이라는 것이다. 뒤의 2행이 가통·불가통을 표방했다는 것은 망령되이 선전하지 말라고 해서이다. 악한 자에게 억지로 말하면 그를 괴로움에 떨어지게 할 것이고, 선한 자에게 말하지 않는다면 잘못하여 즐거움을 잃게 한다는 것이다.

143 이하 둘째 해석한 글에 둘이 있다. 처음 110의 제2행까지 8수는 설·불설을 해석한 것이고, 뒤의 55수반은 가통·불가통을 해석한 것이다. * 수희는 따라 기뻐한다는 뜻이고, 정수는 공경하게 머리로 이어 받는다는 뜻이다.

144 * 한역문의 '아비발치阿鞞跋致'는 불퇴전을 뜻하는 범어 'avaivartika' 또는 'avinivartanīya'의 음역어로, '아유월치阿惟越致'라고도 번역한다. 그리고 그 아래의 '경법'은 경전의 가르침이라는 뜻이다.

|104| 이 사람은 일찍이 과거불 뵙고 　　是人已曾　見過去佛
　　　공경 공양하고 이 법 들은 사람이며 　　恭敬供養　亦聞是法

|105| 만약 그대 말 믿는 사람 있으면 　　若人有能　信汝所說
　　　곧 나를 보고 또한 그대 및 　　則爲見我　亦見於汝

|106| 비구승과 보살들 보았던 사람이니 　　及比丘僧　幷諸菩薩
　　　법화경은 깊은 지혜 위해 설한 것이라 　　斯法華經　爲深智說

|107| 얕은 지혜 들어도 미혹해 알지 못하고 　　淺識聞之　迷惑不解
　　　일체의 성문 및 벽지불도 　　一切聲聞　及辟支佛

|108| 이 경전에는 힘이 미치지 못하니 　　於此經中　力所不及
　　　그대 사리불도 오히려 이 경전에 　　汝舍利弗　尙於此經

|109| 믿음으로 들었거늘 다른 성문들이랴 　　以信得入　況餘聲聞
　　　나머지 성문들은 붓다 말 믿으므로 　　其餘聲聞　信佛語故

|110| 수순할 뿐 자기 지혜 몫은 아니다 　　隨順此經　非己智分
　　　또 사리불이여, 교만하고 게으르며145 　　又舍利弗　憍慢懈怠

---

145 이하 통·불통을 해석한 것에 둘이 있다. 처음 |147|까지 36수반은 만약 대비의 문을 쓰려면 악한 자를 위해 설하지 말 것임을 밝혔다. 필시 나쁜 비방을 일으켜 악한 과보를 받게 하므로, 대비로써 말하지 말라는 것이다.

111	나 헤아리는 자에겐 설하지 말고	計我見者 莫說此經
	범부는 지혜 얕아 오욕에 집착해서	凡夫淺識 深著五欲

112	들어도 알지 못하니 설하지 말라	聞不能解 亦勿爲說
	만약 사람이 믿지 않고 비방한다면	若人不信 毀謗此經

113	일체 세간의 붓다 종자 끊게 되고	則斷一切 世間佛種
	혹은 다시 찡그리고 의혹 품는다면	或復顰蹙 而懷疑惑

114	이 사람의 죄보 말할테니 들어보라	汝當聽說 此人罪報
	만약 붓다 재세시나 멸도 후에	若佛在世 若滅度後

115	그 누군가 이런 경전 비방하거나	其有誹謗 如斯經典
	이 경전 독송하고 써 지닌 자 보고	見有讀誦 書持經者

116	경멸하며 미워해서 한 맺는다면	輕賤憎嫉 而懷結恨
	이 사람의 죄보도 이제 또 들어보라	此人罪報 汝今復聽

117	그 사람 명 끝나면 아비지옥 들어가	其人命終 入阿鼻獄
	한 겁 완전히 다하고 다시 또 나며	具足一劫 劫盡更生

118	이렇게 전전해 무수겁에 이르고	如是展轉 至無數劫
	지옥에서 나와서도 축생에 떨어져	從地獄出 當墮畜生

119	개나 승냥이 되면 형체 바짝 마르고 새까만 피부병으로 사람 놀림 받고	若狗野干 犁黮疥癩	其影頹瘦 人所觸嬈
120	또 다시 사람들의 천대 받으며 항상 주리고 말라 골육 앙상하며	又復爲人 常困飢渴	之所惡賤 骨肉枯竭
121	살아 고초 받고 죽어 돌에 묻히리니 붓다 종자 끊었음에 이런 과보 받고	生受楚毒 斷佛種故	死被瓦石 受斯罪報
122	만약 낙타 되거나 노새로 태어나면 무거운 짐 항상 지며 온갖 매 맞고	若作駝駝 身常負重	或生中驢 加諸杖捶
123	물과 풀 생각뿐 더 아는 것 없으니 이 경전 비방해서 얻은 죄 이러해	但念水草 謗斯經故	餘無所知 獲罪如是
124	누군가 승냥이 되어 마을에 들어오면 몸에는 피부병에 또 한 눈은 없어	有作野干 身體疥癩	來入聚落 又無一目
125	여러 아이들에게 매 맞아서 온갖 고통 받다가 때론 죽기도 하며	爲諸童子 受諸苦痛	之所打擲 或時致死
126	죽고 나서는 다시 구렁이의 몸 받아 그 몸 장대해서 오백 유순이지만	於此死已 其形長大	更受蟒身 五百由旬

| 127 | 귀 먹고 다리 없어 배로 기면서
작은 벌레들에게 빨아먹혀서 | 聾騃無足
爲諸小蟲 | 宛轉腹行
之所唼食 |

| 128 | 밤낮으로 고통받고 쉴 새 없으리니
이 경전 비방해서 얻은 죄 이러해 | 晝夜受苦
謗斯經故 | 無有休息
獲罪如是 |

| 129 | 만약 사람 되면 감관 암둔에, 난장이
앉은뱅이 소경 귀머거리 꼽추 되어 | 若得爲人
矬陋攣躄 | 諸根闇鈍
盲聾背傴 |

| 130 | 말하는 것 있어도 남들이 믿지 않고
입엔 항상 냄새나 귀신이 들러붙고 | 有所言說
口氣常臭 | 人不信受
鬼魅所著 |

| 131 | 빈궁 하천해서 남에게 부림 받으며
병 많고 여의어도 의지할 데 없고 | 貧窮下賤
多病痟瘦 | 爲人所使
無所依怙 |

| 132 | 남에게 친근해도 사람들 무시하며
얻는 것 있어도 곧 다시 잃어버리고 | 雖親附人
若有所得 | 人不在意
尋復忘失 |

| 133 | 만약 의술 배워 방문 대로 치료해도
다른 병 늘리거나 혹은 죽게 만들며 | 若修醫道
更增他疾 | 順方治病
或復致死 |

| 134 | 자신이 병들면 고쳐줄 사람 없고
좋은 약 먹어도 다시 더 악화되며 | 若自有病
設服良藥 | 無人救療
而復增劇 |

제3 비유품 177

| 135 | 만약 남이 반역하고 겁탈 절도하면 | 若他反逆 抄劫竊盜 |
| | 이런 죄에 걸려들어 그 재앙 받으니 | 如是等罪 橫羅其殃 |

| 136 | 이런 죄인은 길이 붓다 뵙지 못하고 | 如斯罪人 永不見佛 |
| | 성인들의 왕께서 설법 교화하여도 | 衆聖之王 說法教化 |

| 137 | 이런 죄인은 항상 난처146에 태어나 | 如斯罪人 常生難處 |
| | 미치거나 귀먹어 길이 법 듣지 못하여 | 狂聾心亂 永不聞法 |

| 138 | 항하의 모래 같은 무수겁 동안 | 於無數劫 如恒河沙 |
| | 날 때마다 농·아거나 감관 못갖추며 | 生輒聾啞 諸根不具 |

| 139 | 동산에 노니듯 항상 지옥에 처하고 | 常處地獄 如遊園觀 |
| | 다른 악도에 있기를 제 집같이 하며 | 在餘惡道 如己舍宅 |

| 140 | 낙타 노새 돼지 개가 그 갈 곳이니 | 駝驢豬狗 是其行處 |
| | 이 경전 비방해서 얻은 죄 이러해 | 謗斯經故 獲罪如是 |

| 141 | 사람 되어도 귀머거리 소경 벙어리에 | 若得爲人 聾盲瘖啞 |
| | 빈궁 등의 쇠퇴로써 자신 치장하고 | 貧窮諸衰 以自莊嚴 |

---

146 * '난처'란 3악도의 셋, 모든 감각기관을 갖추지 못한 것[諸根不具], 악한 사견, 붓다 전과 붓다 후, 북구로北俱盧에 태어남, 장수천長壽天에 태어남의 소위 8난 내지 8무가(졸역『설무구칭경·유마경』p.65)를 말하는 것이다.

142 수종 조갈 옴 나병 등창 같은	水腫乾痟	疥癩癰疽
이런 병들을 의복으로 삼으며	如是等病	以爲衣服

143 악취나는 곳에 항상 있어 더럽고	身常臭處	垢穢不淨
아견에 깊이 집착해 성냄 늘리며	深著我見	增益瞋恚

144 음욕 치성하여 금수 가리지 않으니	婬欲熾盛	不擇禽獸
이 경전 비방해서 얻는 죄 이러해	謗斯經故	獲罪如是

145 사리불에 이르니, 이 경전 비방한 자	告舍利弗	謗斯經者
그 죄 말하려면 겁 다해도 다 못해	若說其罪	窮劫不盡

146 이 때문에 내 그대에게 이르니	以是因緣	我故語汝
지혜 없는 자에겐 이 경 설하지 말라	無智人中	莫說此經

147 147 근기 예리하고 지혜 명료하며	若有利根	智慧明了
많이 듣고 알아 불도 구하는 자라면	多聞强識	求佛道者

148 이런 사람에게는 설할 것이고	如是之人	乃可爲說
일찍이 억백천의 붓다들 뵙고	若人曾見	億百千佛

---

147 이하 19수는 둘째 경전을 펼 때 대자大慈의 문을 써서 선인善人을 위해서는 응당 펴 설해서 즐거움 잃지 않도록 해야 함을 해석하였다. 글에 둘이 있다. 처음 17수는 다섯 쌍으로 된 열 가지 선인의 모습이 있어 설해야 할 것이라는 것이고, 뒤의 2수는 전체적으로 설해야 할 것임을 맺은 것이다. 이하 149까지 3수는 첫째 과거와 현재를 쌍으로 한 것이다.

|149| 여러 선근 심어 깊은 마음 견고하면 　　殖諸善本　深心堅固
　　　이런 사람에게도 설할 것이며 　　　　　如是之人　乃可爲說

|150|148 만약 정진해서 항상 자애 닦고 　　　若人精進　常修慈心
　　　신명 아끼지 않으면 설할 것이고 　　　　不惜身命　乃可爲說

|151| 만약 공경하고 다른 마음이 없어서 　　若人恭敬　無有異心
　　　범·우들 떠나 산과 못에 홀로 산다면 　離諸凡愚　獨處山澤

|152| 이런 사람에게도 설할 것이며 　　　　　如是之人　乃可爲說
　　　또 사리불이여, 만약 어떤 사람이149 　　又舍利弗　若見有人

|153| 악지식 버리고 선우 친근함 보면 　　　捨惡知識　親近善友
　　　이런 사람에게는 설할 것이고 　　　　　如是之人　乃可爲說

|154| 만약 불자가 계 지녀 청정하기가 　　　若見佛子　持戒淸潔
　　　맑은 구슬인 듯 대승경전 구함 보면 　　如淨明珠　求大乘經

|155| 이런 사람에게도 설할 것이며 　　　　　如是之人　乃可爲說
　　　사람이 성냄 없어 곧고 부드럽고150 　　若人無瞋　質直柔軟

---

148 이하 |152|의 제2행까지 2수반은 둘째 위와 아래를 쌍으로 한 것이다. 자애 닦는 것은 아래를 연민함이고, 공경은 위를 존중하는 것이다.
149 이하 |155|의 제2행까지 3수는 셋째 안팎을 쌍으로 한 것이다. 악 버리고 선 친함은 밖으로 구하는 것이고, 구슬인 양 계 지님은 안을 수호함이다.
150 이하 |158|까지 3수반은 넷째 자리와 이타를 쌍으로 한 것이다. 곧게 붓다

156	항상 일체 연민하며 제불 공경하면	常愍一切	恭敬諸佛
	이런 사람에게는 설할 것이고	如是之人	乃可爲說

|157| 다시 불자 있어 대중 속에서 | 復有佛子 | 於大衆中 |
| | 청정한 마음으로 갖가지 인연과 | 以淸淨心 | 種種因緣 |

|158| 비유와 언사로 설법함에 걸림 없으면 | 譬喩言辭 | 說法無礙 |
| | 이런 사람에게도 설할 것이며 | 如是之人 | 乃可爲說 |

|159| 151 만약 어떤 비구가 일체지 위해 | 若有比丘 | 爲一切智 |
| | 사방으로 법 구해 합장 정수하되 | 四方求法 | 合掌頂受 |

|160| 오직 대승경전만 즐겨 수지하고 | 但樂受持 | 大乘經典 |
| | 다른 경전 한 게송도 받지 않으면 | 乃至不受 | 餘經一偈 |

|161| 이런 사람에게는 설할 것이고 | 如是之人 | 乃可爲說 |
| | 지극한 마음으로 붓다 사리 구하듯 | 如人至心 | 求佛舍利 |

|162| 이렇게 경전 구해 얻어 정수하고 | 如是求經 | 得已頂受 |
| | 다시는 다른 경전 구하지 않으며 | 其人不復 | 志求餘經 |

공경함은 자리행이고, 비유로 설법함은 남 교화함이다.
151 이하 163까지 5수는 다섯째 시종을 쌍으로 한 것이다. 사방으로 법 구함은 청익의 시작이고, 머리로 받아 오로지 닦음은 귀의의 끝이다.

163 또한 외도의 경전 생각조차 없으면 　　亦未曾念　外道典籍
　　이런 사람에게도 설해야 하리라 　　如是之人　乃可爲說

164 사리불에게 이르니, 내 이런 모습으로 　　告舍利弗　我說是相
　　구도자 말한다면 겁 다해도 다 못해 　　求佛道者　窮劫不盡

165 이런 등의 사람은 능히 신해하리니 　　如是等人　則能信解
　　그대는 이들 위해 묘법화경 설하라 　　汝當爲說　妙法華經

제4 신해품[1]　　　　　　　　信解品 第四

4.1[2]

(1) 그 때 혜명 수보리, 마하 가전연, 마하 가섭 및 마하 목건련은 붓다의 처소에서 일찍이 듣지 못했던 법과, 세존께서 사리불에게 아뇩다라삼먁삼보리의 수기 주시는 것을 듣고, 희유하다는 마음을 일으켜서 뛰어오를듯이 기뻐하면서 자리에서 일어나 의복을 가지런히 하고 오른 어깨를 드러내고서 오른쪽 무릎을 꿇고 일심으로 합장하며 몸 굽혀 공경히 존안을 우러러보면서 붓다께 말하였다.[3]

爾時 慧命 須菩提 摩訶迦旃延 摩訶迦葉 摩訶目犍連 從佛所 聞未曾有法, 世尊 授舍利弗阿耨多羅三藐三菩提記, 發希有心 歡喜踊躍 卽從座起 整衣服 偏袒右肩 右膝著地 一心合掌曲躬恭敬 瞻仰尊顔 而白佛言.

---

1 처음 간략한 설명을 듣고 집착이 흔들려 의심을 내었고, 자세히 오불장을 들었어도 몽롱하여 알지 못하다가, 이제 비유를 듣자 환희용약하면서 믿음[信]이 일어나고 이해[解]가 생겨 의심은 제거되고 이치가 밝아진다. 대·소승의 가르침을 받아 처음 범부를 바꾸어 성자를 이루는 데는 순서가 있다. 중근기의 사람은 비유로 말씀하시는 것을 듣고 처음으로 의혹을 깨고 대승의 견도에 들어가기 때문에 '신信'이라고 하였고, 대승의 수도에 진입하기 때문에 '해解'라고 이름한 것이다. 이는 이해하는 단락(=제2주인 비설의 둘째 단락)이니, 가까이는 화택의 뜻을 이해하고, 멀리는 방편의 뜻을 이해하는 것이다.
2 글에는 둘이 있다. 처음은 경전 편집자가 (4대 제자의) 환희를 서술하는 것이고, 뒤의 4.1 (1)㈎ 이하는 (4대 제자) 스스로 붓다께 진술하는 것이다.
3 이하 스스로 진술하는 것에 둘이 있다. 첫째 장행 및 73수반의 게송은 이해 얻은 것[득해得解]을 바로 진술하는 것이고, 둘째 74의 제3행 이하 13수의 게송은 불은佛恩의 깊음을 찬탄하는 것이다. 첫째 중 장행의 글에는 다시 둘이 있다. 첫째는 간략히 법을 말하는 것이고, 둘째 4.1 (2) 이하는 비유로 자세히 말하는 것이다. 전자에도 다시 둘이 있다. 처음 ㈎와 ㈏는 과거에는 삼

"㈎ 저희들은 승가의 우두머리로 있으면서 모두 연로하여 스스로 이미 열반 증득했으니 감당할 것이 없다고 하면서, 다시 나아가 아뇩다라삼먁삼보리를 구하지 않았습니다.4 세존의 과거 설법이 오래되면, 저희들은 그 때 자리에 있으면서 신체가 피로하여 오직 공·무상·무작만을 새길 뿐, 신통에 노닐고 불국토를 청정케 하며 중생들을 성취하는 보살의 법에 대해서는 마음으로 기뻐하지 않았습니다.

㈏ 까닭이 무엇인가 하면 세존께서는 저희들이 삼계를 벗어나 열반을 증득하도록 하셨고, 또 지금 저희들은 이미 연로하여 붓다께서 보살 교화하시는 아뇩다라삼먁삼보리에 대해서는 일념도 좋아하는 마음을 내지 않았기 때문입니다.

"我等 居僧之首 年並朽邁 自謂 已得涅槃 無所堪任,

不復進求 阿耨多羅三藐三菩提. 世尊往昔 說法旣久, 我時在座 身體疲懈 但念空 無相無作, 於菩薩法 遊戱神通 淨佛國土 成就衆生 心不喜樂.

所以者何 世尊 令我等 出於三界 得涅槃證, 又今我等 年已朽邁 於佛敎化菩薩 阿耨多羅三藐三菩提 不生一念 好樂之心.

승을 받았기 때문에 대승 구하지 않았음을 밝히는 것이고, 둘째 ㈐는 이제 일승을 깨달았기 때문에 스스로 얻었음을 밝히는 것이다. 전자에 또 둘이 있으니, ㈎는 표방하는 것이고, ㈏는 해석하는 것이다.
4 표방하는 것에는 셋이 있으니, 첫째는 승가의 우두머리로 있기 때문이고, 둘째는 세속의 나이가 늙었기 때문이며, 셋째는 증득했기 때문이라는 것이다. 첫째는 나의 법랍이 이미 높아 후학들이 나를 본받을 것인데, 갑자기 길을 고치고 자국을 바꾸어[改途易轍] 소승 버리고 대승 구한다면 후학들이 혐오할 것이기 때문이라는 것이고, 둘째는 만약 보살이 된다면 대승의 길에 전념하여 중생을 널리 제도해야 할텐데, 이제 늙어서 감당할 수 없기 때문이라는 것이며, 셋째는 고원의 육지에서 연꽃이 나지 못하는 것처럼 무위의 정위正位에서는 대승의 마음을 일으킬 수 없기 때문이라는 것이다.

㈐ 저희들은 이제 붓다 앞에서 성문에게 아뇩다라삼먁삼보리의 수기 주시는 것을 들으니 마음은 미증유를 얻어 매우 기쁩니다. 이제야 홀연 희유한 법을 들으리라고는 여기지 않았으니, 한량없는 진보를 구하지 않고도 얻은 것처럼, 큰 좋은 이익 얻어 깊이 기뻐합니다.

我等 今於佛前 聞授聲聞 阿耨多羅三藐三菩提記 心甚歡喜 得未曾有. 不謂於今 忽然得聞希有之法, 深自慶幸 獲大善利, 無量珍寶 不求自得.

⑵ 세존이시여, 저희들은 이제 비유를 말해서 이 뜻을 밝히겠습니다.5

世尊, 我等今者 樂說譬喩 以明斯義.

㈎ 비유하자면 어떤 사람이 나이 어려서 아버지를 버리고 도망하여 십 년이나 이십 년 혹은 오십 년에 이르러,6 나이 이미 든 데다가 곤궁까지 더해 옷과 음

譬若有人 年旣幼稚 捨父逃逝 久住他國 或十二十 至五十歲, 年旣長大 加復窮困 馳騁四方

---

5 이하 자세한 이해에는 비유를 전개하는 것[開譬]과 비유의 뜻 밝히는 것[合譬]의 둘이 있다. 전자의 비유[=이것이 법화칠유 중의 제2 궁자유(=빈궁한 아들의 비유)이다. '장자궁자유'(=장자의 빈궁한 아들의 비유)라고도 부름]에 다섯이 있다. 첫째 부자가 서로 헤어진 비유[부자상실비父子相失譬], 둘째 ⑶은 부자가 서로 만나는 비유[부자상견비父子相見譬], 셋째 ⑷는 뒤쫓아 유인하는 비유[추유비追誘譬], 넷째 ⑸는 가업을 맡겨 알게 하는 비유[위지가업비委知家業譬], 다섯째 ⑹은 가업을 부촉하는 비유[부가업비付家業譬]이다. 후자의 둘은 합쳐 하나로 할 수도 있다.
6 첫째의 부자상실비에 넷이 있다. 처음 ㈎는 아들이 아버지를 등지고 떠나는 것이다. 처음 중에도 둘이 있다. 첫째 여기까지 아비 등지고 가는 것은 총비 중 '오백 명'을 이해한 것이니, 과거 대승에서 아들과 아버지의 연을 맺고도 곧 다시 이해를 잃고 오도를 유랑하는 것이다. 둘째 그 아래에서 다시 본국으로 향하는 것은 총비 중의 '서른 명의 자식'을 이해한 것이니, 인연이 괴로움을 이미 겪고서 붓다의 대비와 관계하게 된 것이다.

식 구해 사방을 떠 다니다7 점점 흘러서 본국으로 향하게 된 것과 같습니다.8

(나) 그의 아버지는 아들을 찾았으나 찾지 못하고 중도에 한 성에 머물렀는데,9 그 집은 큰 부호라 재산이 한량없어 금은 유리 산호 호박 파리 진주 등이 그 창고들에 모두 흘러 넘쳤고, 하인과 시종들, 코끼리 말 수레 소 양이 무수했으며, 금융은 다른 나라에 두루 미치고 상인들도 역시 매우 많았습니다.

(다) 그 때 빈궁한 아들은 여러 마을을 떠돌고 나라와 읍을 거쳐서,10 이윽고 그

以求衣食 漸漸遊行 遇向本國.

其父先來 求子不得 中止一城, 其家大富 財寶無量 金銀琉璃 珊瑚虎珀 頗梨珠等 其諸倉庫悉皆盈溢, 多有僮僕 臣佐吏民 象馬車乘 牛羊無數, 出入息利 乃遍他國 商估賈客 亦甚衆多.

時貧窮子 遊諸聚落 經歷國邑, 遂到其父 所止

---

7 삼계 속에 있으면서 붓다라는 아버지를 보지 못하는 것이 '궁'한 것이고, 벗어나는 요긴한 방법을 얻지 못하는 것이 또 '궁'한 것이며, 팔고의 불로 타기 때문에 '곤'한 것이다. 여러 범부들이 신·수·심·법에서 네 가지 견해(=4전도)를 일으키는 것이 '사방'이고, 그 중에서 정도를 구하는 것은 '음식' 구하는 것과 같고, 조도를 구하는 것은 '옷' 구하는 것과 같다.

8 '점점 흘러서 본국으로 향하게 된 것'이라 함은 괴로움을 싫어하고 해탈 바라 삿되이 열반 구한 것을 밝힌 것이니, 비록 본의는 아니지만 붓다를 만나게 되기 때문에 '향하게 된 것'이라고 하였다.

9 둘째 (나)는 아버지가 아들 찾다가 도중에 머무는 것이다. 여기에도 둘이 있다. 첫째 여기까지 아버지가 아들 찾았으나 찾지 못한 것은 총비 중의 장자를 이해한 것이니, 중생이 대승으로부터 물러난 후 그 대승의 근기를 찾았으나 만나지 못하는 것이다. 둘째 그 아래에서 중도에 한 성에 머무는 것은 총비 중의 집을 이해한 것이니, (그 집이) '큰 부호'인 것은 장자의 덕업이 안팎으로 부유한 것을 뜻한다.

10 셋째 (다)는 아들이 본국에 이르게 되는 것이다. 여기에도 둘이 있다. 첫째 여기까지 성에 도착한 연유는 불이 일어나 고뇌하는 모습을 이해한 것이니, 대승에서 퇴전한 후 곳곳을 떠다니면서 갖은 쓴 괴로움을 받는 것이고, 둘

의 아버지가 머무는 성에 이르렀습니다.	之城.
㈑ ① 아버지는 매번 아들 생각하였으니, 아들과 이별한지 50여 년 동안 남에게는 이런 일을 말하지 않고 오직 혼자서만 마음으로 회한을 품고 스스로 생각했습니다. '늙었으나 재산은 많아 금 은 진보가 창고에 흘러 넘치지만 자식이 없으니, 하루 아침에 죽는다면 재산은 흩어질텐데 맡길 곳이 없구나.' 그래서 매번 간절히 그 아들을 생각하였습니다.[11]	父<母>[每]念子, 與子離別 五十餘年 而未曾向人 說如此事 但自思惟 心懷悔恨 自念. '老朽 多有財物 金銀珍寶 倉庫盈溢 無有子息, 一旦終沒 財物散失 無所委付.' 是以慇懃 每憶其子.
② 또 이렇게 생각하였습니다. '내 만약 아들을 찾아 재산을 맡긴다면 편안하고 즐거워 다시 근심이 없을 것이다.'	復作是念. '我若得子 委付財物 坦然快樂 無復憂慮.'
(3)[12] ① 세존이시여, 그 때 궁자는 품팔	世尊, 爾時窮子 傭賃展

째 그 아래에서 이윽고 아버지의 성에 도착한 것은 괴로움이 인연이 되어 대비의 문을 두드리는 것이다. 오음을 관찰하는 것이 '마을'이고, 십이입이 '읍'이며, 십팔계는 '나라'가 되니, 이들을 거쳐 이치를 구하는 것을 '옷과 음식을 구한다'고 한다.

11 넷째 ㈑는 그 아버지가 근심하는 것이다. 여기에도 둘이 있다. 첫째 ① 아들 잃은 괴로움을 생각하는 것과, 둘째 ② 아들 찾으면 즐거울 것을 생각하는 것이니, 총비 중의 '문 하나'를 이해한 것이다. 아들이 어려 문을 찾지 못해 아비의 근심을 움직이다가, 원래 이 문을 통해야 하는 것이기 때문에 아비의 기쁨을 움직인 것이다.

12 둘째 (3) 부자상견비는 가까이는 화택 중의 불을 본 것을 이해한 것이고, 멀리는 방편품 중 오탁의 뜻을 이해한 것이다. 글에 둘이 있으니, ① 내지 ④는 아들이 아버지를 보는 것이고, ⑤는 아버지가 아들을 보는 것이다.

이로 전전하다가 아버지 집에 이르러,13 ② 문 가에 서서 멀리 그 아버지를 보니,14 ③ 사자좌에 걸터앉았는데 보배궤가 발을 받쳤고, 여러 바라문 크샤트리야 거사들이 모두 공경하며 둘러쌌으며, 천만의 값 나가는 진주 영락으로 그 몸을 장엄하였고, 시종과 하인이 손에 흰 불자 들고 좌우를 시위하여 섰으며, 보배휘장으로 덮고 여러 꽃깃발을 드리웠으며 향수를 땅에 뿌리고 온갖 이름난 꽃을 흩었으며, 보물을 늘어놓고 들이고 내는, 이러한 등의 갖가지로 장식한 위덕이 특별하였습니다.15

④ 궁자는 아버지에게 큰 세력 있음을 보고 곧 두려움 품고 여기에 온 것을 후회하면서 생각하기를, '이는 왕이거나 왕

轉 遇到父舍,
住立門側 遙見其父,
踞師子床 寶机承足, 諸婆羅門 刹利居士 皆恭敬圍繞, 以眞珠瓔珞 價直千萬 莊嚴其身,
吏民僮僕 手執白拂 侍立左右, 覆以寶帳 垂諸華幡 香水灑地 散衆名華,
羅列寶物 出內取與, 有如是等 種種嚴飾 威德特尊.

窮子見父 有大力勢 卽懷恐怖 悔來至此 竊作是念, '此或是王 或是王

---

13 먼저 아들이 아버지를 보는 글은 화택 중 장자가 보인 대상인 불을 보는 것과, 법설 중의 불안으로 오탁을 보신 것을 이해한 것이다. 글에는 넷이 있다. 첫째 ①은 아들이 아버지를 보는 연유이다. 고를 싫어하고 즐거움을 좋아하여 이치의 맛을 추구한 것이 점점 쌓여 이윽고 출세간의 선근을 이룬 것이다. 그래서 '품팔이로 전전하다가'라고 하였고, 이 선근으로 붓다의 자비를 두드리므로 '아버지 집에 이르렀다'고 한 것이다.
14 둘째 ② 아버지를 본 곳은 곧 '문 가'이니, 이승의 치우친 진실이기 때문이다. 대승의 근기가 처음 일어나, 두드려 부르는 일에는 머니, 그래서 '멀리'라고 하였다.
15 셋째 ③ 본 아버지의 모습이니, 원만한 과보[圓報]의 법신이 편안히 처하시는 것이다.

같은 분이라 내가 품팔아 벌이할 곳이 아니니, 힘써 일해 옷과 음식 얻기 쉬운 땅이 있는 가난한 마을로 가는 것만 같지 못하리라. 만약 여기 오래 머물면 나를 강제로 부릴 지도 모른다.'라고, 이렇게 생각하고는 뛰어 나갔습니다.16

⑤17 그 때 부유한 장자는 사자좌에서 아들을 보자 곧 알아보고 마음으로 크게 기뻐하며 이렇게 생각하였습니다. '내 재물의 곳간 줄 곳이 이제야 있구나. 내 항상 이 아들 생각했으나 볼 길이 없었는데, 홀연 스스로 왔으니 내 소원에 꼭 맞도다. 이래서 내 비록 늙었어도 여전히 아꼈던 것이다.'

(4)18 ① 곧 곁의 사람을 보내 급히 쫓아

等 非我傭力 得物之處, 不如 往至貧里 肆力有地 衣食易得.
若久住此 或見逼迫 強使我作', 作是念已 疾走而去.
時富長者 於師子座 見子便識 心大歡喜 卽作是念. '我財物庫藏 今有所付. 我常 思念此子無由見之, 而忽自來 甚適我願.
我雖年朽 猶故貪惜.

卽遣傍人 急追將還,

....
16 넷째 ④ 아버지 보고 두려워 피하는 것이니, 소승의 근기가 열등해 대도大道를 두려워하는 것이다.
17 ㈏는 (부자상견비 중의) 둘째 아버지가 아들을 보고 기뻐하여 소원을 푼 것이니, 화택 중의 놀라 두려워함과, 법설 중의 대비심 일으킨 것을 이해한 것이다.
18 셋째 추유비는 가까이는 화택 중의 사궤용거를 이해하고, 멀리는 법설 중의 대승을 쉬고 소승 베푸신 것을 이해한 것이다. 글에 둘이 있으니, 첫째 ①과 ②는 뒤쫓게 한 것이고, 둘째 ③ 이하는 두 사람을 보내 유인하는 것이다. 먼저 뒤쫓게 한 것은 위에서 몸과 손에 힘 있지만 이를 쓰지 않은 것을 이해한 것이다. 그 중 ①은 마땅함 헤아린 것을 이해한 것이고, ②는 교화 쉰 것을 이해한 것이다.

가 데려오게 하니, 그 때 사자가 질주하여 가 잡았습니다. 궁자는 놀라 원통하다고 하며 크게 외치기를, '내 잘못 없는데 어째서 붙잡는가.'라고 하였지만, 사자는 더욱 급히 강제로 끌고 왔습니다. 그러자 궁자는 죄 없이 잡혔으니 이제 필시 죽게 되리라고 생각하고, 더욱 두려워해 기절하여 땅에 쓰러졌습니다.

② 아버지가 멀리서 이것을 보고 사자에게 말하기를, '이 사람 필요하지 않으니 억지로 데려오지 말라.'고 하고, 찬 물을 얼굴에 뿌려 깨어나게 하고서는 더불어 말하지 못하게 하였습니다.

까닭이 무엇이겠습니까? 아버지는 그 아들의 마음이 하열함을 알았기 때문입니다. 부귀가 아들이 어려워 할 것임을 알았으므로, 아들임을 잘 알면서도 방편으로 남에게 내 아들이라고 말하지 않고, 사자를 시켜 그에게, '내 이제 그대를 놓아줄테니 마음 대로 하라'고 말했던 것입니다. 그러자 궁자는 미증유를 얻어 기뻐하며 땅에서 일어나 가난한 마을로 가서 옷과 음식을 구하였습니다.

③19 그 때 장자는 장차 그 아들을 유

爾時 使者 疾走往捉.
窮子驚愕 稱怨大喚, '我不相犯 何爲見捉',
使者執之 愈急强牽將還. 于時窮子 自念無罪 而被囚執 此必定死,
轉更惶怖 悶絶躄地.

父遙見之 而語使言,
'不須此人　勿强將來',
以冷水灑面　令得醒悟 莫復與語.

所以者何? 父知其子 志意下劣.
自知豪貴 爲子所難,
審知是子 而以方便 不語他人 云是我子,
使者語之, '我今放汝 隨意所趣'.
窮子歡喜 得未曾有 從地而起 往至貧里 以求衣食.

爾時 長者將欲 誘引其

인하려고 방편 베풀어 몰래 형색 초라하고 위덕 없는 두 사람을 파견하면서, '그대들은 그에게 가서 천천히 궁자에게 이 곳에 일할 곳 있는데 삯을 배20로 주겠다고 말하라. 궁자가 허락하면 데려와 일 시키되, 만약 무얼 하려 하는가 라고 말하면, 곧 너를 고용해 똥칠 것인데,21 우리 두 사람도 너와 같이 일할 것이라고 말하도록 하라.'고 하였습니다.

그 때 두 사람은 곧 궁자를 찾아 만나서 위의 말을 모두 말했습니다. 그러자 궁자는 먼저 삯을 받고 곧 함께 똥을 치니, 그 아버지 아들 보고는 연민하면서도 괴이해 하였습니다.22

子 而設方便 密遣二人 形色憔悴 無威德者, '汝可詣彼 徐語窮子 此有作處 倍與汝直.
窮子若許 將來使作, 若言 欲何所作,
便可語之 雇汝除糞, 我等二人 亦共汝作.'

時二使人 卽求窮子 旣已得之 具陳上事. 爾時窮子 先取其價 尋與除糞, 其父見子 愍而怪之.

....
19 이하 둘째 두 사람을 보내 유인하는 것에는 둘이 있다. 먼저 ③은 가르침의 한계에서, 가까이는 삼거로써 자식 구한 것을 이해한 것이고, 멀리는 바라나시에서 방편 베푸신 것을 이해한 것이다. 다음 ④ 이하는 붓다의 뜻을 취하여, 법신의 지위에서 오랫동안 방편 비추신 것이지, 보리수에서 비로소 알고 소승을 쓴 것이 아님을 이해한 것이다.
20 오계와 십선은 다만 삼도에서 벗어나게 할 뿐이지만, 이제 사성제와 십이연기는 생사에서 벗어나게 하는 것이 1배이고, 또 외도의 여섯 가지 고행은 다만 번뇌를 제복할 수 있을 뿐이지만, 지금 사성제를 닦아서 번뇌 끊어 열반에 이를 수 있는 것은 2배인 것이다.
21 이승은 오직 번뇌 없애 열반 증득코자 할 뿐, 불국토 정화하고 중생 성취함은 논하지 않는 까닭에 '똥 친다'고 말한 것이다.
22 이는 위에서 소원에 맞으므로 다투어 화택에서 나온 것을 이해한 것이다. 불도 구하지 않는 것을 '괴이해' 하고, 아라한 취하는 것을 '연민'하며, 잃은 것은 많고 얻은 것은 적으므로 괴이해 하는 것이다.

④ 또 다른 날 창을 통해 멀리서 아들의 몸이 파리하고 초췌하며 똥과 흙 먼지의 더러움으로 깨끗치 못함을 보고, 곧 영락과 부드러운 좋은 옷과 장신구를 벗고서, 다시 거칠고 낡으며 때묻은 옷을 입고, 흙먼지를 몸에 묻히고 오른 손에는 똥치는 그릇을 쥐고 두려움 가진 듯한 모습으로 ㉮ 일하는 사람들에게 말하기를,23 ㉯ '너희들은 부지런히 일하고 게으름 피우지 말라'고 하며 방편으로 그 아들에게 접근하였습니다.

㉰ 후에 다시 말했습니다. '야 남자여, 너는 항상 여기에서 일하고 다시는 다른 데로 가지 말라. 네 삯을 올려줄 것이고, 그릇 쌀 면 소금 식초 따위의 모든 필수품을 의심하거나 어려워하지 말며, 또한 늙은 일꾼도 필요하면 줄 것이다. ㉱ 마음 놓아라. 나는 네 아비와 같으니, 다시는 걱정하지 말라. ㉲ 까닭이 무엇이겠는가? 나는 늙었으나 너는 젊은데, 너는 항

又以他日 於窓牖中 遙見子身 羸瘦憔悴 糞土塵坌 汚穢不淨, 卽脫瓔珞 細軟上服 嚴飾之具, 更著麤弊 垢膩之衣,
塵土坌身 右手執持 除糞之器 狀有所畏 語諸作人,
'汝等勤作 勿得懈息' 以方便故 得近其子.

後復告言, '咄 男子, 汝常此作 勿復餘去.
當加汝價, 諸有所須 盆器米麵 鹽醋之屬 莫自疑難, 亦有 老弊使人 須者相給. 好自安意.
我如汝父, 勿復憂慮.
所以者何? 我年老大 而汝少壯, 汝常作時 無有

---

23 이하 직접 아들 가르쳐 일하게 하는 비유는 곧 도품 중의 7과법문(=아래 ㉮ 내지 ㉶의 순서대로 사념처·사정근·사신족·오근·오력·팔정도·칠각지)이다. 이로써 똥치는 모습을 나타내어, 위에서 자식들이 '씩씩한 마음으로 서로 밀치면서 다투어 불난 집에서 뛰쳐 나온 것'을 이해한 것이다. ㉮에서 일하는 사람들에게 말하는 것은 곧 삼장을 설하여 사념처를 보인 것이다.

상 일할 때 속이거나 게으르며 증오하고 원한하는 말이 없었고, 너에게서 다른 일꾼들처럼 이러한 악함 있는 것을 전혀 보지 못했기 때문이다. 이제부터는 낳은 자식처럼 여기겠다.' ㉮ 곧 장자는 다시 이름을 지어주어 아들이라고 불렀습니다.

㉯ 그 때 궁자는 비록 이런 대우를 기뻐하면서도 여전히 스스로는 머슴 사는 천인이라고 불렀으니, 이 때문에 이십 년 동안 항상 똥을 치게 하고,

(5)24 ① 이를 지난 후에야 마음 서로 통해 믿어 출입에 어려움 없게 되었지만, 여전히 그가 머무는 곳은 본래의 처소였습니다.

② 세존이시여, 그 때 장자는 병이 있어 죽음이 멀지 않았음을 알고 궁자에게 말했습니다. '내 지금 금은 진보가 많이 있어 창고가 흘러 넘치니, 그 중의 많고

欺怠 瞋恨怨言,
都不見汝 有此諸惡 如餘作人.
自今已後 如所生子.'
卽時長者 更與作字 名之爲兒.

爾時 窮子 雖欣此遇 猶故自謂 客作賤人, 由是之故 於二十年中 常令除糞,

過是已後 心相體信 入出無難,
然其所止 猶在本處.

世尊, 爾時 長者有疾 自知 將死不久 語窮子言. '我今多有 金銀珍寶 倉庫盈溢, 其中多少 所

---

24 이하는 넷째 가업을 다스리게 하고 주는 비유(=앞서의 위지가업비와 부가업비를 하나로 본 것)이니, 가까이는 화택 중의 등사대거를 이해하고, 멀리는 법설 중의 위없는 도를 이해한 것이다. 이것에 둘이 있으니, 먼저 (5)는 다스려 알게 하는 것[領知]이고, 뒤의 (6)은 가업을 주는 것[付業]이다. 전자에 다시 둘이 있다. 처음 ① 마음이 서로 통해 믿는 것은 위의 재난 면함[免難]을 이해한 것이고, 뒤의 ② 가업을 맡겨 점차 통하게 해서 큰 뜻을 성취하게 하는 것은 위의 수레 찾는 것[索車]을 이해한 것이다.

적음과 받고 줄 것을 네가 모두 알아두라. 내 마음 이러하니 이 뜻을 알아야 한다. 왜냐 하면 이제 나와 너는 다르지 않기 때문이다. 마음 써서 잃지 않도록 하여라.'

그러자 궁자는 곧 가르침을 받고 금은 진보의 온갖 재물과 곳간들을 알아두었지만, 한 끼도 취하려는 마음이 없었고, 그가 머무는 곳은 그대로 본래의 처소였으며, 하열한 마음 역시 버리지 못했습니다.

그러나 다시 얼마 지나자 아버지는 아들의 마음이 점차 틔어 큰 뜻을 성취하고, 예전 마음을 스스로 낮춰보는 것을 알게 되었습니다.

(6)25 ① 죽음이 임박하여 그 아들에게 명해 친족 국왕 대신 크샤트리야 거사들을 모두 모이게 하고, 모두 모이고 나자 곧 선언하였습니다. '여러분, 이 사람은 내 아들이고 내 소생으로, 어떤 성 중에서

應取與 汝悉知之.
我心如是 當體此意. 所以者何 今我與汝 便爲不異. 宜加用心 無令漏失.'

爾時 窮子 卽受敎勅 領知衆物 金銀珍寶 及諸庫藏, 而無悕取 一餐之意, 然其所止 故在本處, 下劣之心 亦未能捨.

復經少時 父知子意 漸已通泰 成就大志, 自鄙先心.

臨欲終時 而命其子 幷會親族 國王大臣 刹利居士, 皆悉已集 卽自宣言.'諸君, 當知 此是我子 我之所生, 於某城中

---

25 가업을 주는 이 글에도 둘이 있다. 처음 ① 가업을 주는 것은 곧 등사대거를 이해한 것이고, 뒤의 ② 받고 기뻐하는 것은 위의 수레 얻어 기뻐한 것을 이해한 것이다.

나를 버리고 도망하여 떠돌며 고생한 것이 오십 여 년이었지만, 그 본래 이름은 아무개였고, 내 이름은 아무개였음을 알아야 합니다. 과거 본래의 성에 있으면서 걱정해 찾았는데, 홀연 여기에서 만났으니, 이 사람은 진실로 내 아들이고, 나는 진실로 그의 아비입니다. 이제 내가 가진 일체의 재물은 모두 이 아들의 소유이니, 먼저 출납한 일은 이 아들이 알고 있습니다.'

② 세존이시여, 이 때 궁자는 아버지의 이 말을 듣고 미증유를 얻어 크게 기뻐하며 이렇게 생각했습니다. '내 본래 마음에 바라는 것이 없었는데, 지금 이 보배곳간이 저절로 들어왔구나.'26

(7)27 ① 세존이시여, 부유한 장자는 곧 여래이시고, 저희들은 모두 붓다의 아들과 같으니, ② 여래께서는 항상 저희들을 아들이라고 말씀하셨습니다.

捨吾逃走 伶俜辛苦 五十餘年, 其本字某, 我名某甲.
昔在本城 懷憂推覓, 忽於此間 遇會得之, 此實我子, 我實其父. 今我所有 一切財物 皆是子有, 先所出內 是子所知.'

世尊, 是時窮子 聞父此言 卽大歡喜 得未曾有 而作是念. '我本無心 有所希求, 今此寶藏 自然而至.'

世尊, 大富長者 則是如來, 我等 皆似佛子, 如來常說 我等爲子.

....
26 붓다 일대의 다섯 가지 맛의 가르침의 시종의 차례(＝유미의 화엄시, 낙미의 아함시, 생소미의 방등시, 숙소미의 반야시, 제호미의 법화열반시)는 그 글이 여기(＝위 (2) 내지 (6))에서 나온 것이다.
27 이하는 둘째 비유의 뜻을 밝힌 것이다. 먼저 ①은 부자상실비의 뜻을 밝힌 것이고, ②는 부자상견비의 뜻을 밝힌 것이다.

③28 세존이시여, 저희들은 세 가지 괴로움 때문에 생사 중에서 여러 고뇌 받았고, 미혹하고 무지해서 작은 법에 집착하였으므로, ④ 금일 세존께서 저희들로 하여금 사유케 하여 제법희론의 똥을 치우도록 하셨고, 저희들은 그 중에서 부지런히 정진하여 열반에 이르는 하루치 품삯을 받았으며, 이를 받고 나서는 마음으로 크게 기뻐하여 스스로 만족하면서, '불법 중에서 부지런히 정진했으므로 얻은 것이 많다'고 말하였습니다.

그렇지만 세존께서는 먼저 저희들이 마음으로 해어진 욕망에 집착하고 작은 법 좋아함을 아셨으므로, 보고도 내버려 두시고, '너희들에게 여래의 지견이라는 보배곳간의 몫이 있다'라고 분별해 주시지 않았습니다.

⑤29 세존께서는 방편의 힘으로 여래의 지혜를 설하셨지만, 저희들은 붓다로부터 열반이라는 하루치 품삯을 받고서

世尊, 我等 以三苦故
於生死中 受諸熱惱,
迷惑無知 樂著小法,
今日世尊　令我等思惟
蠲除諸法 戲論之糞,
我等於中 勤加精進 得
至涅槃 一日之價,
旣得此已 心大歡喜 自
以爲足, 而便自謂 '於佛
法中 勤精進故 所得弘
多'.
然世尊 先知我等 心著
弊欲 樂於小法,
便見縱捨,
不爲分別 '汝等當有 如
來知見 寶藏之分'.

世尊 以方便力 說如來
智慧, 我等從佛 得涅槃
一日之價 以爲大得,

---

28 다음 추유비의 뜻을 밝힌 것에 둘이 있다. 첫째 ③은 뒤쫓게 한 비유의 뜻을, 둘째 ④는 두 사람을 보내 유인한 비유의 뜻을 각각 밝힌 것이다.
29 이하는 부가업비의 뜻을 밝히는 것이다. 위의 비유에서는 연유(=위지가 업비 부분)가 있고, 가업 주는 것이 있었는데, 이제 뜻 밝히는 것에도 둘이 있으니, 앞의 ⑤는 연유이고, 뒤의 ⑥은 가업 주는 뜻을 밝힌 것이다.

큰 소득으로 여겨, 이 대승에 대해 구하려는 뜻이 없었습니다. 또 저희들은 여래께서 지혜로 보살들 위해 개시연설하실 때에도 스스로 이를 뜻해 원함이 없었습니다. 어째서인가 하면 붓다께서 저희들이 마음으로 작은 법 좋아함 아시고, 방편의 힘으로 저희들에 맞추어 설하셨으므로, 저희들은 진정한 불자임을 알지 못하였기 때문입니다.

⑥ 이제 저희들도 세존께서 붓다의 지혜에 대해 아낌 없으시다는 것을 비로소 알았습니다. 어째서인가 하면 저희들은 이제까지 진정한 불자였어도 작은 법을 좋아했으니, 만약 저희들이 대승 좋아하는 마음 가졌더라면 붓다께서도 저희에게 대승법을 말씀하셨을 것이기 때문입니다.

이 경전에서 오직 일승만 설하시고, 과거 보살들 앞에서도 성문들이 작은 법 즐긴다고 꾸짖으셨으니, 붓다께서는 실제로 대승으로써 교화하셨습니다.

그래서 저희들이 '본래 희구하는 마음 없었는데, 불자로서 얻어야 할 것을 모두 얻은 것처럼, 지금 법왕의 큰 보배가 저

於此大乘 無有志求.
我等又因 如來智慧 爲諸菩薩 開示演說 而自於此 無有志願.
所以者何 佛知我等 心樂小法, 以方便力 隨我等說,
而我等不知 眞是佛子.

今我等 方知世尊 於佛智慧 無所吝惜.
所以者何 我等昔來 眞是佛子 而但樂小法,
若我等有 樂大之心 佛則爲我 說大乘法.

於此經中 唯說一乘, 而昔 於菩薩前 毁呰聲聞樂小法者, 然佛實以 大乘敎化.

是故 我等說 '本無心有所悕求, 今法王大寶自然而至, 如佛子 所應

제4 신해품 197

절로 들어왔구나.'라고 말한 것입니다."	得者 皆已得之.'"

4.2[30]

이 때 마하 가섭은 거듭 이 뜻을 펴고자 게송으로 말하였다.	爾時 摩訶迦葉 欲重宣此義 而說偈言.
① 저희들은 오늘 붓다의 가르침 듣고 미증유를 얻어 기뻐 뛸듯합니다	我等今日 聞佛音敎 歡喜踊躍 得未曾有
② 성문도 붓다 이루리라 말씀하시니 무상 보배 구하지 않고 얻었습니다	佛說聲聞 當得作佛 無上寶聚 不求自得
③[31] 비유하면 아이가 어리고 철없어 아비 떠나 도망쳐 타국으로 멀리 가	譬如童子 幼稚無識 捨父逃逝 遠到他土
④ 50년 여러 나라 떠돈 것과 같습니다 그 아비 근심하여 사방으로 찾았고[32]	周流諸國 五十餘年 其父憂念 四方推求

---

30 이하 86수반의 게송에 둘이 있다. 앞의 73수반은 위의 글을 노래했고, 뒤의 13수는 불은의 깊음을 찬탄했다. 전자에도 둘이 있다. 처음 2수는 법설을 노래한 것이고, 뒤의 71수반은 비설을 노래한 것이다.
31 이하 71수반의 비설을 노래한 것에 둘이 있다. ㊸까지 41수는 개비를 노래했고, 뒤의 30수반은 합비를 노래한 것이다. 전자에 넷이 있었으니, 부자상실, 상견, 위업委業, 부재付財인데, 지금 모두 노래했다. 이하 ㊽까지 13수는 첫째의 부자상실을 노래했다. 그 중에 넷이 있는데, ④의 제2행까지 1수반은 아들이 아비 등지고 가는 것이다.
32 이하 ⑪의 제2행까지 7수는 둘째 아비가 아들 찾았으나 찾을 수 없었음을 노래한 것이다.

⑤ 찾다가 지쳐서 한 성에 머물러　　　　求之旣疲　頓止一城
　 집을 짓고 오욕 스스로 즐겼으니　　　造立舍宅　五欲自娛

⑥ 그 집은 큰 부호라 여러 금은과　　　　其家巨富　多諸金銀
　 차거 마노 진주 유리 많았고　　　　　車磲馬腦　眞珠琉璃

⑦ 코끼리·말·소·양의 가마와 수레　　　象馬牛羊　輦輿車乘
　 밭일 하는 하인과 사람 허다했으며　　田業僮僕　人民衆多

⑧ 금융은 다른 나라에 두루 미치고　　　出入息利　乃遍他國
　 상인들은 없는 곳 없었으며　　　　　商估賈人　無處不有

⑨ 천만억의 대중들 둘러싸 공경하고　　千萬億衆　圍繞恭敬
　 항상 임금의 사랑을 받았으며　　　　常爲王者　之所愛念

⑩ 신하와 호족들 모두 함께 존중하여　群臣豪族　皆共宗重
　 여러 인연으로 왕래자 많았으니　　　以諸緣故　往來者衆

⑪ 부유함 이러해서 큰 세력 있었지만　豪富如是　有大力勢
　 나이 늙으니 아이 걱정 더욱 심해³³　而年朽邁　益憂念子

⑫ 밤낮으로 생각키를, 죽을 때 왔는데　夙夜惟念　死時將至
　 아들 나를 버린 지 50여 년이니　　　癡子捨我　五十餘年

33 이하 ⑬의 제2행까지 2수는 셋째 근심 더욱 깊어짐을 노래했다.

| 13 | 곳간의 재물 어찌 하나 하였습니다 | 庫藏諸物 | 當如之何 |
| | 그 때 궁한 아들은 의식을 구해서[34] | 爾時窮子 | 求索衣食 |

| 14 | 여러 읍과 나라 여기저기 떠돌면서 | 從邑至邑 | 從國至國 |
| | 얻는 것 있기도 하고 없기도 하니 | 或有所得 | 或無所得 |

| 15 | 굶주려서 야위고 피부병도 났으며 | 飢餓羸瘦 | 體生瘡癬 |
| | 점차 떠돌다가 아비 있는 성에 와서 | 漸次經歷 | 到父住城 |

| 16 [35] | 품팔이 전전하다 아비 집에 이르니 | 傭賃展轉 | 遂至父舍 |
| | 이 때 장자는 그 문 안에서 | 爾時長者 | 於其門內 |

| 17 | 큰 보배 휘장 친 사자좌에 앉았는데 | 施大寶帳 | 處師子座 |
| | 권속들 둘러싸고 여러 사람 시위하여 | 眷屬圍遶 | 諸人侍衛 |

| 18 | 혹은 금은 보물 계산하기도 하고 | 或有計算 | 金銀寶物 |
| | 재산을 출납하고 기장하기도 하니 | 出內財産 | 注記券疏 |

| 19 | 궁자는 아비의 부귀와 존엄 보고 | 窮子見父 | 豪貴尊嚴 |
| | 나라의 왕이거나 왕같다고 여기고 | 謂是國王 | 若是王等 |

---

34 이하 15까지 2수반은 넷째 아들이 점차 아비에게 돌아옴을 노래했다.
35 이하 23의 제2행까지 7수반은 둘째 부자상견을 노래했다. 그 중에 둘이 있으니, 22의 제2행까지 처음 6수반은 아들이 아버지 본 것을 노래했고, 뒤의 1수는 아버지가 아들 본 것을 노래했다.

| 20 | 두려워서 어째서 예 왔던고 하고 | 驚怖自怪 何故至此 |
| | 다시 생각하기를, 만약 오래 머물면 | 覆自念言 我若久住 |

| 21 | 핍박받아 강제로 사역될지 모른다 | 或見逼迫 强驅使作 |
| | 이렇게 생각하고 달려 나가서 | 思惟是已 馳走而去 |

| 22 | 가난한 마을 찾아가 품팔려 하는데 | 借問貧里 欲往傭作 |
| | 장자는 이 때 사자좌에 있다가 | 長者是時 在師子座 |

| 23 | 멀리서 본 그 아들 말없이 알아보고 | 遙見其子 默而識之 |
| | 곧 사자 시켜 붙잡아 오게 하니36 | 卽敕使者 追捉將來 |

| 24 | 궁자 놀라 외치고 괴로워 넘어지며 | 窮子驚喚 迷悶躄地 |
| | 이 사람이 나 잡으니 필시 죽이리라 | 是人執我 必當見殺 |

| 25 | 어찌 의식 때문에 예 왔던고 하니 | 何用衣食 使我至此 |
| | 장자는 아들이 어리석고 하열해서 | 長者知子 愚癡狹劣 |

| 26 | 아비라는 내 말 믿지 않을 줄 알고 | 不信我言 不信是父 |
| | 곧 방편으로 애꾸눈에 왜소하며37 | 卽以方便 更遣餘人 |

....
36 이하 33까지 10수반은 셋째 추유비를 노래한 것이다. 이것에 둘이 있으니, 26의 제2행까지 3수는 첫째 곁의 사람 시켜 쫓게 한 것을 노래했고, 뒤의 7수반은 두 사람 보내 유인한 것을 노래했다.
37 이하 두 사람 보내 유인한 것을 노래한 것에 둘이 있다. 먼저 29의 제2행까지 3수는 고용해 일하게 한 비유를 노래하고, 33까지 뒤의 4수반은 가르

|27| 위덕 없는 다른 사람 다시 보내되　　眇目矬陋　無威德者
　　너 그에게 말하라 고용한다고 하고　　汝可語之　云當相雇

|28| 똥 치면 삯을 배로 준다고 하라　　除諸糞穢　倍與汝價
　　궁자 듣고서 기뻐하며 따라 와　　窮子聞之　歡喜隨來

|29| 똥 치고 집과 방 청소하였습니다　　爲除糞穢　淨諸房舍
　　장자가 창으로 항상 그 아들 보고　　長者於牖　常見其子

|30| 어리석어 천한 일 즐김 생각하고는　　念子愚劣　樂爲鄙事
　　이에 장자도 더러운 옷 걸치고　　於是長者　著弊垢衣

|31| 똥 치는 그릇 들고 아들에게 가서　　執除糞器　往到子所
　　방편으로 접근해, 부지런히 일하라　　方便附近　語令勤作

|32| 네 삯과 발에 바르는 기름 더 주고　　旣益汝價　幷塗足油
　　충분한 음식과 따뜻한 잠자리 주리라　　飮食充足　薦席厚煖

|33| 이런 말로 부지런히 일하라 하고　　如是苦言　汝當勤作
　　부드러운 말로 내 아들 같다고 하며　　又以軟語　若如我子

|34|38 장자 지혜 있어 점차 출입케 해서　　長者有智　漸令入出

처 일하게 한 비유를 노래한 것이다.
38 이하 |43|까지 10수는 넷째 영부領付가업비를 노래한 것이다. 글에 둘이 있

20년 지나 집안 일을 관리케 하고	經二十年	執作家事
35 금은 진주와 파리를 보여주며	示其金銀	眞珠頗梨
모든 재물 출납 모두 알게 했지만	諸物出入	皆使令知
36 여전히 문밖의 초암에 살면서	猶處門外	止宿草庵
내 재물 없고 가난하다고 생각하나	自念貧事	我無此物
37 아비는 아들 마음 점차 커짐 알고	父知子心	漸已廣大
재산 물려 주려고 곧 친족들과39	欲與財物	卽聚親族
38 국왕 대신 찰리 거사 모이게 하고	國王大臣	刹利居士
이들에 말하기를, 얘는 내 아들인데	於此大衆	說是我子
39 나 버리고 떠나 50년 지났다가	捨我他行	經五十歲
와서 다시 본 지도 20년이 되었는데	自見子來	已二十年
40 과거 어떤 성에서 이 아들 잃고	昔於某城	而失是子
두루 찾다가 여기 오게 되었으니	周行求索	遂來至此
41 내가 가진 집과 사람들	凡我所有	舍宅人民

으니, 처음 37의 제2행까지 3수반은 가업을 주는 연유를 노래하고, 뒤의 6수반은 바로 가업 주는 것을 노래했다.

39 이하 바로 가업 주는 것을 노래한 것에 둘이 있다. 처음 41까지 4수반은 바로 가업을 주는 것이고, 뒤의 2수는 물려 받고 기뻐하는 것이다.

| 모두 주어 그의 뜻에 맡긴다 하니 | 悉以付之　恣其所用 |

42 아들 가난 생각해 마음 하열하다가　　子念昔貧　志意下劣
　　이제 아버지에게서 진보와 아울러　　今於父所　大獲珍寶

43 집과 일체의 재물 크게 얻고　　幷及舍宅　一切財物
　　미증유를 얻어 크게 기뻐했습니다　　甚大歡喜　得未曾有

44 40 붓다도 이같아 저희 소승 즐김 아셔　佛亦如是　知我樂小
　　너희들 성불하리라 말씀치 않으시고　　未曾說言　汝等作佛

45 저희들을 여러 무루 증득해 소승을　　而說我等　得諸無漏
　　성취한 성문제자라고 하시고서　　成就小乘　聲聞弟子

46 41 저희들에 분부해 최상의 도 설하고　佛敕我等　說最上道
　　수습하면 성불한다고 하라 하심에　　修習此者　當得成佛

....
40 이하 74의 제2행까지 30수반은 둘째 합비를 노래한 것이다. 그 중 44의 제1구는 부자상실비의 뜻을, 제2구는 부자상견비의 뜻을, 제3, 4행은 쫓아가 부르게 한 비유[追喚譬]의 뜻을, 45의 1수는 두 사람 보내 유인케 한 비유의 뜻을 각각 노래했다.
41 이하 28수반은 위의 넷째 가업 다스리게 한 비유의 뜻을 노래한 것인데, 그 중에 둘이 있다. 처음 64의 제2행까지 18수반은 가업 맡기는 비유의 뜻을 노래하고, 뒤의 10수는 가업 주는 비유의 뜻을 노래했다. 전자 중 처음 1수는 분부해서 다스려 알게 하는 것을 노래한 것인데, 위의 이해하는 글에서는 없던 것이다.

| 47 |42 저희들은 가르침 받고 대보살 위해 | 我承佛教　爲大菩薩 |
| | 여러 인연과 갖가지 비유와 | 以諸因緣　種種譬喩 |

| 48 | 여러 언사로써 무상도 설하니 | 若干言辭　說無上道 |
| | 여러 불자들은 저희로부터 법 듣고 | 諸佛子等　從我聞法 |

| 49 | 밤낮으로 사유하고 정근 수습함에 | 日夜思惟　精勤修習 |
| | 이 때 제불께서 그들에게 수기 주어 | 是時諸佛　卽授其記 |

| 50 | 미래세에 성불하리라 하셨으니 | 汝於來世　當得作佛 |
| | 일체 모든 붓다들의 비장의 법을 | 一切諸佛　祕藏之法 |

| 51 | 오직 보살들 위해 그 진실 펴셨을 뿐 | 但爲菩薩　演其實事 |
| | 저희 위해선 설하지 않으셨습니다 | 而不爲我　說斯眞要 |

| 52 |43 마치 저 궁자가 아버지 가까이서 | 如彼窮子　得近其父 |
| | 모든 재물 알면서 가지려 않았듯이 | 雖知諸物　心不希取 |

| 53 | 저희들도 불법의 보장을 설하면서도 | 我等雖說　佛法寶藏 |
| | 스스로는 뜻 없음 역시 이러했으니 | 自無志願　亦復如是 |

| 54 | 저희들 안의 적멸 스스로 족히 여겨 | 我等內滅　自謂爲足 |

---
42 다음 51까지 5수는 바로 분부 받는 것을 노래했다.
43 다음 64의 제2행까지 12수반은 취하려는 뜻 없었음을 노래한 것이다.

| | 오직 이 일 알 뿐 다른 일 없다 하고 | 唯了此事 更無餘事 |

55 저희들은 불국토를 청정케 함과　　我等若聞　淨佛國土
　　중생 교화 들어도 기뻐함 없었으니　教化衆生　都無欣樂

56 어째서인가 하면 일체의 모든 법은　所以者何　一切諸法
　　모두 다 공적하여 무생 무멸이고　　皆悉空寂　無生無滅

57 무대 무소이며44 무루이고 무위라　　無大無小　無漏無爲
　　이렇게 사유해서 기쁨 내지 않으며　如是思惟　不生喜樂

58 저희들 긴 밤 동안 붓다의 지혜를　　我等長夜　於佛智慧
　　탐착함도 없고 다시 원함도 없어　　無貪無著　無復志願

59 스스로 법에서 구경이라 여겼고　　　而自於法　謂是究竟
　　저희들 긴 밤 동안 공법을 수습하여　我等長夜　修習空法

60 삼계의 고뇌의 환난에서 벗어나　　　得脫三界　苦惱之患
　　최후신과 유여열반에 머물면서　　　住最後身　有餘涅槃

61 붓다 교화받아 득도함 허망치 않아　佛所敎化　得道不虛
　　불은 갚음을 이미 얻었다고 하고서　則爲已得　報佛之恩

----
44 * 범본에는 없는 표현인데, 대승도 없고 소승도 없다는 취지로 보인다.

| 62 | 저희들 비록 여러 불자들 위해 | 我等雖爲 | 諸佛子等 |
| | 보살의 법 설해 불도 구하게 하되 | 說菩薩法 | 以求佛道 |

| 63 | 이 법을 원함은 길이 없었으니 | 而於是法 | 永無願樂 |
| | 도사 저희 마음 관찰하셔서 버려두시고 | 導師見捨 | 觀我心故 |

| 64 | 처음엔 진실 있다고 권치 않으셨으니 | 初不勸進 | 說有實利 |
| | 마치 장자가 아들 하열함 알고45 | 如富長者 | 知子志劣 |

| 65 | 방편의 힘으로 그 마음 조복한 | 以方便力 | 柔伏其心 |
| | 후에야 일체의 재물 준 것과 같이 | 然後乃付 | 一切財物 |

| 66 | 붓다도 이같이 희유한 일 나투셔서 | 佛亦如是 | 現希有事 |
| | 소승 즐김 아시고 방편의 힘으로 | 知樂小者 | 以方便力 |

| 67 | 마음 조복 후 큰 지혜 가르쳤습니다 | 調伏其心 | 乃敎大智 |
| | 저희들 오늘 미증유를 얻었으니 | 我等今日 | 得未曾有 |

| 68 | 바라지 않았는데 이제 얻었음은 | 非先所望 | 而今自得 |
| | 저 궁자가 무량 보배 얻음과 같아 | 如彼窮子 | 得無量寶 |

---

45 이하 74의 제2행까지 10수는 바로 가업 주는 비유의 뜻을 노래한 것이다. 여기에 둘이 있다. 처음 3행은 바로 가업 주는 뜻을 노래했고, 67의 제3행 이하 7수는 물려 받고 기뻐하는 뜻을 노래했다.

69 세존이시여, 저희 이제 도와 과 얻어　　世尊我今　得道得果
　　무루법에 대해 청정한 눈 얻었으니　　於無漏法　得淸淨眼

70 저희들 긴 밤 동안 청정계율 지녀서　　我等長夜　持佛淨戒
　　오늘 비로소 그 과보를 얻고　　　　　始於今日　得其果報

71 법왕의 법 중에서 오래 범행 닦아　　　法王法中　久修梵行
　　이제 무루 무상의 큰 과보 얻었으니　　今得無漏　無上大果

72 저희들 이제야 진정한 성문이라　　　　我等今者　眞是聲聞
　　불도의 음성 일체에 들려 주고　　　　以佛道聲　令一切聞

73 저희들 이제야 진정한 아라한이라　　　我等今者　眞阿羅漢
　　모든 세간의 천신 사람 악마 범천　　　於諸世間　天人魔梵

74 널리 그 중에서 공양받을 만합니다　　　普於其中　應受供養
　　세존의 큰 은혜여, 희유한 일로써　　　世尊大恩　以希有事

75 저희들 연민하고 교화해 이익주시니　　憐愍敎化　利益我等
　　무량 억 겁에 뉘라서 갚을 수 있으리　無量億劫　誰能報者

76 손발로 공급하고 머리로 예경하며　　　手足供給　頭頂禮敬
　　일체를 공양해도 모두 갚을 수 없고　　一切供養　皆不能報

| 77 | 만약 머리에 이고 양어깨에 메어 | 若以頂戴 兩肩荷負 |
| | 항사 겁 동안 마음 다해 공경하고 | 於恒沙劫 盡心恭敬 |

| 78 | 또 훌륭한 음식과 한량없는 보배 옷 | 又以美膳 無量寶衣 |
| | 및 모두 침구와 갖가지 탕약 올리고 | 及諸臥具 種種湯藥 |

| 79 | 우두산의 전단46 및 여러 진보로 | 牛頭栴檀 及諸珍寶 |
| | 탑묘를 세우고 보배옷 땅에 까는 | 以起塔廟 寶衣布地 |

| 80 | 이런 등의 일로써 공양하기를 | 如斯等事 以用供養 |
| | 항사 겁 동안 해도 갚을 수 없어 | 於恒沙劫 亦不能報 |

| 81 | 제불께선 희유하고 무량 무변하며 | 諸佛希有 無量無邊 |
| | 불가사의한 큰 신통력과 | 不可思議 大神通力 |

| 82 | 무루 무위의 모든 법의 왕이시나 | 無漏無爲 諸法之王 |
| | 하열한 자 위해 이런 일 참으시고 | 能爲下劣 忍于斯事 |

| 83 | 상 취하는 범부에 근기 따라 설하시며 | 取相凡夫 隨宜爲說 |
| | 제불께선 법에서 최고 자재 얻으셔서 | 諸佛於法 得最自在 |

| 84 | 모든 중생의 갖가지 욕구와 즐김 | 知諸衆生 種種欲樂 |

---

46 * 적단赤檀이라는 전단향나무가 자라는 말라야Malaya산은 그 봉우리 모습이 소의 머리 같다 하여 우두산이라고 부른다고 한다.

	그 뜻과 힘 아시고 능력을 따라	及其志力　隨所堪任
85	한량없는 비유로 법 설하시고	以無量喩　而爲說法
	중생들의 숙세의 선근을 따르고	隨諸衆生　宿世善根
86	또 성숙하고 성숙하지 못함 아시며	又知成熟　未成熟者
	갖가지로 헤아려 분별하여 아시고서	種種籌量　分別知已
87	일승도에서 삼승을 설하십니다	於一乘道　隨宜說三

妙法蓮華經
묘법연화경

卷第三
제3권

後秦 龜玆國 三藏法師 鳩摩羅什 奉 詔譯
후진 구자국 삼장법사 구마라집 봉 조역

묘법연화경 제3권　　　　　　妙法蓮華經 卷第三

제5 약초유품[1]　　　　　藥草喩品 第五

5.1[2]

⑴ 그 때 세존께서는 마하 가섭과 여러 대제자들에게 이르셨다.

"훌륭하고 훌륭하다. 가섭이여, 여래의 진실한 공덕을 잘 말했으니, 참으로 말한 그대로이다.

爾時 世尊 告摩訶迦葉 及諸大弟子.

"善哉善哉. 迦葉, 善說 如來 眞實功德, 誠如所言.

---

1 이 품 중 산천과 운우雲雨도 갖추었는데 유독 약초를 품의 명칭으로 표방한 것은, 토지는 능생能生이고, 운우는 능윤能潤이며, 초목은 소생이자 소윤인데, 소생과 소윤은 공통으로 모두 작용이 있지만 약초가 강하고, 유루의 여러 선도 모두 악을 제거할 수 있지만, 무루가 최고이다. 무루 대중 중 4대제자가 비유로써 붓다의 비유를 이해해서 성인의 마음에 깊이 부합하니, 붓다께서 찬탄하시고 그 이해했음을 서술하시면서 그 사람을 비유하려고 하기 때문에 약초유품이라고 불렀다. 대저 약초는 자라는 날이 오래지만, 한 번 운우를 만나면 가지를 뻗고 싹과 줄기 밖으로 무성하며 힘의 작용이 안으로 충만하니, 여러 무루가 최후신과 유여열반에 머물면서 다시 무상의 불도를 원하고 구하지 않다가, 이제 경전을 듣고 스스로 불승을 타고, 겸하여 남도 운반함을 비유하였다. 안팎과 자타로 뛰어난 힘의 작용을 갖추기 때문에 약초유품이라고 불렀다. 약초는 이를 먹으면 온갖 병을 치료하고 몸을 바꾸어 신선이 되게 하니, 여러 무루로 경전을 듣고 무명의 번뇌를 깨뜨려서 붓다의 지견을 여는 것을 비유한다. 잘 성취해서 미묘한 이치에 어울리기 때문에 약초유품이라고 말하였다.

이 품은 비설 중의 셋째, 붓다께서 인정하시는 단락[술성단述成段]이다.

2 글에는 둘이 있다. 처음 ⑴은 간략한 인정이고, 뒤의 ⑵ 이하는 자세한 인정이다.

여래에게는 다시 한량없고 가이없는 아승기 공덕이 있으니, 그대들이 한량없는 억 겁 동안 말한다고 해도 다할 수 없다.

如來復有 無量無邊 阿僧祇功德, 汝等若於 無量億劫 說不能盡.

(2)³ ① 가섭이여, 여래는 모든 법의 왕이어서, 말하는 것은 모두 허망하지 않다고 알아야 한다.

② 일체의 법을 지혜의 방편으로 연설하더라도,⁴ 그 말한 법은 모두 다 일체지의 지위에 이르게 하니, ③ 여래는 일체의 모든 법이 향하는 곳을 관찰하여 알고, 또한 일체의 중생들이 깊은 마음으로 행하는 것을 알아 통달해서 걸림 없으며,⁵ 또 모든 법을 궁극까지 환히 알고

迦葉, 當知 如來是 諸法之王, 若有所說 皆不虛也.

於一切法 以智方便 而演說之, 其所說法 皆悉到於 一切智地, 如來觀知 一切諸法 之所歸趣, 亦知 一切衆生 深心所行 通達無礙,

又於諸法 究盡明了 示

---

3 자세한 인정에는 장행과 게송의 둘이 있다. 그 중 장행에는 둘이 있으니, 처음은 개삼현일을 인정하시는 것, 뒤의 (6)은 맺어 칭찬하시는 것이다. 전자 중에는 셋이 있으니, 첫째 (2)는 법, 둘째 (3)은 비유, 셋째 (4)와 (5)는 합이다. 첫째의 법 중에도 둘이 있으니, 처음 ①은 믿기를 권하시는 것, 뒤의 ② 이하는 바로 개삼현일을 서술하시는 것이다.

4 바로 개삼현일을 서술하는 글에 둘이 있다. 처음 ②는 교敎의 관점에서 개삼현일을 밝히는 것, 뒤의 ③은 지智의 관점에서 개삼현일을 밝히는 것이다. '일체의 법'이란 칠방편(=인·천·성문·연각·삼장보살·통교보살·별교보살의 일곱 부류에 대한 방편의 가르침)을 말하는 것이니, 이 법이 비록 많다고 해도 방편바라밀로 비추어 모두 다하지 않음이 없다는 것이니, 여기까지는 개삼開三 이해한 것을 서술하신 것이다. 다음 그 아래는 교의 관점에서 현실顯實(이해한 것)을 서술하신 것이니, '일체지의 지위'라고 함에서 '지위[地]'란 실상인 것이다.

5 지의 관점에서 개권현실을 인정하시는 그 중 여기까지는 권지權智로 비추는

모든 중생들에게 일체의 지혜를 보인다.　　諸衆生 一切智慧.

(3)6 가섭이여, 비유하면 ① 삼천대천세계의 산천·계곡·토지에7 ② 생겨난 초목과 총림 및 여러 약초는 종류도 여러 가지이고 명색도 각각 다르지만,8 ③ 빽빽한 구름이 펼쳐져 두루 삼천대천세계를 뒤덮어서9 ④ 일시에 같이 퍼부으면10 ⑤

迦葉, 譬如三千大千世界 山川谿谷 土地所生 卉木叢林 及諸藥草 種類若干 名色各異, 密雲彌布 遍覆三千大千世界 一時等澍 其澤普洽

것이고, 뒤의 그 아래는 실지實智로 비추는 것이다. 권지의 글 중 '통달해서 걸림 없다'는 것은 방편에 입각해 진실을 논한 것이고, 실지의 글 중 '모든 법'이란 진실에 입각해 방편을 논한 것이다. 두 글이 서로를 나타내는 것은 진실은 방편의 진실이고, 방편은 진실의 방편임을 밝힌 것이니, 구경에는 방편도 아니고 진실도 아니며, 차별도 아니고 차별 아님도 아니로되, 지혜의 방편으로써 방편에 차별이 있는 것이므로, 모두 일체지의 지위에 이르면 차별이 없는 것임을 알아야 한다. 마치 땅에는 차별이 없지만 초목은 여러 가지이므로, 여러 가지이면서 여러 가지가 없고[若干無若干], 여러 가지가 없으면서 여러 가지인 것[無若干若干]과 같은 것이다.

6 이하 비유[=이것이 법화칠유 중의 제3 약초유(=약초의 비유)임]의 전개에 둘이 있다. 첫째는 차별의 비유로서 위의 권교와 권지를 비유하는 것이고, 둘째는 무차별의 비유로서 위의 실교와 실지를 비유하는 것이다. 전자에는 여섯이 있으니, ① 토지, ② 초목, ③ 밀운(=빽빽한 구름), ④ 주우注雨(=비 내림), ⑤ 수윤水潤(=비로 적심), ⑥ 증장增長이다.
7 첫째 '대천세계'는 중생세간을 비유하고, '산천·계곡·토지'는 오음세간을 비유하니, 토지는 공통으로 식음을 비유하고, 산천 계곡은 4음을 비유한다.
8 둘째 초목·총림 등은 중생의 익힌 원인[習因]을 비유한다. '종류도 여러 가지'라고 함은 오승五乘(=인·천·성문·연각·보살)과 칠선七善(=앞의 칠방편)의 인과의 종자이고, 종류에 각각 일컫는 명칭이 있는 것이 '명'이고, 각각 체상이 있는 것이 '색'인 것이다.
9 구름에는 형색形色과 뒤덮음[覆蔭]이 있고, 아래의 글에 뇌성의 멀리 울림이 있는데, 뒤덮음은 붓다의 자비를 비유하고, 형색은 붓다의 세상에 응하심[應世]을 비유하며, 뇌성은 붓다의 언교言敎를 비유한 것이다.
10 사변재를 써 법우를 퍼부어서 중생을 이롭게 적시는 것을 비유한 것이다.

그 혜택이 초목과 총림 및 여러 약초의 작은 뿌리·줄기·가지·잎과 중간 뿌리·줄기·가지·잎과 큰 뿌리·줄기·가지·잎에 널리 미쳐서,11 ⑥ 크고 작은 여러 나무는 상·중·하를 따라 각각 받는 것 있어, 한 구름에서 내린 비로 그 종성種性에 맞게 생장하고 꽃 피우며 열매 맺으니,12

　⑦ 비록 한 땅에서 나고13 ⑧ 한 비로 적셔져도14 ⑨ 여러 초목에는 각각 차별이 있는 것과 같다.15

⑷ 가섭이여, 다음과 같이 알아야 하니,16

卉木叢林　及諸藥草　小根小莖　小枝小葉　中根中莖　中枝中葉　大根大莖　大枝大葉, 諸樹大小隨上中下　各有所受, 一雲所雨　稱其種性　而得生長　華果敷實,

雖一地所生　一雨所潤而諸草木　各有差別.

迦葉, 當知,

---

11 법보가 널리 일곱 종류 중생의 심지心地에 비를 내려 모든 습인習因의 종자가 곧 문혜를 일으키는 것을 '널리 미친다'고 한다. 믿음이 뿌리가 되고, 계율은 줄기가 되며, 선정은 가지가 되고, 지혜는 잎이 된다. 작다는 것은 인·천의 것이고, 중간은 이승의 것이며, 크다는 것은 보살의 것이다.
12 그 초목이 분수를 따라 적심을 받는 것을 밝힌 것이다.
13 이하는 무차별의 비유이니, 하나의 진실[一實]을 드러내는 것이다. 글에 셋이 있다. 첫째 ⑦은 한 땅[一地]에서 났다는 것이니, 도전道前(=범부)의 심지에서 난 것은 끝내 도후道後(=붓다)의 지지智地로 말미암은 것이다.
14 둘째 ⑧ 한 비로 적셔진다는 것은, 일음一音으로 퍼시는 일승의 법문이 도중道中의 오종(=앞의 오승)선근을 개발하니, 끝내 일음의 평등한 가르침이라는 것이다.
15 셋째 ⑨ 삼초이목(=소·중·대의 풀과 대·소의 나무)이 이익을 받으면서도 스스로 깨달아 알지 못한다는 것이니, 오종선근이 붓다의 법우를 받아 분수 따라 증장하지만, 오종의 인因이 모두 하나의 불성에 의지하는 것임을 스스로 알지 못하고, 또한 오승의 가르침이 모두 대승임을 스스로 알지 못하며, 또한 같이 붓다의 지혜로 돌아감을 스스로 알지 못한다는 것이다.
16 이하는 비유의 뜻을 밝히는 것이다. 장행의 차별비에 여섯이 있었는데, 지

① 여래도 또한 이와 같아서 세상에 출현함은 마치 큰 구름이 일어남과 같고, 큰 음성이 세계의 인·천·아수라에 널리 두루함은 마치 저 큰 구름이 삼천대천의 국토를 두루 덮음과 같으며,17 ② 대중 속에서 말하기를, '나는 여래, 응공, 정변지, 명행족, 선서, 세간해, 무상사, 조어장부, 천인사, 붓다, 세존이니,18 건너지 못한 자를 건너게 하고[未度者令度], 이해하지 못한 자를 이해하게 하며[未解者令解], 편안하지 못한 자를 편안하게 하고[未安者令安], 열반 얻지 못한 자를 열반 얻게 하며[未涅槃者令得涅槃],19 금세와 후세를 여실히 안다.20 나는 일체를 아는 자이고21 일체를 보는 자이며,22 도를 아는 자이고 도를 여는 자이며 도를 설하는 자이니,23 너희 천·인·아수라 대중들

如來 亦復如是 出現於世 如大雲起,
以大音聲 普遍世界 天人阿修羅 如彼大雲 遍覆三千大千國土, 於大衆中 而唱是言, '我是如來 應供 正遍知 明行足 善逝 世間解 無上士 調御丈夫 天人師 佛世尊, 未度者 令度, 未解者 令解, 未安者 令安, 未涅槃者 令得涅槃,
今世後世 如實知之.
我是 一切知者 一切見者, 知道者 開道者 說道者,
汝等天人 阿修羅衆 皆

금의 뜻 밝히는 것은 차례대로는 아니다.
17 첫째 ①은 장행의 셋째 밀운의 뜻을 밝히고, 겸해서 첫째 중의 세계와 토지의 뜻도(=첫째는 다시 ③에서도 밝힘) 밝혔다.
18 둘째 ②는 위 넷째의 비 내리는 비유의 뜻을 밝힌 것이다. 글에 둘이 있으니, 첫째는 법문[章門]을 표방하고, 둘째는 청수聽受하기를 권하는 것이다. 전자 중에 여섯이 있다. 이 부분은 첫째 열 가지 명호이다.
19 이는 둘째 네 가지 큰 서원[四弘誓]이다.
20 이는 셋째 삼세의 통달[三達]이다.
21 이는 넷째 한 마음에 3지智(=일체지·도종지·일체종지)를 구족했음이다.
22 이는 다섯째 오안五眼(을 구족했음)이다.

은 모두 법을 듣기 위해 여기로 와야 한다.'24라고 해서, ③ 그 때 무수 천만억 종류의 중생들이 붓다의 처소로 와서 법을 들으니,25 ④ 여래는 그 때 이 중생들의 모든 근기의 이·둔과 정진·해태함을 관찰하여26 ⑤ 그 능력을 따라 설법함이 갖가지로 한량없어, 모두 기뻐하고 좋은 이익을 얻게 해줌에,27 ⑥ 이 모든 중생들은 이 법을 듣고서 현세에는 안온하며 후세에는 선처에 태어나 도로써 낙을 받고 또한 법 듣게 되며, 법 듣고 나서 모든 장애를 떠나 모든 법 중에서 능력 따라 점점 도에 들게 되는 것은,28 마치 저 큰 구름이 일체에 비 내려서 초목과 총림 및 여러 약초들이 그 종성 대로 구족하게 적셔짐 입어 각각 생장하게 되는 것과 같은 것이다.

應到此 爲聽法故',
爾時 無數千萬 億種衆生 來至佛所 而聽法, 如來于時 觀是衆生 諸根利鈍 精進懈怠
隨其所堪 而爲說法 種種無量, 皆令歡喜 快得善利, 是諸衆生 聞是法已 現世安隱 後生善處 以道受樂 亦得聞法,
旣聞法已 離諸障礙 於諸法中 任力所能 漸得入道, 如彼大雲 雨於一切 卉木叢林 及諸藥草 如其種性 具足蒙潤 各得生長.

---

23 이는 여섯째 삼업 공히 지혜로 행함[三業共智慧行]이니, 도 아는 것은 의意불호(=불호不護는 이미 청정하므로 수호할 필요가 없다는 것)이고, 도 연다는 것은 신身불호이며, 도 설한다는 것은 구口불호이다.
24 이는 위의 둘째 청수하기를 권하는 것이다.
25 셋째 ③은 위 첫째의 산천의 비유의 뜻을 밝힌 것이다.
26 넷째 ④는 위 둘째의 초목의 비유의 뜻을 밝힌 것이다.
27 다섯째 ⑤는 위 다섯째의 비에 적시는 비유의 뜻을 밝힌 것이다.
28 여섯째 ⑥은 위 여섯째의 증장하는 비유의 뜻을 밝힌 것이고, 그 아래는 비유를 가져와서 여섯 가지 뜻과 합한 것이다.

(5)29 ① 여래가 설하는 법은 한 모습[一相]이고 한 맛[一味]이니,30 ② 소위 해탈상이고 이상離相이며 멸상滅相으로서 구경에 일체종지에 이르게 한다.31

③ 그 어떤 중생이 여래의 법을 듣고 수지 독송하고 설한 대로 수행해서 얻는 공덕은 스스로 깨달아 알지 못한다.32

④ 까닭이 무엇이겠는가? 오직 여래만이 이 중생의 종성·상·체·성품과,33 무슨

如來說法 一相一味,
所謂解脫相 離相滅相
究竟至於 一切種智.

其有衆生 聞如來法 若
持讀誦 如說修行 所得
功德 不自覺知.

所以者何? 唯有如來 知
此衆生 種相體性, 念何

---

29 이하는 둘째 무차별 비유의 뜻을 밝힌 것이다. 비유에 셋이 있었는데, 지금 해석에도 역시 셋이 있지만, 다만 차례대로는 아니다. ①은 '한 땅'과 '한 비'의 뜻을 쌍으로 밝혔고, ②는 그 뜻을 쌍으로 해석했으며, ③은 '여러 초목에는 각각 차별이 있음'의 뜻을 밝혔고, ④ 이하는 차별을 해석했으니, 여래는 능히 차별의 무차별을 아신다는 것이다.
30 '한 모습'이란 중생의 마음은 동일한 진여의 모습이므로 '하나의 땅'인 것이다. '한 맛'이란 일승의 법은 같이 하나의 이치[理]를 표현하므로 '한 비'인 것이다. 과거 하나의 실상에서 방편으로 열어 일곱 가지 모습(=칠방편)이 되었으니, 일승의 법에서 분별하여 말해 일곱 가지 가르침이 있었으나, 붓다께서는 구경에 끝내 한 모습과 한 맛으로 돌아간다는 것을 아신다.
31 중생심의 성품은 곧 성품의 공덕인 해탈(=해탈상)·원리遠離(=이상)·적멸寂滅(=멸상) 세 가지의 모습이다. 여래는 한 음[一音]으로 이 세 가지 법을 설하시니, 곧 세 가지 맛이다. 이 세 가지 모습이 경계의 연이 됨으로써 중도의 행이 생겨나, 끝내 일체지의 과를 얻게 되기 때문에 '구경에 일체종지에 이른다'고 말한 것이다.
32 글에 다섯이 있으니, 이는 첫째 중생은 알지 못한다는 것이다. '얻는 공덕은 스스로 깨달아 알지 못한다'는 것은 5인이 각각 가르침을 받으면서 한 맛의 무차별의 가르침임을 알지 못하고, 또한 7방편을 각각 이해하여 자기의 이해만이 진실이라고 집착하고 있음도 알지 못한다는 것을 밝힌 것이니, 이는 곧 방편도 알지 못하고 진실도 알지 못하는 것이다.
33 ④는 둘째 여래는 능히 아신다는 것이다. 간략히 수를 줄여 열 가지 경계를 들되 네 가지 뜻으로 합쳤으니, 4법·3법·2법·1법에 의해 아신다는 것이

일을 새기고 사유하며 닦는지, 어떻게 새기고 사유하며 닦는지, 어떤 법으로 새기고 사유하며 닦는지,34 어떤 법으로써 어떤 법을 얻는지를 알기 때문이다.35 중생이 갖가지 경지에 머무는 것을 오직 여래만이 여실하게 보고 환히 알아 걸림이 없으니,36 ⑤37 마치 저 초목 총림과 여

事 思何事 修何事, 云何念 云何思 云何修, 以何法念 以何法思 以何法修, 以何法 得何法. 衆生住於 種種之地 唯有如來 如實見之 明了無礙, 如彼卉木叢林 諸

....

다. 4법이라 함은 종성·상·체·성품을 말한다. '종성[種]'이란 3도道(=여기에서는 혹·업·고)가 3덕(=반야·해탈·법신)의 종성이라는 것이다. 모든 종성의 차별을 여래는 능히 아시니, 일체의 종성이 단지 하나의 종성(=불종성)일 뿐이어서 무차별임을 여래는 능히 아신다. 상·체·성품은 십법계와 십여시에 의해 해석하니, 만약 차별해 논한다면 곧 십법계의 상이지만, 만약 차별 없음을 논한다면 곧 하나의 불계佛界의 상이다. 체와 성품도 비례하여 그러하므로 알 수 있을 것이다.

34 다음 이 부분은 3법에 의해 능히 아시는 것이다. 3법이란 곧 3혜(=문·사·수혜)인데, 여기에 세 겹이 있으니, 첫째는 3혜의 경계[境], 둘째는 3혜의 자체[體], 셋째는 3혜의 인연이다. '무슨 일을 새기고 …'는 3혜의 작용을 밝힌 것이니, 새김(=새김이 문혜가 되는 이유에 대해 길장은 『의소』 제8권에서 "작의하여 경계를 지키는 것[作意守境]이 새김이므로 곧 문혜이다"라고 해석하고 있다)은 새기는 대상되는 일을 취하므로, 곧 3혜의 경계인 것이다. '어떻게 새기고 …'는 새김은 들은 법을 기록하는 것이므로 바로 새기는 지혜 자체이다. '어떤 법으로 새기고 …'는 3혜가 경계를 취하는 것은 법 듣는 것이 그 인연이고, 또 3혜의 경계[境]와 경계에 대한 지혜[境智]라는 인연이 화합하기 때문에 3혜가 있게 되는 것을 또한 인연이라고 이름한다. 이와 같은 삼승의 3혜에 대해 과거에 경계·자체·인연에 다름이 있다고 말한 것은 곧 차별이지만, 만약 원묘圓妙한 3혜에 든다면 곧 무차별이다.

35 이는 2법에 의해 능히 아시는 것이니, '어떤 법으로써'는 인이고, '어떤 법을 얻는지'는 과이다. 5승의 인이 각각 그 과를 얻는 것은 곧 차별이고, 중생의 여如와 붓다의 여가 하나의 여일 뿐, 두 가지 여가 없어서 오직 하나의 인과 하나의 과임은 곧 무차별이다.

36 이는 1법에 의해 능히 아시는 것이다. 7방편으로 일곱 가지 지위에 머물기 때문에 '갖가지 경지'라고 말했으니, 이는 곧 차별이고, 여래께서 여실한

러 약초 등은 스스로 상·중·하의 성품을 알지 못하지만, ⑥[38] 여래는 이들이 소위 해탈상·이상·멸상으로 구경 열반이고 항상 적멸한 모습이며 끝내 공으로 돌아가는, 한 모습이고 한 맛의 법임을 아는 것과 같다.

⑦[39] 붓다는 이를 알고서 중생 마음의 욕구를 관찰하여 이를 지켜주려고 그래서 곧 일체종지를 설하지는 않은 것이다.

(6)[40] 그대 가섭 등은 매우 희유해서 여래의 근기 따른 설법을 알 수 있어 신수信

藥草等 而不自知 上中下性, 如來知是 一相一味之法, 所謂解脫相 離相滅相 究竟涅槃 常寂滅相 終歸於空.

佛知是已 觀衆生心欲 而將護之 是故 不卽爲說 一切種智.

汝等迦葉 甚爲希有 能知如來 隨宜說法 能信

불안을 써서 보시니, 온갖 흐름이 바다로 들어가 본래의 맛을 잃는 것과 같음은 곧 무차별이다. 이러한 여러 가지 차별과 무차별을 여래는 능히 아시고, 차별이 곧 무차별이고 무차별이 곧 차별임도 여래는 또한 능히 아시는 것이다.

37 이는 셋째 비유를 들어 중생이 알지 못하는 뜻을 밝힌 것이다.
38 이는 넷째 앞을 따와 여래는 능히 아신다는 것을 맺어 해석하는 것이다. 분별하면 곧 하나 중의 무량無量이지만, 구경열반으로서 끝내 공으로 돌아감은 곧 무량 중의 하나이니, 이는 앞을 따와 거듭 무차별을 해석한 것이다.
39 이는 다섯째 중생의 의심을 풀어주는 것이다. 붓다께서 과거에 이미 시말始末이 모두 하나임을 아셨다면, 어째서 녹원에서 곧바로 진실을 설하지 않으셨는가에 대해 해석하는 것이다.
40 이하는 (장행 중의 둘째) 근본(=처음 (1)에서의 칭찬)으로 돌아가 칭찬해서 의심을 풀어주려는 것이다. 글에는 둘이 있으니, 앞 문장은 칭찬해 말씀하시는 것, 뒷 문장은 해석하시는 것이다. '매우 희유하다'고 하신 것은, 무위의 정위에서 능히 깨달음을 버리고 진실에 들어가는 것은 매우 희유한 것이 되기 때문이다.

受할 수 있었다. 어째서인가 하면 제불세존의 근기 따른 설법은 이해하기 어렵고 알기 어렵기 때문이다."

能受. 所以者何 諸佛世尊 隨宜說法 難解難知."

5.2
이 때 세존께서는 이 뜻을 거듭 펴시고자 게송으로 말씀하셨다.41

爾時 世尊 欲重宣此義 而說偈言.

① 존재 깨는 법왕이 세간에 출현하여
　중생 욕구 따라 갖가지로 설법하되

破有法王　出現世間
隨衆生欲　種種說法

② 여래 존귀하고 지혜는 심원하여
　요점 오래 침묵하고 설하지 않으니42

如來尊重　智慧深遠
久默斯要　不務速說

③ 지혜 있으면 듣고 신해할 수 있으나
　지혜 없으면 의심해 영원히 잃으므로

有智若聞　則能信解
無智疑悔　則爲永失

④ 그래서 가섭이여, 능력 따라 설하여
　갖가지 인연으로 정견 얻게 하였다

是故迦葉　隨力爲說
以種種緣　令得正見

....
41 게송에 54수반이 있어 위의 개현開顯(=개삼현일과 개권현실)을 노래했다. 그 중에 둘이 있으니, 처음 4수는 법설을 노래했고, 뒤의 50수반은 비설을 노래했다. 전자 중 첫 2행은 법왕의 허망하지 않음을 노래했다.
42 이상 1수반은 권·실 2교敎를 노래했고, 아래의 2수는 권·실 2지智를 노래했다.

⑤43 가섭이여 알라, 비유하면 큰 구름이	迦葉當知	譬如大雲
세상에서 일어나 일체를 두루 덮으면	起於世間	遍覆一切
⑥ 구름44은 윤기 머금고 번개가 빛나며	慧雲含潤	電光晃曜
뇌성이 멀리 울려 중생 기쁘게 하고	雷聲遠震	令衆悅豫
⑦ 햇빛을 가려서 땅 위는 서늘하며	日光掩蔽	地上清涼
뭉게뭉게 드리워 마치 손에 잡힐 듯	靉靆垂布	如可承攬
⑧ 그 비 사방에 널리 같이 모두 내려서	其雨普等	四方俱下
한량없이 흘러 온 땅 흠뻑 적시니45	流澍無量	率土充洽
⑨ 산천 협곡46 깊숙한 곳에서 생겨난	山川險谷	幽邃所生
초목과 약초47 크고 작은 여러 나무	卉木藥草	大小諸樹
⑩ 백곡의 모종과 감자 포도 등	百穀苗稼	甘蔗蒲萄
비의 적심 받아 풍족치 않음 없고	雨之所潤	無不豐足

....

43 이하 50수반의 비설을 노래한 글에 둘이 있다. 처음 10수반은 개비를 노래하고, 뒤의 ⑮의 제3행 이하 40수는 합비를 노래했다. 전자 중에 다시 둘이 있다. 처음 9수반은 차별의 비유를 노래하고, 뒤의 1수는 무차별의 비유를 노래했다. 전자 중 ⑦까지 3수는 셋째 구름의 비유를 노래한 것이다.
44 구름은 응신을 비유하는데, 응신은 지혜를 따라 행하므로 '혜운慧雲'이라고 하였다.
45 이 1수는 넷째의 비 내리는 비유를 노래했다.
46 이 1행은 첫째의 토지의 비유를 노래했다.
47 이상 2행은 둘째의 초목의 비유를 노래하고, 그 아래 ⑫의 제2행까지 2수 3행은 다섯째 비에 적시는 비유를 노래했다.

11	마른 땅 널리 젖어 약나무 무성하며	乾地普洽	藥木並茂
	그 구름에서 나온 한 맛의 물로	其雲所出	一味之水

12	초목과 총림이 분수 따라 적심 받아	草木叢林	隨分受潤
	일체의 상·중·하 등의 모든 나무는48	一切諸樹	上中下等

13	그 크기에 맞게 각각 생장하고	稱其大小	各得生長
	뿌리·줄기·가지·잎·꽃·열매의 빛깔은	根莖枝葉	華果光色

14	한 비를 받아 모두 광택 얻으니	一雨所及	皆得鮮澤
	그 체상과 성분과 크기 대로49	如其體相	性分大小

15	적셔짐은 하나로되 각각 무성하듯	所潤是一	而各滋茂
	붓다도 그러하여 세상에 출현함은50	佛亦如是	出現於世

16	큰 구름이 일체를 널리 덮음과 같다	譬如大雲	普覆一切
	세상에 나와서는 중생들 위해51	既出于世	爲諸衆生

| 17 | 모든 법의 진실을 분별해 연설하니 | 分別演說 | 諸法之實 |

---

48 이하 14의 제2행까지 2수는 여섯째 증장하는 비유를 노래했다.
49 이하 1수는 위의 무차별의 비유를 노래한 것이다.
50 이하 40수가 합비를 노래한 글에 둘이 있다. 처음 35수는 차별비의 뜻 밝힌 것을 노래하고, 뒤의 5수는 무차별비의 뜻 밝힌 것을 노래했다. 전자 중 이하의 첫 1수는 구름 비유의 뜻을 밝힌 것이다.
51 이하 24까지 8수반은 비내리는 비유의 뜻을 밝혔다. 그 중 19의 제2행까지 3수는 법문[章門] 중의 열 가지 명호를 간략히 노래한 것이다.

큰 성인인 세존은 모든 천·인의	大聖世尊	於諸天人
⑱ 일체의 대중에게 이렇게 말한다	一切衆中	而宣是言
나는 여래이고 양족존이라	我爲如來	兩足之尊
⑲ 세상에 나옴은 큰 구름과 같아	出于世間	猶如大雲
일체의 메마른 중생 흡족히 적셔52	充潤一切	枯槁衆生
⑳ 모두 괴로움 떠나 안온한 즐거움과	皆令離苦	得安隱樂
세간과 열반의 즐거움 얻게 하니	世間之樂	及涅槃樂
㉑ 모든 천·인들은 일심으로 잘 듣고53	諸天人衆	一心善聽
모두 여기 와서 무상존 보아라	皆應到此	覲無上尊
㉒ 나는 세존이라 능히 미칠 자 없어	我爲世尊	無能及者
중생 안온케 하려 세상에 나타나	安隱衆生	故現於世
㉓ 대중 위해 감로의 청정한 법 설하니	爲大衆說	甘露淨法
그 법은 한 맛이니 해탈과 열반이라	其法一味	解脫涅槃
㉔ 하나의 묘음으로 이 뜻 연설해서	以一妙音	演暢斯義
항상 대승 위해 인연 짓는다	常爲大乘	而作因緣

---

52 이하 ⑳까지 1수반은 위의 네 가지 큰 서원을 노래했다.
53 이하 ㉔까지 4수는 위의 청수하기를 권하는 것이다.

제5 약초유품 225

㉕ 나는 일체를 두루 다 평등히 보아⁵⁴　　我觀一切　普皆平等
　　피차에 사랑하고 미워하는 맘 없고　　無有彼此　愛憎之心

㉖ 나는 탐착 없고 한정해 막음도 없어　　我無貪著　亦無限礙
　　항상 일체 위해 평등하게 설법하여　　恒爲一切　平等說法

㉗ 한 사람 위하듯 여럿에도 그러하며　　如爲一人　衆多亦然
　　항상 법 연설하고 다른 일은 없으니　　常演說法　曾無他事

㉘ 가고 오고 앉고 섬에 끝내 지치잖고　　去來坐立　終不疲厭
　　세간 충족함은 비가 널리 적시듯이　　充足世間　如雨普潤

㉙ 귀함과 천함, 위와 아래, 지계와 훼계⁵⁵　　貴賤上下　持戒毁戒
　　위의 구족함과 구족하지 못함　　威儀具足　及不具足

㉚ 정견과 사견, 이근과 둔근에　　正見邪見　利根鈍根
　　평등히 법비 내리고 싫증냄 없으니　　等雨法雨　而無懈倦

㉛ 일체의 중생으로 내 법 들은 자는⁵⁶　　一切衆生　聞我法者
　　능력 따라 받아 여러 경지에 머문다　　隨力所受　住於諸地

---

54 이하 ㉘까지 4수는 산천 비유의 뜻을 노래했다.
55 이하 2수는 생겨난 초목과 총림의 비유의 뜻을 노래했다.
56 이하 ㊶까지 11수는 위의 적심 받는 비유의 뜻을 노래했다. 글에 셋이 있으니, 먼저 이하 1수는 적심 받는 것을 전체적으로 밝힌 것이다.

| 32 | 혹 사람, 천신, 전륜성왕, 제석천이나57 | 或處人天 | 轉輪聖王 |
| | 범천의 왕들에 처함은 작은 약초요 | 釋梵諸王 | 是小藥草 |

| 33 | 무루법 알아 열반 능히 증득하고58 | 知無漏法 | 能得涅槃 |
| | 육신통 일으키며 삼명 얻거나 | 起六神通 | 及得三明 |

| 34 | 홀로 산림에 처해 항상 선정 행하여 | 獨處山林 | 常行禪定 |
| | 연각을 증득함은 중간 약초이며 | 得緣覺證 | 是中藥草 |

| 35 | 세존의 지위 구해 성불하리라 하여59 | 求世尊處 | 我當作佛 |
| | 정진과 선정 행함은 상품의 약초요 | 行精進定 | 是上藥草 |

| 36 | 또 여러 불자들이 불도에 전념하여60 | 又諸佛子 | 專心佛道 |
| | 항상 자비 행하고 성불할 줄 알아 | 常行慈悲 | 自知作佛 |

| 37 | 결정코 의심 없음은 작은 나무라 하고 | 決定無疑 | 是名小樹 |
| | 신통에 안주하여 불퇴법륜 굴려서61 | 安住神通 | 轉不退輪 |

---

57 이하 38까지 7수는 적심 받는 것을 개별적으로 밝힌 것이다. 이 중에 다섯이 있다. 이하의 1수는, 첫째 인·천은 모두 번뇌를 끊지 못했으므로 합쳐서 소초小草가 된다는 것이다.
58 이하 2수는, 둘째 이승은 끊음과 깨달음을 함께 갖추고 있으므로 합쳐 중초中草가 된다는 것이다.
59 이 1수는 셋째 육바라밀을 밝힌 것이니, 성불을 구하고 남 교화함은 이승보다 뛰어나므로 홀로 상초上草가 된다는 것이다.
60 이하 1수반은 넷째 통교보살을 밝힌 것이다. 공통의 번뇌[通惑]를 이미 끊었지만, 서원으로 남은 습기를 도와서 존재에 들어 남을 교화하니, 아래를 바라보면 우월하나, 위에 비기면 열등하므로, 소수小樹라고 이름하였다.

38 한량없는 억백천의 중생들 건지는	度無量億　百千衆生
이런 보살은 큰 나무라 이름한다	如是菩薩　名爲大樹
39 붓다 평등한 설법 한 맛의 비 같지만62	佛平等說　如一味雨
중생 성품 따라 받는 것 같지 않음은	隨衆生性　所受不同
40 저 초목의 받음이 각각 다름과 같고	如彼草木　所稟各異
붓다 이런 비유로 방편 열어 보이고63	佛以此喩　方便開示
41 갖가지 언사로 한 법 연설했으나	種種言辭　演說一法
붓다 지혜에선 한 방울 바닷물 같다	於佛智慧　如海一滴
42 내가 법비 내려 세간을 충만하니64	我雨法雨　充滿世間
한 맛의 법에서 능력 따라 수행함은	一味之法　隨力修行
43 마치 저 총림 약초와 나무들이	如彼叢林　藥草諸樹

----

61 이하 1수반은 다섯째 별교보살을 밝힌 것이다. 자리와 이타가 높고 넓어서 뛰어나기 때문에 대수大樹라고 이름한다는 것이다.
62 이하 3수는 셋째 적시는 대상과 주체[所潤能潤]를 맺은 것이다. 여기에 둘이 있으니, 처음 1수반은 첫째 다시 비유를 들어 (적심받는 대상과) 결부시켜 해석했다. 일곱 가지 방편을 비록 밝혔지만, 이는 적은 부분에 불과해서 마치 바닷물 한 방울과 같다는 것이다.
63 이하 1수반은 둘째 능윤能潤의 불지佛智가 많은 것은 마치 바다와 같다는 것을 밝힌 것이다.
64 이하 50의 제2행까지 8수반은 증장 비유의 뜻을 노래했다. 이 글에 또 둘이 있다. 처음 2수는 증장을 전체적으로 노래한 것이고, 뒤의 44 이하 6수반은 증장을 개별적으로 노래한 것이다.

| | 그 크기 따라 자라고 무성함 같다 | 隨其大小 | 漸增茂好 |

44 모든 붓다의 법은 항상 한 맛으로65 　　諸佛之法　常以一味
　 모든 세간에서 널리 얻어 구족하고 　　　令諸世間　普得具足

45 점차 수행해 모두 도·과 얻게 하며 　　　漸次修行　皆得道果
　 성문과 연각이 산림에 처해66 　　　　　聲聞緣覺　處於山林

46 최후신에 머물러 법 듣고 과 얻음은 　　住最後身　聞法得果
　 약초가 각각 증장함이라 하고 　　　　是名藥草　各得增長

47 만약 여러 보살들이 지혜 견고하여67 　若諸菩薩　智慧堅固
　 삼계를 요달하고 최상승을 구함은 　　了達三界　求最上乘

48 작은 나무가 증장함이라 하며 　　　　是名小樹　而得增長
　 다시 선정에 머물러 신통력 얻고68 　　復有住禪　得神通力

49 제법의 공함 들어 크게 기뻐하며 　　　聞諸法空　心大歡喜
　 무수한 광명 놓고 중생들 건짐은 　　　放無數光　度諸衆生

50 큰 나무가 증장함이라 한다 　　　　　是名大樹　而得增長

---
65 이하 개별적 증장에 넷이 있다. 첫째 이하 1수반은 인천의 증장을 밝혔다.
66 이하의 1수반은 둘째 이승의 증장을 노래했다.
67 이하의 1수반은 셋째 통교보살의 증장을 노래했다.
68 이하의 2수는 넷째 별교보살의 증장을 노래했다.

이렇게 가섭이여, 붓다 말하는 법은69	如是迦葉	佛所說法

51 마치 큰 구름 같아 한 맛의 비로써 　　　譬如大雲　以一味雨
　　사람의 꽃 적셔 각각 열매 맺게 한다　　潤於人華　各得成實

52 가섭이여 알라, 여러 인연과 　　　　　迦葉當知　以諸因緣
　　갖가지 비유로써 불도 열어 보임은 　　種種譬喻　開示佛道

53 나의 방편으로, 제불 역시 그러하다 　是我方便　諸佛亦然
　　이제 그대들 위해 최고 진실 설하니 　今爲汝等　說最實事

54 모든 성문대중은 멸도한 것 아니고 　諸聲聞衆　皆非滅度
　　그대들 행하는 것이 보살의 도라 　　　汝等所行　是菩薩道

55 점점 닦고 배운다면 모두 성불하리라　漸漸修學　悉當成佛

----

69 이하 5수는 위의 무차별비의 뜻 밝힌 것을 노래했다. 이 글에 또 둘이 있으니, 51까지 1수반은 무차별의 차별을 노래하고, 그 아래의 3수반은 차별의 무차별을 노래한 것이다.

제6 수기품[1]   授記品 第六

6.1[2]

⑴ 그 때 세존께서는 이 게송을 말씀하 　爾時 世尊 說是偈已 告
시고 나서 여러 대중들에게 이렇게 선언 　諸大衆 唱如是言.
하셨다.

"①[3] 이 나의 제자 마하 가섭은 미래세 　"我此弟子 摩訶迦葉 於
에 삼백만억의 제불세존을 뵙고 공양하 　未來世 當得奉覲 三百
며 공경하고 존중하며 찬탄하고, 여러 붓 　萬億 諸佛世尊 供養恭
다들의 한량없는 큰 법을 널리 펴다가 　敬 尊重讚歎, 廣宣諸佛
최후의 몸에서 붓다를 이루어서, ② 명호 　無量大法 於最後身 得

---

1 범어로는 화가라和伽羅vyākaraṇa이고, 이 곳 말로는 수기授記이다. 수기는 또한 수기受記, 수결受決, 수별受莂이라고도 하니, 수授는 준다는 뜻이고, 수受는 받는다는 뜻이며, 기記는 일을 기록하는 것[記事]이고, 결決은 결정하는 것이며, 별莂은 요별하는 것이다. 중근의 사람은 법과 비유 이주二周의 개삼현일을 듣고 이해를 갖추고 여래께서는 인정하시니, 비록 스스로 성불할 것은 알았지만, 때와 일[時事]은 아직 알지 못했다. 만약 붓다의 진실한 말씀으로 미래의 과보 주심을 입어, 겁과 나라가 결정되고 멀고 가까움이 요별된다면 크게 기뻐할 것이다.
　지금은 붓다께서 주심을 쫓아 명칭을 얻었기 때문에 수기품授記品이라 이름하였다. 이 글은 비유설의 네 번째 단락인데, 위의 세 단락 모두 비유로 이를 설했으므로, 이 곳의 수기 역시 비유를 쓴다.
2 글에는 둘이 있다. 첫째는 바로 중근기에게 수기를 주시는 것이고, 둘째 6.2 ⑺의 [11] 이하 2수반의 게송은 하근기를 위해 숙세에 대한 말씀을 허락하시는 것이다. 전자에 또 둘이 있다. 먼저 6.1은 가섭에게 주시는 것이고, 다음 6.2는 3인(=목건련·수보리·가전연)에게 주시는 것인데, 모두 장행과 게송이 있다.
3 가섭에 대한 장행의 글 중에는 여섯이 있다. ①은 첫째 수행의 원인[行因]이고, ②는 둘째 과보 얻음이며, ③은 셋째 겁과 나라의 이름이다.

를 광명光明여래 응공 정변지 명행족 선서 세간해 무상사 조어장부 천인사 붓다 세존이라고 할 것이니, ③ 나라는 광덕光德이라고 이름하고, 겁은 대장엄大莊嚴이라고 이름할 것이다.

④4 붓다의 수명은 십이 소겁이고, ⑤ 정법이 세상에 머무는 것은 이십 소겁이며, 상법도 역시 이십 소겁 동안 머물 것인데, ⑥ 나라의 경계는 장엄하게 장식되어 여러 더러움과 기와 자갈 가시덤불 대소변의 부정함 없고, 그 땅은 평탄하여 높낮이와 구덩이나 언덕이 없으며, 유리가 땅이 되고 보배나무가 늘어서며 황금이 줄을 삼아 길가를 경계하고 여러 보배꽃 흩어 두루 청정할 것이다. 그 나라는 보살이 한량없는 천억이고, 성문대중들 역시 무수하며, 마사魔事가 없으리니, 비록 악마와 마군이 있더라도 모두 불법을 지킬 것이다."

(2) 이 때 세존께서는 이 뜻을 거듭 펴시고자 게송으로 말씀하셨다.

成爲佛, 名曰光明 如來 應供 正遍知 明行足 善逝 世間解 無上士 調御丈夫 天人師 佛 世尊, 國名光德, 劫名大莊嚴.
佛壽十二小劫, 正法住世 二十小劫, 像法亦住 二十小劫,
國界嚴飾 無諸穢惡 瓦礫荊棘 便利不淨, 其土平正 無有高下 坑坎堆阜, 琉璃爲地 寶樹行列 黃金爲繩 以界道側 散諸寶華 周遍淸淨.
其國菩薩 無量千億, 諸聲聞衆 亦復無數, 無有魔事,
雖有 魔及魔民 皆護佛法."

爾時 世尊 欲重宣此義 而說偈言.

---
4 ④는 넷째 수명이고, ⑤는 다섯째 정법·상법의 머무는 시간이며, ⑥은 여섯째 국토의 청정이다.

① 비구들에 고한다, 내 불안으로 　　　　告諸比丘　我以佛眼
　보니, 이 가섭은 미래세에 　　　　　　見是迦葉　於未來世

② 무수한 겁 지나 붓다 이룰 것이다 　　過無數劫　當得作佛
　미래세에 삼백만억의 　　　　　　　　而於來世　供養奉覲

③ 제불세존을 공양하고 받들어 뵈며 　三百萬億　諸佛世尊
　붓다의 지혜 위해 범행 청정히 닦아　爲佛智慧　淨修梵行

④ 최상의 양족존들 공양하고 나서 　　供養最上　二足尊已
　일체의 위없는 지혜 닦고 익혀 　　　修習一切　無上之慧

⑤ 최후의 몸에서 붓다 이루리라 　　　於最後身　得成爲佛
　그 국토는 청정해서 유리가 땅 되고　其土淸淨　琉璃爲地

⑥ 많은 보배나무들 길가에 늘어서며 　多諸寶樹　行列道側
　금줄이 길 경계해 보는 자 기뻐하고　金繩界道　見者歡喜

⑦ 항상 좋은 향기 내는 온갖 꽃 흩으며　常出好香　散衆名華
　갖가지 기묘함으로 장엄했는데 　　　種種奇妙　以爲莊嚴

⑧ 그 땅은 평탄해 언덕 구덩이 없으리　其地平正　無有丘坑
　보살 대중들은 헤아릴 수 없는데 　　諸菩薩衆　不可稱計

제6 수기품　233

9	그 마음 부드럽고 대신통 얻었으며	其心調柔　逮大神通
	제불의 대승경전 받들어 지녔고	奉持諸佛　大乘經典

10	무루의 최후신이며 법왕의 아들인	諸聲聞衆　無漏後身
	성문 대중들 역시 헤아릴 수 없어서	法王之子　亦不可計

11	천안으로도 헤아려 알 수 없으리라	乃以天眼　不能數知
	그 붓다의 수명은 십이 소겁이고	其佛當壽　十二小劫

12	정법의 세상 머묾은 이십 소겁이며	正法住世　二十小劫
	상법의 머묾 역시 이십 소겁이리니	像法亦住　二十小劫

| 13 | 광명 세존의 그 일은 이러하리라 | 光明世尊　其事如是 |

6.2[5]

(1) 이 때 대목건련과 수보리, 마하 가전연 등은 모두 다 두려워하여 일심으로 합장하고 존안을 우러러보면서 눈을 잠시도 떼지 못한 채 곧 함께 소리내어 게송으로 말하였다.

爾時　大目犍連　須菩提　摩訶迦栴延等　皆悉悚慄　一心合掌　瞻仰尊顔　目不暫捨　卽共同聲　而說偈言.

1	위대하고 용맹하며 석가족의	大雄猛世尊

---

5 세 제자에 대한 것에도 다시 둘이 있다. 처음 (1)은 수기를 청하는 것이고, 뒤의 (2) 이하는 수기 주시는 것이다.

	법왕이신 세존이시여	諸釋之法王
	저희들을 연민하시어	哀愍我等故
	붓다의 음성 내려주소서	而賜佛音聲

②7 만약 저희의 깊은 마음 아시어 若知我深心
   수기 주시는 것 보게 된다면   見爲授記者
   마치 감로 뿌려서 열 식혀   如以甘露灑
   청량함 얻은 듯할 것이고   除熱得淸涼

③ 마치 기근 든 나라에서 와서   如從饑國來
   홀연 대왕의 수라상 만났으나 忽遇大王膳
   미심쩍어 의구심 품어   心猶懷疑懼
   감히 곧 먹지 못하다가   未敢卽便食

④ 만약 다시 왕의 분부 받으면   若復得王敎
   그제야 먹을 수 있음과 같이   然後乃敢食
   저희들 역시 그와 같아8   我等亦如是
   매번 소승의 허물 생각하여   每惟小乘過

⑤ 어떻게 붓다의 위없는 지혜   不知當云何
   얻게 되는지 알지 못해서   得佛無上慧

---

6 이 1수는 바로 수기를 청하는 것이다.
7 이하 ④의 제2행까지 2수반은 비유를 전개하는 것이다.
8 이하 ⑥까지 2수반은 비유의 뜻을 밝히는 것이다.

|비록 붓다의 음성으로 저희들　　　　雖聞佛音聲
성불하리라는 말씀 들었어도　　　　　言我等作佛

⑥ 마음엔 오히려 근심과 두려움 품어　心尙懷憂懼
　감히 먹지 못함과 같으니　　　　　　如未敢便食
　만약 붓다의 수기 받는다면　　　　　若蒙佛授記
　마침내 편안하고 즐거우리다　　　　爾乃快安樂

⑦9 위대하고 용맹한 세존께서는　　　大雄猛世尊
　 항상 세간 안락코자 하시니　　　　常欲安世間
　 원컨대 저희 수기 주시어　　　　　願賜我等記
　 주린 자 분부 기다려 먹듯 하소서　如飢須敎食

(2)10 이 때 세존께서는 여러 대제자들이 마음으로 생각하는 바를 아시고 여러 비구들에게 이르셨다.

"① 이 수보리는 미래세에 삼백만억 나유타 붓다들을 받들어 뵙고 공양하며 공경하고 존중하며 찬탄하고 항상 범행을

爾時 世尊 知諸大弟子
心之所念 告諸比丘.

"是須菩提 於當來世 奉
覲三百萬憶 那由他佛
供養恭敬 尊重讚歎 常

---

9 이하 1수는 맺는 것이다.
10 * 이하 세 제자에 대해 수기 주시는 글의 분단에 대해서는 『문구』에 설명이 없지만, (2)와 (3)은 수보리, (4)와 (5)는 가전연, (6)과 (7)은 목건련에 대한 것이고, 그 중 앞은 장행, 뒤는 게송임을 쉽게 알 수 있다. 그리고 수기 주시는 장행의 글에는 가섭에 대한 글처럼 여섯 사항이 갖추어져 있으나, 그 순서는 같지 않다.

닦으며 보살도를 갖추어서 최후의 몸에서 붓다를 이루어, ② 명호를 명상<sub>名相</sub>여래 응공 정변지 명행족 선서 세간해 무상사 조어장부 천인사 붓다 세존이라고 할 것이니, ③ 겁은 유보有寶라고 이름하고, 나라는 보생寶生이라고 이름할 것이다.

④ 그 국토는 평탄하고 파리가 땅이 되며 보배나무로 장엄되고, 언덕이나 구덩이 모래 자갈 가시덤불 대소변의 더러움이 없으며, 보배꽃으로 땅을 덮고 두루 청정할 것이다. 그 국토의 인민은 모두 보대와 진귀한 누각에 살고, 성문 제자들은 한량없고 가이없어서 산수나 비유로 알 수 없으며, 보살 대중들은 무수 천만억의 나유타인데, ⑤ 붓다의 수명은 십이 소겁이고, ⑥ 정법이 세상에 머무는 것은 이십 소겁이며, 상법도 역시 이십 소겁 동안 머물 것인데, 그 붓다는 항상 허공에서 대중 위해 설법해서 한량없는 보살 및 성문 대중들을 도탈시킬 것이다."

(3) 이 때 세존께서는 거듭 이 뜻을 펴시고자 게송으로 말씀하셨다.

修梵行 具菩薩道 於最後身 得成爲佛, 號曰名相 如來 應供 正遍知 明行足 善逝 世間解 無上士 調御丈夫 天人師 佛 世尊, 劫名 有寶, 國名 寶生.
其土平正 頗梨爲地 寶樹莊嚴, 無諸丘坑 沙礫 荊棘 便利之穢, 寶華覆地 周遍淸淨.
其土人民 皆處寶臺 珍妙樓閣, 聲聞弟子 無量無邊 算數譬喩 所不能知, 諸菩薩衆 無數千萬億那由他, 佛壽 十二小劫, 正法住世 二十小劫, 像法亦住 二十小劫, 其佛 常處虛空 爲衆說法 度脫 無量菩薩 及聲聞衆."

爾時 世尊 欲重宣此義 而說偈言.

① 비구들이여, 이제 그대들에 고하니　　　　諸比丘衆　今告汝等
　　모두 일심으로 나의 말 들으라　　　　　　皆當一心　聽我所說

② 나의 큰 제자 수보리는 장차　　　　　　　我大弟子　須菩提者
　　성불하여 명호를 명상이라 하리라　　　　當得作佛　號曰名相

③ 수없는 만억의 붓다들 공양하고　　　　　當供無數　萬億諸佛
　　붓다의 행함 따라 점차 큰 도 갖추어　　　隨佛所行　漸具大道

④ 최후의 몸에서 삼십이상을 얻어　　　　　最後身得　三十二相
　　단정하고 아름답기 보배산 같으리라　　　端正姝妙　猶如寶山

⑤ 그 불국토는 엄정하기 으뜸이라　　　　　其佛國土　嚴淨第一
　　본 중생 중 사랑하지 않는 자 없는데　　　衆生見者　無不愛樂

⑥ 붓다 그 곳에서 무량 중생 건지리라　　　佛於其中　度無量衆
　　그 붓다의 법 중에는 보살들 많은데　　　其佛法中　多諸菩薩

⑦ 모두 다 이근으로 불퇴법륜 굴리니　　　　皆悉利根　轉不退輪
　　그 나라는 항상 보살들로 장엄되고　　　　彼國常以　菩薩莊嚴

⑧ 여러 성문 대중들 셀 수 없는데　　　　　諸聲聞衆　不可稱數
　　모두 삼명 얻고 육신통 갖추며　　　　　　皆得三明　具六神通

⑨ 팔해탈에 머물고 큰 위덕 있으리라　　住八解脫　有大威德
　 그 붓다가 설법하고 한량없는　　　　　其佛說法　現於無量

⑩ 신통변화와 불가사의 나투면　　　　　神通變化　不可思議
　 항하의 모래와 같은 천신과 인민들이　 諸天人民　數如恒沙

⑪ 함께 합장하고 붓다 말씀 들으리라　　皆共合掌　聽受佛語
　 그 붓다의 수명 십이 소겁이고　　　　其佛當壽　十二小劫

⑫ 정법의 세상 머묾은 이십 소겁이며　　正法住世　二十小劫
　 상법의 머묾 역시 이십 소겁이리라　　像法亦住　二十小劫

⑷ 그 때 세존께서는 다시 비구 대중들에게 이르셨다.　　爾時 世尊復告 諸比丘衆.

"내 이제 그대들에게 이르니, ① 이 대가전연은 미래세에 여러 공양거리로 팔천억의 붓다들을 공양하고 받들어 모시며 공경하고 존중하며, 붓다들의 멸도 후에는 높이가 천 유순이고 가로 세로가 꼭 같이 오백 유순이며 모두 금, 은, 유리, 차거, 마노, 진주, 매괴의 칠보로 합성된 탑묘를 각각 세우고, 온갖 꽃과 영락, 도향·말향·소향,11 비단일산과 당번　　"我今語汝, 是大迦旃延 於當來世 以諸供具 供養奉事 八千億佛 恭敬尊重, 諸佛滅後 各起塔廟 高千由旬 縱廣正等 五百由旬 皆以 金銀琉璃 車磲馬瑙 眞珠玫瑰 七寶合成, 衆華瓔珞 塗香末香燒香　繒蓋幢幡

---
11 '도향塗香'은 바르는 향, '말향末香'은 가루로 된 향, '소향燒香'은 바르는 것

들을 탑묘에 공양하며, 이 일이 지난 후에는 다시 이만억의 붓다들을 공양하기를 역시 이와 같이 하고, 이 모든 붓다들을 공양하고 나서 보살도를 갖추어, ② 붓다 이루어서 명호를 염부나제금광閻浮那提金光여래 응공 정변지 명행족 선서 세간해 무상사 조어장부 천인사 붓다 세존이라고 할 것이다.

③ 그 국토는 평탄하여 파리가 땅이 되고 보배나무로 장엄하며 황금줄로 길가를 경계지우고 오묘한 꽃으로 땅을 덮으니 두루 청정해서 보는 자가 기뻐하고, 지옥 아귀 축생 아수라도의 사악도가 없고, 천신과 인간들이 많이 있으며 성문 대중들과 보살들 한량없는 만억이 그 나라를 장엄할 것인데, ④ 붓다의 수명은 십이 소겁이고, ⑤ 정법이 세상에 머무는 것은 이십 소겁이며, 상법도 역시 이십 소겁 동안 머물 것이다."12

(5) 이 때 세존께서는 거듭 이 뜻을 펴시

供養塔廟, 過是已後 當復供養 二萬億佛 亦復如是, 供養 是諸佛已 具菩薩道, 當得作佛 號曰閻浮那提金光 如來 應供 正遍知 明行足 善逝 世間解 無上士 調御丈夫 天人師 佛 世尊. 其土平正 頗梨爲地 寶樹莊嚴 黃金爲繩 以界道側 妙華覆地 周遍淸淨 見者歡喜,

無四惡道 地獄餓鬼畜生 阿修羅道, 多有天人 諸聲聞衆 及諸菩薩 無量萬億 莊嚴其國, 佛壽十二小劫, 正法住世 二十小劫, 像法亦住 二十小劫."

爾時 世尊 欲重宣此義

이 아니라 태우는 향이라는 말인데, 이 경전에는 여러 곳에서 이 세 가지가 이렇게 묶여서 표현되고 있다.

12 * 가전연에 관한 글에는 나라와 겁의 이름이 없다.

고자 게송으로 말씀하셨다.　　　　　　　而說偈言.

① 비구들이여, 모두 일심으로 들으라　　　諸比丘衆　皆一心聽
　　나의 말은 진실과 다름이 없으니　　　　如我所說　眞實無異

② 이 가전연은 장차 갖가지　　　　　　　是迦栴延　當以種種
　　훌륭한 공양거리로 제불 공양하고　　　妙好供具　供養諸佛

③ 제불 멸도 후에는 칠보탑 세우며　　　　諸佛滅後　起七寶塔
　　또한 꽃과 향으로 사리에 공양하고　　　亦以華香　供養舍利

④ 그 최후의 몸에서 붓다 지혜 얻어　　　　其最後身　得佛智慧
　　등정각 이루는데 국토는 청정하고　　　成等正覺　國土淸淨

⑤ 한량없는 만억의 중생들 도탈해서　　　　度脫無量　萬億衆生
　　모두 시방에서 공양하는 바 되며　　　　皆爲十方　之所供養

⑥ 붓다의 광명은 이길 자 없으리라　　　　佛之光明　無能勝者
　　그 붓다의 명호 염부금광이라 하고　　　其佛號曰　閻浮金光

⑦ 일체의 존재 끊은 보살과 성문들　　　　菩薩聲聞　斷一切有
　　한량없고 수없이 그 나라 장엄하리라　　無量無數　莊嚴其國

(6) 그 때 세존께서는 다시 대중들에게　　　爾時 世尊 復告大衆.

이르셨다.

"내 이제 그대들에게 이르니, ① 이 대목건련은 장차 갖가지 공양거리로 팔천의 붓다들을 공양하고 공경하며 존중하고, 붓다들의 멸도 후에는 높이가 천 유순이고 가로 세로가 꼭 같이 오백 유순이며 모두 금·은·유리·차거·마노·진주·매괴의 칠보로 합성된 탑묘를 각각 세우고, 온갖 꽃과 영락, 도향·말향·소향, 비단일산과 당번들을 써서 공양하며, 이 일이 지난 후에는 다시 이백만억의 붓다들을 공양하기를 역시 이와 같이 하고, ② 붓다 이루어서 명호를 다마라발전단향多摩羅跋栴檀香13여래 응공 정변지 명행족 선서 세간해 무상사 조어장부 천인사 붓다 세존이라고 할 것이니, ③ 겁의 이름은 희만喜滿이라고 하고, 나라의 이름은 의요意樂라고 할 것이다.

④ 그 국토는 평탄하여 파리가 땅이 되고 보배나무로 장엄하며 진주꽃을 흩으니 두루 청정해서 보는 자가 기뻐하고, 천신과 인간들이 많이 있고 보살과 성문은 그 수가 한량없을 것인데, ⑤ 붓다의

"我今語汝, 是大目犍連 當以 種種供具 供養八千諸佛 恭敬尊重, 諸佛滅後 各起塔廟 高千由旬 縱廣正等 五百由旬 皆以 金銀琉璃 車䃭馬瑙 眞珠玫瑰 七寶合成, 衆華瓔珞 塗香末香燒香 繒蓋幢幡 以用供養, 過是已後 當復供養 二百萬億諸佛 亦復如是, 當得成佛 號曰 多摩羅跋栴檀香 如來 應供 正遍知 明行足 善逝 世間解 無上士 調御丈夫 天人師 佛 世尊, 劫名 喜滿, 國名 意樂.
其土平正 頗梨爲地 寶樹莊嚴 散眞珠華 周遍淸淨 見者歡喜,
多諸天人 菩薩聲聞 其數無量, 佛壽 二十四小

---

13 * 다마라발은 향나무의 일종인 'tamālapattra'의 음역어이다.

수명은 이십사 소겁이고, ⑥ 정법이 세상에 머무는 것은 사십 소겁이며, 상법도 역시 사십 소겁 동안 머물 것이다."

劫, 正法住世 四十小劫, 像法亦住 四十小劫."

(7) 이 때 세존께서는 거듭 이 뜻을 펴시고자 게송으로 말씀하셨다.

爾時 世尊 欲重宣此義 而說偈言.

① 나의 이 제자 대목건련은
　이 몸 버리고 나서 팔천

我此弟子 大目犍連
捨是身已 得見八千

② 이백만억의 제불세존을 뵙고
　불도를 위해 공양하고 공경하며

二百萬億 諸佛世尊
爲佛道故 供養恭敬

③ 모든 붓다 처소에서 항상 범행 닦고
　한량없는 겁에 불법 받들어 지니며

於諸佛所 常修梵行
於無量劫 奉持佛法

④ 붓다들 멸도 후엔 칠보탑 세우고
　긴 금표찰과 꽃, 향, 음악으로

諸佛滅後 起七寶塔
長表金刹 華香伎樂

⑤ 모든 붓다들의 탑묘에 공양하며
　점점 보살도를 구족하고 나서

而以供養 諸佛塔廟
漸漸具足 菩薩道已

⑥ 의요국에서 붓다 이루어
　명호를 다마라발전단향이라 하리라

於意樂國 而得作佛
號多摩羅 栴檀之香

|7| 그 붓다의 수명은 이십사 소겁으로 　　其佛壽命　二十四劫
　　　항상 천·인 위해 불도 연설하니 　　　常爲天人　演說佛道

|8| 항하의 모래 같이 한량없는 성문들 　　聲聞無量　如恒河沙
　　　삼명과 육신통에 큰 위덕 갖추고 　　　三明六通　有大威德

|9| 뜻 견고한 무수한 보살들 정진하여 　　菩薩無數　志固精進
　　　붓다의 지혜에서 모두 퇴전 않으리 　　於佛智慧　皆不退轉

|10| 붓다의 멸도 후 정법이 머묾은 　　　佛滅度後　正法當住
　　　사십 소겁에 상법도 역시 그러하리라 　四十小劫　像法亦爾

|11|14 나의 제자들로서 위덕 구족한 　　　我諸弟子　威德具足
　　　그 오백 명에게 모두 수기 주리니 　　其數五百　皆當授記

|12| 미래세에 모두 붓다 이루리라 　　　　於未來世　咸得成佛
　　　나와 그대들의 숙세의 인연을 　　　　我及汝等　宿世因緣

|13| 내 이제 설하리니 그대들 잘 들으라 　吾今當說　汝等善聽

----

14 이하는 이 품의 큰 글 둘 중의 둘째, 하근기를 위해 숙세에 대한 말씀을 허락하시는 것이다. 이 사람(=하근기)들은 이미 법과 비유를 들었고, 상근과 중근이 수기 받는 것을 보았으면서도 여전히 의심하고 알지 못하여 깊이 부끄러움을 일으켰으므로, 그들을 증진시키고자 먼저 전체적으로 수기를 주고 다시 숙세의 인연 설하기를 허락하신 것이다.

제7 화성유품[1]　　　　　　　　化城喩品 第七

7.1[2]

(1) 붓다께서 비구들에게 말씀하셨다.

"㈎ 지난 과거 한량없고 가이없으며 불가사의한 아승기 겁 그 때에 명호를 대통지승大通智勝[3]여래 응공 정변지 명행족 선서 세간해 무상사 조어장부 천인사 붓다 세존이라고 하는 붓다가 계셨으니, 그 나라의 이름은 호성好成이었고, 겁의 이

"佛告 諸比丘.

"乃往過去 無量無邊 不可思議 阿僧祇劫 爾時 有佛 名大通智勝 如來 應供 正遍知 明行足 善逝 世間解 無上士 調御丈夫 天人師 佛世尊,

---

1 '화化'는 신통력으로 하는 것이다. 신통력 때문에 없는 것을 있게 할 수 있으므로 '화'라고 이름한다. 적을 방어하는 것을 일컬어 '성城'이라고 한다. 안으로 이승의 열반에 합하는 것은 권지權智의 하는 일이다. 권지의 힘 때문에 없는 것에서 있음을 말해 가르침[敎]을 써서 '화'로 삼고, 견혹과 사혹을 방어하는 것을 이름하여 열반(='성')이라고 한다. 쉬게 하고 나서[蘇息] 이끌어 들이므로[引入] 실제로는 아직 구경이 아니지만 멸도라고 말했으니, 방편으로 시설한 것이기 때문에 '화성'이라고 말한 것이다.

　이 분단의 3품(=제7~9품)의 경문은 앞의 예에 의하면 넷(=정설·이해·인정·수기)이 되어야 할 것인데, 이해와 인정의 둘은 모두 수기의 단락 가운데 있다. 어째서인가? 만약 이해하지 못했다면, 어찌 수기와 인정이 있겠는가. 그러므로 두 가지 뜻을 겸한 것이다. 그래서 이 품에서 바로 인연을 설하고, 뒤의 2품에서 수기한 것이다.
2 인연을 설한 이 품의 글에 둘이 있다. 첫째 7.1은 구원久遠의 일 알고 보는 것을 밝힌 것이고, 둘째 7.2 이하는 숙세의 결연結緣(=인연 맺음)을 밝힌 것이다. 그리고 이 둘에 각각 장행과 게송이 있다. 첫째의 장행에는 셋이 있다. 첫째 ⑴의 ㈎는 보인 일을 낸 것[出所見事]이고, 둘째 ㈏는 비유를 들어 구원함을 밝혔으며, 셋째 ㈐는 옛 일을 봄이 지금과 같다고 맺은 것이다.
3 * 범본에 이 여래의 명호는, '대大'라는 뜻의 'mahā', '통지通智'라는 뜻의 'abhijñāna', '승勝'이라는 뜻의 'abhibhu'가 합성된 'Mahābhijñānābhibhu'라고 되어 있다.

름은 대상大相이었다.

여러 비구들이여, 그 붓다께서 멸도하신지 매우 오래되었으니,

(나) 비유하면 삼천대천세계의 모든 땅[地種]4을 가령 어떤 사람이 갈아서 먹으로 만들어 동방으로 일천 국토를 지나서 크기가 미진 만한 하나의 점을 떨구고, 또 일천 국토를 지나 다시 하나의 점을 떨구며 이렇게 전전해서 땅으로 만든 먹이 다한다면, 그대들의 생각에는 어떤가? 이 모든 국토를 수학자나 수학자의 제자가 끝을 파악하여 그 수를 알겠는가?"

"그렇지 않습니다, 세존이시여."

"여러 비구들이여, 이 사람이 점을 떨구었건 떨구지 않았건 지나간 국토를 모두 갈아 티끌 만들어서 하나의 티끌을 한 겁으로 한다면, 저 붓다께서 멸도하신지는 다시 이 수를 지나 한량없고 가이없는 백천만억의 아승기 겁이니,

(다) 나는 여래의 지견의 힘으로 그 구원久遠함을 마치 오늘인 듯 관찰한다."

(2) 이 때 세존께서는 이 뜻을 거듭 펴시

其國名 好成, 劫名 大相.
諸比丘, 彼佛 滅度已來
甚大久遠,
譬如 三千大千世界 所
有地種 假使有人 磨以
爲墨 過於東方 千國土
乃下一點 大如微塵, 又
過千國土 復下一點 如
是展轉 盡地種墨, 於汝
等意云何? 是諸國土 若
算師 若算師弟子 能得
邊際 知其數不?"
"不也, 世尊."
"諸比丘, 是人 所經國
土 若點不點 盡末爲塵
一塵一劫,
彼佛 滅度已來 復過是
數 無量無邊 百千萬億
阿僧祇劫,
我以如來 知見力故 觀
彼久遠 猶若今日."

爾時 世尊 欲重宣此義

---
4 * 한역문의 '지종'은 지·수·화·풍의 사대종 중 지대를 가리키는 말이다.

고자 게송으로 말씀하셨다. 而說偈言.

1. 내 과거세 기억하니 　　　　　　　我念過去世
　 한량없고 가이없는 겁에 　　　　　無量無邊劫
　 양족존이신 붓다 계셔 　　　　　　有佛兩足尊
　 명호를 대통지승이라 하셨다 　　　名大通智勝

2. 마치 사람이 삼천대천의 국토를 　　如人以力磨
　 힘으로써 갈아 　　　　　　　　　三千大千土
　 이 모든 땅을 　　　　　　　　　盡此諸地種
　 모두 다 먹으로 만들어서 　　　　皆悉以爲墨

3. 천 국토를 지나서 　　　　　　　過於千國土
　 하나의 티끌 만한 점을 떨구고 　　乃下一塵點
　 이렇게 전전해서 점 떨구어 　　　如是展轉點
　 이 모든 티끌의 먹을 다하고 　　　盡此諸塵墨

4. 이러한 모든 국토를 　　　　　　　如是諸國土
　 점 떨구었건 점 떨구지 않았건 같이 點與不點等
　 다시 갈아 티끌 만들어서 　　　　復盡末爲塵
　 하나의 티끌을 한 겁으로 한다 해도 一塵爲一劫

5. 이 모든 미진의 수 　　　　　　　此諸微塵數
　 이것을 그 겁은 다시 초과하니 　　其劫復過是

제7 화성유품　247

| 저 붓다 멸도하신 지는 | 彼佛滅度來 |
| 이렇게 한량없는 겁이다 | 如是無量劫 |

⑥ 여래는 걸림없는 지혜로　　　如來無礙智
　　저 붓다께서 멸도하심과　　　知彼佛滅度
　　성문과 보살들을 알기를　　　及聲聞菩薩
　　마치 지금 멸도 보는 듯하니　　如見今滅度

⑦ 여러 비구들이여, 알라　　　諸比丘當知
　　붓다의 지혜 청정하고 미묘하며　佛智淨微妙
　　루 없고 걸림 없어　　　　　　無漏無所礙
　　한량없는 겁 통달한다는 것을　通達無量劫

7.2[5]

(1) 붓다께서 비구들에게 말씀하셨다.　佛告 諸比丘.

"① 대통지승붓다의 수명은 오백사십만억 나유타 겁이었다.　"大通智勝佛壽　五百四十萬億 那由他劫.

②[6] 그 붓다께서 본래 도량에 앉으셔 마군을 깨뜨리시고 나서 거의 아뇩다라　其佛 本坐道場 破魔軍已　垂得阿耨多羅三藐

---

[5] 이하 인연 맺음을 밝힌 글에 둘이 있다. 첫째 7.4까지는 결연의 연유이고, 둘째 7.5 이하는 바로 인연 맺는 것이다. 전자 중에 다시 둘이 있으니, 첫째는 먼 연유, 둘째 7.4는 가까운 연유이다. 전자에 다시 둘이 있으니, 첫째 7.2는 대통지승불의 성도이고, 둘째 7.3은 시방의 범천이 청법하는 것이다. 전자에는 다섯이 있다. 처음 ⑴의 ①은 붓다 수명의 길이이다.

[6] 이하는 둘째 성불하시기 전의 일이다. 글에 둘이 있으니, 첫째 ②는 도량에 앉아서 지난 시절이고, 둘째 ③은 제천이 공양한 것이다.

삼먁삼보리를 얻기에 이르렀으나, 모든 붓다의 법은 현전하지 아니하여, 이렇게 일 소겁에서 나아가 십 소겁에 이르도록 결가부좌해 신심 부동하였지만, 모든 붓다의 법은 여전히 현전하지 않았다.

③ 이 때 도리천의 천신들은 먼저 저 붓다 위해 보리수 밑에 높이가 일 유순인 사자좌를 깔아 놓았으니, 붓다께서 이 자리에서 아뇩다라삼먁삼보리를 얻으십사 한 것이었다. 마침 이 자리에 앉으시니 그 때 여러 범천왕은 온갖 하늘꽃을 비내려 백 유순에 쌓였는데 향바람 그 때 불어 시든 꽃 날려보내도 다시 새 꽃을 비내려서, 이렇게 끊이지 않기를 만 십 소겁 동안 붓다께 공양하고, 나아가 멸도하실 때까지 항상 이 꽃 비내렸으며, 사천왕천의 천신들은 붓다 공양하기 위해 항상 하늘북을 쳤고, 그 나머지 천신들은 하늘 음악 연주하여 십 소겁을 채우고, 나아가 멸도하실 때까지도 역시 이러하였다.

(2)7 ① 여러 비구들이여, 대통지승붓다께

三菩提, 而諸佛法 不現在前, 如是一小劫 乃至十小劫 結加趺坐 身心不動, 而諸佛法 猶不在前.
爾時 忉利諸天 先爲彼佛 於菩提樹下 敷師子座 高一由旬, 佛於此座 當得阿耨多羅三藐三菩提. 適坐此座,
時諸梵天王 雨衆天華 面百由旬 香風時來 吹去萎華 更雨新者,
如是不絶 滿十小劫 供養於佛, 乃至滅度 常雨此華,
四王諸天 爲供養佛 常擊天鼓, 其餘諸天 作天伎樂 滿十小劫,
至于滅度 亦復如是.

諸比丘, 大通智勝佛 過

---
7 셋째 (2)의 ①은 바로 성도하신 것을 밝혔고, 넷째 ②는 성도 후 권속들이

제7 화성유품 249

서는 십 소겁이 지나 마침내 모든 붓다의 법이 현전하여 아뇩다라삼먁삼보리를 이루셨다.

② 그 붓다 출가하시기 전에 열여섯 아들을 두었는데, 그 첫째는 이름을 지적 智積이라고 하였다. 아들들은 각각 갖가지 진귀한 놀이감을 가졌지만, 아버지가 아뇩다라삼먁삼보리 이루셨다는 것을 듣자 모두 버리고 붓다의 처소 찾아가니, 여러 어머니들 울면서 따라 전송하였다.

그 조부인 전륜성왕은 일백의 대신들 및 나머지 백천만억의 인민들과 더불어 모두 함께 둘러싸고 도량에 이르러 모두 대통지승여래를 친근하고자 공양하고 공경하며 존중하고 찬탄하였고, 도착하고 나서는 발에 엎드려 예배하고 붓다 돌기를 마치고 나서 일심으로 합장하고 세존을 우러러보면서 게송으로 말하였다.

1️⃣ 큰 위덕의 세존께서는
　　중생들 건지시기 위하여
　　한량없는 억 겁만에
　　마침내 붓다 이루시어

공양한 것을 밝혔다.

十小劫 諸佛之法 乃現在前 成阿耨多羅三藐三菩提.
其佛 未出家時 有十六子, 其第一者 名曰智積. 諸子各有 種種珍異 玩好之具, 聞父得成 阿耨多羅三藐三菩提 皆捨所珍 往詣佛所, 諸母涕泣 而隨送之.
其祖 轉輪聖王 與一百大臣 及餘 百千萬億人民 皆共圍繞 隨至道場 咸欲親近 大通智勝如來 供養恭敬 尊重讚歎, 到已 頭面禮足 繞佛畢已 一心合掌 瞻仰世尊 以偈頌曰.

大威德世尊
爲度衆生故
於無量億劫
爾乃得成佛

② 모든 서원 이미 구족하셨으니　　　　諸願已具足
　　좋구나, 위없는 길상입니다　　　　　善哉吉無上
　　세존께서는 매우 희유하셔　　　　　世尊甚希有
　　한 번 앉아 십 소겁 동안　　　　　　一坐十小劫

③ 신체와 손과 발을　　　　　　　　　　身體及手足
　　고요히 안정해 움직이지 않으시고　　靜然安不動
　　그 마음 항상 담박하여　　　　　　　其心常憺怕
　　산란이란 없으셨으니　　　　　　　　未曾有散亂

④ 구경에 영원히 적멸하여　　　　　　　究竟永寂滅
　　무루법에 안주하셨습니다　　　　　　安住無漏法
　　오늘 세존께서　　　　　　　　　　　今者見世尊
　　안온하게 불도 이루심을 뵙고　　　　安隱成佛道

⑤ 저희들은 좋은 이익 얻었으니　　　　我等得善利
　　경축하고 크게 기뻐합니다　　　　　稱慶大歡喜
　　중생들 항상 괴로움으로 고뇌하고　　衆生常苦惱
　　눈 멀어 어두운데 도사 없어서　　　盲瞑無導師

⑥ 괴로움 다하는 도 알지 못하고　　　　不識苦盡道
　　벗어나기 구할 줄 몰라　　　　　　　不知求解脫
　　오랜 밤 동안 악취는 늘리고　　　　長夜增惡趣
　　천신 대중들은 줄였습니다　　　　　減損諸天衆

7	어둠에서 어둠으로 들어가	從冥入於冥
	길이 붓다의 이름 듣지 못하더니	永不聞佛名
	이제 붓다께서 최상의	今佛得最上
	안온한 무루의 도 얻으시니	安隱無漏道

8	저희들과 천신 인간들	我等及天人
	최대의 이익 얻어	爲得最大利
	그래서 모두 머리 숙여 절하고	是故咸稽首
	위없는 세존께 귀의합니다	歸命無上尊

(3)8 그 때 열여섯 왕자들은 게송으로 붓다를 찬탄하고 나서 세존께 법륜 굴리시기를 청하여 모두, '세존이시여, 법 설해 주소서. 천신과 인민들 안온케 함 많으리니, 연민하시어 요익하소서.'라고 말하고, 거듭 게송으로 말하였다.

爾時 十六王子 偈讚佛已 勸請世尊 轉於法輪 咸作是言, '世尊, 說法. 多所安隱, 憐愍饒益 諸天人民', 重說偈言.

1	세상의 영웅 짝할 이 없어	世雄無等倫
	백복으로 스스로 장엄하고	百福自莊嚴
	위없는 지혜 얻으셨으니	得無上智慧
	세간 위해 말씀하시어	願爲世間說

| 2 | 저희들 및 여러 중생의 무리 | 度脫於我等 |

---

8 (3)은 다섯째 법륜 굴리시기 청한 것을 밝혔다.

도탈시켜 주시고	及諸衆生類
분별해 드러내 보이시어	爲分別顯示
이 지혜 얻게 해 주소서	令得是智慧

③ 만약 저희들 붓다 된다면   若我等得佛
   중생들 역시 그러할 것입니다   衆生亦復然
   세존께선 중생들이 깊은 마음으로   世尊知衆生
   생각하는 것 아시고   深心之所念

④ 또한 행할 도 아시며   亦知所行道
   또 지혜의 힘과   又知智慧力
   욕구와 즐김 및 닦은 복과   欲樂及修福
   전생에 행한 업 아시니   宿命所行業

⑤ 모두 다 아신 세존께서   世尊悉知已
   위없는 법륜 굴리셔야 합니다"   當轉無上輪"

7.3[9]

(1) 붓다께서 비구들에게 말씀하셨다.   佛告 諸比丘.
"대통지승붓다께서 아뇩다라삼먁삼보리를 얻으셨을 때 시방의 각각 오백만억 모든 붓다세계가 여섯 가지로 진동하였   "大通智勝佛 得阿耨多羅三藐三菩提時 十方 各 五百萬億 諸佛世界

---

9 이하 둘째 여러 범천의 청하는 글에는 둘이 있다. 첫째 (1)은 위광이 비추고 진동한 것이고, 둘째 (2) 이하는 시방의 범천이 청하는 것이다.

고, 그 나라들의 중간에 해와 달의 광명이 비추지 못하는 어두운 곳까지 모두 크게 밝아졌다.10

그러자 그 안의 중생들은 각각 서로 보게 되어 모두가, '여기에 어찌 홀연 중생이 생겼는가?'라고 말하였고, 또 그 나라의 천신들의 궁전 내지 범천의 궁전까지 여섯 가지로 진동하고, 큰 광명이 널리 비쳐 세계에 두루 가득해서 다른 천신들의 광명보다 뛰어났다.

六種震動, 其國中間 幽冥之處 日月威光 所不能照 而皆大明.
其中衆生 各得相見 咸作是言 '此中云何 忽生衆生?', 又其國界 諸天宮殿 乃至梵宮 六種震動, 大光普照 遍滿世界 勝諸天光.

(2)11 이 때 동방 오백만억의 여러 국토에 있는 범천의 궁전에 광명이 비쳐 평소보다 배나 밝으므로 여러 범천왕들은 각각 생각하기를, '지금 궁전의 광명은 과거에 없던 것인데, 무슨 인연으로 이 모습이

爾時 東方 五百萬億 諸國土中 梵天宮殿 光明照曜 倍於常明 諸梵天王 各作是念, '今者 宮殿光明 昔所未有, 以何

---

10 두 산은 이제(=공·가제)이고, 그 중간은 중도이다. 일월의 광명은 이제에 대한 지혜이고, 붓다의 광명은 중도 무분별지이니, 빛이 본유本有의 삼제(=공·가·중제)를 비추어 환히 밝아진 것이다.
11 이하 둘째 시방 범천(의 청함)의 글에 둘이 있다. 먼저 아홉 방위이고, 뒤의 (6)은 상방이다. 전자 중에는 다시 넷이 있다. 첫째 (2)는 동방, 둘째 (3)은 동남방, 셋째 (4)는 남방, 넷째 (5)는 나머지 여섯 방위이다. 앞의 3방의 범천의 글에는 각각 일곱이 있으니, 첫째는 상서를 보는 것, 둘째는 놀라는 것, 셋째는 서로 묻는 것, 넷째는 광명을 찾아 붓다를 뵙는 것, 다섯째는 삼업으로 공양하는 것, 여섯째는 청법하는 것, 일곱째는 침묵으로 허락하시는 것이다. 상방의 범천의 글은 여섯으로 그치니, 곧 설하셨으므로 침묵으로 허락하심이 없다.

나타났을까?'라고 하였다.

 이 때 여러 범천왕들은 서로 찾아가 이 일을 함께 상의했는데, 그 때 그 대중들 중 구일체救一切라는 이름의 한 대범천왕이 범중들에게 게송으로 말하였다.

1 우리들의 여러 궁전의
  광명은 과거에 없던 것이니
  이것은 무슨 인연 때문인지
  각각 함께 알아 보아야 하리

2 큰 덕의 천신이 태어나서인가
  붓다께서 세간에 출현하셔서
  이 큰 광명이
  시방을 두루 비추는 것인가

 그 때 오백만억 국토의 여러 범천왕들은 궁전과 함께 각각 옷바구니에 여러 하늘꽃 가득 채우고서 함께 서방으로 가면서 이 모습을 찾다가, 대통지승여래께서 도량에 계셔 보리수 아래의 사자좌에 앉으셨는데, 여러 천신, 용왕, 건달바, 긴나라, 마후라가, 인비인 등이 공경하면서 둘러싸고 있는 것을 보았고, 그리고 열여

因緣 而現此相?'.
是時 諸梵天王 卽各相詣 共議此事, 時彼衆中有一大梵天王 名救一切 爲諸梵衆 而說偈言.

我等諸宮殿
光明昔未有
此是何因緣
宜各共求之

爲大德天生
爲佛出世間
而此大光明
遍照於十方

爾時 五百萬億國土 諸梵天王 與宮殿俱 各以衣裓 盛諸天華 共詣西方 推尋是相, 見大通智勝如來 處于道場 菩提樹下 坐師子座, 諸天龍王 乾闥婆緊那羅 摩睺羅伽 人非人等 恭敬圍

섯 왕자가 붓다께 법륜 굴리시기 청하는 것을 보았다.

즉시 여러 범천왕들은 엎드려 붓다께 예배하고 백천 바퀴를 돈 다음 곧 하늘 꽃을 붓다 위에 뿌리니 그 뿌려진 꽃이 수미산과 같았고, 아울러 붓다의 보리수에 공양하는데 그 보리수는 높이가 십 유순이었으며, 꽃을 공양하고 나서 각각 궁전을 저 붓다께 받들어 올리며 말하였다. '오직 연민만 보시어 저희 요익토록 봉헌한 궁전 받아 주십시오.'

그 때 범천왕들은 붓다 앞에서 일심으로 같이 소리내어 게송으로 말하였다.

1. 세존께서는 매우 희유하셔
   만나 뵙기 어려우나
   한량없는 공덕 갖추시어
   능히 일체 구호하시고

2. 천신과 인간의 큰 스승으로
   세간 불쌍히 여기시니
   시방의 모든 중생들
   널리 모두 이익 입습니다

繞, 及見 十六王子 請佛轉法輪.
卽時 諸梵天王 頭面禮佛 繞百千匝 卽以天華 而散佛上 其所散華 如須彌山, 幷以供養 佛菩提樹 其菩提樹 高十由旬, 華供養已 各以宮殿 奉上彼佛 而作是言.
'唯見哀愍 饒益我等 所獻宮殿 願垂納受'.
時諸梵天王 卽於佛前 一心同聲 以偈頌曰.

世尊甚希有
難可得值遇
具無量功德
能救護一切

天人之大師
哀愍於世間
十方諸衆生
普皆蒙饒益

③ 저희들이 쫓아서 온   　　　　我等所從來
　오백만억의 나라에서　　　　　五百萬億國
　깊은 선정의 즐거움 버렸음은　捨深禪定樂
　붓다 공양키 위함이라　　　　　爲供養佛故

④ 저희들 전생의 복으로　　　　我等先世福
　매우 장엄하게 장식된 궁전　　宮殿甚嚴飾
　이제 붓다께 봉헌하니　　　　　今以奉世尊
　부디 받아 주소서　　　　　　　唯願哀納受

　그 때 범천왕들은 게송으로 붓다를 찬탄하고서 각각 이렇게 말하였다. '오직 세존께서 법륜 굴리시어 중생들 도탈케 하고 열반의 도 여시기만 원하나이다.'
　이 때 범천왕들은 한 마음으로 같이 소리내어 게송으로 말하였다.

爾時 諸梵天王 偈讚佛已 各作是言. '唯願世尊 轉於法輪 度脫衆生 開涅槃道.'
時 諸梵天王 一心同聲 而說偈言.

　　세상의 영웅 양족존이시여　　世雄兩足尊
　　오직 법 연설하시어　　　　　唯願演說法
　　큰 자비의 힘으로 고뇌하는　　以大慈悲力
　　중생들 건져주시기 바라나이다　度苦惱衆生

　그 때 대통지승여래께서는 침묵으로 이를 허락하였다.

爾時 大通智勝如來 黙然許之.

(3) 또 비구들이여, 동남방 오백만억 국토의 대범천왕들은 각자 궁전에 과거에 없던 광명이 비치는 것을 보고, 뛰어오를듯이 기뻐하면서 희유심을 내고, 각각 서로 찾아가 이 일을 함께 상의했는데, 그 때 그 대중들 중 대비大悲라는 이름의 한 대범천왕이 있어 범중들에게 게송으로 말하였다.

又諸比丘, 東南方 五百萬億國土 諸大梵王 各自見宮殿 光明照曜 昔所未有, 歡喜踊躍 生希有心, 卽各相詣 共議此事, 時彼衆中 有一大梵天王 名曰大悲 爲諸梵衆 而說偈言.

① 이것은 무슨 인연으로
　 이러한 모습 나타냈는가
　 우리들의 여러 궁전의
　 광명은 과거에 없던 것이니

是事何因緣
而現如此相
我等諸宮殿
光明昔未有

② 큰 덕의 천신이 태어남인가
　 붓다께서 세간에 출현하심인가
　 일찍이 이 모습 보지 못했으니
　 함께 일심으로 찾아보아야 하리

爲大德天生
爲佛出世間
未曾見此相
當共一心求

③ 천만억 국토를 지나서라도
　 광명 찾아 함께 밝히리니
　 아마 붓다께서 세상 출현하시어
　 괴로운 중생 도탈시키려 하심이리라

過千萬億土
尋光共推之
多是佛出世
度脫苦衆生

그 때 오백만억의 여러 범천왕들은 궁전과 함께 각각 옷바구니에 여러 하늘꽃 가득 채우고서 함께 서북방으로 가면서 이 모습을 찾다가, 대통지승여래께서 도량에 계셔 보리수 아래의 사자좌에 앉으셨는데, 여러 천신, 용왕, 건달바, 긴나라, 마후라가, 인비인 등이 공경하면서 둘러싸고 있는 것을 보았고, 그리고 열여섯 왕자가 붓다께 법륜 굴리시기 청하는 것을 보았다.

이 때 여러 범천왕들은 엎드려 붓다께 예배하고 백천 바퀴를 돈 다음 곧 하늘꽃을 붓다 위에 뿌리니 그 뿌려진 꽃이 수미산과 같았고, 아울러 붓다의 보리수에 공양하였으며, 꽃을 공양하고 나서 각각 궁전을 저 붓다께 받들어 올리며 말하였다. '오직 연민만 보시고 저희 요익토록 봉헌한 궁전 받아 주십시오.'

그 때 범천왕들은 붓다 앞에서 일심으로 같이 소리내어 게송으로 말하였다.

1. 하늘 중의 하늘이신 성주시여
가릉빈가새의 소리로
중생들 연민하시는 분께

爾時 五百萬億 諸梵天王 與宮殿俱 各以衣裓 盛諸天華 共詣西北方 推尋是相, 見大通智勝如來 處于道場 菩提樹下 坐師子座, 諸天龍王 乾闥婆 緊那羅 摩睺羅伽 人非人等 恭敬圍繞, 及見 十六王子 請佛轉法輪.

時 諸梵天王 頭面禮佛 繞百千匝 卽以天華 而散佛上 所散之華 如須彌山, 幷以供養 佛菩提樹, 華供養已 各以宮殿 奉上彼佛 而作是言. '唯見哀愍 饒益我等 所獻宮殿 願垂納受.'

爾時 諸梵天王 卽於佛前 一心同聲 以偈頌曰.

聖主天中王
迦陵頻伽聲
哀愍衆生者

저희들 이제 경례합니다	我等今敬禮

2 세존께선 매우 희유하셔 　　世尊甚希有
　구원한 세월에 한 번 나타나시니 　久遠乃一現
　일백팔십 겁을 　　　　　　　　一百八十劫
　붓다 없이 허송하여 　　　　　　空過無有佛

3 삼악도는 가득 차고 　　　　　　三惡道充滿
　하늘 대중들은 감소하였습니다 　諸天衆減少
　이제 붓다 세상에 나타나 　　　　今佛出於世
　중생들에게 눈 되시니 　　　　　爲衆生作眼

4 세간이 귀의할 곳으로 　　　　　世間所歸趣
　일체를 구호하시고 　　　　　　救護於一切
　중생들의 아버지 되시어 　　　　爲衆生之父
　연민하여 요익하는 분이시라 　　哀愍饒益者

5 저희들 숙세 복덕의 경사로 　　　我等宿福慶
　이제 세존 만나게 되었습니다 　　今得値世尊

　그 때 범천왕들은 게송으로 붓다를 찬탄하고서 각각 이렇게 말하였다. '오직 세존께서 일체를 연민하시어 법륜 굴리셔서 중생들 도탈케 하시기만 원하나이다.'

爾時 諸梵天王 偈讚佛已 各作是言.'唯願世尊 哀愍一切 轉於法輪 度脫衆生.'

이 때 범천왕들은 한 마음으로 같이 소리내어 게송으로 말하였다.

時 諸梵天王 一心同聲 而說偈言.

1│ 큰 성인이시여, 법륜 굴리시어
　　모든 법의 모습 현시하셔서
　　고뇌하는 중생 건지시어
　　크게 기쁘게 하소서

大聖轉法輪
顯示諸法相
度苦惱衆生
令得大歡喜

2│ 중생들이 이 법 들으면
　　도 얻거나 하늘에 태어나리니
　　여러 악도는 줄어들고
　　참는 선한 자 늘어날 것입니다

衆生聞此法
得道若生天
諸惡道減少
忍善者增益

그 때 대통지승여래께서는 침묵으로 이를 허락하였다.

爾時 大通智勝如來 黙然許之.

⑷ 또 비구들이여, 남방 오백만억 국토의 대범천왕들은 각자 궁전에 과거에 없던 광명이 비친 것을 보고 뛰어오를듯이 기뻐하면서 희유심을 내고, 곧 서로 찾아가 이 일을 함께 상의하기를, '무슨 인연으로 우리들 궁전에 이 광명의 비침이 있을까?'라고 했는데, 그 때 그 대중들 중 묘법妙法이라는 이름의 한 대범천왕이 범

又諸比丘, 南方 五百萬億國土 諸大梵王 各自見宮殿 光明照曜 昔所未有 歡喜踊躍 生希有心, 卽各相詣 共議此事, '以何因緣 我等宮殿 有此光曜', 時彼衆中 有一大梵天王 名曰妙法 爲

제7 화성유품　261

중들에게 게송으로 말하였다. 諸梵衆 而說偈言.

1 우리들의 모든 궁전의 我等諸宮殿
　 광명이 매우 찬란한데 光明甚威曜
　 이것은 인연 없지 않을 것이니 此非無因緣
　 이 모습 찾아 보아야 하리 是相宜求之

2 백천 겁이 지나도록 過於百千劫
　 이 모습 본 적 없으니 未曾見是相
　 큰 위덕의 천신 태어남인가 爲大德天生
　 붓다께서 세간에 출현하심인가 爲佛出世間

　그 때 오백만억의 여러 범천왕들은 궁전과 함께 각각 옷바구니에 여러 하늘꽃 가득 채우고서 함께 북방으로 가면서 이 모습을 찾다가, 대통지승여래께서 도량에 계셔 보리수 아래의 사자좌에 앉으셨는데, 여러 천신, 용왕, 건달바, 긴나라, 마후라가, 인비인 등이 공경하면서 둘러싸고 있는 것을 보았고, 그리고 열여섯 왕자가 붓다께 법륜 굴리시기 청하는 것을 보았다.
　이 때 여러 범천왕들은 엎드려 붓다께 예배하고 백천 바퀴를 돈 다음 곧 하늘

爾時 五百萬億 諸梵天王 與宮殿俱 各以衣裓 盛諸天華 共詣北方 推尋是相, 見大通智勝如來 處于道場 菩提樹下 坐師子座, 諸天龍王 乾闥婆 緊那羅 摩睺羅伽 人非人等 恭敬圍繞, 及見 十六王子 請佛轉法輪.
時諸梵天王 頭面禮佛 繞百千匝 卽以天華 而

꽃을 붓다 위에 뿌리니 그 뿌려진 꽃이 수미산과 같았고, 아울러 붓다의 보리수에 공양하였으며, 꽃을 공양하고 나서 각각 궁전을 저 붓다께 받들어 올리며 말하였다. '오직 연민만 보시고 저희 요익토록 봉헌한 궁전 받아 주십시오.'

그 때 범천왕들은 붓다 앞에서 일심으로 같이 소리내어 게송으로 말하였다.

散佛上 所散之華 如須彌山, 幷以供養 佛菩提樹, 華供養已 各以宮殿 奉上彼佛 而作是言. '唯見哀愍 饒益我等 所獻宮殿 願垂納受.'

爾時 諸梵天王 卽於佛前 一心同聲 以偈頌曰.

① 세존께서는 매우 뵙기 어려우니
　모든 번뇌 깨뜨리신 분
　일백삼십 겁 지나서
　이제야 한 번 뵙게 되었습니다

世尊甚難見
破諸煩惱者
過百三十劫
今乃得一見

② 주리고 목마른 모든 중생들
　법비로 흠뻑 적셔 주소서
　예전에 뵈온 적 없던
　한량없는 지혜 가지신 분

諸飢渴衆生
以法雨充滿
昔所未曾見
無量智慧者

③ 마치 우담발화처럼
　오늘에야 만나게 되어
　저희들의 모든 궁전들
　광명 입어 장엄히 장식되었으니

如優曇鉢花
今日乃値遇
我等諸宮殿
蒙光故嚴飾

| ④ 크게 자비하신 세존이시여 | 世尊大慈悲 |
| 부디 받아 주소서 | 唯願垂納受 |

　그 때 범천왕들은 게송으로 붓다를 찬탄하고 나서 각각 이렇게 말하였다. '오직 세존께서 법륜 굴리시어, 일체 세간의 여러 천신, 악마, 범천, 사문, 바라문들 모두 안온 얻고 도탈케 해 주시기만 바라나이다.'
　이 때 범천왕들은 한 마음으로 같이 소리내어 게송으로 말하였다.

爾時 諸梵天王 偈讚佛已 各作是言. '唯願世尊 轉於法輪, 令一切世間 諸天魔梵 沙門婆羅門 皆獲安隱 而得度脫.'
時 諸梵天王 一心同聲 以偈頌曰.

① 오직 원하는 것은 세존께서	唯願天人尊
위없는 법의 바퀴 굴리시고	轉無上法輪
큰 법의 북 치시며	擊于大法鼓
큰 법의 소라 부시고	而吹大法螺

② 큰 법의 비 널리 내리시어	普雨大法雨
한량없는 중생 건지시는 것	度無量衆生
저희들 모두 귀의해 청하오니	我等咸歸請
심원한 법음 연설하소서	當演深遠音

　그 때 대통지승여래께서는 침묵으로 이를 허락하였다.

爾時 大通智勝如來 默然許之.

⑸ 서남방에서 하방에 이르기까지도 또한 이와 같았다.

西南方 乃至下方 亦復如是.

⑹ 그 때 상방 오백만억 국토의 여러 대범천왕들 모두 다 사는 궁전에 과거에 없던 찬란한 광명이 비친 것을 보고 뛰어오를듯이 기뻐하면서 희유심을 내고, 곧 서로 찾아가 이 일을 함께 상의하기를, '무슨 인연으로 우리들의 궁전에 이 광명이 있을까?'라고 했는데, 그 때 그 대중들 중 시기尸棄라는 이름의 한 대범천왕이 있어 범중들에게 게송으로 말하였다.

爾時 上方 五百萬億國土 諸大梵王 皆悉自睹所止宮殿 光明威曜 昔所未有 歡喜踊躍 生希有心, 卽各相詣 共議此事, '以何因緣 我等宮殿 有斯光明?', 時彼衆中 有一大梵天王 名曰尸棄 爲諸梵衆 而說偈言.

1 지금 무슨 인연으로
　우리들의 여러 궁전에
　위덕 있는 광명이 비쳐
　전례 없이 장엄하게 장식되었나

今以何因緣
我等諸宮殿
威德光明曜
嚴飾未曾有

2 이러한 오묘한 모습은
　과거에 듣고 보지 못했으니
　큰 위덕의 천신 태어남인가
　붓다께서 세간에 출현하심인가

如是之妙相
昔所未聞見
爲大德天生
爲佛出世間

그 때 오백만억의 여러 범천왕들은 궁전과 함께 각각 옷바구니에 여러 하늘꽃 가득 채우고서 함께 하방으로 가면서 이 모습을 찾다가, 대통지승여래께서 도량에 계셔 보리수 아래의 사자좌에 앉으셨는데, 여러 천신, 용왕, 건달바, 긴나라, 마후라가, 인비인 등이 공경하면서 둘러싸고 있는 것을 보았고, 그리고 열여섯 왕자가 붓다께 법륜 굴리시기 청하는 것을 보았다.

그 때 여러 범천왕들은 엎드려 붓다께 예배하고 백천 바퀴를 돈 다음 곧 하늘꽃을 붓다 위에 뿌리니 그 뿌려진 꽃이 수미산과 같았고, 아울러 붓다의 보리수에 공양하였으며, 꽃을 공양하고 나서 각각 궁전을 저 붓다께 받들어 올리며 말하였다. '오직 연민만 보시고 저희 요익토록 봉헌한 궁전 받아 주십시오.'

그 때 범천왕들은 붓다 앞에서 일심으로 같이 소리내어 게송으로 말하였다.

1 좋구나, 여러 붓다들 뵙다니
　세상 구하시는 성스런 세존께선
　능히 삼계의 감옥에서

爾時 五百萬億 諸梵天王 與宮殿俱 各以衣裓 盛諸天華 共詣下方 推尋是相, 見大通智勝如來 處于道場 菩提樹下 坐師子座, 諸天龍王 乾闥婆 緊那羅 摩睺羅伽 人非人等 恭敬圍繞, 及見 十六王子 請佛轉法輪.

時 諸梵天王 頭面禮佛 繞百千匝 卽以天華 而散佛上 所散之花 如須彌山, 幷以供養 佛菩提樹, 花供養已 各以宮殿 奉上彼佛 而作是言. '唯見哀愍 饒益我等 所獻宮殿 願垂納受.'

時 諸梵天王 卽於佛前 一心同聲 以偈頌曰.

善哉見諸佛
救世之聖尊
能於三界獄

모든 중생 힘써 꺼내십니다	勉出諸衆生

2 두루한 지혜 가진 세존께선 　　　普智天人尊
　　여러 중생의 무리 연민하시어 　　哀愍群萌類
　　능히 감로의 문 여시고 　　　　　能開甘露門
　　널리 일체를 건네십니다 　　　　　廣度於一切

3 과거 한량없는 겁 동안 　　　　　　於昔無量劫
　　붓다 없이 허송했으니 　　　　　　空過無有佛
　　세존 아직 출현 않으셨을 때 　　　世尊未出時
　　시방은 항상 어두컴컴해 　　　　　十方常暗冥

4 삼악도는 늘어나고 　　　　　　　　三惡道增長
　　아수라 역시 치성했으나 　　　　　阿修羅亦盛
　　여러 천신 대중은 더욱 줄고 　　　諸天衆轉減
　　죽어 악도에 떨어짐 많았으며 　　死多墮惡道

5 붓다로부터 법 듣지 못해 　　　　　不從佛聞法
　　항상 좋지 못한 일 행하고 　　　　常行不善事
　　육신의 힘과 지혜 　　　　　　　　色力及智慧
　　이런 것들 모두 감소했으며 　　　斯等皆減少

6 죄업의 인연 때문에 　　　　　　　　罪業因緣故
　　낙과 낙이라는 생각마저 잃었고 　失樂及樂想

사견의 법에 머물러	住於邪見法
선한 규범도 알지 못했으며	不識善儀則

7 붓다의 교화 입지 못해 　　　　不蒙佛所化
　　항상 악도에 떨어졌습니다 　　常墮於惡道
　　세간의 눈이신 붓다께서 　　　佛爲世間眼
　　오랜 세월에야 출현하시니 　　久遠時乃出

8 모든 중생들 연민하시므로 　　　哀愍諸衆生
　　세간에 출현하시고 　　　　　故現於世間
　　벗어나 정각 이루시니 　　　　超出成正覺
　　저희들 매우 기뻐하고 　　　　我等甚欣慶

9 다른 일체의 중생들도 　　　　及餘一切衆
　　미증유라고 기뻐 찬탄합니다 　喜歎未曾有
　　저희들의 모든 궁전은 　　　　我等諸宮殿
　　광명 입어 장엄하게 장식됐는데 蒙光故嚴飾

10 이제 세존께 봉헌하니 　　　　今以奉世尊
　　부디 받아 주소서 　　　　　唯垂哀納受
　　원컨대 이 공덕이 　　　　　願以此功德
　　일체에 널리 미쳐서 　　　　普及於一切

11 저희들과 중생들 모두 　　　　我等與衆生

| 같이 불도 이루기를 | 皆共成佛道 |

    그 때 오백만억의 범천왕들은 게송으로 붓다를 찬탄하고 나서 각각 이렇게 말하였다. '오직 세존께서 법륜 굴리시어 안온케 하심 많고 도탈케 하심 많기를 바라나이다.'
    이 때 범천왕들은 게송으로 말하였다.

爾時 五百萬億 諸梵天王 偈讚佛已 各白佛言. '唯願世尊 轉於法輪 多所安隱 多所度脫.'
時 諸梵天王 而說偈言.

① 세존이시여, 법륜 굴리시고
   감로의 법고法鼓 치시어
   고뇌하는 중생들 건지시고
   열반의 도 열어주소서

世尊轉法輪
擊甘露法鼓
度苦惱衆生
開示涅槃道

② 오직 원컨대 저희 청 받아들여
   크고 미묘한 음성으로
   연민하시어 한량없는 겁 동안
   익히신 법 펴주시기 바라나이다

唯願受我請
以大微妙音
哀愍而敷演
無量劫習法

7.4¹²

---

12 이하는 둘째 결연의 가까운 연유이다. 붓다께서 청을 받아들여 법을 설하시기 때문에 후에 되풀이 강설하여 바로 결연을 지을 수 있었다. 글에는 둘이 있다. 처음 ⑴은 불완전한 법[半字法]의 바퀴를 굴리시는 것이고, 뒤의 ⑵는 여러 아들들이 불완전한 법을 폐기하고 완전한 법[滿字法]의 바퀴 굴리시기를 청하는 것이다. 전자 중에 셋이 있다. ①은 청을 받아들이시는 것,

⑴ ① 그 때 대통지승여래께서는 시방의 여러 범천왕들과 열여섯 왕자의 청을 받아들여 ② 곧 십이행상의 법륜을 세 번 굴리셨는데,13 사문이건 바라문이건 천신이건 악마건 범천이건 그리고 세간의 누구건 굴릴 수 없는 것이었다. 이르시기를,

'이것은 고이고, 이것은 고의 집이며, 이것은 고의 멸이고, 이것은 고의 멸에 이르는 도이다.'

라고 하시고, 그리고 십이인연의 법을 자세히 설하셨으니,

'무명을 조건으로 형성이 있고, 형성을 조건으로 의식이 있으며, 의식을 조건으로 명색이 있고, 명색을 조건으로 육입이 있으며, 육입을 조건으로 접촉이 있고, 접촉을 조건으로 느낌이 있으며,

爾時 大通智勝如來 受十方諸梵天王 及十六王子請 卽時三轉 十二行法輪, 若沙門 婆羅門 若天魔梵 及餘世間 所不能轉. 謂,

'是苦, 是苦集, 是苦滅, 是苦滅道',

及廣說 十二因緣法,

'無明緣 行, 行緣 識, 識緣 名色, 名色緣 六入, 六入緣 觸, 觸緣 受,

---

②는 바로 굴리시는 것, ③은 법 듣고 도 얻는 것이다.
13 '세 번 굴리신다[三轉]'고 함은 시전示轉·권전勸轉·증전證轉을 말한다. 또한 삼전三轉은 시示·교敎·이利·희喜(=보이고 가르치고 이익주고 기쁘게 한다는 것으로서, 뒤의 7.5에 나온다)에 상대시킬 수 있으니, 시는 곧 시전이고, 교는 곧 권전이며, 이·희는 증전인 것이다. 또한 견도·수도·무학도에 상대시킬 수도 있다. '12행상'에는 첫째 사제교四諦敎의 관점이 있고, 둘째 16행行(=4성제 각각의 법인·법지·유인·유지)의 관점이 있다. 교(=사제교)의 열둘은 곧 시·권·증(=3전×4제)이다. 행(=16행)의 열둘은 삼전 모두 안眼·지智·명明·각覺(=이상의 4×3전)을 내는 것이다. 곧 고법인苦法忍을 '안'이라고 하고, 고법지苦法智를 '지'라고 하며, 유인[比忍]을 '명'이라고 하고, 유지[比智]를 '각'이라고 하고, 나머지 3제도 역시 그러하다는 것이다.

느낌을 조건으로 갈애가 있고, 갈애를 조건으로 집착이 있으며, 집착을 조건으로 존재가 있고, 존재를 조건으로 태어남이 있으며, 태어남을 조건으로 노사와 우비고뇌가 있는 것이다.

무명이 소멸하면 형성이 소멸하고, 형성이 소멸하면 의식이 소멸하며, 의식이 소멸하면 명색이 소멸하고, 명색이 소멸하면 육입이 소멸하며, 육입이 소멸하면 접촉이 소멸하고, 접촉이 소멸하면 느낌이 소멸하며, 느낌이 소멸하면 갈애가 소멸하고, 갈애가 소멸하면 집착이 소멸하며, 집착이 소멸하면 존재가 소멸하고, 존재가 소멸하면 태어남이 소멸하며, 태어남이 소멸하면 노사와 우비고뇌가 소멸한다.'
라고 하셨다.

③ 붓다께서 천·인 대중들에게 이 법을 설하셨을 때 육백만억 나유타의 사람들은 일체법을 집착하지 않음으로써 모든 번뇌에서 마음으로 해탈을 얻었고, 모두 깊고 오묘한 선정과 삼명과 육통을 얻고 팔해탈을 갖추었으며, 두 번째 세 번째 네 번째 설법할 때에도 천만억 항

受緣 愛, 愛緣 取,
取緣 有,
有緣 生,
生緣 老死 憂悲苦惱.

無明滅則 行滅,
行滅則 識滅, 識滅則 名色滅, 名色滅則 六入滅, 六入滅則 觸滅,
觸滅則 受滅,
受滅則 愛滅,
愛滅則 取滅,
取滅則 有滅,
有滅則 生滅,
生滅則 老死 憂悲苦惱滅.'

佛於天人 大衆之中 說是法時 六百萬億 那由他人 以不受 一切法故 而於諸漏 心得解脫, 皆得 深妙禪定 三明六通 具八解脫, 第二 第三 第四說法時 千萬億 恒

하사 나유타 등의 중생들 또한 일체법을 집착하지 않음으로써 모든 번뇌에서 마음으로 해탈을 얻었으니, 이 이후로 여러 성문 대중들은 한량없고 가이없어 일컫고 셀 수 없었다.

河沙 那由他等衆生 亦以不受 一切法故 而於諸漏 心得解脫, 從是已後 諸聲聞衆 無量無邊 不可稱數.

(2)14 ① 그 때 열여섯 왕자들은 모두 동자로서 출가하여 사미가 되었는데, 제근은 예리하고15 지혜는 명료하였으니, 일찍이 백천만억의 붓다들께 공양하고 범행을 청정히 닦아 아뇩다라삼먁삼보리를 구하였다.

② 이들 모두 붓다께 말하였다.

'세존이시여, 이 한량없는 천만억의 대덕 성문들은 모두 이미 성취하였으니, 세존이시여, 또한 저희들 위해서도 아뇩다라삼먁삼보리의 법을 설해 주십시오.'16

爾時 十六王子 皆以童子出家 而爲沙彌, 諸根通利 智慧明了, 已曾供養 百千萬億 諸佛 淨修梵行 求阿耨多羅三藐三菩提.

俱白佛言.

'世尊, 是諸無量 千萬億 大德聲聞 皆已成就, 世尊, 亦當 爲我等說 阿耨多羅三藐三菩提法.'

---

14 이하 둘째 완전한 법륜을 거듭 청하는 글에 일곱이 있다. ①은 출가하는 것, ②는 법 청하는 것, ③은 함께 간 자들 역시 출가하는 것, ④는 붓다께서 청 받아들이시는 것, ⑤는 그 때의 대중 중에 이해한 자와 이해하지 못한 자가 있는 것, ⑥은 시절, ⑦은 설하시고 나서 선정에 드시는 것이다.
15 '제근'이란 육근이니, 육근이 청정하므로 '예리[通利]'하다고 하였다. 또 육근을 호용하기 때문에 '통通'이라고 하고, 붓다의 경계에 들기 때문에 '리利'라고 하였다.
16 저 붓다께서 처음 원돈의 가르침을 설하셨을 때(=소위 화엄시) 여러 왕자들은 대승의 공덕을 모두 갖추었지만, 여러 방편으로도 아직 구경에 이르지 못한 자들을 연민하여, 붓다께 개권현실을 거듭 청한 것이다. '성문들

저희들은 듣고 나서 모두 함께 닦고 배우겠습니다. 세존이시여, 저희들도 여래의 지견을 원하니, 깊은 마음으로 생각하는 것을 붓다께서도 아실 것입니다.'17

③ 그 때 전륜성왕이 이끌고 온 대중들 중 팔만억의 사람들이 열여섯 왕자들의 출가를 보고 역시 출가를 구하니, 왕이 곧 허락하였다.

④ 그 때 저 붓다께서는 사미들의 청을 받아들여 이만 겁이 지나고 나서18 사부대중들 속에서 묘법연화라고 이름하는 이 대승경전을 설하시니, 보살을 가르치는 법으로 붓다께서 호념하시는 것이었다. 이 경전 설하시고 나자 열여섯 사미들은 아뇩다라삼먁삼보리를 위하여 모두 함께 수지하고 독송하여 통달하였다.

⑤ 이 경전을 설하셨을 때 열여섯 보살 사미들은 모두 신수하였고, 성문 대중

我等聞已 皆共修學.
世尊, 我等志願 如來知見, 深心所念 佛自證知.'

爾時 轉輪聖王 所將衆中 八萬億人 見十六王子出家 亦求出家, 王卽聽許.

爾時 彼佛 受沙彌請 過二萬劫已 乃於四衆之中 說是大乘經 名妙法蓮華, 敎菩薩法 佛所護念.

說是經已 十六沙彌 爲阿耨多羅三藐三菩提故 皆共受持 諷誦通利.

說是經時 十六菩薩沙彌 皆悉信受, 聲聞衆中

이 모두 이미 성취하였다'는 것은 그들의 장애가 제거되어 근기가 움직였다는 것을 밝힌 것이니, 그래서 그들을 위해 청한 것이다.

17 '저희들도 여래의 지견을 원한다'고 한 것은, 이 법화경은 오직 붓다의 지견을 밝힐 뿐인데, 오직 이것만을 원한다는 것이므로, 곧 완전한 가르침을 바로 청하고 불완전한 가르침을 폐기하는 글임이 분명히 드러난다.

18 '이만 겁이 지나고 나서'라고 한 것은 삼승을 여신 것이 이미 오래이므로 그 중간에 일이 없을 수 없으리니, 이만 겁 중에는 필시 방등·반야를 설하셨을 것이다.

들 중에도 역시 신수하는 자 있었지만, 그 나머지 천만억의 중생들은 모두 의혹을 일으켰다.

⑥ 붓다께서는 이 경전을 팔천 겁 동안 쉬거나 폐함 없이 설하셨는데, ⑦ 이 경전 설하시고 나서 고요한 방에 들어가 선정에 머무신 것이 팔만사천 겁이었다.19

亦有信解,
其餘衆生 千萬億種 皆生疑惑.

佛說是經 於八千劫 未曾休廢, 說此經已 卽入靜室 住於禪定 八萬四千劫.

7.5 20

(1)21 ① 이 때 열여섯 보살 사미들은 붓다께서 입실하여 고요히 선정에 드신 것을 알고,22 ② 각각 법좌에 올라 역시 팔만사천 겁 동안 사부대중들 위해 묘법화

是時 十六菩薩沙彌 知佛入室 寂然禪定,
各昇法座 亦於八萬四千劫 爲四部衆 廣說分

---

19 일곱째 설법하시고 나서 선정에 드셨음을 밝혔는데, 이것이 바로 결연의 가까운 연유이다. 붓다께서 선정에 드시고 나오시지 않아, 여러 의혹하는 대중들은 물어볼 데가 없었으니, 열여섯 사미들이 후에 이해하지 못한 자들을 위해 경전을 되풀이 강설함으로써 인연을 맺게 된다.

20 이하 제2 바로 인연 맺는 글에 둘이 있다. 처음은 법으로 결연結緣을 설하는 것이고, 뒤의 7.6 이하는 비유로 결연을 설하는 것이다. 전자에 셋이 있다. (1)은 과거에 함께 결연했음을 밝히는 것, (2)는 중간에 다시 서로 만났음을 밝히는 것, (3) 이하는 지금 다시 법화경 설하는 것을 밝히는 것이다.

21 첫째의 글에 넷이 있다. ①은 붓다께서 선정에 드셨음을 안 것, ②는 왕자들이 되풀이 강설하는 것, ③은 대중이 이익을 얻는 것, ④는 붓다께서 선정에서 나와 보살들을 칭찬하시는 것이다.

22 붓다께서 선정에 드신 까닭에 설할 수 있었으니, 붓다께서 일대의 교화가 곧 끝나서 다시 이 일단의 사람들을 성숙시키지 못할 것임을 아셨기 때문에, 왕자들로 하여금 그들과 인연을 맺게 한 것이다. 또 이들은 왕자들로 인하여 구경에 득도할 것임을 아신 까닭에 선정에 드시어 오래 나오시지 않았던 것이다.

경을 강설하고 분별해서, ③ 각각 모두 육백만억 나유타 항하사와 같은 중생들을 제도하여 보이고[示] 가르치고[教] 이익 주고[利] 기쁘게 하여[喜],23 아뇩다라삼먁삼보리에 대한 마음을 일으키게 하였다.

④ 대통지승붓다께서는 팔만사천 겁이 지나고 나서 선정에서 일어나 법좌로 가셔 편안히 앉으시어 대중들에게 널리 이르셨다.

'이 열여섯 보살 사미들은 매우 희유해서, 제근 예리하고 지혜 명료하며, 일찍이 한량없는 천만억 수의 붓다들을 공양하면서 붓다들의 처소에서 항상 범행을 닦고 붓다의 지혜를 수지해서 중생들에게 열어 보여 그 안에 들게 하였으니, 그대들은 모두 이들을 자주 친근하고 공양해야 한다. 어째서인가 하면 만약 성문이나 벽지불 및 여러 보살들이 이 열여섯 보살이 말하는 경법을 능히 믿고 수지하며 헐뜯지 않는다면, 이 사람들은 모두 아뇩다라삼먁삼보리라는 여래의 지혜를

別 妙法華經, 一一皆度 六百萬億 那由他 恒河 沙等衆生 示教利喜, 令發阿耨多羅三藐三菩 提心.

大通智勝佛　過八萬四 千劫已 從三昧起 往詣 法座 安詳而坐 普告大 衆.
'是十六 菩薩沙彌 甚爲 希有, 諸根通利 智慧明 了, 已曾供養 無量千萬 億數諸佛 於諸佛所 常 修梵行 受持佛智 開示 衆生 令入其中, 汝等皆 當 數數親近 而供養之. 所以者何　若聲聞辟支 佛 及諸菩薩 能信 是十 六菩薩 所說經法 受持 不毀者, 是人皆當得 阿 耨多羅三藐三菩提　如

---

23 * '시'는 법을 알려주는 것, '교'는 수행토록 하는 것, '이'는 수행으로 이익 얻게 하는 것, '희'는 칭찬하여 기뻐하게 하는 것이다.

얻을 것이기 때문이다.'" 來之慧.'"

(2)24 붓다께서 비구들에게 말씀하셨다.

"이 열여섯 보살들은 항상 이 묘법연화경을 즐겨 설해서, 각각의 보살이 교화한 육백만억 나유타 항하사와 같은 중생들은 태어나는 세상마다 보살과 함께 해서 그로부터 법을 듣고 모두 다 신해했으며, 이 인연 때문에 사백만억의 제불세존을 만나 뵙게 되고 지금까지도 다하지 않는 것이다.

佛告 諸比丘.
"是十六菩薩 常樂說是 妙法蓮華經, 一一菩薩 所化 六百萬億 那由他 恒河沙等衆生 世世所生 與菩薩俱 從其聞法 悉皆信解, 以此因緣 得 值四百萬億 諸佛世尊 于今不盡.

(3)25 ① 여러 비구들이여, 내 이제 그대들에게 이르니, 저 붓다의 제자인 열여섯 사미들은 지금 모두 아뇩다라삼먁삼보리를 얻어 시방의 국토에서 현재 법을 설하고 있고, 한량없는 백천만억의 보살과 성문들이 있어 권속이 되었다.

그 사미 둘은 동방에서 붓다가 되었으니, 한 분은 아촉阿閦이라 부르고 환희국

諸比丘, 我今語汝, 彼佛弟子 十六沙彌 今皆得 阿耨多羅三藐三菩提 於十方國土 現在說法, 有無量 百千萬億 菩薩聲聞 以爲眷屬.
其二沙彌 東方作佛,
一名 阿閦 在歡喜國,

---

24 이는 둘째 중간에 다시 서로 만났음을 밝히는 것이다.
25 이하 셋째 오늘 다시 법화경 설하는 것을 밝히는 글에 둘이 있다. 첫째 (3)은 고금古今을 연결하는 것이고, 둘째 (4)는 다시 법화경 설함을 밝히는 것이다. 전자 중에도 둘이 있다. 먼저 ①은 스승의 고금을 연결하는 것이고, 뒤의 ② 이하는 제자의 고금을 연결하는 것이다.

에 계시고, 다른 분은 수미정須彌頂이라고 부른다. 동남방의 두 분 붓다는 사자음師子音과 사자상師子相이라고 부르고, 남방의 두 분 붓다는 허공주虛空住와 상멸常滅이라고 부르며, 서남방의 두 분 붓다는 제상帝相과 범상梵相이라고 부르고, 서방의 두 분 붓다는 아미타阿彌陀와 도일체세간고뇌度一切世間苦惱라고 부르며, 서북방의 두 분 붓다는 다마라발전단향신통多摩羅跋栴檀香神通과 수미상須彌相이라고 부르고, 북방의 두 분 붓다는 운자재雲自在와 운자재왕雲自在王이라고 부르며, 동북방의 붓다는 괴일체세간포외壞一切世間怖畏라고 부르고, 열여섯번째인 나 석가모니釋迦牟尼붓다는 사바국토에서 아뇩다라삼먁삼보리를 이루었다.

②26 여러 비구들이여, 우리들은 사미였을 때 각각 한량없는 백천만억 항하사와 같은 중생들을 교화했는데, 나로부터 법을 듣는 것은 아뇩다라삼먁삼보리를 위한 것이므로, 이 모든 중생들로서 지금 성문의 지위에 머물고 있는 자는 내 항

二名 須彌頂. 東南方二佛 一名 師子音 二名 師子相, 南方二佛 一名 虛空住 二名 常滅, 西南方二佛 一名 帝相 二名 梵相, 西方二佛 一名 阿彌陀 二名 度一切世間苦惱, 西北方二佛 一名 多摩羅跋栴檀香神通 二名 須彌相, 北方二佛 一名 雲自在 二名 雲自在王, 東北方佛名 壞一切世間怖畏, 第十六我 釋迦牟尼佛 於娑婆國土 成阿耨多羅三藐三菩提. 諸比丘, 我等 爲沙彌時 各各敎化 無量百千萬億 恒河沙等衆生, 從我聞法 爲阿耨多羅三藐三菩提, 此諸衆生 于今有住 聲聞地者 我常敎

---

26 둘째 제자를 연결하는 글에 둘이 있으니, 처음 ②는 현재를 연결하는 것이고, 뒤의 ③은 미래를 연결하는 것이다.

상 아뇩다라삼먁삼보리로써 교화했으니, 이 사람들은 응당 이 법으로써 점차 불도에 들게 된다. 어째서인가 하면 여래의 지혜는 믿기도 어렵고 이해하기도 어렵기 때문이다.

그 때 교화받은 한량없는 항하사와 같은 중생들은 그대들 여러 비구들과,

③ 그리고 나의 멸도 후 미래세 중의 성문 제자들이 이들이다.27

나의 멸도 후 다시 어떤 제자는 이 경전 듣지 못하여 보살이 행할 것을 알지도 못하고 깨닫지도 못해서, 스스로 얻은 공덕으로 멸도라는 지각을 내고 열반에 들려 하겠지만, 내가 다른 국토에서 붓다 되어 다시 다른 명호를 가져서, 이 사람이 비록 멸도라는 지각을 내고 열반에 들려해도, 저 국토에서 붓다의 지혜를 구해 이 경전을 듣게 될 것이다. 오직 불승

化 阿耨多羅三藐三菩提, 是諸人等 應以是法 漸入佛道. 所以者何 如來智慧 難信難解.

爾時所化 無量恒河沙等衆生者 汝等 諸比丘, 及我滅度後 未來世中 聲聞弟子 是也.
我滅度後 復有弟子 不聞是經 不知不覺 菩薩所行, 自於 所得功德 生滅度想 當入涅槃,
我於 餘國作佛 更有異名, 是人雖生 滅度之想 入於涅槃,
而於彼土 求佛智慧 得聞是經. 唯以佛乘 而得

---

27 둘째 미래의 제자를 연결하는 것에도 둘이 있으니, 먼저 여기까지는 바로 연결하는 것이고, 뒤의 그 아래는 의심을 푸는 것이다. 의심하는 자는 말하기를, '현재 있는 자는 붓다께서 법화경 설하시는 것을 듣고 일승의 도에 들 수 있으니, 연을 맺은 무리라고 할 수 있겠지만, 미래의 제자는 법화경을 듣지 못하고 멸도에 들 것이니, 이들은 어찌 소승을 버리고 일승에 들어갈 수 있을 것인가'라고 한다. 풀어서 말하기를, '비록 멸도하더라도 끝내 모여 들게 될 것이니, 내가 다른 국토에서 붓다 될 때 이 경전을 듣게 될 것이기 때문'이라고 한다. '다른 국토'라 함은 삼승통교의 유여국有餘國이다.

으로써만 멸도 얻을 뿐 다시 다른 승은 없기 때문이니, 모든 여래께서 방편으로 설법하는 경우는 제외한다.

滅度 更無餘乘,
除諸如來 方便說法.

(4)28 ① 여러 비구들이여, 만약 여래가 열반할 때가 이르고 대중들이 또 청정하여 신해가 견고해서 공의 법을 요달하고 선정에 깊이 든 것을 스스로 알면, ② 곧 여러 보살 및 성문대중들을 모아 이 경전을 설하니, 세간에 이승으로 멸도를 얻는다는 것은 없고, 오직 일불승으로써만 멸도를 얻을 뿐이다.

③ 비구들이여, 여래는 방편으로 중생들의 성품에 깊이 들어가, 그들이 작은 법을 좋아하고 오욕에 깊이 집착하는 대로, 이들을 위해 열반을 설한 것이라고 알아야 하니, 이 사람들이 만약 듣는다면 곧 믿고 받아들이기 때문이다.29

諸比丘, 若如來自知 涅槃時到 衆又淸淨 信解堅固 了達空法 深入禪定, 便集諸菩薩 及聲聞衆 爲說是經,
世間 無有二乘 而得滅度, 唯一佛乘 得滅度耳.

比丘, 當知, 如來 方便 深入 衆生之性, 如其志樂小法 深著五欲,
爲是等故 說於涅槃,
是人若聞 則便信受.

---

28 둘째 오늘 다시 법화경 설하심 밝히는 글에 셋이 있다. ①은 시절 대중의 청정함이고, ②는 바로 법화경 설하심이며, ③은 앞의 삼승 연 뜻을 해석하는 것이다.
29 만약 세상에서 이승으로 멸도를 얻는다는 것이 없다면, 무엇 때문에 여래께서 앞에서 방편의 가르침을 설하셨는가? 해석하여 말한다. 여래의 방편은 중생에게 작은 성품과 욕구가 있어 오진五塵에 집착하여 오탁에서 시달린다는 것을 깊이 아시므로, 먼저 삼승을 설하여 시달림과 재난 면하게 한 뒤에 일승을 설하는 것이라고 알아야 한다는 것이다.

7.6[30]

(1)[31] ① 비유하면 오백 유순의[32] ② 험난한 악도가 인적 없이 텅 비어 두려운데, ③ 만약 많은 사람들이 있어 ④ 이 길을 지나 진보珍寶가 있는 처소에 이르고자 할 때, ⑤ 총명하고 지혜로운 한 인도자가 있어 험한 길의 통하고 막힌 모습을 잘 안다고 하자.

譬如 五百由旬 險難惡道 曠絶無人 怖畏之處,
若有多衆 欲過此道 至珍寶處,
有一導師 聰慧明達 善知險道 通塞之相.

(2)[33] ① 그가 대중들을 이끌어 인도하여

將導衆人 欲過此難,

---

30 이하 비유로 결연을 설하는 글에 둘이 있다. 첫째는 비유를 전개하는 것[=이것이 법화칠유 중의 제4 화성유(=변화된 성의 비유)임], 둘째 (3) 이하는 비유의 뜻을 밝히는 것이다. 전자에 둘이 있다. 첫째 (1)은 인도자의 비유[도사비導師譬]이니, 위에서 되풀이 강설해서 함께 대승의 인연 맺은 것을 비유했다. 둘째 (2)는 이끌어 인도하는 비유[장도비將導譬]이니, 위에서 중간에 서로 만나고 지금 다시 법화경 설하는 것을 비유했다.

31 첫째 도사비의 글에 다섯이 있다. ① 오백 유순의 비유는, 위에서 아직 제도되지 못한 무리가 여러 존재로 윤회하는 처소에 즐겨 집착하는 것을 비유하고, ② 험난한 악도의 비유는, 위의 제도되지 못한 무리의 번뇌의 때가 무거워서, 여래의 지혜를 믿기도 어렵고 이해하기도 어려움을 비유하며, ③ 많은 사람들이 있다는 비유는, 위에서 의혹 일으켜 이해하지 못한 백천만억의 중생들을 바로 비유하고, ④ 이 길을 지나 진보의 처소에 이르고자 한 비유는, 위에서 법화경 되풀이 강설한 것을 비유하며, ⑤ 한 인도자의 비유는, 위의 열여섯 왕자를 비유한 것이다.

32 삼계 과보의 처소가 삼백이고, 유여국의 처소가 사백이 되며, 실보국實報國(=앞의 소위 실보무장애토. 중도의 이치를 깨달은 보살이 머무는 국토)의 처소가 오백이 된다. 붓다의 뜻은 알기 어려우므로 다시 자세히 해석한다면, 견혹이 일백이 되고, 오하분결이 이백, 오상분결이 삼백, 진사혹(=티끌이나 모래처럼 한량없는 현실의 일에 정확히 대처할 능력이 없는, 교화의 장애)이 사백, 무명혹이 오백이 된다. 또 입공관은 능히 삼백을 지나고, 입가관은 능히 사백을 지나며, 입중관은 능히 오백을 지난다고도 할 수 있다.

이 난관을 지나고자 하는데, ②34 인솔되는 대중들은 중간에 지쳐 물러나려고 인도자에게 말하였다. '저희들은 몹시 지치고 또 두려워서 더 나아갈 수 없는데, 앞길은 아직 머니 이제 돌아가고 싶습니다.'

③ 인도자는 방편이 많아35 생각하였다. '이들은 가엾구나. 어째서 큰 진보를 버리고 돌아가려는고?' 이런 생각을 하고 나서 ④ 방편의 힘으로 험도 중간의 삼백 유순이 지난 곳에 하나의 성을 변화시켜 만들고 대중들에게 말하였다. '그대들은 두려워하지 말고 돌아가지 말라. 이

所將人衆 中路懈退 白導師言.
'我等疲極 而復怖畏 不能復進, 前路猶遠 今欲退還.'

導師 多諸方便 而作是念. '此等可愍. 云何捨大珍寶 而欲退還?' 作是念已 以方便力 於險道中 過三百由旬 化作一城 告衆人言. '汝等勿怖 莫得退還. 今此大城

....
33 둘째 이끌어 인도하는 비유의 글에 셋이 있다. 첫째 ①에서 인솔되는 사람들의 비유는, 본래 인연 맺었으나 아직 제도되지 못한 자가 본래의 인연을 잃지 않아 인도자에게 인솔되는 바 되었음을 비유하고, 둘째 ② 내지 ⑤에서 중간에 지쳐 물러나려는 비유는, 중간에 서로 만났으나 대승에서 마음 퇴전하므로 소승으로써 대응한 것을 비유하며, 셋째 ⑥에서 화성 없애고 보배 있는 곳[보소寶所]으로 이끌어 인도하는 비유는, 위에서 다시 법화경 설한 것을 비유한다.
34 중간에서 지쳐 물러나는 비유에 둘이 있으니, ②는 대승에서 물러나는 것이고, ③ 내지 ⑤는 소승으로 대응하는 것이다.
35 위의 화택의 비유와 방편품에서 삼승법을 여신 것에는 모두 네 가지 뜻이 있었는데, 여기 (소승으로 대응하는 글)에도 갖추어져 있다. 처음 '방편이 많다'고 한 것은 위에서 마땅함 헤아리신 것을 비유하고, 이 뒤에서 보배 잃음을 아파하시는 것은 둘째 대승의 근기 없음을 아신 것을 비유한 것이다. 다음의 ④는 셋째 바로 방편을 쓰시는 것을 비유하고, 마지막 ⑤에서 성에 들어가는 것은 삼승의 오입悟入을 비유한 것이다.

제 이 큰 성 안에서 머물며 뜻하는 대로 할 수 있다. 성에 들어가면 매우 편안할 것이고, 만약 앞의 보소寶所로 가고자 한다 해도 역시 갈 수 있을 것이다.'

⑤ 이 때 몹시 지친 대중들은 마음으로 크게 기뻐하여 미증유라고 찬탄하면서, '우리들은 이제 이 나쁜 길 벗어나 편안 얻게 되었구나'라고 하였으니, 이 때 대중들은 앞의 화성으로 들어가서, 이제 건넜다는 생각과 편안하다는 생각을 내었다.36

⑥ 이 때 인도자는 이 사람들이 이미 휴식을 취해 다시 싫증이 없는 것을 알고 곧 화성을 없애고 사람들에게 말하였다. '그대들이여 가자. 보소가 가깝다. 방금 큰 성은 휴식을 위해 내가 변화로 만들었던 것이다.'37

可於中止 隨意所作.
若入是城 快得安隱,
若能前至寶所　亦可得去.'

是時 疲極之衆 心大歡喜 歎未曾有,
'我等今者 免斯惡道 快得安隱', 於是衆人 前入化城, 生已度想 生安隱想.

爾時 導師 知此人衆 旣得止息 無復疲惓 卽滅化城 語衆人言.
'汝等去來.　寶處在近.
向者大城 我所化作 爲止息耳.'

....
36 성에 들어가는 것은 견도의 지위이고, 이제 벗어났다고 생각하는 것은 무학의 지위이니, 이는 화택의 비유에서 자식들이 소원에 맞으므로 다투어 밀치며 집에서 나온 것과 같다. 또 이제 벗어났다고 생각한 것은 진지를 얻은 것과 같고, 편안하다고 생각하는 것은 무생지를 얻은 것과 같다.
37 곧 화성을 없애고 보소로 이끌어 향한다는 것은, 위에서 법화경 설해 진실의 모습 보인 것을 바로 비유한다. '보소'에는 두 가지 뜻이 있다. 만약 구경究竟을 쓴다면 곧 극과(=불과)가 보소가 된다. 만약 분입分入(=부분적으로 듦)이라면 곧 초발심주가 보소가 되니, 그래서 위의 글(=신해품 4.2의 ②)에서 "무상 보배 구하지 않고 얻었습니다"라고 한 것이다.
　(문) 모두 다섯 곳에서 개삼현일하였는데, 어떤 차이가 있는가? (답) 공

(3)[38] ① 여러 비구들이여, 여래 또한 이와 같아 이제 그대들 위해 큰 인도자 되어 모든 생사와 번뇌의 험난하고 길고 먼 나쁜 길 건너가야 함을 안다. ② 그렇지만 만약 중생들이 ③ 단지 일불승만 듣는다면 곧 붓다 뵈려 하지 않고 친근하려 하지 않고서 '불도는 길고 멀어 오래 괴로움 받고서야 성불할 수 있다'라고 생각할 것이므로, 이 마음 겁약하고 하열함 알고, 방편의 힘으로 중도에서 휴식케 하기 위해 두 가지 열반[39]을 말했던 것이다.

④ 그러나 만약 중생들이 두 경지에

諸比丘, 如來 亦復如是 今爲汝等 作大導師 知諸生死 煩惱惡道 險難長遠 應去應度. 若衆生 但聞 一佛乘者 則不欲見佛 不欲親近 便作是念 '佛道長遠 久受懃苦 乃可得成佛',
知是心 怯弱下劣,
以方便力 而於中道 爲止息故 說二涅槃.

若衆生 住於二地 如來

통으로 논한다면 차이가 없지만, 개별적으로 논한다면 차이가 있다. 먼저 방편품은 가르침[敎]의 관점에서 개삼현일하였으니, 경문에서 "여래는 다만 일불승으로 중생에게 법을 설할 뿐, 이승은 없고 또한 삼승도 없다"라고 한 것과 같다. 둘째 화택은 수행[行]의 관점에서 개삼현일하였으니, 수레는 곧 운반하는 뜻이고, 운반은 수행을 비유한다. 셋째 신해품에서는 사람[人]의 관점에서 개삼현일하였으니, 품팔이하는 사람이 곧 장자의 아들임을 밝혔다. 넷째 약초의 비유에서는 차별과 무차별의 관점에서 방편과 진실을 밝혔고, 다섯째 지금의 화성은 이치[理]의 관점에 의한 것이니, 보소와 화성은 모두 대·소 이승의 이치이기 때문이다.

38 이하에서는 비유의 뜻을 밝힌다. 먼저 ① 내지 ④는 바로 뜻을 밝히고, 뒤의 ⑤에서는 비유를 들어 합하는 것이다. 전자 중 ①은 도사비의 뜻을 밝히고, 뒤의 ② 내지 ④는 장도비의 뜻을 밝힌 것이다. 후자 중 ②는 인솔되는 사람의 비유의 뜻, ③은 중간에 지쳐 물러나려는 비유의 뜻, ④는 이끌고 보소에 이르는 비유의 뜻을 각각 밝힌 것이다.

39 유여와 무여의 열반을 나눈 것이다. 또한 성문과 연각의 열반이다. * 아래의 '두 경지[二地]'도 이것을 가리키는 말이다.

머문다면 여래는 그 때 곧 말하기를, '그대들의 할 일은 아직 성취되지 않았다. 그대들이 머무는 경지는 붓다의 지혜에 가까우니, 관찰하고 헤아려라. 얻은 열반은 진실이 아니고, 다만 여래가 방편의 힘으로 일불승에서 분별하여 삼승을 설한 것이다'라고 하니, ⑤ 마치 저 인도자가 휴식케 하기 위하여 변화로 큰 성을 만들고, 이미 휴식했음을 알고서는 말하기를, '보소가 가까이 있다. 이 성은 진실이 아니고 내가 변화로 만든 것일 뿐이다.'라고 한 것과 같은 것이다."

爾時 卽便爲說, '汝等所作未辦.
汝所住地 近於佛慧, 當觀察籌量. 所得涅槃 非眞實也, 但是如來 方便之力 於一佛乘 分別說三', 如彼導師 爲止息故 化作大城,
旣知息已 而告之言, '寶處在近. 此城非實 我化作耳.'"

7.7

이 때 세존께서는 이 뜻을 거듭 펴시고자 게송으로 말씀하셨다.[40]

爾時 世尊 欲重宣此義 而說偈言.

① 대통지승붓다께서
  십 겁 동안 도량에 앉으셨으나

大通智勝佛
十劫坐道場

---

[40] 둘째 49수반의 게송이 위의 글을 노래했다. 위의 글에 둘이 있었는데, 지금 처음 22수반은 결연의 연유를 노래하고, 다음 27수는 둘째 바로 결연하는 것을 노래했다. 전자 중 처음의 12수는 먼 연유를 노래하고, 뒤의 10수반은 가까운 연유를 노래했다. 전자의 먼 연유에도 둘이 있으니, 처음 6수는 대통지승붓다의 성도를 노래하고, 뒤의 6수는 시방의 범천왕이 와서 법륜 굴리시기 청한 것을 노래했다. 전자에 다시 셋이 있으니, 첫째 3수는 성도하시기 전의 일을 노래한 것이다.

붓다의 법 현전하지 않아	佛法不現前
붓다의 도 이루지 못하셨을 때	不得成佛道

② 여러 천신과 용왕 　　　　　諸天神龍王
　　아수라 대중 등이 　　　　　阿修羅衆等
　　항상 하늘꽃을 비내려서 　　常雨於天華
　　저 붓다 공양하였고 　　　　以供養彼佛

③ 여러 천신들은 하늘 북 치고 　諸天擊天鼓
　　아울러 온갖 음악 연주했으며 　幷作衆伎樂
　　향풍이 시든 꽃 불어버리면 　　香風吹萎華
　　다시 새로운 좋은 꽃 비내렸는데 　更雨新好者

④41 십 소겁이 지나고 나서 　　　過十小劫已
　　마침내 붓다의 도 이루시니 　　乃得成佛道
　　여러 천신과 세상 사람들 　　　諸天及世人
　　마음에 모두 큰 기쁨 품었다 　　心皆懷踊躍

⑤42 저 붓다의 열여섯 왕자들은 　彼佛十六子
　　모두 그 권속들 천만억이 　　　皆與其眷屬
　　둘러싼 가운데 　　　　　　　　千萬億圍繞

....
41 이 1수는 둘째 바로 성도하신 것을 노래한 것이다.
42 이하 2수는 셋째 열여섯 왕자들이 법륜 굴리시기 청한 것을 노래하고, 겸하여 성도하시고 나서 권속들이 공양하는 것을 노래했다.

함께 붓다의 처소로 가서	俱行至佛所

⑥ 붓다의 발에 엎드려 예배하고	頭面禮佛足
법륜 굴리시기 청하였다	而請轉法輪
성스러운 세존이시여, 법비 내려서	聖師子法雨
저희와 일체 충만케 하소서 라고	充我及一切

⑦43 세존은 매우 만나기 어려워	世尊甚難値
오랜 세월에 한 번 출현하시어	久遠時一現
중생 깨우치기 위해	爲覺悟群生
일체를 진동하시고	震動於一切

⑧ 동방 오백만억 국토의	東方諸世界
여러 세계들의	五百萬億國
범천의 궁전에 비치는 광명	梵宮殿光曜
과거에 없던 것이라	昔所未曾有

⑨ 여러 범천왕 이 모습 보고	諸梵見此相
찾아가 붓다 처소 이르러	尋來至佛所
꽃 뿌려 공양하고	散花以供養
아울러 궁전 받들어 올리며	幷奉上宮殿

---

43 이하 6수의 시방 범천의 청을 노래한 것에 둘이 있으니, 처음 이 1수는 위력과 광명이 진동하고 비추는 것을 노래했고, 뒤의 5수는 시방의 범천이 광명을 찾아 온 것을 노래했다. 후자 중에 둘이 있으니, ⑧~⑩의 3수는 동방을 노래하고, ⑪과 ⑫ 2수는 나머지 아홉 방향을 총체적으로 노래했다.

| 10| 붓다께 법륜 굴리시기 청하고　　　　　請佛轉法輪
　　게송으로 찬탄했지만　　　　　　　　以偈而讚歎
　　붓다께선 아직 때 아님 아시어　　　　佛知時未至
　　청 받고도 가만히 앉아 계셨고　　　　受請默然坐

|11| 다른 세 방향과 네 간방 및　　　　　　三方及四維
　　상하도 역시 또 그러해서　　　　　　上下亦復爾
　　꽃 뿌리고 궁전 바치며　　　　　　　散花奉宮殿
　　붓다께 법륜 굴리시기 청하였다　　　請佛轉法輪

|12| 세존은 매우 만나기 어려우니　　　　世尊甚難値
　　원컨대 큰 자비로써　　　　　　　　願以大慈悲
　　감로의 문 활짝 여시고　　　　　　　廣開甘露門
　　위없는 법륜 굴리소서 라고　　　　　轉無上法輪

|13|44 한량없는 지혜의 세존께서는　　　　無量慧世尊
　　그 대중들의 청 받아들이셔　　　　　受彼衆人請
　　사성제와 십이인연의45　　　　　　　爲宣種種法
　　갖가지 법을 펴셨으니　　　　　　　四諦十二緣

....

44 이하 10수반의 결연의 가까운 유래를 노래한 것에 둘이 있다. 처음 |17|까지 5수는 이승의 법륜 굴리시는 것을 노래했고, 뒤의 |18| 이하 5수반은 거듭 대승의 법륜 굴리시기 청하는 것을 노래했다. 전자 중에 셋이 있다. 첫째 2구는 청을 받아들이신 것을 노래했다.
45 이하 |14|까지 1수반은 둘째 이승의 법륜 굴리신 것을 노래했다.

14	무명에서 노사에 이르기까지	無明至老死
	모두 생기는 연 따라 있는 것	皆從生緣有
	이런 온갖 과환을	如是衆過患
	그대들은 응당 알아야 한다 라고	汝等應當知

15	46 이 법 펴 연설하셨을 때	宣暢是法時
	육백만억해47의 중생들	六百萬億垓
	모든 괴로움의 끝 다 얻어	得盡諸苦際
	모두 아라한 이루었고	皆成阿羅漢

16	두 번째 설법하셨을 때에도	第二說法時
	천만 항하사의 중생들	千萬恒沙衆
	모든 법 집착하지 않아	於諸法不受
	역시 아라한 얻었으며	亦得阿羅漢

17	이 이후 도 얻은 이들	從是後得道
	그 수 한량없어서	其數無有量
	만억 겁 동안 계산해 헤아린대도	萬億劫算數
	그 끝을 알 수 없으리라	不能得其邊

| 18 |48 그 때 열여섯 왕자들은 | 時十六王子 |

---

46 이하 3수는 셋째 그 때의 대중들이 법 듣고 도 얻은 것을 노래했다.
47 * 십조를 1경이라고 하고, 십경을 1해라고 한다.
48 이하 23의 제2행까지 5수반이 둘째 왕자들이 거듭 청한 것을 노래하였다. (장행의) 글에는 일곱이 있었는데, 여기에서는 생략되어 다섯이 있다. 처음

출가하여 사미 되어서	出家作沙彌
모두 함께 저 붓다께 청하였다49	皆共請彼佛
대승법 연설해 주소서	演說大乘法

⑲ 저희들과 권속들은	我等及營從
모두 불도 이루어서	皆當成佛道
세존처럼 가장 청정한	願得如世尊
혜안 얻기 원하나이다 라고	慧眼第一淨

⑳ 붓다께서는 동자들의 마음과50	佛知童子心
과거세에 수행한 것 아시고	宿世之所行
한량없는 인연과	以無量因緣
갖가지 여러 비유로써	種種諸譬喩

㉑ 여섯 가지 바라밀과	說六波羅蜜
여러 신통의 일 설하시고	及諸神通事
진실한 법과	分別眞實法
보살이 행할 도 분별하시고서	菩薩所行道

㉒ 이 법화경전과51	說是法華經

....
  2구는 첫째 왕자들의 출가를 노래했다.
49 이하 1수반은 둘째의 바로 대승 굴리시기 청한 것을 노래했다.
50 이하 2수는 셋째 이만 겁의 중간(=위 7.4 (2)의 ④에서 말한, 법화경 설하시기까지의 세월)에 방등과 반야를 설하신 것을 노래했다.
51 이하 2행은 넷째 청을 받아들여 법화경 설하신 것을 노래했다.

항하사와 같은 게송을 설하셨다	如恒河沙偈
저 붓다께서 이 경전 설하시고 나서52	彼佛說經已
고요한 방에서 선정에 드시어	靜室入禪定

23 한 마음으로 한 곳에서　　　　　一心一處坐
　　팔만사천 겁을 앉아계시니　　　　八萬四千劫
　　이 모든 사미들은 붓다께서53　　　是諸沙彌等
　　선정에서 나오지 않으심 알고　　　知佛禪未出

24 한량없는 억의 중생들 위해54　　　爲無量億衆
　　붓다의 위없는 지혜 말하고　　　　說佛無上慧
　　각각 법좌에 올라　　　　　　　　各各坐法座
　　이 대승경전 설하였고　　　　　　說是大乘經

25 붓다께서 입멸하신 후에도　　　　於佛宴寂後
　　법의 교화 선양해 도왔으니　　　　宣揚助法化
　　하나하나의 사미들이55　　　　　一一沙彌等

---

52 이하 1수는 다섯째 경전 설하시고 나서 선정에 드신 것을 노래했다.
53 이하 27수의 바로 결연한 것을 노래한 것에 둘이 있다, 첫째 8수는 법으로 설한 것, 둘째 31의 제3행 이하 19수는 비유로 설한 것을 노래한 것이다. 전자 중에 셋이 있다. 26의 제2행까지 처음 3수는 과거에 인연 맺은 것을 노래했고, 다음 27의 제2행까지 1수는 중간에 서로 만났음을 노래했으며, 뒤의 4수는 오늘 다시 법화경 설하시는 것을 노래했다. 첫째의 글에 다시 셋이 있으니, 처음 2구는 대통지승붓다의 입정을 노래했다.
54 이하 1수반은 둘째 되풀이 강설한 것을 노래했다.
55 이하 1수는 셋째 법 듣고 이익 얻은 것을 노래했다.

제도한 여러 중생에는	所度諸衆生

26 육백만억 항하사와 같은 　　　　有六百萬億
　　중생들이 있었다 　　　　　　　　恒河沙等衆
　　저 붓다께서 멸도하신 후56 　　　彼佛滅度後
　　이 법 들은 모든 자들은 　　　　是諸聞法者

27 곳곳의 불국토마다 　　　　　　　在在諸佛土
　　항상 스승과 함께 태어났다 　　　常與師俱生
　　이 열여섯의 사미들은57 　　　　是十六沙彌
　　붓다의 도 갖추어 행해서 　　　　具足行佛道

28 지금 현재의 시방에서 　　　　　　今現在十方
　　각각 정각을 성취하였고 　　　　　各得成正覺
　　그 때 법 들은 자들은 　　　　　　爾時聞法者
　　각각 붓다들의 처소에 있어서 　　各在諸佛所

29 그가 성문에 머물러 있으면 　　　其有住聲聞
　　점차 붓다의 도로써 가르치시니 　漸教以佛道
　　나도 열여섯 수에 들어 있어서 　我在十六數
　　일찍이 또한 너희에게 설했으므로 曾亦爲汝說

---

56 이하 1수는 위의 둘째 중간에 서로 만났음을 노래한 것이다.
57 이하 3수가 셋째 오늘 다시 법화경 설하심을 노래한 것에 둘이 있다. 30의 제2행까지 3수는 고금을 연결하는 것을 노래했고, 그 뒤의 1수는 다시 법화경 설하시는 것을 노래했다.

|30| 그래서 방편으로 너희 이끌어　　　是故以方便
　　붓다의 지혜로 향하게 하고　　　　引汝趣佛慧
　　이 본래의 인연 때문에　　　　　　以是本因緣
　　이제 법화경 설하여　　　　　　　今說法華經

|31| 너희 붓다의 도에 들게 함이니　　令汝入佛道
　　부디 놀라고 두려워하지 말라　　　愼勿懷驚懼
　　비유하면 험하고 나쁜 길58　　　　譬如險惡道
　　멀리 인적 끊기고 독한 짐승 많으며　迴絶多毒獸

|32| 또 다시 물이나 풀도 없어　　　　又復無水草
　　사람이 두려워하는 곳에　　　　　人所怖畏處
　　무수천만의 대중들이59　　　　　　無數千萬衆
　　이 험한 길 지나려고 하는데　　　欲過此險道

|33| 그 길 매우 멀고 멀어60　　　　　其路甚曠遠
　　삼백 유순 지났을 때　　　　　　　經三百由旬

---

58 이하 19수의 비유로 설한 것을 노래한 것에 둘이 있으니, 처음 |42|까지 11수반은 비유의 전개를 노래했고, 뒤의 7수반은 비유의 뜻 밝힌 것을 노래했다. 전자 중에 둘이 있다. 첫째 |34|의 제2행까지 3수는 오백유순의 비유를 노래했고, 둘째 뒤의 8수반은 이끌어 인도하는 비유를 노래했다. 전자에는 다시 넷이 있다. 첫째 이하 1수는 험하고 나쁜 길을 노래했다.
59 이하 2행은 둘째 많은 사람들이 있는 것을 비유했다.
60 이하 2행은 셋째 오백 유순을 노래했다. * 제2행이 범본에는 험한 길의 거리가 오백 유순인 것으로 표현되어 있고, 한역본 중에도 '경오백유순經五百由旬'이라고 되어 있는 판본이 있다.

한 인도자가 있어61　　　　　　　時有一導師
　　아는 것 많고 지혜 있어　　　　　強識有智慧

34　환히 알며 마음도 결정되어　　　明了心決定
　　험로에서 온갖 난관 건넘과 같다　在險濟衆難
　　사람들은62 모두 지쳐서　　　　衆人皆疲惓
　　인도자에게 말하였다　　　　　　而白導師言

35　저희들은 이제 괴롭고 지쳐서　　我等今頓乏
　　여기에서 돌아가려 합니다 라고　於此欲退還
　　인도자는 이렇게 생각했다63　　 導師作是念
　　이 무리들 참으로 가엾구나　　　此輩甚可愍

36　어찌하여 돌아가서　　　　　　　如何欲退還
　　큰 진보 잃으려 하는가 라고　　　而失大珍寶
　　이윽고 방편을 생각해64　　　　 尋時思方便

---

61 이하 1수는 넷째 한 인도자가 총명하고 지혜로운 것을 노래했다.
62 이하 42까지 8수반이 이끌어 인도하는 비유를 노래한 것에는 셋이 있다. 첫째 이 두 글자는 위에서 이끌어 인도하는 것을 노래했고, 그 다음부터 40의 제2행까지 5수3행3글자는 둘째 사람들이 지쳐서 물러나므로 방편으로 화성 세우는 비유를 노래했으며, 40의 제3행 이하 2수반은 셋째 화성 없애고 보소로 이끌어 이르게 하는 비유를 노래했다. 이 중 둘째의 글에는 다시 둘이 있다. 처음 3행3글자는 지쳐서 물러나는 것이고, 뒤의 5수는 둘째 화성 만들어 물러남에 대응하는 것을 노래한 것이다.
63 이하 둘째 화성 만들어 물러남에 대응하는 것에 넷이 있다. 처음 1수는 첫째 큰 것 잃음 아파한 것을 노래했다.
64 이하 2행은 둘째 생각한 일을 노래했다.

신통력으로 시설하리라 하고	當設神通力

37 변화로 큰 성곽 만들고65　　　化作大城郭
　　여러 집들을 장엄하며　　　　莊嚴諸舍宅
　　주위에 둘러서 동산과　　　　周匝有園林
　　시내 및 욕지　　　　　　　　渠流及浴池

38 겹문과 높은 누각들 두고　　　重門高樓閣
　　남녀 모두 충만하게 하는　　　男女皆充滿
　　이러한 변화 곧 만들고 나서　即作是化已
　　대중들 위로하기를, 두려워하지 말라　慰衆言勿懼

39 그대들 이 성에 들어가 각각　汝等入此城
　　하고 싶은 대로 할 수 있다고 하니　各可隨所樂
　　사람들은 이미 성에 들어가66　諸人旣入城
　　마음으로 모두 크게 기뻐하여　心皆大歡喜

40 모두 안온하다는 생각 내고　　皆生安隱想
　　이제 건넜다고 스스로 말하자　自謂已得度
　　인도자는 휴식 다한 것 알고67　導師知息已

---

65 이하 2수반은 셋째 바로 화성 만든 것을 노래했다. 이 글에는 또 둘이 있으니, 처음 1수반은 바로 화성 만든 비유를 노래했고, 뒤의 38의 제3행 이하 1수는 화성에 대해 말한 것을 노래했다.
66 이하 1수는 넷째 성에 들어간 것을 노래했다.
67 이하 42까지 2수반은 셋째 화성 없애고 보소에 이르게 한 비유를 노래했

대중들 모아 말하였다	集衆而告言

⑷¹ 그대들은 전진해야 한다　　　汝等當前進
　　이것은 변화된 성일 뿐이니　　此是化城耳
　　내 그대들이 몹시 지쳐서　　　我見汝疲極
　　중간에 돌아가려 함 보고　　　中路欲退還

⑷² 그래서 방편의 힘으로　　　　故以方便力
　　임시로 화성을 변화로 만든 것이니　權化作此城
　　그대들은 부지런히 정진해서　　汝等勤精進
　　함께 보소로 가야 한다 라고　　當共至寶所

⑷³ ⁶⁸ 나 역시 이와 같아　　　　我亦復如是
　　일체의 인도자 되어　　　　　　爲一切導師
　　여러 구도자들이⁶⁹　　　　　　見諸求道者
　　중간에 싫증내어 그만 두어　　中路而懈廢

⑷⁴ 생사와 번뇌의　　　　　　　　不能度生死
　　여러 험한 길 건너지 못함을 보고　煩惱諸險道

다.
68 이하 7수반이 둘째 위의 합비를 노래한 것에 둘이 있다. 첫째 2행은 위 오백유순의 비유의 뜻 밝힌 것을 노래했고, 그 아래의 7수는 둘째 위의 장도비의 뜻 밝힌 것을 노래했다.
69 이하 7수의 장도비의 뜻 밝힌 것에 둘이 있다. 첫째 이하의 2수는 지쳐서 물러나는 비유의 뜻 밝힌 것을 노래했다.

그래서 방편의 힘으로 　　　　　故以方便力
쉬게 하려 열반 설하고 　　　　爲息說涅槃

45 그대들에게 괴로움 멸하고 　　言汝等苦滅
할 일 다 성취했다고 말했지만 　所作皆已辦
이미 열반에 이르러70 　　　　　旣知到涅槃
모두 아라한 되었음 알고는 　　皆得阿羅漢

46 마침내 대중들 모아 　　　　　爾乃集大衆
진실한 법 설하되 　　　　　　爲說眞實法
모든 붓다들은 방편의 힘으로 　諸佛方便力
분별하여 삼승을 설하나 　　　分別說三乘

47 오직 일불승 있을 뿐 　　　　唯有一佛乘
쉬게 하려고 이승 설하는 것 　息處故說二
이제 그대들에게 진실 말한다 　今爲汝說實
그대들 얻은 것은 소멸 아니니 　汝所得非滅

48 붓다의 일체지 위해 　　　　　爲佛一切智
큰 정진 일으켜야 한다 　　　　當發大精進
그대들은 일체지와 십력 등 　　汝證一切智
붓다의 법 깨닫고 　　　　　　十力等佛法

....
70 이하 5수는 둘째 화성 없애고 보소에 이르게 하는 비유의 뜻 밝힌 것을 노래한 것이다.

|49| 삼십이상을 갖추어야 　　　具三十二相
　　이것이 진실한 소멸이다 　　　乃是眞實滅
　　인도자이신 모든 붓다들은 　　諸佛之導師
　　쉬게 하기 위해 열반 설하고 　爲息說涅槃

|50| 이미 다 쉰 것 알고 나면 　　　既知是息已
　　이끌어 붓다 지혜에 들게 한다 　引入於佛慧

妙法蓮華經
묘법연화경

卷第四
제4권

後秦 龜玆國 三藏法師 鳩摩羅什 奉 詔譯
후진 구자국 삼장법사 구마라집 봉 조역

묘법연화경 제4권 　　　　　妙法蓮華經 卷第四

제8 오백제자수기품[1]　　　五百弟子受記品 第八

8.1[2]

(1) ① 그 때 부루나미다라니자는 붓다로부터 이 지혜의 방편으로 근기 따라 설하시는 법을 듣고, 또 여러 대 제자들에게 아뇩다라삼먁삼보리의 수기 주시는 것을 들으며, 다시 숙세 인연의 일을 듣고, 다시 모든 붓다들에게 큰 자재와 신통의 힘 있음을 듣고, ② 미증유를 얻어 마음 맑아져 뛰어오를듯 하여 곧 자리에서 일어나 붓다 앞으로 가서 발에 엎드

爾時　富樓那彌多羅尼子 從佛聞是 智慧方便 隨宜說法, 又聞授 諸大弟子　阿耨多羅三藐三菩提記, 復聞 宿世因緣之事, 復聞諸佛 有大自在 神通之力, 得未曾有 心淨踊躍 卽從座起 到於佛前 頭面禮足 卻住

---

[1] 이 품에서 일천이백 명에게 갖추어 수기 주시는데, '오백'을 표방한 것은 어찌된 것인가? 오백 명이 수기 받아 이름을 같이 하고, 오백 명이 입으로 이해했음을 진술하기 때문에 품으로 표방한 것이다.
　이 품은 인연설의 두 번째 단락이다. 수기 얻음에 둘이 있다. 첫째 이 품은 일천이백 명의 수기이고, 둘째 다음 제9품은 이천 명의 수기이다.

[2] 일천이백 명에게 수기를 주는 이 품의 글에는 둘이 있다. 첫째 8.1은 부루나에게 주는 것이고, 둘째 8.2 이하는 일천이백 명에게 주는 것이다. 전자에 다시 둘이 있다. 첫째 (1)은 침묵 속에서 이해했음을 서술하는 것이고, 둘째 (2) 이하는 여래께서 수기를 서술하시는 것이다. (전자에는 다시 둘이 있으니) 먼저 ①과 ②는 그가 이해하고 기뻐한 것을 서술하고, 다음 ③은 그가 침묵 속에서 이해했음을 생각하는 것을 서술한다. 또 기뻐하는 것에 둘이 있다. 첫째 ①은 그가 이해 얻은 연유를 서술하는 것이고, 둘째 ②는 그가 이해하고 기뻐하는 것을 서술하는 것이다.

려 예배한 후 한 편에 머물러 존안을 우 러러보면서 눈을 잠시도 떼지 않은 채 ③ 이렇게 생각하였다. '세존께서는 참으 로 기이하고 하시는 일은 희유하시다. 세 간의 여러 가지 종성에 수순하여 방편의 지견으로 설법하시어 중생들이 곳곳에 탐착함에서 건져내시니, 우리들은 붓다 의 공덕을 말로 펼 수가 없다.3 오직 붓 다세존께서만 우리들 깊은 마음의 본래 서원4을 능히 아신다.'

一面 瞻仰尊顔 目不暫 捨 而作是念.
'世尊 甚奇特 所爲希有. 隨順世間 若干種性 以 方便知見 而爲說法 拔 出衆生 處處貪著,
我等 於佛功德 言不能 宣. 唯佛世尊 能知我等 深心本願.'

⑵ 그 때 붓다께서 비구들에게 말씀하셨 다.5

爾時 佛告 諸比丘.

....
3 둘째 침묵 속에서 이해했음을 생각하는 것을 바로 밝히는 것에 둘이 있으 니, 처음 여기까지는 침묵 속에서 이해했음을 생각하는 것을 밝히는 것이 고, 뒤의 그 아래는 침묵 속에서 자취 드러내시기[發迹]를 구하고 수기 청하 는 뜻을 밝히는 것이다.
4 '깊은 마음'은 본지[本]이니, 지금 나타난 것은 자취일 뿐이다. '본래의 서원' 이란 대자비의 서원이다. 큰 자비로 아래를 교화[下化]하는 것이므로 맹서 [誓]이고, 위로 붓다 되기를 구[上求]하는 것이므로 나에게 소원[願]이 있는 것이다. 상구上求를 청함은 곧 수기 구하는 것이고, 하화下化 설하시기를 청 함은 곧 자취 드러내시기를 청하는 것이다.
5 이하 둘째 붓다께서 말씀하셔서 수기 주시는 글에 둘이 있으니, 장행과 게 송이다. 전자 중에 둘이 있으니, 첫째 ㈎ 내지 ㈓는 본지와 자취를 서술하 시는 것이고, 둘째 ㈔는 수기 주시는 것이다. 그 중 전자 중에는 다시 셋이 있다. 첫째 ㈎는 석가모니 시대의 인행[行因]에 나아가 자취를 드러내시는 것, 둘째 ㈏는 과거불 시대의 인행에 나아가 자취를 드러내시는 것, 셋째 ㈐는 삼세의 붓다에 나아가 닦는 인행이 원만함이다.

"⑺ ① 그대들은 이 부루나미다라니자를 보는가?6

② 나는 항상 그를 설법자들 중 가장 으뜸이라고 일컬었고,7 또한 항상 그의 갖가지 공덕 칭찬해서, ③ 정진하여 나의 법 호지하고 도와 펴서 능히 사부대중에게 보이고 가르치며 이익 주고 기쁘게 하며, 붓다의 정법을 갖추어 해석해서 동료 범행자들을 크게 요익하니,8 여래를 제외하고는 그 말하는 변재를 능가할 이 없다고 하였다.

⑻ 그대들은 부루나가 단지 내 법만을 호지해서 도와 편다고 말하지 말라.

또한 과거 구십억 제불의 처소에서 붓다의 정법을 호지해서 도와 펴서 그 설법자들 중 역시 가장 으뜸이었으며, 또한

"汝等見是 富樓那彌多羅尼子不?
我常稱其 於說法人中 最爲第一, 亦常歎其 種種功德, 精勤護持 助宣我法 能於四衆 示教利喜,
具足解釋 佛之正法 而大饒益 同梵行者, 自捨如來 無能盡其 言論之辯.
汝等勿謂 富樓那 但能護持 助宣我法.
亦於過去 九十億諸佛所 護持助宣 佛之正法 於彼說法人中 亦最第

---

6 첫째의 글에도 다시 셋이 있다. ①은 그 사람을 들어 보이시는 것, ②는 본지와 수적垂迹(=자취를 드리움)을 공통으로 표방하시는 것, ③은 본지와 수적을 따로 해석하시는 것이다. 먼저 '그대들은 보는가'라고 표방해 말씀하신 것에는 두 가지 뜻이 있다. 첫째는 그가 수적하여 소승이 된 것을 보는가 라는 것이고, 둘째는 그 본지의 공덕을 보는가 라는 것이다. 사람들은 단지 자취로 성문이 된 것만을 볼 뿐, 본래 보살임을 알지 못하므로, '보는가'라고 물으신 것이다.
7 공통으로 표방하시는 것 중 여기까지는 수적이고, 그 아래는 본지이다. 만약 법신의 오묘한 본지에 있지 않다면, 으뜸 가는 뛰어난 자취를 드리울 수 없었을 것이다.
8 따로 해석하시는 것 중 여기까지는 수적이고, 그 아래는 본지이다.

제불께서 설하신 공의 법을 환히 알아 통달하고 네 가지 무애지를 얻어 항상 자세하고 청정하게 법을 설할 수 있어 의혹이 없었고, 보살의 신통의 힘을 구족해서 그 수명이 다하도록 항상 범행을 닦아, 그 붓다 세상의 사람들은 모두 그를 진실로 성문이라고 말하였다.

부루나는 이런 방편으로 한량없는 백천의 중생들을 요익하고, 또 한량없는 아승기 사람들을 교화하여 아뇩다라삼먁삼보리에 서게 하였으니, 불국토를 청정케 하기 위해 항상 불사를 짓고 중생들을 교화하였다.

㈐ 여러 비구들이여, 부루나는 또한 과거 칠불 때의 설법자들 중에서도 으뜸이었고, 지금 내 처소의 설법자들 중에서도 역시 으뜸이며, 현겁 중 장래 제불 때의 설법자들 중에서도 역시 또 으뜸이어서 붓다의 법을 모두 호지해서 펼 것이며, 또한 미래에도 한량없고 가이없는 제불의 법을 호지해서 도와 펴고, 한량없는 중생들을 교화하고 요익하여 아뇩다라삼먁삼보리에 서게 할 것이니, 불국토를 청정케 하기 위하여 항상 부지런히 정진하

一, 又於諸佛 所說空法 明了通達 得四無礙智 常能審諦 淸淨說法 無有疑惑, 具足菩薩 神通之力 隨其壽命 常修梵行, 彼佛世人 咸皆謂之 實是聲聞.

而富樓那 以斯方便 饒益無量 百千衆生, 又化無量 阿僧祇人 令立 阿耨多羅三藐三菩提, 爲淨佛土故 常作佛事 敎化衆生.

諸比丘, 富樓那 亦於七佛 說法人中 而得第一, 今於我所 說法人中 亦爲第一, 於賢劫中 當來諸佛 說法人中 亦復第一 而皆護持 助宣佛法, 亦於未來 護持助宣 無量無邊 諸佛之法, 敎化饒益 無量衆生 令立 阿耨多羅三藐三菩提, 爲淨佛土故 常勤精進 敎

여 중생들을 교화할 것이며,

㈑ ① 점점 보살의 도를 구족해서9 ② 한량없는 아승기 겁을 지나 장차 이 땅에서 아뇩다라삼먁삼보리를 얻어, 명호를 법명法明여래 응공 정변지 명행족 선서 세간해 무상사 조어장부 천인사 붓다 세존이라고 할 것이니, ③10 그 붓다는 항하의 모래와 같은 삼천대천세계를 하나의 불국토로 하되, 칠보가 땅이 되고 땅은 손바닥처럼 평탄하여 산과 구릉, 시내와 구렁이 없으며, 칠보의 누각 그 안에 가득한데 여러 천신의 궁전들이 가까운 허공에 있어 사람과 천신들이 만나게 되어 서로 볼 수 있고, 모든 악도가 없고 또한 여인도 없으며, 일체의 중생들은 모두 화생하여 음욕이 없고 큰 신통을 얻어 몸에서는 광명을 내고 자재하게 날아다니며, 의지 견고하여 정진하고 지혜로우며, 널리 모두 금색이고 삼십이상으로 스스로 장엄할 것이다.

그 나라의 중생들은 항상 두 가지를

化衆生,
漸漸具足 菩薩之道 過無量 阿僧祇劫 當於此土 得阿耨多羅三藐三菩提, 號曰法明 如來 應供 正遍知 明行足 善逝 世間解 無上士 調御丈夫 天人師 佛 世尊, 其佛以恒河沙等 三千大千世界 爲一佛土, 七寶爲地 地平如掌 無有山陵 谿澗溝壑, 七寶臺觀 充滿其中 諸天宮殿 近處虛空 人天交接 兩得相見, 無諸惡道 亦無女人, 一切衆生 皆以化生 無有婬欲 得大神通 身出光明 飛行自在, 志念堅固 精進智慧, 普皆金色 三十二相 而自莊嚴.

其國衆生 常以二食, 一

---

9 이하 둘째 수기 주시는 글에 일곱이 있다. 첫째 ①은 인행의 원만을 밝히고, 둘째 ②는 과보의 원만을 밝혔다.
10 셋째 ③은 국토의 넓고 청정함을 밝혔다.

먹거리로 삼으니, 첫째는 법희식法喜食이고, 둘째는 선열식禪悅食이다. 한량없는 아승기 천만억 나유타의 여러 보살 대중들이 있어 큰 신통과 네 가지 무애지를 얻어 중생의 무리들을 능히 잘 교화할 것이고, 그 성문 대중들은 수를 세거나 헤아려서 알 수 없을 것인데, 모두 육신통과 삼명 및 팔해탈을 구족하리니, 그 불국토에는 이러한 등의 한량없는 공덕이 있고 장엄을 성취할 것이다.

④ 겁의 이름은 보명寶明이라 하고, 나라의 이름은 선정善淨이라 할 것인데,11 ⑤ 그 붓다의 수명은 한량없는 아승기 겁이고, ⑥ 법은 오래 머물 것이며, ⑦ 붓다의 멸도 후에는 칠보탑을 세워 그 나라에 두루 가득할 것이다."

(3) 이 때 세존께서는 이 뜻을 거듭 펴시고자 게송으로 말씀하셨다.12

者 法喜食, 二者 禪悅食. 有無量阿僧祇 千萬億 那由他 諸菩薩衆 得大神通 四無礙智 善能敎化 衆生之類,

其聲聞衆 算數校計 所不能知, 皆得具足 六通三明 及八解脫, 其佛國土 有如是等 無量功德 莊嚴成就.

劫名,寶明, 國名,善淨,

其佛壽命 無量阿僧祇劫, 法住甚久, 佛滅度後 起七寶塔 遍滿其國."

爾時 世尊 欲重宣此義 而說偈言.

---

11 넷째 ④는 나라와 겁의 이름을 밝히고, 다섯째 ⑤는 붓다의 수명을 밝히며, 여섯째 ⑥은 법의 머묾이 매우 오래임을 밝히고, 일곱째 ⑦은 붓다의 멸도 후 사리에 공양함을 밝혔다.
12 게송에 21수반이 있다. 처음 14수는 위의 자취 드러내심을 노래하고, [15] 이하 뒤의 7수반은 수기 주심을 노래했다. 전자 중에 다시 둘이 있으니, 앞의 7수는 여러 성문들의 자취를 전체적으로 드러내신 것이고, [8] 이하 7수는 부루나의 자취를 드러내신 것이다.

① 13 여러 비구들이여, 잘 들으라 　　　諸比丘諦聽
　　불자가 행하는 도는 　　　　　　　佛子所行道
　　방편을 잘 배웠기 때문에 　　　　　善學方便故
　　사의하기 어렵다 　　　　　　　　不可得思議

② 14 중생들이 작은 법을 즐기고 　　　知衆樂小法
　　큰 지혜 두려워함 알기에 　　　　　而畏於大智
　　그래서 여러 보살들은 　　　　　　是故諸菩薩
　　성문과 연각이 되어 　　　　　　　作聲聞緣覺

③ 15 무수한 방편으로 　　　　　　　以無數方便
　　여러 중생의 무리 교화하면서 　　　化諸衆生類
　　스스로 성문이어서 　　　　　　　自說是聲聞
　　불도에서 매우 멀다고 말하여 　　　去佛道甚遠

④ 한량없는 중생들 도탈시켜서 　　　度脫無量衆
　　모두 다 성취하게 하니 　　　　　　皆悉得成就
　　비록 작은 것 바라고 해태하더라도16 　雖小欲懈怠
　　점차 붓다 이루게 한다 　　　　　　漸當令作佛

....
13 전체적인 것 중에는 다섯이 있다. 첫째 이 1수는 불자가 불가사의를 행하여 이미 수적垂迹의 법 얻었음을 총체적으로 표방한 것이다.
14 이 1수는 둘째 수적의 연유를 밝힌 것이다.
15 이하 2수는 셋째 수적의 이익을 밝힌 것이다.
16 '작은 것 바란다'는 것은 소승 구함을 보인 것이고, '해태한다'고 함은 대승에서 퇴전함을 보인 것이다.

| 5|17 안으로 보살의 행 감추고 　　　　內祕菩薩行
　　　밖으로 성문으로서 욕구 적고 　　外現是聲聞
　　　생사 싫어함 나타내지만 　　　　少欲厭生死
　　　실제로는 불국토 청정함이며 　　實自淨佛土

| 6 | 중생들에 삼독 있음 보이고 　　　　示衆有三毒
　　　또 사견의 모습도 나타내며18 　　又現邪見相
　　　나의 제자들 이러한 　　　　　　我弟子如是
　　　방편들로 중생들 제도하니 　　　方便度衆生

| 7 |19 만약 내가 갖가지 　　　　　　　若我具足說
　　　변화로 나타내는 일 갖추어 말한다면 種種現化事
　　　중생들 이것을 듣고는 　　　　　衆生聞是者
　　　마음에 곧 의혹 품으리라 　　　　心則懷疑惑

| 8 |20 지금의 이 부루나는 　　　　　　今此富樓那
　　　과거 천억의 붓다들에게서 　　　　於昔千億佛
　　　행할 도 부지런히 닦고 　　　　　勤修所行道
　　　모든 불법 펴고 수호했으며 　　　宣護諸佛法

---

17 이하 2수는 넷째 안으로는 큰 도 품고서 밖으로는 작음의 허물 나타내는 것이다.
18 단지 성문됨을 보일 뿐 아니라, 또한 외도나 삼독의 범부가 되기도 한다는 것이다.
19 이 1수는 다섯째 줄였음을 가리키고 자세함을 억제한 것이다.
20 이하 7수는 둘째 부루나의 수적과 본지를 드러내는 것이다. 글에 둘이 있다. 이하 |12|까지 5수는 첫째 과거의 본지 드러낸 것을 노래했다.

⑨ 위없는 지혜 구하기 위해 爲求無上慧
　모든 붓다들의 처소에서 而於諸佛所
　제자들의 상수로 있으면서 現居弟子上
　많이 듣고 지혜 있었으며 多聞有智慧

⑩ 설법하는 것에 두려움 없어 所說無所畏
　능히 중생 기쁘게 하면서 能令衆歡喜
　한번도 싫증냄 없이 未曾有疲倦
　붓다의 일 도왔고 而以助佛事

⑪ 큰 신통에 이미 이르고 已度大神通
　네 가지 무애지 갖추며 具四無礙智
　모든 근기의 이둔을 알아 知諸根利鈍
　항상 청정한 법 설하였고 常說淸淨法

⑫ 이러한 뜻 널리 펴서 演暢如是義
　여러 천억의 중생들 가르쳐 教諸千億衆
　대승의 법에 머물게 하고 令住大乘法
　스스로 불국토 청정케 했으니 而自淨佛土

⑬21 미래에도 역시 未來亦供養
　한량없고 수없는 붓다들 공양하고 無量無數佛

---

21 이하 2수는 둘째 삼세 중의 붓다들 처소에서의 인행을 노래함에 있어, 과거 칠불과 현재불은 생략하고 노래하지 아니하였다.

정법 지키고 도와서 펴며	護助宣正法
또한 스스로 불국토 청정케 하고	亦自淨佛土

⑭ 항상 여러 방편으로	常以諸方便
설법함에 두려움 없어	說法無所畏
헤아릴 수 없는 중생들 제도해서	度不可計衆
일체지 성취하게 하며	成就一切智

⑮22 여러 여래들 공양하고	供養諸如來
법보의 성곽 호지하다가	護持法寶藏
그 후에 붓다 이루어23	其後得成佛
명호를 법명이라고 하리니	號名曰法明

⑯ 그 나라는 선정이라 이름하여24	其國名善淨
칠보가 합쳐져 이루어지고	七寶所合成
겁은 보명이라 이름할 것이다	劫名爲寶明
보살 대중들 매우 많아서25	菩薩衆甚多

⑰ 그 수가 한량없는 억인데	其數無量億
모두 큰 신통에 이르고	皆度大神通

---

22 이하 7수반은 수기 주심을 노래했다. 위의 글에서는 일곱 항목이 있었지만, 지금 게송에서는 넷만 있다. 처음 2행은 인행의 원만을 노래했다.
23 이하 2행은 둘째 과보의 원만을 노래했다.
24 이하 3행은 셋째 겁과 나라의 이름을 노래했다.
25 이하 끝까지 5수3행은 국토의 넓고 청정함을 노래했다.

위덕의 힘 구족한 분들이	威德力具足
그 국토에 충만할 것이고	充滿其國土

18 성문들 역시 무수한데 　　　　聲聞亦無數
　　삼명과 팔해탈에 　　　　　　　三明八解脫
　　네 가지 무애지 얻은 　　　　　得四無礙智
　　이런 분들이 승가 될 것이며 　以是等爲僧

19 그 나라의 모든 중생들은 　　　其國諸衆生
　　음욕을 모두 이미 끊어 　　　　婬欲皆已斷
　　순일하며 변화로 태어나서 　　純一變化生
　　상호 갖추어 신체 장엄하고 　　具相莊嚴身

20 법희와 선열을 먹고 　　　　　　法喜禪悅食
　　다시 다른 것 먹을 생각 없으며 更無餘食想
　　여인들도 없고 　　　　　　　　無有諸女人
　　또한 모든 악도도 없을 것이다 亦無諸惡道

21 부루나 비구는 　　　　　　　　富樓那比丘
　　공덕 모두 원만히 성취하여 　　功德悉成滿
　　이 청정한 국토 얻고 　　　　　當得斯淨土
　　현성의 대중들 매우 많으리니 　賢聖衆甚多

22 이런 한량없는 일들을 　　　　　如是無量事

| 내 이제 간략히 말했을 뿐이다 | 我今但略說 |

8.2[26]

(1) 그 때 일천이백의 마음 자재한 아라한들은 이렇게 생각하였다. '우리들은 미증유를 얻어 기쁘다. 만약 세존으로부터 다른 대 제자들처럼 각각 수기를 받게 된다면 또한 통쾌하지 않겠는가.'

爾時 千二百阿羅漢 心自在者 作是念. '我等歡喜 得未曾有. 若世尊各見授記 如餘大弟子者 不亦快乎.'

(2) 붓다께서는 이들이 마음으로 생각하는 것을 아시고 마하 가섭에게 이르셨다.[27]

"① 이 일천이백의 아라한들에게 내 지금 면전에서 차례로 아뇩다라삼먁삼보리의 수기를 주겠다.

② 이 대중들 중 나의 큰 제자 교진여 비구는 장차 육만이천억의 붓다들을 공양한 연후에 붓다를 이루어서, 명호를 보명普明여래 응공 정변지 명행족 선서 세간해 무상사 조어장부 천인사 붓다

佛知 此等 心之所念 告摩訶迦葉.

"是千二百 阿羅漢 我今當現前 次第與授 阿耨多羅三藐三菩提記.

於此衆中 我大弟子 憍陳如比丘 當供養 六萬二千億佛 然後 得成爲佛, 號曰普明 如來 應供 正遍知 明行足 善逝 世間解 無上

---

26 이하 둘째 일천이백 명에게 수기 주시는 글에 셋이 있다. 첫째 (1)은 생각으로 수기를 청하는 것, 둘째 (2)와 (3)은 수기 주시는 것, 셋째 8.3은 이해하는 것이다.
27 이하 둘째 수기 주시는 글에는 장행과 게송의 둘이 있다. 장행에는 셋이 있으니, ①은 일천이백 명에게 전체적으로 수기를 허락하시는 것, ②는 따로 교진여에게 수기하시는 것, ③은 따로 오백 명에게 수기하시는 것이다.

세존이라고 할 것이고,28 ③ 그 오백 아라한들, 즉 우루빈라 가섭, 가야 가섭, 나제 가섭, 가류타이迦留陀夷, 우타이優陀夷, 아누루타, 이바다, 겁빈나, 박구라, 주타周陀와 사가타莎伽陀 등도 모두 장차 아뇩다라삼먁삼보리를 얻어서 모두 다 동일하게 명호를 보명普明이라고 할 것이다."29

士 調御丈夫 天人師 佛世尊, 其五百阿羅漢 優樓頻螺迦葉 伽耶迦葉 那提迦葉 迦留陀夷 優陀夷 阿㝹樓䭾 離婆多 劫賓那 薄拘羅 周陀 莎伽陀等 皆當得 阿耨多羅三藐三菩提 盡同一號 名曰普明."

(3) 이 때 세존께서는 이 뜻을 거듭 펴시고자 게송으로 말씀하셨다.30

爾時 世尊 欲重宣此義 而說偈言.

1️⃣ 교진여 비구는 장차
　　한량없는 붓다들을 뵙고
　　아승기 겁이 지나서
　　등정각을 이루어

憍陳如比丘
當見無量佛
過阿僧祇劫
乃成等正覺

---

28 교진여는 가장 처음 도 깨달아 상수 상좌로 있었으므로 따로 수기하였고, 뒤의 오백 아라한들은 명호가 같을 것이므로 따로 수기할 필요가 있었다.
29 (문) 다만 오백 명이 수기 얻은 것만 보일 뿐, 천이백 명이 (수기 얻은 것은) 보이지 않는다. (답) 이 오백 명은 일천이백 중의 수이고, 뒤의 게송 중 끝의 1수반(=🔟의 제3행 이하)에서 칠백 명에게 전체적으로 수기를 주기 때문에 일천이백 명(이 수기받은 것)인 것이다.
30 11수의 게송은 둘이 된다. 먼저 9수반은 교진여와 오백 명에게 수기하신 것을 노래했고, 🔟의 제3행 이하 1수반은 일체의 성문들에게 수기 주신 것을 총체적으로 노래한 것이다.

② 항상 큰 광명을 놓고　　　　　　　　常放大光明
　　모든 신통을 구족해서　　　　　　　具足諸神通
　　명성이 두루 시방에 들리고　　　　名聞遍十方
　　일체로부터 존경 받으리니　　　　一切之所敬

③ 항상 위없는 도 설하기 때문에　　　常說無上道
　　명호를 보명이라고 하리라　　　　故號爲普明
　　그 국토는 청정하고　　　　　　　其國土淸淨
　　보살들은 모두 용맹하여　　　　　菩薩皆勇猛

④ 모두 오묘한 누각에 올라　　　　　咸昇妙樓閣
　　여러 시방의 국토 다니면서　　　　遊諸十方國
　　위없는 공양거리를　　　　　　　以無上供具
　　모든 붓다들께 봉헌하고　　　　　奉獻於諸佛

⑤ 이런 공양을 하고 나서　　　　　　作是供養已
　　마음에 큰 기쁨 품고　　　　　　　心懷大歡喜
　　수유에 본래의 국토로 돌아오는　　須臾還本國
　　이러한 신통력 있으리라　　　　　有如是神力

⑥ 붓다의 수명은 육만 겁이고　　　　佛壽六萬劫
　　정법은 수명의 배 동안 머물며　　　正法住倍壽
　　상법은 다시 배일 것이고　　　　　像法復倍是
　　법이 멸하여 천신 인간 근심하면　　法滅天人憂

7	그 오백의 비구들	其五百比丘
차례로 붓다 되어서	次第當作佛
다같이 명호를 보명이라 하고	同號曰普明
연이어서 수기 주기를	轉次而授記

8 내가 멸도한 뒤에 　　　　　我滅度之後
　　아무개가 붓다 되리니 　　　　某甲當作佛
　　그 교화하는 세간 역시 　　　其所化世間
　　나의 오늘과 같으리라 할 것이며 　亦如我今日

9 국토의 장엄 청정함 　　　　　國土之嚴淨
　　및 여러 신통의 힘 　　　　　及諸神通力
　　보살과 성문 대중들 　　　　　菩薩聲聞衆
　　정법 및 상법 　　　　　　　正法及像法

10 수명과 겁의 다소는 　　　　　壽命劫多少
　　모두 위에서 말한 것과 같으리라 　皆如上所說
　　가섭이여, 그대는 이제 　　　　迦葉汝已知
　　오백 자재자들은 알았을 것이나 　五百自在者

11 나머지 여러 성문 대중들도 　　餘諸聲聞衆
　　역시 또한 이와 같으리니 　　　亦當復如是
　　이 법회에 없는 이들에게는 　　其不在此會
　　그대가 펴 말해 주어야 한다 　　汝當爲宣說

8.3[31]

⑴ 그 때 오백 아라한들은 붓다 앞에서 수기를 받고서 뛰어오를듯이 기뻐하며 자리에서 일어나 붓다 앞으로 가서 발에 엎드려 예배하고 허물 뉘우치며 자책하였다.

"㈎ ① 세존이시여, 저희들 항상 스스로 구경의 멸도 이미 얻었다고 여겼는데, 이제 알고 보니 ② 지혜 없는 자와 같았습니다.[32] 까닭이 무엇인가 하면 저희들은 여래의 지혜를 얻어야 하는데도, 스스로 작은 지혜로 만족하였기 때문입니다.

㈏[33] 세존이시여, 비유하면 ① 어떤 사

爾時 五百阿羅漢 於佛前 得受記已 歡喜踊躍 卽從座起 到於佛前 頭面禮足 悔過自責.

"世尊, 我等 常作是念 自謂已得 究竟滅度, 今乃知之 如無智者. 所以者何 我等應得 如來智慧, 而便自以 小智爲足.

世尊, 譬如有人 至親友

---

31 이하 셋째 오백 명이 이해한 글에는 장행과 게송이 있고, 장행에서는 먼저 경전 편집자가 그들의 환희를 서술하고, 다음 ㈎ 이하에서 이해했음을 스스로 말한다. 후자에도 둘이 있으니, 첫째는 법설이고, 둘째 ② 이하는 비유설이다.
32 비유설 중에도 둘이 있다. 첫째는 간략한 것이고, 둘째 ㈏ 이하는 바로 들어서 비유하는 것이다. 전자 중에도 둘이 있으니, 처음 여기까지는 간략히 비유를 들어 비기는 것이고, 뒤의 그 아래는 지혜 없다는 뜻을 해석한 것이다.
33 (둘째 바로 들어서 비유하는 것에 둘이 있다. 첫째는 바로 들어서 비유하는 것, 둘째 ㈐와 ㈑는 비유의 뜻을 밝히는 것이다. 전자의) 비유로 말하는 것[=이것이 법화칠유 중의 제5 의주유(=옷 속의 구슬의 비유)이다. '의리계주유衣裏繫珠喩'(=옷 속에 매달아 둔 구슬의 비유)라고도 부름]에 둘이 있다. 첫째 ㈏는 술에 취한 비유[醉酒譬]로, 앞의 법설에서 스스로 작은 것 얻어 만족하고 큰 것 구할 줄 모른 것 후회한 것을 비유한 것이니, 앞의 법설·비유설·인연설 중의 방편 베푼 뜻을 이해한 것이다. 둘째 ㈐는 친구가 깨우치는 비유[親友覺悟譬]로, 법설에서 스스로 근기 둔해 깨닫기 어려워서

람이 친구 집에 가서 술에 취해 잠들었 | 家 醉酒而臥,
는데, 이 때 친구는 관청일로 나가면서 | 是時親友 官事當行 以
무가의 보배구슬을 그의 옷 속에 매어 | 無價寶珠 繫其衣裏 與
주고 간 것과 같습니다.34 | 之而去.

② 그 사람은 취해서 전혀 알지 못한 | 其人醉臥 都不覺知
채35 ③ 일어나 유랑하여 타국에 가서 힘 | 起已遊行 到於他國 爲
써 옷과 음식 구하느라 매우 큰 고난 겪 | 衣食故 勤力求索 甚大
었고, 만약 조금이라도 얻는 것이 있으면 | 艱難, 若少有所得 便以
만족하였습니다.36 | 爲足.

이제야 알게 된 것 자책한 것을 비유한 것이니, 앞의 법설·비유설·인연설 중의 진실 드러냄을 이해한 것이다. 전자에는 다시 세 가지 뜻이 있다. 첫째 ① 구슬 매어준 비유[繫珠譬]는 위의 왕자와 인연 맺은 것을 이해한 것이고, 둘째 ② 취해 잠들어 알지 못한 비유[醉臥不覺譬]는 그 대승에서 퇴전함 만난 것을 이해한 것이며, 셋째 ③ 일어나 유랑하는 비유[起已遊行譬]는 소승으로 대응한 일을 이해한 것이다.

34 '어떤 사람'이란 곧 이승의 사람이고, '친구'란 과거의 열여섯 왕자이며, '집'이란 곧 대승의 가르침이다. '술에 취해 잠들었다'는 것은 그 때 대승의 근기가 잠시 일어나고 무명이 잠시 억눌려 경전 듣게 되어 내심으로 조금 이해했으나 무명이 두텁기 때문에 다시 미혹해 잃어버린 것이다. 취하는 것에는 두 가지 뜻이 있다. 첫째는 만취해 전혀 알지 못하는 것이고, 둘째는 가볍게 취해 약간 깨었으나 곧 잃어버리는 것인데, 이 역시 알지 못하는 것에 속한다. '관청일로 나간다'는 것은 왕자가 다른 곳에서 근기가 일어나므로 연에 맞추어 가서 응하는 것이니, 법을 펴서 남을 교화하는 것은 사적인 일이 아니므로 '관청일'이라고 했다. '무가의 보배구슬'이란 일승의 실상 진여의 지혜 보배이다. '그의 옷 속에 맨다'는 것은, 참괴와 인욕으로 진에를 막고 밖의 악을 방어하는 것은 곧 옷의 겉이고, 믿고 즐기는 마음이 안으로 선근을 감싸는 것은 곧 옷의 안이다.

35 이는 무명의 마음이 두터워 곧 다시 기억하지 못하는 것이다.

36 선근이 일어나려 하여 고를 싫어하고 낙을 구하기 때문에 일어나 유랑하였다고 하였고, 무명이 앎을 가려 본국을 향해 대승의 옷과 음식 구할 줄 모르기 때문에 타국으로 향해 소승의 옷과 음식 구했다고 하였으니, 지금

(다)37 뒤에 친구가 그를 만나 이렇게 말했습니다. '애닯구나, 이 사람아. 어찌 옷과 음식 위해 이 지경이 되었나. 내 과거에 그대가 안락 얻고 오욕 즐기게 하고자 저 어느 날 무가의 보배구슬을 그대의 옷 속에 매어주어 지금도 그대로 있는데, 그대는 알지 못한 채 고생하고 괴로워하면서 살 길 구하다니 몹시 어리석구나. 그대는 이제 이 보배로 필요한 것 사면 항상 뜻 대로이고 모자람이 없을 것이다.'

於後親友 會遇見之 而作是言. '咄哉, 丈夫. 何爲衣食 乃至如是. 我昔欲令 汝得安樂 五欲自恣 於某年日月 以無價寶珠 繫汝衣裏 今故現在, 而汝不知 勤苦憂惱 以求自活 甚爲癡也. 汝今 可以此寶 貿易所須 常可如意 無所乏短.'

(라)38 붓다 역시 이러해서 보살이셨을 때 ① 저희들 교화하셔 일체지에 대한 마음 일으키게 하셨는데, ② 곧 잊어버리고 알지도 못하며 깨닫지도 못하고, ③

佛亦如是 爲菩薩時 敎化我等 令發一切智心, 而尋廢忘 不知不覺,

대승의 나라 등지고 소승의 땅으로 간 것을 밝힌 것이다. 구슬을 취해서 공급할 줄 모르고 품 팔아 스스로 조달하며 하루 품삯 얻는 것이 조금 얻고 만족하는 것이다.

37 이하 둘째 친구가 깨우치는 비유에는 셋이 있으니, 첫째는 책망하는 것, 둘째는 구슬 보이는 것, 셋째는 살 것을 권하는 것이다. 첫째는 위에서 집착 흔들려 의심 일으킨 것을 비유하고, 둘째는 숙세의 인연을 비유하며, 셋째는 수기 얻어 붓다 이루는 것을 비유했다.

38 이하는 둘째 비유의 뜻을 밝히는 것이다. 비유에 둘이 있고, 각각 세 가지 뜻이 있었는데, 여기에서도 그러하다. 처음 ①은 (첫째 술에 취한 비유 중의) 첫째 구슬 매어준 비유의 뜻 밝히는 것이고, 다음 ②는 둘째 취해 알지 못한 비유의 뜻 밝히는 것이며, 뒤의 ③은 일어나 유랑하는 비유의 뜻을 밝히는 것이다.

이미 아라한도 얻어 스스로 멸도했다고 말하고, 살림살이 어려워 조금 얻고 만족하였지만,

㈣39 ① 일체지에 대한 서원 여전하고 잃지 않았기에, 지금 세존께서 저희들 깨우치시려고, '비구들이여, 그대들이 얻은 것은 구경의 멸도가 아니다. ② 내 오래도록 너희들로 하여금 붓다의 선근 심게 하려고 방편으로 열반의 모습 보인 것인데, 그대들은 실제로 멸도 얻었다고 말하는 것이다.'라고 말씀하시는 것입니다.

③ 세존이시여, 저희들 이제야 진실로 보살임을 알고 아뇩다라삼먁삼보리의 수기를 받았으니, 이 때문에 경험하지 못한 것을 얻어 매우 크게 기뻐합니다."

⑵ 그 때 아야 교진여 등은 이 뜻을 거듭 펴고자 게송으로 말하였다.40

1 저희들 위없고 안온한

既得阿羅漢道　自謂滅度, 資生艱難 得少爲足,

一切智願 猶在不失,
今者世尊 覺悟我等 作如是言, '諸比丘, 汝等所得 非究竟滅. 我久令汝等 種佛善根 以方便故 示涅槃相,
而汝謂爲 實得滅度.'

世尊, 我今乃知 實是菩薩 得受阿耨多羅三藐三菩提記, 以是因緣 甚大歡喜 得未曾有."

爾時 阿若憍陳如等 欲重宣此義 而說偈言.

我等聞無上

---
39 이하 친구가 깨우치는 비유의 뜻 밝히는 것에도 셋이 있다. ①은 책망하는 뜻을 밝히고, ②는 구슬 보이는 뜻을 밝히며, ③은 필요한 것 사라고 권하는 뜻을 밝히는 것이다.
40 둘째 게송에 12수반이 있는데, 둘이 된다. 처음의 1수반은 내심으로 이해 얻었음을 노래하고, 뒤의 11수는 스스로 이해했음을 말한 것을 노래했다.

수기 주심의 음성 들으니	安隱授記聲
일찍이 없던 것 기뻐해	歡喜未曾有
한량없는 지혜의 붓다께 예배드리고	禮無量智佛

② 이제 세존 앞에서　　　　　　今於世尊前
　스스로 모든 허물 뉘우칩니다　自悔諸過咎
　한량없는 붓다의 보배에서41　於無量佛寶
　조그만 열반의 일부 얻고서　　得少涅槃分

③ 마치 지혜 없고 어리석은 사람처럼　如無智愚人
　스스로 만족하였습니다　　　　便自以爲足
　비유하면 빈궁한 사람이42　　　譬如貧窮人
　친구의 집에 갔는데　　　　　　往至親友家

④ 그 집은 매우 큰 부자여서　　　其家甚大富
　온갖 진수성찬 갖추어 차려 주고　具設諸餚膳
　무가의 보배구슬을　　　　　　以無價寶珠
　안의 옷 속에 매달아　　　　　繫著內衣裏

---

41 이하는 이해했음을 스스로 말하는 것을 노래했다. 위의 글에 (법설과 비유설의) 둘이 있었다. 지금 처음 2행은 (법설 중) 조금 얻고서 만족한 것 후회함을 노래하고, 뒤의 2행은 (비유설 중의 첫째) 간략한 비유를 노래했다.
42 이하 10수는 비유설의 전개와 뜻 밝히는 것을 노래했으니, ⑨의 제2행까지 처음 6수는 전개한 것을 노래하고, 그 아래 4수는 뜻 밝힌 것을 노래했다. 전자에 둘이 있었는데, 앞의 4수는 보배 버려두고 알지 못한 것을 노래하고, ⑦의 제3행 이하 2수는 친구가 깨우치는 것을 노래했다.

5 말없이 주고 나가니 　　　　　默與而捨去
　그 때 잠들어 알지 못한 　　　　時臥不覺知
　이 사람은 일어나 　　　　　　　是人旣已起
　유랑하여 타국으로 가서 　　　　遊行詣他國

6 옷과 음식 구해 스스로 마련하니 　求衣食自濟
　살림살이 매우 어려워서 　　　　資生甚艱難
　조금 얻어도 만족하고 　　　　　得少便爲足
　다시 좋은 것 원하지 않으며 　　更不願好者

7 안의 옷 속에 　　　　　　　　　不覺內衣裏
　무가의 보배구슬 있는 줄 몰랐는데 　有無價寶珠
　구슬을 준 친구가 　　　　　　　與珠之親友
　후에 이 가난한 사람 보고 　　　後見此貧人

8 쓰라리게 책망하고서 　　　　　　苦切責之已
　매달려 있는 구슬 보이니 　　　　示以所繫珠
　가난한 친구는 이 구슬 보고 　　貧人見此珠
　그 마음 크게 기뻐하면서 　　　　其心大歡喜

9 부자 되어 온갖 재물 가져 　　　　富有諸財物
　오욕 스스로 누림과 같습니다 　　五欲而自恣
　저희들도 또한 이와 같아 　　　　我等亦如是
　세존께서 긴 밤 동안 　　　　　　世尊於長夜

제8 오백제자수기품　321

10　항상 연민하여 교화하시어　　　　　常愍見教化
　　위없는 서원 심도록 하셨으나　　　　令種無上願
　　저희들은 지혜 없어서　　　　　　　　我等無智故
　　깨닫지도 못하고 알지도 못하여　　　不覺亦不知

11　조그만 열반의 일부 얻고서　　　　　得少涅槃分
　　만족하고 나머지 구하지 않다가　　　自足不求餘
　　이제 붓다께서 저희 깨우치시어　　　今佛覺悟我
　　실제로 멸도 아니고　　　　　　　　　言非實滅度

12　붓다의 위없는 지혜 얻어야　　　　　得佛無上慧
　　진실한 멸도라 말씀하시니　　　　　　爾乃爲眞滅
　　저희들 이제 붓다로부터　　　　　　　我今從佛聞
　　수기 주심과 장엄하는 일　　　　　　授記莊嚴事

13　및 차례차례 수기 받는 것 듣고서　　及轉次受決
　　몸과 마음 두루 기뻐합니다　　　　　身心遍歡喜

제9 수학무학인기품[1]　　　　　授學無學人記品 第九

9.1[2]

(1) ① 그 때 아난과 라후라는, '우리들도 만약 수기를 받는다면 또한 통쾌하지 않겠는가'라고 매번 생각하였다'라고 생각하고는, ② 곧 자리에서 일어나 붓다 앞으로 가서 발에 엎드려 예배하고 함께 붓다께 말하였다.

"세존이시여, 저희들도 여기에 응당 몫이 있을 것이니, 오직 여래만이 저희들의 귀의처이기 때문입니다.[3]

또 저희들은 일체 세간의 천신·인간·

爾時 阿難 羅睺羅 而作是念, '我等 每自思惟 設得受記 不亦快乎', 卽從座起 到於佛前 頭面禮足 俱白佛言.

"世尊, 我等於此 亦應有分, 唯有如來 我等所歸.

又我等爲 一切世間 天

1　진실을 연마하고 번뇌를 끊는 것[研眞斷惑]을 '학'이라고 이름하고, 진실이 궁극이고 번뇌가 다한 것[眞窮惑盡]을 '무학'이라고 이름한다. 진실한 이치를 연마하여 닦고 뛰어난 견해를 사모해 구하는 것을 '학'이라고 이름하니, 학의 지위는 삼과사향三果四向의 진실한 무루혜에 있다. 아라한과는 이치 연마한 것도 이미 궁극이고, 뛰어난 견해도 이미 궁극이어서 다시 배울 것이 없으므로 무학이라고 이름한다. 이 품의 이천 명에는 학도 있고 무학도 있지만, 같이 한 부류로서 일시에 수기를 받고 명호가 동일하기 때문에 따로 하나의 품으로 한 것이다. 이 품은 수기 주시는 글 중의 두 번째 단락이다.
2　이 품의 글은 둘이 된다. 첫째는 수기 청하는 것, 둘째 (3) 이하는 수기 주시는 것이다. 전자에 다시 둘이 있으니, 첫째 (1)은 두 사람이 청하는 것, 둘째 (2)는 이천 명이 청하는 것이다. 전자 중에 다시 둘이 있으니, 첫째 ①은 가만히 생각하는 것이고, 둘째 ② 이하는 말하여 수기 청하는 것이다.
3　둘째 말하여 수기 청하는 것에 둘이 있다. 첫째 여기까지는 예를 이끌어[引例] 응당 몫이 있으리라는 것이고, 둘째 그 아래는 (대중들의) 바람을 이끄는 것[引望]이다.

아수라들이 알아 보는 사람들로서, 아난은 항상 시자되어 법장을 호지하였고, 라후라는 붓다의 아들이니, 만약 붓다께서 아뇩다라삼먁삼보리의 수기를 주신다면 저희 소원도 만족하고 대중들의 바람 역시 만족할 것입니다."4

人阿修羅 所見知識, 阿難 常爲侍者 護持法藏, 羅睺羅 是佛之子, 若佛見授 阿耨多羅三藐三菩提記者 我願旣滿 衆望亦足."

(2) 그 때 학과 무학의 성문 제자 이천 명은 모두 자리에서 일어나 오른 어깨를 드러내고 붓다 앞으로 가서, 아난과 라후라가 원하는 것처럼 일심으로 합장하고 세존을 우러러보면서 한 쪽에 서 있었다.

爾時 學無學 聲聞弟子 二千人 皆從座起 偏袒右肩 到於佛前, 一心合掌 瞻仰世尊 如阿難 羅睺羅 所願 住立一面.

(3)5 이 때 붓다께서 아난에게 이르셨다.
　"그대는 미래세에 붓다 이루어서 명호를 산해혜자재통왕山海慧自在通王여래 응

爾時 佛告 阿難.
　"汝於來世 當得作佛 號 山海慧自在通王 如來

---

4 두 사람은 가장 가까우므로 그 때 대중들이 바라는 바였다. 라후라는 붓다의 아들이라 세속 중에서 가장 무겁고, 아난은 붓다의 법장 지녀 도 중에서 가장 뛰어나다. 무겁고 뛰어난 두 사람이 따로 수기 받지 못한다면 곧 대중들의 바람은 만족되지 않을 것이다.
5 수기 주시는 글에 둘이 있다. 먼저 두 사람에게 수기 주시는 것이고, 뒤의 9.4는 2천 명에게 수기 주시는 것이다. (전자에는 둘이 있으니, 처음은 아난에게 수기 주시는 것, 뒤의 9.3은 라후라에게 수기 주시는 것이다. 그 중 전자의) 아난에게 수기 주시는 글에는 다섯이 있다. 첫째 (3)은 장행, 둘째 (4)는 게송, 셋째 9.2의 (1)은 팔천의 보살들이 의심을 일으키는 것, 넷째 (2)는 여래께서 자취를 나타내어 의심을 풀어주시는 것, 다섯째 (3)은 아난이 본지를 드러내어 찬탄하는 것이다.

공 정변지 명행족 선서 세간해 무상사 조어장부 천인사 붓다 세존이라고 할 것이니, 육십이억의 여러 붓다들을 공양하고 법장을 호지하며, 그런 다음에 아뇩다라삼먁삼보리를 얻어 이십천만억 항하의 모래와 같은 여러 보살들을 교화해서 아뇩다라삼먁삼보리를 이루게 할 것이다. 나라의 이름은 상립승번常立勝幡이라고 할 것인데, 그 땅은 청정하여 유리가 땅이 될 것이고, 겁의 이름은 묘음변만妙音遍滿일 것이다.

그 붓다의 수명은 한량없는 천만억 아승기 겁이어서, 만약 사람이 천만억 한량없는 아승기 겁 동안 수를 세거나 헤아린다고 해도 알 수 없을 것이고, 정법이 세상에 머무는 것은 그 수명의 배이며, 상법이 세상에 머무는 것은 다시 정법의 배일 것이다.

아난이여, 이 산해혜자재통왕붓다는 시방의 한량없는 천만억 항하사와 같은 제불 여래께서 함께 찬탄하시고 그 공덕을 일컫는 바 될 것이다."

(4) 이 때 세존께서는 이 뜻을 거듭 펴시

應供 正遍知 明行足 善逝 世間解 無上士 調御丈夫 天人師 佛 世尊, 當供養 六十二億諸佛 護持法藏, 然後得 阿耨多羅三藐三菩提 敎化 二十千萬億 恒河沙 諸菩薩等 令成阿耨多羅三藐三菩提. 國名 常立勝幡, 其土淸淨 琉璃爲地, 劫名 妙音遍滿.
其佛壽命 無量千萬億 阿僧祇劫, 若人 於千萬億 無量阿僧祇劫中 算數校計 不能得知, 正法住世 倍於壽命,
像法住世 復倍正法.

阿難, 是山海慧自在通王佛 爲十方無量 千萬億 恒河沙等 諸佛如來 所共讚歎 稱其功德."

爾時 世尊 欲重宣此義

고자 게송으로 말씀하셨다.　　　　　　　而說偈言.

① 내 지금 대중 속에서 말한다　　　　　我今僧中說
　　법장 지니는 아난은　　　　　　　　阿難持法者
　　장차 여러 붓다들 공양하고　　　　　當供養諸佛
　　그런 다음에 정각 이루어　　　　　　然後成正覺

② 명호를 산해혜　　　　　　　　　　　號曰山海慧
　　자재통왕붓다라고 하리니　　　　　　自在通王佛
　　그 나라는 땅이 청정하여　　　　　　其國土淸淨
　　이름을 상립승번이라 할 것인데　　　名常立勝幡

③ 여러 보살들을 교화하여　　　　　　　敎化諸菩薩
　　그 수가 항하의 모래와 같으며　　　　其數如恒沙
　　붓다에게는 큰 위덕 있어　　　　　　佛有大威德
　　명성이 시방에 가득 들리리라　　　　名聞滿十方

④ 붓다의 수명은 한량없으리니　　　　　壽命無有量
　　중생들을 연민하기 때문이며　　　　　以愍衆生故
　　정법은 수명의 배이고　　　　　　　　正法倍壽命
　　상법은 다시 배일 것인데　　　　　　像法復倍是

⑤ 항하의 모래와 같은　　　　　　　　　如恒河沙等
　　무수한 여러 중생들이　　　　　　　　無數諸衆生

이 붓다의 법 중에서	於此佛法中
불도의 인연 심으리라	種佛道因緣

9.2

(1) 그 때 법회 중의 새로 뜻 일으킨 보살 팔천 명은 모두 이런 생각을 하였다. '우리들은 오히려 여러 대 보살들이 이러한 수기 받는 것도 들은 적이 없다. 무슨 인연이 있어 여러 성문들이 이러한 수기를 받는 것일까?'

爾時 會中 新發意菩薩 八千人 咸作是念. '我等 尚不聞 諸大菩薩 得如是記. 有何因緣 而諸聲聞 得如是決?'

(2) 그 때 세존께서는 여러 보살들의 마음의 생각을 아시고 그들에게 이르셨다.

"여러 선남자들이여, 나와 아난 등은 공왕불6의 처소에서 동시에 아뇩다라삼먁삼보리에 대한 마음을 일으켰는데, 아난은 항상 다문을 즐겼고, 나는 항상 부지런히 정진했으니, 그래서 나는 이미 아뇩다라삼먁삼보리를 성취하였지만, 아난은 나의 법을 호지하고, 또한 장래 제불의 법장도 보호하며, 여러 보살 대중들을 교화 성취할 것이다. 그의 본래 서원이

爾時 世尊 知諸菩薩 心之所念 而告之曰.

"諸善男子, 我與阿難等 於空王佛所 同時發 阿耨多羅三藐三菩提心, 阿難 常樂多聞, 我常勤精進, 是故 我已得成 阿耨多羅三藐三菩提, 而阿難 護持我法, 亦護將來 諸佛法藏, 敎化成就 諸菩薩衆. 其本願如

---

6 * 과거 공겁에 최초로 출현하였다는 붓다로서, 위음왕불威音王佛(=졸역『육조단경 읽기』p.82)이라고도 부른다.

이러했으므로 이 수기를 받는 것이다." 是 故獲斯記."

(3) 아난은 붓다의 면전에서 수기 주심과 국토의 장엄함을 스스로 듣고 소원이 갖추어지자, 미증유를 얻어 마음으로 크게 기뻐하였다. 즉시 과거 한량없는 천만억 제불의 법장을 기억하니, 통달하여 걸림 없는 것이 마치 지금 들은 것 같았으며, 또한 본래의 서원도 알게 되었다.

　이 때 아난은 게송으로 말하였다.

阿難 面於佛前 自聞授記 及國土莊嚴 所願具足, 心大歡喜 得未曾有.
卽時憶念　過去無量千萬億 諸佛法藏, 通達無礙 如今所聞,
亦識本願.
爾時 阿難 而說偈言.

① 세존은 매우 희유하시어
　저로 하여금 과거
　한량없는 모든 붓다의 법을
　오늘 들은 것인 양 생각케 하시니

世尊甚希有
令我念過去
無量諸佛法
如今日所聞

② 저 이제 다시 의심 없이
　붓다의 도에 안주하고서
　방편으로 시자 되어
　모든 붓다의 법 호지하겠습니다

我今無復疑
安住於佛道
方便爲侍者
護持諸佛法

9.3⁷

---

7 나머지 수기는 모두 글과 같다. * 9.3은 두 사람에게 수기 주시는 글 중의 둘째 라후라에게 수기 주시는 것이고, 뒤의 9.4는 이천 명에게 수기 주시는

(1) 그 때 붓다께서 라후라에게 말씀하셨다.

"그대는 미래세에 붓다 이루어서 명호를 도칠보화蹈七寶華여래 응공 정변지 명행족 선서 세간해 무상사 조어장부 천인사 붓다 세존이라고 할 것이니, 열 세계[十世界]의 미진과 같은 수의 모든 붓다 여래들을 공양하면서, 항상 지금과 같이 모든 붓다들에게 큰 아들[長子]이 될 것이다.

이 도칠보화붓다의 국토의 장엄과 수명과 겁의 수, 교화받는 제자들, 정법과 상법이 머무는 것도 역시 산해혜자재통왕여래와 같아서 다름이 없을 것이고, 또한 이 붓다에게도 큰 아들이 되며, 이를 지난 뒤에 아뇩다라삼먁삼보리를 얻을 것이다."

(2) 이 때 세존께서는 이 뜻을 거듭 펴시고자 게송으로 말씀하셨다.

① 내가 태자였을 때
　라후라는 큰 아들이 되었고
　　글이다.

爾時 佛告 羅睺羅.

"汝於來世 當得作佛 號蹈七寶華 如來 應供 正遍知 明行足 善逝 世間解 無上士 調御丈夫 天人師 佛 世尊, 當供養十世界 微塵等數 諸佛如來, 常爲諸佛 而作長子 猶如今也.
是蹈七寶華佛　國土莊嚴　壽命劫數　所化弟子　正法像法　亦如山海慧自在通王如來 無異, 亦爲此佛 而作長子, 過是已後　當得阿耨多羅三藐三菩提."

爾時 世尊 欲重宣此義 而說偈言.

我爲太子時
羅睺爲長子

내 지금 불도 이루니	我今成佛道
법 받아 법의 아들 되었으며	受法爲法子

2 미래세 중에 　　　　　　　　　　於未來世中
　한량없는 억의 붓다들 뵙고　　　見無量億佛
　모두 그들에게 큰 아들 되어　　　皆爲其長子
　일심으로 불도 구하리라　　　　一心求佛道

3 라후라의 밀행密行[8]은 　　　　　羅睺羅密行
　오직 나만이 이를 알고　　　　　唯我能知之
　현재 나의 큰 아들 되어　　　　　現爲我長子
　여러 중생들에게 보이는　　　　以示諸衆生

4 한량없는 억천만의 　　　　　　無量億千萬
　공덕은 셀 수 없으니　　　　　　功德不可數
　불법에 안주하여　　　　　　　安住於佛法
　위없는 도 구하리라　　　　　　以求無上道

9.4
(1) 그 때 세존께서는 학과 무학 이천 명을 보니, 그 마음 유연하고 고요하며 청정해서 일심으로 붓다를 보고 있었다.
　붓다께서 아난에게 이르셨다.

爾時 世尊 見學無學 二千人, 其意柔軟 寂然淸淨 一心觀佛.
佛告 阿難.

---
8 * 계율을 남모르게 은밀하게 실천하는 것을 말한다.

"그대는 이 학과 무학 이천 명을 보는가?"

"예 그렇습니다, 이미 보았습니다."

"아난이여, 이 모든 사람들은 장차 오십 세계 미진과 같은 수의 모든 붓다여래들을 공양하고 공경하며 존중하고 법장을 호지하고서, 최후의 몸으로[末後] 동시에 시방의 국토에서 각각 붓다를 이루어서, 모두 동일하게 명호를 보상寶相여래 응공 정변지 명행족 선서 세간해 무상사 조어장부 천인사 붓다 세존이라고 할 것이니, 수명은 일 겁이고, 국토의 장엄과 성문과 보살들, 정법과 상법이 머무는 것이 모두 다 동등할 것이다."

(2) 이 때 세존께서는 이 뜻을 거듭 펴시고자 게송으로 말씀하셨다.

1 이 이천 명의 성문들이
  지금 내 앞에 머물고 있으니
  미래에 붓다 이루리라고
  모두 다 수기 주노라

2 공양받을 여러 붓다들은

"汝見 是學無學 二千人不?"

"唯然, 已見."

"阿難, 是諸人等 當供養 五十世界微塵數 諸佛如來 恭敬尊重 護持法藏, 末後同時 於十方國 各得成佛, 皆同一號 名曰寶相 如來 應供 正遍知 明行足 善逝 世間解 無上士 調御丈夫 天人師 佛 世尊, 壽命一劫, 國土莊嚴 聲聞菩薩 正法像法 皆悉同等."

爾時 世尊 欲重宣此義 而說偈言.

是二千聲聞
今於我前住
悉皆與授記
未來當成佛

所供養諸佛

제9 수학무학인기품 331

위에서 말한 미진의 수와 같아	如上說塵數
그들의 법장 호지하고서	護持其法藏
후에 정각 이루어서	後當成正覺

③ 각각 시방의 국토에서 　　各於十方國
　　모두 같은 하나의 명호일 것이니 　悉同一名號
　　동시에 도량에 앉아 　　　　　　俱時坐道場
　　위없는 지혜 깨달아서 　　　　　以證無上慧

④ 모두 보상이라 이름할 것이고 　皆名爲寶相
　　국토와 제자 　　　　　　　　　國土及弟子
　　정법과 상법은 　　　　　　　　正法與像法
　　모두 같아 다름 없을 것이며 　　悉等無有異

⑤ 모두 여러 신통으로 　　　　　　咸以諸神通
　　시방의 중생들 제도하여 　　　　度十方衆生
　　명성이 널리 두루할 것이고 　　名聞普周遍
　　점차 열반에 들 것이다 　　　　漸入於涅槃

(3) 그 때 학과 무학 이천 명은 붓다의 수기 주심을 듣고 뛰어오를듯이 기뻐하면서 게송으로 말하였다.　　爾時 學無學二千人 聞佛授記 歡喜踊躍 而說偈言.

　　지혜의 등불이신 세존께서 　　　世尊慧燈明

수기 주시는 음성 저희 들으니　　　我聞授記音
마음 기쁘고 충만함이　　　　　　　心歡喜充滿
감로의 부음 받은 듯합니다　　　　　如甘露見灌

제10 법사품[1] 　　　　　　法師品 第十

1 이 품에서는 다섯 가지가 법사이니, 첫째는 수지受持하는 것, 둘째는 읽는 것[讀], 셋째는 외는 것[誦], 넷째는 해설解說하는 것, 다섯째는 쓰고 베끼는 것[書寫]이다. 《대지도론》에서는 여섯 가지 법사를 밝히니, 믿음의 힘[信力] 때문에 받아들이고[受], 새기는 힘[念力] 때문에 지니며[持], 글을 보는 것이 읽는 것[讀]이고, 잊지 않는 것이 외는 것[誦]이며, 펴서 전하는 것이 설說하는 것이고, 성인의 경서는 이해하기 어려워 해석[解]을 요하는 것이다. 여섯 가지 법사가 이 경전에서는, 받아들임과 지님이 합쳐서 하나가 되고, 해석과 설함이 합쳐서 하나가 되며, 읽는 것과 외는 것이 나누어져 둘이 되고, 쓰고 베끼는 것을 추가해서 다섯이 되었다.

　개별적으로 논한다면 네 사람(=해설 외의 넷)은 자리이고, 한 사람(=해설)은 이타이다. 공통적으로 논한다면 만약 스스로 다섯 가지 법을 좇는다면 곧 자리의 법사이고, 만약 남에게 다섯 가지 법을 가르친다면 곧 이타의 법사이다. 스스로 좇기 때문에 통칭해서 제자라고 하고, 남을 교화하기 때문에 통칭해서 법사라고 하니, 지금은 공통적인 뜻을 따라 법사품이라고 이름하였다.

　앞의 삼주三周로써 적문의 정설正說·이해·수기는 끝나고, 이하 5개 품은 적문의 유통분이다. 다만 당시를 이익되게 할 뿐만 아니라, 다시 미래세도 적셔 주시고자 하셨기 때문에 5개 품의 유통분이 있게 된 것이다. 법사와 보탑의 2품은 홍경弘經(=경전을 넓힘, 즉 경전의 유통을 뜻함)의 공이 깊고 복이 무거워, 듣지 못한 사람에게 유통함의 이익이 거대함을 밝힌다. 제바달다품은 과거의 홍경으로 저와 내가 공히 이익 얻었음을 이끌어 공덕이 깊고 무거움을 증명한다. 권지품은 인욕의 힘이 성취된 팔만의 보살들은 이 국토에서 홍경하고, 새로 수기 얻은 자들은 다른 국토에서 홍경한다는 것이다. 안락행품은 외범外凡(=기존불교이론에서는 오정심관·별상염주·총상염주의 3현을 외범, 난위 등의 4선근을 내범이라고 하고, 대승에서는 십신을 외범, 십주·십행·십회향의 3현을 내범이라고 하는데, 여기에서는 대승의 그것을 가리킴)의 초심初心은 이 뛰어난 복을 기뻐하면서도 성문들의 두려워하고 꺼려함 보고, 보살들의 배척당하고 욕보임을 듣고서, 자기의 힘 약해 자타를 이익하지 못할 것임을 되돌아보고 퇴전을 일으키므로, 붓다께서 이 사람을 위해 안락행을 설하시니, 이에 의해 법은 넓혀지고 위험과 고난을 걱정치 않게 하신다. 한편 법사품은 석존께서 스스로 홍경의 공과 복을 말씀하셔서, 분부해 유통하기를 구하신 것이고, 보탑품은 다보불과 분신불로 하여금 증명하고 돕게 하셔서, 권하여 유통하기를 구하신 것이다.

10.1[2]

(1) 그 때 세존께서는 약왕보살을 상대하여 팔만의 보살들에게 말씀하셨다.

"㈎ 약왕이여, 그대는 이 대중들 중 한량없는 여러 천신들, 용왕, 야차, 건달바, 아수라, 가루라, 긴나라, 마후라가, 인비인 및 비구, 비구니, 우바새, 우바이들로서, 성문 구하는 자와 벽지불 구하는 자와 불도 구하는 자의 이러한 등의 무리들을 보는가?[3]

㈏ 모두 붓다 앞에서 묘법화경의 한 게송이나 한 구절을 듣고 나아가 한 순간이라도 따라 기뻐한 자라면, 나는 모두 장차 아뇩다라삼먁삼보리를 얻을 것이라고 수기를 준다."[4]

爾時 世尊 因藥王菩薩 告八萬大士.
"藥王, 汝見 是大衆中 無量諸天 龍王夜叉 乾闥婆 阿修羅 迦樓羅 緊那羅 摩睺羅伽 人與非人 及比丘比丘尼 優婆塞優婆夷, 求聲聞者 求辟支佛者 求佛道者 如是等類?
咸於佛前 聞妙法華經 一偈一句 乃至一念 隨喜者, 我皆與授記 當得阿耨多羅三藐三菩提."

....
2 법사품의 글에는 둘이 있다. 처음의 장행과 게송은 법을 수지하는 사람인 다섯 가지 법사를 찬탄하는 것이고, 뒤 10.2의 장행과 게송은 수지되는 법을 찬탄하고, 또 경전 유통의 방법을 보인 것이다. 전자에 다시 둘이 있다. 첫째 도를 받는 제자의 관점에 나아가 공덕 깊고 복덕 무거움을 밝히고, 둘째(2)의 ㈏ 이하는 도를 주는 스승의 관점에서 공덕 깊고 복덕 무거움을 밝힌다. 전자에 또 둘이 있다. 첫째 (1)은 붓다 재세시의 제자이고, 둘째 (2)의 ㈎는 멸도 후의 제자이다. 전자에 또 둘이 있으니, ㈎는 사람 등의 무리를 가려내는 것이고, ㈏는 수기 얻는 인연을 가려내는 것이다.
3 만약 붓다 앞에서 근기 맞아 오묘하게 깨닫는다면 이는 많이 듣고 깊이 이해한 이들이다. 앞의 이천오백 명이 그러한데, 모두 이미 전체적이거나 개별적인 수기를 받았다. 지금 가려진 무리들은 혹은 천룡팔부이거나 혹은 삼승의 사부대중의 무리들로서, 법화 회상에 앉았던 이들이 망라된다.
4 그 들음이 극히 적고 시간이 극히 짧더라도 따라 기뻐한 공덕으로 마침내

(2) 붓다께서 약왕에게 말씀하셨다.

"⑷ 또 여래의 멸도 후 만약 어떤 사람이 묘법화경을 나아가 한 게송이나 한 구절이라도 듣고서 한 순간 따라 기뻐하는 자라면, 나는 역시 아뇩다라삼먁삼보리의 수기를 준다.

㈏5 ① 만약 다시 어떤 사람이 묘법화경을 나아가 한 게송이라도 수지하고 독송하며 해설하고 서사하며, 이 경전책을 붓다처럼 공경히 보고 꽃·향·영락, 말향·도향·소향, 비단일산과 당번, 의복과 음악의 갖가지로 공양하고 나아가 합장하며 공경한다면,6 ② 약왕이여, 이 모든 사람들은 이미 십만억의 붓다들을 공양하고 그 붓다들의 처소에서 대원을 성취

佛告 藥王.

"又如來 滅度之後 若有人聞 妙法華經 乃至 一偈一句 一念隨喜者, 我亦與授 阿耨多羅三藐三菩提記.

若復有人 受持讀誦 解說書寫 妙法華經 乃至 一偈, 於此經卷 敬視如佛 種種供養 華香瓔珞 末香塗香燒香 繒蓋幢幡 衣服伎樂 乃至 合掌恭敬, 藥王, 當知 是諸人等 已曾供養 十萬億佛 於諸佛所 成就大願,

---

불과 얻을 것임을 밝히니, 어찌 하물며 갖추어서 듣고 몸이 다하도록 수지하며 다섯 가지로 유통하고 삼업으로 공양함이겠는가 라는 것이다.
5 둘째 스승의 관점에 관한 글은 장행과 게송이 있다. 장행에는 둘이 있으니, 먼저 개별적인 것이고, 뒤의 ㈐는 총체적인 것이다. '개별적'이란 사람을 상품과 하품으로 말하고, 때를 현재와 미래로 말하는 것이고, '총체적'이란 상·하와 현재·미래를 논함 없이, 거스르면 죄 얻고 따르면 복 얻는다는 것을 공통으로 밝히는 것이다. 개별적인 것에는 다시 둘이 있다. 첫째 ㈏는 현재세를 밝히는 것이고, 둘째 ㈐는 미래세를 밝힌 것이다. 전자에 다시 둘이 있으니, 먼저 ①은 하품의 법사를 밝히고, 뒤의 ⑤는 상품의 스승을 밝혔다.
6 하품의 스승에 관한 글에는 둘이 있으니, 앞의 ①에서는 스승의 모습을 밝히고, 뒤의 ② 이하에서는 스승의 공덕과 과보를 밝혔다. 스승의 모습이란 다섯 가지 법사와 열 가지의 공양이다.

했는데도,7 ③ 중생을 연민하기 때문에 여기 인간계에 태어난 것이라고 알아야 한다.

④ 약왕이여, 만약 어떤 사람이 어떠한 중생이 미래세에 붓다가 되느냐고 묻는다면, 이러한 사람들이 미래세에 반드시 붓다가 된다고 보여주어야 한다.

어째서이겠는가? 만약 선남자 선여인이 법화경을 나아가 한 구절이라도 수지하고 독송하며 해설하고 서사하며, 경전 책에 꽃·향·영락, 말향·도향·소향, 비단 일산과 당번, 의복과 음악의 갖가지로 공양하고 나아가 합장하며 공경한다면, 이 사람은 일체 세간이 우러러 받들고 여래의 공양으로써 공양해야 할 것이니, 이 사람은 대보살로서 아뇩다라삼먁삼보리를 성취하였지만, 중생을 연민하여 여기에 서원으로 태어나서 묘법화경을 널리 펴고 분별하는 것이라고 알아야 하기 때문이다.

⑤ 어찌 하물며 모두 다 수지하고 갖가지로 공양하는 자들이겠는가.8 약왕이

愍衆生故 生此人間.

藥王, 若有人問 何等衆生 於未來世 當得作佛, 應示 是諸人等 於未來世 必得作佛.

何以故? 若善男子善女人 於法華經 乃至一句 受持讀誦 解說書寫, 種種供養經卷 華香瓔珞 末香塗香燒香 繒蓋幢幡 衣服伎樂 合掌恭敬, 是人 一切世間 所應瞻奉 應以如來供養 而供養之, 當知此人 是大菩薩 成就阿耨多羅三藐三菩提, 哀愍衆生 願生此間 廣演分別 妙法華經.

何況 盡能受持 種種供養者. 藥王, 當知 是人

---
7 ②는 먼저 닦은 원인이 깊다는 것, ③은 현재의 공덕이 큼을 밝히는 것, ④는 미래의 과보가 무거움을 밝히는 것이다.

여, 이 사람은 청정한 업보를 스스로 버리고, 나의 멸도 후 중생을 연민하기 때문에 악세에 태어나 이 경전을 널리 펴는 것이라고 알아야 한다.

㈐9 ① 만약 이런 선남자 선여인이 나의 멸도 후 남몰래 한 사람을 위해 법화경을 나아가 한 구절이라도 말한다면,10 이 사람은 곧 여래의 사자로서 여래가 보내서 여래의 일을 행하는 것이라고 알아야 한다.11

② 어찌 하물며 대중 속에서 널리 사람들에게 말함이겠는가.

自捨 淸淨業報, 於我滅度後 愍衆生故 生於惡世 廣演比經.

若是 善男子善女人 我滅度後 能竊爲一人 說法華經 乃至一句, 當知是人 則如來使 如來所遣 行如來事.

何況 於大衆中 廣爲人說.

....
8 상품의 스승을 밝힌 글 중, 여기까지는 스승의 모습을 비기는 것이고, 뒤의 그 아래는 상품의 공덕과 과보를 밝히는 것이다.
9 이하에서는 멸도 후의 스승에도 역시 ① 하품과 ② 상품이 있음을 밝혔다.
10 하품의 글에 둘이 있다. 먼저 여기까지는 하품의 사람을 낸 것이다. 지혜가 있어도 들음이 없다면 단지 남몰래 설함은 감당하지만, 대중 속에 처할 수는 없으므로 하품의 스승이다. 비록 한 구절에 대한 이해는 얻었지만, 널리 듣고 다른 뜻을 많이 배우지 못하여 대중 속에서 설할 수는 없으니, 일체의 힐난에 통하지 못함이 있고 바른 이치를 널리 펼 수 없기 때문이다.
11 이는 그 공덕과 과보를 밝힌 것이다. 경전은 진여의 지혜[如智]로 말한 것으로, 진여의 이치[如理]를 말한다. 금일 행하는 사람은 이 진여의 가르침[如敎]을 잡아 진여의 이치를 펴니, 곧 여래께서 부리는 바[所使]이다. '여래의 일을 행한다'고 함은 진여의 지혜로 진여의 이치를 비추는 것이 일인데, 지금 행하는 사람은 진여의 가르침에 의해 진여의 이치를 행하니, 곧 여래의 일을 행하는 것이다. 하나인 진여의 지혜와 하나인 진여의 이치로 중생을 교화하는 것이 일인데, 지금 행하는 사람은 대비가 있어 이 경전 중 진여의 이치를 중생 위해 설하여 이익을 얻게 하므로 또한 여래의 일을 행한다고 이름한다.

㈣ ① 약왕이여, 만약 어떤 악인이 선하지 못한 마음으로 일 겁 동안 붓다 앞에서 항상 붓다 헐뜯고 욕한다고 해도 그 죄는 오히려 가볍지만, 만약 사람이 한 마디 나쁜 말로 재가자이든 출가인이든 법화경 독송하는 자를 헐뜯는다면, 그 죄가 매우 무겁다.[12]

② 약왕이여, 그 누구가 법화경을 독송한다면, 이 사람은 붓다의 장엄으로써 스스로 장엄하고, 곧 여래께서 어깨로 메시는 바 되므로, 그가 가는 곳이면 따라서 예배하고 일심으로 합장하며 공경하고 공양하며 존중하고 찬탄하며, 꽃·향·영락, 말향·도향·소향, 비단일산과 당번, 의복과 음식, 여러 음악의 연주 등 사람 중 최상의 공양으로 공양해야 하고, 하늘 보배 지녀 그에게 뿌리며 천상의 보배더

藥王, 若有惡人 以不善心 於一劫中 現於佛前 常毀罵佛 其罪尙輕,
若人 以一惡言毁呰 在家出家 讀誦法華經者, 其罪甚重.

藥王, 其有讀誦 法華經者, 當知是人 以佛莊嚴 而自莊嚴, 則爲如來 肩所荷擔, 其所至方 應隨向禮 一心合掌 恭敬供養 尊重讚歎, 華香瓔珞 末香塗香燒香 繒蓋幢幡 衣服餚饌 作諸伎樂 人中上供 而供養之, 應持天寶 而以散之, 天上

----
[12] ㈣는 둘째 ① 거스르면 죄 얻고 ② 따르면 복 얻는다는 것을 총체적으로 밝힌 것이다. 여기에서의 죄와 복은 복전의 농후하고 척박함은 논하지 않고, 단지 초심初心인지 후심後心인지에 의해 그 경중을 밝힌다. 초심의 배우는 사람은 그가 번뇌를 갖추고 있어 만약 장애를 더한다면 곧 배우는 일을 폐해 버리기 때문에 죄가 많게 된다. 붓다께서는 곧 평등하셔서 악이 범하지 못하는데, 어찌 장애할 수 있으랴. 그러므로 죄가 가볍다고 말한 것이다. 공양도 역시 그러하다. 이 사람은 기다림[待]이 있어 만약 공양을 얻게 된다면 닦는 일을 이룰 수 있기 때문에 보시의 복이 뛰어나다. 붓다께서는 기다림이 없고 온갖 일이 갖추어져 있으므로, 비록 헌공하더라도 붓다께 이익됨은 없다. 그래서 과보가 열등하다고 말하는 것이다.

미를 봉헌해야 한다고 알아야 한다.   寶聚 應以奉獻.
　까닭이 무엇이겠는가? 이 사람이 기뻐하여 법 설하면 잠깐 듣기만 해도 곧 구경의 아뇩다라삼먁삼보리를 얻게 되기 때문이다."13   所以者何? 是人 歡喜說法 須臾聞之 卽得究竟 阿耨多羅三藐三菩提故."

(2) 이 때 세존께서는 이 뜻을 거듭 펴시고자 게송으로 말씀하셨다.14   爾時 世尊 欲重宣此義 而說偈言.

① 만약 붓다의 도에 머물러
　　자연지를 성취하고자 한다면
　　항상 법화경 수지하는 자를
　　부지런히 공양하여야 하고
    若欲住佛道
　　成就自然智
　　常當勤供養
　　受持法華者

② 그 누구가 일체종의 지혜를
　　속히 얻고자 한다면
　　이 경전 수지해야 하고
    其有欲疾得
　　一切種智慧
　　當受持是經

---

13 이는 독송하면 붓다의 장엄과 같음을 밝히니, 곧 따라서 복을 얻는 것이다. 붓다께서는 선정과 지혜로써 장엄하시는데, 이 사람도 선정과 지혜를 능히 닦기 때문이다. 짐이 등에 있는 것을 진다[荷]고 하고, 어깨에 있는 것을 멘다[擔]고 한다. 방편도 아니고 진실도 아닌 법신의 체를 닦는 것은 곧 여래께서 지시는 것이고, 방편이기도 하고 진실이기도 한 두 가지 지혜의 작용은 곧 여래께서 메시는 것이다.

14 16수의 게송에는 셋이 있다. 처음 2수는 장행을 노래하지 않고 따로 자리와 이타를 권장한 것이고, 다음 13수는 위의 스승 관점의 개별적인 것과 공통된 것을 노래했으며, 마지막 1수는 경전을 찬탄한 것이다.

아울러 수지하는 자 공양해야 한다	幷供養持者

③15 만약 묘법화경을 　　　　　若有能受持
　　능히 수지하는 자 있다면 　　妙法華經者
　　붓다의 사자로서 　　　　　　當知佛所使
　　중생들 연민함이라고 알아야 하고 　愍念諸衆生

④ 묘법화경의 모든 것을 　　　　諸有能受持
　　능히 수지하는 사람은 　　　　妙法華經者
　　청정한 국토 버리고 　　　　　捨於淸淨土
　　중생 연민해 여기에 태어났으니 　愍衆故生此

⑤ 이런 사람은 　　　　　　　　當知如是人
　　태어나고자 하는 것에 자재하여 　自在所欲生
　　능히 이 악세에서 　　　　　　能於此惡世
　　위없는 법 설한다고 알아서 　　廣說無上法

⑥ 하늘의 꽃과 향 및 　　　　　應以天華香
　　하늘 보배의 의복과 　　　　　及天寶衣服

---

15 둘째의 글에는 둘이 있다. 처음 ⑨까지 7수는 개별적인 것을 노래했고, 그 아래의 6수는 공통된 것을 노래했다. 전자 중에 둘이 있으니, 처음 4수는 현재를 노래하고, 뒤의 ⑦ 이하 3수는 미래를 노래했다. 전자에 다시 둘이 있으니, ③의 1수는 하품을 노래하고, 그 아래의 3수는 상품을 노래했다. 후자 중 처음 2행(=④의 제1, 2행)은 상품의 법사를 내세운 것이고(=제1행의 '諸有'를, 법화경의 '모든 것'이라는 뜻으로 이해하는 취지), 뒤의 2수 반은 그 공덕과 과보를 노래한 것이다.

제10 법사품　341

```
            천상의 오묘한 보배더미로              天上妙寶聚
            설법하는 자 공양해야 하리라            供養說法者


7 16  나의 멸도 후 악세에서                吾滅後惡世
      이 경전 능히 수지하는 자는           能持是經者
      마치 세존께 공양하듯이              當合掌禮敬
      합장하여 예경해야 하고              如供養世尊


8  온갖 최상의 감미로운 음식               上饌衆甘美
   및 갖가지 의복으로                   及種種衣服
   이 불자 공양해서                    供養是佛子
   잠시라도 듣게 되기를 바라야 하며       冀得須臾聞


9  만약 능히 후세에서                   若能於後世
   이 경전 수지하는 자라면              受持是經者
   내가 보내어 사람들 중에서             我遣在人中
   여래의 일 행하는 것이다              行於如來事


10 17  만약 일 겁 동안                  若於一劫中
       항상 불선한 마음 품고              常懷不善心
```

----

16 이하 3수가 미래를 노래한 것에 둘이 있다. 처음 2수는 건너뛰어 상품을 비긴 것을 노래하고, 뒤의 1수는 하품의 스승을 노래했다.

17 이하 6수는 위의 총문總文을 총체적으로 노래했는데, 위의 총문처럼 역시 둘이 있다. 처음 2행은 거스르는 자는 죄 얻는다는 것을 노래하고, 뒤의 12 이하 4수는 따르면 복 얻는다는 것을 노래했다.

| | 모습 지어 붓다 욕한다면 | 作色而罵佛 |
| | 한량없이 무거운 죄 얻지만 | 獲無量重罪 |

⑪ 이 법화경을 독송하고　　其有讀誦持
　　수지하는 그 누군가에　　是法華經者
　　잠깐 악한 말 가한다면　　須臾加惡言
　　그 죄가 저보다 더 무겁고　其罪復過彼

⑫ 어떤 사람이 붓다의 도 구해　有人求佛道
　　일 겁 동안　　　　　　　　而於一劫中
　　합장하고 내 앞에 있으면서　合掌在我前
　　무수한 게송으로 찬탄한다면　以無數偈讚

⑬ 이 붓다 찬탄함으로 인해　　由是讚佛故
　　한량없는 공덕 얻지만　　　得無量功德
　　경전 수지하는 자 찬미한다면　歎美持經者
　　그 복이 저보다 더 뛰어나니　其福復過彼

⑭ 팔십억 겁 동안　　　　　　於八十億劫
　　가장 오묘한 색·성　　　　以最妙色聲
　　그리고 향·미·촉으로써　　及與香味觸
　　경전 수지하는 자 공양하고　供養持經者

⑮ 이렇게 공양하고 나서　　　如是供養已

만약 잠시라도 듣게 된다면	若得須臾聞
내 지금 큰 이익 얻었다고	則應自欣慶
곧 크게 기뻐해야 한다	我今獲大利

16 약왕이여, 이제 그대에게 이르건대 　藥王今告汝
　　내가 말한 모든 경전들　　　　　　我所說諸經
　　이 경전들 중에서　　　　　　　　而於此經中
　　법화경이 가장 으뜸이다　　　　　法華最第一

10.2[18]

(1) 그 때 붓다께서는 다시 약왕보살마하살에게 말씀하셨다.　　爾時 佛復告 藥王菩薩 摩訶薩.

"(가) 내가 이미 설했거나 지금 설하거나 장차 설할 한량없는 천만억의 경전들, 그 중에서 이 법화경이 가장 믿기 어렵고 이해하기 어렵다.　　"我所說經典　無量千萬億 已說今說當說, 而於其中 此法華經 最爲難信難解.

약왕이여, 이 경전은 제불 비요祕要의 법장[19]이어서, 분포하여 망령되이 사람　　藥王, 此經是 諸佛祕要之藏, 不可分布 妄授與

---

18 이하는 둘째 수지되는 법 및 홍경의 방법 찬탄하는 것이다. 여기에 장행과 게송이 있다. 장행 중 처음 (1)은 경법을 찬탄하고, 다음 (2)는 방법이다. 찬탄하는 것은 다섯이 된다. 첫째 (가)는 법의 관점에서 찬탄하고, 또한 비교하여 찬탄한다. 둘째 (나)는 사람의 관점에서 찬탄하고, 셋째 (다)는 처소의 관점에서 찬탄하며, 넷째 (라)는 원인의 관점에서 찬탄하고, 다섯째 (마) 이하는 과보의 관점에서 찬탄한다. 법이 오묘[妙]하므로 사람이 귀하고[貴], 사람이 귀하므로 처소가 존귀하며[尊], 처소가 존귀하므로 원인이 원만하고[圓], 원인이 원만하므로 과보가 지극한 것[極]이다.

들에게 줄 것이 아니므로, 제불 세존께서 수호하셔서 지금까지 아직 드러내 설하시지 않았다. 이 경전은 여래께서 지금 계시는데도 원한과 질투가 많은데, 하물며 멸도 후이겠는가.

(나) 약왕이여, 여래 멸도 후 그 능히 써서 수지하고 독송하며 공양하고 남 위해 설하는 자라면, 여래께서 곧 옷으로 그를 덮어 주시고, 또 타방에 현재하시는 붓다들께서 호념하실 것이니, 이 사람은 큰 믿음의 힘과 서원의 힘과 여러 선근의 힘이 있어서, 이 사람은 여래와 함께 사는 것이고, 곧 여래께서 손으로 그 머리를 쓰다듬으신다고 알아야 한다.20

人, 諸佛世尊 之所守護 從昔已來 未曾顯說.
而此經者 如來現在 猶多怨嫉,
況滅度後.

藥王, 當知 如來滅後 其能書持 讀誦供養 爲他人說者, 如來則爲 以衣覆之, 又爲他方 現在諸佛 之所護念, 是人有大信力 及志願力 諸善根力, 當知是人 與如來共宿, 則爲如來 手摩其頭.

....
19 감추어 설하지 않았음을 '비祕'라고 하고, 일체를 총괄함은 '요要'라고 하며, 진여의 실상을 싸서 간직함을 '장藏'이라고 한다.
20 믿음은 곧 이치를 믿는 것인데, 이치는 곧 법신이다. 뜻하여 원함[志願]은 수행을 세우는데, 수행은 곧 해탈이다. 선근은 뿌리가 견고해 움직이기 어려우니, 이것은 곧 반야이다. 이 세 가지 힘은 곧 삼덕의 비요의 법장이라고 알아야 하니, 초심인 사람도 여기에 살면 붓다와 다르지 않기 때문에 '여래와 함께 산다'라고 이름하였다. 또 믿음의 힘으로 필경공의 여래의 지혜를 닦는데, 여래께서는 머무시는 필경공을 집으로 삼으시고, 이 사람은 믿음의 힘으로 필경공을 역시 배우기 때문에, 여래와 함께 사는 것이다. 이 사람은 서원의 힘과 선근의 힘에 의한 자리의 권·실로 근기에 감응하므로 근기의 감응을 '머리'라고 하고, 여래께서 교화하시는 권·실 두 가지 지혜를 '손'이라고 하니, 앞 사람의 자리自利의 권·실이라는 머리를 개발하여 감응해서 도가 만나기 때문에 머리를 쓰다듬으신다고 말하였다. 머리를 쓰다듬는 것은 곧 수기를 주시는 것이다.

㈐ 약왕이여, 설하거나 읽거나 외거나 쓰거나 경전책이 있는 곳이라면 어느 곳이나 모두 칠보탑을 세우고 지극히 높고 넓게 장식하되, 다시 사리를 봉안할 필요는 없다. 까닭이 무엇인가 하면 이 속에 이미 여래의 전신이 있기 때문이다.21

이 탑은 일체의 꽃·향·영락, 비단일산과 당번, 음악과 노래로써 공양하고 공경하며 존중하고 찬탄해야 하니, 만약 어떤 사람이 이 탑을 보게 되어 예배하고 공양한다면, 이들은 모두 아뇩다라삼먁삼보리에 가깝다고 알아야 한다.

㈑ 약왕이여, 재가와 출가에 보살도를 행하는 사람이 많이 있다 해도, 만약 이 법화경을 견문독송하고 서지공양할 수 없는 자라면, 이 사람은 아직 보살도를 잘 행하지 못하는 것이라고 알아야 하고, 만약 누구라도 이 경전을 듣게 되어야만 보살도를 능히 잘 행하는 것이다.

㈒22 ① 붓다의 도를 구하는 그 어떤

藥王, 在在處處 若說若讀 若誦若書 若經卷所住處 皆應 起七寶塔 極令 高廣嚴飾, 不須復安舍利. 所以者何 此中已有 如來全身.

此塔應以 一切華香瓔珞 繒蓋幢幡 伎樂歌頌 供養恭敬 尊重讚歎, 若有人 得見此塔 禮拜供養, 當知是等 皆近阿耨多羅三藐三菩提.

藥王, 多有人 在家出家 行菩薩道, 若不能得 見聞讀誦 書持供養 是法華經者, 當知是人 未善行菩薩道,

若有得聞 是經典者 乃能善行 菩薩之道.

其有衆生 求佛道者 若

---

21 《대지도론》에서 이르기를, 유골은 생신의 사리이고, 경전책은 법신의 사리라고 하였다. 이 경전은 법신의 사리이므로 다시 생신의 사리를 봉안할 필요가 없는 것이다.
22 이하 다섯째 과보를 들어 찬탄한 글에는 다섯이 있다. ①은 과보에 가까움을 밝힌 것, ②는 비유를 전개하는 것, ③은 비유의 뜻을 밝히는 것, ④는

중생이 이 법화경을 보거나 듣고, 듣고 나서 신해하여 수지한다면, 이 사람은 아뇩다라삼먁삼보리에 근접한 것이라고 알아야 한다.23

② 약왕이여, 비유하면 어떤 사람이 목말라 물 구하여 저 고원에서 땅을 파 물 구할 때 마른 흙만 보이면 물이 아직 먼 줄 알지만, 계속 파서 습한 흙 보이다가 점차 진흙에 이르면 물이 필시 가까움을 그 마음으로 결정해 아는 것처럼, ③ 보살 또한 이와 같아서 만약 이 법화경을 아직 듣거나 알지 못해 수습하지 못한 자라면, 이 사람은 아뇩다라삼먁삼보리에서 오히려 멀다고 알아야 하지만, 만약 듣고 알며 사유하고 수습하게 되었다면 아뇩다라삼먁삼보리에 근접하였음을 반드시 아는 것이다.24

見若聞 是法華經, 聞已信解受持者, 當知是人 得近阿耨多羅三藐三菩提.

藥王, 譬如有人 渴乏須水 於彼高原 穿鑿求之 猶見乾土 知水尙遠,
施功不已 轉見濕土 遂漸至泥 其心決定 知水必近, 菩薩 亦復如是 若未聞未解 未能修習 是法華經者,
當知是人 去阿耨多羅三藐三菩提 尙遠, 若得聞解 思惟修習 必知得近 阿耨多羅三藐三菩提.

근접한 것을 해석하는 것, ⑤는 그릇된 것을 가리는 것이다.
23 보리의 과보에 둘이 있다. 첫째는 초심의 보리이고, 둘째는 후심의 보리이다. 지금 근접했다고 말한 것은 바로 초주初住의 보리이다.
24 교문教門에 의한다면 흙은 경전의 가르침을 비유하고, 물은 중도를 비유하니, 가르침이 중도를 나타내는 것은 흙이 물을 머금는 것과 같다. 삼장교는 중도를 아직 나타내지 못하므로 마른 흙과 같고, 방등과 반야는 방편을 띠고 중도의 뜻을 설하므로 젖은 흙을 보는 것과 같으며, 법화의 가르침은 위없는 도를 바로 드러내어 설하므로 진흙을 보는 것과 같다. 법화의 가르침으로 인해 문·사·수를 일으켜 중도를 깨닫고 진실로 불성을 보아 일으킨 진실한 지혜가 다시 글에 의지하지 않음은, 마치 맑은 물을 얻어서 다시 흙

④ 까닭이 무엇이겠는가? 일체 보살의 아뇩다라삼먁삼보리가 모두 이 경전에 속하기 때문이다. 이 경전은 방편의 문을 열고 진실한 모습을 보이는 것이니, 이 법화경의 곳간은 깊고 견고하며 그윽하고 멀어서 이를 수 있는 사람이 없으므로, 지금 붓다께서 보살들을 교화 성취하시려고 열어 보이신 것이다.25

⑤ 약왕이여, 만약 어떤 보살이 이 법화경을 듣고, 놀라고 의심하고 두려워한다면, 이 사람은 새로 뜻 일으킨 보살이라고 알아야 하고, 만약 성문인이 이 경전을 듣고, 놀라고 의심하고 두려워한다면, 이는 증상만인이라고 알아야 한다.

(2)26 ① 약왕이여, 만약 어떤 선남자 선

所以者何? 一切菩薩 阿耨多羅三藐三菩提　皆屬此經. 此經　開方便門 示眞實相,　是法華經藏 深固幽遠 無人能到,

今佛敎化　成就菩薩　而爲開示.

藥王, 若有菩薩　聞是法華經,　驚疑怖畏, 當知是爲　新發意菩薩,

若聲聞人　聞是經 驚疑怖畏, 當知是爲　增上慢者.

藥王,　若有善男子善女

의 모습이 없는 것과 같다.
25 (문) 방편 자체가 문이라는 것인가, 실상에 통하기 때문에 문이 된다는 것인가? (답) 두 가지 뜻이 모두 있고, 이 두 가지 문에 각각 열리고 닫힘이 있다. (첫째) 과거에는 삼승이 방편임을 말하지 않았으므로 그 문이 닫혔지만, 지금은 삼승이 방편임을 말했기 때문에 그 문이 열렸고, 과거에는 일승이 진실임을 말하지 않았으므로 진실의 문이 닫혔지만, 지금은 일승이 진실임을 말했기 때문에 진실의 문이 열린 것이다. 둘째 이 방편은 또한 실상으로 통하니, 그래서 삼승의 방편은 일승의 문이 된다는 것이다. 실상에도 역시 두 가지 뜻이 있다. 첫째는 자체가 비어서 통하므로 문이라고 이름하고, 둘째는 방편을 능히 통하게 하는 것을 문이라고 하는 것이다.
26 이하 간략히 홍경의 방법을 밝히는 글에는 둘이 있다. 처음 ①은 방법을

여인이 여래의 멸도 후 사부대중을 위해 이 법화경을 설하고자 한다면, 어떻게 설해야 하겠는가?

이 선남자 선여인은 여래의 방[如來室]에 들어가 여래의 옷[如來衣]을 입고 여래의 자리[如來座]에 앉고서야 사부대중 위해 널리 이 경전 설해야 한다. 여래의 방이란 일체의 중생에 대한 대자비심이고, 여래의 옷이란 온화하게 인욕하는 마음이며, 여래의 자리란 일체법의 공이니, 이 가운데 안주한 연후에 해태하지 않는 마음으로 여러 보살들 및 사부대중을 위해 널리 이 법화경을 설하는 것이다.27

② 약왕이여, 내가 다른 나라에서 변화된 사람 보내 그를 위해 청중을 모으고, 또한 변화된 비구·비구니·우바새·우바이를 보내 그 설하는 법을 듣게 하면, 이

人 如來滅後 欲爲四衆 說是法華經者, 云何應說?

是善男子善女人 入如來室 著如來衣 坐如來座 爾乃應爲四衆 廣說斯經. 如來室者 一切衆生中 大慈悲心是, 如來衣者 柔和忍辱心是, 如來座者 一切法空是, 安住是中 然後 以不懈怠心 爲諸菩薩 及四衆 廣說 是法華經.

藥王, 我於餘國 遣化人 爲其 集聽法衆, 亦遣化比丘比丘尼 優婆塞優婆夷 聽其說法, 是諸化

보이는 것이고, 뒤의 ②는 이익을 밝히는 것이다.
27 여래의 방을 닦는 것[修]이 대자비라고 함에 있어서, 만약 동체同體라는 관점이라면 곧 법신이고, 만약 중생에게 제공하는 관점이라면 곧 해탈이며, 만약 중생으로 하여금 동체임을 깨닫게 하는 관점이라면 곧 반야이다. 여래의 옷을 닦음에 있어서, 만약 입혀지는 대상이라면 곧 법신이고, 입혀서 장엄하는 옷의 관점이라면 곧 적멸의 인[寂滅忍]이며, 만약 화광和光하여 중생 이익하는 관점이라면 곧 해탈이다. (여래의 자리를 닦음에 있어서) 만약 앉게 하는 수단[能坐]이라면 곧 반야이고, 만약 앉혀지는 대상[所坐]이라면 곧 법신이며, 몸과 자리가 그윽히 일치함[身座冥稱]은 곧 해탈이다.

변화된 사람들은 법 듣고 신수하여 수순하고 거스르지 않을 것이다. 만약 설법하는 자가 공한처에 있으면 내 그 때 천, 용, 귀신, 건달바, 아수라 등을 널리 보내 그 설하는 법을 듣게 하고, 내 비록 다른 나라에 있더라도 설법자로 하여금 때때로 내 몸을 보게 할 것이며, 만약 이 경전의 구절을 잊더라도 내가 다시 말해주어 완전케 해 줄 것이다."28

人 聞法信受 隨順不逆.
若說法者 在空閑處 我
時廣遣 天龍鬼神 乾闥
婆 阿修羅等 聽其說法,
我雖在異國 時時 令說
法者 得見我身,
若於此經 忘失句逗 我
還爲說 令得具足."

(3) 이 때 세존께서는 이 뜻을 거듭 펴시고자 게송으로 말씀하셨다.29

爾時 世尊 欲重宣此義
而說偈言.

① 모든 해태 버리고자 한다면
　응당 이 경전 들어야 하니
　이 경전은 듣기도 어렵고
　신수한다는 것도 또한 어렵다

欲捨諸懈怠
應當聽此經
是經難得聞
信受者亦難

② 30 마치 사람이 목말라 물을 구해

如人渴須水

----
28 이하는 둘째 다섯 가지 이익을 들어 유통하기를 권장하는 것이니, 첫째 변화된 사람 보내는 것, 둘째 변화된 사부대중 보내는 것, 셋째 팔부신중을 보내는 것, 넷째 불신을 보게 하는 것, 다섯째 총지를 주는 것이다.
29 게송에는 셋이 있다. 처음 1수는 장행을 노래하지 않고 총체적으로 권한 것이고, 다음 16수반은 위의 장행을 노래했으며, 마지막 1수는 권함을 맺은 것이다.
30 (장행을 노래한 16수반에는 둘이 있다. 처음 4수는 위의 과보 들어 찬탄

고원에서 땅을 팔 때에	穿鑿於高原
마른 흙만 보이면	猶見乾燥土
물이 아직 먼 줄 알지만	知去水尙遠

3 점차 젖은 흙과 진흙 보이면 　　漸見濕土泥
　　물 가까운 걸 결정적으로 알듯이 　決定知近水
　　약왕이여, 그대는 알라 　　　　　藥王汝當知
　　이와 같이 모든 사람들이 　　　　如是諸人等

4 법화경 듣지 못한다면 　　　　　　不聞法華經
　　붓다의 지혜에서 심히 먼 줄 알지만 　去佛智甚遠
　　만약 이 심오한 경전 듣는다면 　　若聞是深經
　　성문법의 뜻 결정해서 알 것이라고 　決了聲聞法

5 이 모든 경전의 왕을 　　　　　　　是諸經之王
　　듣고 나서 자세히 사유한다면 　　　聞已諦思惟
　　이 사람들은 붓다의 지혜에 　　　　當知此人等
　　근접하였다고 알아야 한다 　　　　近於佛智慧

6 31 만약 사람이 이 경전 설하려면 　　若人說此經

　　한 것을 노래했고, 뒤의 12수반은 경전 유통방법과 이익을 노래했다. 위의 글에서는 전자에 다섯이 있었지만) 지금은 앞의 1수반이 비유 전개한 것을 노래하고, 3의 제3행 이하 2수반에 비유의 뜻 밝힌 것을 노래했을 뿐, 나머지 셋은 생략하고 노래하지 않았다.
31 위에서 경전 유통의 방법에 둘이 있었으니, 방법과 이익이었다. 지금 12수

여래의 방에 들어가	應入如來室
여래의 옷을 입고	著於如來衣
여래의 자리에 앉아야	而坐如來座

|7| 대중에 처하여 두려움 없이 處衆無所畏
　　자세히 분별하여 설할 것이니 廣爲分別說
　　대자비를 방으로 하고 大慈悲爲室
　　온화한 인욕을 옷으로 하며 柔和忍辱衣

|8| 모든 법의 공을 자리로 해서 諸法空爲座
　　여기에 처해 법을 설하고 處此爲說法
　　만약 이 경전 설할 때 若說此經時
　　어떤 사람이 나쁜 말로 욕하고 有人惡口罵

|9| 도장이나 와석을 가하더라도 加刀杖瓦石
　　붓다 새겨서 참아야 한다 念佛故應忍
　　나는 천만억의 국토에서32 我千萬億土
　　청정하고 견고한 몸 나투어 現淨堅固身

|10| 한량없는 억 겁 동안 於無量億劫

　반의 게송 중 |9|의 제2행까지 3수반은 방법을 노래하고, 그 아래의 9수는 이익을 노래했다.
32 이하 9수가 이익을 노래한 것 중 이하 처음의 1수는 여래께서 다섯 가지로 이익하는 뜻을 전체적으로 노래한 것이다. 응신이 시방에 두루 가득하기 때문에 다섯 가지로 수행하는 사람을 수호할 수 있는 것이다.

중생들 위해 법 설하므로	爲衆生說法
만약 나의 멸도 후33	若我滅度後
이 경전 능히 설하는 자라면	能說此經者

⑪ 나는 변화된 비구와 비구니　　我遣化四衆
　　및 청신사와 청신녀의　　　　比丘比丘尼
　　사부대중을 보내　　　　　　及淸信士女
　　법사를 공양하게 하고　　　　供養於法師

⑫ 여러 중생들 인도해34　　　　引導諸衆生
　　이들 모아서 법 듣게 하며　　集之令聽法
　　만약 사람이 악과　　　　　　若人欲加惡
　　도장 및 와석을 가하려 하면　刀杖及瓦石

⑬ 곧 변화된 사람 보내어　　　　則遣變化人
　　그를 위해 호위하게 하며　　　爲之作衛護
　　만약 설법하는 사람이35　　　若說法之人
　　홀로 공한처에 있어서　　　　獨在空閑處

⑭ 적막하여 사람 소리도 없는 가운데　寂寞無人聲
　　이 경전 독송한다면　　　　　讀誦此經典

---

33 이하 1수반은 위의 둘째 사부대중 보내는 것을 노래했다.
34 이하 1수반은 위의 첫째 변화된 사람 보내는 것을 노래했다.
35 이하 2수는 위의 다섯째 총지 얻게 하는 것을 노래했다.

내 그 때에는	我爾時爲現
청정한 광명의 몸을 나투고	淸淨光明身

15 만약 글귀 잊어버리면　　　若忘失章句
　　말해 주어 통달하게 하며　　爲說令通利
　　만약 사람이 이러한 덕 갖추어36　若人具是德
　　혹은 사부대중 위해 설하거나　或爲四衆說

16 공한처에서 경전 독송한다면　空處讀誦經
　　모두 나의 몸 보게 하고　　　皆得見我身
　　만약 사람이 공한처에 있으면37　若人在空閑
　　내가 천신, 용왕과　　　　　我遣天龍王

17 야차, 귀신 등을 보내　　　　夜叉鬼神等
　　법 듣는 대중 되게 할 것이니　爲作聽法衆
　　이 사람은 법 잘 설하고　　　是人樂說法
　　분별하여 걸림 없으며　　　　分別無罣礙

18 제불께서 호념하시기 때문에　諸佛護念故
　　능히 대중 기쁘게 하리라　　能令大衆喜
　　만약 법사 친근한다면38　　　若親近法師

---

36 이하 1수는 위의 넷째 붓다 뵙게 하는 것을 노래했다. * '이러한 덕'이라 함은 대자비와 유화인욕과 일체법의 공을 가리키는 것으로 이해된다.
37 이하 2수는 위의 셋째 팔부신중 보내는 것을 노래했다.
38 이하 1수는 권함을 맺는 것이다.

보살의 도 속히 얻고　　　　　　速得菩薩道

19 이 스승 따라 배워서　　　　　　隨順是師學
　　항하사 같은 붓다들 뵙게 되리라　　得見恒沙佛

제11 견보탑품[1]

見寶塔品 第十一

11.1[2]

(1) ① 그 때 붓다 앞에서 높이가 오백 유순이고 가로 세로가 이백오십 유순인 칠보탑이 땅에서 솟아 나와 공중에 머무는데, 갖가지 보물로 이를 장식하여 오천의 난간에 감실龕室이 천만이었고, 수없는

爾時 佛前 有七寶塔 高五百由旬 縱廣二百五十由旬 從地踊出 住在空中, 種種寶物 而莊校之 五千欄楯 龕室千萬, 無

---

[1] 아함에서는 네 가지 탑을 밝혔으니, 태어나신 곳과 도 얻으시고, 법륜 굴리시며, 입멸하신 네 곳에 탑을 세운다고 하였다. 지금의 보탑은 과거의 붓다께서 입멸하신 곳의 탑이다. 경전에서 이르기를, "붓다의 세 가지 신체가 이 경전에서 태어나시고, 모든 붓다께서 여기에서 도량에 앉으시며, 모든 붓다께서 여기에서 법륜 굴리시며, 모든 붓다께서 여기에서 반열반하신다."라고 하였으니, 이 법화경이 곧 삼세 제불의 네 가지 탑인 것이다. 과거의 붓다께서 이미 계셨고, 지금의 붓다께서 함께 앉으시며, 장래의 붓다께서도 또한 그러할 것이다. 이 탑이 솟아 나와 이 일을 분명히 드러내고 사부대중이 모두 보기 때문에 '견보탑품'이라고 말한 것이다.

　탑이 나온 뜻은 둘이 된다. 첫째는 음성을 내어 앞을 증명하고, 둘째는 탑을 열어 뒤를 일으키는 것이다. 앞을 증명한다는 것은, 삼주의 설법이 모두 진실임을 증명하는 것이다. 뒤를 일으킨다는 것은, 만약 탑을 열고자 한다면 모름지기 분신들을 모아야 하고[=이 품 11.2의 (1)·(2)], 현묘함을 밝혀 부촉하셔서[=이 품 11.2의 (4)] 그 소리가 하방에 들리게 하여 본래의 제자를 불러(=제15 종지용출품) 여래의 수명을 논하게 되는 것(=제16 여래수량품)을 가리킨다.

[2] 이 품의 글에는 장행과 게송이 있다. 장행에는 셋이 있으니, 첫째 11.1은 다보탑이 솟아 나옴을 밝히고, 둘째 11.2는 분신불이 멀리서 모이는 것을 밝히며, 셋째 11.2의 (4)는 석가께서 모집하시는 것을 밝힌다.

　첫째의 글에는 여섯이 있다. 첫째 (1)의 ①은 탑이 나타나는 모습이고, 둘째 ②는 여러 천신 등이 공양하는 것, 셋째 (2)는 다보불의 찬탄, 넷째 (3)의 ①은 대중들이 놀라고 의심하는 것, 다섯째 ②는 대요설의 물음, 여섯째 (4)는 여래의 답이다.

당번들로 장식하고 보배영락을 드리우며 만억의 보배방울들을 그 위에 매달았는데, 사방 모두에서 다마라발_{多摩羅跋} 전단의 향기가 나와 세계에 충만하였고, 그 모든 번기와 일산은 금·은·유리·차거·마노·진주·매괴의 칠보로 합성되어서 높이 사천왕들의 궁전에 이르니,３ ⑵ 삼십삼천에서 하늘의 만다라꽃을 비내려서 보탑에 공양하였고, 다른 여러 천신들과 용, 야차, 건달바, 아수라, 가루라, 긴나라, 마후라가, 인비인 등의 천만억 중생들은 일체의 꽃, 향, 영락, 번기, 일산, 음악으로 보탑에 공양하고 공경하며 존중하고 찬탄하였다.

⑵ 그 때 보탑 속에서 큰 음성이 나와 찬탄하여 말하였다.

"훌륭하고 훌륭하시다. 석가모니 세존께서 능히 평등의 큰 지혜로써 보살을 가르치는 법이고 붓다들이 호념하는 묘법화경을 대중들 위해 설하시니, 그러하

數幢幡 以爲嚴飾 垂寶瓔珞 寶鈴萬億 而懸其上, 四面皆出 多摩羅跋梅檀之香 充遍世界, 其諸幡蓋 以金銀琉璃 車磲馬腦 眞珠玫瑰 七寶合成 高至 四天王宮, 三十三天 雨天曼陀羅華 供養寶塔, 餘諸天龍夜叉 乾闥婆阿修羅 迦樓羅緊那羅 摩睺羅伽 人非人等 千萬億衆 以一切 華香瓔珞 幡蓋伎樂 供養寶塔 恭敬尊重讚歎.

爾時 寶塔中 出大音聲歎言.

"善哉善哉. 釋迦牟尼世尊 能以平等大慧 敎菩薩法 佛所護念 妙法華經 爲大衆說, 如是如是.

---

3 '보탑'이란 실상의 경계이니, 법신이 의지하는 곳이다. '땅'이란 무명의 심지_{心地}니, 깨어짐 없음[無所破](=깨어지는 대상인 무명도 실상의 경지에서는 깨어짐이 없다는 취지)으로 무명을 깨고, 머무는 바 없음[無所住]으로 제일의의 공에 머무는 것이다.

고 그러합니다. 석가모니 세존께서 설하신 그대로 모두가 진실입니다."

釋迦牟尼世尊　如所說者　皆是眞實."

⑶ ① 그 때 사부대중들은 큰 보탑이 공중에 머물고 있는 것을 보고, 또 탑 속에서 나온 음성을 듣고 모두 법의 기쁨을 얻으면서도, 예전에 없던 것을 괴이해 하며 자리에서 일어나 공경히 합장하고 한 편에 머물렀다.

爾時 四衆 見大寶塔 住在空中, 又聞塔中 所出音聲 皆得法喜,
怪未曾有 從座而起 恭敬合掌 却住一面.

② 그 때 대요설이라고 이름하는 보살마하살이 있어 일체 세간 천·인·아수라 등이 마음으로 의심하는 바를 알고 붓다께 말하였다.4

爾時 有菩薩摩訶薩 名大樂說 知一切世間 天人阿修羅等 心之所疑 而白佛言.

"세존이시여, 무슨 인연으로 이 보탑이 있어 땅에서 솟아 나왔고, 또 그 속에서 이 음성이 나온 것입니까?"

"世尊, 以何因緣 有此寶塔 從地踊出, 又於其中 發是音聲."

⑷ 그 때 붓다께서 대요설보살에게 말씀하셨다.5

爾時 佛告 大樂說菩薩.

---

4 아래에서 대답하신 뜻에서 보면, 세 가지 물음이 된다. 첫째는 무슨 인연으로 이 탑이 있는가, 둘째 어째서 탑이 땅에서 나왔는가, 셋째 어째서 이 음성을 내었는가를 물은 것이다.
5 이하 여섯째 붓다의 답에 셋이 있다. 처음 ㈎는 위 둘째의 물음에 답하시는 것이니, 이 붓다에게 법화경을 증명하려는 서원이 있어 땅에서 솟아나오셨다는 것이다.

"㈎ 이 보탑 속에는 여래의 전신全身이 있다. 지난 과거 동방으로 한량없는 천만억 아승기 세계를 지나 보정寶淨이라고 이름하는 나라, 그 중에 명호를 다보多寶라고 하는 붓다께서 계셨는데, 그 붓다께서 보살도를 행하실 때에 큰 서원 세우시기를, '만약 내가 성불하고 멸도한 뒤에 시방의 국토에 법화경을 설하는 곳이 있다면, 나의 탑묘가 이 경전 듣기 위해 그 앞에 솟아나와 증명하고 훌륭하다고 찬탄하리라.'라고 하셨다.

㈏6 그 붓다께서 성도하시고 나서 멸도에 임하셨을 때에 천·인 대중들 속에서 비구들에게, '나의 멸도 후 나의 전신에 공양하고자 한다면, 하나의 큰 탑을 세우라.'고 이르셨다.

㈐7 그 붓다께서는 신통과 서원의 힘으로 시방세계 곳곳마다 만약 법화경을 설하는 자가 있으면, 그의 보탑이 모두 그 앞에 솟아나고 전신이 탑 안에 있어 '훌륭하고 훌륭하다'라고 찬탄해 말하였

"此寶塔中 有如來全身. 乃往過去 東方無量千萬億 阿僧祇世界 國名寶淨, 彼中有佛 號曰多寶, 其佛行 菩薩道時 作大誓願,
'若我成佛 滅度之後 於十方國土 有說法華經處, 我之塔廟 爲聽是經故 踊現其前 爲作證明 讚言善哉.'
彼佛成道已 臨滅度時 於天人大衆中 告諸比丘, '我滅度後 欲供養我全身者, 應起一大塔'.

其佛 以神通願力 十方世界 在在處處 若有說法華經者, 彼之寶塔 皆踊出其前 全身 在於塔中 讚言 '善哉善哉',

---

6 ㈏는 위 첫째의 물음에 답하시는 것이니, 저 붓다께서 분부하시어 이 탑 만들도록 하였다는 것이다.
7 ㈐는 위 셋째의 물음에 답하시는 것이니, 증명하기 위해 이 음성을 내셨다는 것이다.

으니, 대요설이여, 지금도 다보여래의 탑이 법화경 설하는 것을 들으려고 땅에서 솟아나와, '훌륭하고 훌륭하시다'라고 찬탄하신 것이다."

大樂說, 今多寶如來塔 聞說法華經故 從地踊出, 讚言'善哉善哉'."

11.28
(1) ① 이 때 대요설보살은 여래의 신통의 힘으로 붓다께 말하였다.9

"세존이시여, 저희들은 이 붓다의 몸을 뵙고 싶습니다."

② 붓다께서 대요설보살마하살에게 말씀하셨다.

"이 다보불께는 깊고 무거운 서원이 있었으니, '만약 나의 보탑이 법화경 듣기 위해 제불의 앞에 나올 때 그 누군가가 내 몸을 사부대중에게 보이고자 한다면, 그 붓다는 시방세계에서 설법하고 있는

是時 大樂說菩薩 以如來神力 故白佛言.

"世尊, 我等願欲 見此佛身."

佛告 大樂說菩薩摩訶薩.

"是多寶佛 有深重願, '若我寶塔 爲聽法華經故 出於諸佛前時 其有欲以我身 示四衆者, 彼佛 分身諸佛 在於十方

---

8 이하 둘째 분신들이 멀리서 모인 것을 밝히는 글에 일곱이 있다. 첫째 (1)의 ①은 요설이 다보불 뵙기를 청하는 것, 둘째 ②는 응당 분신을 모아야 한다는 것, 셋째 ③은 대요설이 모으기를 청하는 것, 넷째 (2)의 ①은 광명 놓아 멀리서 부르시는 것, 다섯째 ②는 여러 붓다들께서 같이 오시는 것, 여섯째 ③은 나라를 엄정하는 것, 일곱째 (3)은 탑 여는 일을 맡기시는 것이다.
9 탑을 열려면 붓다들을 모아야 하고, 붓다들을 모으면 곧 부촉할 것이며, 부촉하려면 곧 하방下方을 부를 것이고, 하방에서 나오면 곧 개근현원開近顯遠(=가까운 적불의 일을 밝혀 구원의 본불을 드러냄)하실 것이니, 이것은 큰 일의 연유이다. 어찌 붓다의 신통의 힘으로 묻게 하신 것이 아니겠는가.

분신인 제불들을 모두 다시 한 곳에 모은 다음에야 내 몸 나타내게 하리라'라고 하셨다. 그러니 대요설이여, 시방세계에서 설법하고 있는 나의 분신인 제불들을 지금 다 모아야 한다."

③ 대요설이 붓다께 말하였다.

"세존이시여, 저희들도 역시 세존의 분신인 제불을 뵙고 예배하며 공양하고 싶습니다."

(2) ① 그 때 붓다께서 백호에서 광명 하나를 놓으시니, 곧 동방 오백만억 나유타 항하사와 같은 국토의 모든 붓다들이 보였다. 그 모든 국토들은 모두 파리가 땅이 되고 보배나무와 보배옷으로 장엄하였으며 무수 천만억의 보살들이 그 안에 가득하였고, 보배장막 두루 두르고 보배그물 그 위에 펼쳤는데, 그 나라의 제불께서는 큰 묘음으로 모든 법을 설하였고, 그리고 한량없는 천만억의 보살들이 모든 나라에 두루 가득해서 대중들 위해 설법하는 것도 보였으며, 남서북방과 네 간방과 상하에, 백호상에서 나온 광명 비추는 곳들도 또한 그러하였다.

世界說法　盡還集一處　然後我身　乃出現耳'.
大樂說, 我分身諸佛 在於十方世界 說法者 今應當集."
大樂說 白佛言.
"世尊, 我等亦願 欲見 世尊 分身諸佛 禮拜供養."

爾時　佛放　白毫一光,
卽見東方　五百萬億　那由他恒河沙等　國土諸佛. 彼諸國土 皆以頗梨爲地 寶樹寶衣 以爲莊嚴 無數千萬億菩薩　充滿其中, 遍張寶幔 寶網羅上, 彼國諸佛 以大妙音 而說諸法,
及見無量　千萬億菩薩 遍滿諸國　爲衆說法,
南西北方　四維上下, 白毫相光　所照之處　亦復如是.

② 그 때 시방의 제불께서는 각각 대중 보살들에게 말씀하셨다.

"선남자들이여, 내 이제 사바세계의 석가모니붓다의 처소로 가서, 아울러 다보여래의 보탑에 공양해야겠다."

그 때 사바세계는 곧 청정하게 바뀌어 유리가 땅이 되고 보배나무로 장엄하며 황금이 줄이 되어 팔방의 길을 경계 짓고, 여러 마을, 촌락과 성읍, 큰 바다와 강, 산천과 숲들이 없었으며, 큰 보배향 사르고 만다라꽃이 그 땅에 두루 깔렸으며 보배그물과 장막이 그 뒤에 펼쳐졌고, 여러 보배방울 매달렸는데, 오직 이 법회의 대중들만 남기고 다른 천·인들은 다른 국토로 옮겨 두었다.

이 때 제불께서는 각각 하나의 대보살을 시자로 삼아 이끄시고 사바세계로 오셔서 각각 보배나무 아래에 이르셨는데, 그 하나하나의 보배나무는 높이가 오백 유순이고 가지·잎·꽃·열매로 차례로 장엄되었으며, 모든 보배나무 아래에는 모두 높이 5유순이고 역시 큰 보배로 장식된 사자좌가 있었다.

그 때 제불께서 각각 이 자리에서 결

爾時 十方諸佛 各告衆菩薩言.
"善男子, 我今應往 娑婆世界 釋迦牟尼佛所, 幷供養 多寶如來寶塔."
時 娑婆世界 卽變淸淨 琉璃爲地 寶樹莊嚴 黃金爲繩 以界八道,
無諸聚落 村營城邑 大海江河 山川林藪, 燒大寶香 曼陀羅華 遍布其地 以寶網幔 羅覆其上, 懸諸寶鈴, 唯留此會衆 移諸天人 置於他土.

是時 諸佛 各將一大菩薩 以爲侍者 至娑婆世界 各到寶樹下,
一一寶樹 高五百由旬 枝葉華果 次第莊嚴,
諸寶樹下 皆有 師子之座, 高五曰旬 亦以大寶 而校飾之.

爾時 諸佛 各於此座 結

가부좌하시고, 이렇게 전전해서 삼천대천세계를 두루 채웠지만, 석가모니 붓다의 일부분으로 만들어진 분신들도 아직 다 앉으시지 못하였다.

③ 그러자 석가모니 붓다께서는 분신인 제불을 수용하시고자 팔방의 이백만억 나유타 국토들을 각각 다시 바꾸어 모두 청정하게 하시니, 지옥·아귀·축생 및 아수라들이 없었고, 또 모든 천·인들을 다른 땅으로 옮겨 두셨다.

그렇게 변화된 나라들도 역시 유리가 땅이 되고, 나무 높이가 오백 유순이고 가지·잎·꽃·열매로 차례로 장식된 보배나무로 장엄되었는데, 나무 아래에는 모두 높이 5유순이고 갖가지 여러 보배로 장식된 보배 사자좌가 있었으며, 역시 큰 바다와 강 및 목진린타산·마하목진린타산·철위산·대철위산·수미산 등의 여러 산왕들도 없이, 통하여 하나의 불국토가 되었고, 보배로 된 땅은 평탄한데 보배로 교차된 장막을 그 위에 두루 덮었으며, 여러 번기와 일산들 걸고 큰 보배향 사르며 여러 하늘의 보배꽃들이 그 위에 깔려 있었다.

加趺坐, 如是展轉 遍滿 三千大千世界, 而於釋迦牟尼佛一方 所分之身 猶故未盡.

時 釋迦牟尼佛 欲容受所分身諸佛故 八方各更變 二百萬億 那由他國 皆令淸淨, 無有地獄餓鬼畜生 及阿修羅, 又移諸天人 置於他土.

所化之國 亦以琉璃爲地, 寶樹莊嚴 樹高 五百由旬 枝葉華果 次第嚴飾, 樹下皆有 寶師子座 高五由旬 種種諸寶以爲莊校, 亦無 大海江河 及目眞鄰陀山 摩訶目眞鄰陀山 鐵圍山 大鐵圍山 須彌山等 諸山王, 通爲一佛國土, 寶地平正 寶交露幔 遍覆其上, 懸諸幡蓋 燒大寶香 諸天寶華 遍布其地.

석가모니 붓다께서는 장차 제불들 앉게 하시고자 다시 팔방의 이백만억 나유타 국토들을 각각 다시 바꾸어 모두 청정하게 하시니, 지옥·아귀·축생 및 아수라들이 없었고, 또 모든 천·인들을 다른 땅으로 옮겨 두셨다.

그렇게 변화된 나라들 역시 유리가 땅이 되고, 나무 높이가 오백 유순이고 가지·잎·꽃·열매로 차례로 장엄된 보배나무로 장엄되었는데, 나무 아래에는 모두 높이 5유순이고 역시 큰 보배로 장식된 보배 사자좌가 있었으며, 역시 큰 바다와 강 및 목진린타산·마하목진린타산·철위산·대철위산·수미산 등의 여러 산왕들도 없이, 통하여 하나의 불국토가 되었고, 보배로 된 땅은 평탄한데 보배로 교차된 장막을 그 위에 두루 덮었으며, 여러 번기와 일산들 걸고 큰 보배향 사르며 여러 하늘의 보배꽃들이 그 위에 깔려 있었다.10

釋迦牟尼佛 爲諸佛當來坐故 復於八方 各更變 二百萬億 那由他國 皆令淸淨, 無有地獄 餓鬼畜生 及阿修羅, 又移諸天人 置於他土.
所化之國 亦以琉璃爲地, 寶樹莊嚴 樹高 五百由旬 枝葉華果 次第莊嚴, 樹下皆有 寶師子座 高五由旬 亦以大寶而校飾之, 亦無 大海江河 及目眞鄰陀山 摩訶目眞鄰陀山 鐵圍山 大鐵圍山 須彌山等 諸山王, 通爲一佛國土, 寶地平正 寶交露幔 遍覆其上, 懸諸幡蓋 燒大寶香 諸天寶華 遍布其地.

....
10 세 번 국토를 청정하게 변화시킨 것은 바로 삼매로 인한 것인데, 삼매에는 셋이 있다. 처음 사바세계를 변화시킨 것은 십해탈[背捨]이 능히 더러움을 청정하게 바꾸는 것이고, 다음 이백 나유타 국토를 변화시킨 것은 팔승처[勝處]가 자재하게 전변시키는 것이며, 뒤의 이백 나유타 국토를 변화시킨 것은 십변처[一切處]가 경계에 걸림이 없는 것이다. 또 처음 하나의 변화는 4주지

그 때 석가모니붓다의 분신으로서 동방 백천만억 나유타 항하사와 같은 국토 중의 여러 붓다들께서는 각각 설법하시다가 여기에 와 모이셨고, 이와 같이 차례로 시방의 여러 붓다들께서도 모두 다 와 모이셔 여덟 방위에 앉으시니, 그 때 낱낱의 방위마다 사백만억 나유타 국토들의 여러 붓다여래께서 그 안에 두루 가득하였다.

爾時 東方 釋迦牟尼佛 所分之身 百千萬億 那由他 恒河沙等 國土中 諸佛 各各說法 來集於此, 如是次第 十方諸佛 皆悉來集 坐於八方, 爾時一一方 四百萬億 那由他國土 諸佛如來 遍滿其中.

(3)11 ① 이 때 붓다들께서는 각각 보배나무 아래 사자좌에 앉으셔서 모두 시자 보내 석가모니붓다께 문안드리고자 각각 보배꽃 아름가득 지니게 하고 그들에게 말씀하셨다.

"선남자여, 그대는 기사굴산의 석가모니붓다 처소로 가서 내가 말하는 대로, '병고 없으시고 기력 안락하시며, 보살과 성문대중들도 모두 편안하신지요.'라고

是時 諸佛 各在寶樹下 坐師子座 皆遣侍者 問訊釋迦牟尼佛 各齎寶華滿掬 而告之言.

"善男子, 汝往詣 耆闍崛山 釋迦牟尼佛所 如我辭曰, '少病少惱 氣力安樂, 及菩薩聲聞衆 悉

의 번뇌[四住]를 청정히 제거하는 것이고, 다음 하나의 변화는 진사혹을 청정히 제거하는 것이며, 뒤의 하나의 변화는 무명을 청정히 제거하는 것이다.
11 이하 일곱째 탑 여는 것 맡기시는 글에 다섯이 있다. ①은 제불께서 문안하시고 바람[欲]을 말씀하시는 것, ②는 석가께서 탑 여시는 것, ③은 사부대중들이 모두 같이 보고 듣는 것, ④는 두 붓다께서 자리 나누어 앉으시는 것, ⑤는 사부대중들이 가피 청하는 것이다.

여쭈고, 이 보배꽃을 붓다께 흩어 공양하고 이렇게 말하라. '저 아무개 붓다께서 이 보탑 여는 일을 위탁하셨습니다.'"

　모든 붓다들께서 사자 보내시는 것도 역시 이러했다.

　② 그 때 석가모니붓다께서는 분신불들이 모두 와 모여 각각 사자좌에 앉으신 것을 보시고, 모든 붓다들이 같이 보탑 여는 일 위탁하심을 모두 들으시고, 곧 자리에서 일어나 허공 중에 머무시니, 일체 사부대중들 기립하여 합장하고 일심으로 붓다를 보았다.

　이 때 석가모니붓다께서 오른 손가락으로 칠보탑의 문을 여니, 마치 빗장 열어 큰 성문 여는 듯한 큰 음성이 났다.

　③ 즉시 일체의 대중들은 모두 다보여래께서 보탑 안에서 사자좌에 앉으셔 전신 흩어지지 않고 선정에 드신 듯함을 보았고, 또 그 분께서, "훌륭하고 훌륭하시다. 석가모니 붓다께서 이 법화경을 잘 말씀하셨다. 내 이 경전 들으려고 여기에 왔었다."라고 말씀하시는 것도 들었다.

　이 때 사부대중들은 과거 한량없는 천만억 겁 전에 멸도하신 붓다께서 이렇게

安隱不', 以此寶華 散佛供養 而作是言. '彼某甲佛 與欲開此寶塔.'"
諸佛遣使 亦復如是.

爾時 釋迦牟尼佛 見所分身佛 悉已來集 各各坐於 師子之座, 皆聞諸佛與欲 同開寶塔, 卽從座起 住虛空中,
一切四衆 起立合掌 一心觀佛.
於是 釋迦牟尼佛 以右指開 七寶塔戶, 出大音聲 如卻關鑰 開大城門. 卽時 一切衆會 皆見多寶如來 於寶塔中 坐師子座 全身不散 如入禪定, 又聞其言, "善哉善哉. 釋迦牟尼佛 快說是法華經. 我爲聽是經故 而來至此."
爾時 四衆等見 過去無量 千萬億劫 滅度佛 說

말씀하시는 것을 같이 보고 미증유라 찬탄하고, 하늘의 보배꽃더미를 다보불과 석가모니불 위에 뿌렸다.

④ 이 때 다보불께서는 보탑 안에서 자리 반으로 나누어 석가모니불께 드리면서 말씀하시기를, "석가모니붓다께서는 이 자리에 앉으십시오."라고 하시니, 즉시 석가모니불께서는 그 탑 안에 들어가 그 반자리에 앉아 결가부좌하셨다.

⑤ 이 때 대중들은 두 여래께서 칠보탑 안의 사자좌 위에서 결가부좌하신 것을 보고 각각, '붓다의 자리 높고 머니, 여래께서 신통력으로 우리들을 모두 허공에 오르게 하셨으면!'이라고 생각하였더니, 즉시 석가모니불께서는 신통력으로 모든 대중들을 이끌어서 모두 허공에 있게 하시고,

(4)12 큰 음성으로 널리 대중들에게 말씀하셨다.

"누가 능히 이 사바국토에서 묘법화경을 널리 설하겠는가? 지금이 바로 그 때

如是言 歎未曾有,
以天寶華聚　散多寶佛
及釋迦牟尼佛上.
爾時 多寶佛 於寶塔中
分半座　與釋迦牟尼佛
而作是言,"釋迦牟尼佛
可就此座",　卽時　釋迦
牟尼佛　入其塔中　坐其
半座　結加趺坐.
爾時 大衆 見二如來 在
七寶塔中 師子座上　結
加趺坐 各作是念,'佛座
高遠, 唯願如來 以神通
力　令我等輩　俱處虛
空!',　卽時　釋迦牟尼佛
以神通力　接諸大衆　皆
在虛空,

以大音聲 普告四衆.

"誰能於此 娑婆國土 廣
說　妙法華經?　今正是

---
12 이 (4)는 장행의 큰 글 셋 중 셋째 석가께서 모집하여 유통할 사람을 찾으시는 것이다.

이다. 여래는 머지 않아 열반에 들 것이니, 붓다는 이 묘법화경을 부촉할 데 있기를 바란다."13	時. 如來不久 當入涅槃, 佛欲以此 妙法華經 付囑有在."

11.3

이 때 세존께서는 이 뜻을 거듭 펴시고자 게송으로 말씀하셨다.14	爾時 世尊 欲重宣此義 而說偈言.

① 성주 세존께서 오래 전 멸도하셔 보탑 안에 계심에도 법 위해 오셨는데	聖主世尊 雖久滅度 在寶塔中 尙爲法來
② 사람들 어찌 법 위해 부지런 않으랴 이 붓다 멸도하심 무수겁 되었으되	諸人云何 不勤爲法 此佛滅度 無央數劫
③ 곳곳에서 들으심은 만나기 어려운 탓 그 붓다의 본원은, 나의 멸도 후	處處聽法 以難遇故 彼佛本願 我滅度後
④ 가는 곳마다 항상 법 듣고자 함이셨다	在在所往 常爲聽法

---

13 '부촉할 데 있다'는 것에는 두 가지 뜻이 있다. 첫째는 가까이에 있게 하는 것이니, 팔만(=제10 법사품 첫머리)과 이만(=제13 권지품 첫머리)의 예전부터 머물고 있던 보살들에게 부촉하여 이 땅에서 널리 펴게 하는 것이다. 둘째는 멀리에 있게 하는 것이니, 하방 천 세계의 미진과 같은 본래의 제자들(=제15 종지용출품)에게 부촉하여 곳곳마다 유통케 하는 것으로, 또 여래수량품을 일으키는 것이기도 하다.

14 게송에 48수가 있어 위의 세 가지 뜻을 노래했다. 처음 3수반은 첫째 다보불의 멸도를 노래했다.

| | 또 내 분신인 항사 같이 한량없는15 | 又我分身 | 無量諸佛 |

⑤ 제불들도 와서 법 듣고 그리고　　　如恒沙等　來欲聽法
　　멸도하신 다보여래 뵙고자 하여　　及見滅度　多寶如來

⑥ 각각 오묘한 국토 및 제자 대중들과　各捨妙土　及弟子衆
　　천·인·용신들의 여러 공양 버려두고　天人龍神　諸供養事

⑦ 법 오래 머물도록 여기에 오셨음에　令法久住　故來至此
　　제불 앉으시게 하기 위해 신통력으로　爲坐諸佛　以神通力

⑧ 무량 대중 옮기고 나라 청정케 하여　移無量衆　令國淸淨
　　제불들 각각 보배나무 아래로 가시니　諸佛各各　詣寶樹下

⑨ 청정한 못이 연꽃으로 장엄됨 같고　如淸淨池　蓮華莊嚴
　　보배나무 아래의 여러 사자좌들　　其寶樹下　諸師子座

⑩ 위에 붓다 앉고 광명으로 장식됨은　佛坐其上　光明嚴飾
　　밤의 어둠 속 큰 횃불 태움 같으며　如夜闇中　燃大炬火

⑪ 몸에서 묘향 내어 시방국토 두루함에　身出妙香　遍十方國
　　중생들 맡고서 기쁨 이기지 못함은　衆生蒙薰　喜不自勝

---
15 이하 ⑫까지 8수반은 둘째 분신불들이 모이심을 노래했다.

12 큰 바람이 작은 나뭇가지를 불듯해　　　譬如大風　吹小樹枝
　　 이런 방편으로 법 오래 머물게 한다　　　以是方便　令法久住

13 대중들에게 이르니, 나의 멸도 후16　　　告諸大衆　我滅度後
　　 누가 이 경전 호지 독송하겠는가　　　誰能護持　讀說斯經

14 지금 붓다 앞에서 맹세해 말해보라　　　今於佛前　自說誓言
　　 그 다보불은 오래전 멸도하셨어도17　　　其多寶佛　雖久滅度

15 큰 서원을 사자후하셨으니　　　以大誓願　而師子吼
　　 다보여래 및 나의 몸과　　　多寶如來　及與我身

16 모인 변화불들은 이 뜻을 아시리라　　　所集化佛　當知此意
　　 불자들이여, 누가 법 수호하겠는가　　　諸佛子等　誰能護法

17 큰 서원 일으켜 오래 머물게 하라　　　當發大願　令得久住
　　 그 누군가가 이 경법 수호한다면18　　　其有能護　此經法者

18 곧 나와 다보불 공양함 되니　　　則爲供養　我及多寶

----

16 이하 36수는 셋째 석가의 부촉을 노래했다. 글에 둘이 있으니, 21의 제2행까지 앞 8수반은 세 붓다(=석가·다보·분신)를 들어 유통하기를 권하신 것이고, 그 아래 27수반은 수지하기 어려운 법임을 들어 유통하기를 권하신 것이다. 전자에 셋이 있다. 먼저 1수반은 그 사람을 모집하고 찾는 것이다.
17 이하 3수는 둘째 바로 세 붓다 들어서 경전 수지하기를 권하셨다.
18 이하 4수는 셋째 이 경전 수지한다면 곧 세 붓다 공양하고 세 붓다 뵙는 것이라 하여, 권하는 뜻을 해석하신 것이다.

	이 다보불 보탑에 계시면서 항상	此多寶佛	處於寶塔
19	시방 다니심은 이 경 위한 때문이라	常遊十方	爲是經故
	또한 모든 세계 장엄하고 장식하는	亦復供養	諸來化佛
20	모든 변화불들 공양하는 것이니	莊嚴光飾	諸世界者
	만약 이 경전 설한다면 곧 나와	若說此經	則爲見我
21	다보여래 및 변화불 뵙는 것 된다	多寶如來	及諸化佛
	선남자들이여, 각자 잘 생각하라19	諸善男子	各諦思惟
22	이는 어려운 일이니 대원 일으키라	此爲難事	宜發大願
	수가 항하사 같은 다른 모든 경전20	諸餘經典	數如恒沙
23	이들 설한다 해도 어렵다 할 수 없고	雖說此等	未足爲難
	수미산 잡아 무수 불토 지난 타방에	若接須彌	擲置他方
24	던져 둔다도 해도 어렵지 않으며	無數佛土	亦未爲難
	발가락으로 대천세계 움직여 멀리	若以足指	動大千界

---

19 이하 27수반의 둘째 수지하기 어려운 법임을 들어 유통하기를 권하신 것에 둘이 있다. 처음 41의 제2행까지 20수는 바로 수지하기 어려운 법임을 들어 유통하기를 권하신 것이고, 그 아래의 7수반은 권하는 뜻을 해석하신 것이다. 전자에 다시 셋이 있다. 처음 1수는 경계하여 권하신 것이다.
20 이하 39의 제2행까지 17수는 둘째 바로 수지하기 어려운 법임을 들어 유통하기를 권하셨다.

|25| 타국토로 던진다 해도 어렵지 않고　　　遠擲他國　亦未爲難
　　 유정천에 서서 중생 위해 한량없는　　　若立有頂　爲衆演說

|26| 다른 경 설한다 해도 어렵지 않지만　　　無量餘經　亦未爲難
　　 만약 붓다 멸도 후 악세 중에서　　　　若佛滅後　於惡世中

|27| 이 경전 설한다면 이것이 어렵고　　　　能說此經　是則爲難
　　 가사 어떤 사람 손으로 허공 잡고　　　假使有人　手把虛空

|28| 다닌다 하더라도 어렵지 않지만　　　　而以遊行　亦未爲難
　　 나의 멸도 후 스스로 써 지니거나　　　於我滅後　若自書持

|29| 남 시켜 쓴다면 이것이 어려우며　　　　若使人書　是則爲難
　　 만약 대지를 발가락 위에 두고　　　　若以大地　置足甲上

|30| 범천에 오른다 해도 어렵지 않지만　　　昇於梵天　亦未爲難
　　 붓다의 멸도 후 악세 중에서　　　　　佛滅度後　於惡世中

|31| 잠시 이 경 읽는다면 이것이 어렵고　　　暫讀此經　是則爲難
　　 겁 탈 때 마른 풀 짊어지고 들어가서　假使劫燒　擔負乾草

|32| 타지 않는다 해도 어렵지 않지만　　　　入中不燒　亦未爲難
　　 나의 멸도 후 만약 이 경전 지니고　　　我滅度後　若持此經

| 33 | 한 사람에게 말한다면 이것이 어려우며
만약 팔만사천의 법장과 십이부의 | 爲一人說　是則爲難
若持八萬　四千法藏 |

| 34 | 경전 수지하고 남 위해 연설하여
모든 듣는 자 육신통 얻게 한다면 | 十二部經　爲人演說
令諸聽者　得六神通 |

| 35 | 이렇게 한다 해도 어렵지 않지만
나의 멸도 후 이 경전 듣고 받아 | 雖能如是　亦未爲難
於我滅後　聽受此經 |

| 36 | 그 취지 묻는다면 이것이 어렵고
만약 사람이 설법하여 천만억 | 問其義趣　是則爲難
若人說法　令千萬億 |

| 37 | 무량 무수의 항하사 같은 중생들이
아라한 얻고 육신통 갖추게 하는 | 無量無數　恒沙衆生
得阿羅漢　具六神通 |

| 38 | 이런 이익 있다 해도 어렵지 않지만
나의 멸도 후 만약 능히 이런 경전 | 雖有是益　亦未爲難
於我滅後　若能奉持 |

| 39 | 받들어 지닌다면 이것이 어렵다
내 불도 위해 한량없는 국토에서21 | 如斯經典　是則爲難
我爲佛道　於無量土 |

| 40 | 지금까지 여러 경전 널리 설했지만
그 중에서 이 경전이 으뜸이니 | 從始至今　廣說諸經
而於其中　此經第一 |

21 이하 2수는 셋째 수지하기 어렵다는 뜻을 해석한 것이다.

| 41 | 누군가 지닌다면 곧 불신 지님이다 | 若有能持 | 則持佛身 |
| | 선남자들이여, 나의 멸도 후22 | 諸善男子 | 於我滅後 |

| 42 | 누가 이 경전 수지 독송할 것인가 | 誰能受持 | 讀誦此經 |
| | 지금 붓다 앞에서 맹세해 말해 보라 | 今於佛前 | 自說誓言 |

| 43 | 이 경 지니기 어려워 잠시만 지녀도23 | 此經難持 | 若暫持者 |
| | 내 곧 기뻐하고 제불 역시 그러해 | 我則歡喜 | 諸佛亦然 |

| 44 | 이런 사람은 제불의 칭찬 받으리니 | 如是之人 | 諸佛所歎 |
| | 이는 곧 용맹이요 이는 곧 정진이며24 | 是則勇猛 | 是則精進 |

| 45 | 이는 지계해 두타 행하는 자라 하니 | 是名持戒 | 行頭陀者 |
| | 위없는 불도 속히 이루게 되리라 | 則爲疾得 | 無上佛道 |

| 46 | 미래세에 이 경전 읽고 수지한다면 | 能於來世 | 讀持此經 |
| | 진불자라 순선의 경지25에 머물고 | 是眞佛子 | 住淳善地 |

----

22 이하 7수반의 수지하기 어려운 것을 능히 수지한다면 뛰어난 덕 이룰 수 있음을 밝혀, 권하는 뜻을 해석한 것에 셋이 있다. 첫째 이하 1수반은 경전 수지할 사람을 거듭 모집하시는 것이다.
23 이하 1수반은 둘째 수지하기 어려운 것을 능히 수지한다면 제불께서 기뻐하고 칭찬하신다는 것을 밝혔다.
24 이하 4수반은 셋째 수지하기 어려운 것을 능히 수지한다면 뛰어난 수행 이룬다는 것을 밝혔다. 그 뛰어난 수행에는 자리와 이타가 있다.
25 * 범본의 'dānta-bhūmi'를 옮긴 것인데, 'dānta'는 조복調伏, 조순調順 등의 뜻이다.

47 붓다의 멸도 후 그 뜻 능히 안다면　　　佛滅度後　能解其義
　　이는 여러 천·인 세간의 눈이며　　　　是諸天人　世間之眼

48 두려운 세상에서 능히 잠시 설한다면　　於恐畏世　能須臾說
　　일체의 천·인들 모두 공양해야 하리라　一切天人　皆應供養

제12 제바달다품[1]　　　　　　　提婆達多品 第十二

12.1[2]

(1) 그 때 붓다께서는 여러 보살 및 천·인과 사부대중들에게 말씀하셨다.

"① 나는 과거 한량없는 겁 동안 법화경을 구하는데 게으름 없었으니, ② 많은 겁 동안 항상 국왕 되어 서원 일으켜서

爾時 佛告 諸菩薩及 天人四衆.

"吾於過去 無量劫中 求法華經 無有懈惓, 於多劫中 常作國王 發願求

---

1 제바달다는 또한 달도達兜라고도 하는데 이 곳에서는 천열天熱이라고 번역한다. 그가 승단을 깨고 오백 비구들을 데리고 갈 때, 사리자는 그를 눌러 숙면케 했고, 목건련은 대중들 들어서 데리고 돌아왔는데, 잠에서 일어나 이 원한을 갚겠다고 맹세하였다. 그 후 크기 삼십주肘(='주'는 팔꿈치 정도의 길이)에 넓이 십오주 되는 돌을 들어 붓다께 던졌으나 산신이 손으로 막으니, 조그만 돌이 튀어 붓다의 발에 상처 입혀 피가 났고, 아사세왕을 교사해 술 취한 코끼리를 풀어 붓다를 짓밟게 한 결과 화색花色비구니를 쳐서 죽게 했으며, 열 손톱에 독 발라 붓다의 발에 예배해서 해치고자 하기도 했으니, 이는 오역죄에 해당한다. 그가 역죄를 행할 것이므로 태어날 때 인·천의 마음이 뜨거웠고[心熱], 이것으로 이름을 얻었으므로 '천열'이라고 한 것이다. 이는 수적을 따른 것인데, 만약 본지에서 해석한다면, 중생의 번뇌 때문에 보살이 열을 보인 것이다.
　이 품이 온 뜻은, 옛날에 경전 넓혀 이익 전한 것이 잘못 아니었음을 이끌어, 지금 펴서 교화하는 일의 효험이 헛되지 않음을 밝히는 것이니, 과거의 일을 들어 지금 사람들에게 권하여 유통케 하는 것이다.
2 글에 둘이 있으니, 처음은 과거에 제바달다는 경전을 유통하고 석가는 성도하셨음을 밝히는 것이고, 뒤의 12.3 이하는 지금 문수는 경전을 유통하고 용녀는 성불함을 밝히는 것이다.
　처음의 글에는 셋이 있다. 첫째 과거 스승과 제자의 경전 지니는 모습을 밝히는 것, 둘째 12.2의 (1)은 고금을 연결하는 것, 셋째 (2)는 믿기를 권하는 것이다. 첫째에는 장행과 게송이 있고, 장행에는 넷이 있다. 첫째 ①은 법 구한 시절을 밝히는 것, 둘째 ② 내지 ④는 바로 법 구한 것을 밝히는 것, 셋째 ⑤는 법사 구해 얻었음을 밝히는 것, 넷째 ⑥은 법 받아 봉행했음을 밝히는 것이다.

위없는 보리 구함에서 마음 퇴전하지 않았고,3 ③ 육바라밀 만족하고자 부지런히 보시 행하되, 마음에 코끼리, 말, 칠보, 국성, 처자, 노비, 하인, 머리, 눈, 골수, 뇌, 몸의 살, 손, 발을 아낌이 없었고 신명을 아끼지 않았다.

④ 그 때 세상 사람의 수명은 한량없었는데, 법을 위해 국왕의 지위 버려 태자에게 맡기고 북 치고 영 내려 사방으로 법 구하여, '누가 나에게 대승을 말해 줄 수 있는가? 내 종신토록 받들어 올리고 시중하리라.'라고 하였다.

⑤ 그 때 선인이 있어 왕에게 와서, '나에게 묘법화경이라 이름하는 대승 있으니, 만약 나를 거스르지 않는다면 설해 드리리다.'라고 하였다.

⑥ 왕은 선인의 말 듣고 뛰어오를듯이 기뻐하며 곧 선인 따라가 필요한 것 받들어 올리고 열매 따고 물 길으며 섶 줍고 밥 차리며, 나아가 몸을 자리로 삼기까지 하면서도 신심에 게으름이 없었다. 그

於 無上菩提 心不退轉, 爲欲滿足 六波羅蜜 勤行布施, 心無吝惜 象馬七珍 國城妻子 奴婢僕從 頭目髓腦 身肉手足 不惜軀命.

時世人民 壽命無量, 爲於法故 捐捨國位 委政太子 擊鼓宣令 四方求法, '誰能爲我 說大乘者? 吾當終身 供給走使.'

時有仙人 來白王言, '我有大乘 名妙法華經, 若不違我 當爲宣說'.

王聞仙言 歡喜踊躍 卽隨仙人 供給所須 採果汲水 拾薪設食,
乃至以身 而爲床座 身心無倦. 于時奉事 經於

---

3 둘째 바로 법 구한 것을 밝힌 글에는 둘이 있다. 처음 ②는 서원 일으킨 것을 밝혔고, 뒤의 ③ 이하는 둘째 수행을 밝혔다. 후자에 다시 둘이 있다. 먼저 ③은 단나를 만족하고자 부지런히 보시 행한 것을 밝혔고, 뒤의 ④는 반야를 만족하기 위해 묘법 추구한 것을 밝힌 것이다.

렇게 받들기 천 년에 이르도록 법 위해 　千歲 爲於法故 精勤給
부지런히 시중들어 부족함 없게 하였다." 　侍 令無所乏."

(2) 그 때 세존께서는 이 뜻을 거듭 펴시　爾時 世尊 欲重宣此義
고자 게송으로 말씀하셨다.　而說偈言.

① 내 과거겁 생각하니4　　　　　　　我念過去劫
　　대승의 법 구하기 위하여　　　　　爲求大法故
　　비록 세상의 국왕 되었어도5　　　雖作世國王
　　오욕의 즐거움 탐하지 아니하고　不貪五欲樂

② 종을 쳐 사방에 이르기를　　　　　搥鍾告四方
　　누가 대승의 법 가졌는가　　　　　誰有大法者
　　나 위해 해설해 준다면　　　　　　若爲我解說
　　그를 위해 하인이 되겠다고 하였다　身當爲奴僕

③ 그 때 아사阿私라는 선인이 있어6　時有阿私仙
　　대왕에게 와서 이르기를　　　　　來白於大王
　　나에게 세상에 희유한　　　　　　我有微妙法
　　미묘한 법이 있는데　　　　　　　世間所希有

---

4 게송에 7수반이 있어 위의 장행을 노래하였다. 처음 2행은 법 구한 시절을 노래한 것이다.
5 이하 1수반은 둘째 바로 법 구한 것을 노래했다.
6 이하 1수반은 셋째 설법할 스승 얻은 것을 노래했다. * 범본에는 선인의 이름이 명시되어 있지 않다.

④ 만약 수행할 수 있다면	若能修行者
당신께 설해 주겠다고 하였다	吾當爲汝說
그 때 왕은 선인의 말 듣고7	時王聞仙言
마음에 큰 기쁨 일으켜	心生大喜悅

⑤ 곧 선인을 따라가	卽便隨仙人
필요한 것 받들어 올리고	供給於所須
섶과 열매 채취하여	採薪及果蓏
때 따라 공경하게 드렸으니	隨時恭敬與

⑥ 마음을 묘법에 두었기에	情存妙法故
신심에 게으름 없었고	身心無懈倦
널리 여러 중생들 위해	普爲諸衆生
대승의 법 부지런히 구하면서	勤求於大法

⑦ 또한 자기의 몸과8	亦不爲己身
오욕락은 위하지 아니했으니	及以五欲樂
그러므로 큰 국왕이 되고도	故爲大國王
이 법 부지런히 구해서 얻고	勤求獲此法

| ⑧ 마침내 붓다 이루게 되어 | 遂致得成佛 |
| 지금 그대들 위해 설하는 것이다 | 今故爲汝說 |

....
7 이하 2수반은 넷째 법 받아 봉행한 것을 노래했다.
8 이하 1수반은 다섯째 맺고 증명해 믿기 권하시는 것이다.

제12 제바달다품 379

12.2

(1) 붓다께서 비구들에게 말씀하셨다.9

"㈎ 그 때의 왕은 곧 내 몸이고, 그 때의 선인은 지금의 제바달다이다.

㈏10 ① 제바달다는 선지식이었기 때문에 나로 하여금 육바라밀, 자·비·희·사, ② 삼십이상과 팔십종호, 자마금색의 몸, 십력, 사무소외, 사섭법, 십팔불공법, 신통과 도의 힘을 구족하게 하여 등정각을 이루고 널리 중생들 제도하게 하였으니, ③ 이것은 모두 제바달다 선지식으로 말미암은 것이었다.

㈐11 ① 그러므로 모든 사부대중에게 이르니, 제바달다는 후에 한량없는 겁을 지나 붓다를 이루어서 명호를 천왕天王여래 응공 정변지 명행족 선서 세간해

佛告 諸比丘.

"爾時 王者 則我身是, 時仙人者 今提婆達多是. 由提婆達多 善知識故 令我具足 六波羅蜜 慈悲喜捨, 三十二相 八十種好 紫磨金色 十力 四無所畏 四攝法 十八不共 神通道力 成等正覺 廣度衆生. 皆因 提婆達多 善知識.

故告諸四衆, 提婆達多 却後過無量劫 當得成佛 號曰天王 如來 應供 正遍知 明行足 善逝 世

---

9 이하는 둘째 고금古今을 연결하는 것이다. 이 글에 다시 둘이 있으니, 처음 ㈎는 바로 고금을 연결하는 것이고, 뒤의 ㈏ 이하는 스승과 제자의 공덕과 과보[功報]가 함께 만족하였음을 밝히는 것이다.
10 이하 둘째 스승과 제자의 공덕과 과보가 함께 만족하였음을 밝히는 글에 둘이 있다. 첫째 ㈏는 제자의 인행과 과보가 만족하였음을 밝히는 것이고, 둘째 ㈐는 법사의 묘과가 장차 성취될 것임을 밝히는 것이다. 전자 중에 다시 셋이 있으니, ①은 인행의 원만을 밝히고, ②는 과덕의 원만을 밝히며, ③은 경전 유통한 자가 이익을 준 것임을 맺어 증명했다.
11 이하 둘째 스승(=법사)의 묘과가 장차 성취될 것임을 밝히는 것에 셋이 있다. ①은 바른 과보가 성취될 것임을 밝히는 것, ②는 교화를 밝히는 것, ③은 멸도 후의 이익을 밝히는 것이다.

무상사 조어장부 천인사 붓다 세존이라고 하고, 세계는 천도天道라고 이름할 것이다.

② 그 때 천왕불이 세상에 머무는 것은 이십 중겁일 것인데, 널리 중생들 위해 묘법 설해서 항하사 같은 중생들이 아라한과를 얻고, 한량없는 중생들이 연각의 마음 일으키며, 항하사 같은 중생들이 위없는 도의 마음 일으켜 무생법인을 얻고 불퇴전의 경지에 이를 것이다.

③ 그 때 천왕불의 반열반 후 정법이 세상에 머묾은 이십 중겁일 것인데, 전신사리로 높이 육십 유순이고 가로 세로 사십 유순인 칠보탑을 세워서, 모든 천신과 인간들이 모두 온갖 꽃들과 말향·소향·도향, 의복과 영락, 당번과 보배일산, 음악과 노래로써 칠보의 묘탑에 예배하고 공양할 것이고, 한량없는 중생들이 아라한과를 얻고, 한량없는 중생들이 벽지불 깨달으며, 사의할 수 없는 중생들이 보리심을 일으켜 불퇴전의 경지에 이를 것이다."

(2)12 붓다께서 비구들에게 말씀하셨다.

間解 無上士 調御丈夫 天人師 佛 世尊, 世界 名 天道.
時天王佛 住世二十中劫, 廣爲衆生 說於妙法 恒河沙衆生 得阿羅漢果, 無量衆生 發緣覺心, 恒河沙衆生 發無上道心 得無生忍 至不退轉.

時天王佛 般涅槃後 正法住世 二十中劫, 全身舍利 起七寶塔 高六十由旬 縱廣四十由旬, 諸天人民 悉以雜華 末香 燒香塗香 衣服瓔珞 幢幡寶蓋 伎樂歌頌 禮拜供養 七寶妙塔, 無量衆生 得阿羅漢果, 無量衆生 悟辟支佛, 不可思議衆生 發菩提心 至不退轉."

佛告 諸比丘.

"미래세 중에 만약 어떤 선남자 선여인이 묘법화경의 제바달다품을 듣고 청정한 마음으로 믿고 공경해서 의혹 일으키지 않는다면, 지옥·아귀·축생에 떨어지지 않고 시방의 붓다 앞에 태어나며, 태어나는 곳마다 항상 이 경전 들을 것이고, 만약 인·천 중에 태어난다면 승묘한 즐거움 받을 것이고, 만약 붓다 앞에 있는 경우라면 연꽃에서 화생할 것이다."

"未來世中　若有善男子　善女人　聞妙法華經　提婆達多品　淨心信敬　不生疑惑者, 不墮地獄　餓鬼畜生　生十方佛前, 所生之處　常聞此經,
若生人天中　受勝妙樂,
若在佛前　蓮華化生."

12.3[13]
(1) 그 때 하방에서 다보세존을 따라왔던 지적智積이라고 이름하는 보살이 다보붓다께 말하였다.

"본토로 돌아 가시지요."

於時下方　多寶世尊　所從菩薩　名曰智積　白多寶佛.

"當還本土."

(2) 석가모니붓다께서 지적에게 말씀하셨다.[14]

釋迦牟尼佛　告智積曰.

---

12 (2)는 (처음 과거에 제바달다는 경전을 유통하고 석가는 성도하셨음을 밝히는 글 중의) 셋째 믿기를 권하신 것이다.
13 이하 둘째 지금 문수가 경전 유통하는 이익 밝히는 글(=앞에서는 '지금 문수는 경전을 유통하고 용녀는 성불함을 밝히는 것'이라고 하였음)에 둘이 있다. 처음 12.3은 문수가 경전 유통함을 밝히고, 뒤의 12.4는 이익을 밝혔다. 전자에 다섯이 있다. 첫째 (1)은 지적이 물러가기를 청하는 것을 밝혔다.
14 (2)는 둘째 석존께서 이를 멈추시고 경전 유통하는 이익의 증명 기다리게

"선남자여, 조금만 기다리라. 여기에 문수사리라고 이름하는 보살이 있으니, 서로 보고 묘법을 논설한 다음 본토로 돌아가는 것이 좋을 것이다."

"善男子, 且待須臾. 此有菩薩 名文殊師利, 可與相見 論說妙法 可還本土."

(3)15 ① 그 때 문수사리는 크기가 수레바퀴만한 천 잎의 연꽃에 앉고, 동행하는 보살들 역시 보배 연꽃에 앉아 대해의 사갈라용궁에서 저절로 솟아나와 허공에 머물면서 영취산으로 가서, 연꽃에서 내려 붓다 계신 데로 가서 두 분 세존의 발에 머리 엎드려 예배하여 경의를 표하고 나서, 지적 있는 데로 가 서로 위로해 묻고 한 편에 섰을 때, ② 지적보살이 문수사리에게 물었다.

"존자[仁]께서 용궁에 가셔서 교화한 중생은 그 수가 얼마나 됩니까?"

③ 문수사리가 말하였다.16

爾時 文殊師利 坐千葉蓮華 大如車輪, 俱來菩薩 亦坐寶蓮華 從於大海 娑竭羅龍宮 自然踊出 住虛空中 詣靈鷲山, 從蓮華下 至於佛所 頭面敬禮 二世尊足 修敬已畢, 往智積所 共相慰問 卻坐一面, 智積菩薩 問文殊師利.

"仁往龍宮 所化衆生 其數幾何?"

文殊師利言.

하신 것을 밝혔다. 지적은, 말하자면 다보불은 경전 증명하기 위해 나오신 것인데, 중생에게 유통 권한 것이 끝났으므로 돌아가기를 청한 것이고, 석가께서 멈추신 것은 비록 적문의 일은 끝났어도 본문은 아직 드러내지 못했으므로 문수에게 의탁하여 다보불을 만류하신 것이니, 붓다의 비밀한 뜻은 보살이 알 수 있는 것이 아니다.

15 (3)의 ①은 셋째 문수가 이윽고 오는 것이고, ②는 넷째 교화한 중생들이 얼마나 되는지 지적이 묻는 것이다. * '사갈라용궁'은 '사갈라용왕'의 궁전인데, '사갈라용왕'은 1.1의 (3)에 나온 '사가라용왕'과 같다.

"그 수는 한량없어 일컬어 헤아릴 수 없으니, 입으로 말할 것 아니고 마음으로 헤아릴 것 아닙니다. 잠시만 기다리면 곧 증명이 있을 것입니다."

④17 말 끝나기도 전에 무수한 보살들이 보배연꽃에 앉아 바다에서 솟아나와 영취산에 가서 허공에 머물렀는데, ⑤ 이 모든 보살들은 모두 문수사리가 교화 제도한 이들로서, 보살행을 갖추어 모두 함께 육바라밀을 논설하였고, ⑥ 본래 성문이던 사람은 허공에 있으면서 성문의 행을 설하였지만, ⑦ 지금은 모두 대승의 공의 뜻을 수행하고 있었다.

⑧ 문수사리가 지적에게 말하였다.

"바다에서 교화한 그 일은 이렇습니다."

⑷ 그 때 지적보살은 게송으로 찬탄하였다.

"其數無量　不可稱計,
非口所宣 非心所測.
且待須臾 自當有證."

所言未竟 無數菩薩 坐寶蓮華 從海踊出 詣靈鷲山 住在虛空, 此諸菩薩 皆是文殊師利 之所化度, 具菩薩行 皆共論說 六波羅蜜, 本聲聞人 在虛空中 說聲聞行, 今皆修行 大乘空義.

文殊師利 謂智積曰.
"於海教化 其事如是."

爾時 智積菩薩 以偈讚曰.

....
16 ③ 이하는 다섯째 문수가 입으로 말할 것 아니라고 답하는 것이다. 이 글에 일곱이 있다. ③은 그 첫째 이익이 매우 많음을 답하는 것이다.
17 ④는 둘째 이익 입은 자들이 모여 증명하는 것이고, ⑤는 셋째 모두 문수가 교화한 바라는 것이며, ⑥은 넷째 본래 성문이던 사람은 먼저 권교를 받았으므로 이승의 도에 머물렀다는 것이고, ⑦은 다섯째 이제 진실한 가르침을 듣고 모두 다 대승의 법에 머문다는 것이며, ⑧은 여섯째 문수가 이익을 맺는 것이고, 아래의 ⑷는 일곱째 지적이 게송으로 찬탄하는 것이다.

1	큰 지혜의 덕으로 용맹하게	大智德勇健
	한량없는 중생들 제도하셨으니	化度無量衆
	이제 이 큰 법회의 대중들과	今此諸大會
	나는 모두 이미 보았습니다	及我皆已見

2	실상의 뜻 펴 밝히시고	演暢實相義
	일승의 법 활짝 여서서	開闡一乘法
	널리 모든 중생들 인도하시어	廣導諸衆生
	속히 보리 이루게 하시나이다	令速成菩提

12.4[18]

(1) ① 문수사리가 말하였다.　　　　　文殊師利言.
"나는 바다 속에서 항상 오직 묘법화경만을 펴 설했습니다."　　"我於海中 唯常宣說 妙法華經."

② 지적이 문수사리에게 물었다.　　智積 問文殊師利言.
"이 경전은 매우 깊고 오묘해서 모든 경전 중의 보배이고 세상에 희유한 것입니다. 중생으로서 이 경전을 부지런히 정진하여 수행해서 속히 붓다 얻은 이가 있습니까?"　　"此經 甚深微妙 諸經中寶 世所希有. 頗有衆生 勤加精進 修行此經 速得佛不?"

③ 문수사리가 말하였다.　　　　　文殊師利言.
"있습니다. 사갈라용왕의 딸은 나이 여　　"有. 娑竭羅龍王女 年

---

18 둘째 이익을 밝히는 글에는 아홉이 있다. 첫째 (1)의 ①은 문수가 스스로 말하는 것, 둘째 ②는 지적이 묻는 것, ③은 답하는 것이다.

덟 살이지만, 지혜롭고 근기 예리하여 중생들의 여러 근기와 행업을 잘 알고, 다라니를 얻어서 제불에서 설하신 심오한 비밀장을 모두 다 능히 수지했으며, 선정에 깊이 들어 제법을 요달해서 찰나경에 보리심 일으켜 불퇴전의 경지를 얻어 변재에 걸림 없으며, 중생을 마치 갓난아이처럼 자애롭게 생각하고, 공덕을 구족하여 마음으로 생각하고 입으로 말함은 미묘하고 광대하며, 자비롭고 겸손하며 마음은 부드러우므로 능히 보리에 이릅니다."

(2)19 지적보살이 말하였다.

"내가 석가여래를 보니 한량없는 겁 동안 고행을 어렵게 행하여 공덕을 쌓고 보리도 구하면서 잠시도 쉬지 않았고, 삼천대천세계를 보니 이 보살께서 중생 위해 신명 버리지 않은 곳이 나아가 겨자씨 만큼도 있지 아니하며, 그런 다음에야 보리도를 이룰 수 있었습니다. 그러니 이 여인이 잠깐 동안에 곧 정각을 이룬다는 것을 믿지 못하겠습니다."

始八歲, 智慧利根 善知衆生 諸根行業, 得陀羅尼 諸佛所說 甚深祕藏 悉能受持, 深入禪定 了達諸法 於刹那頃 發菩提心 得不退轉 辯才無礙, 慈念衆生 猶如赤子, 功德具足 心念口演 微妙廣大,
慈悲仁讓 志意和雅 能至菩提."

智積菩薩言.
"我見 釋迦如來 於無量劫 難行苦行 積功累德 求菩提道 未曾止息, 觀三千大千世界 乃至無有 如芥子許 非是菩薩 捨身命處 爲衆生故, 然後乃得 成菩提道. 不信此女 於須臾頃 便成正覺."

---
19 넷째 (2)는 지적이 별교에 집착하여 의심하는 것이다.

(3)20 말이 끝나기도 전에 용왕의 딸이 홀연 앞에 나타나 머리 엎드려 예배하고 한 편에 서서 게송으로 찬탄하였다.　　言論未訖 時龍王女 忽現於前 頭面禮敬 卻住一面 以偈讚曰.

1 죄와 복의 모습 깊이 통달하여　　深達罪福相
　시방을 두루 비추면21　　遍照於十方
　미묘하고 청정한 법신이　　微妙淨法身
　삼십이상을 갖추고　　具相三十二

2 팔십종호를　　以八十種好
　써서 법신을 장엄함에　　用莊嚴法身
　천신과 사람들 받들어 우러르고　　天人所戴仰
　용신들 모두 공경하며　　龍神咸恭敬

3 일체 중생의 무리로서　　一切衆生類
　존중해 받들지 않는 자 없고　　無不宗奉者
　또 법 들어 보리 이룰 것　　又聞成菩提
　오직 붓다께서는 깨달아 아시리니　　唯佛當證知

----

20 (3)은 다섯째 용왕의 딸이 원교를 밝혀 의심을 풀어주는 것이다. 아래의 3수반의 게송은 셋이 된다. 처음 2행은 경전 수지해 이해 얻으셨음을 밝히는 것, 다음 2수는 두 가지 불신(=법신·색신) 성취하셨음을 밝히는 것, 뒤의 1수는 붓다 이끌어 증명하는 것이다.
21 '죄와 복'은 7방편의 관점에서라면 상대적이겠지만, 지금 게송에서 '깊이 통달했다'고 하였으니, 죄도 없고 복도 없어 하나의 실상에 들어간 것을 깊이 통달했다고 말한 것이다. '시방'이란 곧 10법계이니, 동일하게 진실한 지혜로써 이것을 밝히므로 '두루 비춘다'고 말한 것이다.

④ 내 대승의 가르침 드러내어　　　　　我闡大乘敎
　　괴로운 중생들 도탈케 하겠습니다　　度脫苦衆生

(4)22 그 때 사리불이 용녀에게 말했다.　　時舍利弗 語龍女言.
　"그대는 머지 않아 위없는 도 얻을 것　"汝謂不久　得無上道,
이라고 하나, 이 일은 믿기 어렵다.　　　是事難信.
　까닭이 무엇이겠는가? 여인의 몸은 더　所以者何? 女身垢穢 非
러워 법기法器가 아닌데, 어떻게 무상보　是法器, 云何能得 無上
리를 얻을 수 있겠는가? 붓다의 도는 매　菩提? 佛道懸曠 經無量
우 멀어서 한량없는 겁에 걸쳐 애써 수　劫 勤苦積行 具修諸度
행 쌓고 모든 바라밀 갖추어 닦은 다음　然後乃成.
에야 이루어지는 것이고, 또 여인의 몸에　又女人身 猶有五障 一
는 첫째 범천왕, 둘째 제석, 셋째 마왕,　者 不得作 梵天王, 二
넷째 전륜성왕, 다섯째 붓다의 몸이 될　者 帝釋, 三者 魔王, 四
수 없는 다섯 가지 장애가 있는데, 어떻　者 轉輪聖王, 五者 佛
게 여인의 몸으로 속히 붓다를 이룰 수　身, 云何女身 速得成
있겠는가."　　　　　　　　　　　　　佛."

(5)23 ① 그 때 용녀는 삼천대천세계의 값　爾時 龍女 有一寶珠 價
이 되는 하나의 보배구슬을 가져 이를　直 三千大千世界 持以
붓다께 올린 즉 붓다께서 곧 이를 받으　上佛 佛卽受之,

------
22 ⑷는 여섯째 사리자가 삼장교의 방편으로써 따지는 것이다.
23 (5)는 일곱째 용왕의 딸이 하나의 진실[一實]로써 의심 없애는 것이다. 이 글에 둘이 있다. 첫째 ①은 구슬을 바쳐 원교의 이해 얻었음을 나타내는 것이고, ②는 원인 원만함에 과보 원만함을 바로 보인 것이다.

시니, 용녀는 지적보살과 존자 사리불에게 말하였다.24

"내가 바친 보배구슬을 세존께서 받으셨는데, 이 일은 빨랐습니까?"

대답해 말하였다.

"매우 빠르다."

용녀가 말하였다.

"존자들의 신통력으로 나의 성불이 이보다 더 빠른 것을 볼 것입니다."

② 그 때 대중들은 모두 용녀가 홀연 변하여 남자가 되어 보살의 행을 갖추고, 곧 남방의 무구세계로 가서 보련화에 앉아 등정각을 이루어 삼십이상과 팔십종호를 갖추고, 널리 시방의 일체 중생들에게 묘법 연설하는 것을 보았다.

(6)25 ① 그 때 사바세계의 보살과 성문, 천용팔부, 인비인들은 모두 멀리서 저 용녀가 성불하여 널리 그 때 모인 사람과

龍女謂 智積菩薩 尊者 舍利弗言.

"我獻寶珠　世尊納受, 是事疾不?"

答言.

"甚疾."

女言.

"以汝神力 觀我成佛 復速於此."

當時 衆會 皆見龍女 忽然之間 變成男子 具菩薩行, 卽往南方 無垢世界 坐寶蓮華 成等正覺 三十二相 八十種好, 普爲十方 一切衆生 演說妙法.

爾時 娑婆世界 菩薩聲聞 天龍八部 人與非人 皆遙見彼 龍女成佛 普

....
24 둥근 구슬은 그 원교의 인행 닦아 얻었음을 나타내는 것이고, 붓다께 바치는 것은 인으로써 과를 이루는 것이며, 붓다께서 받으심이 빠른 것은 과보 얻음이 빠른 것이니, 이는 곧 일념에 도량에 앉아 성불한다는 것이 헛되지 않다는 것이다.
25 (6)의 ①은 여덟째 그 때 대중들이 듣고 보고서 이익 얻는 것, ②는 아홉째 지적과 사리자가 침묵으로 믿고 승복[信伏]하는 것이다.

천신 위해 설법하는 것을 보고, 마음으로 크게 기뻐하여 모두 멀리서 공경히 예배하였다.

한량없는 중생들이 법 듣고 깨달아 불퇴전의 경지를 얻었고, 한량없는 중생들이 도의 수기 얻었으며, 무구세계는 여섯 가지로 진동하였고, 사바세계에서 삼천 중생들은 불퇴전의 경지에 머물렀고, 삼천 중생들은 보리심을 일으켜 수기를 받았으니,

② 지적보살 및 사리불과 일체의 대중들은 침묵한 채 신수하였다.

爲時會 人天說法, 心大歡喜 悉遙敬禮.

無量衆生 聞法解悟 得不退轉, 無量衆生 得受道記, 無垢世界 六反震動, 娑婆世界 三千衆生 住不退地. 三千衆生 發菩提心 而得受記,

智積菩薩 及舍利弗 一切衆會 黙然信受.

제13 권지품[1]   勸持品 第十三

13.1[2]

(1) 그 때 약왕보살마하살 및 대요설보살마하살은 이만의 보살 권속들과 함께 모두 붓다 앞에서 이렇게 맹세하여 말하였다.

"부디 세존께서는 염려 마시기 바랍니다. 저희들은 붓다의 멸도 후 이 경전 받들어 지녀서 독송하고 설하겠습니다. 후에 악세의 중생들이 선근은 더욱 적고 증상만은 많으며 이익과 공양 탐하여 불선근 늘려서 해탈을 원리하고 교화하기 어렵더라도, 저희들은 큰 인욕의 힘 일으켜 이 경전 독송하고 수지해 설하며 서

爾時 藥王 菩薩摩訶薩 及大樂說 菩薩摩訶薩 與二萬 菩薩眷屬俱 皆於佛前 作是誓言.

"唯願世尊 不以爲慮. 我等 於佛滅後 當奉持讀誦 說此經典. 後惡世衆生 善根轉少 多增上慢 貪利供養 增不善根 遠離解脫 雖難可敎化, 我等當起 大忍力 讀誦此經 持說書寫 種種供

---

1 이만의 보살들이 분부 받들어 경전을 넓히므로 '지품持品'이라 이름하고, 거듭 팔십만억 나유타에게 권하여 경전 넓히게 하므로 '권지품'이라 이름하였다. 이만은 법사품의 처음에서 따로 분부를 받았던 수이니, 그러므로 뜻 받들어 수지하는 것이다. 팔십만억 나유타 등은 앞에서 따로 분부 받은 것이 없었으니, 그래서 단지 공통으로 찾으신 것이다. 이제 불안으로 보시고 그들로 하여금 서원 일으키게 해 이 땅에서 경전 유통케 하신 것이다. 경전 유통의 증험證驗은 깊고 무겁고, 붓다의 뜻은 간곡하시므로, 권유하심을 입어 넓힌다. 따라서 두 가지 뜻이 있는 것이다.
2 글에는 둘이 있다. 먼저 13.1은 수지하는 것을 밝히고, 뒤의 13.2는 권하여 수지함을 밝히는 것이다. 처음의 글에는 셋이 있다. (1) 이만의 보살들이 분부 받들어 이 땅에서 경전 수지하겠다는 것이고, (2)는 오백과 팔천의 성문들이 서원 일으켜 타국에서 유통하겠다는 것이며, (3)은 여러 비구니들이 수기 청하는 것이다.

사하고 갖가지로 공양하는 데 신명을 아끼지 않겠습니다."

養 不惜身命."

(2) ① 그 때 대중 가운데 수기 받은 오백의 아라한들도 붓다께 말하였다.

"세존이시여, 저희들 역시 다른 국토에서 이 경전 널리 설할 것을 서원합니다."

② 다시 수기 받은 학·무학 팔천 명이 있다가 자리에서 일어나 붓다 향해 합장하고서 이렇게 맹세해 말하였다.

"세존이시여, 저희들 역시 다른 국토에서 이 경전을 널리 설하겠습니다.

까닭이 무엇이겠습니까? 이 사바국토에는 나쁜 사람들이 많아 증상만 품고 공덕이 천박하며 성 잘 내고 아첨하여 마음이 진실하지 못하기 때문입니다."3

爾時 衆中 五百阿羅漢 得受記者 白佛言.
"世尊, 我等 亦自誓願 於異國土 廣說此經."
復有學無學 八千人 得受記者 從座而起 合掌 向佛 作是誓言.
"世尊, 我等亦當 於他國土 廣說此經.
所以者何? 是娑婆國中 人多弊惡 懷增上慢 功德淺薄 瞋濁諂曲 心不實故."

(3) ① 그 때 붓다의 이모인 마하파사파제 비구니는 학·무학의 비구니 육천 명과 함께 자리에서 일어나 일심으로 합장하고 존안을 우러러보며 눈을 잠시도 떼

爾時 佛姨母 摩訶波闍波提比丘尼 與學無學比丘尼 六千人俱 從座而起 一心合掌 瞻仰尊

---
3 (문) 이 성문들은 이미 보살이 된 사람들인데, 어째서 이 땅에서 홍경弘經하지 못하는가? (답) 초심初心인 자를 이끌기 위함이니, 처음 행하는 보살들은 악세에서 고행하며 경전 유통할 수 없기 때문(＝홍경의 어려움을 보이기 위함)이다.

지 않으니, 그 때 세존께서 교담미4에게 말씀하셨다.

"무엇 때문에 근심하는 모습으로 여래를 봅니까? 마음으로 제가 이모님 이름 불러 아뇩다라삼먁삼보리의 수기 주는 말 하지 않았다고 여김이 아닙니까?

교담미 이모님, 제가 아까 일체의 성문들을 총체적으로 말하여 모두 수기 주었지만, 이제 이모님이 수기 알고자 한다면, 미래에 육만팔천억 제불의 법 중에서 큰 법사가 되고, 그리고 육천의 학·무학 비구니들도 함께 법사가 되며, 이모님은 이렇게 점점 보살도를 갖추어서 장차 붓다가 되어 명호를 일체중생희견一切衆生喜見여래 응공 정변지 명행족 선서 세간해 무상사 조어장부 천인사 붓다 세존이라고 할 것입니다.

교담미 이모님, 이 일체중생희견붓다 및 육천의 보살들은 서로 이어서 수기를 주고 아뇩다라삼먁삼보리를 얻을 것입니다."

② 그 때 라후라의 어머니 야수다라 비구니는, '세존께서 수기 주시는 중 유

顏 目不暫捨, 於時 世尊 告憍曇彌.

"何故 憂色 而視如來? 汝心 將無謂我 不說汝名 授阿耨多羅三藐三菩提記耶?

憍曇彌, 我先總說 一切聲聞 皆已授記, 今汝欲知記者, 將來之世 當於六萬八千億 諸佛法中 爲大法師, 及六千 學無學比丘尼 俱爲法師, 汝如是漸漸 具菩薩道 當得作佛 號一切衆生喜見如來 應供 正遍知 明行足 善逝 世間解 無上士 調御丈夫 天人師 佛 世尊.

憍曇彌, 是一切衆生喜見佛 及六千菩薩 轉次授記 得阿耨多羅三藐三菩提."

爾時 羅睺羅母 耶輸陀羅比丘尼 作是念, '世尊

---

4 * 범어 'Gautamī'의 음역어로, 붓다의 이모인 마하파사파제의 성이다.

독 내 이름만은 말씀하시지 않는구나.'라고 생각하니, 붓다께서 야수다라에게 말씀하셨다.

"당신은 미래세에 백천만억 붓다들의 법 중에서 보살의 행을 닦아 큰 법사가 되고, 점차 붓다의 도를 갖추어 선한 나라[善國]에서 장차 붓다가 되어서 명호를 구족천만광상具足千萬光相여래 응공 정변지 명행족 선서 세간해 무상사 조어장부 천인사 붓다 세존이라고 할 것이니, 그 붓다의 수명은 한량없는 아승기 겁일 것이오."

③ 그 때 마하파사파제 비구니 및 야수다라 비구니와 아울러 그들의 권속들은 모두 일찍이 경험하지 못했던 것을 얻어 크게 기뻐하여 곧 붓다 앞에서 게송으로 말하였다.

인도자 세존께서 천·인 안온하시니
저희 수기 듣고 마음 흡족합니다

여러 비구니들은 이 게송 읊고 나서 붓다께 말하였다.

"세존이시여, 저희들 역시 다른 국토에

於授記中 獨不說我名',
佛告 耶輸陀羅.

"汝於來世 百千萬億 諸佛法中 修菩薩行 爲大法師, 漸具佛道 於善國中 當得作佛 號具足千萬光相如來 應供 正遍知 明行足 善逝 世間解 無上士 調御丈夫 天人師 佛 世尊, 佛壽 無量阿僧祇劫."

爾時 摩訶波闍波提 比丘尼 及耶輸陀羅 比丘尼 幷其眷屬 皆大歡喜 得未曾有 卽於佛前 而說偈言.

世尊導師 安隱天人
我等聞記 心安具足

諸比丘尼 說是偈已 白佛言.

"世尊, 我等亦能 於他

서 널리 이 경전을 펴겠습니다." 方國土 廣宣此經."

13.2[5]

⑴ ① 그 때 세존께서 팔십만억 나유타의 여러 보살마하살들을 보시니, ② 이 모든 보살들은 모두 아유월치로서 불퇴전의 법륜 굴리고 모든 다라니 얻은 이들이었는데, 곧 자리에서 일어나 붓다 앞으로 가서 일심으로 합장하고 이렇게 생각하였다. '만약 세존께서 우리들에게 이 경전 수지해 설하라고 분부하신다면, 분부대로 이 법을 널리 펴리라.'[6]

③ 다시 이렇게 생각하였다. '붓다께서 지금 침묵하시고 분부하지 않으시니, 우리들은 장차 어떻게 해야 하나?'

④ 이 때 보살들은 붓다의 뜻 공경히 따르고 아울러 본원 만족하고자 ⑤ 붓다

爾時 世尊 視八十萬億 那由他 諸菩薩摩訶薩, 是諸菩薩 皆是阿惟越致 轉不退法輪 得諸陀羅尼, 卽從座起 至於佛前 一心合掌 而作是念. '若世尊告敕 我等持說此經者, 當如佛敎 廣宣斯法.'

復作是念. '佛今默然 不見告敕, 我當云何?'

時諸菩薩 敬順佛意 幷欲 自滿本願 便於佛前

---

5 이하 둘째 권하여 수지하는 글에는 장행과 게송이 있다. 장행에는 다섯이 있다. ①은 불안으로 보시는 것, ②는 보살들이 분부를 청하는 것, ③은 붓다께서 침묵하시는 것, ④는 보살들이 뜻을 안 것, ⑤는 서원 일으켜 경전 유통하겠다는 것이다.

6 불안으로 보시고 침묵으로 권하실 뿐 말씀하시지 않은 것은, 따로 분부하시지 않더라도 위에서 경전 수지함의 공덕이 깊고 두터움을 들었고, 증거 인용하신 것이 분명하여 다보불과 분신불이 멀리서 와 권하셔서, 이 간곡한 일의 뜻이 이미 갖추어졌으므로, 분부에 응하려는 자라면 곧 서원 일으키면 되고 번거로이 다시 말할 필요가 없는 것이다. 또 성문들이 타방에서 경전 넓히려고 한 서원을 보호해 주고자, 일컬어 찬양하지 않은 것이다.

앞에서 사자후로 맹세 일으켜 말하였다.

"세존이시여, 저희들은 여래의 멸도 후 시방세계를 두루 오고 가면서 중생들로 하여금 능히 이 경전 서사하고 수지 독송하며 그 뜻 해설하고 법대로 수행하며 바르게 억념토록 할 것인데, 모두가 붓다의 위신력 때문일 것입니다. 오직 세존께서 타방에 계시더라도 멀리서 보시고 수호해 주시기 바랄 뿐입니다."

作師子吼 而發誓言.
"世尊, 我等於 如來滅後 周旋往返 十方世界 能令衆生 書寫此經 受持讀誦 解說其義 如法修行 正憶念, 皆是 佛之威力. 唯願世尊 在於他方 遙見守護."

(2) 즉시 여러 보살들은 함께 소리내어 게송으로 말하였다.7

卽時 諸菩薩 俱同發聲 而說偈言.

① 염려하지 마시기 바랍니다
　붓다의 멸도 후
　두려운 악세 중에서
　저희들 널리 설할 것입니다

唯願不爲慮
於佛滅度後
恐怖惡世中
我等當廣說

② 지혜 없는 사람들 있어
　나쁜 말과 욕지거리 등과
　칼이나 몽둥이질 가하더라도

有諸無智人
惡口罵詈等
及加刀杖者

---

7 게송에는 20수가 있어 경전 호지할 것을 청했다. 글에는 넷이 있다 처음 17수는 인욕의 옷 입고 경전 넓히겠다는 것, 다음 ⑱의 1수는 (여래의) 방에 들어가 경전 넓히겠다는 것, 다음 ⑲의 1수는 (여래의) 자리에 앉아 경전 넓히겠다는 것, 마지막 1수는 총결하고 가피 청하는 것이다.

저희들은 모두 참을 것이고	我等皆當忍

3 악세 중의 비구들이 　　　　　惡世中比丘
　 삿된 지혜에 마음 첨곡되어 　　邪智心諂曲
　 얻지 못한 것을 얻었다 하여 　　未得謂爲得
　 아만의 마음 충만하고 　　　　我慢心充滿

4 혹 어떤 이는 아련야[8]에서 　　或有阿練若
　 누더기 입고 한가히 있으면서 　納衣在空閑
　 진실한 도 행한다고 하고 　　　自謂行眞道
　 인간들 업신여기며 　　　　　　輕賤人間者

5 이양을 탐착하는 까닭에 　　　貪著利養故
　 세속인들에게 법 설해주고 　　與白衣說法
　 육신통의 아라한인 듯 　　　　爲世所恭敬
　 세인들로부터 공경받으니 　　如六通羅漢

6 이 사람들은 나쁜 맘 품어 　　是人懷惡心
　 항상 세속의 일 생각하고 　　常念世俗事
　 아련야의 이름 빌어 　　　　　假名阿練若
　 저희들의 허물 들추기 좋아해 　好出我等過

7 이러한 말들 할 것이니 　　　而作如是言

---

8 '아련야'는 이 곳 말로 무사無事(=무쟁)라고 번역한다.

이 모든 비구들은	此諸比丘等
이양을 탐하는 까닭에	爲貪利養故
외도의 논의를 말하고	說外道論議

⑧ 스스로 이 경전 지어서 　　自作此經典
　　세간 사람 속여 미혹케 하고 　誑惑世間人
　　명성 구하는 까닭에 　　　　爲求名聞故
　　이 경전 분별한다 라고 하고 　分別於是經

⑨ 항상 대중 속에 있으면서 　　常在大衆中
　　저희들 헐뜯고자 하여 　　　欲毀我等故
　　국왕과 대신 　　　　　　　向國王大臣
　　바라문과 거사 　　　　　　婆羅門居士

⑩ 그리고 다른 비구 대중들 향해 　及餘比丘衆
　　저희의 악 비방해 말하여 　　　誹謗說我惡
　　이 사견인들이 　　　　　　　　謂是邪見人
　　외도의 논의 설한다고 하더라도 說外道論議

⑪ 저희들은 붓다 존경하기 때문에 　我等敬佛故
　　이 모든 악을 모두 다 참으며 　　悉忍是諸惡
　　이렇게 경멸하는 말로 　　　　　爲斯所輕言
　　그대들 모두 붓다라고 하더라도 　汝等皆是佛

12 이러한 경멸하는 말　　　　　　　　如此輕慢言
　　모두 다 참고 받아들이며　　　　　皆當忍受之
　　혼탁한 겁의 악세 중에　　　　　　濁劫惡世中
　　여러 공포 많이 있고　　　　　　　多有諸恐怖

13 악귀가 그의 몸에 들어가　　　　　惡鬼入其身
　　저희를 욕하고 헐뜯더라도　　　　罵詈毀辱我
　　저희 붓다 존경하고 믿으므로　　　我等敬信佛
　　인욕의 갑옷을 입고　　　　　　　當著忍辱鎧

14 이 경전 설하기 위하여　　　　　　爲說是經故
　　이 모든 어려운 일 참을 것이며　　忍此諸難事
　　저희는 신명에 연연하지 않고　　　我不愛身命
　　단지 위없는 도만을 아껴서　　　　但惜無上道

15 저희들 미래세에　　　　　　　　　我等於來世
　　붓다 부촉하신 것 호지하겠습니다　護持佛所囑
　　세존께서는 아시리니　　　　　　　世尊自當知
　　오탁 악세의 나쁜 비구들은　　　　濁世惡比丘

16 붓다께서 방편으로　　　　　　　　不知佛方便
　　근기 따라 말씀하신 법 모르고　　　隨宜所說法
　　욕설하고 눈살 찌푸리며　　　　　惡口而顰蹙
　　자주 쫓아 내어　　　　　　　　　數數見擯出

제13 권지품　399

17 탑사 멀리 떠나게 하더라도　　　　　遠離於塔寺
　　이러한 온갖 악들을　　　　　　　　如是等衆惡
　　붓다의 분부 생각하기 때문에　　　　念佛告敕故
　　이 일들 모두 참고　　　　　　　　　皆當忍是事

18 여러 취락과 성읍에　　　　　　　　　諸聚落城邑
　　그 법 구하는 자 있으면　　　　　　其有求法者
　　저희 모두 그 곳에 가서　　　　　　我皆到其所
　　붓다 부촉하신 법 설할 것이고　　　說佛所囑法

19 저희는 세존의 사자라　　　　　　　　我是世尊使
　　대중에 처해도 두려움 없이　　　　　處衆無所畏
　　법 잘 설할 것이니　　　　　　　　　我當善說法
　　붓다께선 편안히 머무소서　　　　　願佛安隱住

20 저희는 세존과 시방에서 오신　　　　我於世尊前
　　모든 붓다들 앞에서　　　　　　　　諸來十方佛
　　이러한 서원의 말씀 일으켰으니　　　發如是誓言
　　저희 마음 붓다들은 아실 것입니다　佛自知我心

妙法蓮華經
묘법연화경

卷第五

제5권

後秦 龜茲國 三藏法師 鳩摩羅什 奉 詔譯

후진 구자국 삼장법사 구마라집 봉 조역

묘법연화경 제5권   妙法蓮華經 卷第五

제14 안락행품1   安樂行品 第十四

1 이 품의 해석은 셋이 되니, 의지하는 현상[依事]에 의하는 것과 글에 붙여 [附文] 해석하는 것과 법문法門에 의하는 것이다.
 '현상'이란 몸에 위험이 없기 때문에 '안安'이고, 마음에 근심과 괴로움 없기 때문에 '락樂'이며, 몸 편안하고 마음 즐겁기 때문에 능히 '행行'으로 나아간다는 것이다.
 '글에 붙인다[附文]'는 것은 여래의 옷을 입으니 법신이 편안하고[安], 여래의 방에 들어가기 때문에 해탈의 마음이 즐거우며[樂], 여래의 자리에 앉기 때문에 반야가 행行을 인도하여 나아간다. 이는 위 법사품의 글에 붙여 해석하였을 뿐인데, 인욕의 땅에 머물기 때문에 몸이 편안하고, 그러면서도 다급하지[卒暴] 않기 때문에 마음이 즐거우며, 제법의 실상을 관찰하기 때문에 행이 나아가는 것이기도 하다.
 또 '법문'이란 '안'은 부동不動이라고 하고, '락'은 무수無受라고 하며, '행'은 무행無行이라고 한다는 것이다. '부동'이란 육도의 생사와 이승의 성스러운 열반도 능히 움직이지 못하는 것이다. '락'이란 불수不受삼매의 광대한 작용이니, 범부의 다섯 가지 느낌[오수五受]을 받지 않고, 나아가 원교 중의 오수에서 생기는 견해도 역시 모두 받지 않는 것이다. 느낌이 있으면 곧 괴로움이 있고, 느낌이 없으면 곧 괴로움이 없으니, 괴로움도 없고 즐거움도 없어야만 큰 즐거움[大樂]이라고 이름한다. '무행無行'이란 만약 느끼는 바[所受]가 있으면 곧 행하는 것[所行]도 있고, 느낌이 없으면 곧 행하는 것도 없으니, 범부의 행도 행하지 않고 현성의 행도 행하지 않기 때문에 무행無行이라고 한다. 그러면서 중도를 행하므로 행이라고 이름하니, 곧 법문法門인 것이다. …
 이 품은 적문 유통분의 네 번째 뜻이다. 만약 이만의 보살이나 팔십억 나유타의 보살(=제13품의 각주 1 참조)이 분부 받아 홍경하는 것이라면, 깊이 권실을 알고 널리 점돈을 알며 또 기연을 통달하고 신통력이 자재하여 탁세의 뇌란이 경전 유통을 장애하지 못할 것이므로 다시 방법을 보일 필요가 없을 것이지만, 만약 처음 의지해 시작하는 마음[初依始心]의 보살이 원만한 행을 닦아 탁세에 들어 홍경하고자 하는 것이라면 탁세로 뇌란되어 자리행도 서지 않고 교화의 공덕도 없을 것이므로, 이런 사람을 위해서는 방법을 보여 안락행을 밝힐 필요가 있다. 그래서 이 품이 오게 된 것이다.

14.1[2]

(1) 그 때 문수사리 법왕자 보살마하살이 붓다께 말하였다.

"① 세존이시여, 이 모든 보살들은 매우 있기 어려운 분들이니, 붓다를 존경하여 따르기 때문에 큰 서원 일으켜, 후의 악세에서 이 법화경을 호지하고 읽으며 설하겠다고 하였습니다.

② 세존이시여, 보살마하살은 후의 악세에서 어떻게 하면 이 경전을 설할 수 있겠습니까?"

(2) 붓다께서 문수사리에게 말씀하셨다.[3]

"㈎ 만약 보살마하살이 후의 악세에서

爾時 文殊師利法王子 菩薩摩訶薩 白佛言.

"世尊, 是諸菩薩 甚爲難有, 敬順佛故 發大誓願, 於後惡世 護持讀說 是法華經.

世尊, 菩薩摩訶薩 於後惡世 云何 能說是經?"

佛告 文殊師利.

"若菩薩摩訶薩 於後惡

네 가지 안락행에 대해 천태 대사는 말씀하셨다. 지·관·자비가 세 가지 업 및 서원을 인도하는 것이다. 신업에 지止가 있기 때문에 몸의 거친 업을 떠나고, 관觀이 있기 때문에 몸이라는 것을 얻지 못하며, 신업을 얻지 못하기 때문에 능히 떠난다는 것도 얻을 수 없다. 얻음이 없기 때문에 범부에 떨어지지 않고, 자비가 있기 때문에 신업을 부지런히 닦아 일체를 널리 이롭게 하므로 이승의 경지에 떨어지지 않는다. 이것을 신업의 안락행이라고 이름하고, 나머지 구口·의意·서원의 안락행 역시 이와 같은 것이다.

2 이 품의 글에는 물음[=14.1의 (1)]이 있고, 답[=(2) 이하]이 있다. 물음 중에서는 ① 먼저 전품에서 깊은 행의 보살들이 능히 이와 같이 홍경함을 찬탄하고, ② 뒤에 얕은 행의 보살이 어떻게 악세에서 이 경전을 펴 설해야 하는가를 물었다.

3 이하의 답에는 셋이 있다. 처음 ㈎는 네 가지 행의 글을 표방하는 것, 다음 ㈏ 이하는 수행방법을 해석하는 것, 뒤의 14.5는 행이 성취되는 모습을 총체적으로 밝히는 것이다.

이 경전을 설하고자 한다면 네 가지 법에 안주하여야 한다.

㈏4 첫째는 보살의 행처行處와 친근처親近處에 안주하여야 중생들 위해 이 경전을 설할 수 있다.

㈐ 문수사리여, 어떤 것을 보살마하살의 행처라고 이름하는가?5

만약 보살마하살이 인욕의 땅에 머물러 온화하고 잘 수순하면서도 다급하지도 않고 마음 또한 놀라지도 아니하며, 또한 법을 형성함 없이 모든 법의 여실한 모습을 관찰해서, 형성하지도 않고 분

世 欲說是經 當安住四法.

一者 安住 菩薩行處 及 親近處 能爲衆生 演說 是經.

文殊師利, 云何名 菩薩 摩訶薩行處?

若菩薩摩訶薩 住忍辱地 柔和善順 而不卒暴 心亦不驚,

又復於法 無所行 而觀 諸法 如實相, 亦不行不

---

4 이하 둘째 방법을 해석하여 넷(=첫째는 신身안락행, 둘째는 14.2의 구口안락행, 셋째는 14.3의 의意안락행, 넷째는 14.4의 서원안락행)으로 했다. 그 중 처음 (신안락행)의 글에 또 둘이 있다. 첫째는 방법을 해석하는 것이고, 둘째 ⑶의 24 이하의 게송 5수3행은 행의 성취를 맺었다. 그 중 전자에는 장행과 게송이 있고, 장행에는 또 둘이 있다. 첫째는 행처와 친근처를 보이는 것, 둘째 ㈐ 이하는 둘을 해석하는 것이다. 후자에도 둘이 있으니, ㈐는 행처이고, ㈑ 이하는 친근처이다.

5 (행처와 친근처의 둘은) 일방적으로 깊고 얕음에 의거해 이해할 수 없다. 그리고 행은 나아가 향하는 것[進趣]이라고 하고, 친근은 가까이 익히는 것[親習]이라고 이름한다. 가까이 익히기 때문에 나아가 향하고, 나아가 향하기 때문에 가까이 익히는데, 다시 어떻게 얕고 깊겠는가? 또 행과 친근은 위의 수행방법으로서, 행처는 여래의 옷이고, 친근처는 여래의 자리이다. 자리와 옷은 이미 얕고 깊은 것이 아닌데, 행과 친근에 어찌 얕고 깊음이 있을 수 있겠는가? (문) 만약 그렇다면 어째서 행과 친근을 나누는가? (답) 이치[理]에 나아가 간략히 말하는 것을 행처라고 이름하고, 현상[事]에 붙여 자세히 말하는 것을 친근처라고 하니, 말에는 자세하고 간략함이 있지만, 이치에는 얕고 깊음이 없다.

별하지도 않는다면, 이것을 보살마하살의 행처라고 이름한다.6

㈑ 어떤 것을 보살마하살의 친근처라고 이름하는가?7

보살마하살은 ① 국왕, 왕자, 대신, 관서의 장을 친근치 말아야 하고,8 ② 브

分別, 是名 菩薩摩訶薩 行處.

云何名 菩薩摩訶薩 親近處?

菩薩摩訶薩 不親近 國王王子 大臣官長, 不親

---

6 이제 세 가지 법에 의해 행처를 밝힌다. 첫째는 바로 하나의 진리[一諦]를 반연하는 것이다. '하나의 진리'는 일체가 돌아가는 것이고, 일체에게 근본이 되지만, 두루 분별이 없다. 둘째 두 가지 법에 의한다면 곧 생인生忍과 법인法忍의 두 가지 인욕(=졸역 『반야심경·금강경(개정판)』 p.352)이다. 두 가지 인욕은 곧 중생과 법 두 가지의 공이다. 다음 세 가지 법은 곧 불가사의한 삼제(=공·가·중도제)이다. '인욕의 땅에 머문다'는 것은 삼제를 전체적으로 논한 것이니, 의거할 만한 땅이 있는 것과 같아서 비로소 인욕할 수 있는 것이다. '온화하고 잘 수순한다'고 함은 진제眞諦를 잘 수순하여 허망한 견·애見愛의 차고 뜨거움[寒熱] 등을 능히 참기 때문에 '잘 수순한다'고 말하였다. '다급하지도 않고 마음 또한 놀라지도 아니한다'고 함은 속제俗諦에 안주하여 온갖 근·경[根緣]을 참아 상황[機宜]에 어울리기 때문에 '다급하지도 않고', 거스르고 따름[違從]을 체달[體忍]하기 때문에 '마음 또한 놀라지 아니한다'. '법을 형성함 없다'는 등은 곧 중도제에 안주하여 이변二邊을 능히 참기 때문에 '형성함 없다'고 하였고, 바로 중도에 머물기 때문에 '실상을 관찰한다'고 하였으며, 또한 중도라는 진실도 얻지 못하기 때문에 '분별하지도 않는다'고 하였다. 이는 곧 삼제의 땅에 의거하는 것을 '처'라고 이름하고, 오주(=견일처주지 내지 무명주지)의 번뇌[五住之辱]를 참는 것을 '행'이라고 이름한 것이다. 이것은 세 가지 법에 의해 '행처'를 밝혀 홍경의 방법을 말한 것이다.
7 이하 둘째 친근처이다. 글은 셋이 된다. 첫째 ㈑는 멀리 할 것에서 친근을 논한 것인데, 또한 계문戒門에 붙여 관행을 돕는 것이기도 하다. 둘째 ㈒는 가까이 할 것에서 친근을 논한 것인데, 또한 정문定門에 붙여 관행을 돕는 것이기도 하다. 셋째 ㈓는 멀리 할 것도 아니고 가까이 할 것도 아닌 것에 즉해 친근을 논한 것인데, 또한 혜문慧門에 붙여 관행을 돕는 것이기도 하다. 위에서는 바로 이치를 반연하여 인욕의 땅에 머물렀지만, 지금은 계문에서 온갖 욕됨의 연[衆辱緣]을 널리 드러내었으니, 멀리 떠나는 것을 닦아야 한다는 것이다. 열 가지 멀리 해야 할 것이 있다.

라흐만, 니건자 등과 세속의 문필 짓는 자, 외도의 책 찬양하는 자 및 로가야타나 역逆로가야타 등의 여러 외도를 친근치 말아야 하며,9 ③ 또한 권법, 씨름 및 배우 등 갖가지 재주 부리기의 여러 흉한 놀이를 친근치 말아야 하고,10 ④ 또 전타라 및 돼지·양·닭·개 기르고 사냥하며 고기 잡는 여러 나쁜 행위 하는 자도 친근치 말고, 이러한 사람들이 혹시 오면 곧 법 설해주되 희망하는 것 없어야 하며,11 ⑤ 또 성문 구하는 비구·비구니·우바새·우바이를 친근치 말고 또한 방문하지도 말며, 방 안에서나 경행처에서나 강당 안에서나 함께 머물지 말고, 혹시 오거든 근기 따라 법 설해주되 희구하는 것 없어야 한다.12

⑥ 문수사리여, 또 보살마하살은 여인

近 諸外道 梵志 尼揵子等 及造世俗文筆, 讚詠外書 及路伽耶陀 逆路伽耶陀者, 亦不親近 諸有兇戲 相扠相撲 及那羅等 種種變現之戲, 又不親近 旃陀羅及 畜豬羊雞狗 畋獵漁捕 諸惡律儀, 如是人等 或時來者 則爲說法 無所悕望, 又不親近 求聲聞比丘比丘尼 優婆塞優婆夷 亦不問訊, 若於房中 若經行處 若在講堂中 不共住止, 或時來者 隨宜說法 無所悕求.

文殊師利, 又菩薩摩訶

---

8 ①은 큰 권세이다.
9 ②는 삿된 사람들의 법이다. '로가야타lokāyata'(=순세외도)는 이 곳에서는 악론惡論이라고 하고, 또한 파론破論이라고도 한다. '역 로가야타'는 군주와 아비를 거역하는 이론[逆君父之論]이다. * '니건자'는 니건의 제자라는 뜻인데, '니건'은 자이나교의 개조인 니간타Niganṭa나따뿟타Nātaputta를 가리킨다.
10 ③은 흉하고 험한 놀이이다. * '나라那羅'는 배우를 뜻하는 '나타naṭa'의 음역어이다.
11 ④는 전타라 등이다. * '전타라'는 도살 등에 종사하는 천민을 가리키는 '찬달라caṇḍāla'의 음역어이다.
12 ⑤는 이승의 대중들이다.

의 몸에 대해 욕망의 지각 일으킬 상을 취해 설법해서는 안되고, 또한 보기 즐기지도 말며, 만약 남의 집에 들어가면 소녀·처녀·과부 등과 함께 말하지도 말고,13 ⑦ 또한 다섯 종류의 남자 아닌 사람과 가까이 친하지 말아야 하고,14 ⑧ 혼자 남의 집에 들어가지 말되, 만약 인연 있어 혼자 들어가야 할 때에는 오직 일심으로 붓다 새기고,15 ⑨ 만약 여인 위해 설법한다면 이 드러내 웃지 말고 가슴 드러내지 말아야 하니, 나아가 법 위할 경우라도 친할 것 아닌데, 하물며 다른 일에서일 것이며,16 ⑩ 연소한

薩 不應於女人身 取能生欲想相 而爲說法, 亦不樂見, 若入他家 不與小女處女寡女等 共語, 亦復 不近五種 不男之人 以爲親厚,

不獨入他家, 若有因緣 須獨入時 但一心念佛,

若爲女人說法 不露齒笑 不現胸臆,

乃至爲法 猶不親厚,

況復餘事,

不樂畜 年少弟子 沙彌

---

13 ⑥은 욕망의 지각[欲想]을 멀리하는 것이다.
14 ⑦은 남자 아닌 것[不男]을 멀리하는 것이다. * 5종 불남은 성기능이 불완전한 다섯 종류의 남자를 말한다(상대되는 개념의 '오종 불녀'도 있다). 길장의 『의소』(제10권)는 이에 대해 《십송율》(5법의 제1권)을 인용하여, 생生불능남·반월半月불능남·투妬불능남·정精불능남·병병불능남(=순서대로 나면서부터 남근이 발육되지 않은 경우, 반 달은 가능하고 반 달은 불능인 경우, 남의 성행위를 보아야 가능한 경우, 남성을 만나면 여근이 되고 여성을 만나면 남근이 되는 경우, 병으로 불구가 된 경우)의 다섯 가지 또는 천天·형刑·도妒·변變·반半(=순서대로 선천적 불구, 형집행으로 불구가 된 경우, 전혀 남근이 없는 경우, 앞의 정불능과 같고, 반월불능과 같음)의 다섯 가지라고 설명한다. 반면 규기의 『현찬』(제9권본本)은, 생편生便·제거·질투·반월·관쇄灌灑(=순서대로 선천적으로 남근이 없는 경우, 후천적으로 제거된 경우, 앞의 투불능과 같고, 반월불능과 같으며, 목욕 등 관쇄할 때에만 발기되는 경우)의 다섯 가지로 설명한다.
15 ⑧은 위해危害를 멀리하는 것이다.
16 ⑨는 혐오할 것[譏嫌]을 멀리하는 것이다.

제자나 사미, 어린아이 즐겨 기르지 말고, 또한 더불어 같이 스승 모시기를 즐겨하지 말아야 한다.17

㈎ 항상 좌선 좋아해 공한처에 있으면서 그 마음 닦아 거둘 것이니, 문수사리여, 이것을 첫째 친근처라고 이름한다.

㈏18 ① 또 다음 보살마하살은 일체법이 공이고19 ② 여실한 모습으로서 전도되지 않고 동요되지 않으며 물러나지도 않고 옮기지도 않으며, 허공처럼 있는 바 없는 성품이어서 일체 언어의 길이 끊겼고, 나지 않고 나오지 않으며 일어나지 않고, 이름 없고 상 없어 진실로 있는 바 없고, 한량없고 가이없으며 장애 없음을 관찰해서,20 ③ 단지 인연으

小兒,
亦不樂 與同師.

常好坐禪 在於閑處 修攝其心, 文殊師利, 是名 初親近處.

復次 菩薩摩訶薩 觀一切法空 如實相 不顚倒 不動 不退不轉,
如虛空 無所有性 一切語言道斷,
不生不出不起,
無名無相 實無所有,
無量無邊 無礙無障,
但以因緣有 從顚倒生

---

17 ⑩은 기르는 것[畜養] 등을 멀리하는 것이다. 열 가지를 나누면 두 가지 극단이 되니, 아홉은 생사이고, 하나(=⑤)는 열반이다. 두 가지를 멀리 떠나는 것이 곧 적멸의 다른 이름이다.
18 (셋째) 멀리 할 것도 아니고 가까이 할 것도 아닌 것의 글은 셋이 된다. ①은 경계와 지혜를 총체적으로 표방한 것이고, ②는 따로 해석한 것이며, ③은 맺어 이루는 것이다.
19 '관찰한다'는 것(=번역문에서는 ②의 말미에 위치함)은 중도관의 지혜이고, '일체법'이란 십법계의 경계이다. 만약 지혜만 단독으로 논한다면 지혜가 관찰하는 대상이 없기 때문에, 일체를 들어 모두 공임을 드러내었다.
20 이변二邊과 삼제에 하나와 다름이 없는 것을 '여如'라고 하고, 일곱 가지 방편이 아니기 때문에 '실實'이라고 이름하며, 진실을 상으로 삼으므로 '여실한 모습'이라고 말한다. 이것은 관찰의 체를 표방한 것이고, 그 아래는 관찰의 모습을 해석한 것이다. '전도되지 않는다'는 것은 여덟 가지 전도가 없는

로 있고 전도에서 생겨나기 때문에 설 | 故說,
하는 것이니, 항상 이러한 법의 모습을 | 常樂觀 如是法相 是名
즐겨 관찰하는 이것을 보살마하살의 둘 | 菩薩摩訶薩　第二親近
째 친근처라고 이름한다."21 | 處."

(3) 이 때 세존께서는 이 뜻을 거듭 펴시 | 爾時 世尊 欲重宣此義

것이고, '동요되지 않는다'는 것은 두 가지 죽음(=분단사·변역사)으로 동요되지 않는다는 것이며, '물러서지 않는다'는 것은 마음과 마음이 적멸하여 일체지의 바다로 들어가는 것이고, '옮기지 않는다'는 것은 범부가 생사에서 옮기는 것과 같지 않고, 이승이 범성에서 옮기는 것과 같지 않다는 것이다. '허공처럼'이라고 함은 단지 명자가 있을 뿐이나 명자도 있을 수 없듯이, 중도관의 지혜 역시 단지 명자가 있을 뿐 구해도 얻을 수 없다는 것이고, '있는 바 없는 성품'이란 자·타·공共·무인無因 등의 성품이 없다는 것이며, '일체 언어의 길이 끊겼다'는 것은 생각하고 논의할 수 없다는 것이다. '나지 않는다'는 것은 번뇌·지혜·이치 모두 생겨나지 않는다는 것이고, '나오지 않는다'는 것은 여래께서 대치하신 것은 필경이어서 다시 일어나지 않는다는 것이며, '일어나지 않는다'는 것은 모든 방편이 모두 고요하다는 것이다. '이름 없다'는 것은 이름으로 이름할 수 없다는 것이고, '상 없다'는 것은 상으로 형상할 수 없다는 것이며, '있는 바 없다'는 것은 이변의 있음이 없다는 것이다. '한량없다'는 것은 셈의 법[數法]이 아니라는 것이고, '가이없다'는 것은 방소가 없는 것이며, '장애 없다'는 것은 일체처에 두루하다는 것이다.

21 이는 맺는 것인데, 위에서는 중도관의 지혜를 바로 밝혔고, 지금은 이변을 쌍조하는 것을 밝혔다. 이치의 성품이 필경 청정함은 위에서 말한 바와 같아서 해탈도 아니고 번뇌도 아니지만, 그러면서도 번뇌의 인연에서 생사를 내고, 해탈의 인연에서 열반을 내는 것이다. '인연으로 있다'는 것은 열반이 있다는 것이고, '전도에서 생겨난다'는 것은 생사를 낸다는 것이니, 이로써 곧 쌍조하는 뜻이 드러난다. '항상 이러한 법의 모습을 즐겨 관찰한다'는 것은 곧 삼제 등의 법인 것이니, '인연으로 있고 전도에서 생겨난다'는 것은 불가사의한 삼제의 대상을 맺은 것이고, '때문에 설하는 것'이라 한 것은 불가사의한 가르침이며, '항상 즐겨 관찰한다'는 것은 불가사의한 삼제의 관찰을 맺은 것이다.

고자 게송으로 말씀하셨다.22　　　　　而說偈言.

① 만약 어떤 보살이 후의 악세에　　　若有菩薩　於後惡世
　　두려운 마음 없이 이 경전 설하려면　無怖畏心　欲說是經

②23 행처와 친근처에 들어야 한다　　應入行處　及親近處
　　항상 국왕 및 국왕의 아들들과　　　常離國王　及國王子

③ 대신과 관서장, 흉험하게 노는 자　　大臣官長　兇險戲者
　　및 전타라와 외도의 범지 떠나고　　及旃陀羅　外道梵志

④ 또한 증상만의 사람과 소승의　　　亦不親近　增上慢人
　　삼장 탐착해 배우는 자 친근치 말며　貪著小乘　三藏學者

⑤ 파계한 비구와 이름 뿐인 아라한　　破戒比丘　名字羅漢
　　및 놀고 웃기 좋아하는 비구니와　　及比丘尼　好戲笑者

⑥ 오욕 깊이 집착하거나 열반 구하는　深著五欲　求現滅度
　　우바이들도 모두 친근치 말되　　　諸優婆夷　皆勿親近

---

22 게송에 28수3행이 있는데, 셋이 된다. 처음 1수는 표방하는 글을 노래했고, 다음 ㉓까지 22수는 수행을 노래했으며, 마지막 5수3행은 수행의 성취를 노래했다.
23 장행에서는 행처와 친근처를 따로 해석하였지만, 게송에서는 합쳐서 노래했다. ⑮까지 처음 14수는 현상[事]의 멀리 하고 가까이 할 것을 노래하고, 뒤의 8수는 비원비근非遠非近인 이치[理]의 멀리 하고 가까이 할 것을 노래했다.

제14 안락행품　411

| 7 | 만약 이런 사람들 좋은 마음으로
불도 듣기 위해 보살 처소에 오면 | 若是人等
到菩薩所 | 以好心來
爲聞佛道 |

| 8 | 보살은 곧 두려움 없는 마음으로
희망 품지 않고 법 설할 것이고 | 菩薩則以
不懷悕望 | 無所畏心
而爲說法 |

| 9 | 과부와 처녀 및 불구의 남자들도
모두 친근하여 친하지 말며 | 寡女處女
皆勿親近 | 及諸不男
以爲親厚 |

| 10 | 백정, 망나니, 사냥꾼, 어부와
이익 위해 살생하는 자 친근치 말고 | 亦莫親近
畋獵漁捕 | 屠兒魁膾
爲利殺害 |

| 11 | 고기 팔아 살거나 여색을 파는
이런 사람도 모두 친근치 말며 | 販肉自活
如是之人 | 衒賣女色
皆勿親近 |

| 12 | 흉험한 씨름이나 갖가지 놀이와
여러 음녀 등도 모두 친근치 말고 | 兇險相撲
諸婬女等 | 種種嬉戲
盡勿親近 |

| 13 | 외딴 곳에서 여인에게 설법치 말되
설법할 때라면 웃어서는 안되며 | 莫獨屛處
若說法時 | 爲女說法
無得戲笑 |

| 14 | 마을에 걸식할 땐 한 비구 동행하되
비구 없다면 일심으로 붓다 새기라 | 入里乞食
若無比丘 | 將一比丘
一心念佛 |

⑮ 이를 행처와 친근처라 이름하니 　　　是則名爲　行處近處
　　이 이처 가져야 안락하게 설하리라 　　以此二處　能安樂說

⑯ 또 상·중·하의 법과 유위·무위와[24] 　又復不行　上中下法
　　진실·부실의 법을 형성치 말고 　　　有爲無爲　實不實法

⑰ 또한 남자와 여자를 분별하지 말며 　亦不分別　是男是女
　　제법 얻을 수 없어 알고 보지 말지니 　不得諸法　不知不見

⑱ 이를 곧 보살의 행처라 이름하고 　　是則名爲　菩薩行處
　　일체의 제법은 공으로 있음 없어서 　一切諸法　空無所有

⑲ 상주함도 없고 또한 기멸함도 없으니 　無有常住　亦無起滅
　　이를 지자智者의 친근처라 이름한다 　是名智者　所親近處

⑳ 전도로 인해 모든 법의 있음·없음 　　顚倒分別　諸法有無
　　진실·부실과 생·불생 분별하니 　　　是實非實　是生非生

㉑ 공한처에서 그 마음 닦고 거두어 　　在於閑處　修攝其心
　　수미산처럼 안주하여 움직이지 말고 　安住不動　如須彌山

㉒ 일체법은 모두 있는 바 없는 것이 　　觀一切法　皆無所有

---

24 이하 8수는 비원비근인 이치의 원근처 밝히는 것이다. * '상·중·하의 법'에 대해 길장(『의소』 제10권)은 바로 삼승의 법을 말하는 것이라고 한다.

| | 마치 허공과 같아 견고함 없고 | 猶如虛空 | 無有堅固 |

[23] 불생 불출 부동 불퇴하여 항상　　　不生不出　不動不退
　　 일상에 머묾 관함을 친근처라 한다　常住一相　是名近處

[24] 만약 어떤 비구가 나의 멸도 후[25]　　若有比丘　於我滅後
　　 이 행처와 친근처에 들어간다면　　　入是行處　及親近處

[25] 이 경전 설할 때 겁약함 없으리라　　說斯經時　無有怯弱
　　 보살이 어떤 때 고요한 방에 들어[26]　菩薩有時　入於靜室

[26] 바른 억념으로 뜻 따라 법 관하고　　以正憶念　隨義觀法
　　 선정에서 일어나 여러 국왕과　　　　從禪定起　爲諸國王

[27] 왕자, 신민과 바라문 등을 위해　　　王子臣民　婆羅門等
　　 교화 열어 이 경전 펴 설한다면　　　開化演暢　說斯經典

[28] 그 마음 안온해 겁약함 없으리니　　其心安隱　無有怯弱
　　 문수사리여, 이를 보살이[27]　　　　　文殊師利　是名菩薩

[29] 첫 법에 안주하여 능히 후세에　　　安住初法　能於後世

---
25 이하 5수3행은 셋째 수행의 성취를 노래한 것이다. 여기에 셋이 있으니, 처음 1수반은 수행의 성취를 표방한 것이다.
26 이하 3수는 둘째 수행이 성취되어 안락 얻음을 노래했다.
27 이하의 1수1행은 셋째 장행 총결함을 노래한 것이다.

법화경 설하리라고 이름한다   說法華經

14.2[28]

(1) "① 또 문수사리여, 여래의 멸도 후 말법 중에서 이 경전 설하고자 한다면 응당 안락행에 머물러야 한다.

②[29] 입으로 펴 설하거나 경전 읽을 때 사람과 경전의 허물 말하기 좋아하지 말고,[30] ③ 또한 다른 법사들을 얕보지 말며,[31] ④ 타인의 호오와 장단을 말하지 말고, 성문인에 대해 또한 이름 들어 그 과악 말하지 말며, 또한 이름 들어 그 아리따움 찬탄치 말고,[32] ⑤ 또한

"又文殊師利, 如來滅後 於末法中 欲說是經 應住安樂行.

若口宣說 若讀經時 不樂說人 及經典過,

亦不輕慢 諸餘法師,

不說他人 好惡長短,

於聲聞人 亦不稱名 說其過惡, 亦不稱名 讚歎其美, 又亦不生 怨嫌

---

28 둘째 구안락행 역시 장행과 게송이 있다. 장행은 둘이 되는데, 처음 ①은 표방하는 글이고, 뒤의 ② 이하는 수행방법을 해석하는 것이다.
29 이하 수행방법을 해석하는 것에 둘이 있으니, 지행과 관행이다(＝길장의 『의소』 제10권은 이 부분을 수행의 체를 밝히는 것으로 보면서, 앞은 허물 떠남을 행의 체로 하는 것, 뒤는 공덕 모으는 것을 행의 체로 하는 것을 각각 밝히는 것으로 보고, 규기의 『현찬』 제9권본本은 이 부분을 정어행을 개별적으로 보이는 것으로 보면서, 앞은 악 떠나는 것, 뒤는 선 닦는 것으로 본다). 지행에는 넷이 있다. ②는 허물 말하지 않는 것, ③은 경시하지 않는 것, ④는 찬탄하거나 헐뜯지 않는 것, ⑤는 원망하고 싫어하지 않는 것이다.
30 일곱 가지 방편은 붓다께서 남의 마음을 따라 말씀하신 것[隨他意語]이어서 불요의라 이름한다. 만약 그 법을 허물 잡는다면 곧 그 사람 괴롭힐 것이므로 안락행의 모습이 아니다.
31 원교에 의지해 편교偏敎를 멸시하거나 진실에 의지해 방편을 경시하거나 하지 않는 것이다.
32 처음은 일체의 사람에 대해 말하지 말라고 하고, 다음은 성문인을 따로 들었다. 무릇 사람은 그의 허물 듣기를 싫어하기 때문에 단점을 말하지 말고,

원망하고 싫어하는 마음 내지 말며,33

⑥ 이렇게 안락하는 마음 잘 닦은 까닭에 모든 청중의 그 마음 거스르지 않고, 힐난하는 질문 있어도 소승법으로 답하지 않고 오직 대승으로써 해설해 주어 일체종지를 얻게 해야 한다."34

之心,
善修如是 安樂心故 諸有聽者 不逆其意,
有所難問 不以小乘法答 但以大乘 而爲解說 令得一切種智."

(2) 그 때 세존께서는 이 뜻을 거듭 펴시고자 게송으로 말씀하셨다.35

爾時 世尊 欲重宣此義 而說偈言.

① 보살은 안온한 설법 항상 즐겨
  청정한 땅에 자리를 시설하고

菩薩常樂 安隱說法
於淸淨地 而施床座

....

(상대방의) 면전에서 (남을) 칭찬함은 상대방을 헐뜯는 것이기 때문에 장점 말하지 말라고 한 것이다. 또한 장씨에 입각해 조씨의 장점을 말하지 말 것이니, 조씨가 (그 말한 사람이 다른 곳에서는) 남의 장점으로 자기 단점을 비방하고, 남에 의지해 자신을 풍자할 것이라고 여길 것이기 때문이다. 또한 장씨를 향해 조씨의 단점을 말해서도 안되니, 등져서 저를 헐뜯으므로 나 또한 등져서 헐뜯을 것으로 여길 것이기 때문이다. 이런 뜻 때문에 선·악 말하는 것을 모두 그쳐야 하는 것이다.

33 마음의 기틀이 한번 움직이면 말이 곧 일어나는 것이니, 허물 말하는 근원을 막아버리고자 원망과 싫어함 일으키지 말라는 것이다.
34 이는 관행문이다. 모든 법의 공함을 관찰하여 취착할 것이 없고, 마음이 진실로 집착하지 않는다면 남의 마음을 거스르지 않을 것이고, 법의 모습 어기지 않는다면 곧 소승의 답을 말하지 않을 것이다.
35 16수반의 게송에 셋이 있다. 처음 2수는 표방하는 글을 노래했고, ③에서 ⑫의 제2행까지 9수반은 앞의 수행방법을 노래했으며, 나머지 5수는 수행의 성취를 노래한 것이다.

② 기름 몸에 발라 더러움을 씻으며　　　以油塗身　澡浴塵穢
　　깨끗한 새옷 입고 안팎 깨끗이 하여　　著新淨衣　內外俱淨

③ 36 법좌에 편히 앉아 물음 따라 설하되　安處法座　隨問爲說
　　만약 비구 및 비구니와　　　　　　　若有比丘　及比丘尼

④ 여러 우바새 및 우바이와　　　　　　諸優婆塞　及優婆夷
　　국왕, 왕자, 대신, 국민들이 있으면　　國王王子　群臣士民

⑤ 미묘한 뜻 부드러운 얼굴로 설해주고　以微妙義　和顏爲說
　　만약 난문 있다면 뜻 따라 답하되 37　若有難問　隨義而答

⑥ 인연과 비유로 부연하고 분별해서　　因緣譬喩　敷演分別
　　이 방편으로 모두를 발심케 하여　　　以是方便　皆使發心

⑦ 점점 성장해 불도에 들게 하며　　　　漸漸增益　入於佛道
　　게으른 마음, 싫증내는 생각 버리고　　除嬾惰意　及懈怠想

....

36 이하 수행방법을 노래한 것에 둘이 있다. ⑧의 제2행까지 5수반은 지행을 노래하고, 그 뒤의 4수는 관행을 노래한 것이다.
37 단지 뜻에 의할 뿐, 사람의 좋고 나쁨은 말하지 말라는 것이다. '만약 난문 있다면 뜻 따라 답한다'는 것에는 둘이 있으니, 첫째는 답할 경우이고, 둘째는 답해서는 안될 경우이다. 문답으로 서로 따져 서로 상하가 되고, 만약 이기고 짐으로써 곧 알게 되는 경우라면, 이는 지혜로운 자의 말[智者語]이라고 한다. 스스로 방자하여 감히 거스르는 자 있을 때 죽이는 경우라면, 이는 왕자의 말[王者語]이라고 하고, 장단이나 시비 모두 모른 채 오직 이길 것만을 찾는 경우라면, 이는 어리석은 자의 말[愚者語]이라고 한다.

| 8 | 모든 근심 떠나 자심으로 설법하며 | 離諸憂惱 慈心說法 |
| 밤낮 항상 무상도의 가르침 설하고 | 晝夜常說 無上道敎 |

| 9 | 여러 인연과 한량없는 비유로써 | 以諸因緣 無量譬喩 |
| 중생에 열고 보여 모두 기쁘게 하되 | 開示衆生 咸令歡喜 |

| 10 | 의복, 침구, 음식, 의약 | 衣服臥具 飮食醫藥 |
| 그것들에 대해 희망하는 것 없이 | 而於其中 無所悕望 |

| 11 | 설법한 인연으로 불도 성취 원하고 | 但一心念 說法因緣 |
| 대중도 그러하길 일심으로 새길지니 | 願成佛道 令衆亦爾 |

| 12 | 이는 곧 큰 이익의 안락공양이다 | 是則大利 安樂供養 |
| 나의 멸도 후 만약 어떤 비구가[38] | 我滅度後 若有比丘 |

| 13 | 이 묘법화경을 능히 연설하되 | 能演說斯 妙法華經 |
| 질에와 여러 고뇌의 장애 없다면[39] | 心無嫉恚 諸惱障礙 |

| 14 | 또한 근심과 욕하는 자도 없고 | 亦無憂愁 及罵詈者 |
| 두려움과 해치는 자 등도 없으며 | 又無怖畏 加刀杖等 |

---

[38] 이하 5수의 셋째 수행의 성취를 노래한 것에 넷이 있다. 처음 1수는 수행의 성취를 표방한 것이다.
[39] 이하 2수는 둘째 안으로 허물 없으면 밖으로 재난 일어나지 않음을 노래했다.

| ⑮ 쫓겨남 없으리니 인욕에 안주한 탓 | 亦無擯出　安住忍故 |
| 지자는 이렇게 그 마음 잘 닦아40 | 智者如是　善修其心 |

| ⑯ 안락에 머물기 나의 말 같이 하면 | 能住安樂　如我上說 |
| 그 사람의 공덕은 천만억 겁 동안41 | 其人功德　千萬億劫 |

| ⑰ 산수와 비유로도 다 말할 수 없다 | 算數譬喩　說不能盡 |

14.3⁴²

⑴ "① 또 문수사리여, 보살마하살로서 후의 말세에 법이 멸하려고 하는 때 이 경전을 수지하고 독송하는 자는 ② 질투하고 첨광하는 마음 품지 말고,43 ③ 또한 불도 배우는 자 천시해 욕하고 그 장·단 구하지 말며,44 ④ 만약 비구·비

"又文殊師利, 菩薩摩訶薩　於後末世　法欲滅時　受持讀誦　斯經典者　無懷嫉妒　諂誑之心, 亦勿輕罵　學佛道者　求其長短, 若比丘比丘尼　優婆

---

40 이하 1수는 셋째 안에 선법이 있는 까닭에 수행이 성취됨을 밝혔다.
41 이하 1수는 넷째 공덕을 비교하여 찬탄하였다.
42 셋째 의안락행에도 역시 장행과 게송이 있다. 장행에도 역시 셋이 있으니, 표방하는 글(=①)과 수행 해석하는 것(=②~⑨) 및 맺어 이루는 것(=⑩·⑪)이다.
43 해석하는 중에도 앞은 지행(=②~⑤)이고, 뒤는 관행(=⑥~⑨)이다. 전자에 넷이 있다. ②는 질투하고 첨곡하지 않는 것, ③은 천시하고 욕하지 않는 것, ④는 뇌란하지 않는 것, ⑤는 다투지 않는 것이다.
　무릇 이승은 속히 생사에서 벗어나고자 하므로 먼저 탐욕을 제거하지만, 보살은 먼저 진에와 견해[瞋見]를 제거한다. 질투는 진에의 번뇌이고, 첨곡은 견해의 번뇌이다. 질투는 자비의 마음에 어긋나므로 이타의 법이 아니고, 첨광諂誑은 지혜의 도에 어긋나므로 자리의 법이 아니다.
44 이는 원교의 행으로써 별교를 꾸짖지 말라는 것이니, 근기를 안다면 책망

구니·우바새·우바이가 성문 구하는 자이거나 벽지불 구하는 자이거나 보살도 구하는 자라면, 그들 괴롭히고 의심·후회하게 해 그들에게 말하기를, '그대들은 도에서 심히 머니, 끝내 일체종지 얻을 수 없다. 어째서인가 하면 그대들은 방일한 사람들이라 도를 게을리하기 때문'이라고 해서는 안되고,45 ⑤ 또한 여러 법 희론하여 다툼 있어서도 안된다.

⑥ 응당 일체 중생에 대해 대비의 지각 일으키고,46 ⑦ 모든 여래에 대해 자부라는 지각 일으키며, ⑧ 모든 보살에 대해 큰 스승이라는 지각 일으키고, 시방의 대 보살들을 항상 깊은 마음으로 공경하고 예배해야 하며,47 ⑨ 일체 중생에게 평등하게 설법하되, 법을 따름으

塞優婆夷 求聲聞者 求辟支佛者 求菩薩道者, 無得惱之 令其疑悔 語其人言, '汝等 去道甚遠, 終不能得 一切種智. 所以者何 汝是 放逸之人 於道懈怠故',
又亦不應 戲論諸法 有所諍競.

當於一切衆生 起大悲想, 於諸如來 起慈父想, 於諸菩薩 起大師想,
於十方 諸大菩薩 常應深心 恭敬禮拜,
於一切衆生 平等說法, 以順法故 不多不少,

할 수 있지만, 모르고서는 욕하지 말아야 한다.
45 이는 원교로써 통교를 꾸짖지 말라는 것이니, 그들은 본래 대승의 근기가 없는데, 억지로 원교로써 꾸짖는다면 마음 거슬러 고뇌 이룬다는 것이다. 통교는 이미 꾸짖음 받고 원교는 아직 이해하지 못하여, 앞에서는 의심하고 뒤에서는 후회하여 대·소승을 함께 잃게 된다는 것이다.
46 이하 관행을 밝히는 것에도 넷이 있는데, 앞의 네 가지 악행(=②~⑤)에 대응해 선행을 일으키라는 것(=순서대로 ⑥~⑨는 각각 ②~⑤에 상대되는 선행이라는 뜻)이다.
47 이치로써 논한다면 삼승은 모두 보살로서, 교화하고 가르치는 덕이 있어 모두 중생의 스승이니, 응당 스승이라는 지각 일으키고 그 단점 말해서는 안된다.

로써 많지도 않고 적지도 않게 하고, 나아가 법 깊이 사랑하는 자에게도 또한 많이 설하지 않아야 한다.48

⑩ 문수사리여, 이 보살마하살로서 후의 말세에 법이 멸하려고 할 때 이 셋째 안락행을 성취함이 있는 자라면 이 법을 설할 때 누구도 뇌란할 수 없고,49 ⑪ 좋은 도반 얻어 함께 이 경전 독송하고, 또한 와서 청수聽受하는 대중 얻어서, 듣고서는 능히 수지하고, 수지하고서는 능히 외며, 외고서는 능히 설하고, 설하고서는 능히 쓰며 남에게 쓰게 하고, 경전책에 공양하고 공경하며 존중하고 찬탄할 것이다."

⑵ 이 때 세존께서는 이 뜻을 거듭 펴시고자 게송으로 말씀하셨다.50

① 만약 이 경전 설하고자 한다면

乃至 深愛法者 亦不爲多說.

文殊師利, 是菩薩摩訶薩 於後末世 法欲滅時 有成就是 第三安樂行者 說是法時 無能惱亂, 得好同學 共讀誦是經, 亦得大衆 而來聽受, 聽已能持, 持已能誦, 誦已能說, 說已能書 若使人書, 供養經卷 恭敬尊重讚歎."

爾時 世尊 欲重宣此義 而說偈言.

若欲說是經

---

48 '평등하게'란 치우친 집착의 다툼을 깨트리는 것이고, '많지도 않고 적지도 않게 한다'는 것은 그 이·둔을 헤아려 한다는 것이다.
49 ⑩ 이하는 수행의 성취를 맺는 것인데, 또 둘이 있다. ⑩은 악을 그침으로 인해 악을 가할 수 없게 되므로 '뇌란할 수 없다'고 하였고, ⑪은 관행으로 인해 뛰어난 사람들이 모이므로 좋은 도반 얻게 된다는 것이다.
50 게송에 6수가 있는데, 처음 5수는 위의 지·관 2행에 각각 네 가지 뜻이 있음을 노래했고, 뒤의 1수는 수행의 성취를 노래했다.

응당 질투와 진에와 거만과 　　　　當捨嫉恚慢
첨광하고 속이는 마음 버리고 　　　諂誑邪僞心
항상 정직한 행을 닦으며 　　　　　常修質直行

2 남을 경멸하지도 말고 　　　　　不輕蔑於人
또한 법 희론하지도 말며 　　　　　亦不戱論法
남이 의심하고 후회하도록 　　　　不令他疑悔
그대 성불할 수 없다고 하지 말라 　云汝不得佛

3 이 불자는 설법하면서 　　　　　是佛子說法
항상 온화하고 능히 인욕하여 　　　常柔和能忍
일체에 대해 자비롭고 　　　　　　慈悲於一切
해태하는 마음 내지 말며 　　　　　不生懈怠心

4 시방의 대 보살들은 　　　　　　十方大菩薩
중생 연민하여 도 행하므로 　　　　愍衆故行道
응당 공경하는 마음 내어 　　　　　應生恭敬心
곧 나의 큰 스승이라 하고 　　　　　是則我大師

5 모든 붓다 세존에 대해서는 　　　於諸佛世尊
위없는 아비라는 지각 일으키며 　　生無上父想
교만하는 마음 깨트린다면 　　　　破於憍慢心
설법에 장애 없을 것이다 　　　　　說法無障礙

⑥ 세 번째 법51은 이와 같으니　　　第三法如是
　　지혜로운 자가 응당 수호하여　　智者應守護
　　일심으로 안락행하면　　　　　　一心安樂行
　　한량없는 대중들 존경하리라　　無量衆所敬

14.4⁵²

⑴ "① 또 문수사리여, 보살마하살로서 후의 말세에 법이 멸하려고 하는 때 이 법화경 수지하는 자가 있다면, ② 재가와 출가의 사람에 대해서는 큰 자애의 마음 일으키고, 보살 아닌 사람에 대해서는 큰 연민의 마음 일으켜53 ③ 이렇

"又文殊師利, 菩薩摩訶薩 於後末世 法欲滅時 有持 是法華經者, 於在家出家人中　生大慈心, 於非菩薩人中　生大悲心 應作是念.

---

51 * 신·구 안락행에 이은 세 번째의 안락행이라는 뜻이다.
52 넷째 서원안락행에 장행과 게송의 둘이 있다. 장행에도 둘이 있으니, 처음 ⑴에서는 수행방법을 밝히고, 뒤의 ⑵에서는 경전을 찬탄하였다. 전자에 나아가면 셋이 되니, 표방하는 글(=①)과 수행방법(=②~④)과 맺어 이루는 것(=⑤ 이하)이다.
53 수행의 방법은 셋이 된다. ②는 서원의 대상을 표방했고, ③은 서원 일으키는 연유를 밝혔으며, ④는 바로 서원을 세우는 것이다.
　　처음(='재가와 출가의 사람')은 자애 서원의 대상을 밝힌 것이니, 일찍이 방편(의 가르침)에 대한 마음을 일으켰던 사람을 공통으로 취한 것이다. 이는 두 종류의 이승(=삼장교·통교)과 세 종류의 보살(=삼장교·통교·별교)을 포함한다. 이들 무리는 무명혹도 역시 갖추고 있으므로 역시 큰 연민의 대상이기도 하지만, 다만 그들은 모두 일찍이 발심했으므로 자애(=여락 與樂)의 서원과 상응하는 것이니, 그들에게 원교의 도와 원교의 과의 즐거움을 주어야 하기 때문이다. 연민의 대상은 '보살 아닌 사람'이니, 일찍이 방편(의 가르침)에 대한 마음도 아직 일으키지 못했던 사람을 공통으로 취한 것이다. 방편에도 전적으로 귀의하지 못했다면, 하물며 다시 진실이겠는가. 이들에게도 역시 즐거움 주어야 하지만, 다만 그들의 유전함이 끝이 없

게 생각해야 한다. '이런 사람은 큰 손실이니, 여래께서 방편으로 근기 따라 설하신 법을 듣지도 못하고 알지도 못하며 깨닫지도 못하고 묻지도 못하며 믿지도 못하고 이해하지도 못한다. ④ 그 사람이 비록 이 경전을 묻지도 못하고 믿지도 못하며 이해하지도 못하더라도, 내가 아뇩다라삼먁삼보리를 얻을 때 어느 땅에 있든 신통의 힘과 지혜의 힘으로 그를 이끌어 이 법 중에 머물게 하리라.'

⑤ 문수사리여, 이 보살마하살로서 여래의 멸도 후 이 네 번째 법을 성취함 있는 자라면 이 법을 설할 때에 과실이 없어서,54 ⑥ 항상 비구, 비구니, 우바새, 우바이와 국왕, 왕자, 대신, 인민, 바라문, 거사 등으로부터 공양받고 공경받으며 존중받고 찬탄받으며, 허공의 여러 천신들이 법 듣기 위해 역시 항상 따라 모시고, 만약 취락이나 성읍이나 한적한 숲속에 있을 때 찾아와 힐난하여 물으

'如是之人 則爲大失, 如來方便 隨宜說法 不聞不知不覺 不問不信不解.
其人 雖不問不信 不解是經,
我得阿耨多羅三藐三菩提時 隨在何地 以神通力 智慧力 引之令得住是法中.'
文殊師利, 是菩薩摩訶薩 於如來滅後 有成就此 第四法者 說是法時 無有過失, 常爲 比丘比丘尼 優婆塞優婆夷 國王王子 大臣人民 婆羅門居士等 供養恭敬 尊重讚歎, 虛空諸天 爲聽法故 亦常隨侍, 若在聚落城邑 空閑林中 有人

으므로 바로 연민(=발고拔苦)의 서원과 상응하니, 그들의 죄의 인과를 뽑아 주어야 하기 때문이다.

54 ⑤ 이하는 셋째 수행의 성취를 맺은 것이다. 글에 셋이 있으니, ⑤는 과실 없음을 총결하였고, ⑥은 따로 자비(=서원)의 수행 성취됨을 맺었고, ⑦은 서원의 수행 성취되는 이유를 해석한 것이다.

려는 사람이 있으면, 천신들이 밤낮으로 항상 법 위해 이들을 호위해서 듣는 자들을 모두 기쁘게 할 것이다.

⑦ 어째서이겠는가? 이 경전은 일체 과거 미래 현재의 모든 붓다들께서 신통력으로 수호하는 것이기 때문이다.

來 欲難問者, 諸天晝夜 常爲法故 而衛護之 能令聽者 皆得歡喜. 所以者何? 此經是 一切 過去未來 現在諸佛 神力所護故.

(2)55 ㈎ 문수사리여, 이 법화경은 한량없는 나라에서 나아가 이름마저도 들을 수 없었는데, 어찌 하물며 보고서 수지독송함이었겠는가.56

㈏57 문수사리여, 비유하면 ① 강력한 전륜성왕이 위세로 여러 나라를 정복하고자 하는데,58 ② 여러 작은 왕들이 그 명 따르지 않으므로,59 ③ 그 때 전륜성

文殊師利, 是法華經 於無量國中 乃至名字 不可得聞, 何況得見 受持讀誦.

文殊師利, 譬如强力 轉輪聖王 欲以威勢 降伏諸國, 而諸小王 不順其命, 時轉輪王 起種種兵

---

55 이하는 둘째 경전이 듣기 어려운 것임을 찬탄하는 것이다. 이 글에 둘이 있으니, 처음 ㈎는 법설이고, 뒤의 ㈏ 이하는 비유설이다.
56 첫째 예전에는 아직 드러내어 설하지 않았으므로 예전에는 들을 수 없었다는 것이고, 둘째 오늘에야 듣게 되었다는 것이다.
57 이하의 비유설[=이것이 법화칠유 중의 제6 계주유髻珠喩(=상투 속 구슬의 비유)임]에 둘이 있다. 첫째 구슬 주지 않는 비유는 과거에 일찍이 드러내어 설하지 않았음을 비유하고, 둘째 ㈑ 이하에서 구슬을 주는 비유는 오늘에 듣게 된 것을 비유한 것이다. 그리고 두 가지 비유에 각각 비유 전개하는 것과 비유의 뜻 밝히는 것이 있다.
58 처음 구슬 주지 않는 비유에 여섯이 있다. 첫째 ①은 위력으로 여러 나라 정복하는 것이다. 전륜성왕은 세상 교화하는 여래를 비유하고, 여러 나라를 정복하는 것은 음·계·입의 여러 경계를 비유하는 것이다.
59 둘째 작은 나라의 왕들이 따르지 않는 것이다. 작은 나라의 왕은 번뇌 등

왕이 갖가지 병사 일으켜 가서 토벌했을 때,60 ④ 병사들 중 전공 있는 자 보고 크게 기뻐하여61 ⑤ 공을 따라 상을 주기를, 혹은 밭·집·취락·성읍을 주고, 혹은 의복·장신구를 주며, 혹은 갖가지 진보인 금·은·유리·차거·마노·산호·호박, 코끼리·말의 수레, 노비나 사람을 주었지만,62 ⑥ 오직 상투 속의 밝은 구슬만은 주지 않는 것과 같다.63 어째서인가 하면 유독 왕의 머리 위에만 이 구슬 하나가 있는데, 만약 이것을 준다면

而往討罰,
王見兵衆 戰有功者 卽大歡喜 隨功賞賜, 或與田宅 聚落城邑,
或與衣服 嚴身之具, 或與種種珍寶 金銀琉璃車磲馬腦 珊瑚虎珀 象馬車乘 奴婢人民, 唯髻中明珠 不以與之. 所以者何 獨王頂上 有此一珠, 若以與之 王諸眷屬

....

을 비유하니, 아직 무루로 조복되지 않았음을 그 명을 따르지 않는다고 말하였다.
60 셋째 병사 일으켜 가서 토벌하는 것이다. 갖가지 병사 일으킨다고 함은 칠현七賢(=3현과 4선근) 중의 방법을 전군으로 하고, 수다원·사다함 중의 방법을 차군으로 하고, 아나함·아라한 중의 방법을 후군으로 함을 비유하고, 파괴되는 것은 삼독 등으로 나누어지는 팔만사천의 도적이며, 파괴하는 수단은 팔만사천 법문의 관군이다.
61 넷째 공 있음 보고 크게 기뻐하는 것이다.
62 다섯째 공을 따라 상 주는 것이다. 밭은 삼매, 집은 지혜, 취락은 초과와 2과, 읍은 3과, 성은 열반, 의복은 참괴·인욕의 선법, 장신구는 조도의 선법, 갖가지 진보인 7보는 칠각지 등, 코끼리 등은 이승의 진·무생지, 노비는 신통, 사람은 유루의 선법 얻은 것을 비유한다.
63 여섯째 구슬을 주지 않는 것이다. 분단생사에서 벗어날 근기 있는 것은 작은 공훈이고, 변역생사마저 벗어날 근기 있는 것은 큰 공훈이다. 놀라고 괴이해 한다는 것은 큰 공훈이 있지도 않는데, 상투 속의 구슬을 홀연 준다면 모든 신하가 괴이해 한다는 것이다. 이는 중생의 큰 근기가 움직이지도 않았는데, 홀연 이 경전 설한다면 이승은 의혹하고, 보살은 놀라고 괴이해 할 것임을 비유하였다.

왕의 권속들이 필시 크게 놀라고 괴이해 할 것이기 때문이다.

(다)64 문수사리여, ① 여래도 또한 이와 같아 선정과 지혜의 힘으로 법의 국토 얻어 삼계 다스리는데, ② 여러 마왕들이 따르고 굴복하지 않으므로, ③ 여래가 현성의 장수들로써 이들과 전쟁했을 때, ④ 그 공 있는 자에게는 마음 기뻐하여, ⑤ 사부대중 속에서 여러 경전 설하여 그들 마음 기쁘게 하고, 선정, 해탈, 무루의 근, 힘 등 여러 법재 내리고, 또한 열반의 성 주며 멸도 얻었다고 말하여 그 마음 인도해 모두 기쁘게 하였지만, ⑥ 이 법화경은 설하지 않았다.

(라)65 문수사리여, 마치 ① 전륜성왕이 여러 병사들 중 큰 공 있는 자 보고는 마음 크게 기뻐하여, ② 오래 상투 속에 있어 망령되이 남에게 주지 않았던 이 믿기 어려운 구슬을 지금 그에게 주는 것처럼,

(마)66 ① 여래도 또한 이와 같아 삼계

文殊師利, 如來 亦復如是 以禪定智慧力 得法國土 王於三界, 而諸魔王 不肯順伏, 如來 賢聖諸將 與之共戰,
其有功者 心亦歡喜,
於四衆中 爲說諸經 令其心悅, 賜以禪定解脫無漏根力 諸法之財, 又復賜與 涅槃之城 言得滅度 引導其心 令皆歡喜, 而不爲說 是法華經.
文殊師利, 如轉輪王 見諸兵衆 有大功者 心甚歡喜, 以此難信之珠 久在髻中 不妄與人 而今與之,

如來 亦復如是 於三界

---

64 이하 (다)는 여섯 가지 비유의 뜻을 밝히는 것이다. 하나하나 글과 같다.
65 이하 둘째 구슬을 주는 비유에는 둘이 있으니, ①은 큰 공훈이 있는 것이고, ②는 구슬을 주는 것이다.
66 이하 비유의 뜻 밝히는 것에도 둘이 있다.

중 큰 법왕이 되어 일체의 중생을 법으로 교화할 때에, 현성의 군사가 오음마·번뇌마·사마와 더불어 싸워서 큰 공훈 있어 삼독을 멸하고 삼계를 벗어나 악마의 그물 파괴한 것을 보고, 그 때 여래 역시 크게 기뻐하여, ② 능히 중생을 일체지에 이르게 하지만, 일체의 세간에서는 원수 많고 믿기 어려워 먼저 설하지 않았던 이 법화경을 이제 설하는 것이다.

문수사리여, 이 법화경은 모든 여래의 으뜸 되는 말씀이니, 여러 말씀들 중 가장 심오해서 최후에 주는 것은, 마치 저 강력한 왕이 밝은 구슬 오래 수호하다가 이제야 주는 것과 같다.

문수사리여, 이 법화경은 제불 여래의 비밀의 법장으로서 모든 경전들 중 가장 위에 있는 것이므로, 오랜 밤 동안 수호하여 망령되이 펴 설하지 않다가 비로소 오늘에야 그대들에게 주고 펴 설하는 것이다."

(3) 이 때 세존께서는 이 뜻을 거듭 펴시고자 게송으로 말씀하셨다.67

中 爲大法王 以法敎化 一切衆生, 見賢聖軍 與五陰魔 煩惱魔 死魔共戰 有大功勳 滅三毒 出三界 破魔網, 爾時 如來 亦大歡喜, 此法華經 能令衆生 至一切智, 一切世間 多怨難信 先所未說 而今說之.

文殊師利, 此法華經 是諸如來 第一之說, 於諸說中 最爲甚深 末後賜與, 如彼强力之王 久護明珠 今乃與之.

文殊師利, 此法華經 諸佛如來 祕密之藏 於諸經中 最在其上, 長夜守護 不妄宣說 始於今日 乃與汝等 而敷演之."

爾時 世尊 欲重宣此義 而說偈言.

|1| 항상 인욕 행하고 일체를 연민해야 　　常行忍辱　哀愍一切
　　 붓다 찬탄한 경전 설할 수 있으니 　　乃能演說　佛所讚經

|2| 후의 말세에 이 경전 지니는 자는 　　後末世時　持此經者
　　 재가와 출가 및 보살 아닌 자에게 　　於家出家　及非菩薩

|3| 자비 일으켜서, 이들이 이 경전 　　應生慈悲　斯等不聞
　　 듣고 믿지 못함은 곧 큰 손실이라 　　不信是經　則爲大失

|4| 내 불도 얻으면 여러 방편으로 　　我得佛道　以諸方便
　　 이 법 설해 그에 머물게 하리 하라 　　爲說此法　令住其中

|5|68 비유하면 강력한 전륜성왕이 　　譬如強力　轉輪之王
　　 전쟁에 공 있는 병사에게 상으로 　　兵戰有功　賞賜諸物

|6| 코끼리·말의 수레와 장신구 　　象馬車乘　嚴身之具
　　 및 밭, 집, 취락, 성읍의 물건들 주고 　　及諸田宅　聚落城邑

|7| 혹은 의복과 갖가지 진보를 주며 　　或與衣服　種種珍寶

---

67 게송에 14수반이 있는데, 둘이 된다. 처음 4수는 위의 수행방법을 노래했고, |5| 이하 뒤의 10수반은 위의 경전 찬탄한 것을 노래했다. 전자에도 둘이 있다. 처음 1수는 건너뛰어 수행의 성취를 노래했고, 뒤의 3수는 수행방법을 노래한 것이다.

68 이하 10수반은 둘째 위의 법 듣기 어려움 찬탄한 것을 노래했다. 위 장행에서는 법·비유·합이 있었으나 지금은 비유·합만을 노래했다. 비유를 노래한 것에 둘이 있는데, |7|까지 처음 3수는 구슬 주지 않는 것을 노래했다.

노비와 재물도 기뻐하여 주지만	奴婢財物 歡喜賜與

8 69 용맹하여 어려운 일 한 자 있어야　如有勇健　能爲難事
　　 상투 속의 밝은 구슬을 주는 것처럼　王解髻中　明珠賜之

9 70 여래도 그래서 법의 왕 되어　如來亦爾　爲諸法王
　　 인욕의 큰 힘과 지혜의 보장과　忍辱大力　智慧寶藏

10 큰 자비로 여법하게 세간 교화하되　以大慈悲　如法化世
　　 일체 사람들 여러 고뇌 받으면서　見一切人　受諸苦惱

11 해탈 구해 악마들과 싸우는 것 보고　欲求解脫　與諸魔戰
　　 이 중생들 위해 갖가지 법 설하고　爲是衆生　說種種法

12 큰 방편으로 이 여러 경전 설하다가　以大方便　說此諸經
　　 중생들 그 힘 얻은 것 알고 나서71　旣知衆生　得其力已

13 최후에야 이 법화경 설하는 것은　末後乃爲　說是法華
　　 상투속의 구슬 풀어 주는 것과 같다　如王解髻　明珠與之

14 이 경전 존귀함 뭇 경전 중 최상이라　此經爲尊　衆經中上

---
69 이 1수는 둘째 구슬 주는 비유를 노래했다.
70 이하 6수반의 비유의 뜻 밝힌 것을 노래하는 것에 둘이 있다. 이하 12 의 제2행까지 3수반은 구슬 주지 않는 비유의 뜻 밝힌 것을 노래했다.
71 이하 3수는 구슬 주는 비유의 뜻 밝힌 것을 노래한 것이다.

|14| 내 항상 수호하고 개시하지 않다가   我常守護 不妄開示

|15| 지금 바로 그 때라 그대들에 설한다   今正是時 爲汝等說

14.5[72]

|1| 나의 멸도 후 불도 구하는 자가   我滅度後 求佛道者
   안온하게 이 경전 설하고자 한다면   欲得安隱 演說斯經

|2| 이런 네 가지 법을 친근해야 한다   應當親近 如是四法
   이 경전 읽는 자는 항상 근심 없고[73]   讀是經者 常無憂惱

|3| 또 병의 고통 없으며 안색 깨끗하고   又無病痛 顔色鮮白
   빈궁, 비천, 누추하게 나지 않으며[74]   不生貧窮 卑賤醜陋

....
72 이하 23수는 이 품의 셋째 수행의 성취를 총결하는 것이니, 감응한 징후의 모습[感徵之相]으로 수행을 권한 것이다. 글에 셋이 있으니, 처음 1수반은 맺어서 네 가지 안락행을 권한 것, 둘째 20수반은 세 가지 과보(=현보·생보·후보) 들어 권하는 것, 뒤의 1수는 총결하는 것이다. ＊ 게송을 중간에서 끊어서 분단한 점이 특이한데, 길장의 『의소』와 규기의 『현찬』 역시 같은 방식으로 분단하였다.
73 둘째 20수반의 세 가지 과보 들어 권한 것은, 또한 세 가지 장애(=번뇌·업·보장)가 청정해진다고 이름한다. 세 가지 장애가 청정하게 바뀌어 현·생·후세의 악업이 다하면 곧 현·생·후세의 뛰어난 과보를 얻게 되는 것이다. 이 글에 셋이 있다. 처음 1수는 과보의 장애 바꾸어 현보를 전환하는 것이니, '근심 없다'는 것은 현보의 마음 전환하는 것이고, '병의 고통 없다'는 등은 현보의 몸을 전환하는 것이다.
74 둘째 2행은 업의 장애 바꾸어 생보를 전환하는 것이다. '나지 않는다'는 것은 곧 나쁘게 태어날 업이 없는 것이니, 현재 경전 수지해서 빈궁 등의 업

| ④ 중생이 현성 연모하듯 보려고 하고75 | 衆生樂見 | 如慕賢聖 |
| 하늘의 동자들을 시자로 삼으며 | 天諸童子 | 以爲給使 |

| ⑤ 무기와 독도 가해하지 못하고76 | 刀杖不加 | 毒不能害 |
| 사람이 욕하려 하면 입이 막히며 | 若人惡罵 | 口則閉塞 |

| ⑥ 다닐 때 사자왕처럼 두려움 없고 | 遊行無畏 | 如師子王 |
| 지혜의 광명이 태양의 비춤 같으며 | 智慧光明 | 如日之照 |

| ⑦ 꿈 속에서도 오묘한 일만 보니77 | 若於夢中 | 但見妙事 |
| 여러 여래들이 사자좌에 앉으서 | 見諸如來 | 坐師子座 |

| ⑧ 비구들에 둘러싸여 설법하심 보고 | 諸比丘衆 | 圍繞說法 |

....
을 짓지 않으면 내세에 비천하게 태어나지 않는다.
75 이하 ㉒까지의 19수는 셋째 번뇌의 장애 바꾸어 후보를 전환하는 것이다. 이것에 둘이 있으니, 처음 3수는 세 가지 번뇌의 장애를 전환하는 것을 개별적으로 밝히는 것이고, 뒤의 16수는 일체의 장애 전환하는 것을 총체적으로 밝히는 것이다. 전자에는 다시 셋이 있다. 이하의 1수는 탐욕의 장애 제거하는 것, 다음 1수반은 진에의 장애 제거하는 것, 뒤의 2행은 우치의 장애 제거하는 것이다. 탐욕 많은 자는 사람이 홀대하고 또 범천에 태어남을 장애하지만, 욕망의 장애가 제거되었으므로 사람들이 보기를 좋아하고 하늘의 동자들이 시중드는 것이다.
76 진에를 버리면 안의 칼과 화살이 제거되므로, 진영에 들어가면 밖의 칼도 손상시키지 못한다.
77 이하 16수의 일체 번뇌장 전환하는 것을 총체적으로 밝히는 것에 여섯이 있다. 이하 3수는 첫째 처음의 믿는 마음[信心]에서 나아가 묘각의 팔상八相 성불에 이르기까지 모두 여래의 장엄으로써 스스로 장엄하는 것이니, 모두 인욕의 과보이다.

또 용신과 아수라 등	又見龍神	阿修羅等

⑨ 항사 같은 수들이 공경 합장함 보며 　　　數如恒沙　恭敬合掌
　　자신이 그들 위해 설법함 보고 　　　　　自見其身　而爲說法

⑩ 또 제불의 신상이 황금색인데[78] 　　　　又見諸佛　身相金色
　　한량없는 광명 놓아 일체 비추고 　　　　放無量光　照於一切

⑪ 범음으로 제법 연설하심 보며 　　　　　　以梵音聲　演說諸法
　　붓다 사부대중에 무상법 설하실 때 　　　佛爲四衆　說無上法

⑫ 자신이 합장하고 붓다 찬탄하며 　　　　　見身處中　合掌讚佛
　　법 듣고 기뻐하여 붓다께 공양해서 　　　聞法歡喜　而爲供養

⑬ 다라니 얻고 불퇴 지혜 깨달으니 　　　　得陀羅尼　證不退智
　　불도에 깊이 든 것 붓다께서 아시고 　　　佛知其心　深入佛道

⑭ 최정각 이루리라고 수기 주시기를[79] 　　　卽爲授記　成最正覺
　　그대 선남자는 미래세에 　　　　　　　　汝善男子　當於來世

⑮ 무량 지혜와 붓다의 대도 얻으리니 　　　得無量智　佛之大道

---

78 이하 ⑯의 제2행까지 6수반은 둘째 꿈에 십주에 들어감을 노래했다.
79 이미 '불퇴 지혜 깨달으니 곧 수기 주신다'고 하였으니, 초주에서 무생의 수기 받는 지위에 들어가게 되었다고 알아야 한다.

	국토는 엄정하고 광대 무비하며	國土嚴淨　廣大無比
16	사중 있어 청법하리라 하심 보고	亦有四衆　合掌聽法
	또 자신이 산림에 있으면서80	又見自身　在山林中
17	선법을 수습하여 실상 깨닫고81	修習善法　證諸實相
	선정에 들어 시방제불 뵈옴 보며82	深入禪定　見十方佛
18	제불의 신체는 황금색인데83	諸佛身金色
	백복의 모습으로 장엄하였고	百福相莊嚴
	법 듣고 남에게 설하는	聞法爲人說
	항상 이런 좋은 꿈 있으며	常有是好夢
19	또 꿈꾸기를, 국왕이 되어	又夢作國王
	궁전과 권속	捨宮殿眷屬
	및 최상의 오묘한 오욕 버리고	及上妙五欲

---

80 이하 17의 제1행까지 3행은 셋째 꿈에 십행 닦는 것을 노래했다. 이는 십행에서 선법 수습하는 것이라고 알아야 한다.
81 이 1행은 넷째 꿈에 십회향 깨닫는 것을 노래했다. '(제법의) 실상 깨닫는다'고 한 것은 중도를 바르게 관찰하는 지위임을 알아야 한다.
82 이하 2행은 다섯째 꿈에 십지에 들어감을 노래했다. '선정에 (깊이) 든다'고 한 것은 제10지 중의 무구삼매이다. 금강유정에 들어가니, 모든 붓다께서 모두 나타나시어 머리 쓰다듬고 수기 주신다.
83 이하 22까지 5수는 여섯째 꿈에 묘각에 들어감을 노래했다. 팔상의 붓다 꿈꾼 것으로써 묘각임을 안다. 이것은 혹은 초주에서의 팔상성불의 모습일 수도 있지만, 앞(=십지)의 다음 지위이므로 그에 의지해 극각極覺이라고 말하는 것이다.

| 도량에 나아가   行詣於道場

20 보리수 아래의   在菩提樹下
    사자좌에 앉아서   而處師子座
    도 구하니, 칠일 지나   求道過七日
    제불의 지혜 얻어   得諸佛之智

21 위없는 도 이루고   成無上道已
    일어나 법륜 굴리어   起而轉法輪
    사부대중 위해 법 설하되   爲四衆說法
    천만억 겁 지나도록   經千萬億劫

22 무루의 묘법 설하여   說無漏妙法
    한량없는 중생들 제도하고   度無量衆生
    후에 열반에 들어   後當入涅槃
    연기 다함에 등 꺼지듯 하리니84   如煙盡燈滅

23 만약 후의 악세 중에85   若後惡世中
    이 으뜸 되는 법 설한다면   說是第一法
    이 사람 큰 이익 얻는 것이   是人得大利
    위의 여러 공덕과 같으리라   如上諸功德

....
84 '꿈'이란, 수다원에서 벽지불까지는 모두 꿈이 있고, 오직 붓다께서만 꿈을 꾸지 않으시니, 의심 없고 습기 없기 때문에 꿈꾸지 않으시는 것이다.
85 이 1수는 셋째 수행의 성취를 총체적으로 노래한 것이다.

제15 종지용출품1　　　　　從地踊出品 第十五

15.1²

⑴ ① 그 때 팔 항하의 모래수보다 많은 타방국토에서 온 보살마하살들이 대중 속에서 기립하여 합장하고 예배한 다음 붓다께 말하였다.

爾時 他方國土 諸來菩薩摩訶薩 過八恒河沙數 於大衆中 起立合掌 作禮 而白佛言.

"세존이시여, 만약 저희들이 붓다의 멸

"世尊, 若聽我等 於佛

---

1 ① 스승과 도가 존엄하므로 몸 굽혀 받드는 것이니, 여래께서 한 번 분부하심에 사방에서 달려 솟아올랐기 때문에 종지용출품이라고 말하였다. ② 삼세에 걸쳐 교화하시는 은혜와 이익 끝없으니, 한 달의 만 그림자[一月萬影] 누가 사랑할 수 있으랴. 과거를 불러 현재에 보여 홍경함으로써 미래를 이익케 하기 때문에 종지용출품이라고 말하였다. ③ 허공은 고요해서 빠름도 없고 늦음도 없지만, 미혹한 자는 자취에 집착하여 그 근본에 어두우므로, 과거를 불러 지금에 보여서 가까운 것(=현재의 적불)을 깨트리고 먼 것(=구원의 본불)을 드러내기 때문에 종지용출품이라고 말하였다. ④ 적멸도량[寂場]의 연소한 아비와 상적광토[寂光]의 늙은 아이가 그 약의 힘(=뒤의 16.3 참조)을 보여 모두 알게 하기 때문에 종지용출품이라고 말한 것이다. 지금은 여러 뜻으로 품을 해석함으로써 사실단四悉檀의 인연 때문이라는 이해(=①~④가 순서대로 세계실단·위인실단·대치실단·제일의실단에 입각한 해석이라는 취지. '실단siddhānta'은 교설의 방법이라는 뜻으로, '세계실단'은 범부들의 생각을 따른 세간적인 설법, '위인爲人실단'은 중생의 근기에 맞춘 설법, '대치실단'은 상대하는 중생의 정신적 병에 상응한 설법을, '제일의실단'은 제일의의 진실을 드러내는 설법을 각각 말한다)를 드러내었다.
　이하는 큰 단락의 제2(=본문) 스승문[師門]의 가까운 자취[近跡]를 열어 불지佛地의 구원의 근본[遠本]을 드러낸 것이다. 이 글에 셋이 있으니, 처음은 서분이고, 둘째 15.3부터 제17 분별공덕품의 17.1까지는 정종분이며, 셋째 그 뒤로부터 11품반은 유통분이다.
2 서분의 글은 둘이 된다. 첫째 15.1은 솟아 나오는 것[踊出]이고, 둘째 15.2는 의심하여 묻는 것이다. 전자에 셋이 있다. 첫째 ⑴의 ①은 타방보살이 홍경하겠다고 청하는 것, 둘째 ②는 여래께서 허락하지 않으시는 것, 셋째 ⑵ 이하는 하방에서 솟아 나오는 것이다.

도 후 이 사바세계에 있으면서 부지런히 정진하여 이 경전 호지하고 독송하며 서사하고 공양함을 허락하신다면, 이 국토에서 이를 널리 설하겠습니다."

② 이 때 붓다께서 모든 보살마하살 대중들에게 말씀하셨다.

"그만 두어라. 선남자들이여, 그대들은 이 경전 호지할 필요가 없다. 까닭이 무엇이겠는가? 나의 사바세계에는 육만 항하사와 같은 보살마하살들이 있고, 낱낱의 보살들에게 각각 육만 항하사의 권속들이 있어서, 이 모든 사람들이 나의 멸도 후 이 경전을 호지하고 독송하며 널리 설할 수 있기 때문이다."3

⑵4 ① 붓다께서 이렇게 말씀하실 때 사

滅後 在此娑婆世界 懃加精進 護持讀誦 書寫供養 是經典者, 當於此土 而廣說之."

爾時 佛告 諸菩薩摩訶薩衆.

"止. 善男子, 不須汝等 護持此經. 所以者何? 我娑婆世界 自有六萬恒河沙等 菩薩摩訶薩, 一一菩薩 各有六萬 恒河沙眷屬, 是諸人等 能於我滅後 護持讀誦 廣說此經."

佛說是時 娑婆世界 三

---

3 여래께서 이를 제지하신 것에는 무릇 세 가지 뜻이 있다. 그대들은 각각 자기 소임이 있는데, 만약 이 땅에 머문다면 저 곳의 이익을 폐기하게 된다는 것이 첫째이고, 또 타방과 이 땅은 인연 맺은 일이 얕아서, 비록 펴서 주고자 하더라도 필시 큰 이익이 없을 것이라는 것이 둘째이며, 또 만약 이를 허락한다면 곧 하방을 부를 수 없고, 하방에서 만약 오지 않는다면 수적을 깨트리지 못하고 구원을 드러내지 못하게 된다는 이것이 세 번째 뜻이다.

하방을 불러 오게 하는 것에도 세 가지 뜻이 있다. 이들은 나의 제자이므로 나의 법을 넓혀야 한다는 것과, 인연이 깊고 넓어 두루 이 땅에도 이익주고 두루 분신불의 땅에도 이익주며 두루 타방의 국토에도 이익줄 수 있다는 것, 또 가까운 것을 열어 먼 것을 드러낼 수 있다는 것이다.

4 이하 셋째 하방에서 솟아 나오는 것에 둘이 있다. 처음 ⑵는 경전 편집자가

바세계의 삼천대천국토의 땅이 모두 진동하면서 갈라지더니 그 속에서 한량없는 천만억의 보살마하살들이 동시에 솟아 나왔다.

② 이 보살들은 몸이 모두 금색이고 삼십이상과 한량없는 광명 갖추었는데,5 ③ 먼저 모두 이 사바세계 아래의 이 세계 허공에 머물고 있다가,6 ④ 이 보살들은 석가모니붓다께서 말씀하시는 음성을 듣고 아래에서 일어나 온 것이었다.7

⑤ 각각의 보살은 모두 대중의 인도자로서 각각 육만 항하사의 권속들을 이끌었으니, 하물며 오만, 사만, 삼만, 이만, 일만 항하사와 같은 권속들을 이끈 자와, 하물며 다시 나아가 일 항하사, 반 항하사, 사분의 일 내지 천만억 나유타 분의 일이나, 하물며 다시 천만억 나유타의 권속들을 이끈 자와, 하물며 다시 억만의 권속들을 이끈 자와, 하물며 다시 천만,

千大千國土　地皆震裂 而於其中　有無量千萬億　菩薩摩訶薩　同時踊出.

是諸菩薩　身皆金色　三十二相　無量光明,

先盡在此　娑婆世界之下　此界虛空中住, 是諸菩薩　聞釋迦牟尼佛　所說音聲　從下發來.

一一菩薩　皆是大衆　唱導之首　各將六萬　恒河沙眷屬, 況將五萬　四萬　三萬　二萬一萬　恒河沙等　眷屬者, 況復　乃至一恒河沙　半恒河沙　四分之一　乃至　千萬億那由他　分之一, 況復　千萬億那由他眷屬, 況復

(솟아 나오는) 모습을 서술하는 것, 뒤의 (3)은 문안함을 밝히는 것이다. 전자에 다섯이 있는데, 첫째 ①은 솟아 나오는 것이다.

5 둘째는 몸의 모습이다.
6 셋째는 주처이다. '하방'은 법성의 근원이고, 그윽한 근본[玄宗]의 지극한 경지[極地]이다. 아래에 있으므로 여기에 속하지 않고, 허공 중이므로 저기에도 속하지 않아, 여기도 아니고 저기도 아니므로 곧 중도인 것이다.
7 넷째 분부를 들은 것이니, 오게 된 연유이다.

백만, 내지 일만이나, 하물며 다시 일천, 일백, 내지 일십의 권속들을 이끈 자와, 하물며 다시 다섯, 넷, 셋, 둘, 하나의 제자를 이끈 자와, 하물며 다시 홀로 멀리 여의는 행을 즐기는 자, 이와 같은 등의 무리는 한량없고 가이없어서 산수나 비유로 알 수 없는 바이었다.8

(3)9 ① 이 모든 보살들은 땅에서 나와서 각각 다보여래와 석가모니붓다 계신 허공의 칠보의 묘탑으로 가서 두 분 세존 향해 발에 머리 엎드려 예배하고, 그리고 보배나무 아래의 사자좌 위 붓다들의 처소로 가서 역시 모두 예배하고 오른쪽으로 세 바퀴 돈 다음, 합장하여 공경하고 보살들의 갖가지 찬탄방법으로써 찬탄하고서 한 편에 머물러 두 분 세존을 기뻐하며 우러러 보았는데, 이 보살마하살들이 처음 솟아 나와서부터 보살들의 갖가지 찬탄방법으로써 붓다 찬탄한 이러한 시간이 오십 소겁을 경과하였다.

이 때 석가모니붓다께서는 침묵한 채

億萬眷屬, 況復 千萬百萬 乃至一萬, 況復 一千一百 乃至一十, 況復 將五 四三二一弟子者, 況復單己 樂遠離行, 如是等比 無量無邊 算數譬喩 所不能知.

是諸菩薩 從地出已 各詣虛空 七寶妙塔 多寶如來 釋迦牟尼佛所 到已 向二世尊 頭面禮足, 及至 諸寶樹下 師子座上佛所 亦皆作禮 右繞三匝, 合掌恭敬 以諸菩薩 種種讚法 而以讚歎 住在一面 欣樂瞻仰 於二世尊, 是諸菩薩摩訶薩 從初踊出 以諸菩薩 種種讚法 而讚於佛 如是時間 經五十小劫.

是時 釋迦牟尼佛 黙然

----

8 다섯째는 권속이다.
9 이하 둘째 문안하는 것에도 다섯이 있다. 먼저 ①은 삼업의 공양이다.

앉아 계셨고, 사부대중들도 역시 모두 침묵하였는데, 오십 소겁을 붓다의 신통력으로 모든 대중들은 반 나절 같다고 여기게 하였다. 그 때 사부대중들은 역시 붓다의 신통력 때문에 보살들이 한량없는 백천만억 국토의 허공에 두루 가득한 것을 보았다.10

②11 이 보살 대중 속에 네 명의 인도자 있었으니, 상행上行, 무변행無邊行, 정행淨行, 안립행安立行이라고 이름하였다.12 이 네 보살이 그 대중들 중 가장 우두머리 인도자 되어 대중들 앞에 있다가 각각 함께 합장하고 석가모니붓다를 보면서 문안의 말씀을 드렸다.

"세존이시여, 병이나 괴로움 없으시고 안락하게 지내십니까? 제도되어야 할 자들은 가르치기 쉽고, 세존을 피로하시게

而坐, 及諸四衆 亦皆黙然, 五十小劫 佛神力故 令諸大衆 謂如半日.
爾時 四衆 亦以佛神力故 見諸菩薩 遍滿無量百千萬億 國土虛空.

是菩薩衆中 有四導師 一名 上行 二名 無邊行 三名 淨行 四名 安立行. 是四菩薩 於其衆中 最爲上首 唱導之師 在大衆前 各共合掌 觀釋迦牟尼佛 而問訊言.
"世尊, 少病少惱 安樂行不? 所應度者 受敎易不, 不令世尊 生疲勞

---

10 예배하고 도는 것은 신업이고, 법 찬탄하는 것은 구업이며, 우러러보는 것은 의업이다. 아는 자는 짧은 것 그대로 길다고 해서 오십 소겁이라고 하고, 미혹한 자는 긴 것 그대로 짧다고 하여 반 나절 같다고 하니, 이는 본적을 위해 조짐을 만든 것이다. 여래께서 아직 설하지 않으셨으므로 본지에 어두워 수적에 집착하지만, 붓다께서 만약 열어 드러내신다면 가까운 것을 깨닫고 먼 것을 통달할 것이며, 또한 불가사의한 하나임도 알 것이다.
11 둘째는 문안의 말씀을 하는 것이다.
12 다만 네 사람만을 든 것은 개·시·오·입의 사십위를 견주고자 한 것이니, 《화엄경》에서 다만 법혜法慧, 덕림德林, 금당金幢, 금장金藏의 넷만을 들어 사십위를 말한 것과 같다.

하지는 않습니까?"

그 때 네 명의 대 보살은 게송으로 말하였다.

① 세존 안락하시고 병과 고뇌 없으시며
　 중생 교화하심에 피로함 없으시고

② 또 중생들은 교화 쉽게 받습니까
　 세존 피로케 하지는 않습니까

③13 그 때 세존께서는 보살 대중들에게 이렇게 말씀하셨다.

"그렇고 그러하다. 선남자들이여, 여래는 안락하고 병과 괴로움 없으며, 여러 중생들도 교화 제도하기 쉬워 피로함도 없다. 어째서인가 하면 이 모든 중생들은 세세 이래로 항상 나의 교화를 받았고, 또한 과거 제불을 공양하고 존중하여 여러 선근을 심었으므로, 이 모든 중생들은 처음 나의 몸 보고 내 말 듣고서 곧 모두 신수하여 여래의 지혜에 들었기 때문인데, 먼저 소승을 수습하고 배운 자는 제외하지만, 이런 사람들도 내 지금 역시

耶?"

爾時 四大菩薩 而說偈言.

世尊安樂　少病少惱
教化衆生　得無疲倦

又諸衆生　受化易不
不令世尊　生疲勞耶

爾時 世尊 於菩薩大衆中 而作是言.

"如是如是.　諸善男子, 如來安樂 少病少惱, 諸衆生等 易可化度 無有疲勞. 所以者何 是諸衆生 世世已來 常受我化, 亦於過去諸佛　供養尊重 種諸善根, 此諸衆生 始見我身 聞我所說 卽皆信受 入如來慧,
除先修習 學小乘者,
如是之人 我今亦令 得

---

13 셋째는 붓다께서 안락하다고 답하시는 것이다.

이 경전 듣게 해서 붓다의 지혜에 들게 하기 때문이다."14

　④ 그 때 여러 대 보살들은 게송으로 말하였다.15

聞是經　入於佛慧."

爾時　諸大菩薩　而說偈言.

① 좋고 좋습니다, 대웅 세존이시여
　여러 중생들 교화 제도하기 쉬우니

善哉善哉　大雄世尊
諸衆生等　易可化度

② 능히 제불의 매우 깊은 지혜 묻고
　듣고서 신행하므로 저희 수희합니다

能問諸佛　甚深智慧
聞已信行　我等隨喜

　⑤ 그 때 세존께서는 우두머리인 여러 대 보살들을 찬탄하셨다.16

於時　世尊讚歎　上首諸大菩薩.

---

14 안락한 것과 제도하기 쉬움의 두 가지 일은 서로 이루는 것이니, 제도하기 쉬우므로 곧 안락하고, 안락하므로 제도하기 쉬운 것이다. 제도하기 쉬운 것에는 두 가지가 있다. 첫째는 근기 예리하고 덕이 두터운 경우이니, 세세 이래로 항상 대승의 교화 받았으므로, 처음 내 몸을 보고 곧 화엄을 받아 여래의 지혜에 들었다. 둘째는 근기 둔하고 덕 얕은 경우이니, 세세 이래로 대승의 교화 받지 못했으므로, 이 사람을 위해서는 돈교를 열어서 점교를 설해야 한다. 삼장·방등·반야로 조복하고, 또한 이 사람으로 하여금 이제 법화경 듣게 해서 붓다의 지혜에 들게 하는 것이다. 앞의 경우에 비하면 비록 어렵지만, 붓다께는 매우 쉬우니, 붓다께서는 그 근기 알아 방편 적절히 쓰시기 때문이다.
15 넷째 보살들이 듣고 따라 기뻐하는 것이다. '능히 묻는다'고 한 것은 《화엄경》에서의 네 보살이나 《법화경》에서 사리자가 세 번 청한 것이 모두 능히 묻는 것이니, 물은 대상은 곧 붓다의 지혜이다.
16 다섯째 여래께서 찬탄하시는 것이다. 문안한 것과는 큰 차이가 있다. 문안한 사람은 물은 사람을 수희했으니, 모두가 보살이었다. 그리고 교화받는 사람도 듣고 나서 신행하므로 저희들이 수희한다고 하였다. 그런데 여래의

"훌륭하고 훌륭하도다. 선남자들이여, 그대들은 여래에 대해 수희하는 마음을 일으킬 수 있었구나."

"善哉善哉. 善男子, 汝等 能於如來 發隨喜心."

15.2[17]
(1) 그 때 미륵보살과 팔천 항하사의 보살 대중들은 모두 이렇게 생각하였다. '우리들은 이제까지 이러한 대 보살마하살 대중들이 땅에서 솟아 나와 세존 앞에 머물면서 합장하고 공양하며 여래께 문안하는 것을 보지도 못하였고 듣지도 못하였다.'

爾時 彌勒菩薩 及八千恒河沙 諸菩薩衆 皆作是念. '我等 從昔已來 不見不聞 如是大菩薩摩訶薩衆 從地踊出 住世尊前 合掌供養 問訊如來.'

(2) 그 때 미륵보살마하살은 팔천 항하사의 보살들이 마음으로 생각하는 것을 알고, 아울러 스스로 의심한 것을 결정하고자 합장하고 붓다께 게송으로 물었다.[18]

時 彌勒菩薩摩訶薩 知八千恒河沙 諸菩薩等 心之所念, 幷欲 自決所疑 合掌向佛 以偈問曰.

찬탄은 교화하는 주체(='여래')에 대해 수희함 일으켰다고 하신 것이니, 이 뜻은 어떠한 것인가? 그렇지만 물은 자들은 모두가 고불古佛이므로, 그대들이 능히 수희했던 대상은 곧 여래이다. 보살은 그 수적신을 수희한 것이고, 여래는 그 본불을 찬탄한 것이니, 여기에서도 여래의 수명을 은밀히 나타내고 있다.

17 이 15.2는 서분 중의 둘째 의심하여 묻는 서분[疑問序]이다. 이 글에 둘이 있으니, 처음은 이 국토 보살의 의심이고, 뒤의 (3)은 타 국토 보살의 의심이다. 전자 중에 또 둘이 있으니, 첫째 (1)의 장행은 의심하는 생각이고, 둘째 (2)의 게송은 바로 묻는 것이다.

18 둘째 게송에는 다섯이 있다. 처음 1수1행은 어디서 왔는지 묻는 것이다.

① 한량없는 천만억의　　　　　　　無量千萬億
　 여러 대중 보살들은　　　　　　　大衆諸菩薩
　 과거 일찍이 보지 못한 분들이니　昔所未曾見
　 양족존께서 설해 주소서　　　　　願兩足尊說

② 이들은 어디에서 왔고　　　　　　是從何所來
　 무슨 인연으로 모였습니까19　　　以何因緣集
　 거대한 몸과 큰 신통에　　　　　　巨身大神通
　 지혜는 사의할 수 없고　　　　　　智慧叵思議

③ 그 뜻은 견고하며　　　　　　　　其志念堅固
　 큰 인욕의 힘 있어　　　　　　　　有大忍辱力
　 중생들이 보기 좋아하니　　　　　衆生所樂見
　 어느 곳에서 왔습니까　　　　　　爲從何所來

④ 각각의 모든 보살들이20　　　　　一一諸菩薩
　 이끄는 여러 권속들은　　　　　　所將諸眷屬
　 그 수효 한량이 없어　　　　　　　其數無有量
　 마치 항하의 모래와 같으니　　　　如恒河沙等

⑤ 혹 어떤 대 보살은　　　　　　　　或有大菩薩
　 육만 항하의 모래 이끄는데　　　　將六萬恒沙

---

19 이하 ③까지 1수3행은 둘째 무슨 인연으로 모였는지 묻는 것이다.
20 이하 ⑫까지 9수는 셋째 그 수를 서술하는 것이다.

| 이러한 모든 대중들은 | 如是諸大衆 |
| 일심으로 불도 구하다가 | 一心求佛道 |

⑥ 육만 항하의 모래와 같은　　　　　是諸大師等
　　이 모든 보살들은　　　　　　　　六萬恒河沙
　　함께 와서 붓다께 공양하고　　　　俱來供養佛
　　이 경전 수호해 지니며　　　　　　及護持是經

⑦ 오만 항하사 이끄는 보살의　　　　將五萬恒沙
　　그 수는 이보다 더 많고　　　　　其數過於是
　　사만 및 삼만에서　　　　　　　　四萬及三萬
　　이만과 일만에 이르기까지　　　　二萬至一萬

⑧ 일천이나 일백 등과　　　　　　　一千一百等
　　나아가 일 항하사에 이르기까지　　乃至一恒沙
　　반 및 삼, 사분의 일에서　　　　　半及三四分
　　억만분의 일 항하사이거나　　　　億萬分之一

⑨ 천만 나유타에서　　　　　　　　千萬那由他
　　만억의 여러 제자들이나　　　　　萬億諸弟子
　　나아가 반억에 이르기까지 이끄는　乃至於半億
　　보살의 그 수는 다시 위보다 많으며　其數復過上

⑩ 백만에서 일만에 이르기까지　　　百萬至一萬

제15 종지용출품　445

일천 및 일백에서	一千及一百
오십과 일십 나아가	五十與一十
셋, 둘, 하나를 이끌거나	乃至三二一

⑪ 권속 없이 단신으로 　　　　　單己無眷屬
　　홀로 처하기 즐겨하는 자 　　　樂於獨處者
　　모두 함께 붓다 처소로 오니 　　俱來至佛所
　　그 수는 위보다 더욱 더 많아서 　其數轉過上

⑫ 이러한 모든 대중들을 　　　　　如是諸大衆
　　만약 사람이 산가지로 센다면 　若人行籌數
　　항하사 겁을 지나도 　　　　　過於恒沙劫
　　다 알 수 없을 것인데 　　　　猶不能盡知

⑬ 큰 위덕과 정진을 갖춘[21] 　　　是諸大威德
　　이 모든 보살대중들은 　　　　精進菩薩衆
　　누가 그들에게 법 설하여 　　誰爲其說法
　　교화하고 성취하였고 　　　　敎化而成就

⑭ 누구 쫓아 처음 발심하였으며 　從誰初發心
　　어느 붓다의 법 찬양하고 　　稱揚何佛法
　　어떤 경전 수지하여 행하며 　受持行誰經
　　어떤 붓다의 도 수습합니까 　修習何佛道

---

21 이하 2수는 넷째 그 스승은 누구인지 묻는 것이다.

15	이러한 여러 보살들은22	如是諸菩薩
신통과 큰 지혜의 힘 있고	神通大智力
사방의 땅 진동하며 갈라져23	四方地震裂
모두 그 속에서 솟아 나왔는데	皆從中踊出

16	세존이시여, 저는 지금까지	世尊我昔來
아직 이런 일 보지 못했으니	未曾見是事
그들이 쫓아서 온 국토의	願說其所從
이름을 설하여 주소서	國土之名號

17	저 항상 모든 나라 다녔으나	我常遊諸國
일찍이 이 대중들 보지 못했습니다	未曾見是衆
저 이 대중들 가운데24	我於此衆中
한 사람도 알지 못하겠으니	乃不識一人

18	홀연 땅에서 솟아 나온	忽然從地出
그 인연 설해 주소서	願說其因緣
지금 이 큰 법회의25	今此之大會
한량없는 백천억의	無量百千億

....

22 이하 5수반은 다섯째 맺고 청하는 것이다. 여기에 또 다섯이 있으니, 처음 2행은 맺어 찬탄하는 것이다.
23 이하 2수는 둘째 보살들이 온 곳의 답을 청한 것이다.
24 이하 1수는 셋째 오게 된 인연의 답을 청한 것이다.
25 이하 1수반은 넷째 큰 법회의 보살들이 같이 청한다는 것이다.

19 이 모든 보살들은　　　　　　是諸菩薩等
　　모두 이 일 알고자 하니　　　皆欲知此事
　　이 보살 대중들의　　　　　　是諸菩薩衆
　　본말의 인연 설하시어　　　　本末之因緣

20 한량없는 공덕의 세존이시여26　無量德世尊
　　대중들의 의심 결단해 주소서　唯願決衆疑

(3)27 그 때 석가모니의 분신인 붓다들로서 한량없는 천만억의 타방 국토에서 온 분들께서 팔방의 보배나무들 아래의 사자좌 위에서 결가부좌하고 계셨는데, 그 붓다들의 시자들이 각각 이 보살대중들이 삼천대천세계의 사방의 땅에서 솟아나와 허공에 머무는 것을 보고 각각 그들의 붓다들께 말하였다.

"세존이시여, 이 한량없고 가이없는 아승기의 보살대중들은 어디에서 온 것입니까?"

이 때 모든 붓다들께서는 각각 시자들

爾時 釋迦牟尼 分身諸佛 從無量千萬億 他方國土來者 在於八方 諸寶樹下 師子座上 結加趺坐, 其佛侍者 各各見是 菩薩大衆 於三千大千 世界四方 從地踊出 住於虛空 各白其佛言.

"世尊, 此諸 無量無邊 阿僧祇 菩薩大衆 從何所來?"

爾時 諸佛 各告侍者.

---

26 이하 2행은 다섯째 스승께 답해 주실 것을 청하는 것이다.
27 이는 둘째 타방보살의 의심이니, 분신의 권속들이 횡적으로 시방에 있다가 미륵과 같이 의심한 것이다. 두 국토에서 모두 본지를 알지 못하므로, 성도하신지 매우 오래되었음을 드러내고자 각각 자기의 붓다에게 의심을 말했는데, 붓다들은 모두 눌러서 미륵에 대한 답을 기다리게 하신 것이다.

에게 말씀하셨다.

"선남자들이여, 잠시만 기다려라. 석가모니붓다로부터 차후에 붓다 이루리라고 수기를 받은, 미륵이라고 이름하는 보살마하살이 있어 이 일을 물었으니, 붓다께서 이제 그에 답하실 것이므로, 그대들은 이로 인해 스스로 듣게 될 것이다."

"諸善男子, 且待須臾. 有菩薩摩訶薩 名曰彌勒, 釋迦牟尼佛 之所授記 次後作佛 以問斯事, 佛今答之, 汝等自當 因是得聞."

15.3[28]

(1) 그 때 석가모니붓다께서는 미륵보살에게 말씀하셨다.

"① 훌륭하고 훌륭하도다. 아일다여, 붓다에게 이런 큰 일을 물을 수 있구나. ② 그대들은 함께 일심으로 정진의 갑옷 입고 견고한 뜻 일으켜야 한다.[29] 여래는 이제 제불의 지혜와[30] 제불의 자재한 신통의 힘과 제불의 사자 분신하는 힘과

爾時 釋迦牟尼佛 告彌勒菩薩.

"善哉善哉. 阿逸多, 乃能問佛 如是大事. 汝等 當共一心 被精進鎧 發堅固意. 如來今欲 顯發宣示 諸佛智慧 諸佛自在 神通之力 諸佛

---

28 이하는 둘째 정설단(=정종분)이다. 글에 둘이 있으니, 첫째 15.3은 먼저 장행과 게송으로 경계하여 허락하시는 것이고, 둘째 뒤의 15.4는 바로 설하시는 것이다. 장행에서는 ① 먼저 찬탄을 서술하시고, ② 뒤에 경계하셨다. * '아일다'는 미륵의 호칭[字]으로 쓰이는 'Ajita'의 음역어이다.
29 여기까지는 경계하시는 것이고, 그 아래는 허락하시는 것이다. 어지럽지 말고[勿亂](='일심으로') 해태하지 말며[勿怠](='정진의 갑옷 입고') 물러나지 말라[勿退](='견고한 뜻 일으키라')고 경계하시는 것이다.
30 다음 허락에서는 과보의 지혜[果智]를 표방한다. 과보의 지혜는 여래의 지견인데, '지견'은 묘과이다.

제불의 위엄하고 용맹한 큰 세력을 드러내어 펴 보이고자 한다."31	師子 奮迅之力 諸佛威猛 大勢之力."
⑵ 이 때 세존께서는 이 뜻을 거듭 펴시고자 게송으로 말씀하셨다.32	爾時 世尊 欲重宣此義 而說偈言.
① 정진하고 하나의 마음 되라 　내 이 일 설하고자 하니 　의심과 후회 있어서는 안 된다 　붓다의 지혜는 사의할 수 없으니33	當精進一心 我欲說此事 勿得有疑悔 佛智叵思議
② 그대들은 이제 믿음의 힘 내어 　인욕과 선 가운데 머물면 　과거에 듣지 못했던 법을 　이제 모두 듣게 될 것이다	汝今出信力 住於忍善中 昔所未聞法 今皆當得聞
③ 내 이제 그대들 위안하니	我今安慰汝

---

31 다음 교화하는 가르침 여는 것이 '펴 보이는 것'이다. '자재한 신통의 힘'은 과거의 익물益物(=중생 이익함)이다. '사자 분신'이란 현재 시방 분신불에 의해 교화 입는 곳이다. 혹자는 '분신奮迅'은 장차 앞으로 나아가려는 모습이라고 하는데, 이는 미래에 상주하면서 익물하는 모습을 나타내는 것이 된다. '큰 세력의 위엄과 용맹'이란 미래의 익물이다. 혹자는 이것을 현재로 삼아 시방을 진동하는 것이라고 하니, 사람의 뜻에 따라 쓰는 것이다.

32 4수의 게송 중 처음 3행은 세 가지 경계하심을 노래하고, 뒤의 3수1행은 허락하심을 노래했다.

33 허락하심을 노래한 것 중 이 처음의 1행은 지혜의 과보 표방한 것을 노래하고, 뒤의 3수는 삼세를 노래했다.

의구심 품지 말라	勿得懷疑懼
붓다에게는 진실하지 않은 말 없고	佛無不實語
지혜는 헤아릴 수 없으며	智慧不可量

④ 얻은 바의 으뜸 되는 법은	所得第一法
매우 심오하여 분별할 수 없는 것	甚深叵分別
이렇게 지금 설하리니	如是今當說
그대들은 일심으로 들으라	汝等一心聽

15.4[34]

(1) 이 때 세존께서는 이 게송을 설하시고 나서 미륵보살에게 말씀하셨다. 爾時 世尊 說此偈已 告 彌勒菩薩.

....
34 이하 둘째 바로 설하는 단락은 글이 셋이다. 첫째 여기에서 제16 여래수량품까지는 바로 개근현원開近顯遠(=가까운 것을 열어서 구원을 드러냄)하시는 것, 둘째 제17 분별공덕품의 처음에서는 총체적으로 법신의 수기 주시는 것, 셋째[=분별공덕품의 (4)]는 미륵이 이해했음을 총체적으로 말하는 것이다. * 본문 정종분의 구조를 간략히 도표화하면 다음과 같이 된다.

경계하여 허락하심		15.3
바로 설하심	개근현원	15.4~제16품
	수기	17.1(1)~(3)
	이해[領解]	17.1(4)

첫째의 글에는 둘이 있다. 먼저 (이 품은) 간략히 개근현원함에 집착 흔들려 의혹 일으키는 것이고, 뒤(의 여래수량품에서)는 자세히 개근현원하여 의혹 끊고 믿음 내게 하는 것이다. 전자 중에 다시 둘이 있으니, 처음 15.4는 간략히 여는 것, 둘째 15.5는 의심으로 인해 다시 청하는 것이다. 간략히 여는 것에 나아가면 장행과 게송이 있는데, 여기에서는 단지 두 가지 물음(=어디에서 왔는지와 스승이 누구인지)에 답하셨을 뿐, 어떤 인연으로 모였는지는 답하지 않으시니, 답하지 않으셨기 때문에 거듭 청하는 것이다. 장행에서 ① 쌍으로 답하고, ② 쌍으로 해석한 것은 글과 같다.

"① 내 이제 이 대중들 속에서 그대들에게 펴 말하겠다. 아일다여, 이 한량없고 수없는 아승기의 보살마하살들이 땅에서 솟아 나오는 것은 그대들이 과거에 보지 못한 것인데, 내가 이 사바세계에서 아뇩다라삼먁삼보리를 얻고 나서 이 모든 보살들을 교화하여 보이고 인도하며 그들의 마음을 조복해서 도에 대한 마음을 일으키게 하였으니, 이 모든 보살들은 모두 이 사바세계 하방의 이 세계 허공 중에 머물면서,35

② 여러 경전들을 독송하여 통달하고 사유하며 분별하고 바르게 억념하였다. 아일다여, 이 모든 선남자들은 대중 속에 있는 것과 말 많이 있는 것을 즐기지 않고, 항상 고요한 곳을 즐겨서 부지런히 정진 행하여 쉼이 없었고,36 또한 인·천

"我今 於此大衆 宣告汝等. 阿逸多, 是諸大菩薩摩訶薩 無量無數 阿僧祇 從地踊出 汝等 昔所未見者, 我於是 娑婆世界 得阿耨多羅三藐三菩提已 敎化示導 是諸菩薩 調伏其心 令發道意, 此諸菩薩 皆於是娑婆世界之下 此界虛空中住,

於諸經典 讀誦通利 思惟分別 正憶念.

阿逸多, 是諸善男子等 不樂在衆 多有所說, 常樂靜處 懃行精進 未曾休息, 亦不依止 人天而

---

35 '하방의 허공 중에 머문다'는 것은 《대지도론》에서 '유저산有底散삼매'를 밝혔으므로, 네 가지로 만들어 말해야 한다. '유'란 삼유三有이고, '저'란 비상비비상처이니, 깊고 뛰어나기 때문에 '저'라고 한다(=이것이 위 논서 제47권에서의 유저산삼매의 정의임. 같은 논서에서 '산'은 산결散滅의 뜻으로 설명하고 있음). 또는 '유'란 명상名相이고, '저'란 공이니, 공적하기 때문에 '저'라고 하였다. 또 '유'란 이변의 세속이고, '저'란 한계의 지혜[邊際智]가 만족하기 때문에 '저'라고 하였다. 지금 경전에서는 하방의 허공을 '저'라고 한 것이니, 상계도 아니고 하계도 아닌 중도를 나타내어 저라고 한 것이다.
36 ②는 해석이다. (먼저 여기까지는 스승을 해석하신 것이니) 스승은 제자들이 지덕·단덕을 갖추었음을 아시는 것이다. 처음은 지덕·단덕을 쌍으로

에 의지해 머물지 않고 항상 심오한 지 | 住 常樂深智 無有障礙,
혜 즐겨 장애 없었으며, 또한 항상 제불 | 亦常樂於 諸佛之法 一
의 법을 좋아하여 위없는 지혜를 일심으 | 心精進 求無上慧."
로 정진하여 구하였다."37

⑵ 이 때 세존께서는 이 뜻을 거듭 펴시 | 爾時 世尊 欲重宣此義
고자 게송으로 말씀하셨다.38 | 而說偈言.

① 아일다여, 그대들은 알아야 한다　　阿逸汝當知
　이 모든 대 보살들은　　　　　　　是諸大菩薩
　무수한 겁 이래　　　　　　　　　從無數劫來
　붓다의 지혜 수습하였으니　　　　修習佛智慧

② 모두 내가 교화하여　　　　　　　悉是我所化
　큰 도의 마음 일으키게 했으므로　令發大道心
　이들은 나의 아들이라　　　　　　此等是我子
　이 세계에 의지하여　　　　　　　依止是世界

　닦는 것이니, '경전을 분별함'은 지덕을 닦는 것이고, '바르게 억념함'은 단 덕을 닦는 것이다. 뒤는 지덕·단덕을 쌍으로 깨닫는 것이니, '대중 속에 있 는 것 즐기지 않음'은 단덕을 깨닫는 것이고, '부지런히 정진 행함'은 지덕 을 깨닫는 것이다.

37 다음은 처소를 해석하는 것이다. '인·천'은 이변이고, '머물지 않음'은 집착 하지 않는 것이다. '심오한 지혜로 장애 없음'은 불가사의한 지혜에 의지하 는 것이고, '불법을 좋아함'은 불가사의한 경계를 좋아하는 것이니, 경계와 지혜가 매우 미묘하므로 수행이 일천한[近行] 보살이 아닌 것이다.

38 8수반의 게송에 둘이 있다. 처음 5수반은 두 가지 물음에 답하신 것을 노 래했고, ⑥의 제3행 이하 3수는 쌍으로 해석한 것을 노래했다.

③ 항상 두타의 일 행하고 　　　　常行頭陀事
　　고요한 곳 뜻해 즐겨서 　　　　志樂於靜處
　　대중들의 시끄러움 버리고 　　捨大衆憒鬧
　　말 많은 것 좋아하지 않았다 　不樂多所說

④ 이러한 여러 아들들은 　　　　　如是諸子等
　　나의 도법 배워 익히고 　　　　學習我道法
　　밤낮으로 항상 정진해 　　　　　晝夜常精進
　　붓다의 도 구하기 위하여 　　　爲求佛道故

⑤ 사바세계 하방의 　　　　　　　在娑婆世界
　　허공 중에 머물고 있었으니 　　下方空中住
　　의지와 새김의 힘 견고하여 　　志念力堅固
　　항상 부지런히 지혜 구하고 　　常懃求智慧

⑥ 갖가지 오묘한 법 설함에 　　　說種種妙法
　　그들 마음 두려움 없었다 　　　其心無所畏
　　내가 가야성39의 　　　　　　　我於伽耶城
　　보리수 아래에 앉아 　　　　　　菩提樹下坐

⑦ 최정각 이루고 　　　　　　　　得成最正覺
　　위없는 법륜 굴리던 　　　　　　轉無上法輪
　　그 때에 이들 교화해 　　　　　爾乃敎化之

---
39 * 붓다께서 성도하신 붓다가야에 있는 성을 가리킨다.

| 처음 도의 마음 일으키게 했는데 | 令初發道心 |

⑧ 지금은 모두 불퇴지에 머무니 　今皆住不退
　모두 장차 성불할 것이다 　　　悉當得成佛
　내 지금 진실한 말 했으니 　　　我今說實語
　그대들은 일심으로 믿으라 　　　汝等一心信

⑨ 나는 구원의 시간 이래로 　　　我從久遠來
　이들 대중 교화했다는 것을 　　 教化是等衆

15.5.40

(1) 그 때 미륵보살마하살과 무수한 보살들은 마음에 의혹을 일으켜서 일찍이 없던 일이라고 괴이해하여 생각하기를, '어떻게 세존께서는 짧은 시간에 이렇게 한량없고 가이없는 아승기의 대 보살들을 교화하여 아뇩다라삼먁삼보리에 머물게 하셨을까'라고 하고는, 곧 붓다께 말하였다.41

"㈎42 ① 세존이시여, 여래께서는 태자

爾時　彌勒菩薩摩訶薩 及無數　諸菩薩等　心生疑惑　怪未曾有　而作是念, '云何世尊　於少時間 教化如是　無量無邊　阿僧祇　諸大菩薩　令住阿耨多羅三藐三菩提', 卽白佛言.

"世尊, 如來　爲太子時

---

40 이하 둘째 의혹으로 인하여 다시 청하는 것에는 장행과 게송이 있다.
41 장행은 둘이 되니, 첫째 여기까지는 의혹하는 것이고, 둘째 ㈎ 이하는 청하는 것이다. 또 후자에도 둘이 있다. 첫째 ㈎는 법이고, 둘째 ㈏ 이하는 비유이다.
42 이하 법설에는 셋이 있다. 첫째 ①은 성도하신 것은 가까운데 교화된 보살

였을 때 석가족의 궁궐을 나와 가야성에서 멀지 않은 도량에 앉아 아뇩다라삼먁삼보리를 이루셨는데, 이때부터 이제 40여 년이 지났습니다.

세존이시여, 어떻게 이 짧은 시간에 불사를 크게 지으셔서, 붓다의 세력과 붓다의 공덕으로 이렇게 한량없는 대 보살 대중들을 교화하시어 장차 아뇩다라삼먁삼보리를 이루도록 하셨습니까?

② 세존이시여, 이 대 보살 대중들은 가사 어떤 사람이 천만억 겁 동안 세더라도 다할 수 없어 그 끝을 얻을 수 없고, 이들은 구원의 시절부터 한량없고 가이없는 제불의 처소에서 여러 선근을 심어 보살도를 성취하고 항상 범행을 닦았을 것입니다. ③ 세존이시여, 이러한 일은 세상에서 믿기 어려운 것입니다.

(나)43 비유하면 ① 어떤 사람이 용모 아름답고 머리 검어 나이 스물다섯인데, ②

出於釋宮　去伽耶城不遠　坐於道場　得成阿耨多羅三藐三菩提,　從是已來　始過四十餘年.

世尊, 云何　於此少時大作佛事, 以佛勢力　以佛功德　教化如是　無量大菩薩衆　當成阿耨多羅三藐三菩提?

世尊, 此大菩薩衆　假使有人　於千萬億劫　數不能盡　不得其邊,

斯等久遠已來　於無量無邊諸佛所　殖諸善根成就菩薩道　常修梵行.

世尊, 如此之事　世所難信.

譬如有人　色美髮黑　年二十五,

들은 매우 많다고 해서, 가까운 것에 집착하여 먼 것을 의심하는 것, 둘째 ②는 교화된 보살들은 이미 많은데 수행의 위계도 깊고 미묘하다 해서, 먼 것에 집착하여 가까운 것을 의심하는 것, 셋째 ③은 맺어 청하는 것이다.
43 비유설에는 (나)의 전개와 (다) 이하의 합함이 있다. 전자에는 셋이 있다. ① 은 위의 성도가 가깝다는 뜻을 비유했고, ②는 위의 교화된 보살이 매우 많다는 뜻을 비유했으며, ③은 비유를 맺은 것이다.

백세 노인 가리키며 나의 아들이라고 하고, 그 백세 노인도 역시 젊은 이 가리키며 나의 아버지로 우리를 낳아 길렀다고 말한다면, ③ 이 일은 믿기 어려운 것과 같습니다.

㈐ 붓다께서도 또한 이와 같아 ① 도 얻으신지는 기실 오래지 않은데,44 ② 이 대중 보살들은 이미 한량없는 천만억 겁 동안 불도 위해 부지런히 정진 행하여 한량없는 백천만억의 삼매에 잘 들고 나며 머물러 큰 신통 얻었고, 오래 범행 닦고 능히 모든 선법 차례로 잘 익혀서 문답함에 교묘하여, 사람 중의 보배라 일체 세간에 매우 희유한 분들인데,45 ③ 오늘 세존께서 '불도 얻었을 때 처음 발심케 하고 교화하여 보이고 인도해 아뇩다라삼먁삼보리로 향하게 했다'라고 말씀하시니, 세존께서는 성불하시고 오래지 않아 이 큰 공덕사를 지으셨습니다.46

指百歲人 言是我子, 其百歲人 亦指年少 言是我父 生育我等, 是事難信.

佛亦如是 得道已來 其實未久, 而此大衆 諸菩薩等 已於無量 千萬億劫 爲佛道故 懃行精進 善入出住 無量百千萬億三昧 得大神通, 久修梵行 善能次第 習諸善法 巧於問答, 人中之寶 一切世間 甚爲希有, 今日 世尊方云 '得佛道時 初令發心 敎化示導 令向阿耨多羅三藐三菩提', 世尊 得佛未久 乃能作此 大功德事.

....
44 이는 (합하는 것의) 첫째 가깝다는 비유를 합한 것이다.
45 이는 둘째 멀다는 비유를 합한 것이다. 이 보살들을 관찰하니 오래 선근을 심었으므로, 단지 가야성에서 발심한 것만이 아니리라는 것이다.
46 이하는 답을 청하는 것이다. 이것에 또 셋이 있는데, 처음 ③은 붓다의 말씀을 드는 것, 다음 ④는 청하는 뜻을 밝히는 것, 뒤의 ⑤는 답을 청하는 것이다.

④ 저희들은 붓다께서 근기 따라 설하시는 것과 붓다께서 하시는 말씀에 허망함이란 없었고, 붓다께서는 아셔야 할 것을 모두 통달하셨음을 비록 믿지만,47 여러 신발의보살들이 붓다의 멸도 후 만약 이 말 듣는다면, 혹은 신수하지 못해 법 파괴하는 죄업의 인연 일으킬 것입니다.
⑤ 그러니 세존이시여, 해설하시어 저희들의 의심 없애 주시고, 그리고 미래세의 선남자들이 이 일 듣고서 또한 의심 내지 않도록 해 주시기 바랍니다."

我等 雖復信 佛隨宜所說 佛所出言 未曾虛妄,
佛所知者 皆悉通達,
然諸新發意菩薩 於佛滅後 若聞是語,
或不信受 而起破法 罪業因緣.
唯然世尊, 願爲解說 除我等疑, 及未來世 諸善男子 聞此事已 亦不生疑."

(2) 이 때 미륵보살은 이 뜻을 거듭 펴고자 게송으로 말하였다.48

爾時 彌勒菩薩 欲重宣此義 而說偈言.

① 붓다께서 과거 석가족에서49
  출가하셔 가야성에서 가까운
  보리수 아래에 앉으신
  이래로 오래되지 않으셨는데

佛昔從釋種
出家近伽耶
坐於菩提樹
爾來尙未久

---

47 청하는 뜻 밝히는 것에 둘이 있으니, 여기까지는 현재를 위해 청하는 것, 뒤의 그 아래는 미래를 위해 청하는 것이다.
48 게송에 14수가 있어 법설과 비유설을 노래했다. 처음 5수는 법설을 노래하고, 뒤의 9수는 비유설을 노래했다.
49 법설을 노래한 것 중 이하 1수는 첫째 가까운 것에 집착함을 노래했다.

② 이 모든 불자들은50　　　　　　　　此諸佛子等
　　그 수 헤아릴 수 없고　　　　　　其數不可量
　　오래 이미 불도 행하여　　　　　　久已行佛道
　　신통의 힘에 머물며　　　　　　　住於神通力

③ 보살의 도 잘 배워　　　　　　　　善學菩薩道
　　세간의 법에 물들지 않음은　　　　不染世間法
　　마치 연꽃이 물에 있듯하더니　　　如蓮華在水
　　땅에서 솟아 나와서　　　　　　　從地而踊出

④ 모두 공경하는 마음 일으켜　　　　皆起恭敬心
　　세존 앞에 머무는 바　　　　　　　住於世尊前
　　이 일은 사의하기 어려우니　　　　是事難思議
　　어떻게 믿을 수 있겠습니까51　　　云何而可信

⑤ 붓다의 도 얻으심은 매우 가까운데　佛得道甚近
　　성취하신 바는 매우 많으니　　　　所成就甚多
　　원컨대 대중들의 의심 없애도록　　願爲除衆疑
　　사실 대로 분별해 설해 주소서　　　如實分別說

⑥ 비유하면 나이 갓 스물다섯된52　　譬如少壯人

----

50 이하 2수3행은 둘째 먼 것 의심함을 노래했다.
51 이하 1수1행은 셋째 맺어 청하는 것을 노래했다.
52 둘째 비유설을 노래한 것 중 이하 2수는 비유의 전개를 노래했다.

젊은 사람이	年始二十五
백발에 얼굴 주름진	示人百歲子
백세 노인 보이며	髮白而面皺

7 이들은 내 소생이라 하고 ／ 是等我所生
　아들 역시 아버지라고 말하니 ／ 子亦說是父
　아비는 젊고 아들은 늙어 ／ 父少而子老
　온 세상 믿지 못함과 같습니다 ／ 擧世所不信

8 세존께서도 또한 이와 같아[53] ／ 世尊亦如是
　도 얻으신 것은 매우 가까운데 ／ 得道來甚近
　이 모든 보살들은 ／ 是諸菩薩等
　뜻 견고하고 겁약함 없으며 ／ 志固無怯弱

9 한량없는 겁 이래로 ／ 從無量劫來
　보살의 도 행하여 ／ 而行菩薩道
　어려운 문답에 교묘하고 ／ 巧於難問答
　그 마음은 두려움 없으며 ／ 其心無所畏

10 인욕하는 마음 결정되었고 ／ 忍辱心決定
　단정한데다 위덕도 있어 ／ 端正有威德
　시방 붓다들의 칭찬 받고 ／ 十方佛所讚

---

53 이하 7수의 비유 합함 노래한 것 중 처음 2행은 가까운 것 합한 것을 노래하고, 제3행 이하 11까지 3수반은 둘째 먼 것 합한 것을 노래했다.

능히 잘 분별해 설하며	善能分別說

⑪ 사람들 속에 있기 즐기지 않고 　　　　不樂在人衆
　　 항상 선정에 있기 좋아하며 　　　　　 常好在禪定
　　 불도 구하기 위해 　　　　　　　　　　 爲求佛道故
　　 하방의 허공 중에 머무는데 　　　　　　於下空中住

⑫ 저희들은 붓다로부터 들었으니54 　　　 我等從佛聞
　　 이 일에 의심 없지만 　　　　　　　　　 於此事無疑
　　 원컨대 미래 위해 붓다께서 　　　　　　願佛爲未來
　　 연설하시어 이해 열게 하소서 　　　　　演說令開解

⑬ 만약 누군가 이 경전에 대해 　　　　　　若有於此經
　　 의심 내어 믿지 못한다면 　　　　　　　生疑不信者
　　 곧 악도에 떨어지리니 　　　　　　　　 卽當墮惡道
　　 지금 그들 위해 해설해 주소서 　　　　　願今爲解說

⑭ 이 한량없는 보살들을 　　　　　　　　　是無量菩薩
　　 어떻게 짧은 시간에 　　　　　　　　　　云何於少時
　　 교화하여 발심케 하고 　　　　　　　　　敎化令發心
　　 불퇴지에 머물게 하셨습니까 　　　　　　而住不退地

---

54 이하 3수는 셋째 답 청함 합하는 것을 노래했다.

제16 여래수량품1 　　　　　如來壽量品 第十六

1 '여래'란 시방삼세의 제불, 이불(=『문구』의 뒤에서 진신·응신을 설명하고 있음), 삼불(=『문구』의 뒤에서 법신·보신·응신을 설명하고 있음. 그러면서 법신여래는 '비로자나毘盧遮那'라 이름하고, 보신여래는 '느사나盧舍那'라고 이름하며, 응신여래는 '석가모니'라고 이름한다고 하고 있음), 본불, 적불의 공통된 명호이고, '수량'이란 (수명을) 헤아리는 것[詮量]이니, 시방삼세의 이불, 삼불, 본불, 적불의 공덕을 헤아리는 것이다. 이제 본지 삼불의 공덕을 바로 헤아리기 때문에 여래수량품이라고 말하였다.

　다음 '수량'을 밝히면, '수壽'는 '수受'의 뜻이니, 진여는 제법과 떨어지지 않으므로 '수受'라고 이름하고(=법신), 또 경계와 지혜가 상응하므로 '수'라고 이름하며(=보신), 또 일기一期의 과보로 얻은 것이 백년 동안 끊어지지 않으므로 '수'라고 이름한다(=응신). '량量'이란 헤아리는 것[詮量]인데, '량'자는 공통으로 쓰이고 확고하게 따로 의거하는 것은 없어서, 법신여래가 진여의 이치[如理]를 목숨[命]으로 삼고, 보신여래가 지혜를 목숨으로 삼으며, 응신여래가 인연을 같이 하는 이치[同緣理]를 목숨으로 삼는 것을 헤아리는 것이다.

　법신여래의 여러의 목숨은 붓다가 있건 붓다가 없건 성품과 모습이 항상 그러하므로 유량도 없고 무량도 없다. 보신여래를 헤아린다면, 여여의 지혜로 여여의 경계에 계합하니, 경계가 지혜 일으킴이 보報가 되고 지혜가 경계와 명합함이 수受가 되는데, 경계가 이미 무량 무변하여 상주 불멸이므로 지혜도 역시 그러하다. 응신을 헤아린다면 응신은 연을 같이 하여, 연이 길면 같이 길고, 연이 짧으면 같이 짧다. 법신은 유량도 아니고 무량도 아니며, 보신은 금강 이전이라면 유량이겠지만, 금강 후를 취하므로 무량이며, 응신은 연을 따름은 곧 유량이지만, 응현의 작용이 끊어지지 아니함은 곧 무량이다. … 일신이 곧 삼신이므로 하나이지도 않고 다르지도 않아서, 하나의 불신이 곧 여러 불신의 수명의 공덕을 갖추었다고 알아야 한다.

　이 수량품의 헤아림은 삼신을 공통으로 밝힌 것이지만, 만약 개별적인 뜻을 따른다면 바로 보신에 있다. 왜냐 하면 뜻도 마땅하고 (아래 경전에서의) 글과도 일치하기 때문이다. 뜻도 마땅하다는 것은, 보신의 지혜는 위(=법신)와도 명합하고 아래(=응신)에도 계합하므로 삼신을 완전히 구족하기 때문이다.

　또 다음 이러한 삼신의 갖가지 공덕은 모두가 본시本時 도량의 보리수 아래에서 예전의 구원에 성취하였으니, 이를 본지라고 이름하고, 중간이나 금일에 적멸도량에서 성취한 것은 이를 수적이라고 이름한다. 본지 아니면 수적할 수 없고, 수적이 아니면 본지를 드러낼 수 없으니, 본지와 수적이

16.1[2]

(1) 그 때 붓다께서는 여러 보살들 및 일체의 대중들에게 말씀하셨다.

"선남자들이여, 그대들은 여래의 진실한 말을 믿고 이해해야 한다."

다시 대중들에게 말씀하셨다.

"그대들은 여래의 진실한 말을 믿고 이해해야 한다."

또 다시 대중들에게 말씀하셨다.

"그대들은 여래의 진실한 말을 믿고 이해해야 한다."

(2) 이 때 보살대중들은 미륵이 우두머리가 되어 합장하고 붓다께 말하였다.

"세존이시여, 설해 주시기만 바랍니다. 저희들은 붓다의 말씀 신수할 것입니다."

이렇게 세 번 말씀드리고 나서 다시 말하였다.

"설해 주시기만 바랍니다. 저희들은 붓

爾時 佛告 諸菩薩及 一切大衆.

"諸善男子, 汝等當信解 如來誠諦之語."

復告 大衆.

"汝等當信解 如來誠諦之語."

又復告 諸大衆.

"汝等當信解 如來誠諦之語."

是時 菩薩大衆 彌勒爲首 合掌白佛言.

"世尊, 唯願說之. 我等當 信受佛語."

如是三白已 復言.

"唯願說之. 我等當 信

비록 다르기는 해도 불가사의한 하나이다.

2 (이하 둘째) 자세히 개근현원開近顯遠하는 글은 둘이 된다. 먼저 16.1에서 경계하여 믿게 하시고, 다음 16.2 이하에서 바로 답하셨다. 이 글에 세 번의 경계하심과 세 번의 청함, 거듭 청함과 거듭 경계하심(=16.2 (1)의 ㈎ 첫머리에서 "그대들은 … 잘 들으라"고 하신 것)이 있는데, 적문에서의 세 번의 청함와 한 번의 경계하심을 합하면 다섯 번의 경계와 일곱 번의 청함이 있는 셈이다. 기특한 큰 일이므로 은근하고 정중한 것이다.

다의 말씀 신수할 것입니다." 受佛語."

16.2³

⑴⁴ 그 때 세존께서는 보살들이 세 번 청하고도 그치지 않음 아시고 그들에게 말씀하셨다.

"㈎ ① 그대들은 여래의 비밀한 신통의 힘을 잘 들으라. 일체 세간의 천·인 및 아수라들은 모두 '지금의 석가모니붓다께서는 석가족의 궁궐 나와 가야성에서 멀지 않은 도량에 앉아 아뇩다라삼먁삼보리를 얻으셨다'라고 말하지만,⁵

爾時 世尊 知諸菩薩 三請不止 而告之言.

"汝等諦聽 如來祕密 神通之力. 一切世間 天人 及阿修羅 皆謂 '今釋迦牟尼佛 出釋氏宮 去伽耶城不遠 坐於道場 得阿耨多羅三藐三菩提',

---

3 이하 둘째 바로 답하시는 것에는 장행과 게송이 있고, 장행은 16.2의 법설과 16.3의 비유설의 둘이 된다. 법설에는 둘이 있으니, 먼저 ⑵의 ㈐까지는 삼세에 익물益物하신 것이고, 뒤의 ⑵의 ㈑는 총결하여 거짓 아니라는 것이다. 가까운 정[近情]에 오직 현재의 팔십 수명을 볼 뿐, 과거의 끝없음과 미래의 불멸은 알지 못하기 때문에 삼세에 입각해 개근현원하시고, 이와 같이 이익함은 홀로 나만 그런 것이 아니라, 제불도 또한 그러하시니, 그래서 총결하여 거짓 아니라고 하신 것이다. 법설 중에는 미래에 관한 말이 적지만, 비유설과 게송 중에는 글이 많다.
4 (삼세의 익물에는 둘이 있으니, ⑴은 과거의 익물이고, ⑵의 ㈎ 내지 ㈐는 현재의 익물이다. 먼저) 과거의 익물에는 글에 둘이 있다. 첫째 ⑴의 ①은 가까운 것에 집착하는 생각을 내는 것, 둘째 ② 이하는 가까운 것을 깨트리고 먼 것을 드러내시는 것[破近顯遠]이다.
5 가까운 것에 집착하는 생각을 내는 것에는 셋이 있다. 첫째는 미혹하는 대상의 법을 내는 것, 둘째는 미혹하는 대중을 내는 것, 셋째는 먼 것에 미혹하는 말을 내는 것이다. '비밀'이라 함은, 일신이 곧 삼신인 것을 '비'라고 이름하고, 삼신이 곧 일신임을 곧 '밀'이라 이름한다, 또 예전에 말하지 않은 것임을 '비'라고 이름하고, 오직 붓다께서만 스스로 아시는 것을 '밀'이

②6 그러나 선남자들이여, 나는 실제로 성불한 이래 한량없고 가이없는 백천만억 나유타 겁이 지났다.

㈏7 비유하면 오백천만억 나유타 아승기의 삼천대천세계를, 가사 어떤 사람이 갈아서 미진으로 만들어 동방으로 오백천만억 나유타 아승기의 나라를 지나서 한 티끌 떨어트리고, 이렇게 동방으로 가서 이 미진을 다하는 것과 같으니, 선남자들이여, 그대들 생각에는 어떤가? 이 모든 세계들을 사유하고 헤아려서 그 수를 알 수 있겠는가?"

㈐ 미륵보살 등이 함께 붓다께 말하였다.

"세존이시여, 이 모든 세계들은 한량없

然善男子, 我實 成佛已來 無量無邊 百千萬億 那由他劫.
譬如 五百千萬億 那由他阿僧祇 三千大千世界, 假使有人 末爲微塵 過於東方 五百千萬億 那由他 阿僧祇國 乃下一塵, 如是東行 盡是微塵, 諸善男子, 於意云何? 是諸世界 可得思惟校計 知其數不?"
彌勒菩薩等 俱白佛言.

"世尊, 是諸世界 無量

라고 이름한다. '신통의 힘'이란 삼신의 작용이다. 붓다는 삼세에 있어 동일하게 삼신이 있지만, 여러 가르침 중에서 이름 감추고 전하지 않았기 때문에, 일체 세간의 천·인·아수라들은 지금 붓다께서 비로소 보리수에서 이 삼신을 얻으셨다고 말하니, 그러므로 가까운 것을 집착해 구원을 의심하는 것이다.

6 이하 둘째 집착을 깨트리고 미혹을 제거하여 구원의 본지 드러냄을 밝히는 글에는 둘이 있다. 첫째는 구원을 드러내시는 것, 둘째 ㈐는 과거 익물의 마땅했음을 밝히시는 것이다. 전자에도 둘이 있으니, 첫째 ②는 법설로 구원을 드러내시는 것, 둘째 ㈏ 이하는 비유를 들어 법과 비교하여 설하시는 것이다.

7 비유설에는 셋이 있다. 첫째 ㈏는 비유를 들어 물으시는 것, 둘째 ㈐는 답하는 것, 셋째 ㈑는 합하여 장원長遠함을 드러내시는 것이다.

고 가이없어서 산수로도 알 수 없고 또한 마음의 힘으로도 미칠 수 없으니, 일체 성문과 벽지불의 무루지로써도 사유해 그 한계를 알 수 없고, 불퇴전지에 머무는 저희들도 이 일에 대해 역시 통달할 수 없습니다. 세존이시여, 이렇게 모든 세계들은 한량없고 가이없습니다."

㈑ 이 때 붓다께서는 대 보살 대중들에게 말씀하셨다.

"선남자들이여, 이제 그대들에게 분명히 말하겠다. 티끌이 닿고 닿지 않은 이 모든 세계들을 모두 티끌로 만들어, 하나의 티끌이 한 겁이라고 해도, 내가 성불한 이래 이들보다도 더 많은 백천만억 나유타 아승기 겁이 지났다.

㈒8 ① 이로부터 나는 항상 이 사바세계에 있으면서 설법하고 교화하였고, 또한 다른 곳 백천만억 나유타 아승기의 국토에서도 중생 인도해 이롭게 하였다.9

無邊 非算數所知 亦非心力所及 一切聲聞辟支佛 以無漏智 不能思惟 知其限數, 我等 住阿惟越致地 於是事中 亦所不達. 世尊, 如是諸世界 無量無邊."
爾時 佛告 大菩薩衆.

"諸善男子, 今當分明宣語汝等. 是諸世界 若著微塵 及不著者 盡以爲塵, 一塵一劫, 我成佛已來 復過於此 百千萬億 那由他 阿僧祇劫. 自從是來 我常在此 娑婆世界 說法敎化, 亦於餘處 百千萬億 那由他 阿僧祇國 導利衆生.

....
8 (둘째 과거) 익물의 마땅했음을 밝히는 글에는 셋이 있다. ①은 익물하신 곳, ②는 자취 위의 의혹을 없애시는 것[拂迹上疑], ③ 이하는 익물의 마땅했음을 바로 밝히시는 것이다.
9 장소 드러냄을 필요로 하는 것은, 위에서 인용한 비유에서 매우 오래 되셨다고 하였는데, '오랫동안 어디에서 머무셨는가'라고 하기 때문이다. 항상 이 국토 및 다른 국토에서 불사 짓고 있었다고 말씀하신 것이다.

② 선남자들이여, 이 중간에 나는 연등불 등을 말하고, 또 다시 그 열반에 듦도 말하였는데, 이런 것들은 모두 방편으로 분별한 것이었다.10

③ 선남자들이여, 만약 어떤 중생이 내 처소에 오면, 나는 불안으로 그의 믿음 등 여러 기능의 이·둔을 관찰하여 제도해야 할 바를 따라,11 ④ 곳곳에서 스스로 말한 이름 같지 않았고, 수명[年紀]도 크고 작았으며, 또한 다시 열반 들리라고 드러내어 말했고,12 또 갖가지 방편으로

諸善男子, 於是中間 我說燃燈佛等, 又復言其入於涅槃, 如是皆以 方便分別.

諸善男子, 若有衆生 來至我所, 我以佛眼 觀其信等 諸根利鈍 隨所應度, 處處自說 名字不同, 年紀大小,

亦復現言 當入涅槃, 又以種種方便　說微妙

---

10 인행도 의심하고 과보도 의심하는 것이니, 과거 가르침에서 설하신 곳곳의 수행은 인행(에 대한 의심)이고, 그리고 곳곳에서 수기 받으신 것은 곧 과보에 대한 의심인데, 지금 이 의심들을 없애주시는 것이다. 연등불을 가리키신 것은 곧 인행에 대한 의심을 없애주시는 것이고(연등불은 그 때 인연이 성숙하였으므로 붓다의 형상으로써 교화하신 것이고, 나의 인연은 아직 성숙하지 않아 단지 보살로서 연등불로부터 수기를 받은 것일 뿐이다), 또 다시 그 열반에 드신다 함을 말씀하신 것은 곧 과보에 대한 의심을 없애주시는 것이다. 이와 같은 인·과는 다시 하나 둘이 아니지만, 모두가 나의 방편이었을 뿐, 진실을 말한 것이 아니라는 것이다.
11 셋째 익물의 마땅했음을 바로 밝히시는 것에 둘이 있으니, 먼저 ③은 감응하는 것이고, ④는 교화 베푸시는 것이다. '내 처소에 온다'는 것은 곧 과거에 점·돈 두 근기의 중생이 암암리에 법신을 두드리는 것이다. '믿음 등 여러 기능'이라 함은 믿음 등의 5근이니, 그 중 혜근은 요인이고, 나머지 4근은 연인이다.
12 응화의 마땅했음을 바로 밝히시는 것에 둘이 있으니, 먼저 여기까지는 형상과 소리로써 이익하는 것이고, 뒤의 그 아래는 이익 얻고 기뻐한 것이다. 전자에도 둘이 있으니, 먼저 생이 아니면서 생 나투심을 밝히고, 다음에는 멸이 아니면서 멸 나투심을 밝혔다.
　'스스로 말한 이름 같지 않았다'는 것은, 형체가 이미 나타나면 곧 이름이

미묘한 법 설해 중생으로 하여금 환희심 일으키게 하였다.

法 能令衆生 發歡喜心.

(2)13 ㈎ ① 선남자들이여, 여래는 여러 중생들이 작은 법 즐기고 덕은 박하며 때는 무거운 것을 보고,14 ② 이 사람들 위해 '나는 젊어서 출가하여 아뇩다라삼먁삼보리를 얻었다'고 말했지만,15 그러

諸善男子, 如來 見諸衆生 樂於小法 德薄垢重者, 爲是人說 '我少出家 得阿耨多羅三藐三菩提', 然我實 成佛已來

> 있고, 이름으로 인해 형체를 부르는데, 근기에 우열이 있으므로 형체에도 뛰어나고 못함이 있고, 형체가 다르기 때문에 이름도 같지 않았다는 것이다. '수명이 크고 작았다'는 것은 수명의 장단을 밝힌 것이니, 위에서 나투신 응신을 따른 것이다. 이들은 모두 제도해야 할 바를 따른 것이니, 그것을 위해 나투신 몸과 수명에 장·단이 있었을 뿐이라는 것이다. 또 '열반 들리라고 드러내어 말했다'는 것은, 멸도로써 제도될 수 있는 자에 대해서는 곧 멸도를 나투셨다는 것이니, 그로 하여금 연모하게 하여 해탈 얻게 하신 것이다. 이 뜻은 아래의 비유설 중에서 나타난다.
> 13 이하는 둘째 현재의 사자분신의 익물이다. 글에 둘이 있으니, 첫째 ①은 기감機感(=근기의 감응)이고, 둘째 ② 이하는 응화應化(=응현하여 교화하심)이다.
> 14 소위 이십오유(=욕계 14, 색계 7, 무색계 4의 존재의 세계를 합한 것. 욕계의 14는 4악취+4대주大洲+6욕천이고, 색계의 7은 4선천+대범천+무상천+정거천임)를 탐애하는 것은 인·천의 근기이고, 열반을 탐하고 자신의 해탈 즐겨 구하는 것은 곧 이승의 근기이며, 점차를 즐겨 불도로 우회하는 것은 곧 삼교(=삼장교·통교·별교)의 보살이니, 이들이 내 처소에 오는 것을 '작은 법 즐긴다'고 한다. '덕은 박하다'는 것은 연인·요인의 두 가지 선의 공용이 미열한 것이고, '때는 무겁다'는 것은 견·사혹이 아직 제거되지 못한 것이다.
> 15 둘째 현재의 응화에는 둘이 있다. 첫째는 생이 아니면서 생을 나투시는 것, 둘째 ㈐ 이하는 멸이 아니면서 멸을 나투시는 것이다. 전자에 둘이 있다. 첫째 ②는 생을 나투시는 것이고, 둘째 ㈏는 이익이다. 전자에 또 둘이 있으니, 여기까지는 생을 나투시는 것이고, 뒤의 그 아래는 생이 아닌 것이다. 생을 나투신다는 것은 수적하여 생을 나타내시는 것이고, 생이 아니라

나 나는 실제로 성불한 이래 구원함이 이와 같은데도, 단지 방편으로 중생 교화하여 불도에 들게 하기 위해 이런 말 하였을 뿐이다.16

久遠若斯, 但以方便 敎化衆生 令入佛道 作如是說.

(나)17 ① 선남자들이여, 여래가 말한 경전은 모두 중생 도탈케 하기 위한 것이라, 혹은 자기 몸 말하고 혹은 남의 몸 말하며, 혹은 자기 몸 보이고 혹은 남의 몸 보이며, 혹은 자기 일 보이고 혹은 남의 일 보이지만,18 ② 모든 말은 모두 진실이고 허망하지 않다.19

諸善男子, 如來所演經典 皆爲度脫衆生, 或說己身 或說他身, 或示己身 或示他身, 或示己事 或示他事, 諸所言說 皆實不虛.

는 것은 처음으로 생을 보이는 것이 아니라는 것[非始示生]이다.
16 이는 본래 실제로 태어나지 않았음을 밝힌 것이다. 나는 오래 전에 이미 이 생신·법신의 이신을 얻었으므로, 오늘의 생은 실제로 생이 아니라는 것이다.
17 이하 둘째 생을 나투시어 형체와 소리로 이익하심을 밝히는 것에 둘이 있다. 먼저 ①은 형체와 소리를 밝히는 것이고, 뒤의 ②는 헛되지 않음을 밝히는 것이다.
18 설하시는 것은 곧 소리의 가르침이고, 보이시는 것은 곧 형체의 바로잡음[形規]이지만, 형체와 음성은 자·타를 벗어나지 않는다. 만약 법신을 설하신다면 자기 몸을 말하는 것이고, 만약 응신을 설하신다면 남의 몸을 말하는 것(=세존의 본질이 아니라는 취지)이다. 만약 연등불을 만났다고 말하셨다면 자기 몸을 말한 것이고, 연등불이 내 스승이라 말씀하셨다면 남의 몸을 말한 것이다. 정보正報를 보이신 것은 자기 일을 보인 것이고, 의보依報를 시현하신 것은 남의 일을 보인 것이다. 남의 마음을 따라 하시는 말씀[隨他意語]은 남의 몸을 말한 것이고, 자신의 뜻을 따라 하시는 말씀[隨自意語]은 자기의 몸을 말한 것이다. 자·타의 일 보이는 것 역시 이에 준한다.
19 둘째 헛되지 않음 밝히는 것에도 둘이 있으니, 여기까지는 헛되지 않음 밝히는 것이고, 뒤의 그 아래는 헛되지 않음을 해석하는 것이다. 전자에서는 치우쳐 소리의 이익에만 근거하였지만, 후자에서는 쌍으로 해석하였다.

어째서이겠는가?20 ㉠ 여래는 삼계의 모습은 물러나건 나오건 나고 죽음이 없고, 또한 세상에 머물고 멸도하는 것도 없으며, 진실도 아니고 거짓도 아니며, 같지도 않고 다르지도 않음을 여실하게 알고 보므로, 삼계에서 삼계를 보는 것과 같지 않고, 이러한 일을 여래는 분명히 보아 오류가 없지만,21 ㉡ 중생들에게 갖

所以者何? 如來 如實知見 三界之相 無有生死 若退若出, 亦無在世 及滅度者, 非實非虛, 非如非異, 不如三界 見於三界, 如斯之事 如來明見 無有錯謬, 以諸衆生 有種

---

20 이하는 둘째 익물의 헛되지 않음을 전체적으로 해석하는 것이다. 여기에서 6구(=다음 각주의 ㉠~㉥)로 응신이 법신을 떠나지 않음을 드러내었다. 법신은 형체도 없고 기멸起滅도 없지만, 중생에게 기멸의 근기 있어 법신을 감응하므로, 여래께서 서원의 힘으로 기멸에 응해 동조하시는 것이니, 기멸하는 견해는 중생으로부터 나오는 것이다. 이 글에 둘이 있으니, 첫째 ㉠은 진리 비춤[照理]이 헛되지 않다는 것이고, 둘째 ㉡은 근기에 부합하므로[稱機] 헛되지 않다는 것이다.

21 ㉮ '여실하게 알고 본다'는 곧 진실의 지혜이니, 이치 그대로 삼계의 진실을 비추는 것이다. ㉯ '나고 죽음이 없다'는 것은 두 가지 죽음(=분단·변역)의 괴로움이 없다는 것이다. 고의 집집을 일으키는 것을 '물러난다'고 부르고, 무상의 과보[無常果]가 나타나는 것을 '나온다'고 부른다. ㉰ 또한 생사하는 세간에 있음도, 열반의 멸에 들어감도 없어서, 이 두 가지가 모두 멸하기 때문에 '또한 세상에 머물고 멸도하는 것도 없다'고 하였다. ㉱ 멸도가 진실인 것도 아니고, 생사가 거짓인 것도 아니기 때문에 '진실도 아니고 거짓도 아니다'라고 하였다. ㉲ 세간의 격이隔異도 아니고 출세간의 진여眞如도 아니기 때문에 '같지도 않고 다르지도 않다'고 하였다. 이 네 가지는 중도를 밝힌 것이다. ㉳ '삼계에서 삼계를 보는 것과 같지 않다'는 것은 두 가지로(=㉯ 내지 ㉲의 이변) 삼계의 중생이 보는 삼계의 모습과는 같지 않다는 것이다. 오직 붓다 한 분만이 여실하게 삼계의 진실을 궁극까지 비추시어, 안으로 실지實智의 작용 갖추셨다. … 여래께서는 여량如量의 권지權智로 삼계의 모습을 지견하심은 곧 삼계의 중생이 보는 것과 같다. … 여래께서는 이지二智로 이제二諦(=진제·속제)를 분명히 살피시는 까닭에 형·언形言 두 가지로 이익함이 모두 진실이고 헛되지 않은 것이다.

가지 성품, 갖가지 욕구, 갖가지 행, 갖가지 억상의 분별이 있는 까닭에22 여러 선근 일으키게 하고자, 여러 가지 인연과 비유와 언사로 갖가지로 설법해서, 지어야 할 불사를 잠시도 폐하지 않았기 때문이다.23

㈐24 ① 이렇게 나는 성불한 지 심대한 구원久遠이고, 수명은 한량없는 아승기 겁으로, 상주常住하고 불멸不滅한다.25

② 선남자들이여, 내가 본래 보살도를 행하여 성취한 수명은 지금도 아직 다하

種性 種種欲 種種行 種種憶想分別故　欲令生諸善根, 以若干因緣 譬喩言辭 種種說法, 所作佛事 未曾暫廢.

如是 我成佛已來 甚大久遠, 壽命 無量 阿僧祇劫, 常住不滅.

諸善男子,　我本行菩薩道 所成壽命 今猶未盡

---

22 둘째 근기에 부합하므로 헛되지 않다고 한 글에 둘이 있다. 먼저 여기까지는 근기에 감응함을 밝히고, 뒤의 그 아래는 교화 베푸심을 논했다. '행'이란 삼업의 행을 일으켜 지어, 좋아함과 욕구를 따라 여러 행을 닦는 것이다. '억상'이란 지혜이니, 곧 상사해相似解이다. 수행으로 말미암아 이해를 얻을 수 있지만, 이는 방편일 뿐 아직 이치에 부합하지 않는 것이다.
23 이는 둘째 근기를 바로 상대하여 자·타의 소리로 이익하는 것이다. '지어야 할 불사를 잠시도 폐하지 않았다'는 것은 헛되지 않음을 총결한 것이다. 위와 같은 여러 가지 자·타의 형체와 소리는 모두 중생으로 하여금 붓다의 지견에 들게 하기 위한 것이지, 인·천이나 이승의 작은 일 위한 것이 아니었기 때문에 '지어야 할 불사'라고 한 것이다.
24 이하 둘째 멸이 아니면서 멸을 나투시는 것에 둘이 있다. 첫째 ㈐는 멸이 아니면서 멸 나투시는 것을 밝히는 것이고, 둘째 ㈑는 멸 나투는 이익 밝히는 것이다. 전자에 다시 둘이 있다. 처음 본래는 실제로 멸하지 않음을 밝히고, 뒤의 ③은 수적 중에서 멸도 선언하시는 것을 밝혔다. 전자에 또 둘이 있으니, ①은 과위의 항상함을 밝혔고, ②는 인을 들어 과를 비김으로써 상주함을 밝혔다.
25 상주하기 때문에 불멸이니, 이 네 글자(='상주불멸')에 의지해 미래의 대세력·위엄·용맹으로 상주하면서 익물함을 밝혔다.

지 않아 위의 수명의 다시 배나 된다.26

③ 그러니 지금 실제로 멸도하지 않는데도 곧 멸도 취하리라고 말하지만,27

㈑28 ① 여래는 이런 방편으로 중생을 교화하는 것이다. 어째서인가 하면 만약 붓다가 오래 세상에 머문다고 한다면, 박덕한 사람은 선근 심지 않아 빈궁 하천해지고, 오욕에 탐착하여 억상 망견의 그물에 들 것이니,29 ② 만약 여래가 항상 있고 멸하지 않음을 본다면, 곧 교만 방자함 일으키고 싫증과 태만 품어, 만나기 어렵다는 생각과 공경하는 마음을 낼 수

復倍上數.

然今 非實滅度 而便唱言 當取滅度,

如來 以是方便 敎化衆生. 所以者何 若佛 久住於世, 薄德之人 不種善根 貧窮下賤,

貪著五欲 入於憶想 妄見網中, 若見如來 常在不滅, 便起憍恣 而懷厭怠, 不能生 難遭之想 恭敬之心.

....

26 이는 인을 들어 과를 비긴 것일 뿐, 과는 수數가 아닌 것이다. 붓다께서는 원인圓因을 닦아 초주初住에 오르실 때에 이미 항상한 수명[常壽]을 얻으셨으니, 항상한 수명은 다할 수가 없으므로 이미 위의 수의 배가 된다고 하신 것인데, 하물며 과위의 수명이겠는가.

27 이는 수적 중에서 멸도 선언하시는 것이다. 삼신에 모두 멸도 아니면서 멸도 선언하는 뜻이 있다. 다만 중생을 위해, 만약 항상 붓다를 뵙는다면 교만과 방자함 낼 것이기 때문에 '내 오늘 밤에 멸도를 취하리라'고 선언하시는 것이다.

28 이하 둘째 멸도 나투어 익물하심에 둘이 있다. 처음은 멸도 않으시면 중생에게 손실이 있다는 것, 뒤의 ③ 이하는 만약 멸도 선언한다면 중생에게 이익 있다는 것이다. 전자에 또 둘이 있다. ①은 멸도 않으시면 중생에게 손실이 있다는 것, ②는 멸도 않으실 경우를 자세히 해석하는 것이다.

29 '손실이 있다'는 것은, 앞의 작은 법 즐기는 것 같은 사람은 붓다께서 항상 계시는 것을 보면, 선근을 심지 않아 빈궁 하천하여 이선二善(=사정근의 대상 중 이생선已生善과 미생선未生善)을 일으키지 못할 것이므로 이익이 없고, 견·사혹을 끊지 않아 이악二惡(=이생악과 미생악)을 끊지 못할 것이니, 곧 손실이 있는 것이다. '억상 망견'은 견혹이고, '오욕'은 사혹이다.

③ 그래서 여래는 방편으로, '비구들이여, 제불의 출세는 만나기 어려움을 알아야 한다.'라고 말하는 것이다.31

④ 어째서인가 하면 박덕한 사람들은 한량없는 백천만억의 겁이 지나도록 붓다 보는 자도 있고 보지 못하는 자도 있기 때문이니, 이런 일 때문에 내가 '비구들이여, 여래는 보기 어렵다'라고 말하면, 이 중생들은 이런 말 듣고 필시 만나기 어렵다는 생각 내어, 마음에 연모 품고 붓다 보기 갈망하여 선근을 심을 것이므로, 그래서 여래는 실제로 멸도하지 않지만 멸도를 말하는 것이다.32

是故如來 以方便說, '比丘, 當知 諸佛出世 難可値遇'.
所以者何 諸薄德人 過無量 百千萬億劫 或有見佛 或不見者,
以此事故 我作是言, '諸比丘, 如來 難可得見', 斯衆生等 聞如是語 必當生於 難遭之想, 心懷戀慕 渴仰於佛 便種善根, 是故如來 雖不實滅 而言滅度.

---

30 만약 붓다께서 항상 계심을 본다면 곧 교만하고 방자한 마음 등을 일으키므로 손실이 있고, 공경을 일으킬 수 없으므로 이익이 없다는 것이다. 교만 방자함은 견혹을 증장시키고, 싫증과 태만은 사혹을 일으키며, 만나기 어렵다는 생각을 내지 않으므로 견도의 앎을 낼 수 없고, 공경하지 않으므로 수도를 일으킬 수 없는 것이다.
31 이하 멸도 선언에 이익 있음을 밝힌 글에 둘이 있다. ③은 붓다 만나기 어려움을 탄식하시는 것, ④는 만나기 어려움을 해석하시는 것이다.
32 만약 삼불三佛을 뵙는다면 그 사람은 선이 많고 악이 적으므로, 그 사람을 위해서는 멸도를 선언하지 않는다. 이 사람은 붓다께서 항상 영축산에 계신 것을 뵐 수 있다. 혹 붓다를 보지 못한다면 그 사람은 장애가 무겁고 선이 가벼우므로, 삼신은 만나기 어렵다고 말한다. 중생은 이를 듣고 이렇게 생각한다. '삼불이 비록 태어나시는 것도 아니고 멸도하시는 것도 아니라 해도, 반드시 선을 일으키고 번뇌 멸해야 마침내 깨닫고 볼 수 있는데, 이 일은 쉽지 않다'라고. 그래서 만나기 어렵다고 말하는 것이다.

(마)[33] 또 선남자들이여, 제불 여래의 법은 모두 이와 같이 중생 제도하기 위한 것으로, 모두 진실이고 헛되지 않다.

又善男子, 諸佛如來法皆如是 爲度衆生, 皆實不虛.

16.3[34]

(1) ① 비유하면 양의가 지혜 총명하고 의약에 숙련되어 온갖 병 잘 치료하는 것과 같다. 그 사람에게 자식들이 많아 열이나 스물 내지 백 명에 이르는데, 사연이 있어 멀리 다른 나라에 갔다.[35]

譬如 良醫 智慧聰達 明練方藥 善治衆病. 其人 多諸子息 若十二十 乃至百數, 以有事緣遠至餘國.

---

33 이는 (법설의) 두 번째 큰 단락, 삼세의 중생 교화에서 중생이 진실한 이익 얻음을 맺는 것이다.

34 이하 둘째 비유설[=이것이 법화칠유 중의 제7 의자유醫子喩(=양의의 아들의 비유)임]에는 (1) 비유의 전개[開譬]와 (2) 비유와 합하는 것[合譬]의 둘이 있다. 비유의 전개에 둘이 있으니, 첫째 양의치자비良醫治子譬(=양의가 자식 치료하는 비유)는 위의 삼세의 응화가 마땅했음을 비유하고, 둘째 치자실익비治子實益譬(=(1)의 ⑫의, 자식 치료하여 진실로 이익이었다는 비유)는 위의 삼세의 익물이 헛되지 않음을 비유했다. 위(의 장행)에서는 미래에 대한 글이 적었지만, 여기에서는 갖추어져 있다. 전자에는 셋이 있다. 첫째 (1)의 ① 양의가 멀리 간 비유는 과거의 익물을 비유하고, 둘째 ② 내지 ⑩에서 돌아왔다가 다시 간 비유는 현재의 응화를 비유하며, 셋째 ⑪에서 이어 다시 돌아오는 비유는 미래의 응화를 비유한다.

35 '양의'가 있다는 것은 위에서 '내가 불안으로 관찰'한다는 것(=16.2의 (1) (마)③)을 비유하니, 응화의 주체[能應]인 지혜가 있다는 것이고, '자식들이 많다'는 것은 위에서 '어떤 중생이 내 처소에 온다'(=위와 같은 곳)고 한 것을 비유하니, 감응의 주체[能感]인 근기이다. (법설에서는) 과거의 글에, 첫째 가까운 것을 열어 구원을 드러냄, 둘째는 과거의 응화의 마땅했음을 밝히는 둘이 있었지만, 지금은 다만 응화의 마땅했음만을 비유했다. 또 마땅했음에 셋이 있어, 첫째 처소, 둘째 자취의 의혹을 없애시는 것, 셋째 응화(의 마땅함) 바로 밝히시는 것이었지만, 지금은 다만 셋째만을 비유했다. 또 응화에 둘이 있어, 근기의 감응과 바로 응화의 마땅함 밝히시는 것이었

② 자식들이 그 후 남의 독약을 마시고 약 기운에 어지러워 땅에 뒹구는데,36 ③37 이 때 그 아버지 집으로 돌아왔다. 독 마셔 혹은 실성하고 혹은 실성하지 않은 자식들이 멀리서 그 아버지 보고 모두 크게 기뻐하여 절하고 꿇어앉아 문

諸子於後 飮他毒藥 藥發悶亂 宛轉于地, 是時其父 還來歸家. 諸子飮毒 或失本心 或不失者 遙見其父 皆大歡喜 拜跪問訊,

....

는데, 여기에서도 갖추어 비유했다. 그리고 위의 응화의 마땅함에 중생 이익함과 기뻐함 밝히시는 것의 둘이 있었지만, 지금은 다만 전자만을 비유했다. 그리고 위 중생 이익함에 생이 아니면서 생을 나투심과 멸이 아니면서 멸을 나투심의 둘이 있었지만, 지금은 다만 멸 나투심만을 비유했으니, '사연이 있어 멀리 다른 나라에 갔다'는 것은 과거의 응화 중에 멸도 나투신 것을 비유한 것이다.

36 이하 돌아왔다가 다시 간 것은 둘째 현세의 익물을 비유한다. 이 글에 둘이 있다. 첫째 ②는 위에서 근기 감응하여 서로 관련되어 '여러 중생들이 덕은 박하며 때는 무거운 것을 본다'고 한 것을 비유(했고, ③ 이하는 둘째 응화하시는 것을 비유)했다. 중생들이 붓다 멸도 후 삼계의 그릇된 스승의 법에 즐겨 집착하니, 그래서 '남의 독약을 마신다'고 하였고, 여러 다른 나라 유행하면서 여러 윤회세계 전전하고 삼계에 떨어져 있음을 '땅에 뒹군다'고 하였다.

37 이하는 둘째 (응화하시는 것 중의 첫째) 생이 아니면서 생을 나투시는 것을 비유했다. (장행에서는 이 글에) 형체와 소리(로 이익하시는 것) 및 이익함이 헛되지 않은 것의 둘이 있었는데, 이 ③은 형체로 이익하심을 비유하였다. 그릇된 스승의 법 신수하는 것을 '독을 마신다'고 하였다. '실성했다'는 것은 대·소 근기의 감응이 일어나지 않는 것이고, '실성하지 않았다'는 것은 대·소 근기의 감응이 일어나는 것이다. 또 '실성했다'는 것은 삼계에 탐착하여 먼저 심었던 삼승의 선근을 잃었다는 것이고, '실성하지 않았다'는 것은 비록 오욕에 집착하더라도 삼승의 선근을 잃지는 않았다는 것이다. 선이 강하고 악이 가벼우면 붓다 뵙자 곧 능히 도 닦아 번뇌 끊으니, 마치 자식이 아버지 보고 약 구해 병 낫는 것과 같다. '멀리서 보고'라고 한 것은, 붓다께서 세간에 나오실 때 중생들도 역시 색신을 뵙지만, 견·사의 장애로 오분五分(=오분법신)과 격리되어 법신을 직접 받들지는 못하기 때문에 '멀리서'라고 한 것이다.

안드리기를, '잘 다녀오셨습니까. 저희들 어리석어 독약 잘못 먹었으니, 치료하여 다시 살게 해 주십시오.'라고 하였다.

④38 아버지는 자식들의 괴로움 이와 같음을 보고, 모든 방문에 의하여 색·향·맛 모두가 갖추어진 좋은 약초 구해 찧고 걸러 화합해서, 자식들에게 주어 먹게 하면서 ⑤ 말하기를, '이 매우 좋은 약은 색·향·맛 모두가 갖추어진 것이니, 너희들은 먹어서39 속히 괴로움 없애고 다시는 온갖 병 없게 하라.'고 하였다.

⑥40 그 자식들 중 실성하지 않은 자는 색·향 모두 좋은 이 양약을 보고 곧 복용하여 병 다 나았지만, ⑦41 나머지 실성

'善安隱歸. 我等愚癡 誤服毒藥, 願見救療 更賜壽命.'

父見子等 苦惱如是, 依諸經方 求好藥草 色香美味 皆悉具足 擣篩和合, 與子令服 而作是言, '此大良藥 色香美味 皆悉具足, 汝等可服 速除苦惱 無復衆患..'

其諸子中 不失心者 見此良藥 色香俱好 卽便服之 病盡除愈, 餘失心

---

38 다음 ④와 ⑤는 소리로 이익하심을 비유했는데, 글에 둘이 있다. ④는 붓다께서 청을 받아들여 법륜 굴리신 것을 비유하고, ⑤는 경계하여 권하신 것을 비유했다. '방문'이란 곧 십이부교이고, '약초'란 곧 가르침으로 표현된 팔만의 법문이다. ('색·향·맛'에서) '색'은 계율을 비유하니, 계율은 신·구를 방호하므로 모습이 밝게 드러나는 것이다. '향'은 선정을 비유하니, 공덕이 일체에 배이는 것이다. '맛'은 지혜를 비유하니, 능히 이치의 맛을 얻은 것이다. 또 색은 반야, 향은 해탈, 맛은 법신이라고도 할 수 있다. 삼승으로 말하면 공삼매의 힘은 찧는 것과 같고, 무상은 걸러는 것과 같으며, 무작은 화합하는 것과 같다.
39 (경계하여 권하신 것 중) 여기까지는 권하는 것, 그 아래는 경계하는 것이니, 계·권의 두 가르침으로 중생으로 하여금 법약을 먹게 하시는 것이다.
40 ⑥은 위에서 이익 얻음이 헛되지 않다고 한 것을 비유했다.
41 이하는 위의 (둘째 응현하여 교화하시는 것 중의 둘째) 멸이 아니면서 멸을 나투시는 것을 비유했다. 위의 글에 (멸이 아니면서 멸을 나투시는 것과

한 자는 그 아버지 온 것 보고, 역시 기뻐해 문안드리고 병의 치료 청하였지만, 그 약 주어도 복용하려 하지 아니하였다. 어째서인가 하면 독 기운이 깊이 들어와 본심 잃었으므로 이 좋은 색·향의 약을 좋지 못하다고 여겼기 때문이다.

아버지는 생각하기를, '이 자식들은 가엾구나. 독에 중독되어 마음 모두 전도되어, 비록 나를 보고 기뻐하고 치료 청하면서도, 이 좋은 약 먹으려 하지 않는구나. ⑧42 내 이제 방편 시설해 이 약 복

者 見其父來, 雖亦 歡喜問訊 求索治病, 然與其藥 而不肯服. 所以者何 毒氣深入 失本心故 於此 好色香藥 而謂不美.

父作是念, '此子可愍. 爲毒所中 心皆顚倒, 雖見我喜 求索救療, 如是好藥 而不肯服. 我今 當設方便 令服此

그 이익 밝히는 것의) 둘이 있었는데, (아래의 비유에서) 첫째 오래지 않아 죽을 것이라고 말한 것은 전자를 비유하고, 둘째 자식들이 정신 차리는 것은 후자를 비유한 것이다. 전자의 글에 둘이 있어서, 첫째는 본래 실제로는 멸하지 않으심이었고, 둘째는 멸도 아니면서 멸도 선언하심이었는데, 지금 비유에서는 전자는 비유하지 않고 멸도의 연유만을 밝혔다. 바로 중생이 박덕하여 붓다 보면서도 수행하지 않기 때문이라고 한 것은, 곧 약을 복용치 않으려고 하는 것이다.

42 여기에서 바로 죽을 것을 선언하는 것은, 멸도 아니면서 멸도 선언하시고, 바로 멸도 나투시는 것을 비유한 것이니, 교화의 시기가 장차 끝나려는 것이다. '죽을 때 이르렀다'는 것은 열반에 드시리라는 것이고, 경전의 가르침을 남기시기 때문에 '이 좋은 약 지금 여기 둔다'고 하였다. '다시 타국으로 갔다'는 것은 이 세상에서 멸도 나투시고 타방에서 생 나투시는 것이니, 위의 글(=제13 권지품 13.2 (1)의 끝)에서 "타방에 계시더라도 멀리서 보시고 수호해 주시기 바랄 뿐입니다."라고 한 것이 곧 그 뜻이다. '사자 보낸다'는 것은, 혹은 《열반경》에서 큰 음성으로 널리 이르신 것을 사자라고 하기도 하고, 혹은 신통을 쓰기도 하고, 혹은 사리를 쓰기도 하며, 혹은 경전의 가르침을 사자로 쓰기도 한다. 지금은 지상의 보살을 써서 중생들에게, '붓다 이미 멸도하시고 이 법만을 남겨 주셨다. 내 지금 널리 펼테니, 그대들은 받아 수행하라'라고 말하는 것이라고 할 것이다.

용케 하리라.'라 하고는 곧 이렇게 말하였다. '너희들은 내 지금 노쇠하여 죽을 때 이르렀음을 알아야 한다. 이 좋은 약을 지금 여기 둘테니, 먹어라. 낫지 않을까 걱정치 말라.' 이렇게 가르치고 나서 다시 타국으로 가서 사자 보내, '너희들 아버지는 죽었다'고 이르게 하였다.

⑨43 이 때 자식들은 아버지의 사망 소식을 듣고 마음 크게 괴로워하며 생각하기를, '만약 아버지 계신다면 우리 가엾게 여기셔서 구호하실텐데, 이제 우리 떠나 멀리 타국에서 돌아가셨다.'라고 하고, ⑩ 외롭고 다시 의지할 데 없음 생각해 항상 슬픔 품다가, 이윽고 정신 차려 이 약이 색·맛·향 좋은 것 알고 곧 취해 복용해서 독의 병이 모두 나으니, ⑪44 그 아버지는 자식들 모두 나았다는 말 듣고, 곧 돌아와 모두 그를 보게 하였다.

⑫45 선남자들이여, 그대들 생각에는

藥.' 卽作是言.
'汝等當知 我今衰老 死時已至. 是好良藥 今留在此, 汝可取服. 勿憂不差.' 作是敎已 復至他國 遣使還告, '汝父已死'.
是時諸子 聞父背喪 心大憂惱 而作是念,
'若父在者 慈愍我等 能見救護, 今者捨我 遠喪他國',
自惟孤露 無復恃怙 常懷悲感, 心遂醒悟 乃知此藥 色味香美 卽取服之 毒病皆愈, 其父聞子悉已得差, 尋便來歸 咸使見之.
諸善男子,　　於意云何?

---

43 이하에서 자식들이 정신 차리는 것은 멸도 나투어 이익하시는 것을 비유했다. 이것에 둘이 있으니, ⑨는 멸도 나투어 이익하시는 것이고, ⑩은 미래의 근기의 감응이다.
44 이는 셋째 곧 미래의 중생 이익하시는 위력과 용맹의 힘이니, 자식들이 나았다는 말 듣는 것은 곧 근기의 감응이고, '모두 그를 보게 하였다'는 것은 곧 미래의 응화를 일으키시는 것이다.
45 이는 (법설의 두 번째 단락인) 헛되지 않음의 비유를 들어 삼세의 이익이

어떤가? 이 양의에게 허망한 죄 있다고 말할 수 있는 사람이 있겠는가?"

"그렇지 않습니다, 세존이시여."

頗有人能 說此良醫 虛妄罪不?"

"不也, 世尊."

(2) 붓다께서 말씀하셨다.46

"나 또한 이와 같아서 성불한 이래 한량없고 가이없는 백천만억 나유타 아승기 겁에, 중생 위해 방편의 힘으로 멸도하리라고 말하였지만, 역시 나에게 허망함의 허물 있다고 여법하게 말할 수 있는 자는 없는 것이다."

佛言.

"我亦如是 成佛已來 無量無邊 百千萬億 那由他 阿僧祇劫, 爲衆生故 以方便力 言當滅度, 亦無有能 如法說我 虛妄過者."

16.4 47

이 때 세존께서는 이 뜻을 거듭 펴시고자 게송으로 말씀하셨다.

爾時 世尊 欲重宣此義 而說偈言.

① 내가 붓다 된 이래48

自我得佛來

....

헛되지 않음을 밝힌 것이다.

46 이하는 둘째 비유 합하는 것을 밝히는 것이다. '성불한 이래 한량없는 겁'이라고 한 것은 과거세를 합한 것이고, '방편의 힘으로 멸도하리라고 말한다'는 것은 현재세를 합한 것이니, 글이 간략하여 미래세는 합하지 않았다. '역시 나에게 허망 있다고 말할 수 없다'고 한 것은 익물의 헛되지 않음을 합한 것이다.

47 게송에 25수반이 있어 위의 법과 비유를 노래했다. 처음 20수반은 법설을 노래하고, 다음의 5수는 비유설을 노래했다. 위의 법설에 둘이 있었는데, 지금 게송에도 둘이 있으니, 처음 19수반은 삼세의 익물을 노래하고, 뒤의 1수는 모두 진실이어서 헛되지 않음을 노래했다.

지난 겁의 수	所經諸劫數
한량없는 백천만	無量百千萬
억재億載의 아승기에	億載阿僧祇
② 항상 설법하여 교화해서	常說法敎化
수없는 억의 중생들을	無數億衆生
불도에 들게 하고	令入於佛道
그런 지 한량없는 겁인데	爾來無量劫
③ 중생 제도하기 위해	爲度衆生故
방편으로 열반 나투었지만	方便現涅槃
실제로 멸도하지 않고	而實不滅度
항상 여기 머물며 설법하였으니	常住此說法
④ 내 항상 여기 머물면서도	我常住於此
여러 신통의 힘으로	以諸神通力
전도된 중생은 비록 가까이서도	令顚倒衆生
보지 못하게 하였다	雖近而不見
⑤ 중생들 나의 멸도 보고49	衆見我滅度

---

48 (삼세의 익물 중) 처음 4수에서 과거의 익물을 노래한 것에는 셋이 있다. 처음 1수는 위에서 성도한 지 오래라 한 것을 노래하고, 다음 1수는 중간의 익물을 노래했으며, 뒤의 2수는 위의 주처를 노래했다. * 제4행의 '억재億載' 중 '재'는 (조·경 등을 초과하는) 수의 단위로 쓰인 것이다.

49 이하 5수는 둘째 현재의 익물을 노래했다. 위의 글에 둘이 있었던 것과 같

널리 사리에 공양하며	廣供養舍利
모두 다 연모 품고서	咸皆懷戀慕
갈망하는 마음을 내고	而生渴仰心

6 중생들 이미 믿고 조복되어 　　　衆生旣信伏
　　질직하고 마음 유연하며 　　　　質直意柔軟
　　일심으로 붓다 뵙고자 해 　　　　一心欲見佛
　　스스로 신명 아끼지 않으면 　　　不自惜身命

7 그 때 나와 대중 승가는 　　　　　時我及衆僧
　　함께 영취산에 나와서 　　　　　　俱出靈鷲山
　　내 그 때 중생들에게 말하니 　　　我時語衆生
　　항상 여기 있고 멸도하지 않았다 　常在此不滅

8 방편의 힘으로 멸도 있음 　　　　　以方便力故
　　나투었지만 멸도하지 않는다 라고 　現有滅不滅
　　다른 국토에 중생들로서 　　　　　餘國有衆生
　　공경하고 믿으며 좋아하는 자 있어 恭敬信樂者

9 나는 다시 그들 속에서 　　　　　　我復於彼中
　　그들 위해 위없는 법 설했는데 　　爲說無上法
　　그대들은 이를 듣지 못해서 　　　　汝等不聞此

....
이, 처음 2수반은 생이 아니면서 생 나투시는 것을 노래하고, 7의 제3행 이하 뒤의 2수반은 멸이 아니면서 멸 나투시는 것을 노래했다.

내가 멸도했다고 말했을 뿐이다	但謂我滅度

⑩ 나는 여러 중생들이50　　　　　　我見諸衆生
　　고뇌에 빠져 있는 것 보고　　　　沒在於苦惱
　　몸 나타내지 않고　　　　　　　　故不爲現身
　　그들이 갈망 일으키게 해서　　　　令其生渴仰

⑪ 그들 마음이 연모함으로 인해　　　因其心戀慕
　　마침내 나와서 법 설하니　　　　　乃出爲說法
　　신통의 힘 이러해서51　　　　　　神通力如是
　　아승기 겁 동안　　　　　　　　　於阿僧祇劫

⑫ 항상 영취산과　　　　　　　　　　常在靈鷲山
　　다른 여러 주처에 있었다　　　　　及餘諸住處
　　중생들이 겁이 다하여　　　　　　衆生見劫盡
　　큰 불로 태워지는 것 볼 때에도　　大火所燒時

⑬ 나의 이 땅은 안온하여　　　　　　我此土安隱
　　천·인들 항상 충만하고　　　　　天人常充滿

---

50 이하 10수반은 셋째 미래의 익물의 노래했다. 위에서는 단지 '상주불멸'의 네 글자에 의지하였을 뿐이지만, 지금의 게송에서는 자세하다. 글에 넷이 있다. 이하 1수반은 첫째 미래 근기의 감응을 밝혔다.
51 이하 ⑮의 제2행까지 4수는 둘째 위의 상주불멸을 노래한 것이다. '항상 영취산에 있었다'고 한 이것은 실보토를 이르는 것이다. 그리고 '다른 여러 주처'라고 한 것은 방편유여토를 이르는 것이니, 곧 위의 '타국'의 뜻이다.

동산과 여러 당각들은	園林諸堂閣
갖가지 보배로 장엄되며	種種寶莊嚴

⑭ 보배나무엔 꽃과 열매 많아 寶樹多花果
　중생들이 놀고 즐기며 　　　衆生所遊樂
　여러 천신들은 하늘의 북 치고 諸天擊天鼓
　항상 온갖 음악 연주하며 　　常作衆伎樂

⑮ 만다라화 비내려서 　　　　雨曼陀羅花
　붓다와 대중들에게 뿌리니 　散佛及大衆
　나의 정토는 훼손되지 않는데도[52] 我淨土不毀
　중생들은 다 타는 것 보고 　而衆見燒盡

⑯ 근심하고 두려워해 여러 고뇌가 憂怖諸苦惱
　이렇게 가득 충만한 것은 　　如是悉充滿
　이 모든 죄의 중생들이 　　　是諸罪衆生
　악업의 인연 때문에 　　　　以惡業因緣

⑰ 아승기 겁이 지나도 　　　　過阿僧祇劫
　삼보의 이름도 듣지 못한 탓이나 不聞三寶名
　공덕을 닦아[53] 　　　　　　諸有修功德
　온화하고 질직한 모든 사람들은 柔和質直者

....
52 이하 ⑰의 제2행까지 2수는 셋째 보지 못하는 인연을 밝혔다.
53 이하 ⑳의 제2행까지 3수는 넷째 보게 되는 인연을 밝혔다.

제16 여래수량품　483

18	곧 모두 나의 몸이	則皆見我身
	여기 있어 설법하는 것 보니	在此而說法
	혹 때로는 이 대중들 위해	或時爲此衆
	붓다 수명의 한량없음 말하고	說佛壽無量

19	오랜만에 붓다 뵙는 자에게는	久乃見佛者
	붓다 뵙기 어려움 설해 주니	爲說佛難値
	나의 지혜의 힘은 이와 같아	我智力如是
	지혜의 빛으로 비춤 한량없고	慧光照無量

20	수명도 수없는 겁이니	壽命無數劫
	오래 닦은 업으로 얻은 것이다	久修業所得
	그대들 지혜 있는 자는54	汝等有智者
	이것에 의심 내지 말고	勿於此生疑

21	응당 끊고 길이 다하게 하라	當斷令永盡
	붓다의 말은 진실하여 헛되지 않다	佛語實不虛
	마치 의사가 좋은 방편으로55	如醫善方便
	미친 아들 치료하기 위해	爲治狂子故

| 22 | 실제로 있으면서 죽었다고 말한다면 | 實在而言死 |

---

54 이하 1수는 법설의 둘째 이익함이 헛되지 않은 것을 노래했다.
55 이하 둘째 비유설을 노래한 것에 둘이 있다. 처음 1수는 비유 전개한 것을 노래했다.

허망하다고 말할 수 없듯이	無能說虛妄
나 역시 여러 괴로운 병자 구하는56	我亦爲世父
세상 사람들의 아비로서	救諸苦患者

23 전도된 범부 위하여57 　　　　爲凡夫顚倒
　　실제로 있으면서 멸도 말하니　　實在而言滅
　　항상 나를 봄으로써　　　　　　以常見我故
　　교만하고 방자한 마음 내어　　　而生憍恣心

24 방일하고 오욕에 탐착하여　　　　放逸著五欲
　　악도에 떨어지므로　　　　　　　墮於惡道中
　　내 항상 중생들이　　　　　　　　我常知衆生
　　도 행함과 도 행하지 않음 알고　行道不行道

25 제도해야 할 방편을 따라　　　　　隨所應可度
　　갖가지 법을 설하며　　　　　　　爲說種種法
　　매번 스스로 이런 뜻 생각한다58　每自作是意
　　무엇으로써 중생들로 하여금　　　以何令衆生

---

56 이하 4수는 비유 합한 것을 노래했다. 그 중에 셋이 있는데, 처음 2행은 과거의 익물 합한 것을 노래했다.
57 이하 2수반은 둘째 현재의 익물 합한 것을 노래했다.
58 이하 1수는 셋째 헛되지 않음 합한 것을 노래했다. 개삼현일하고 개근현원하여 중생들로 하여금 속히 불도에 들게 하려는 것이니, 이 일은 반드시 헛되지 않을 것이다.

26 위없는 지혜에 들게 하고　　　　　得入無上慧
　　속히 불신 성취하게 할 것인가　　　速成就佛身

제17 분별공덕품[1]   分別功德品 第十七

17.1[2]

⑴ 그 때 큰 법회는 붓다께서 수명의 겁 수 장원함이 이러하다고 말씀하시는 것을 듣고, 한량없고 가이없는 아승기 중생들이 큰 이익을 얻었다.

爾時 大會聞佛說 壽命 劫數 長遠如是, 無量無邊 阿僧祇衆生 得大饒益.

⑵ 이 때 세존께서는 미륵보살마하살에게 말씀하셨다.

"아일다여, 내가 이 여래 수명이 장원함을 설할 때 육백팔십만억 나유타 항하의 모래와 같은 중생들은 무생법인無生法忍을 얻었고,[3] 다시 천 배의 보살마하살

於時 世尊 告彌勒菩薩摩訶薩.

"阿逸多, 我說是 如來壽命 長遠時 六百八十萬億 那由他 恒河沙衆生 得無生法忍, 復有

---

1 붓다께서 수량을 설하셔서 이세(=과거·현재)의 제자들이 갖가지 이익을 얻었기 때문에 '공덕'이라고 말하고, 공덕의 얕고 깊음이 같지 않기 때문에 분별품이라고 말한 것이다. 이 글(=17.1의 ⑶까지)은 본문의 두 번째인 수기단이다.
2 글에는 셋이 있다. 첫째 ⑴은 경전 편집자의 총체적인 서술, 둘째 ⑵는 여래께서 분별하시는 것, 셋째 ⑶은 그 때 대중들의 공양이다.
3 분별한다는 것은, 붓다의 말씀은 원융하고 미묘해서 방편의 위계를 써서 경전을 해석할 것이 아니기 때문에, 위의 글에서 붓다의 지혜에 개시오입하는 것과 지금 본문本門에서 증도손생增道損生(=도 늘려 태어남을 줄임)하는 것 모두 원교의 위계에 입각해 해석한다. 아래의 '8세계(미진수 중생들)의 발심'은 육근 청정의 사람이니, 처음 십신의 지위에 든 것이다. 그래서 《인왕경》에서 "십선十善의 보살은 대심大心을 일으켜 삼계의 고륜의 바다[三界苦輪海]와 길이 이별한다"라고 말한 것은 곧 이 뜻이다. '무생법인을 얻었다'는 것은 십주十住의 지위에 든 것이니, 그래서 《화엄경》에서 "초발심주에서 하

들이 있어 문지다라니문聞持陀羅尼門을 얻었으며,4 다시 1세계의 미진의 수와 같은 보살마하살들이 있어 요설무애변재樂說無礙辯才를 얻었고,5 다시 1세계의 미진의 수와 같은 보살마하살들이 있어 백천만억의 무량 선다라니旋陀羅尼를 얻었으며, 다시 삼천대천세계의 미진의 수와 같은 보살마하살들이 있어 불퇴법륜不退法輪을 능히 굴렸고, 다시 이천 중천세계 국토의 미진의 수와 같은 보살마하살들이 있어 청정법륜淸淨法輪을 능히 굴렸으며,6 다시 소천세계 국토의 미진의 수와 같은 보살마하살들이 있어 여덟 생[八生]에 아뇩다라삼먁삼보리를 얻게 되었고, 다시 4사천하四天下의 미진의 수와 같은 보살마하살들이 있어 네 생[四生]에 아뇩다라삼먁삼보리를 얻게 되었으며, 다시 3사천하의 미진의 수와 같은 보살마하살들이 있어 세 생[三生]에 아뇩다라삼먁삼보리를

千倍 菩薩摩訶薩 得聞持陀羅尼門, 復有 一世界微塵數菩薩摩訶薩 得樂說無礙辯才, 復有 一世界微塵數菩薩摩訶薩 得百千萬億 無量旋陀羅尼, 復有 三千大千世界微塵數菩薩摩訶薩 能轉不退法輪, 復有 二千中國土 微塵數菩薩摩訶薩 能轉淸淨法輪, 復有 小千國土 微塵數菩薩摩訶薩 八生當得 阿耨多羅三藐三菩提, 復有 四四天下 微塵數菩薩摩訶薩 四生當得 阿耨多羅三藐三菩提, 復有 三四天下 微塵數菩薩摩訶薩 三生當得 阿耨多羅三藐三菩

나를 일으킴으로써 일체를 일으켜[一發一切發] 여래의 일신무량신一身無量身(=한 몸이면서 한량없는 몸)을 얻으니, 청정하고 미묘한 법신이 담연히 일체에 응한다"라고 한 것은 곧 이 뜻이다.
4 '문지다라니를 얻었다'는 것은 십행十行의 지위에 든 것이다.
5 '요설변재를 얻었다'는 것은 십회향의 지위에 든 것이다.
6 '무량 선다라니를 얻었다'는 것은 초지에 든 것이고, '불퇴를 얻었다'고 한 것은 제2지에 든 것이며, '청정을 얻었다'고 한 것은 제3지에 든 것이다.

얻게 되었고, 다시 2사천하의 미진의 수와 같은 보살마하살들이 있어 두 생[二生]에 아뇩다라삼먁삼보리를 얻게 되었으며, 다시 1사천하의 미진의 수와 같은 보살마하살들이 있어 한 생[一生]에 아뇩다라삼먁삼보리를 얻게 되었고,7 다시 8세계의 미진의 수와 같은 중생들이 있어 모두 아뇩다라삼먁삼보리에 대한 마음을 일으켰다."

(3) 붓다께서 이 여러 보살마하살들이 큰 법의 이익 얻은 것 말씀하셨을 때 허공에서 만다라꽃과 마하만다라꽃이 비내려서 한량없는 백천만억 온갖 보배나무 아래 사자좌 위의 모든 붓다들에게 뿌렸고, 아울러 칠보탑 안 사자좌 위의 석가모니 붓다 및 오래 전에 멸도하셨던 다보여래에게도 뿌렸으며, 또한 일체의 대 보살들 및 사부대중들에게도 뿌렸고, 또 가는 가루의 전단과 침수향 등도 비내렸으며, 허공에서 하늘북[天鼓]이 저절로 울어 오묘

提, 復有 二四天下 微塵數菩薩摩訶薩 二生當得阿耨多羅三藐三菩提, 復有 一四天下 微塵數菩薩摩訶薩 一生當得阿耨多羅三藐三菩提, 復有 八世界 微塵數衆生 皆發阿耨多羅三藐三菩提心."

佛說 是諸菩薩摩訶薩 得大法利時 於虛空中 雨曼陀羅華 摩訶曼陀羅華 以散無量 百千萬億 衆寶樹下 師子座上 諸佛, 幷散 七寶塔中 師子座上 釋迦牟尼佛 及久滅度 多寶如來, 亦散一切 諸大菩薩 及四部衆, 又雨 細末栴檀 沈水香等, 於虛空中 天

---

7 '여덟 생'은 제4지에 든 것이고, 일곱 생은 제5지에 드는 것, 여섯 생은 제6지에 드는 것, 다섯 생은 제7지에 드는 것이며, '네 생'은 제8지에 드는 것이고, '세 생'은 제9지에 드는 것이며, '두 생'은 제10지에 드는 것이고, '한 생'은 등각等覺의 금강심에 들었다는 것이다.

한 소리가 깊고 멀리 퍼졌고, 또 천 가지의 하늘옷이 비내려 진주영락과 마니주영락과 여의주영락의 여러 영락들 드리워 아홉 방위에 두루했으며, 온갖 보배로 된 향로에 무가의 향을 태우니 자연히 큰 법회에 두루 이르러 공양하였고, 각각의 붓다 위에는 보살들이 번기와 일산 들고 있으면서 차례로 올라 범천에까지 이르렀는데, 이 모든 보살들은 오묘한 음성으로 한량없는 게송 읊어 모든 붓다들을 찬탄하였다.8

鼓自鳴 妙聲深遠, 又雨千種天衣 垂諸瓔珞 眞珠瓔珞 摩尼珠瓔珞 如意珠瓔珞 遍於九方, 衆寶香爐 燒無價香 自然周至 供養大會, 一一佛上 有諸菩薩 執持幡蓋 次第而上 至于梵天, 是諸菩薩 以妙音聲 歌無量頌 讚歎諸佛.

⑷ 그 때 미륵보살은 자리에서 일어나 오른 어깨를 드러내고 붓다 향하여 합장하고서 게송으로 말하였다.9

爾時 彌勒菩薩 從座而起 偏袒右肩 合掌向佛而說偈言.

---

8 이는 셋째 그 때 대중들의 공양이다. 심원한 법을 듣고 큰 이익을 얻었으므로 불은에 보답코자 공양을 시설한 것인데, 또한 이 일에 의지하여 이해했음[領解]을 나타낸 것이기도 하다. 위의 적문에서도 보살들이 역시 깨달았지만, 큰 일이 아직 끝나지 않은 까닭에 진술하지 않았으나, 본문이 이미 끝나 미륵이 이해했음을 총체적으로 펼 것이므로, 보살들이 깃발과 일산을 들고 차례로 올라 범천에까지 이름을 밝힌 것이다. '번기'는 전환한다는 뜻이고, '일산'은 덮는다는 뜻이며, '땅'은 시작한다는 뜻이고, '범'은 청정하다는 뜻이다. 지덕과 단덕을 차례차례 전환하고 자비로 차례차례 덮어서, 높고 낮으며 깊고 얕음을 잃지 않고 차례로 범천까지 이르는 것이니, 보살들이 증도손생하여 묘각에 이웃하고 지극한 청정[極淨]까지 사무치는 것을 나타낸다.
9 게송에 19수가 있는데, 셋으로 나누어진다. 처음 2수는 그 때 대중들이 이해한 것을 노래했고, ③ 내지 ⑪의 다음 9수는 여래께서 분별하신 것을 노

① 붓다께서 설하신 희유한 법은　　佛說希有法
　　과거에 듣지 못했던 것　　　　　昔所未曾聞
　　세존께서는 큰 힘이 있고　　　　世尊有大力
　　수명도 헤아릴 수 없으니　　　　壽命不可量

② 무수한 여러 불자들은　　　　　　無數諸佛子
　　세존께서 법의 이익 얻은 자들　　聞世尊分別
　　분별하여 설하심 듣고　　　　　　說得法利者
　　기쁨이 온 몸에 충만합니다　　　　歡喜充遍身

③ 혹은 불퇴지에 머물렀고　　　　　或住不退地
　　혹은 다라니를 얻었으며　　　　　或得陀羅尼
　　혹은 걸림없는 요설변재 얻고　　　或無礙樂說
　　만억은 선다라니 얻었으며　　　　萬億旋總持

④ 혹은 대천세계의　　　　　　　　　或有大千界
　　미진수와 같은 보살 있어　　　　　微塵數菩薩
　　각각 모두 능히　　　　　　　　　各各皆能轉
　　불퇴의 법륜 굴렸고　　　　　　　不退之法輪

⑤ 다시 중천세계의　　　　　　　　　復有中千界
　　미진수와 같은 보살 있어　　　　　微塵數菩薩
　　각각 모두 능히　　　　　　　　　各各皆能轉

　　래했으며, 뒤의 8수는 그 때 대중들의 공양을 노래했다.

청정의 법륜 굴렸으며	淸淨之法輪

6 다시 소천세계의　　　　　　　　復有小千界
　　미진수와 같은 보살 있어　　　　微塵數菩薩
　　각각 남은 여덟 생 있다가　　　　餘各八生在
　　불도 이루게 되었고　　　　　　　當得成佛道

7 다시 넷, 셋, 둘의　　　　　　　　復有四三二
　　이와 같은 사천하의　　　　　　　如此四天下
　　미진수와 같은 보살들 있어　　　微塵諸菩薩
　　그 수만큼 태어나 붓다 이루며　　隨數生成佛

8 혹은 하나의 사천하　　　　　　　或一四天下
　　미진수와 같은 보살들은　　　　　微塵數菩薩
　　남아 있는 한 생 있다가　　　　　餘有一生在
　　일체지 이루게 되리니　　　　　　當成一切智

9 이러한 등의 중생들은　　　　　　如是等衆生
　　붓다 수명의 장원함 듣고　　　　聞佛壽長遠
　　한량없는 무루의　　　　　　　　得無量無漏
　　청정한 과보 얻었으며　　　　　　淸淨之果報

10 다시 여덟 세계의　　　　　　　　復有八世界
　　미진수와 같은 중생들 있어　　　微塵數衆生

붓다께서 수명 설하시는 것 듣고	聞佛說壽命
모두 위없는 마음 일으켰으니	皆發無上心

⑪ 세존께서는 한량없는　　　　　世尊說無量
　　불가사의한 법 설하셔　　　　不可思議法
　　요익하심 많이 있음은　　　　多有所饒益
　　허공의 가이없음과 같아서　　如虛空無邊

⑫ 하늘의 만다라꽃과　　　　　　雨天曼陀羅
　　마하만다라꽃 비내리고　　　　摩訶曼陀羅
　　항사와 같은 제석과 범천들은　釋梵如恒沙
　　무수한 불국토로부터 와서　　無數佛土來

⑬ 전단향과 침수향 비내려　　　　雨栴檀沈水
　　어지러이 떨어지는 것이　　　繽紛而亂墜
　　마치 새가 날다가 허공에서 내리듯　如鳥飛空下
　　제불들 위에 뿌려 공양했으며　供散於諸佛

⑭ 하늘북은 허공 중에서　　　　　天鼓虛空中
　　저절로 오묘한 소리 내었고　　自然出妙聲
　　하늘옷 천만 가지는　　　　　天衣千萬種
　　빙빙 돌아서 내려 왔으며　　　旋轉而來下

⑮ 온갖 보배로 된 묘한 향로는　　衆寶妙香爐

무가의 향을 태워서	燒無價之香
자연히 모두에 두루하여	自然悉周遍
모든 세존께 공양하였고	供養諸世尊

16 그 대 보살 대중들은 　　　　　其大菩薩衆
    높고 묘하기 만억 가지인 　　　執七寶幡蓋
    칠보로 된 번기와 일산을 들고 　高妙萬億種
    차례로 범천에 이르렀는데 　　　次第至梵天

17 한분 한분의 붓다들 앞에서 　　一一諸佛前
    보배 당기와 뛰어난 번기 걸고 　寶幢懸勝幡
    또한 천만의 게송으로 　　　　　亦以千萬偈
    모든 여래들 노래하니 　　　　　歌詠諸如來

18 이러한 갖가지 일들은 　　　　　如是種種事
    과거에는 있지 않았던 것 　　　　昔所未曾有
    붓다 수명의 무량함 듣고[10] 　　聞佛壽無量
    일체는 모두 기뻐합니다 　　　　一切皆歡喜

19 붓다의 명호 시방에 들려 　　　佛名聞十方
    널리 중생들 요익하니 　　　　　廣饒益衆生
    일체는 선근 갖추어서 　　　　　一切具善根

---

10 '붓다 수명의 무량함 듣고'라고 한 이 글에서 결정적으로 무량이라고 판정 하였으니, 어찌 예전의 유량이라고 한 해석을 쓸 수 있겠는가.

| 위없는 마음을 돕습니다 | 以助無上心 |

17.2¹¹

⑴ 그 때 붓다께서 미륵보살마하살에게 말씀하셨다.　　　爾時 佛告 彌勒菩薩摩訶薩.

....
11 게송 뒤의 11품반(이 유통분인데, 이것)을 나누면 둘이 된다. 첫째 여기에서부터 제20 상불경보살품까지는 홍경의 공덕이 깊음을 밝혀 유통을 권하는 것이고, 둘째 제21 신력품 이하 8개품은 부촉하여 유통하는 것이다. 그리고 이들에 각각 셋이 있다. ① 이 반품 및 제18 수희공덕품은 (뒤의 불멸후의 5품 중) 초품의 인의 공덕을 밝혀 유통을 권하는 것(=그 중 이 품은 초품을 제외한 4신과 4품의 공덕을 밝혀 유통 권하는 것이고, 뒤의 제18품이 초품의 인의 공덕을 밝혀 유통 권하는 것임), ② 제19 법사공덕품에서는 초품의 과의 공덕을 밝혀 유통으로 권하는 것, ③ 제20 상불경보살품은 믿고 헐뜯음의 복과 죄를 이끌어 증명해서 유통을 권하는 것이다. 후자의 셋은 ① 제21 여래신력품과 제22 촉루품은 부촉하여 유통하는 것, ② 제23 약왕보살본사품 이하 5개품은 이타의 관점에서 유통을 권하는 것, ③ 제28 보현보살권발품은 자리의 관점에서 유통을 권하는 것이다. * 여기에서 설명된 본문 유통분의 구조를 도표화해 보면 다음과 같이 된다.

홍경의 공덕이 깊음을 밝혀 유통을 권함	초품의 인의 공덕 밝혀 유통을 권함	제17~18품
	초품의 과의 공덕 밝혀 유통을 권함	제19품
	믿고 헐뜯음의 죄·복 밝혀 유통을 권함	제20품
부촉하여 유통함	부촉하여 유통함	제21~22품
	이타에 입각하여 유통을 권함	제23~27품
	자리에 입각하여 유통을 권함	제28품

　게송 뒤의 장행에는 둘이 있으니, 첫째 17.2는 현재의 사신四信(=네 가지 믿음)이고, 둘째 17.3은 멸후의 5품이다. '4신'이란 첫째는 일념신해一念信解(=한 순간 믿고 이해함)이니, 아직 능히 연설하지는 못하고, 둘째는 약해언취略解言趣(=말의 취지를 간략히 이해함)이며, 셋째는 광위타설廣爲他說(=남 위해 널리 연설함)이고, 넷째는 심신관성深信觀成(=깊이 믿어서 관행이 성취됨)이다. 처음의 일념신해에는 장행과 게송이 있고, 장행에는 셋이 있다. 첫째 ㈎는 그 사람을 들어 보이는 것, 둘째 ㈏는 공덕을 밝히는 것, 셋째 ㈐는 지위와 행이 퇴전하지 않는 것이다.

"㈎ 아일다여, 그 어떤 중생이 붓다 수명의 장원함이 이와 같다는 것을 듣고 나아가 한 순간이라도 신해 일으킨다면12 ㈏ 얻는 공덕은 한량이 없다. 만약 어떤 선남자 선여인이 아뇩다라삼먁삼보리를 위하여 팔십만억 나유타 겁 동안 단檀바라밀, 시라尸羅바라밀, 찬제羼提바라밀, 비리야毘梨耶바라밀, 선禪바라밀의 다섯 가지 바라밀을 행했다고 하더라도 반야바라밀을 제외한다면, 이 공덕은 앞의 공덕과 비교할 때 백분이나 천분 내지 백천만억분의 그 하나에도 미치지 못하고, 나아가 산수나 비유로도 알 수 없는 것이다.

㈐ 만약 선남자선여인이 이러한 공덕을 갖고도 아뇩다라삼먁삼보리에서 퇴전한다고 한다면, 있을 수 없는 일이다."13

"阿逸多, 其有衆生 聞佛壽命 長遠如是 乃至能生 一念信解 所得功德 無有限量. 若有善男子善女人 爲阿耨多羅三藐三菩提故 於八十萬億 那由他劫 行五波羅蜜 檀波羅蜜 尸羅波羅蜜 羼提波羅蜜 毘梨耶波羅蜜 禪波羅蜜 除般若波羅蜜, 以是功德比前功德 百分千分 百千萬億分 不及其一, 乃至 算數譬喩 所不能知. 若善男子善女人 有如是功德 於阿耨多羅三藐三菩提退者 無有是處."

---

12 이제 일념신해를 해석한다면, 들은 곳을 따라 활짝 밝음이 열려, 말을 따라 들어가되 걸림이 없어서 일체법이 모두 불법인 것을 믿는 것이다. 의혹 없음을 '신'이라고 하고, 밝게 아는 것을 '해'라고 하니, 이것이 일념신해의 마음이다. 이러한 신해를 철륜위鐵輪位(=천태교학에서는 보살의 지위를 여섯 가지 전륜왕으로 비유해서, 십신을 철륜왕, 십주를 동륜왕, 십행을 은륜왕, 십회향을 금륜왕, 십지를 유리윤왕, 등각을 마니윤왕에 배속함)라고 한다. 또 하나의 해석에 의하면 아직 철륜을 구족하지는 못한 것이라고 하니, 나아가 십신의 초심이므로 그 사람은 아직 육근의 청정을 얻지 못했기 때문에 철륜의 정위는 아니라고 한다.
13 별교에서는 육심(=십주 중의 제6주)까지는 여전히 퇴전하고 칠심이라야

(2) 이 때 세존께서는 이 뜻을 거듭 펴시고자 게송으로 말씀하셨다.14

爾時 世尊 欲重宣此義 而說偈言.

① 만약 사람이 붓다의 지혜 구해
　팔십만억
　나유타 겁의 수 동안
　다섯 가지 바라밀 행한다고 하자

若人求佛慧
於八十萬億
那由他劫數
行五波羅蜜

② 이 모든 겁 중에
　붓다 및 연각의 제자와
　아울러 여러 보살 대중에게
　보시하여 공양하되

於是諸劫中
布施供養佛
及緣覺弟子
幷諸菩薩衆

③ 진기한 음식과
　최상의 의복과 침구에
　전단으로 정사(精舍) 세우고
　원림을 장엄하는

珍異之飮食
上服與臥具
栴檀立精舍
以園林莊嚴

④ 이러한 등으로 보시하여

如是等布施

　퇴전하지 않지만, 원교에서는 초주의 마음에서도 곧 퇴전하지 않는다. 수량을 들은 공덕이 밖에서 돕고, 원융하게 따르는 신해가 안에서 훈습하는 까닭에 퇴전하지 않는 것이다.

14 19수반의 게송에는 셋이 있다. 처음 12수는 먼저 많고 적음 교량한 것을 노래했고, 다음 ⑬ 이하 2수는 사람의 모습을 노래했으며, ⑮ 이하 뒤의 5수반은 행과 지위의 퇴전하지 않음을 노래했다.

제17 분별공덕품　497

    갖가지 모두 미묘한 것을   種種皆微妙
    이 모든 겁의 수 다하도록   盡此諸劫數
    불도에 회향하고   以迴向佛道

5 만약 다시 금계禁戒 지니되   若復持禁戒
    청정하고 결함 없이   淸淨無缺漏
    위없는 도 구하여   求於無上道
    제불의 찬탄 받으며   諸佛之所歎

6 만약 다시 인욕 행하여   若復行忍辱
    부드럽게 조복된 경지에 머물러   住於調柔地
    설령 온갖 악이 가해진다 해도   設衆惡來加
    그 마음 움직이지 않고   其心不傾動

7 법 얻었다는 자들이   諸有得法者
    증상만을 품어   懷於增上慢
    이들에게 경멸 당한다고 해도   爲此所輕惱
    이런 것 역시 능히 참으며   如是亦能忍

8 만약 다시 부지런히 정진하고   若復懃精進
    의지 항상 견고하여   志念常堅固
    한량없는 억 겁 동안   於無量億劫
    한 마음으로 게을리 쉬지 않고   一心不懈息

⑨ 또 수없는 겁 동안 又於無數劫
　공한처에 머물며 住於空閑處
　앉거나 경행하면서 若坐若經行
　졸음 없애고 항상 마음 껴잡아 除睡常攝心

⑩ 이 인연으로 以是因緣故
　여러 선정 능히 일으켜 能生諸禪定
　팔십억만의 겁 동안 八十億萬劫
　안주하여 마음 산란치 않는 安住心不亂

⑪ 이 일심의 복덕 지녀 持此一心福
　위없는 도 구해서 願求無上道
　내가 일체지 얻고 我得一切智
　선정의 한계 다하기 원하여 盡諸禪定際

⑫ 이 사람이 백천 是人於百千
　만억 겁의 수 동안 萬億劫數中
　이 모든 공덕을 행한 것이 行此諸功德
　위에서 말한 것과 같다고 해도 如上之所說

⑬ 어떤 선남자 선여인 등이 有善男女等
　내가 설한 수명 듣고 聞我說壽命
　나아가 한 순간이라도 믿는다면 乃至一念信
　그 복이 저를 초과하니 其福過於彼

[14] 만약 사람이 일체의 若人悉無有
　　모든 의심과 후회 모두 없이 一切諸疑悔
　　깊은 마음으로 잠깐만 믿더라도 深心須臾信
　　그 복은 이와 같다 其福爲如此

[15] 그 어떤 보살들은 其有諸菩薩
　　한량없는 겁 동안 도 행해야 無量劫行道
　　내가 말하는 수명 듣고 聞我說壽命
　　곧 신수할 수 있으니 是則能信受

[16] 이러한 모든 사람들은 如是諸人等
　　이 경전 머리에 이어 받고 頂受此經典
　　원컨대 나도 미래에 願我於未來
　　장수하여 중생 제도하되 長壽度衆生

[17] 마치 금일의 세존께서 如今日世尊
　　석가족의 왕으로서 諸釋中之王
　　도량에서 사자후하시듯 道場師子吼
　　설법함에 두려움 없고 說法無所畏

[18] 우리들 미래세에 我等未來世
　　일체로부터 존경 받아 一切所尊敬
　　도량에 앉았을 때 수명 설함 坐於道場時
　　또한 이와 같기를 이라고 하리라 說壽亦如是

[19] 만약 깊은 마음 가진 자가 若有深心者
   청정하고 질직하며 淸淨而質直
   많이 듣고 능히 모두 지녀서 多聞能總持
   뜻 따라 붓다 말씀 이해한다면 隨義解佛語

[20] 이러한 모든 사람들은 如是諸人等
   이에 대해 의심 없으리라15 於此無有疑

(3) "① 또 아일다여, 만약 누군가가 붓다 수명의 장원함 듣고 그 말의 취지 이해한다면, 이 사람이 얻는 공덕은 한량 없어서 능히 여래의 위없는 지혜를 일으킬 텐데,16 ② 어찌 하물며 널리 이 경전 듣고 남 가르쳐 듣게 하거나, 스스로 수지하거나 남 가르쳐 수지하게 하거나, 스스로 쓰거나 남 가르쳐 쓰게 하거나, 꽃·향·영락, 당번과 비단일산, 향유의 등불

"又阿逸多,　若有聞佛壽命長遠 解其言趣, 是人 所得功德 無有限量 能起如來 無上之慧, 何況 廣聞是經 若敎人聞, 若自持 若敎人持, 若自書 若敎人書, 若以 華香瓔珞 幢幡繒蓋 香油酥燈 供養經卷.

---

15 '한량없는 겁 동안 도 행한다'는 것은 오래 여러 바라밀들을 닦는 것이고, '원컨대 나도 미래에'라고 한 것은 자비의 서원을 일으키는 것이다. 오랜 행과 서원에 의지해서 경전 들으면 신해하는 것이다. 그래서 지금의 초품(=4신 중의 일념신해)에서 처음 이 경전 듣고 일념이라도 신해하는 공덕이 오랜 수행과도 같고, 또한 이를 초과하게 되는 것이다.
16 이는 제2품(=4신 중의)이다. 앞에서는 단지 신해할 뿐이고, 아직 펴서 설하지는 못했다. 설하는 것은 이름의 수[名數]와 관계되므로 지방의 언어[方言]를 잘 알아야 하는데, 지금 품에서는 구족하기 때문에 남에게 해설한다고 말하는 것이다. 설하는 힘 때문에 자리·이타의 '위없는 지혜'를 능히 일으키는 것이다.

로써 경전책에 공양함이겠는가. 이 사람의 공덕은 한량없고 가이없어서 능히 일체종지를 일으킬 것이다.17

③ 아일다여, 만약 선남자 선여인이 내가 말한 수명의 장원함 듣고 깊은 마음으로 신해한다면, 곧 붓다가 항상 기사굴산에서 대 보살들과 함께 성문대중들에게 둘러싸여 설법하고 있는 것을 보게 될 것이고, 또 이 사바세계의 그 땅 유리로 되어 평탄하고 바르며 염부단금으로 여덟 갈래 길을 경계짓고 보배나무 늘어서며 누각들이 모두 보배로 이루어지고, 그 보살대중들 모두 그 안에 있음을 볼 것이니, 만약 능히 이렇게 관찰하는 자 있다면, 이는 깊이 신해하는 모습이라고 알아야 한다.18

是人功德 無量無邊 能生 一切種智.

阿逸多, 若善男子善女人 聞我說 壽命長遠 深心信解, 則爲見佛 常在耆闍崛山 共大菩薩 諸聲聞衆 圍繞說法,
又見此 娑婆世界 其地琉璃 坦然平正 閻浮檀金 以界八道 寶樹行列 諸臺樓觀 皆悉寶成, 其菩薩衆 咸處其中, 若有能 如是觀者,
當知是爲 深信解相.

---

17 이는 제3품이다. 널리 듣고 널리 이해하며 널리 남 위해 설하고 널리 공양함이니, 공양이 밖에서 도와, 안의 지혜로 하여금 속히 들게 하여, 일체종지를 일으킬 수 있는 것이다.
18 넷째 사람이 위의 3품을 갖춘데다가 관행 닦는 것을 더하니, 선정에 들어 지혜를 써서 지각[想]이 이루어져 상相이 일어나서, 능히 유여토와 실보토의 모습을 보게 되는 것이다. 붓다께서 비구승가와 함께 항상 기사굴산에 계시는 것을 본다는 것은 방편유여토의 모습이고, 또 사바세계에서 순전히 보살들만을 본다는 것은 실보토의 모습이다. 처음의 2품은 문혜의 단계이고, 널리 듣고 널리 설함은 사혜의 단계이며, 관행의 지각이 이루어지는 것[觀行想成]은 수혜의 단계이니, 얕은 것에서 깊은 것으로 육근 청정의 십신의 지위이다.

17.3[19]

(1)[20] 또 다시 여래 멸도 후 만약 이 경전 듣고서 헐뜯지 않고 수희하는 마음 일으킨다면, 이미 깊이 믿고 이해하는 모습이라고 알아야 할 것인데,

又復 如來滅後 若聞是經 而不毁呰 起隨喜心, 當知已爲 深信解相,

(2) ① 어찌 하물며 독송하고 수지하는 자이겠는가.[21] ② 이 사람은 곧 여래를 머리 위에 인 것[頂戴]이 된다.

何況讀誦 受持之者. 斯人則爲 頂戴如來.

아일다여, 이 선남자 선여인은 나를 위해 다시 탑사 세우고 승원 지으며 사사四事로써 승가에 공양할 필요가 없다. 어째서이겠는가? 이 경전을 수지 독송하는 이 선남자 선여인은 이미 탑 세우고 승원 건립하며 승가에 공양한 것이 되고,

阿逸多, 是善男子善女人 不須爲我 復起塔寺 及作僧坊 以四事供養 衆僧. 所以者何? 是善男子善女人 受持讀誦 是經典者 爲已起塔 造

---

19 이하는 (여래 멸후의) 5품을 밝혔다. 글은 둘이 되니, 먼저 5품을 열거하여 4품(=5품 중 초품 제외)의 공덕을 교량하고, 뒤의 수희공덕품에서 초품의 공덕을 교량한다. (문) 무엇 때문에 그렇게 했는가? (답) 4품은 대략 교량하고, 초품은 자세히 교량하기 때문이다. 자세히 교량하고 나서 뛰어난 것을 견주어 나타내면 뜻을 얻을 수 있으므로, 붓다께서 글을 번거롭게 하지 않으면서 교묘하게 설하심이 이와 같다.
　'5품'이란 첫째 (1)은 바로 수희하는 마음을 일으키는 것, 둘째 (2)는 더하여 스스로 수지 독송하는 것, 셋째 (3)은 더하여 남에게 수지 독송을 권하는 것, 넷째 (4)는 더하여 육바라밀을 겸하여 행[兼行]하는 것, 다섯째 (5)는 더하여 육바라밀을 바르게 행[正行]하는 것이다.
20 초품은 사람만 표방하였을 뿐, 교량하는 것은 뒤(의 제18품)에서 설한다.
21 (2)는 제2품이다. ①은 사람을 표방하는 것이고, ②는 교량하는 것이다.

곧 붓다의 사리로써 칠보탑을 세우되, 높이와 넓이 점점 작아져 범천에까지 이르고, 여러 번기와 일산 및 온갖 보배방울을 매달며, 꽃·향·영락으로 장식하고, 말향·도향·소향 사르며, 온갖 북·음악, 퉁소·피리·공후, 갖가지 춤·유희를 오묘한 음성으로 노래하고 찬송하는 것이 되어, 곧 한량없는 천만억 겁 동안 이런 공양을 이미 한 것이 되기 때문이다.22

(3)23 ① 아일다여, 만약 나의 멸도 후 이 경전을 듣고 누군가가 수지하여 스스로 쓰거나 남 가르쳐 쓰게 한다면, ② 곧 승원을 건립하되, 붉은 전단으로 높이 8다라수의 높고 넓게 장엄된 서른두 채의 전당을 지어 백천의 비구들이 그 안에 머물게 하고, 원림과 욕지, 경행처와 선굴, 의복·음식·침구·탕약의 일체 필수품[樂具]들이 그 안에 충만한, 이러한 승원과 당각들이 여러 백천만억으로 그 수

立僧坊 供養衆僧, 則爲以佛舍利 起七寶塔, 高廣漸小 至于梵天, 懸諸幡蓋 及衆寶鈴, 華香瓔珞, 末香塗香燒香, 衆鼓伎樂 簫笛箜篌 種種舞戱 以妙音聲 歌唄讚頌, 則爲於無量 千萬億劫 作是供養已.

阿逸多, 若我滅後 聞是經典 有能受持 若自書 若敎人書, 則爲 起立僧坊, 以赤栴檀 作諸殿堂 三十有二 高八多羅樹 高廣嚴好 百千比丘 於其中止, 園林浴池 經行禪窟 衣服飮食 床褥湯藥 一切樂具 充滿其中, 如是僧坊堂閣 若干百

....
22 초심初心은 연緣으로 어지러이 동요되어 정업 닦는 것 방해받는 것을 두려워하므로, 바로 이 경전을 오로지 수지하는 것이 곧 위의 공양이 된다는 것이다.
23 제3품은 다시 남을 능히 가르치는 자이다. * '다라수'는 종려과에 속하는 나무인 'tāla'를 옮긴 것인데, 인도에서는 성장한 이 나무의 높이(=15m 가량)를 높이의 단위로 쓴다고 한다.

한량없는데, 이로써 나와 비구승들을 현재 공양하는 것이 된다. 그래서 내가 '여래의 멸도 후 만약 누군가가 수지 독송하고 남 위해 연설하며 스스로 쓰거나 남가르쳐 쓰게 하고 경전책에 공양한다면, 다시 탑사 세우고 승원 지으며 승가에 공양할 필요가 없다'고 말한 것인데,

(4)24 ① 하물며 다시 어떤 사람이 이 경전을 수지하는데다가, 겸하여 보시·지계·인욕·정진·일심·지혜를 수행함이겠는가. ② 그 덕은 가장 뛰어나고 무량 무변해서, 비유하면 허공은 동서남북 사유 상하가 무량 무변하듯, 이 사람의 공덕도 역시 또한 이와 같이 무량 무변해서 속히 일체종지에 이를 것이다.

(5)25 ① 만약 사람이 이 경전을 독송하고 수지하여 남에게 설해주며 스스로 쓰거나 남 가르쳐 쓰게 하고, 다시 탑 세우며 승원 짓고 성문 승가를 공양 찬탄하며, 또한 백천만억의 찬탄하는 법으로 보살

千萬億 其數無量, 以此現前 供養於我 及比丘僧. 是故我說 '如來滅後 若有 受持讀誦 爲他人說 若自書 若敎人書 供養經卷, 不須 復起塔寺 及造僧坊 供養衆僧',

況復有人 能持是經,
兼行 布施持戒 忍辱精進 一心智慧.
其德最勝 無量無邊, 譬如虛空 東西南北 四維上下 無量無邊, 是人功德 亦復如是 無量無邊 疾至 一切種智.

若人讀誦 受持是經 爲他人說 若自書 若敎人書, 復能起塔 及造僧坊 供養讚歎 聲聞衆僧, 亦以 百千萬億 讚歎之法

....
24 제4품은 다시 육바라밀을 능히 겸하여 행하는 자이다.
25 제5품은 다시 육바라밀을 능히 바르게 행하는 것이다.

의 공덕을 찬탄하고, 또 남 위해 갖가지 인연으로 이 법화경을 뜻 따라 해설해 주며, 다시 능히 청정하게 계 지니고, 온화한 자와 함께 같이 머물며, 인욕하고 성냄 없어 의지 견고하며, 항상 좌선 귀하게 여겨 깊은 선정 얻으며, 용맹하게 정진하여 모든 선법 거두고, 예리한 근기의 지혜로 난문에 잘 답한다고 하자.

② 아일다여, 만약 나의 멸도 후 이 경전을 수지 독송하는 선남자 선여인들이 다시 이와 같은 여러 선한 공덕까지 가진다면, 이 사람은 이미 도량에 나아가서 아뇩다라삼먁삼보리에 근접하고 보리수 아래에 앉은 것이라고 알아야 한다.

아일다여, 이 선남자 선인들이 앉거나 서거나 가는 곳이라면 여기에 탑을 세우고, 일체의 천·인들이 붓다의 탑묘인 듯 모두 공양해야 할 것이다."26

⑹ 이 때 세존께서는 이 뜻을 거듭 펴시고자 게송으로 말씀하셨다.27

讚歎菩薩功德, 又爲他人 種種因緣 隨義解說 此法華經, 復能 淸淨持戒, 與柔和者 而共同止, 忍辱無瞋 志念堅固, 常貴坐禪 得諸深定, 精進勇猛 攝諸善法, 利根智慧 善答問難.

阿逸多, 若我滅後 諸善男子善女人 受持讀誦 是經典者 復有如是 諸善功德, 當知是人 已趣道場 近阿耨多羅三藐三菩提 坐道樹下.

阿逸多, 是善男子善女人 若坐若立若行處 此中 便應起塔, 一切天人 皆應供養 如佛之塔."

爾時 世尊 欲重宣此義 而說偈言.

....
26 이 5품을 맺는다면 앞의 세 사람은 문혜의 단계이고, 육바라밀을 겸행하는 것은 사혜의 단계이며, 육바라밀을 정행하는 것은 수혜의 단계이다.
27 19수반의 게송에는 넷이 있다. 처음 5수반은 제2품을 노래했다.

① 만약 나의 멸도 후　　　　　　　若我滅度後
　　이 경전 능히 받들어 지닌다면　　能奉持此經
　　이 사람의 복이 한량없음은　　　斯人福無量
　　위에서 설한 바와 같으니　　　　如上之所說

② 이는 곧 일체의 모든 공양　　　　是則爲具足
　　구족한 것이 되어　　　　　　　一切諸供養
　　사리로써 탑 세우고　　　　　　以舍利起塔
　　칠보로 장엄하며　　　　　　　七寶而莊嚴

③ 표찰은 매우 높고 넓은데　　　　表刹甚高廣
　　점점 작아져 범천에 이르고　　　漸小至梵天
　　보배방울 천만억은　　　　　　寶鈴千萬億
　　바람 움직임에 오묘한 소리 내고　風動出妙音

④ 또 한량없는 겁 동안　　　　　　又於無量劫
　　이 탑에　　　　　　　　　　　而供養此塔
　　꽃과 향, 여러 영락과　　　　　華香諸瓔珞
　　하늘 옷과 온갖 음악 공양하며　　天衣衆伎樂

⑤ 향유의 등불 태워서　　　　　　燃香油酥燈
　　주위를 항상 조명하는 것 되니　　周匝常照明
　　악세의 법 끝나려는 때에　　　　惡世法末時
　　이 경전 수지하는 자는　　　　　能持是經者

제17 분별공덕품　507

⑥ 곧 위와 같은	則爲已如上
여러 공양 이미 구족한 것이 되고	具足諸供養
만약 이 경전 능히 수지한다면[28]	若能持此經
곧 붓다 현재 계시는데	則如佛現在
⑦ 우두 전단으로	以牛頭栴檀
승원 일으켜 공양하되	起僧坊供養
항상 서른두 채 있고	堂有三十二
높이 8다라수에	高八多羅樹
⑧ 좋은 음식, 오묘한 의복과	上饌妙衣服
침구를 모두 구족하며	床臥皆具足
백천 대중들의 주처와	百千衆住處
원림과 여러 욕지와	園林諸浴池
⑨ 경행처와 선굴을	經行及禪窟
갖가지로 모두 장엄한 것과 같으며	種種皆嚴好
만약 신해하는 마음 가진데다가[29]	若有信解心
수지 독송하고 쓰며	受持讀誦書
⑩ 만약 다시 남 가르쳐 쓰게 하고	若復敎人書
그리고 경전책에 공양하되	及供養經卷

---

28 이하 3수는 제3품을 노래한 것이다.
29 이하 4수는 제4품을 노래한 것이다.

꽃과 향, 가루향 뿌리고	散華香末香
수만과 첨복과	以須曼瞻蔔

⑪ 아제목다가30를 阿提目多伽
  섞어 짠 기름 항상 태우는 薰油常燃之
  이러한 공양하는 자는 如是供養者
  한량없는 공덕 얻는 것이 得無量功德

⑫ 마치 허공이 가이없듯 如虛空無邊
  그 복도 역시 이러할 것인데 其福亦如是
  하물며 다시 이 경전 수지하고 況復持此經
  겸하여 보시하고 지계하며 兼布施持戒

⑬ 인욕하고 선정 즐기며 忍辱樂禪定
  성내지 않고 악한 말 하지 않음이랴 不瞋不惡口
  탑묘에 공경하고31 恭敬於塔廟
  모든 비구들에게 겸손하며 謙下諸比丘

⑭ 스스로 높이는 마음 멀리 떠나 遠離自高心
  항상 지혜를 사유하여 常思惟智慧
  난문 있어도 성내지 않고 有問難不瞋

---

30 * '수만sumanas', '첨복campaka', '아제목다가atimuktaka'는 모두 향의 원료로서 쓰이는 꽃의 이름이다.
31 이하 7수는 제5품을 노래한 것이다.

수순하여 해설해 주는	隨順爲解說

15 이런 행 능히 행한다면　　　若能行是行
　　공덕은 헤아릴 수 없으리라　　功德不可量
　　만약 이 법사가　　　　　　　若見此法師
　　이런 공덕 성취함 보면　　　　成就如是德

16 응당 하늘꽃 뿌리고　　　　　應以天華散
　　하늘옷으로 그 몸 덮으며　　　天衣覆其身
　　엎드려 발에 예배하고　　　　頭面接足禮
　　붓다 같이 여기는 마음 내야 하며　生心如佛想

17 또 응당 생각하기를　　　　　又應作是念
　　머지 않아 보리수로 가서　　　不久詣道樹
　　무루와 무위를 얻고　　　　　得無漏無爲
　　인·천 널리 이익하리라고 하여　廣利諸人天

18 그가 머무는 곳이라면　　　　其所住止處
　　경행하거나 앉거나 눕거나　　經行若坐臥
　　나아가 게송 하나라도 설한다 해도　乃至說一偈
　　여기에 탑을 세우되　　　　　是中應起塔

19 장엄하여 아름답게 하고　　　莊嚴令妙好
　　갖가지로 공양할 것이니　　　種種以供養

| 불자가 머무는 이 땅은 | 佛子住此地 |
| 곧 붓다께서 수용하시어 | 則是佛受用 |

20 항상 그 안에 계시면서　　　　　常在於其中
　　경행하며 앉고 누우시리라³²　　經行及坐臥

....
32 '머지 않아 보리수로 간다'고 한 것은 그 지위가 철륜왕에 있는 것이니, 머지 않아 동륜왕의 지위(=십주)에 들어가 능히 팔상八相으로 성불하리라는 것이다. 이 제5품은 (재세시의) 제4신과 나란하니, 같은 수혜의 단계이고, 만약 들어간 지위를 논한다면, 같은 육근 청정의 지위이다. 현재와 미래, 재세시와 멸도후라는 차이가 있을 뿐이다.

妙法蓮華經
묘법연화경

卷第六
제6권

後秦 龜玆國 三藏法師 鳩摩羅什 奉 詔譯
후진 구자국 삼장법사 구마라집 봉 조역

묘법연화경 제6권   妙法蓮華經 卷第六

제18 수희공덕품[1]   隨喜功德品 第十八

18.1[2]

(1) 그 때 미륵보살마하살이 붓다께 말하   爾時 彌勒菩薩摩訶薩
였다.   白佛言.
　"세존이시여, 만약 어떤 선남자 선여인   "世尊, 若有善男子善女
이 이 법화경을 듣고 수희한다면 얼마   人 聞是法華經 隨喜者
만큼의 복을 얻습니까?"   得幾所福?"

(2) 그리고 게송으로 말하였다.   而說偈言.

　　세존께서 멸도하신 후   世尊滅度後
　　그 누군가가 이 경전 듣고   其有聞是經
　　만약 능히 따라 기뻐한다면   若能隨喜者

----

1 '수'란 현상과 이치를 수순해서 둘도 없고 차별도 없다는 것이고, '희'란 자기를 기뻐하고 남을 기뻐하는 것이다. 심오한 법을 듣고 이치를 수순하므로 진실의 공덕이 있고, 현상을 수순하므로 방편의 공덕이 있으며, 자기를 기뻐하는 것은 지혜가 있는 것이고, 남을 기뻐하는 것은 자비가 있는 것이다. 그러므로 방편과 진실, 지덕과 단덕(=자비가 남의 해탈을 이끄는 것)을 합쳐서 설하기 때문에 수희공덕품이라고 말한 것이다.
2 글에는 18.1의 물음과 18.2의 답이 있고, 각각 장행과 게송이 있다. 앞 품에서 이미 네 사람(=제2 내지 5품의 사람)을 교량하면서도 초품은 말씀하시지 않았으므로, 미륵이 기회를 얻어 이 뜻 나타내시도록 물은 것이다.

| 얼마 만큼의 복을 얻습니까 | 爲得幾所福 |

18.2

⑴ 그 때 붓다께서는 미륵보살마하살에게 말씀하셨다.3

"㈎ 아일다여, 여래의 멸도 후 만약 비구나 비구니, 우바새나 우바이, 그리고 나이 들었건 어리건 다른 지혜 있는 자가 이 경전 듣고 수희하여 법회에서 나와 다른 곳으로 가서, 승원에서나 공한지에서나 성읍, 길거리, 취락, 마을에서나 그가 들은 대로 부모나 친척이나 친구나 친지 위해 힘 따라 설해 주니, 이 모든 사람들이 듣고 나서 수희하여 다시 옮겨서 가르치고, 다른 사람도 듣고 나서 역시 수희하여 옮겨 가르치며, 이렇게 옮겨져서 쉰 번째에 이르렀다고 하자.

㈏ 아일다여, 그 쉰 번째 선남자 선여인이 수희한 공덕을 내 이제 설할테니 그대는 잘 들으라.

"爾時 佛告 彌勒菩薩摩訶薩.

"阿逸多, 如來滅後 若比丘比丘尼 優婆塞優婆夷 及餘智者 若長若幼 聞是經 隨喜已 從法會出 至於餘處, 若在僧坊 若空閑地 若城邑巷陌 聚落田里 如其所聞 爲父母宗親 善友知識 隨力演說, 是諸人等 聞已隨喜 復行轉教, 餘人聞已 亦隨喜轉教, 如是展轉 至第五十.

阿逸多, 其第五十 善男子善女人 隨喜功德 我今說之 汝當善聽.

---

3 붓다께서 답하시는 것은 둘이 된다. 먼저 ㈑까지는 내심으로 수희하는 사람에 대해 답하시는 것, 둘째 ㈒ 이하는 밖에서 법을 듣는 사람에 대해서 바로 밝히시는 것이다. 전자에는 다섯이 있다. 첫째 ㈎는 전전하여 서로 가르치는 것, 둘째 ㈏는 교량의 근본을 보이는 것, 셋째 ㈐는 물으시는 것, 넷째 ㈑는 답하는 것, 다섯째 ㈒는 바로 교량하시는 것이다.

만약 사백만억 아승기 세계의 육취의 사생—난생·태생·습생·화생—의 중생들, 형상 있거나 형상 없거나, 지각 있거나 지각 없거나 지각 있는 것도 아니고 지각 없는 것도 아니거나, 발이 없거나 둘이거나 넷이거나 여럿이거나, 이런 등이 중생의 수 안에 있는데, 어떤 사람이 복을 구해 그들이 바라는 바를 따라 즐길 거리를 모두 공급해 주되, 낱낱의 중생마다 염부제에 가득한 금·은·유리·차거·마노·산호·호박의 진귀한 보배들과, 코끼리·말의 수레와 칠보로 된 궁전과 누각 등을 주었다고 하자.

이 큰 시주가 이렇게 보시하기를 팔십 년을 채우고 나서 생각하기를, '내 이미 중생들에게 즐길거리를 바라는 대로 보시하였다. 그러나 이 중생들은 모두 이미 노쇠하여 나이 팔십 넘어 백발에 주름져서 머지 않아 죽을 것이니, 내 불법으로써 이들을 인도하리라'라고 하고는, 곧 이 중생들 모아 법의 교화 펴서 시·교·이·희하여, 일시에 모두 수다원도, 사다함도, 아나함도, 아라한도를 얻고, 모든 유루를 다하며 깊은 선정에서 모두 자재

若四百萬億 阿僧祇世界 六趣四生衆生, 卵生胎生 濕生化生, 若有形無形, 有想無想 非有想非無想, 無足二足 四足多足, 如是等在 衆生數者, 有人求福 隨其所欲 娛樂之具 皆給與之, 一一衆生 與滿閻浮提 金銀琉璃 車㾿馬腦 珊瑚虎珀 諸妙珍寶, 及象馬車乘 七寶所成 宮殿樓閣等.

是大施主 如是布施 滿八十年已 而作是念, '我已施衆生 娛樂之具 隨意所欲. 然此衆生 皆已衰老 年過八十 髮白面皺 將死不久, 我當以佛法 而訓導之', 卽集此衆生 宣布法化 示敎利喜 一時皆得 須陀洹道 斯陀含道 阿那含道 阿羅漢道, 盡諸有漏 於深禪

를 얻고 팔해탈을 갖추게 한다면,

㈎ 그대 생각에는 어떤가? 이 큰 시주가 얻는 공덕이 정녕 많겠는가?"

㈏ 미륵이 붓다께 말하였다.

"세존이시여, 이 사람의 공덕은 매우 많아서 무량 무변합니다. 만약 이 시주가 단지 중생에게 일체의 즐길 거리만 베풀었다 해도 공덕이 무량할 것인데, 어찌 하물며 아라한과를 얻게 함이겠습니까?"

㈐ 붓다께서 미륵에게 말씀하셨다.

"내 이제 그대에게 분명히 말하건대, 이 사람이 일체의 즐길 거리를 사백만억 아승기 세계의 육취 중생들에게 베풀고, 또 아라한과를 얻게 함으로써 얻는 공덕은, 이 쉰 번째 사람이 법화경의 한 게송을 듣고 수희한 공덕과도 같지 못하고, 백분, 천분, 백천만억분의 그 일에도 미치지 못하며, 나아가 산수나 비유로써도 알 수 없는 것이다.

아일다여, 이렇게 쉰 번째 사람이 법화경을 전전해서 듣고 수희한 공덕도 오히려 무량 무변 아승기인데, 어찌 하물며 최초에 법회 중에서 듣고 수희한 자이겠는가. 그의 복은 더욱 뛰어나서 무량 무

定 皆得自在 具八解脫, 於汝意云何? 是大施主 所得功德 寧爲多不?"
彌勒 白佛言.

"世尊, 是人 功德甚多 無量無邊. 若是施主 但 施衆生 一切樂具 功德無量, 何況令得 阿羅漢果?"

佛告 彌勒.

"我今 分明語汝, 是人 以一切樂具 施於四百萬億 阿僧祇世界 六趣衆生, 又令得 阿羅漢果 所得功德, 不如 是第五十人 聞法華經一偈 隨喜功德, 百分千分 百千萬億分 不及其一, 乃至 算數譬喩 所不能知.

阿逸多, 如是 第五十人 展轉聞法華經 隨喜功德 尙無量無邊 阿僧祇, 何況最初 於會中聞 而隨喜者. 其福復勝 無量

변 아승기로는 비길 수 없다.4

㈒5 또 아일다여, 만약 사람이 이 경전 위해 승원으로 가서 앉건 서건 잠깐이라고 듣고 받아들인다면, 이 공덕으로 인해 몸 바꿔 태어날 때 가장 훌륭한 코끼리·말이 끄는 수레와 진귀한 보배로 된 가마 얻고, 천궁에 오를 것이다.

㈘ 만약 다시 어떤 사람이 설법처에

無邊 阿僧祇 不可得比. 又阿逸多, 若人 爲是經故 往詣僧坊 若坐若立 須臾聽受, 緣是功德 轉身所生 得好上妙 象馬車乘 珍寶輦輿, 及乘天宮.

若復有人 於講法處坐

---

4 교량 중, 앞은 세간의 낙을 주어 과보의 고를 뽑아주는 것이고, 뒤는 열반의 낙을 주어 생사의 고를 뽑아주는 것인데, 이는 간략히 범복梵福을 든 것이다. 범복에는 정심과 산심이 있는데, 산심은 ① 탑 없는 곳에 탑을 세우고, 탑 무너진 것은 이를 고치며, ② 승가를 화합시키고, ③ 법륜 굴리기를 청하며, ④ 대중들이 흩어지면 이를 다시 합하게 하는데, 이것이 네 가지 복이 되고, 범천과 같기 때문에 '범복'이라고 말하는 것이다. '성복聖福'은 아라한으로서 최후신에 머물러 유여열반을 얻는 것을 말한다. 또 체법體法(=천태교학에서 제법의 공을 분석적 방법이 아니라, 법 자체 그대로 공이라고 관찰하는 것. 이에 상대되는 분석적 방법을 석법析法이라고 하고, 이렇게 관찰된 공을 각각 '체공'과 '석공'이라고 부른다)의 삼승인이 있어 같이 무생을 배워 번뇌를 끊어 다하는 것이, 나무 태워 숯이 됨과 같은 것이고, 또 보살의 성복은 자리와 이타 모두 무언설의 도로써 번뇌를 끊고 무여열반에 드는 것이며, 또 큰 보살의 복은 처음 발심해서부터 차례로 남을 교화하여 대열반에 들게 하는 것이다. 이렇게 교량하면 범복은 성복에 미치지 못하고, 성복은 체법의 성복[體聖福]에 미치지 못하며, 체법의 성복은 작은 보살의 복에 미치지 못하고, 작은 보살의 복은 큰 보살의 복에 미치지 못하며, 큰 보살의 복은 법화경 듣고 처음 수희한 복에 미치지 못한다. 왜냐 하면 그것들은 불법이 아니기 때문이고, 진실이 아니기 때문이고, 원융하지 않기 때문이다. 그래서 비록 후과後果에 머문다고 해도 우리(=원교)의 초심初心에 미치지 못하는 것이니, 그 뜻이 이러하다.
5 밖에서 법을 듣는 사람에 대한 글은 넷이 된다. 첫째 ㈒는 스스로 가는 것, 둘째 ㈘는 자리를 나누는 것, 셋째 ㈙는 남에게 권하는 것, 넷째 ㈚는 갖추어 듣고 수행하는 것이다.

앉아 있다가 다시 오는 사람 있을 때 권해서 앉아 듣게 하거나 자리 나누어 앉게 한다면, 이 사람의 공덕은 몸 바꿀 때 제석천의 자리나 범왕의 자리나 전륜성왕이 앉는 자리를 얻게 될 것이다.

㈎ 아일다여, 만약 다시 어떤 사람이 다른 사람에게 '법화경이라고 이름하는 경전이 있는데 함께 가서 듣자'고 말해, 그 가르침 받고 나아가 잠깐이라도 듣게 한다면, 이 사람의 공덕은 몸 바꿀 때 다라니를 갖춘 보살과 함께 한 곳에 태어나고, 근기 예리하며 지혜로워 백천만 생 동안 끝내 벙어리 되지 않고, 입 냄새 나지 않으며 혀에 항상 병 없고 입 역시 병 없으며, 이가 때문어 검거나 누렇거나 성글거나 또한 빠지거나 어긋나거나 굽거나 하지 않고, 입술은 아래로 처지거나 또한 오무러들거나 거칠거나 부스럼나거나 또한 갈라지거나 또한 비뚤어지거나 두텁거나 크거나 또한 검거나 하지 않아 미운 데가 없으며, 코는 납작하거나6 또한 굽거나 하지 않고, 얼굴색은 검지 않

更有人來 勸令坐聽 若分座令坐,
是人功德 轉身 得帝釋坐處 若梵王坐處 若轉輪聖王 所坐之處.
阿逸多, 若復有人 語餘人言 '有經名法華 可共往聽', 卽受其敎 乃至須臾間聞,
是人功德 轉身 得與陀羅尼菩薩 共生一處,
利根智慧 百千萬世 終不瘖啞, 口氣不臭 舌常無病 口亦無病,
齒不垢黑 不黃不疏 亦不缺落 不差不曲,
脣不下垂 亦不褰縮 不麤澁 不瘡胗 亦不缺壞 亦不喎斜 不厚不大 亦不黧黑 無諸可惡,
鼻不匾[匸@虒] 亦不曲戾, 面色不黑 亦不狹

---

6 * 한역문의 '匸@虒'는 '匸' 안에 '虒'자가 들어 있는 글자라는 표시인데, 컴퓨터에서 지원되지 않은 글자여서 이렇게 표기되었다. 얇다는 '제'자이다.

으며 또한 길쭉하거나 또한 패이거나 하지 않아 일체의 보기 흉한 모습 없고, 입술·혀·치아는 모두 아름다우며, 코는 길고 높고 곧으며, 얼굴은 원만하고, 눈썹은 높고 길며, 이마는 넓고 반듯하여 사람의 모습 갖추어서, 태어나는 생마다 붓다 뵙고 법 들어 가르침 신수할 것이다.

㈐ 아일다여, 그대는 이를 보아라. 한 사람에게 권하여 가서 법 듣게 한 공덕이 이렇거늘, 어찌 하물며 일심으로 설하는 것 듣고 독송하며, 대중 속에서 남 위해 분별하고 설한 대로 수행함이겠는가."

長 亦不窊曲 無有一切 不可喜相, 脣舌牙齒 悉皆嚴好, 鼻修高直, 面貌圓滿, 眉高而長, 額廣平正 人相具足, 世世所生 見佛聞法 信受教誨.

阿逸多, 汝且觀是. 勸於一人 令往聽法 功德如此, 何況 一心聽說讀誦, 而於大衆 爲人分別 如說修行."

⑵ 이 때 세존께서는 이 뜻을 거듭 펴시고자 게송으로 말씀하셨다.7

爾時 世尊 欲重宣此義 而說偈言.

① 만약 사람이 법회에서8
　이 경전을
　나아가 게송 하나만이라도 듣고
　수희하여 남 위해 설해 주고

若人於法會
得聞是經典
乃至於一偈
隨喜爲他說

....
7 18수의 게송은 둘이 된다. 처음 9수는 수희함을 노래하고, 뒤의 9수는 경전 듣는 것을 노래했다.
8 수희함을 노래한 것에는 셋이 있다. 처음 1수반은 50인을 노래했다.

| 2| 이렇게 전전해 가르쳐서　　　　　如是展轉敎
　　쉰 번째에 이르렀을 때　　　　　至于第五十
　　최후의 사람이 얻는 복9　　　　　最後人獲福
　　이를 이제 분별하리라　　　　　　今當分別之

| 3| 예컨대 어떤 큰 시주가　　　　　　如有大施主
　　한량없는 중생들에게　　　　　　供給無量衆
　　팔십 년이 차도록　　　　　　　　具滿八十歲
　　바라는 바를 따라 갖추어 공급하고　隨意之所欲

| 4| 그들의 노쇠한 모습으로　　　　　見彼衰老相
　　백발에 얼굴 주름지고　　　　　　髮白而面皺
　　치아 성글며 몸 마른 것 보고　　　齒疏形枯竭
　　그들 머지 않아 죽을 것 생각하여　念其死不久

| 5| 내 이제 가르쳐서　　　　　　　　我今應當敎
　　도과 얻게 하리라 하고　　　　　　令得於道果
　　곧 방편으로　　　　　　　　　　　卽爲方便說
　　열반의 진실한 법 설하기를　　　　涅槃眞實法

| 6| 세상은 모두 견고치 못해　　　　　世皆不牢固
　　물거품이나 아지랑이 같으니　　　　如水沫泡焰
　　그대들은 모두 속히　　　　　　　　汝等咸應當

---
9 이하 |7|까지 5수반은 둘째 교량의 근본을 노래했다.

싫어 떠나려는 마음 내라고 해서	疾生厭離心

7 모든 사람들이 이 법을 듣고　　　諸人聞是法
　　모두 아라한 얻고　　　　　　　皆得阿羅漢
　　육신통과 삼명에　　　　　　　　具足六神通
　　팔해탈을 구족하게 했다 해도　　三明八解脫

8 최후로 쉰 번째에[10]　　　　　最後第五十
　　한 게송 듣고 수희한　　　　　　聞一偈隨喜
　　이 사람의 복이 저것을 이김은　　是人福勝彼
　　비유할 수가 없으니　　　　　　　不可爲譬喩

9 이렇게 전전하여 들은　　　　　　如是展轉聞
　　그 복도 오히려 한량없거늘　　　其福尙無量
　　어찌 하물며 법회에서　　　　　　何況於法會
　　처음 듣고 수희한 자이겠는가　　初聞隨喜者

10 만약 누군가가 한 사람에게 권해[11]　若有勸一人
　　이끌어 법화경 듣게 하려고　　　將引聽法華
　　이 경전은 깊고 묘해서　　　　　言此經深妙
　　천만 겁에도 만나기 어렵다고 말하매　千萬劫難遇

---

10 이하 2수는 셋째 교량함을 노래했다. 생략해서 복이 매우 많음은 노래하지 않았다.
11 경전 들음을 노래한 9수에는 넷이 있다. 첫째 이하 5수는 경전 들도록 권하는 것을 노래했다.

11 곧 가르침 받고 가서 듣거나　　　　卽受教往聽
　　나아가 잠깐만이라도 듣는다면　　乃至須臾聞
　　이 사람의 복덕의 과보를　　　　　斯人之福報
　　이제 분별하여 설하리라　　　　　今當分別說

12 태어나는 생마다 입에 병 없고　　世世無口患
　　이는 성글고 누렇고 검지 않으며　齒不疏黃黑
　　입술은 두텁고 말리고 갈리지 않아　脣不厚褰缺
　　미워 할만한 모습 없고　　　　　　無有可惡相

13 혀는 마르고 검고 짧지 않으며　　舌不乾黑短
　　코는 높고 길면서도 곧으며　　　　鼻高修且直
　　이마는 넓고 반듯하며　　　　　　額廣而平正
　　얼굴은 모두 단엄하여　　　　　　面目悉端嚴

14 사람들 보기 좋아하고　　　　　　爲人所喜見
　　입에는 더러운 냄새 없으며　　　　口氣無臭穢
　　우담발화의 향기가　　　　　　　　優鉢華之香
　　항상 그 입에서 나리라　　　　　　常從其口出

15 만약 법화경을 듣고자 하여　　　　若故詣僧坊
　　짐짓 승원으로 가서12　　　　　　欲聽法華經
　　잠깐이라도 듣고 기뻐한다면　　　須臾聞歡喜

---

12 이하 2수는 둘째 스스로 가는 것을 노래했다.

이제 그 복도 설하리라	今當說其福

16 후에 천·인 중에 태어나 　　　　　後生天人中
　　묘한 코끼리·말의 수레와 　　　　得妙象馬車
　　진보의 가마를 얻고 　　　　　　珍寶之輦輿
　　그리고 하늘의 궁전에 오르리라 　及乘天宮殿

17 만약 설법하는 곳에서[13] 　　　　若於講法處
　　사람에게 권해 앉아 경전 듣게 하면 　勸人坐聽經
　　이 복의 인연으로 　　　　　　　是福因緣得
　　제석·범천·전륜성왕의 자리 얻으리니 　釋梵轉輪座

18 어찌 하물며 일심으로 듣고[14] 　　何況一心聽
　　그 뜻의 취지 해설해 주며 　　　解說其義趣
　　설한 대로 수행함이겠는가 　　　如說而修行
　　그 복은 헤아릴 수 없도다 　　　其福不可量

---

13 이하 1수는 셋째 자리 나누어주는 것을 노래했다.
14 이하 1수는 넷째 수행하는 것을 노래했다.

제19 법사공덕품[1]

法師功德品 第十九

19.1[2]

그 때 붓다께서는 상정진보살마하살에게 말씀하셨다.

"만약 선남자 선여인이 이 법화경을 수

爾時 佛告 常精進菩薩摩訶薩.

"若善男子善女人 受持

---

1 '법사'의 뜻은 위에서 설한 것과 같다. '공덕'이란 앞에서는 초품의 처음 공덕을 말하였지만, 지금은 5품의 위의 것이다. 말하자면 육근의 청정으로 내외를 장엄하는 것이니, 오근의 청정을 외적인 장엄이라고 부르고, 의근의 청정을 내적인 장엄이라고 부르는 것이다. … 수행자가 이 공덕의 이익을 들으면 기쁨을 스스로 이기지 못해 부지런히 구하고 싫어함이 없을 것이니, 믿음이 나아가서 배로 늘게 된다. …

　이제 (육근의 공덕에 대해) 살피면, 삼업의 안락행에 곧 십선十善이 있는데, 하나의 선마다 열 가지 선이 있으므로 곧 백선이 되고, 또 하나의 선마다 십여十如(=십여시)가 있으므로 곧 천선이 되며, 이타에 나아가면 이천이 되고, 여래의 방과 여래의 옷과 여래의 자리에 의하면 곧 육천을 이룬다. 오종법사는 모두 육근의 청정을 갖추므로, 하나하나의 근마다 모두 일천씩의 공덕이 있는 것이다.

　또 다음 일심 중에는 십법계를 갖추고, 각각의 법계에는 모두 십여가 있으므로 곧 일백을 이루며, 하나의 근마다 공통으로 육진六塵을 취하므로 곧 육백이 되는데, 정·혜의 두 가지 장엄에 의하면 곧 일천이백이 된다. 근마다 모두 정·혜의 장엄을 쓰므로 동등하게 일천이백인 것이다. 만약 육근의 청정을 논한다면, 청정하므로 곧 공덕이 적거나 많다고 말할 수 없을 것이지만, 만약 장엄을 말한다면 차기도 하고 줄기도 하며 평등하기도 할 것이다. 평등한 장엄이라면 모든 근은 육천이 되겠지만(=각각 일천씩), 만약 천이백이라고 말한다면 그 근이 찼음을 나타내고, 만약 팔택이라고 말한다면 그 근이 줄었음을 나타낸다. 만약 청정하다고 말한다면 차는 것도 없고 주는 것도 없고 평등한 것도 없을 것이니, 육근을 호용하여 근이 자재하기 때문이고, 불가사의하기 때문이다.

2 글에는 둘이 있다. 처음 19.1은 육근이 차고 주는 공덕의 수를 전체적으로 열거한 것이고, 뒤의 19.2 이하는 개별적으로 여섯 장을 만들어 해석했는데, 각 장마다 장행과 게송이 있다.

지하여 읽거나 외거나 해설하거나 쓰고 베끼면, 이 사람은 팔백 가지 안근의 공덕, 천이백 가지 이근의 공덕, 팔백 가지 비근의 공덕, 천이백 가지 설근의 공덕, 팔백 가지 신근의 공덕과 천이백 가지 의근의 공덕을 얻을 것이니, 이 공덕들로써 육근을 장엄하여 모두 청정케 할 것이다.

是法華經 若讀若誦 若解說若書寫, 是人當得 八百 眼功德, 千二百 耳功德, 八百 鼻功德, 千二百 舌功德, 八百 身功德, 千二百 意功德, 以是功德 莊嚴六根 皆令淸淨.

19.2

(1) 이 선남자 선여인은 부모가 낳아준 청정한 육안으로 삼천대천세계의 안팎에 있는 산림과 강과 바다를 아래로 아비지옥에 이르고 위로 유정천에 이르기까지 보고, 또한 그 안에 있는 일체의 중생들도 보며, 그리고 업의 인연과 과보로 태어나는 곳도 모두 다 보고 알 것이다."

是善男子善女人 父母所生 淸淨肉眼 見於三千大千世界 內外所有 山林河海 下至阿鼻地獄 上至有頂, 亦見其中 一切衆生, 及業因緣 果報生處 悉見悉知."

(2) 이 때 세존께서는 이 뜻을 거듭 펴시고자 게송으로 말씀하셨다.

爾時 世尊 欲重宣此義 而說偈言.

① 만약 대중 속에서
　 두려움 없는 마음으로
　 이 법화경 설한다면

若於大衆中
以無所畏心
說是法華經

그 공덕을 그대는 들어보라	汝聽其功德

② 이 사람은 팔백 가지	是人得八百
공덕의 수승한 눈 얻어	功德殊勝眼
이로써 장엄하므로	以是莊嚴故
그 눈 매우 청정하여	其目甚淸淨

③ 부모가 낳아준 눈으로	父母所生眼
삼천세계	悉見三千界
안팎의 미루산과	內外彌樓山
수미산 및 철위산	須彌及鐵圍

④ 아울러 다른 모든 산림과	幷諸餘山林
큰 바다와 강하의 물 모두 다 보고	大海江河水
아래로는 아비지옥에 이르고	下至阿鼻獄
위로는 유정천에 이르기까지	上至有頂處

⑤ 그 안의 모든 중생들	其中諸衆生
일체를 모두 다 보니	一切皆悉見
아직 천안 얻지 못했어도	雖未得天眼
육안의 힘 이러하리라3	肉眼力如是

---

3 안근의 장에서는 부모가 낳아준 것이므로 육안이라고 부르지만, 보는 것은 천안을 초과함을 밝혔다. 지금 경전의 안근을 논한다면 대천세계의 안팎을 능히 본다고 하였으므로 응당 천안일텐데 어째서 육안이라고 이름했을까? 이는 원교의 상사위이니, 경전의 힘[經之力]으로 인해 뛰어난 근의 힘이 있

19.3

⑴ "또 다음 상정진이여, 만약 선남자 선여인이 이 경전을 수지하여 읽거나 외거나 해설하거나 쓰고 베낀다면, 이 사람은 천이백 가지 이근의 공덕을 얻어, 이 청정한 귀로 삼천대천세계의 아래로 아비지옥에서 위로 유정천까지 그 중의 안팎의 갖가지 말과 음성, 즉 코끼리 소리, 말소리, 소 소리, 수레 소리, 울부짖는 소리, 탄식하는 소리, 소라 소리, 북 소리, 종 소리, 방울 소리, 웃음 소리, 말하는 소리, 남자 소리, 여자 소리, 동자 소리, 동녀 소리, 법의 소리, 비법의 소리, 괴로운 소리, 즐거운 소리, 범부의 소리, 성인의 소리, 기뻐하는 소리, 기뻐하지 않는 소리, 천신 소리, 용 소리, 야차 소리, 건달바 소리, 아수라 소리, 가루라 소리, 긴나라 소리, 마후라가 소리, 불 소리, 물 소리, 바람 소리, 지옥 소리, 축생 소리, 아귀 소리, 비구 소리, 비구니 소리, 성문 소리, 벽지불 소리, 보살 소리, 붓다의 소

"復次 常精進, 若善男子善女人 受持此經 若讀若誦 若解說若書寫, 得千二百 耳功德, 以是淸淨耳 聞三千大千世界 下至阿鼻地獄 上至有頂 其中內外 種種語言音聲, 象聲 馬聲 牛聲 車聲 啼哭聲 愁歎聲 螺聲 鼓聲 鍾聲 鈴聲 笑聲 語聲 男聲 女聲 童子聲 童女聲 法聲 非法聲 苦聲 樂聲 凡夫聲 聖人聲 喜聲 不喜聲 天聲 龍聲 夜叉聲 乾闥婆聲 阿修羅聲 迦樓羅聲 緊那羅聲 摩睺羅伽聲 火聲水聲風聲 地獄聲 畜生聲 餓鬼聲 比丘聲 比丘尼聲 聲聞聲 辟支

기는 하지만, 아직 진실로 나아가지 못했으므로 천안이라고 부르지 못하고 육안이라고 부른 것이다. 예컨대 소승의 방편위에서는 아직 신통을 얻지 못했으므로, 천안이나 천이라고 부르지 못하는 것과 같다.

리를 들을 것이니, 요약해 말하자면 삼천대천세계 중의 안팎에 있는 일체의 모든 소리를, 비록 아직 천이天耳를 얻지 못했어도 부모가 낳아준 청정한 평상의 귀[常耳]로써 모두 다 듣고 알아, 이와 같이 갖가지 음성을 분별하면서도 귀를 손상하지 않을 것이다."

佛聲 菩薩聲 佛聲, 以要言之 三千大千世界中 一切內外 所有諸聲, 雖未得天耳 以父母所生 淸淨常耳 皆悉聞知, 如是分別 種種音聲 而不壞耳根."

(2) 이 때 세존께서는 이 뜻을 거듭 펴시고자 게송으로 말씀하셨다.

爾時 世尊 欲重宣此義 而說偈言.

① 부모가 낳아준 귀가
　　청정하고 더러움 없어서
　　이 평상의 귀로
　　삼천세계의 소리 들으니

父母所生耳
淸淨無濁穢
以此常耳聞
三千世界聲

② 코끼리, 말, 수레, 소의 소리
　　종, 방울, 소라, 북의 소리
　　거문고와 공후의 소리
　　퉁소, 피리의 음과 소리

象馬車牛聲
鍾鈴螺鼓聲
琴瑟箜篌聲
簫笛之音聲

③ 청정하고 고운 노래 소리
　　이들 들어도 집착하지 않고
　　무수한 종류의 사람의 소리

淸淨好歌聲
聽之而不著
無數種人聲

모두 다 듣고 알아 들으며	聞悉能解了

④ 또 여러 천신들의 소리와 　　　　又聞諸天聲
　 미묘한 노래 소리도 듣고 　　　　微妙之歌音
　 그리고 남자 여자의 소리와 　　　及聞男女聲
　 동자 동녀의 소리도 들으며 　　　童子童女聲

⑤ 산천과 험준한 계곡 속의 　　　　山川嶮谷中
　 가릉빈가 소리와 　　　　　　　　迦陵頻伽聲
　 명명조4 등 여러 새들의 　　　　 命命等諸鳥
　 그 음성도 모두 다 듣고 　　　　　悉聞其音聲

⑥ 지옥에서 온갖 고통받아 　　　　 地獄衆苦痛
　 갖가지로 괴로워하는 소리 　　　 種種楚毒聲
　 아귀가 기갈로 핍박되어 　　　　 餓鬼飢渴逼
　 음식 구해 찾는 소리 　　　　　　求索飲食聲

⑦ 여러 아수라들이 　　　　　　　　諸阿修羅等
　 큰 바닷가에 머물러 　　　　　　 居在大海邊
　 서로 말할 때 　　　　　　　　　 自共語言時

----

4 * 북인도에 서식하는 새로서, 울음소리가 아름다워 붓다의 음성을 가리키는 표현의 하나로 쓰이는데, '명명命命'이라는 이름은 그 울음소리로 쓰이는 'jīvakajīvaka'를 의역한 것이다. 한편 이 새는 생사를 같이 하는 두 개의 머리를 가진 전설상의 새를 가리키기도 하는데, 그 두 개의 머리는 붓다와 제바달다와의 관계 등 여러 가지 비유적인 의미로 사용된다.

| 큰 음성을 내어도 | 出于大音聲 |

⑧ 이렇게 설법하는 자는   如是說法者
   이 사이에 편안히 머물러   安住於此間
   이 온갖 소리 멀리서 듣고도   遙聞是衆聲
   귀를 손상치 않으며   而不壞耳根

⑨ 시방세계 중의   十方世界中
   금수들이 서로 부르는 것도   禽獸鳴相呼
   그 설법하는 사람은   其說法之人
   여기에서 모두 다 듣고   於此悉聞之

⑩ 그 여러 범천들 위의   其諸梵天上
   광음천과 변정천에서   光音及遍淨
   나아가 유정천에 이르기까지   乃至有頂天
   말하는 음성들을   言語之音聲

⑪ 법사는 여기에 머물면서   法師住於此
   모두 다 들으며   悉皆得聞之
   일체의 비구들과   一切比丘衆
   여러 비구니들이   及諸比丘尼

⑫ 경전을 독송하거나   若讀誦經典
   남 위해 설해주는 것도   若爲他人說

| 법사는 여기에 머물면서 | 法師住於此 |
| 모두 다 듣고 | 悉皆得聞之 |

⒀ 다시 여러 보살들 있어　　　　復有諸菩薩
　　경전의 가르침 독송하거나　　讀誦於經法
　　남 위해 설해주거나　　　　　若爲他人說
　　편집해 그 뜻 해설하는　　　　撰集解其義

⒁ 이러한 모든 음성들도　　　　　如是諸音聲
　　모두 다 들으며　　　　　　　悉皆得聞之
　　중생 교화하시는　　　　　　　諸佛大聖尊
　　제불 세존께서　　　　　　　　敎化衆生者

⒂ 여러 큰 법회에서　　　　　　　於諸大會中
　　미묘한 법 연설하시는 것도　　演說微妙法
　　이 법화경 수지하는 자는　　　持此法華者
　　모두 다 듣게 되리라　　　　　悉皆得聞之

⒃ 삼천대천세계　　　　　　　　　三千大千界
　　안팎의 모든 음성들　　　　　　內外諸音聲
　　아래로는 아비지옥에서　　　　下至阿鼻獄
　　위로는 유정천에 이르기까지　　上至有頂天

⒄ 그 음성들 모두 들으면서　　　　皆聞其音聲

귀를 손상치 않고	而不壞耳根
그 귀 매우 밝은 까닭에	其耳聰利故
모두 다 능히 분별해 아니	悉能分別知

18 이 법화경 수지하는 자는　　　持是法<花>[華]者
　　비록 아직 천이 얻지 못했지만　　雖未得天耳
　　단지 낳아준 귀만 쓰더라도　　　但用所生耳
　　공덕이 이미 이와 같으리라5　　 功德已如是

19.4

(1) "또 다음 상정진이여, 만약 선남자 선여인이 이 경전을 수지하여 쓰거나 외거나 해설하거나 쓰고 베낀다면, 팔백 가지 비근의 공덕을 성취하여, 이 청정한 비근으로 삼천대천세계의 위아래와 안팎의 갖가지 모든 냄새를 맡을 것이니, 수만나 꽃 냄새,6 사제jātika꽃 냄새, 말리mallikā꽃

"復次 常精進, 若善男子 善女人 受持是經 若讀 若誦 若解說 若書寫, 成就八百 鼻功德, 以是淸淨鼻根 聞於三千大千世界 上下內外 種種諸香, 須曼那華香　　闍提華香

---

5 이근의 장은 대천세계 내외의 십법계의 음성을 두루 듣는다는 것이다, 육도六道를 듣는 것은 육이肉耳·천이天耳이고, 이승을 듣는 것은 곧 혜이慧耳이며, 보살을 듣는 것은 곧 법이法耳이고, 붓다를 듣는 것은 곧 불이佛耳이다. 또 부모가 낳아 준 것은 육이이고, 안팎을 들을 수 있는 것은 천이이며, 듣고도 집착하지 않는 것은 혜이이고, 그르치지 않는 것[不謬]은 법이이며, 일시에 상호 듣는 것[互聞]은 불이이다. 안근에 비례하면 안근도 또한 같으니, 인·천을 보는 것은 (육·천의) 2안이고, 이승을 보는 것은 혜안이며, 보살을 보는 것은 법안이고, 붓다를 보는 것은 불안이다.
6 * 앞에 나온 '수만sumanas' 꽃을 말한다. 이하 본문에 붙여 쓰는 범어 명칭은 범본에 있는 것을 옮긴 것이다.

냄새, 첨복꽃 냄새, 바라라pāṭala꽃 냄새, 붉은 연꽃 냄새, 푸른 연꽃 냄새, 흰 연꽃 냄새, 꽃나무 냄새, 과일나무 냄새, 전단향, 침수향, 다마라발향, 다가라tagara향 및 가루이거나 환이거나 바르는 향인 천만 가지의 섞어 만든 향[和香]을, 이 경전 수지하는 자는 여기에 머물면서 모두 다 능히 분별할 것이다.

또 다시 코끼리 냄새, 말 냄새, 소와 양 등의 냄새, 남자 냄새, 여자 냄새, 동자 냄새, 동녀 냄새와 같은 중생들의 냄새를 구별하여 알고, 그리고 초목과 총림의 냄새를, 가깝거나 멀거나 모든 냄새를 모두 다 맡고 분별하되 틀리지 않을 것이다.

이 경전을 수지하는 자는 비록 여기에 머물더라도 또한 천상의 여러 천신들의 냄새도 맡고, 파리질다라pārijātaka와 구비다라kovidāra나무의 냄새 및 만다라꽃 냄새, 마하만다라꽃 냄새, 만수사꽃 냄새, 마하만수사꽃 냄새, 전단과 침수의 갖가지 가루향, 여러 섞인 꽃들의 냄새, 이러한 등의 하늘의 냄새가 화합하여 내는 냄새를 맡아 알지 못하는 것이 없을 것이다.

末利華香 瞻蔔華香 波羅羅華香 赤蓮華香 靑蓮華香 白蓮華香 華樹香 果樹香 栴檀香 沈水香 多摩羅跋香 多伽羅香 及千萬種和香 若末若丸若塗香, 持是經者 於此間住 悉能分別.
又復別知 衆生之香, 象香 馬香 牛羊等香 男香 女香 童子香 童女香, 及草木叢林香, 若近若遠 所有諸香 悉皆得聞 分別不錯.
持是經者 雖住於此 亦聞天上 諸天之香, 波利質多羅 拘鞞陀羅樹香 及曼陀羅華香 摩訶曼陀羅華香 曼殊沙華香 摩訶曼殊沙華香 栴檀沈水 種種末香 諸雜華香, 如是等天香 和合所出之香 無不聞知.

또 천신들의 몸의 냄새도 맡을 것이니, 석제환인이 수승전[勝殿]7 위에 있으면서 오욕으로 오락하고 즐길 때의 냄새나, 묘법당8 위에 있으면서 도리천의 천신들에게 설법할 때의 냄새나, 동산에서 노닐 때의 냄새 및 다른 남녀 천신들 몸의 냄새도 모두 다 멀리서 맡고, 이렇게 전전해서 나아가 범천의 세계에 이르고, 위로 유정천까지 여러 천신들의 몸의 향기도 역시 다 맡으며, 아울러 천신들이 사르는 향 및 성문의 냄새, 벽지불의 냄새, 보살의 냄새, 제불의 몸의 냄새도 역시 모두 멀리서 맡고 그 소재를 알 것이다.

비록 이 냄새들을 맡으면서도 코는 손상되지도 않고 틀리지도 않으며, 만약 분별하여 남에게 말해주고자 한다면, 기억이 잘못되지도 않을 것이다."

(2) 이 때 세존께서는 이 뜻을 거듭 펴시고자 게송으로 말씀하셨다.

又聞諸天身香, 釋提桓因 在勝殿上 五欲娛樂 嬉戲時香, 若在妙法堂上 爲忉利諸天 說法時香, 若於諸園 遊戲時香 及餘天等 男女身香 皆悉遙聞, 如是展轉 乃至梵世, 上至有頂 諸天身香 亦皆聞之,

幷聞諸天 所燒之香 及聲聞香 辟支佛香 菩薩香 諸佛身香 亦皆遙聞知其所在.

雖聞此香 然於鼻根 不壞不錯, 若欲分別 爲他人說, 憶念不謬."

爾時 世尊 欲重宣此義 而說偈言.

---

7 * '수승전'은 제석천이 사는 궁전 'vaijayanta'를 번역한 것이다.
8 * '묘법당'은 천신들이 모여 인간의 선악을 논의한다는, 도리천에 있는 법당의 이름이다. 선법당善法堂이라고도 부른다.

① 이 사람의 코는 청정하여　　　　　是人鼻淸淨
　　이 세계 중의　　　　　　　　　　於此世界中
　　향기든 악취든　　　　　　　　　若香若臭物
　　갖가지를 다 맡고서 알리라　　　種種悉聞知

② 수만나와 사제　　　　　　　　　須曼那闍提
　　다마라발과 전단　　　　　　　　多摩羅栴檀
　　침수 및 계수의 향기　　　　　　沈水及桂香
　　갖가지 꽃과 열매의 향기　　　　種種華果香

③ 그리고 중생의 냄새와　　　　　　及知衆生香
　　남자와 여인의 냄새를 알고　　　男子女人香
　　설법자는 멀리 머물면서도　　　 說法者遠住
　　냄새 맡고 소재를 알며　　　　　聞香知所在

④ 큰 세력의 전륜성왕과　　　　　　大勢轉輪王
　　작은 전륜왕 및 아들과　　　　　小轉輪及子
　　여러 신하와 여러 궁인들도　　　群臣諸宮人
　　냄새 맡고 소재를 알며　　　　　聞香知所在

⑤ 몸에 걸친 진귀한 보배　　　　　 身所著珍寶
　　및 땅 속의 보배곳간과　　　　　及地中寶藏
　　전륜왕의 보녀도　　　　　　　　轉輪王寶女
　　냄새 맡고 소재를 알며　　　　　聞香知所在

6	사람들의 장신구와	諸人嚴身具
의복 및 영락과	衣服及瓔珞
갖가지 바른 향들도	種種所塗香
냄새 맡고 그 몸을 알며	聞香知其身

7	천신들이 가거나 앉거나	諸天若行坐
노닐고 신통변화하는 것도	遊戲及神變
이 법화경 수지하는 자는	持是法華者
냄새 맡고 모두 능히 알며	聞香悉能知

8	여러 나무와 꽃과 과실	諸樹華果實
및 소유酥油의 향기도	及酥油香氣
경전 수지하는 자는 여기 머물면서	持經者住此
그 소재를 모두 다 알고	悉知其所在

9	여러 산의 깊고 험준한 곳에	諸山深嶮處
전단나무의 꽃이 핀 것과	栴檀樹花敷
그 곳에 있는 중생들까지	衆生在中者
냄새 맡고 모두 능히 알며	聞香皆能知

10	철위산과 큰 바다와	鐵圍山大海
땅 속의 여러 중생들도	地中諸衆生
경전 수지하는 자는 냄새 맡고	持經者聞香
그 소재 모두 다 알며	悉知其所在

⑪ 아수라의 남녀 　　　　　　　　　阿修羅男女
　및 그 여러 권속들이 　　　　　　　及其諸眷屬
　투쟁하거나 유희할 때 　　　　　　鬪諍遊戲時
　냄새 맡고 모두 능히 알며 　　　　聞香皆能知

⑫ 광야의 험한 곳의 　　　　　　　　曠野險隘處
　사자, 코끼리, 호랑이, 이리와 　　師子象虎狼
　들소와 물소 등도 　　　　　　　　野牛水牛等
　냄새 맡고 소재를 알며 　　　　　　聞香知所在

⑬ 만약 임신한 자 있다면 　　　　　　若有懷妊者
　그것의 남·녀·무근無根 및 　　　　　未辯其男女
　비인非人을 아직 분별치 못할 때에도　無根及非人
　냄새 맡고 모두 알 수 있으며 　　　聞香悉能知

⑭ 냄새 맡는 힘으로 　　　　　　　　以聞香力故
　그 처음 임신했을 때 　　　　　　　知其初懷妊
　성취할지 성취하지 못할지9와 　　　成就不成就
　안락하게 복된 아들 낳을지도 알고　安樂産福子

⑮ 냄새 맡는 힘으로 　　　　　　　　以聞香力故

....
9 * 범본에 '성취하지 못한다'라는 것은, 'vinaśa-dharman'(=파괴되기 쉽다는 뜻)으로 표현되어 있어, 생존하지 못하고 사산할 운명임을 뜻하는 것으로 이해된다.

남자와 여자가 생각하는 바와	知男女所念
탐욕하고 성내며 어리석은 마음 알고	染欲癡恚心
또한 선 닦는 것도 알며	亦知修善者

16 땅 속에 온갖 묻혀 있는　　　　　地中衆伏藏
　　금·은 등 여러 진귀한 보배와　　金銀諸珍寶
　　동그릇에 담겨 있는 것들도　　　銅器之所盛
　　냄새 맡고 모두 능히 알며　　　　聞香悉能知

17 그 가치를 아는 자 없는　　　　　種種諸瓔珞
　　갖가지 모든 영락도　　　　　　　無能識其價
　　냄새 맡고서 귀하고 천함과　　　聞香知貴賤
　　출처 및 소재를 알고　　　　　　出處及所在

18 천상의 만다라꽃과　　　　　　　天上諸華等
　　만수사꽃과　　　　　　　　　　曼陀曼殊沙
　　파리질다수의 여러 꽃 등도　　　波利質多樹
　　냄새 맡고 모두 능히 알며　　　　聞香悉能知

19 천상의 여러 궁전들의　　　　　　天上諸宮殿
　　상·중·하의 차별과　　　　　　　上中下差別
　　온갖 보배꽃으로 장엄한 것도　　衆寶花莊嚴
　　냄새 맡고 모두 능히 알며　　　　聞香悉能知

⑳ 하늘의 원림과 수승전과　　　　天園林勝殿
　　여러 누각과 묘법당　　　　　　諸觀妙法堂
　　안에 있으면서 오락하는 것도　　在中而娛樂
　　냄새 맡고 모두 능히 알며　　　 聞香悉能知

㉑ 여러 천신들이 법을 듣거나　　　諸天若聽法
　　혹은 오욕을 누릴 때　　　　　　或受五欲時
　　오고 가며 앉고 눕는 것도　　　 來往行坐臥
　　냄새 맡고 모두 능히 알며　　　 聞香悉能知

㉒ 천녀가 입은 옷이　　　　　　　　天女所著衣
　　좋은 꽃과 향으로 장엄되고　　　好華香莊嚴
　　두루 다니며 노닐 때에도　　　　周旋遊戲時
　　냄새 맡고 모두 능히 알며　　　 聞香悉能知

㉓ 이렇게 전전하여 올라가　　　　　如是展轉上
　　나아가 범천세계에 이르러　　　 乃至於梵世
　　선정에 들고 선정에서 나오는 자도　入禪出禪者
　　냄새 맡고 모두 능히 알며　　　 聞香悉能知

㉔ 광음천과 변정천에서　　　　　　 光音遍淨天
　　나아가 유정천에 이르기까지　　 乃至于有頂
　　처음 태어나고 물러나 죽는 것도　初生及退沒
　　냄새 맡고 모두 능히 알며　　　 聞香悉能知

제19 법사공덕품　541

25 여러 비구 대중들이 　　　　　　　　諸比丘衆等
　　가르침에서 항상 정진하여 　　　　於法常精進
　　앉거나 경행하거나 　　　　　　　若坐若經行
　　그리고 경법 독송하고 　　　　　　及讀誦經法

26 혹은 나무 아래에 있으면서 　　　　或在林樹下
　　집중하여 좌선하는 것도 　　　　　專精而坐禪
　　경전 수지하는 자는 냄새 맡고 　　持經者聞香
　　그 소재 모두 다 알며 　　　　　　悉知其所在

27 보살이 뜻 견고하여 　　　　　　　菩薩志堅固
　　좌선하거나 독송하거나 　　　　　坐禪若讀誦
　　혹은 남 위해 설법하는 것도 　　　或爲人說法
　　냄새 맡고 모두 능히 알며 　　　　聞香悉能知

28 온갖 곳에서 세존께서 　　　　　　在在方世尊
　　일체의 공경받으며 　　　　　　　一切所恭敬
　　중생 연민해 설법하는 것도 　　　愍衆而說法
　　냄새 맡고 모두 능히 알며 　　　　聞香悉能知

29 중생이 붓다 앞에 있으면서 　　　　衆生在佛前
　　경전 듣고 모두 기뻐하며 　　　　　聞經皆歡喜
　　여법하게 수행하는 것도 　　　　　如法而修行
　　냄새 맡고 모두 능히 아니 　　　　聞香悉能知

|30| 비록 아직 보살의　　　　　　　　　　雖未得菩薩
　　무루법으로 낳는 코 얻지 못했어도　　無漏法生鼻
　　이 경전 수지하는 자는　　　　　　　而是持經者
　　이런 코의 모습 먼저 얻으리라10　　　先得此鼻相

19.5

⑴ "또 다음 상정진이여, 만약 선남자 선여인이 이 경전을 수지하여 읽거나 외거나 해설하거나 쓰고 베낀다면, 천이백 가지 설근의 공덕을 얻어, 좋거나 나쁘거나 맛있거나 맛없거나 모든 쓰고 떫은 것도 그의 혀에서 모두 최상의 맛으로 변하여 하늘의 감로처럼 맛없는 것이 없게 될 것이다.

　　만약 혀로써 대중 속에서 연설한다면

"復次　常精進, 若善男子善女人 受持是經 若讀若誦　若解說若書寫, 得千二百　舌功德, 若好若醜　若美不美 及諸苦澀物 在其舌根 皆變成 上味 如天甘露 無不美者.

若以舌根 於大衆中 有

---

10 비근의 장 역시 위와 같다. 부모가 낳아준 것은 육비이고, 대천세계의 안팎을 맡는 것은 천비이며, 물들지 않고 집착하지 않는 것은 혜비이고, 분별하되 그르치지 않는 것은 법비이며, 일시에 호용하는 것은 불비이다. 이 장에서 호용하는 것을 밝힌 것을 보면, 코로 좋고 나쁨을 알고 귀하고 천함을 구별하며 천궁의 장엄 등을 아는 것은 곧 코에 눈의 작용이 있는 것이고, 경전 읽고 설법함을 냄새 맡고 능히 아는 것은 코에 귀의 작용이 있는 것이며, 여러 나무와 꽃과 과실 및 소유蘇油의 향기는 코에 혀의 작용이 있는 것이고(=착오 있는 듯), 선에 들고 선에서 나옴을 아는 것은 선에 여덟 가지 감촉이 있기 때문이고, 오욕을 즐기는 것 역시 촉법이므로, 코에 몸의 작용이 있는 것이고, 탐욕하고 성내며 어리석은 마음을 또한 알고, 선을 닦는 (것 아는) 것은 코에 정신의 작용이 있는 것이다. 비근의 자재하고 뛰어난 작용이 이와 같으니, (나머지) 5근도 비례해서 역시 이러할 것이다.

깊고 오묘한 소리 내어 그들 마음에 능히 들어 모두 기쁘고 즐겁게 할 것이고, 또 여러 천자·천녀·제석·범천의 천신들이 이 깊고 오묘한 음성으로 연설하는 언론의 전개를 듣고 모두 다 와서 들을 것이며, 그리고 여러 용과 용녀, 야차와 야차녀, 건달바와 건달바녀, 아수라와 아수라녀, 가루라와 가루라녀, 긴나라와 긴나라녀, 마후라가와 마후라가녀들이 법을 듣기 위해 모두 와서 친근하고 공경하며 공양할 것이고, 그리고 비구, 비구니, 우바새, 우바이들, 국왕과 왕자들, 여러 신하와 권속들, 작은 전륜왕과 큰 전륜왕, 일곱 가지 보배와 천 명의 아들들, 안팎의 권속들이 그들의 궁전을 타고 함께 와서 법을 들을 것이며, 이 보살이 설법을 잘 하는 까닭에 바라문과 거사와 국내의 인민들이 그의 목숨 다하도록 따라 모시고 공양할 것이다.

또 여러 성문, 벽지불, 보살과 제불들께서 항상 그를 보기를 좋아하시고, 이 사람이 있는 쪽은 제불께서 모두 그 곳을 향해 설법하시므로, 일체의 불법을 모두 능히 수지할 것이며, 또 깊고 오묘한

所演說 出深妙聲 能入其心 皆令 歡喜快樂, 又諸天子天女 釋梵諸天 聞是深妙音聲 有所演說 言論次第 皆悉來聽, 及諸龍龍女 夜叉夜叉女 乾闥婆乾闥婆女 阿修羅阿修羅女 迦樓羅迦樓羅女 緊那羅緊那羅女 摩睺羅伽摩睺羅伽女 爲聽法故 皆來親近 恭敬供養, 及比丘比丘尼 優婆塞優婆夷 國王王子 群臣眷屬 小轉輪王 大轉輪王 七寶千子 內外眷屬 乘其宮殿 俱來聽法, 以是菩薩 善說法故 婆羅門居士 國內人民 盡其形壽 隨侍供養.
又諸聲聞 辟支佛 菩薩諸佛 常樂見之, 是人所在方面 諸佛皆向 其處說法, 悉能受持 一切佛法, 又能出於 深妙法

법음을 능히 낼 것이다." 音."

(2) 이 때 세존께서는 이 뜻을 거듭 펴시고자 게송으로 말씀하셨다. 爾時 世尊 欲重宣此義 而說偈言.

① 이 사람의 설근은 청정하여
　끝내 나쁜 맛 받지 않아
　그가 먹고 마시는 것은
　모두 다 감로로 변하리라

是人舌根淨
終不受惡味
其有所食噉
悉皆成甘露

② 깊고 맑으며 오묘한 소리로
　대중에게 설법하면서
　여러 인연과 비유로
　중생의 마음 인도하니

以深淨妙聲
於大衆說法
以諸因緣喩
引導衆生心

③ 듣는 자 모두 기뻐해
　여러 최상의 공양 베풀고
　여러 천신, 용, 야차
　및 아수라 등은

聞者皆歡喜
設諸上供養
諸天龍夜叉
及阿修羅等

④ 모두 공경하는 마음으로
　함께 와서 법 들으며
　이 설법하는 사람이
　만약 오묘한 음성으로

皆以恭敬心
而共來聽法
是說法之人
若欲以妙音

제19 법사공덕품　545

5 두루 삼천세계 채우고자 한다면 遍滿三千界
  뜻 대로 곧 능히 이를 것이고 隨意卽能至
  크고 작은 전륜왕들 大小轉輪王
  및 천의 아들들과 권속들이 及千子眷屬

6 합장하고 공경하는 마음으로 合掌恭敬心
  항상 와서 법 청수하며 常來聽受法
  여러 천신, 용, 야차와 諸天龍夜叉
  나찰과 비사사들도 羅刹毘舍闍

7 역시 기뻐하는 마음으로 亦以歡喜心
  항상 즐겨 와서 공양하고 常樂來供養
  범천왕과 마왕 梵天王魔王
  자재천왕과 대자재천왕 自在大自在

8 이런 여러 하늘의 중생들도 如是諸天衆
  항상 그의 처소 찾아 오며 常來至其所
  여러 붓다들 및 제자들도 諸佛及弟子
  그의 설법하는 음성을 듣고 聞其說法音

9 항상 새겨서 수호하시고 常念而守護
  혹 때론 몸도 나투시리라[11] 或時爲現身

---

[11] 설근의 장 역시 위와 같다. 부모가 낳아준 것은 곧 육설肉舌이지만, 능히 십법계의 말을 하므로 이에 의하면 곧 오설五舌의 뜻이 분명하다. 즉 능히

19.6

(1) "또 다음 상정진이여, 만약 선남자 선여인이 이 경전을 수지하여 읽거나 외거나 해설하거나 쓰고 베낀다면, 팔백 가지 신근의 공덕을 얻어, 맑은 유리와 같은 청정한 몸을 얻어서 중생들이 보고 기뻐할 것이다.

그의 몸 청정한 까닭에 삼천대천세계의 중생들이 태어나고 죽을 때의 뛰어나고 못남, 좋고 나쁨, 선처와 악처에 태어남이 모두 그 몸에 나타나고, 그리고 철위산, 대철위산, 미루산, 마하미루산 등의 여러 산들 및 그 속의 중생들도 모두 그 몸에 나타나며, 아래로 아비지옥에서 위로 유정천까지의 모든 것과 중생들도 모두 그 몸에 나타나고, 성문이나 벽지불, 보살, 제불께서 설법하시는 것도 모두 그 몸에 그 색상을 나타낼 것이다."

(2) 이 때 세존께서는 이 뜻을 거듭 펴시고자 게송으로 말씀하셨다.

"復次 常精進, 若善男子善女人 受持是經 若讀 若誦 若解說 若書寫, 得八百 身功德, 得淸淨身 如淨琉璃 衆生喜見.

其身淨故 三千大千世界衆生 生時死時 上下好醜 生善處惡處 悉於中現, 及鐵圍山 大鐵圍山 彌樓山 摩訶彌樓山 等諸山 及其中衆生 悉於中現, 下至阿鼻地獄 上至有頂 所有 及衆生 悉於中現, 若聲聞 辟支佛 菩薩 諸佛說法 皆於身中 現其色像."

爾時 世尊 欲重宣此義 而說偈言.

십법계의 말을 하는 것은 곧 천설이고, 무너뜨리지 않는 것은 곧 혜설이며, 그르치지 않는 것은 곧 법설이고, 일시에 호용하는 것은 곧 불설이다.

1	만약 법화경 수지하는 자라면	若持<花>[華]者
	그의 몸 매우 청정하여	其身甚淸淨
	마치 저 맑은 유리와 같아	如彼淨琉璃
	중생 모두 보고 기뻐하고	衆生皆喜見

2	또 맑고 밝은 거울에서	又如淨明鏡
	여러 색상 모두 보듯이	悉見諸色像
	보살은 맑은 몸에서	菩薩於淨身
	세상에 있는 것 모두 보되	皆見世所有

3	오직 혼자에게만 명료할 뿐	唯獨自明了
	다른 사람은 보지 못하리라	餘人所不見
	삼천세계 중	三千世界中
	일체의 모든 중생들	一切諸群萌

4	천신, 인간, 아수라	天人阿修羅
	지옥, 아귀, 축생	地獄鬼畜生
	이러한 모든 색상이	如是諸色像
	모두 그 몸에 나타나고	皆於身中現

5	여러 천신들의 궁전과	諸天等宮殿
	나아가 유정천에 이르기까지	乃至於有頂
	철위산 및 미루산과	鐵圍及彌樓
	마하미루산과	摩訶彌樓山

|6| 여러 큰 바다의 물 등도　　　　　　諸大海水等
　　모두 그 몸에 나타나며　　　　　　皆於身中現
　　모든 붓다들 및 성문과　　　　　　諸佛及聲聞
　　불자인 보살들도　　　　　　　　　佛子菩薩等

|7| 홀로 있거나 대중 속에서　　　　　若獨若在衆
　　설법하거나 모두 다 나타나리니　說法悉皆現
　　비록 아직 무루 법성의　　　　　　雖未得無漏
　　미묘한 몸 얻지 못했지만　　　　　法性之妙身

|8| 청정한 평상의 몸으로도　　　　　以淸淨常體
　　일체가 그 몸에 나타나리라12　　一切於中現

19.7

(1) "또 다음 상정진이여, 만약 선남자 선여인이 여래의 멸도 후 이 경전을 수지하여 읽거나 외거나 해설하거나 쓰고 베낀다면, 천이백 가지 의근의 공덕을 얻어, 이 청정한 의근으로 나아가 한 게송

"復次 常精進, 若善男子善女人 如來滅後 受持是經 若讀若誦 若解說若書寫, 得千二百 意功德, 以是淸淨意根 乃

---

12 신근의 장도 또한 위와 같다. 세간에 있는 모두가 그 몸에 나타나는 것은 육신의 작용이고, 위로 유정천에 이르기까지 그 몸에 나타나는 것은 천신의 작용이며, 이승이 그 몸에 나타나는 것은 혜신의 작용이고, 보살이 그 몸에 나타나는 것은 법신의 작용이며, 붓다께서 그 몸에 나타나시는 것은 불신의 작용이다. 일시에 원융하게 나타나고, 일시에 호용하며, 일시에 그르침이 없고, 일시에 집착함이 없다.

이나 한 구절만 듣고도 한량없고 가이없는 뜻을 통달할 것이다.

 그는 이 뜻을 알고 나서 한 게송이나 한 구절을 능히 연설하여 한 달이나 넉 달에 이르고, 나아가 일 년에 이르러도 설한 모든 법은 그 뜻을 따라 모두 실상과 서로 위배하지 않을 것이고, 만약 세속의 경전이나 치세의 언어, 경제 등을 말한다고 하더라도 모두 정법에 수순할 것이며, 삼천대천세계 육취의 중생들이 마음으로 형성하고 움직이며 희론하는 것들도 모두 다 알 것이다.

 비록 아직 무루의 지혜 얻지 못했어도, 그의 의근의 청정함이 이러하기에, 이 사람이 생각하고 헤아리며 말하는 것은 모두가 불법이어서 진실 아님이 없고, 또한 과거의 붓다께서 경전 중에서 설하신 것일 것이다."

(2) 이 때 붓다께서는 이 뜻을 거듭 펴시고자 게송으로 말씀하셨다.

① 이 사람의 의근은 청정하고
  명료하며 더러움이 없어서

至聞 一偈一句 通達無量 無邊之義.
解是義已 能演說 一句一偈 至於 一月四月, 乃至一歲 諸所說法 隨其義趣 皆與實相 不相違背, 若說 俗間經書 治世語言 資生業等 皆順正法, 三千大千世界 六趣衆生 心之所行 心所動作 心所戲論 皆悉知之.
雖未得 無漏智慧, 而其意根 清淨如此, 是人 有所思惟 籌量言說 皆是佛法 無不眞實, 亦是先佛 經中所說."

爾時 世尊 欲重宣此義 而說偈言.

是人意清淨
明利無穢濁

이 오묘한 의근으로	以此妙意根
상·중·하의 법을 알고	知上中下法

2 나아가 게송 하나만 듣고도　　　乃至聞一偈
　　한량없는 뜻 통달하며　　　　　通達無量義
　　차례로 여법하게 설하기를　　　次第如法說
　　한 달, 넉 달, 일 년에 이르고　　月四月至歲

3 이 세계 안팎의　　　　　　　　是世界內外
　　일체의 모든 중생들　　　　　　一切諸衆生
　　천신, 용 및 사람과　　　　　　若天龍及人
　　야차와 귀신 등이　　　　　　　夜叉鬼神等

4 그 육취 중에 있으면서　　　　　其在六趣中
　　생각하는 바 여러 가지를　　　　所念若干種
　　법화경 수지한 과보로　　　　　持法<花>[華]之報
　　일시에 모두 다 알며　　　　　　一時皆悉知

5 시방의 무수한 붓다들께서　　　　十方無數佛
　　백복으로 장엄된 모습으로　　　　百福莊嚴相
　　중생 위해 설법하시는 것도　　　爲衆生說法
　　모두 듣고 능히 수지하며　　　　悉聞能受持

6 한량없는 뜻 사유하여　　　　　　思惟無量義

설법하는 것 또한 한량없되	說法亦無量
시종 잊거나 그르침 없음은	終始不忘錯
법화경 수지한 때문이라	以持法華故

⑦ 모든 법의 모습 다 알고　　悉知諸法相
　　뜻 따라 차례를 식별하며　　隨義識次第
　　명자와 언어를 통달하여　　達名字語言
　　아는 대로 연설하는데　　　如所知演說

⑧ 이 사람이 설하는 바는　　　此人有所說
　　모두가 과거 붓다의 법이라　皆是先佛法
　　이 법 연설하는 까닭에　　　以演此法故
　　대중 속에서 두려움 없으리니　於衆無所畏

⑨ 법화경 수지하는 자의　　　持法<花>[華]經者
　　의근의 청정함 이와 같아서　意根淨若斯
　　비록 아직 무루 못얻었어도　雖未得無漏
　　먼저 이런 모습 있으리라　　先有如是相

⑩ 이 사람은 이 경전 수지하여　是人持此經
　　희유한 경지에 안주해서　　安住希有地
　　일체의 중생들이　　　　　　爲一切衆生
　　기뻐하고 애경하는 바 되며　歡喜而愛敬

[11] 능히 천만 가지의　　　　　　能以千萬種
　　 선교한 언어로써　　　　　　　善巧之語言
　　 분별하여 법 설함은　　　　　 分別而說法
　　 법화경 수지한 때문이다13　　 持法<花>[華]經故

....
13 의근의 장 역시 위와 같다. 세간의 살림살이와 생산하는 업이 모두 정법에 수순하는 것은 인의人意의 청정이고, 천신들이 마음으로 형성하고 움직이는 것을 모두 아는 것은 천의天意의 청정이다. 넉 달은 곧 사성제이고, 일 년은 열두 달로, 이는 십이인연이니, 이들이 실상과 서로 위배되지 않는 것은 혜의慧意의 청정이고, 한 달은 곧 일승이므로 보살(=법의法意)의 청정이며, 사량하는 것 모두 과거 붓다께서 경전에서 설하신 것은 곧 불의佛意의 청정이다. 일시에 원융하여 밝고, 일시에 원융하게 호용하며, 일시에 물듦이 없고, 일시에 그르침이 없으니, 근의 작용이 자재해서 차기도 하고 줄기도 하며 평등하기도 하고 청정하기도 하다.

제19 법사공덕품　553

제20 상불경보살품[1]   常不輕菩薩品 第二十

20.1[2]

(1) 그 때 붓다께서는 득대세보살마하살에게 말씀하셨다.   爾時 佛告 得大勢菩薩摩訶薩.

"그대는 이제, 만약 법화경을 수지하는 비구, 비구니, 우바새, 우바이를, 만약 누군가가 나쁜 말로 욕하거나 비방한다면 큰 죄보 얻는 것이 앞에서 말한 것과 같고, 그가 얻는 공덕도 앞에서 말한 것과   "汝今當知. 若比丘比丘尼 優婆塞優婆夷 持法<花>[華]經者, 若有惡口 罵詈誹謗 獲大罪報 如前所說, 其所得功德

---

1 안으로 '불경不輕'의 이해를 품고, 밖으로 불경의 대상을 공경하며, 몸으로 불경의 행을 세우고, 입으로 불경의 가르침을 폈으므로, 사람들이 불경이라는 이름을 지었다. '불경의 이해'라 함은 《법화론》에서 이르기를, "이 보살은 중생에게 불성이 있음을 알고 감히 이들을 업신여기지 않았다."라고 하였다. 불성에는 다섯 가지가 있다. 정인正因불성은 과거와 미래에 통하고, 연인불성과 요인불성은 종자가 본래 있어서 지금 우연한 것은 아니라는 것이며, 과불성(=보리)과 과과果果불성(열반)은 결정코 얻을 것이므로 결코 헛되지 않다는 것이니, 이를 '불경의 이해'라고 한다. 이 이해를 남에게 적용하여 그 역시 이와 같다고 하니, 이를 '불경의 대상'을 공경하는 것이라고 이름한다. 이 대상을 공경하기 때문에 '불경의 행'이라고 이름하고, 이 말을 폈기 때문에 '불경의 가르침'이라고 이름한다. 과거 헐뜯는 자들은 이로써 사람을 이름하였으나, 지금 경전 편집자는 이로써 품을 이름하였다.
  이 품은 사람을 이끌어 증명으로 삼아서, 5품의 공덕이 깊고 육근청정의 과보가 무거움을 증명해서, 내 과거에 수희하여 현보·생보·후보를 얻었다고 함으로써 유통할 사람을 모으는 것이다.

2 글에는 20.1의 장행과 20.2의 게송이 있고, 장행은 셋이 된다. 첫째 (1)에서는 앞 품에서의 죄와 복을 쌍으로 가리키고, 둘째 (2)와 (3)에서는 이 품에서 믿음과 헐뜯음[信毁]을 쌍으로 열었으며, 셋째 (4)에서는 후세의 두 가지 역순을 들어 쌍으로 권했다. 먼저 쌍으로 가리켰다고 한 것은, 먼저 죄를 가리키는 것은 법사품(=제10)의 설과 같다는 것이고, 다음 복을 가리키는 것은 공덕품(제17 내지 19)의 설과 같다는 것이다.

같아 안·이·비·설·신·의근이 청정할 것이라고 알아야 한다.

(2)3 득대세여, 지나간 옛날 한량없고 가이없는 불가사의 아승기 겁을 지나서, 명호를 위음왕威音王여래 응공 정변지 명행족 선서 세간해 무상사 조어장부 천인사 붓다 세존이라고 하는 붓다께서 계셨는데, 겁의 이름은 이쇠離衰였고, 나라의 이름을 대성大成이었다.

그 위음왕붓다께서는 그 세상에서 천·인·아수라들을 위해 설법하셨는데, 성문 구하는 자에게는 사성제의 법을 설하여 생·노·병·사를 건너 열반에 이르게 하셨고, 벽지불 구하는 자에게는 십이인연의 법을 설하셨으며, 여러 보살들에게는 아뇩다라삼먁삼보리로 인하여 육바라밀의 법을 설하시어 붓다의 지혜에 이르게 하셨다.

득대세여, 이 위음왕붓다의 수명은 사십만억 나유타 항하사의 겁이었고, 정법

如向所說　眼耳鼻舌身意淸淨.

得大勢, 乃往古昔　過無量無邊　不可思議　阿僧祇劫, 有佛名　威音王如來　應供　正遍知　明行足　善逝　世間解　無上士　調御丈夫　天人師　佛 世尊, 劫名　離衰, 國名　大成.
其威音王佛　於彼世中　爲天人阿修羅　說法, 爲求聲聞者　說應四諦法　度生老病死　究竟涅槃, 爲求辟支佛者　說應十二因緣法, 爲諸菩薩　因阿耨多羅三藐三菩提　說應六波羅蜜法　究竟佛慧.
得大勢, 是威音王佛壽四十萬億　那由他　恒河

---

3 둘째 믿고 헐뜯음을 쌍으로 여는 것에는 (2) 본사(=과거의 일)의 근본[事本]과 (3) 본사本事의 둘이 있다. 본사의 근본에는 시절·명호·겁·국·설법 등이 있다.

이 세상에 머문 겁의 수는 1염부제의 미진수와 같았으며, 상법이 세상에 머문 겁의 수는 사천하의 미진수와 같았다.

 그 붓다께서는 중생들을 요익하시고 난 연후에 멸도하셨고, 정법과 상법도 다 사라진 뒤 이 국토에 다시 붓다께서 계셔 출현하시어, 역시 명호를 위음왕威音王 여래 응공 정변지 명행족 선서 세간해 무상사 조어장부 천인사 붓다 세존이라고 하셨고, 이와 같이 차례로 이만억의 붓다들께서 계셨는데 모두 동일한 명호이셨다.

(3)4 ① 최초의 위음왕께서 이미 멸도하시고 정법도 사라진 뒤의 상법 중에, ② 증상만의 비구들이 큰 세력을 가졌는데, 그 때 한 보살비구가 있어 이름을 상불경常不輕이라고 하였다.

 ③5 득대세여, 무슨 인연으로 상불경이라 이름했겠는가? 이 비구는 무릇 보이

沙劫, 正法住世劫數 如一閻浮提微塵, 像法住世劫數 如四天下微塵. 其佛 饒益衆生已 然後滅度, 正法像法 滅盡之後 於此國土 復有佛出, 亦號 威音王如來 應供 正遍知 明行足 善逝 世間解 無上士 調御丈夫 天人師 佛 世尊, 如是 次第 有二萬億佛 皆同一號.

最初威音王如來 旣已滅度 正法滅後 於像法中, 增上慢比丘 有大勢力, 爾時有一 菩薩比丘 名常不輕.

得大勢, 以何因緣 名常不輕? 是比丘 凡有所

---

4 이하 둘째 본사를 밝히는 글에는 셋이 있다. 먼저 ①에서는 시절을 밝혔고, 둘째 ②에서는 두 사람의 이름(=증상만의 비구와 상불경보살)을 쌍으로 표방했으며, 셋째 ③ 이하에서는 득실을 쌍으로 밝혔다.
5 셋째 득실을 쌍으로 밝힌 글에는 둘이 있다. 먼저 ③에서는 믿는 자에 나아가 얻음을 논했고, 뒤의 ④는 헐뜯는 자의 잃음을 밝혔다.

기만 하면, 비구든 비구니든 우바새든 우바이든 모두 다 예배하고 찬탄하여 말하기를, '나는 당신들을 깊이 존경하고 감히 얕보지 않습니다. 어째서인가 하면 당신들은 모두 보살도 행하여 장차 성불할 것이기 때문입니다.'라고 하였다.

그리고 이 비구는 오로지 경전 독송하지 않고 단지 예배만을 행하고, 나아가 멀리서 사부대중을 보더라도 역시 또한 일부러 가서 예배하고 찬탄하여 말하기를, '나는 당신들을 감히 얕보지 않으니, 당신들은 모두 장차 성불할 것이기 때문입니다.'라고 하였다.6

④ 사부대중 중에 성 내고 마음 청정치 못한 자 있어 나쁜 말로 욕해 말하였다. '이 무지한 비구가 어디서 와서 나는 당신을 얕보지 않는다고 말하고, 우리들에게 장차 성불하리라는 수기 주는가. 우리들에게 이런 허망한 수기는 소용없다.'

見, 若比丘比丘尼 優婆塞優婆夷 皆悉 禮拜讚歎 而作是言, '我深敬汝等 不敢輕慢. 所以者何 汝等 皆行菩薩道 當得作佛.'

而是比丘 不專讀誦經典 但行禮拜, 乃至 遠見四衆 亦復故往 禮拜讚歎 而作是言,

'我不敢 輕於汝等, 汝等 皆當作佛.'

四衆之中 有生瞋恚 心不淨者 惡口罵詈言.

'是無智比丘 從何所來 自言 我不輕汝, 而與我等授記 當得作佛. 我等不用如是 虛妄授記.'

....
6 이는 정설의 큰 근본을 얻고, 유통의 오묘한 이익을 얻는 것이다. 얕보지 않고 깊이 존경함은 여래의 자리이고, 때리고 욕하는 것을 참는 것은 여래의 옷이며, 자비심을 항상 행하고 바꾸지 않는 것은 여래의 방이다. 또 깊이 존경하는 것은 의업이고, 얕보지 않는다는 말은 구업이며, 일부러 가서 예배하는 것은 신업이고, 이 삼업이 자비와 함께 하는 것은 곧 서원의 안락행이다. 이와 같은 셋(=여래의 자리·옷·방)과 넷(=4안락행)은 어찌 유통의 오묘한 이익이 아니고, 무엇이라 해야 할 것인가?

이렇게 여러 해 동안 항상 욕 먹으면서도 성내지 않고 항상 당신들은 성불할 것이라고 말하였는데, 이 말을 할 때 사람들은 혹은 몽둥이로 때리고 기와와 돌을 던지면, 피하여 멀리 가서 오히려 큰 소리로, '나는 감히 당신들 얕보지 않으니, 당신들은 모두 성불할 것이기 때문입니다.'라고 말하였으니, 그가 항상 이런 말을 하였기 때문에 증상만의 비구·비구니·우바새·우바이들이 그를 이름지어 상불경이라고 하였던 것이다.7

如此 經歷多年 常被罵詈 不生瞋恚 常作是言 汝當作佛, 說是語時 衆人或以 杖木瓦石 而打擲之, 避走遠住 猶高聲唱言, '我不敢 輕於汝等, 汝等皆當作佛', 以其 常作是語故 增上慢 比丘比丘尼 優婆塞 優婆夷 號之 爲常不輕.

(4)8 ① 이 비구가 죽음이 임박하였을 때 허공에서 위음왕불께서 먼저 설하셨던 법화경의 이십천만억 게송이 갖추어 들려와 모두 다 수지해서, 곧 위와 같은 안근의 청정과 이·비·설·신·의근의 청정을 얻었고, 이 육근의 청정을 얻고 나니 다시 수명이 늘어, 이백만억 나유타 해 동

是比丘 臨欲終時 於虛空中 具聞 威音王佛 先所說法華經 二十千萬億偈 悉能受持, 卽得如上 眼根淸淨 耳鼻舌身意根淸淨, 得是六根淸淨已 更增壽命, 二百萬

---

7 '항상 이런 말을 하였기 때문'이라고 한 것은 믿는 자가 깊이 믿어서 쉬지 않았음을 맺은 것이고, 사부대중이 '이름지어 상불경이라고 하였다'는 것은 헐뜯는 자가 헐뜯어서 그치지 않았음을 맺은 것이다.
8 이하 믿고 헐뜯음의 과보를 쌍으로 밝히는 글에 둘이 있다. 처음 ①과 ②는 믿음의 과보를 밝히는 것, 뒤의 ③ 이하는 헐뜯음의 과보를 밝히는 것이다. 처음의 글에 둘이 있으니, ①은 과보를 밝힌 것이고, 뒤의 ②는 고금을 연결하는 것이다.

안 남을 위해 이 법화경을 널리 설하였다.

그 때 증상만의 비구·비구니·우바새·우바이의 사부대중으로서, 이 사람을 업신여겨 불경이라는 이름을 지었던 자들은, 그가 큰 신통의 힘과 요설변재의 힘과 큰 선적善寂의 힘 얻는 것을 보고 그가 말하는 것을 듣고는, 모두 믿어 복종하고 따랐다.

이 보살은 다시 천만억의 중생들을 교화하여 아뇩다라삼먁삼보리에 머물게 하였고, 죽은 후에는 모두 명호를 일월등명이라고 하는 이천억의 붓다들을 뵙고, 그 법 중에서 이 법화경을 설했다. 이 인연으로 명호를 같이 운자재등왕이라고 하는 이천억의 붓다들을 다시 뵙고, 이 모든 붓다들의 법 중에서 이 경전을 수지독송하고 여러 사부대중 위해 설한 연고로, 항상 이 안근의 청정과 이·비·설·신·의근의 청정을 얻어, 사부대중 속에서 설법하면서 마음에 두려움이 없었다.

득대세여, 이 상불경보살마하살은 이러한 여러 붓다들을 공양하고 공경하며 존중하고 찬탄하며 여러 선근을 심었고,

億 那由他歲 廣爲人說 是法華經.
於時 增上慢四衆 比丘比丘尼 優婆塞優婆夷, 輕賤是人 爲作不輕名者, 見其得 大神通力 樂說辯力 大善寂力 聞其所說, 皆信伏隨從.

是菩薩復化 千萬億衆 令住阿耨多羅三藐三菩提, 命終之後 得値二千億佛 皆號日月燈明, 於其法中 說是法華經. 以是因緣 復値二千億佛 同號 雲自在燈王, 於此諸佛法中 受持讀誦 爲諸四衆 說此經典故, 得是常眼淸淨 耳鼻舌身意 諸根淸淨, 於四衆中 說法 心無所畏.

得大勢, 是常不輕 菩薩摩訶薩 供養如是 若干諸佛 恭敬尊重讚歎 種

그 후 천만억의 붓다들을 다시 뵙고 역시 여러 붓다들의 법 중에서 이 경전을 설하여 공덕을 성취하였으므로 붓다를 이루게 되었던 것이다.9

② 득대세여, 그대 생각에는 어떤가? 그 때의 상불경보살이 어찌 다른 사람이 겠는가? 곧 나의 몸이었다.10

만약 내가 숙세에 이 경전을 수지 독송하고 남 위해 설하지 아니했더라면 속히 아뇩다라삼먁삼보리를 얻을 수 없었을 것이지만, 내가 예전 붓다들의 처소에서 이 경전을 수지 독송하고 남 위해 설하였기 때문에 속히 아뇩다라삼먁삼보리를 얻을 수 있었던 것이다.

③11 득대세여, 그 때의 비구·비구니·우바새·우바이의 사부대중들은 성내는 마음으로 나를 업신여겼기 때문에 이백억 겁 동안 항상 붓다 뵙지 못하고 법 듣

諸善根, 於後復值 千萬億佛 亦於諸佛法中 說是經典 功德成就 當得作佛.

得大勢, 於意云何? 爾時 常不輕菩薩 豈異人乎? 則我身是.

若我於宿世 不受持讀誦 此經 爲他人說者 不能疾得 阿耨多羅三藐三菩提, 我於先佛所 受持讀誦此經 爲人說故 疾得阿耨多羅三藐三菩提.

得大勢, 彼時四衆 比丘比丘尼 優婆塞優婆夷 以瞋恚意 輕賤我故 二百億劫 常不值佛 不聞

---

9 믿는 자에게 세 가지 과보를 논했으니, 현보로서 육근의 청정을 얻고, 생보로서 등명불을 만나며, 후보로서 이천억의 붓다들을 만난다고 했다. '신통의 힘'은 신업의 청정이고, '요설변재의 힘'은 구업의 청정이며, '선적의 힘'은 의업의 청정이다.
10 연결하는 것에 또 둘이 있다. 먼저 여기까지는 연결하는 것이고, 뒤의 그 아래는 믿는 자를 들어 따르기를 권하는 것이다.
11 둘째 헐뜯은 자의 과보 밝히는 글에 둘이 있다. 먼저 ③은 과보 얻는 것을 밝힌 것이고, 뒤의 ④는 고금을 연결하는 것이다.

지 못하고 스님 보지 못하였고, 천 겁 동안 아비지옥에서 큰 고뇌 받았으며, 이 죄 마치고 나서 다시 상불경보살을 만나 아뇩다라삼먁삼보리의 교화를 받았다.12

④ 득대세여, 그대 생각에는 어떤가? 그 때의 사부대중으로 항상 이 보살을 업신여긴 자들이 어찌 다른 사람이겠는가? 지금 이 법회에 있는 발타바라 등의 오백 보살과 사자월 등의 오백 비구니와 사불 등의 오백 우바새 등 모두 아뇩다라삼먁삼보리에서 퇴전하지 않는 자들이 그들이었다.13

득대세여, 이 법화경은 모든 보살마하살들을 크게 요익하여, 아뇩다라삼먁삼보리에 이를 수 있게 하는 것임을 알아야 한다.

그러므로 모든 보살마하살들은 여래의

法 不見僧, 千劫 於阿鼻地獄 受大苦惱, 畢是罪已 復遇 常不輕菩薩 敎化阿耨多羅三藐三菩提. 得大勢, 於汝意云何? 爾時 四衆常輕 是菩薩者 豈異人乎?

今此會中 跋陀婆羅等 五百菩薩 師子月等 五百比丘尼 思佛等 五百優婆塞 皆於阿耨多羅三藐三菩提 不退轉者是.

得大勢, 當知 是法華經 大饒益 諸菩薩摩訶薩, 能令至於 阿耨多羅三藐三菩提.

是故 諸菩薩摩訶薩 於

---

12 헐뜯은 자는 선·악 두 가지의 과보를 받으니, 비방했기 때문에 악에 떨어지는 것과, 불성의 이름을 들은 독고毒鼓(=독 바른 북. 36권본 《대반열반경》 제9권에서 이 북소리를 열반의 교법에 비유하여, 이 북소리를 듣는 사람은 그 독의 인연으로 모두 죽게 되듯이, 이 경전 역시 무상보리의 인연이 되므로, 이를 들으면 점차 번뇌를 끊게 된다고 하였음)의 힘으로 선한 과보를 얻는 것이다.
13 고금을 연결하는 글에 둘이 있다. 먼저 여기까지는 고금을 연결하는 것이고, 뒤의 그 아래는 경전 거스르는 것을 들어(=해당하는 글은 없음) 따를 것을 나타내고, 수지할 것을 권해 헐뜯는 것을 막은 것이다.

멸도 후 항상 이 경전을 수지하여 독송하며 해설하고 쓰고 베껴야 한다."14	如來滅後 常應受持 讀誦解說 書寫是經."

20.2

이 때 세존께서는 이 뜻을 거듭 펴시고자 게송으로 말씀하셨다.15	爾時 世尊 欲重宣此義 而說偈言.

① 과거에 위음왕이라는 붓다 계셨는데 　 신통·지혜 한량없고 일체를 인도하셔	過去有佛　號威音王 神智無量　將導一切
② 천·인·용신들이 함께 공양하였다 　 이 붓다 멸도 후 법 다하려 할 때에	天人龍神　所共供養 是佛滅後　法欲盡時
③ 이름이 상불경인 한 보살 있었는데 　 사부대중들이 법 헤아려 집착하니	有一菩薩　名常不輕 時諸四衆　計著於法
④ 불경보살은 그 곳으로 찾아가서 　 이르기를, 내 당신들 얕보지 않으니	不輕菩薩　往到其所 而語之言　我不輕汝
⑤ 도 행해 성불할 것이기 때문이라고 　 모든 사람들 듣고 헐뜯고 욕했지만	汝等行道　皆當作佛 諸人聞已　輕毀罵詈

---

14 경전에 큰 힘이 있어 끝내 큰 과보를 감응할 것이니, 힘써 응당 다섯 가지 행을 부지런히 익혀야 한다.
15 19수반의 게송은 둘이 된다. 처음 15수반은 믿고 헐뜯음의 인과를 노래했고, 뒤의 4수는 수지할 것 권함을 노래했다.

| 6| 불경보살은 이를 모두 참아내더라　　　　不輕菩薩　能忍受之
　　그가 죄보 마치고서 죽으려 할 때에　　　其罪畢已　臨命終時

| 7| 이 경전 듣게 되어 육근 청정해지고　　　得聞此經　六根淸淨
　　신통의 힘 때문에 수명이 늘어나서　　　神通力故　增益壽命

| 8| 다시 사람들 위해 이 경전 광설하여　　　復爲諸人　廣說是經
　　법 집착한 대중들이 모두 보살의　　　　諸著法衆　皆蒙菩薩

| 9| 교화성취 받아 불도에 머물게 했다　　　敎化成就　令住佛道
　　불경은 명 끝나고 무수한 붓다 만나　　　不輕命終　値無數佛

|10| 이 경전 설했기에 무량한 복 얻고　　　說是經故　得無量福
　　점차 공덕 갖춰 속히 불도 이루었다　　　漸具功德　疾成佛道

|11| 그 때의 불경은 곧 나의 몸이고　　　　　彼時不輕　則我身是
　　그 때 법에 집착한 사부대중들은　　　　時四部衆　著法之者

|12| 불경의 성불하리라는 말을 듣고　　　　　聞不輕言　汝當作佛
　　이 인연으로 무수한 붓다 뵈었으니　　　以是因緣　値無數佛

|13| 이 법회의 보살인 오백 대중　　　　　　此會菩薩　五百之衆
　　및 사부대중과 청신사·청신녀로서　　　并及四部　淸信士女

⑭ 지금 내 앞에서 법 듣는 자들이라 　　今於我前　聽法者是
　　내가 전생에서 이들에게 권하여 　　　我於前世　勸是諸人

⑮ 으뜸 되는 법인 이 경전 듣게 하고 　　聽受斯經　第一之法
　　개시하고 가르쳐 열반에 머물게 하며 　開示教人　令住涅槃

⑯ 세세에 이 경전을 수지하게 하였다 　　世世受持　如是經典
　　억억만 겁 내지 불가사의 겁의 　　　　億億萬劫　至不可議

⑰ 시간 되어야 이 법화경 듣게 되고 　　時乃得聞　是法華經
　　억억만 겁 내지 불가사의 겁에야 　　　億億萬劫　至不可議

⑱ 제불세존들 때로 이 경전 설하시니 　　諸佛世尊　時說是經
　　그러니 수행자는 붓다의 멸도 후 　　是故行者　於佛滅後

⑲ 이 경전 듣거든 의혹 내지 말고 　　聞如是經　勿生疑惑
　　응당 일심으로 이 경전 널리 설해야 　應當一心　廣說此經

⑳ 세세에 붓다 뵙고 속히 불도 이루리 　　世世值佛　疾成佛道

제21 여래신력품[1]

如來神力品 第二十一

21.1[2]

(1) 그 때 땅에서 솟아 나온 천세계 미진수와 같은 보살마하살들은 모두 붓다 앞에서 일심으로 합장하고 존안을 우러러 보며 붓다께 말하였다.

"세존이시여, 저희들은 붓다의 멸도 후 세존의 분신들이 계시는 국토와 멸도한 곳에서 이 경전을 널리 설하겠습니다. 어째서인가 하면 저희들 역시 스스로 이 진실하고 청정한 큰 법을 얻어 수지 독송하고 해설 서사하며 이를 공양하고자 하기 때문입니다."[3]

爾時 千世界微塵等 菩薩摩訶薩 從地踊出者 皆於佛前 一心合掌 瞻仰尊顔 而白佛言.

"世尊, 我等 於佛滅後 世尊分身 所在國土 滅度之處 當廣說此經. 所以者何 我等亦 自欲得 是 眞淨大法 受持讀誦 解說書寫 而供養之."

---

1 '여래'는 위에서 이미 해석하였다. '신'이란 헤아릴 수 없다[不測]는 것이고, '력'은 감당하는 작용[幹用]을 이름하는 것이니, 헤아릴 수 없다는 것은 곧 천연의 체가 깊다는 것이고, 감당하는 작용이란 곧 전변하는 힘이 크다는 것이다. 여기에서는 심오한 법을 부촉하기 위해 열 가지 큰 힘을 나투시기 때문에 '신력품'이라고 이름하였다.

　이 품에서 아래로 8개품이 있는데, 부촉하여 유통하는 것이다. 지금 품은 보살이 분부 받고 홍경함을 밝히는 것이고, 다음 품은 여래께서 머리 쓰다듬어 부촉하시는 것이다.

2 글에는 21.1의 장행과 21.2의 게송이 있고, 장행은 셋이 된다. 첫째 (1)은 보살이 분부를 받는 것이고, 둘째 (2)는 붓다께서 신력을 나투시는 것이며, 셋째 (3)은 요점을 맺어 수지하기를 권하시는 것이다. (첫째 글에 둘이 있는데 그) 처음은 경전 편집자가 공경하는 위의를 서술하는 것이고, 다음은 서원 일으켜 홍경하겠다는 것이다.

3 서원 일으켜 홍경하겠다는 것은 셋이 된다. 첫째는 시절이니, 붓다의 멸도

⑵4 ① 그 때 세존께서는 문수사리 등 한량없는 백천만억의 예전부터 사바세계에 머물고 있던 보살마하살들 및 여러 비구, 비구니, 우바새, 우바이와 천신, 용, 야차, 건달바, 아수라, 가루라, 긴나라, 마후라가, 인비인 등 일체의 대중들 앞에서 ② 큰 신통력을 나투셨다. 넓고 긴 혀[廣長舌]를 내시어 위로 범천의 세계에 이르게 하셨고, 일체의 모공에서 한량없고 수 없는 색의 광명을 놓으셔 시방세계를 모두 다 두루 비추시니, 온갖 보배나무 아래의 사자좌 위에 계시던 모든 붓다들께서도 역시 또한 이와 같이 넓고 긴 혀를 내시고 한량없는 광명을 놓으셨다.

석가모니불 및 보배나무 아래의 제불께서 신통력을 나투실 때 백천 년을 채운 다음 다시 혀의 모습을 거두시고 일시에 기침 하고 함께 손가락 튕기시니, 이 두 가지 음성이 시방 제불세계에 두루 이르러 땅이 모두 여섯 가지로 진동

爾時 世尊 於文殊師利
等 無量百千萬億 舊住
娑婆世界 菩薩摩訶薩
及諸比丘比丘尼 優婆
塞優婆夷 天龍夜叉 乾
闥婆 阿修羅 迦樓羅 緊
那羅 摩睺羅伽 人非人
等 一切衆前 現大神力.
出廣長舌 上至梵世, 一
切毛孔 放於無量 無數
色光 皆悉遍照 十方世
界, 衆寶樹下 師子座上
諸佛 亦復如是 出廣長
舌 放無量光.
釋迦牟尼佛 及寶樹下
諸佛 現神力時 滿百千
歲 然後 還攝舌相 一時
謦欬 俱共彈指, 是二音
聲 遍至十方 諸佛世界
地皆 六種震動, 其中衆

후라는 것이고, 둘째는 처소니, 분신 등의 국토라는 것이며, 셋째는 서원하는 것이니, 비단 분부 받들어 남 이익할 뿐 아니라, 또한 스스로 이 진실하고 청정한 큰 법을 원하는데, 겸하여 남 건져서 모두 아리땁게 하는 것이다.
4 이하 둘째 열 가지 신통력을 나투시는 글을 둘이 된다. ①은 상대한 대중들이고, ②는 바로 신통력 나투시는 것이다.

하였고, 그 안의 천신, 용, 야차, 건달바, 아수라, 가루라, 긴나라, 마후라가, 인비인 등의 중생들은 붓다의 신통력 때문에 모두 이 사바세계의 한량없고 가이없는 백천만억의 온갖 보배나무 아래의 사자좌 위에 계시던 제불을 보았으며, 그리고 석가모니붓다께서 다보여래와 함께 보탑 안의 사자좌에 앉아 계신 것도 보았고, 또 한량없고 가이없는 백천만억의 보살마하살들 및 여러 사부대중들이 석가모니 붓다를 공경하며 둘러싸고 있는 것도 보았으니, 이들을 다 보고 나서는 미증유를 얻었다고 모두 크게 기뻐하였다.

그 때 여러 천신들은 허공 중에서 큰 소리로 외쳐 말하였다.

"이 한량없고 가이없는 백천만억의 아승기 세계를 지나 사바라고 이름하는 국토가 있는데, 여기에 명호를 석가모니라고 하는 붓다께서 계셔 지금 보살마하살들을 위해 묘법연화라고 이름하는 대승경전을 설하시니, 보살을 가르치는 법으로 붓다께서 호념하시는 바라, 당신들은 깊은 마음으로 수희해야 하고, 또한 석가모니붓다께 예배하고 공양해야 합니다."

生 天龍夜叉 乾闥婆 阿修羅 迦樓羅 緊那羅 摩睺羅伽 人非人等 以佛神力故 皆見此 娑婆世界 無量無邊 百千萬億 衆寶樹下 師子座上 諸佛, 及見 釋迦牟尼佛 共多寶如來 在寶塔中 坐師子座, 又見 無量無邊 百千萬億 菩薩摩訶薩 及諸四衆 恭敬圍繞 釋迦牟尼佛, 旣見是已 皆大歡喜 得未曾有.
卽時諸天 於虛空中 高聲唱言.
"過此 無量無邊 百千萬億 阿僧祇世界 有國 名娑婆, 是中有佛 名釋迦牟尼 今爲 諸菩薩摩訶薩 說大乘經 名妙法蓮華, 敎菩薩法 佛所護念, 汝等當 深心隨喜,
亦當 禮拜供養 釋迦牟尼佛."

저 모든 중생들은 허공 중의 소리를 듣고 사바세계를 향하여 합장하며 말하기를, '나무석가모니불, 나무석가모니불!'이라고 하고, 갖가지 꽃, 향, 영락, 번기, 일산 및 여러 장신구, 진귀한 보배와 오묘한 물건들을 모두 함께 멀리서 사바세계 향해 뿌리니, 뿌려진 물건들이 시방으로부터 구름 모이듯 와서 보배장막으로 변하여 이 세계에 계신 붓다들 위를 두루 덮었고, 그 때 시방세계는 마치 하나의 불국토인 양 통해져서 막힘이 없었다.5

彼諸衆生 聞虛空中聲已 合掌向娑婆世界 作如是言, '南無釋迦牟尼佛, 南無釋迦牟尼佛!', 以種種 華香瓔珞 幡蓋及 諸嚴身之具 珍寶妙物 皆共遙散 娑婆世界, 所散諸物 從十方來 譬如雲集 變成寶帳 遍覆此間 諸佛之上, 于時十方世界 通達無礙 如一佛土.

---

5 '열 가지 신력'이라 함은 첫째 혀를 토하신 것이다. 지금 경전에서 펴신 개삼현일開三顯一·내비외현內祕外現(=안으로 보살의 행 감추고 밖으로 성문을 나타내는 8.1(3)⑤)·폐근현원廢近顯遠(=가까운 수적의 일을 폐하고 구원의 본지를 드러냄)은 삼세의 익물을 밝힌 것인데, 모두 진실한 진리이고 헛되지 않다. 복덕 있는 사람은 혀가 코에 이르고, 삼장의 붓다께서는 머리칼에 이르는데, 지금은 범천에 이르렀다. 모습이 이미 예사와 다르니, 설하신 것은 더욱 믿을 수 있다.
　둘째 온 몸의 모공 전체에서 광명을 놓으신 것이다. 그로써 두루 시방 비추어서 밝히지 않은 곳 없음은 지혜와 경계가 다하시는 것을 나타낸다.
　셋째 기침하신 것이다. 장차 말씀하시려는 모습이고, 또한 통해 밝은 모습이다. 사십여 년간 진실을 감추셨다가 지금 펴시고 남김이 없으시니, 이는 내가 세상에 나왔던 큰 일이 통해 밝아졌으므로 그래서 기침하신 것이고, 이 법을 보살들에게 부촉하여 후세에 중생 인도해 이익토록 하시고자 장차 이 일을 말씀하시려고 하여 그래서 기침하신 것이다.
　넷째 손가락 퉁기신 것은 수희하시는 것이다. 칠방편에서 같이 원교의 도[圓道]에 든 것을 수희하시고, 원도에서 지혜 늘리고 태어남 줄인 것[增智損生]을 수희하시며, 보살들이 진실하고 청정한 큰 법 수지한 것을 수희하시고, 후세에서 위없는 보배 얻을 것을 수희하시는 것이니, 이 한 번의 손가

(3) 그 때 세존께서는 상행 등의 보살대중들에게 말씀하셨다.6

"㈎ 제불의 신통력은 이처럼 한량없고 가이없으며 불가사의하니, 만약 내가 이 신통력으로 한량없고 가이없는 백천만억의 아승기 겁 동안 부촉하기 위해 이 경전의 공덕을 설한다고 해도 오히려 다할 수가 없다.

㈏ 요약해 말하자면 여래의 일체의 가진 법, 여래의 일체의 자재한 신통력, 여래의 일체의 비요祕要의 법장, 여래의 일체의 매우 깊은 일들을 모두 이 경전에서 펴 보이고 드러내어 설하였다.7

爾時 佛告 上行等 菩薩大衆.

"諸佛神力 如是無量無邊 不可思議, 若我 以是神力 於無量無邊 百千萬億 阿僧祇劫 爲囑累故 說此經功德 猶不能盡.

以要言之 如來一切 所有之法 如來一切 自在神力 如來一切 祕要之藏 如來一切 甚深之事 皆於此經 宣示顯說.

락 튕김은 종으로 삼세를 뚫고 횡으로 시방에 뻗친다.

다섯째 땅이 육종으로 진동한 것은, 초심에서 후심에 이르기까지 여섯 번 무명을 흔드는 것을 나타내는데, 지금은 다시 일체인의 육근을 움직여 청정을 얻게 하는 것도 밝히는 것이다.

여섯째 널리 큰 법회를 보는 것은 제불의 도가 같은 것을 나타낸다.

일곱째 허공 중에서 소리 외친 것은 미래에도 교일敎一이 있을 것임을 나타내고, 여덟째 '나무'하며 귀의하여 붓다의 제자가 되는 것은 미래에도 인일人一이 있을 것임을 나타내며, 아홉째 멀리서 뿌려진 물건들이 운집하여 온 것은 미래에도 행일行一이 있을 것임을 나타내고, 열째 시방이 통하여 하나의 불국토처럼 된 것은 이일理一을 나타내는 것이다.

6 셋째 요점을 맺어 부촉하시는 글에는 넷이 있다. ㈎는 찬탄하여 부촉하시는 것, ㈏는 요점 맺어 부촉하시는 것, ㈐는 권장하여 부촉하시는 것, ㈑는 부촉을 해석하시는 것이다.

7 요점을 맺은 것에 4구가 있다. '일체의 법'이란 일체가 모두 불법이라는 것이니, 이는 일체가 모두 묘명妙名임을 맺은 것이다. '일체의 힘'이란 통달하여 걸림이 없고 8자재(=36권본 《대반열반경》 제21권에서 대열반의 4덕

㈐ 그러므로 그대들은 여래의 멸도 후 응당 일심으로 수지 독송하고 해설 서사하며 설한 대로 수행해야 하고, 그 어느 국토건 만약 누군가가 수지 독송하고 해설 서사하며 설한 대로 수행하거나, 만약 경전책이 있는 곳이라면, 뜰이거나 숲이거나 나무 아래거나 승원이거나 거사의 집이거나 전당이거나 산골짜기나 광야이거나, 여기에는 모두 탑을 세우고 공양해야 한다.

㈑ 까닭이 무엇이겠는가? 이 곳은 곧 도량으로서, 제불께서도 여기에서 아뇩다라삼먁삼보리를 얻으셨고, 제불께서도 여기에서 법륜 굴리셨으며, 제불께서도 여기에서 반열반하셨다고 알아야 하기

是故汝等　於如來滅後 應一心 受持讀誦 解說 書寫 如說修行, 所在國土 若有 受持讀誦 解說 書寫 如說修行, 若經卷 所住之處, 若於園中 若於林中 若於樹下 若於僧坊 若白衣舍 若在殿堂 若山谷曠野, 是中皆應 起塔供養.

所以者何? 當知是處 卽是道場, 諸佛於此 得阿耨多羅三藐三菩提, 諸佛於此 轉于法輪, 諸佛於此 而般涅槃."

중 아덕我德에 8자재아의 뜻이 있다고 한 것. ① 능히 한 몸을 보여 여러 몸이 되는 것, ② 하나의 티끌같은 몸을 대천세계에 가득하도록 나타내는 것, ③ 대천세계에 가득한 몸을 가볍게 들어 멀리 가는 것, ④ 한량없는 부류에게 보이면서도 항상 한 곳에 있는 것, ⑤ 여러 근을 호용하는 것, ⑥ 일체법을 얻고도 얻었다는 지각 없는 것, ⑦ 한 게송을 설하면서 한량없는 겁을 지나는 것, ⑧ 몸이 모든 곳에 두루하여 마치 허공과 같은 것의 여덟 가지)를 갖추었다는 것이니, 이는 묘용妙用을 맺은 것이다. '일체의 비요의 법장'이란 일체처에 두루하여 모두가 실상이라는 것이니, 이는 묘체妙體를 맺은 것이다. '일체의 매우 깊은 일'이란 인과가 깊은 일이니, 이는 묘종妙宗을 맺은 것이다. '모두 이 경전에서 펴 보이고 드러내어 설하였다'고 한 것은, 이 하나의 경전이 오직 넷 뿐임을 총결한 것이니, 그 요긴함을 취해 그들에게 주신 것이다.

때문이다."⁸

21.2
 이 때 세존께서는 이 뜻을 거듭 펴시고자 게송으로 말씀하셨다.⁹

  爾時 世尊 欲重宣此義 而說偈言.

① 세간 구하시는 제불께서는   諸佛救世者
  큰 신통에 머무셔서   住於大神通
  중생들 기쁘게 하시기 위해   爲悅衆生故
  한량없는 신통의 힘 나투시니   現無量神力

② 혀의 모습은 범천에 이르고   舌相至梵天
  몸에서는 무수한 광명 놓으시어   身放無數光
  불도 구하는 자 위해   爲求佛道者
  이런 희유한 일 나투시고   現此希有事

---

8 경전 중에서 요긴한 것을 말하여 요점은 네 가지에 있다고 하였는데, '도량'은 위의 '매우 깊은 일'을 해석한 것이고, '보리 얻으셨다'는 것은 위의 '비요의 법장'을 해석한 것이며, '법륜 굴리셨다'는 것은 위의 '일체의 법'을 해석한 것이고, '열반에 드셨다'는 것은 위의 '신통력'을 해석한 것이다. 이 네 가지 요점이 경문을 모두 거두기 때문에 모두 탑을 세우라고 한 것이다. 말씀하신 요점은, 보리 얻으신 것은 법신이고, 법륜 굴리신 것은 반야이며, 열반에 드신 것은 해탈이고, 세 가지 법이 비밀장을 이루어 붓다께서 그 안에 머무시는 것이 곧 탑의 뜻이다. 아함에서 이르기를, "붓다께서 출세하시면 오직 네 곳에 탑을 세울 것이니, 태어나신 곳, 득도하신 곳, 법륜 굴리신 곳, 열반에 드신 곳이다."라고 하였는데, 앉으셨던 도량이 법신이 태어나신 곳이고, 나머지는 글과 같다.
9 16수의 게송은 둘이 된다. 처음 4수는 열 가지 신통력을 노래하고, 뒤의 12수는 요점 맺은 것은 노래했다.

3	제불의 기침하시는 소리	諸佛謦欬聲
	및 손가락 튕기는 소리가	及彈指之聲
	널리 시방의 국토에 들려	周聞十方國
	땅은 모두 여섯 가지로 진동하니	地皆六種動

4	붓다의 멸도 후	以佛滅度後
	능히 이 경전 수지한 까닭에	能持是經故
	제불께서 모두 기뻐하셔서	諸佛皆歡喜
	한량없는 신통력 나투신다	現無量神力

5	10 이 경전 부촉하시려고	囑累是經故
	수지하는 자를 찬탄하시는데	讚美受持者
	한량없는 겁에도	於無量劫中
	여전히 다할 수 없으니	猶故不能盡

6	이 사람의 공덕은	是人之功德
	가이없고 끝도 없어서	無邊無有窮
	시방의 허공처럼	如十方虛空
	끝을 얻을 수 없다	不可得邊際

| 7 | 이 경전 수지하는 자는11 | 能持是經者 |

---

10 요점을 맺은 12수는 셋이 된다. 처음 2수는 4법을 전체적으로 노래한 것이고, 다음 7에서 15의 제2행까지 8수반은 4법을 개별적으로 노래한 것이며, 마지막 1수반은 맺은 것을 전체적으로 노래한 것이다.
11 이하 둘째 4법을 개별적으로 노래한 것 중 처음 1수반은 '일체법'을 노래

곧 나를 이미 본 것이 되고	則爲已見我
또한 다보불	亦見多寶佛
및 분신불들을 보는 것이며	及諸分身者

⑧ 또 내가 오늘 교화한 　　　　又見我今日
　　여러 보살들도 보는 것이고 　　敎化諸菩薩
　　이 경전 수지하는 자는12 　　　能持是經者
　　나 및 분신불들과 　　　　　　令我及分身

⑨ 멸도하셨던 다보불의 　　　　滅度多寶佛
　　일체를 모두 기쁘게 하고 　　一切皆歡喜
　　시방에 현재하는 붓다들과 　　十方現在佛
　　아울러 과거 미래의 붓다들까지 　幷過去未來

⑩ 또한 보고 또한 공양하며 　　　亦見亦供養
　　또한 기쁘게 하는 것이고 　　　亦令得歡喜
　　제불께서 도량에 앉아13 　　　諸佛坐道場
　　얻으신 비요의 법장을 　　　　所得祕要法

⑪ 이 경전 수지하는 자는 　　　　能持是經者
　　머지 않아 또한 얻을 것이고 　　不久亦當得

한 것이니, 법 수지하는 것은 곧 불신을 수지하는 것이다.
12 이하 2수는 둘째 신통력을 노래한 것이니, 신통력이 붓다들께 권청케 함
　으로써 기쁘게 한다는 것이다.
13 이하 1수는 셋째 비요의 법장을 노래한 것이다.

| 이 경전 수지하는 자는[14] | 能持是經者 |
| 모든 법의 뜻과 | 於諸法之義 |

12 이름 및 언사와　　　　　名字及言辭
　　요설의 무궁무진함이　　樂說無窮盡
　　마치 바람이 허공 중에서　如風於空中
　　일체에 걸림이 없듯 하고　一切無障礙

13 여래의 멸도 후　　　　　於如來滅後
　　붓다 설하신 경전의　　　知佛所說經
　　인연 및 차례를 알아　　　因緣及次第
　　뜻 따라 여실하게 설함은　隨義如實說

14 마치 일월의 광명이　　　如日月光明
　　모든 어둠 능히 몰아내듯　能除諸幽冥
　　이 사람은 세간 다니면서　斯人行世間
　　능히 중생의 어둠 멸하고　能滅衆生闇

15 한량없는 보살들 가르쳐　教無量菩薩
　　필경 일승에 머물게 하리라　畢竟住一乘
　　그러므로 지혜 있는 자는　是故有智者
　　이런 공덕의 이로움 듣고　聞此功德利

---

14 이하 4수는 넷째 매우 깊은 일을 노래했으니, 설법하여 어둠 깨어 일승에 들게 하시는 것은 붓다의 매우 깊은 일이다.

16 나의 멸도 후　　　　　　　　　　於我滅度後
　　이 경전 수지할 것이니　　　　　應受持斯經
　　이 사람은 붓다의 도에서　　　　是人於佛道
　　결정되어 의심 없으리　　　　　決定無有疑

제22 촉루품[1]   囑累品 第二十二

22.1[2]

⑴[3] ① 그 때 석가모니붓다께서는 법좌에서 일어나 큰 신통력을 나투시고 오른손으로 한량없는 보살마하살들의 머리를 쓰다듬으시며 이렇게 말씀하셨다.

"내가 한량없는 백천만억 아승기 겁 동안 닦고 익혀서 어렵게 얻은 이 아뇩다라삼먁삼보리의 법을 이제 그대들에게 부촉하니, 그대들은 응당 일심으로 이 법을 유포하여 널리 요익하도록 하여야 한다."

爾時 釋迦牟尼佛 從法座起 現大神力 以右手摩 無量菩薩摩訶薩頂 而作是言.

"我於無量 百千萬億 阿僧祇劫 修習是難得 阿耨多羅三藐三菩提法 今以付囑汝等, 汝等 應當一心 流布此法 廣令增益."

---

1 '촉'은 붓다께서 부촉하신 바라는 것이고, '루'는 그대를 번거롭게 하여 펴서 전한다는 것이니, 이것은 성지聖旨를 좇아 이름을 얻은 것이다. 또 '촉'은 부촉된 것을 머리에 이어 받는다는 것이고, '루'는 달게 받고 수고롭지 않다는 것이니, 이것은 보살이 공경히 따름을 좇아 이름을 얻은 것이다. 또 '촉'은 여래의 금구金口로 부촉하신 바라는 것이고, '루'는 보살이 단심丹心으로 머리에 인다는 것이니, 이것은 주고 받음을 합친 것을 좇아 논하기 때문에 촉루품이라고 말했다. 그래서 여래께서는 몸소 자리에서 손 뻗어 머리 쓰다듬으시며 얻기 어려운 법을 주시고, 대중들은 몸 굽혀 합장하고 세존께서 분부하신 대로 갖추어 봉행해야 하니, 간곡히 주고 받기 때문에 촉루품이라고 이름하였다.

2 글은 둘이 된다. 처음의 22.1은 부촉하시는 것이고, 뒤의 22.2는 그 때의 대중들이 기뻐하는 것이다. 처음의 글은 셋이 된다. ⑴은 여래께서 부촉하시는 것이고, ⑵는 보살이 영수하는 것이며, ⑶은 일이 끝나 해산하라고 이르시는 것이다.

3 처음의 글에 또 셋이 있다. ①은 바로 부촉하시는 것, ② 부촉하는 것을 해석하시는 것, ③은 경계하여 부촉하시는 것이다.

이렇게 세 번 보살마하살들의 머리를 쓰다듬으시며 이렇게 말씀하셨다.

"내가 한량없는 백천만억 아승기 겁 동안 닦고 익혀서 어렵게 얻은 이 아뇩다라삼먁삼보리의 법을 이제 그대들에게 부촉하니, 그대들은 이 법을 수지하고 독송하며 널리 펴서 일체 중생들로 하여금 널리 듣고 알게 하여야 한다.4

② 까닭이 무엇이겠는가? 여래에게는 큰 자비가 있고 인색함이 없으며 또한 두려움도 없어서, 중생들에게 붓다의 지혜와 여래의 지혜와 자연의 지혜를 줄 수 있고, 여래는 일체 중생들의 큰 시주이므로, 그대들도 또한 여래의 법을 따라 배우고 인색함을 내어서는 안 되기 때문이다.5

如是三摩 諸菩薩摩訶薩頂 而作是言.

"我於無量 百千萬億 阿僧祇劫 修習是難得 阿耨多羅三藐三菩提法 今以付囑汝等, 汝等當受持讀誦 廣宣此法 令一切衆生 普得聞知.

所以者何? 如來 有大慈悲 無諸慳吝 亦無所畏, 能與衆生 佛之智慧 如來智慧 自然智慧,

如來是 一切衆生 之大施主, 汝等 亦應隨學 如來之法 勿生慳吝.

....
4 붓다께서 하나의 권지權智의 선교한 손으로, 삼천삼백 나유타 국토의 허공 메운 보살들의 실지實智의 머리를 쓰다듬으셨으니, 여래께서 도를 주셔 남을 교화하시므로 권지의 손이라고 이름하고, 보살들은 스스로 행하여 도를 받으므로 실지의 머리라고 이름한 것이다. 손을 뻗어 머리 쓰다듬으심은 몸[身]의 부촉이고, 권지로 실지에 임하심은 마음[意]의 부촉이며, 말씀하신 것은 말[口]의 부촉이다.
5 '큰 자비가 있다'는 것은 여래의 방이고, '인색함이 없다'는 것은 여래의 옷이며, '또한 두려움도 없다'는 것은 여래의 자리이다. '붓다의 지혜'란 일체지이고, '여래의 지혜'란 도종지이며, '자연의 지혜'란 일체종지이다. 여래의 방 안에서 중생에게 세 가지 지혜를 베푸시고, 나아가 자리에서도 또한 그러하시니, 이러한 시주이기 때문에 인색함이 없고 두려움도 없는 것이다.

③ 미래세에 만약 선남자 선여인으로서 여래의 지혜 믿는 자 있다면, 이 법화경을 연설해 주어 듣고 알게 해 주어야 하니, 그 사람으로 하여금 붓다의 지혜 얻게 해 주기 위한 때문이다.

만약 중생으로서 신수하지 못하는 자 있다면, 여래의 다른 깊은 법 중에서 보이고 가르쳐서 이익주고 기쁘게 해야 한다.

그대들이 만약 이렇게 한다면, 곧 제불의 은혜에 이미 보답한 것이 된다."

於未來世 若有善男子 善女人 信如來智慧者, 當爲演說 此法華經 使得聞知, 爲令其人 得佛慧故.
若有衆生 不信受者, 當於如來 餘深法中 示敎利喜.
汝等 若能如是, 則爲已報 諸佛之恩."

(2) 그 때 모든 보살마하살들은 붓다께서 이렇게 말씀하시는 것을 듣고 모두 큰 기쁨이 그들의 몸에 두루 가득하여, 더욱 공경하게 몸 굽히고 머리 숙여 합장하고 붓다 향해 함께 소리내어 말하였다.

"세존의 분부대로 갖추어 봉행하겠습니다. 세존이시여, 염려하지 마십시오."

모든 보살마하살들은 이렇게 세 번 함께 소리내어 말하였다.

"세존의 분부대로 갖추어 봉행하겠습니다. 세존이시여, 염려하지 마십시오."

時諸菩薩摩訶薩 聞佛作是說已 皆大歡喜 遍滿其身, 益加恭敬 曲躬低頭 合掌向佛 俱發聲言.
"如世尊敕 當具奉行. 唯然世尊, 願不有慮."
諸菩薩摩訶薩衆 如是三反 俱發聲言.
"如世尊敕 當具奉行. 唯然世尊, 願不有慮."

'그대들도 또한 여래의 이 법을 따라 배우라'고 한 이것이, 붓다의 뜻을 해석해 내고 이를 부촉한 것이라고 이름한다.

(3) 그 때 석가모니붓다께서는 시방에서 온 분신불들이 각각 본토로 돌아가도록 하시고자 이렇게 말씀하였다.

"모든 붓다들께서는 각각 안주하시던 곳을 따르시고, 다보불탑은 본래대로 되돌아 가셔도 되겠습니다."6

爾時 釋迦牟尼佛 令十方來 諸分身佛 各還本土 而作是言.
"諸佛 各隨所安, 多寶佛塔 還可如故."

22.2
이 말씀을 하셨을 때 보배나무 아래의 사자좌 위에 계시던 시방의 한량없는 분신제불들 및 다보붓다와, 아울러 상행 등의 가이없는 아승기의 보살대중들, 사리불 등의 성문 사부대중들 및 일체 세간의 천신, 인간, 아수라 등은 붓다께서 말씀하시는 것을 듣고 모두 크게 기뻐하였다.

說是語時 十方無量 分身諸佛 坐寶樹下 師子座上者 及多寶佛, 幷上行等 無邊阿僧祇 菩薩大衆, 舍利弗等 聲聞四衆 及一切世間 天人阿修羅等 聞佛所說 皆大歡喜.

---

6 다보불께서는 경전을 증명하기 위해 오셨는데, 이제 적·본의 2문이 모두 끝났으므로, 공경히 예전같이 되게 해야 하고, 분신들은 탑을 열기 위해 모이셨는데, 탑 여는 일이 끝났으므로 분신들은 본처로 돌아가시게 해야 한다. 탑은 다시 거듭 열 것이 아니기 때문에 분신들은 가서 다시 나타나지 않고, 탑은 아직 법을 들을 것이기 때문에 닫고서도 오히려 남아 있는 것이다. (문) 탑도 만약 법을 들을 것이라면 열어두고, 닫지 않았어야 할 것이 아닌가? (답) 정법을 증명함이 끝났으므로 닫았고, 유통분을 듣는 것이므로 남아 있는 것이다.

제23
약왕보살본사품[1]

藥王菩薩本事品
第二十三

23.1[2]

그 때 수왕화宿王華보살[3]이 붓다께 말하였다.

"세존이시여, 약왕보살은 어찌하여 사바세계에서 노니는 것이며, 세존이시여, 이 약왕보살에게 여러 백천만억 나유타의 난행難行과 고행苦行이 있었던 것입니까?

爾時 宿王華菩薩 白佛言.

"世尊, 藥王菩薩 云何遊於娑婆世界, 世尊, 是藥王菩薩 有若干 百千萬億 那由他 難行苦行?

---

[1] 《관약왕약상보살경》에 이르기를, "옛날에 성광星光이라고 이름했다. 일장日藏존자로부터 붓다의 지혜에 대한 말을 듣고 설산雪山 위의 약으로 스님들을 공양하면서, 미래에 중생들의 신·심 양쪽의 병을 치료할 수 있기를 바랐으므로 온 세상사람들이 기뻐하여 '약왕'이라 이름하여 불렀다."라고 하였다. 이 글에서는 (그의 전신인) 일체중생희견이 한 몸을 단번에 버리고 다시 양 팔을 태워 삶을 가벼이 보고 법을 무거이 여김으로써 목숨 버리고 도 보존한 것을 밝혔으니, 옛 일을 들어 지금을 드러내었으므로 '본사품'이라고 이름한 것이다.

이하 5개품은 모두 화타化他의 유통인데, 지금 품에서는 화타의 법사를 밝혔다.

이제 방편품에서 개삼현일하여 원인圓因 밝히는 것이 이미 끝났으므로, 안락행품에서 일승의 법 타는 것[乘乘之法]을 밝혔고, 수량품에서 일승의 과보[乘果] 밝히는 것이 끝났으므로, 이 품 이하에서 일승을 타는 사람[乘乘之人]을 밝힌 것이다. 약왕은 고행으로 일승을 타고, 제24 묘음과 제25 관세음은 삼매로써 일승을 타며, 제26 다라니는 총지로써 일승을 타고, 제27 묘장엄은 서원으로 일승을 타며, 제28 보현은 신통으로 일승을 탄다(=앞의 p.495에서는 제28품은 자리에 입각한 유통이라고 구분하였음).

[2] 글은 넷이 된다. 첫째 23.1은 묻는 것, 둘째 23.2와 23.3은 답하시는 것, 셋째 23.4의 (1)은 이익, 넷째 (2)는 다보불의 칭찬이다.

[3] * '수왕'은 별자리의 왕이라는 뜻인데, 앞에서도 언급했듯이 '宿'자가 별자리의 뜻으로 쓰일 때에는 '수'라고 읽는다.

훌륭하신 세존이시여, 조금만 해설하여 주십시오. 여러 천신, 용신, 야차, 건달바, 아수라, 가루라, 긴나라, 마후라가, 인비인 등과, 또 다른 국토에서 온 모든 보살들 및 이 성문대중들은 듣고 모두 기뻐할 것입니다."[4]

善哉 世尊, 願少解說. 諸天龍神 夜叉 乾闥婆 阿修羅 迦樓羅 緊那羅 摩睺羅伽 人非人等, 又他國土 諸來菩薩 及此聲聞衆 聞皆歡喜."

23.2[5]

(1) 그 때 붓다께서 수왕화보살에게 말씀하셨다.

"지나간 과거 한량없는 항하의 모래와 같은 겁 전에 명호를 일월정명덕日月淨明德여래 응공 정변지 명행족 선서 세간해 무상사 조어장부 천인사 붓다 세존이라고 하는 붓다께서 계셨는데, 그 붓다에게는 팔십억의 대 보살마하살들과 칠십이 항하의 모래와 같은 큰 성문대중들이 있었다.

붓다의 수명은 사만이천 겁이었고, 보

爾時 佛告 宿王華菩薩.

"乃往過去 無量恒河沙劫 有佛 號日月淨明德如來 應供 正遍知 明行足 善逝 世間解 無上士 調御丈夫 天人師 佛世尊, 其佛 有八十億 大菩薩摩訶薩 七十二恒河沙 大聲聞衆.

佛壽 四萬二千劫, 菩薩

---

4 묻는 것에는 셋이 있다. 첫째 다니면서 교화한 것을 통털어 묻는 것, 둘째 따로 고행을 묻는 것, 셋째 답을 청하는 것이다.
5 둘째 답하시는 것은 둘이 된다. 첫째 단지 고행에만 답하셨으니, 다니면서 교화하는 것은 곧 색신삼매를 가리키는 것일 수도 있고, 혹은 아래의 2품을 가리키는 것일 수도 있다. 둘째 23.3은 경전을 찬탄하신 것이다. 고행에 대한 답 중 먼저 (1)은 본사의 근본[事本]을 밝히고, 뒤의 (2) 이하에서는 본사를 밝혔다.

살의 수명도 역시 같았으며, 그 나라에는 여인, 지옥, 아귀, 축생, 아수라 등 및 여러 어려움들도 없었다.

땅은 손바닥처럼 평탄하고 유리로 이루어졌으며, 보배나무로 장엄하고 보배장막을 위에 덮었으며, 보배꽃의 깃발 드리우고 보배병과 향로가 나라에 두루하였으며, 칠보가 대臺 되었는데 나무 하나에 대가 하나로, 그 나무와 대 사이는 화살 한 대의 사정거리였으며, 이 모든 보배나무에는 모두 보살과 성문들이 있어 그 아래에 앉았고, 그 보대 위에는 각각 백억의 천신들이 하늘의 음악을 연주하고 붓다를 노래하여 공양하였다.

(2)6 ① 그 때 그 붓다께서 일체중생희견보살 및 여러 보살들과 여러 성문대중들을 위해 법화경을 설하셨다.

②7 이 일체중생희견보살은 고행을 즐겨 익히고 일월정명덕붓다의 법 중에서

壽命 亦等, 彼國無有 女人地獄 餓鬼畜生 阿修羅等 及以諸難.
地平如掌 琉璃所成,
寶樹莊嚴 寶帳覆上,
垂寶華幡 寶瓶香爐 周遍國界,
七寶爲臺 一樹一臺,
其樹去臺 盡一箭道,
此諸寶樹 皆有 菩薩聲聞 而坐其下,
諸寶臺上 各有 百億諸天 作天伎樂 歌歎於佛 以爲供養.

爾時彼佛 爲一切衆生喜見菩薩 及衆菩薩 諸聲聞衆 說法華經.
是一切衆生喜見菩薩 樂習苦行 於日月淨明

---

6 본사를 밝히는 것은 셋이 된다. 첫째 (2)의 ①은 붓다께서 법 설하시는 것, 둘째 ② 내지 ⑷는 공양을 닦는 것, 셋째 ⑸는 연결하는 것이다.
7 고행(=공양 닦는 것)에는 둘이 있다. 처음은 현재이고, 뒤의 ⑶과 ⑷는 미래이다. 현재에 또 둘이 있다. 처음 ②는 수행하여 법 얻는 것이고, 뒤의 ③ 이하는 생각하여 보은하는 것이다.

정진 수행하여 일심으로 붓다 구해서, 만 이천 년을 채우고 나서 일체의 색신을 나툴 수 있는 현일체색신삼매를 얻었다.

③8 이 삼매를 얻고 나서 마음 크게 기뻐하여 생각하기를, '내가 현일체색신삼매를 얻은 것은 모두 법화경을 들은 힘 덕분이니, 내 이제 일월정명덕붓다 및 법화경에 공양하리라'라고 하고, 즉시 이 삼매에 들어 허공 중에서 만다라꽃, 마하만다라꽃과 가는 분말의 단단하고 검은 전단을 비내리게 하니, 허공에 가득하여 마치 구름이 내려오듯 하였고, 또 이 향 6수銖가 사바세계 만큼의 값이 되는 해차안海此岸전단9의 향을 비내려서 붓다께 공양하였다.

④10 이렇게 공양하고 나서 삼매에서 일어나 스스로 생각하기를, '내 비록 신통력으로 붓다께 공양하였지만, 몸으로 공양함만 같지 못하다'라고 하고는, 곧

德佛法中 精進經行 一心求佛, 滿萬二千歲已 得現一切色身三昧.

得此三昧已 心大歡喜 卽作念言, '我得現一切色身三昧 皆是得聞 法華經力, 我今當供養 日月淨明德佛 及法華經', 卽時 入是三昧 於虛空中 雨曼陀羅華 摩訶曼陀羅華 細末堅黑栴檀, 滿虛空中 如雲而下, 又雨海此岸栴檀之香 此香六銖 價直娑婆世界 以供養佛.

作是供養已 從三昧起 而自念言, '我雖以神力供養於佛, 不如以身供養', 卽服諸香 栴檀 薰

---

8 보은에도 또 둘이 있다. 첫째 ③은 삼매의 힘이고, 둘째 ④ 이하는 정보正報의 몸의 힘이다.

9 * 1수銖는 1냥의 24분의 1이라고 한다. 해차안전단은 'uragasāra-candana'를 번역한 것인데, 바다 이 쪽 언덕에서 나는 전단이라는 뜻이다.

10 둘째 정보의 몸의 힘은 셋이 된다. 첫째 ④는 몸을 태우는 것, 둘째 ⑤는 붓다의 칭찬, 셋째 ⑥은 시절이다.

전단, 훈륙, 도루바, 필력가, 침수, 교향의 여러 향11을 먹고, 또 첨복의 여러 꽃으로 짠 향유를 마시고, 천이백 년을 채우고 나서 향유를 몸에 바른 뒤, 일월정명덕붓다 앞에서 하늘의 보배옷을 스스로 몸에 감고 여러 향유를 붓고는, 신통력과 서원으로 스스로 몸을 태우니, 광명이 팔십억 항하사 세계를 두루 비추었다.

⑤ 그러자 그 중의 제불들께서 동시에 찬탄하여 말씀하셨다. '훌륭하고 훌륭하도다. 선남자여, 이것이 진정한 정진이고, 이것을 여래에 대한 진실한 법의 공양이라고 이름한다. 만약 꽃·향·영락, 소향·말향·도향, 하늘비단의 번기·일산 및 해차안전단의 향, 이러한 등의 갖가지 물건들로 공양한다고 해도 미칠 수 없고, 가사 국성이나 처자로 보시한다고 해도 역시 미칠 수 없다. 선남자여, 이를 제일의 보시라고 이름하여, 모든 보시 중 가장 존귀하고 가장 위이니, 모든 여래를 법으로써 공양하기 때문이다.'12

陸 兜樓婆 畢力迦 沈水膠香, 又飲瞻蔔 諸華香油, 滿千二百歲已 香油塗身, 於日月淨明德佛前 以天寶衣 而自纏身 灌諸香油, 以神通力願 而自然身, 光明遍照 八十億 恒河沙世界.
其中諸佛 同時讚言.
'善哉善哉.
善男子, 是眞精進,
是名 眞法供養如來.
若以華香瓔珞 燒香末香塗香 天繒幡蓋 及海此岸栴檀之香, 如是等種種 諸物供養 所不能及, 假使國城 妻子布施 亦所不及. 善男子, 是名 第一之施, 於諸施中 最尊最上, 以法供養 諸如來故.'

---

11 * 훈륙은 'kunduruka', 도루바는 'turuṣka', 필력가는 'prikka'(=이는 범본에는 없음), 침수는 'agaru', 교향은 'rasa'를 각각 번역한 것인데, 모두 향의 원료이다.
12 '진실한 법의 공양'이란, 안으로 지관智觀을 움직여 번뇌의 인과를 관찰하

이렇게 말씀하시고 나서 각각 침묵하셨는데, ⑥ 그 몸의 불은 일천이백 년을 타다가, 이를 지난 후 그 몸이 마침내 다 하였다.	作是語已 而各黙然, 其身火燃 千二百歳, 過是已後 其身乃盡.
(3)13 ① 일체중생희견보살은 이러한 법의 공양을 하고 나서 목숨이 끝난 뒤, 다시 일월정명덕붓다의 나라 안 정덕왕淨德王의 집에 결가부좌하고서 홀연히 화생하여, ② 곧 그의 아버지에게 게송으로 말하였다.	一切衆生喜見菩薩 作如是 法供養已 命終之後, 復生 日月淨明德佛國中 於淨德王家 結加趺坐 忽然化生, 卽爲其父 而說偈言.
① 대왕이시여, 이제 아소서 저는 저 곳에서 경행하여 곧 일체의 모든 몸 나타내는 삼매를 얻었으니	大王今當知 我經行彼處 卽時得一切 現諸身三昧
② 부지런히 큰 정진 행하고	勤行大精進

....
는 것이니, 모두 공의 지혜[空慧]를 써서 이들을 쓸어버리기 때문에 '진실한 법[眞法]'이라고 말한 것이다. 또 관찰하는 것이 몸이든 불이든, 공양하는 주체[能供]와 공양의 대상[所供]이 모두 실상이라면, 누가 태우고 누가 타는 것이겠는가. 공양하는 주체와 공양의 대상을 모두 얻을 수 없기 때문에 '진실한 법'이라고 이름한 것이다.
13 이하 둘째 미래의 고행에는 다섯이 있다. 첫째 ①은 왕가에 태어남, 둘째 ②는 본사를 설함, 셋째 ③은 붓다의 처소에 감, 넷째 ④는 여래께서 부촉하심, 다섯째 (4)는 분부 받들어 임지任持함(=맡아 지님)이다.

사랑하던 몸 버려서	捨所愛之身
세존께 공양한 것은	供養於世尊
위없는 지혜 구하기 위한 것이었음을	爲求無上慧

이 게송을 말하고 나서 아버지에게 말하였다. '일월정명덕붓다께서는 지금도 여전히 계십니다. 저는 예전에 붓다 공양하고서 일체 중생의 말을 이해하는 다라니를 얻었고, 다시 이 법화경의 팔백천만억 나유타 견가라 빈바라 아촉파[14]와 같은 게송을 들었으니, 대왕이시여, 저는 이제 다시 이 붓다께 공양해야 합니다.'

③ 말을 마치자 곧 칠보의 대에 앉아 높이 7다라수의 허공으로 올라, 붓다 처소로 가서 발에 엎드려 예배하고 열 손가락 모아 게송으로 붓다를 찬탄하였다.

說是偈已 而白父言. '日月淨明德佛 今故現在. 我先 供養佛已 得解一切衆生語言陀羅尼, 復聞是法華經 八百千萬億 那由他 甄迦羅 頻婆羅 阿閦婆等偈, 大王, 我今當還 供養此佛'.

白已卽坐 七寶之臺 上昇虛空 高七多羅樹, 往到佛所 頭面禮足 合十指爪 以偈讚佛.

얼굴은 매우 기묘하시고	容顔甚奇妙
광명은 시방을 비추십니다	光明照十方
제가 일찍이 공양하였는데	我適曾供養
이제 다시 와서 뵙습니다	今復還親覲

....
14 * '견가라kaṃkara·빈바라bimbara·아촉파akṣobhya'는 '나유타nayuta'와 마찬가지로 모두 수의 단위이다. 나유타는 52수(=졸역 『반야심경·금강경(개정판)』 p.378) 중 제12, 견가라는 제16, 빈바라는 제18, 아촉파는 제20의 수이다.

이 때 일체중생희견보살은 이 게송을 설하고 나서 붓다께 말하였다. '세존이시여, 세존께선 여전히 세상에 계셨군요.'

④ 그 때 일월정명덕붓다께서는 일체중생희견보살에게 말씀하셨다. '선남자여, 나의 열반할 때가 이르렀고 멸진할 때가 이르렀으니, 그대가 자리를 펴라. 내 오늘 밤에 열반에 들리라.'

또 일체중생희견보살에게 분부하셨다. '선남자여, 나는 그대에게 불법을 부촉한다. 그리고 여러 보살들, 대 제자들과 아울러 아뇩다라삼먁삼보리의 법, 또한 삼천대천의 칠보 세계, 여러 보배나무들과 보대들 및 시중드는 천신들을 모두 다 그대에게 부촉하고, 나의 멸도 후의 모든 사리도 역시 그대에게 부촉하니, 유포하여 널리 공양 베풀고 여러 천의 탑을 세워야 한다.'

이렇게 일월정명덕붓다께서는 일체중생희견보살에게 분부하시고 나서 밤 늦게 열반에 드셨다.

(4)15 ① 그 때 일체중생희견보살은 붓

爾時 一切衆生喜見菩薩 說是偈已 而白佛言. '世尊, 世尊 猶故在世.' 爾時 日月淨明德佛 告一切衆生喜見菩薩. '善男子, 我涅槃時到 滅盡時至, 汝可 安施床座. 我於今夜 當般涅槃.'

又敕一切衆生喜見菩薩. '善男子, 我以佛法 囑累於汝. 及諸菩薩 大弟子幷阿耨多羅三藐三菩提法, 亦以三千大千 七寶世界 諸寶樹寶臺 及給侍諸天 悉付於汝, 我滅度後 所有舍利 亦付囑汝, 當令流布 廣設供養 應起若干千塔.'

如是 日月淨明德佛 敕一切衆生喜見菩薩已 於夜後分 入於涅槃.

爾時 一切衆生喜見菩

---

15 다섯째 맡아 지니는 것에는 또 넷이 있다. ①은 탑 세우는 것, ②는 팔 태

다의 멸도를 보고 슬퍼하며 괴로워하다가 붓다를 연모하여 곧 해차안전단을 쌓아서16 붓다의 몸에 공양한 다음 이를 태우고, 불이 꺼지고 난 후 사리를 거두어 팔만사천의 보배항아리 만든 다음, 높이가 3세계17인 팔만사천의 탑을 세워, 표찰로 장엄하고 여러 번기와 일산 드리우고 온갖 보배방울을 매달았다.

② 그 때 일체중생희견보살은 다시 생각하기를, '내 비록 이런 공양을 하였지만 마음 아직 흡족하지 못하니, 내 이제 다시 사리에 공양해야겠다'라고 하고는, 여러 보살들과 대 제자 및 천·용·야차 등 일체의 대중들에게 말하였다. '그대들은 일심으로 새기시오. 내 이제 일월정명덕붓다의 사리에 공양할 것입니다.'

이 말 마치고 나자 곧 팔만사천의 탑 앞에서 백복으로 장엄된 팔을 태워서 칠만이천 년 동안 공양하여, ③ 수없는 성

薩 見佛滅度 悲感懊惱 戀慕於佛　即以海此岸栴檀爲積 供養佛身 而以燒之, 火滅已後 收取舍利 作八萬四千寶瓶, 以起八萬四千塔　高三世界, 表刹莊嚴 垂諸幡蓋 懸衆寶鈴.

爾時　一切衆生喜見菩薩 復自念言, '我雖作是供養 心猶未足, 我今當更 供養舍利', 便語諸菩薩 大弟子 及天龍夜叉等 一切大衆. '汝等當一心念. 我今供養 日月淨明德佛舍利'.

作是語已　即於八萬四千塔前　然百福莊嚴臂 七萬二千歲　而以供養,

우는 것, ③은 이익 주는 것, ④는 현생의 과보이다.

16 * '쌓아서'는 한역문의 '積'을 번역한 것인데, 원문에는 초 두(='艹') 아래에 '積'자를 쓴 글자(=음은 '지')로 되어 있지만, 컴퓨터에서 지원되지 않아 바꾸어 표기하였다. 한자 사전에 이 '지'자는 풀의 이름이기도 하면서, '積'과 같이 쌓는다는 뜻으로도 쓰이는 것으로 설명되어 있다.

17 * 여기에서의 '3세계'는 무엇을 뜻하는지 이해하기 어렵다. 범본에는 '위로 범천의 세계에 이른다'는 표현으로 되어 있다.

문 구하는 대중들과 한량없는 아승기 사람들로 하여금 아뇩다라삼먁삼보리에 대한 마음 일으키게 하고, 모두 현일체색신삼매를 얻어 머물게 하였다.

④ 그 때 여러 보살들과 천·인·아수라 등은 그의 팔 없는 것을 보고, 근심하고 슬퍼하면서 이렇게 말하였다. '이 일체중생희견보살은 우리들의 스승으로서 우리를 교화하시는 분인데, 이제 팔을 태워 불구의 몸이 되셨구나.'

그 때 일체중생희견보살은 대중 속에서 이렇게 서원을 세워 말하였다. '내 양 팔 버려서 장차 반드시 붓다의 금색 몸을 얻으리니, 만약 진실이고 헛되지 않다면 나의 양 팔이 원래대로 회복되기를!'

이렇게 서원하고 나자 저절로 회복되었으니, 이 보살의 복덕과 지혜의 순후淳厚함이 부른 것이었다.

그 때를 당해 삼천대천세계는 여섯 가지로 진동하고 하늘에서는 보배꽃이 비 내려 일체의 인·천은 미증유를 얻었다."

令無數 求聲聞衆 無量阿僧祇人 發阿耨多羅三藐三菩提心, 皆使得住 現一切色身三昧.

爾時 諸菩薩 天人阿修羅等 見其無臂, 憂惱悲哀 而作是言. '此一切衆生喜見菩薩 是我等師 教化我者, 而今燒臂 身不具足.'

于時 一切衆生喜見菩薩 於大衆中 立此誓言. '我捨兩臂 必當得佛 金色之身, 若實不虛 令我兩臂 還復如故!'

作是誓已 自然還復, 由斯菩薩 福德智慧 淳厚所致.

當爾之時 三千大千世界 六種震動 天雨寶華 一切人天 得未曾有."

(5) 붓다께서 수왕화보살에게 말씀하셨다.18

佛告 宿王華菩薩.

제23 약왕보살본사품 589

"① 그대 생각에는 어떤가? 일체중생 희견보살이 어찌 다른 사람이겠는가? 지금의 약왕보살이 바로 그였으니, 그가 몸 버려 보시한 것이 이와 같이 한량없는 백천만억 나유타의 수였다.

② 수왕화여, 만약 발심하여 아뇩다라삼먁삼보리를 얻고자 하는 자가 있어, 손가락이나 나아가 발가락 하나라도 태워서 불탑에 공양한다면, 국성이나 처자, 그리고 삼천대천의 국토나 산림, 강, 못, 여러 진귀한 보물로써 공양하는 것보다 뛰어나다.19

"於汝意云何? 一切衆生 喜見菩薩 豈異人乎? 今 藥王菩薩是也, 其所捨 身布施 如是無量 百千 萬億 那由他數.

宿王華, 若有發心 欲得 阿耨多羅三藐三菩提者, 能燃手指 乃至足一指 供養佛塔, 勝以國城妻 子 及三千大千國土 山 林河池 諸珍寶物 而供 養者.

23.3 20

(1) 만약 다시 어떤 사람이 칠보로 삼천대천세계를 가득 채워서 붓다 및 대 보살, 벽지불, 아라한에게 공양한다고 해도, 이 사람이 얻는 공덕은 이 법화경을

若復有人 以七寶滿 三 千大千世界 供養於佛 及大菩薩 辟支佛 阿羅 漢, 是人 所得功德 不

---

18 이하 (본사를 밝히는 것의) 셋째 고금을 연결하시는 것은 둘이 된다. 처음 ①은 연결하시는 것, 뒤의 ② 닦기를 권하시는 것이다.
19 닦기를 권함에 있어 손가락 하나를 태우는 것이 외신外身을 버리는 것보다 뛰어난 것은, 외신은 가볍고 내신內身은 무겁기 때문에 공복功福에 차이가 있는 것이다. 글에서 처자라고 한 것은 외신이고, 나라나 성 등은 외재이다.
20 이하 (답하시는 글의) 둘째 경전을 찬탄하시는 것에는 셋이 있다. 첫째 (1)은 수지하는 자를 찬탄하시는 것, 둘째 (2)와 (3)은 수지되는 법을 찬탄하시는 것, 셋째 (4)는 수지하는 복이 깊음을 밝히시는 것이다.

나아가 하나의 사구게만이라도 수지하는 것만 같지 못하여, 그 복이 더 많다.21

(2)22 수왕화여, 비유하면 일체의 내와 강의 모든 물 중에서 바다가 으뜸인 것처럼, 이 법화경도 역시 그러해서 모든 여래께서 말씀하신 경전들 중 가장 깊고 크다.

또 마치 토산, 흑산黑山, 소철위산, 대철위산 및 십보산十寶山의 온갖 산들 중에서 수미산이 으뜸인 것처럼, 이 법화경도 역시 그러해서 모든 경전들 중 가장 최상이다.23

如受持 此法華經 乃至一四句偈, 其福最多.

宿王華, 譬如一切 川流江河 諸水之中 海爲第一, 此法華經 亦復如是 於諸如來 所說經中 最爲深大.

又如 土山黑山 小鐵圍山 大鐵圍山 及十寶山 衆山之中 須彌山爲第一, 此法華經 亦復如是 於諸經中 最爲其上.

....
21 칠보로 사성四聖을 받들어도 게송 하나 수지함만 같지 못하다. 법은 성스러운 스승이어서 능히 낳고 능히 기르며 능히 이루고 능히 번영하게 하므로, 법을 초과하지 못하기 때문이니, 사람은 가볍고 법은 무거운 것이다.
22 이하 수지되는 법을 찬탄하시는 것에 둘이 있으니, 처음 (2)는 법의 체를 찬탄하시는 것, 뒤의 (3)은 법의 작용을 찬탄하시는 것이다.
23 십보산의 이름은 《화엄경》(=60권본의 제27권, 80권본의 제39권) 등 여러 경전에 나온다. 토산·흑산(=《구사론》 제11권에서 남섬부주의 북쪽에 있다고 한 아홉의 흑산)·철위산은 본래 보배가 아니고, 십보산은 비록 보배이기는 해도 혹은 하나 둘인데다가 귀신과 용이 섞여 살고 있지만 [=80권본에 의한 보배의 명칭을 병기하여 산의 이름을 열거하면 아래와 같다.   설산雪山(약초)·향산香山(향)·비타리산鞞陀梨山(꽃)·신선산神仙山(신선)·유건타산由乾陀山(야차)·마이산馬耳山(과실)·니민타라산尼民陀羅山(용)·작가라산斫迦羅山(자재자)·계도말저산計都末底山(아수라)·수미산(큰 위덕의 천신)], 수미산은 네 가지 보배(=금·은·유리·파려)로 이루어지고 순수한 천신들만의 주처이기 때문이다.

또 마치 온갖 별 중에서는 달[月天子]이 가장 으뜸인 것처럼, 이 법화경도 역시 그러해서 천만억 가지 모든 경법 중 가장 밝게 비추는 것이다.

또 마치 태양[日天子]은 능히 모든 어둠을 없애듯이, 이 경전도 역시 그러해서 능히 일체 불선의 어둠을 깨트리는 것이다.

또 마치 모든 작은 왕들 중에서는 전륜성왕이 가장 으뜸이듯이, 이 경전도 역시 역시 그러해서 온갖 경전 중에서 가장 존귀한 것이다.

또 마치 제석은 삼십삼천 중에서 왕인 것처럼, 이 경전도 역시 그러해서 모든 경전 중의 왕이다.

또 마치 대범천왕은 일체 중생의 아버지이듯, 이 경전도 역시 그러해서 일체 현성과 학·무학 및 보리심 일으킨 자들의 아버지이다.

또 마치 일체의 범부인들 중에서는 수다원, 사다함, 아나함, 아라한, 벽지불이 으뜸인 것처럼, 이 경전도 역시 그러해서 여래께서 설하신 것이든 보살이 설한 것이든 성문이 설한 것이든 일체의 모든 경법 중에서 가장 으뜸이고, 누군가가 능

又如 衆星之中 月天子 最爲第一, 此法華經 亦復如是 於千萬億種 諸經法中 最爲照明.

又如日天子 能除諸闇, 此經亦復如是 能破一切 不善之闇.

又如 諸小王中 轉輪聖王 最爲第一, 此經 亦復如是 於衆經中 最爲其尊.

又如帝釋 於三十三天中王, 此經 亦復如是 諸經中王.

又如大梵天王 一切衆生之父, 此經 亦復如是 一切賢聖 學無學 及發菩薩心者之父.

又如一切 凡夫人中 須陀洹 斯陀含 阿那含 阿羅漢 辟支佛 爲第一, 此經 亦復如是 一切 如來所說 若菩薩所說 若聲聞所說 諸經法中 最

히 이 경전을 수지한다면 역시 또한 그러해서 일체의 중생들 중에서 역시 으뜸이 된다.

일체의 성문과 벽지불 중에서는 보살이 으뜸이 되듯이, 이 경전도 역시 그러해서 일체의 모든 경법 중에서 가장 으뜸이다.24

마치 붓다께서는 모든 법의 왕이시듯, 이 경전도 역시 그러해서 모든 경전 중의 왕이다.

爲第一, 有能受持 是經典者 亦復如是 於一切 衆生中 亦爲第一.
一切聲聞 辟支佛中 菩薩爲第一, 此經 亦復如是 於一切 諸經法中 最爲第一.
如佛 爲諸法王, 此經 亦復如是 諸經中王.

(3)25 수왕화여, ① 이 경전은 능히 일체의 중생을 구하고, 이 경전은 능히 일체 중생으로 하여금 모든 고뇌를 여의게 하며, 이 경전은 능히 일체 중생을 크게 요익하여 그 소원을 만족케 하는 것이다.

② 마치 청량한 못이 능히 일체의 모든 목마른 자를 만족시키듯, 추운 자가 불을 얻듯, 벗은 자가 옷을 얻듯, 상인이

宿王華, 此經 能救一切衆生者, 此經 能令 一切衆生 離諸苦惱,
此經 能大饒益 一切衆生 充滿其願.
如淸涼池 能滿一切 諸渴乏者, 如寒者 得火, 如裸者 得衣, 如商人

---

24 이는 인因이 으뜸임을 밝힌 것이다. 다른 경전에서 인을 밝힌 것은 일곱 가지 방편이지만, 이 경전에서 밝힌 인은 방편 밖으로 나온 것이므로 인에서 으뜸인 것이다.
25 둘째 법의 작용을 찬탄하시는 글에는 셋이 있다. ①은 발고拔苦의 작용을 찬탄하시는 것, ② 열두 가지로 약을 주는 작용을 찬탄하시는 것, ③은 맺으시는 것이다.

물주를 만나듯, 자식이 어미를 만나듯, 물 건널 자가 배를 얻듯, 병자가 의사를 만나듯, 어둠에서 등불을 얻듯, 가난한 자가 보배를 얻듯, 백성이 임금을 얻듯, 장사꾼이 바다를 만나듯, 횃불이 어둠을 없애듯이, ③ 이 법화경도 역시 그러해서 능히 중생으로 하여금 일체의 괴로움과 일체의 병고를 떠나게 하고, 일체의 생사의 결박을 능히 풀게 하는 것이다.

得主, 如子 得母, 如渡 得船, 如病 得醫, 如暗 得燈, 如貧 得寶, 如民 得王, 如賈客 得海, 如炬 除暗, 此法華經 亦復如是 能令衆生 離一切苦 一切病痛, 能解一切 生死之縛.

(4)26 ① 만약 사람이 이 법화경을 듣고 스스로 쓰거나 남 시켜 쓰게 한다면, 얻는 공덕은 붓다의 지혜로 그 다소를 헤아린다 해도 그 끝을 알 수 없고, 만약 이 경전책을 쓰고 꽃·향·영락, 소향·말향·도향, 깃발·일산·의복, 우유등[酥燈] 기름등, 여러 향유등, 첨복기름등, 수만나기름등, 파라라pāṭala기름등, 파리사가 vārṣika기름등, 나바마리navamalikā기름등의 갖가지 등27으로 공양한다면, 얻는 공

若人得聞 此法華經 若自書 若使人書, 所得功德 以佛智慧 籌量多少 不得其邊, 若書是經卷 華香瓔珞 燒香末香塗香 幡蓋衣服, 種種之燈 酥燈油燈 諸香油燈 瞻蔔油燈 須曼那油燈 波羅羅油燈 婆利師迦油燈 那婆摩利油燈 供養,

---

26 이하 셋째 경전 수지함의 복이 깊음을 밝히시는 것에는 둘이 있다. 먼저 ①은 경전 전체를 듣는 복을 드신 것, 뒤의 ② 이하는 본품을 듣는 복을 드신 것이다.

27 * '파라라', '파리사가', '나바마리'는 앞의 '첨복'과 '수만나'와 함께 향의 원료로 쓰이는 꽃의 이름이다.

덕 역시 또한 한량이 없다.

②[28] 수왕화여, 만약 어떤 사람이 이 약왕보살본사품을 듣는다면, 역시 한량없고 가이없는 공덕을 얻는다.

만약 어떤 여인이 이 약왕보살본사품을 듣고 수지한다면, 이 여인의 몸을 다한 다음에는 다시 받지 않는다.

만약 여래의 멸도 후 후오백세 중에 만약 어떤 여인이 이 경전을 듣고 설한 대로 수행한다면, 이 목숨이 끝난 뒤 아미타붓다께서 대 보살대중들에게 둘러싸여 머무는 주처인 안락세계로 가서, 연꽃 속의 보좌 위에 태어나, 다시는 탐욕으로 괴로움 받지 않고, 또한 다시는 진에와 우치로 괴로움 받지 않으며, 또한 다시는 교만과 질투의 번뇌들로 괴로움 받지 않고, 보살의 신통과 무생법인 얻으며, 이 법인을 얻고 나면 안근이 청정해져, 이 청정한 안근으로 칠백만이천억 나유타 항하의 모래와 같은 제불여래를 볼 것인데, 이 때 제불께서는 멀리서 함께 찬탄해 말씀하시리라.

所得功德 亦復無量.
宿王華, 若有人聞 是藥王菩薩本事品者, 亦得無量 無邊功德.
若有女人 聞是藥王菩薩本事品 能受持者, 盡是女身 後不復受.
若如來滅後 後五百歲中 若有女人 聞是經典 如說修行, 於此命終 卽往安樂世界, 阿彌陀佛 大菩薩衆 圍繞住處, 生蓮華中 寶座之上, 不復爲 貪欲所惱, 亦復不爲 瞋恚愚癡所惱, 亦復不爲 憍慢嫉妒 諸垢所惱, 得菩薩神通 無生法忍, 得是忍已 眼根淸淨, 以是淸淨眼根 見七百萬二千億 那由他 恒河沙等 諸佛如來, 是時諸佛 遙共讚言.

---

28 본품을 듣는 공덕을 드시는 것에는 둘이 있으니, 먼저 ②는 교량하시는 것이고, 뒤의 ③은 부촉하시는 것이다.

'훌륭하고 훌륭하도다. 선남자여, 그대는 능히 석가모니붓다의 법 중에서 이 경전 수지 독송하고 사유하여 남 위해 설했으니, 얻는 복덕이 한량없고 가이없어서, 불도 태울 수 없고 물도 빠트릴 수 없으며, 그대의 공덕은 천불이 함께 설해도 다할 수 없을 것이다. 그대는 이제 이미 모든 악마를 깨뜨렸고 생사의 군사를 무너뜨렸으며, 다른 원수들도 모두 다 꺾어 멸하였다.

선남자여, 천의 제불께서 신통력으로 그대를 함께 수호할 것이니, 일체 세간의 천·인 중 그대와 같은 자는 없을 것이고, 오직 여래만 제외할 뿐, 모든 성문과 벽지불 내지 보살로서, 지혜와 선정에서 그대와 대등한 자가 없을 것이다.'

수왕화여, 이 보살은 이와 같은 공덕과 지혜의 힘을 성취하였다. 만약 어떤 사람이 이 약왕보살본사품을 듣고 능히 수희하고 찬탄한다면, 이 사람은 현세에 입에서는 항상 청련화 향기가 나오고, 몸의 털구멍에서는 항상 우두전단의 향기가 나올 것이며, 얻은 공덕은 위에서 말한 것과 같을 것이다.

'善哉善哉. 善男子, 汝能於 釋迦牟尼佛法中 受持讀誦 思惟是經 爲他人說, 所得福德 無量無邊, 火不能燒 水不能漂, 汝之功德 千佛共說 不能令盡. 汝今已能 破諸魔賊 壞生死軍, 諸餘怨敵 皆悉摧滅.

善男子, 千諸佛 以神通力 共守護汝, 於一切世間 天人之中 無如汝者, 唯除如來, 其諸聲聞 辟支佛 乃至菩薩, 智慧禪定 無有與汝等者.'
宿王華, 此菩薩成就 如是功德 智慧之力. 若有人聞 是藥王菩薩本事品 能隨喜讚善者, 是人現世 口中常出 青蓮華香, 身毛孔中 常出牛頭栴檀之香, 所得功德 如上所說.

③ 그러므로 수왕화여, 이 약왕보살본사품을 그대에게 부촉하니, 나의 멸도 후 후오백세 중에 널리 펴 유포해서 염부제에서 끊어지는 일이 없도록 하고, 악마와 악마의 백성, 여러 천신·용·야차와 구반다 등이 그 편의를 얻는 일이 없도록 하여야 한다.

수왕화여, 그대는 신통의 힘으로 이 경전을 수호해야 한다. 까닭이 무엇인가 하면 이 경전은 곧 염부제 사람들의 병에 대한 양약이라, 만약 사람에게 병 있을 때 이 경전을 듣게 되면, 병이 곧 소멸하고 늙지도 않고 죽지도 않을 것이기 때문이다.

수왕화여, 그대가 만약 이 경전 수지하는 사람을 보거든, 청련화와 가득 담은 가루향을 그 위에 뿌리고, 뿌리고서는 이렇게 생각해야 한다. '이 사람은 머지 않아 필시 풀을 취해서 도량에 앉아 모든 마군을 깨트리고, 법라를 불며 큰 법고를 쳐서 일체 중생을 노·병·사의 바다에서 건져줄 것이다.'라고. 그러므로 불도 구하는 자가 이 경전 수지하는 사람을 본다면, 이렇게 공양하는 마음을 내어야 하는 것이다."

是故 宿王華, 以此藥王菩薩本事品 囑累於汝, 我滅度後 後五百歲中 廣宣流布 於閻浮提 無令斷絕, 惡魔魔民 諸天龍夜叉 鳩槃茶等 得其便也.

宿王華, 汝當以 神通之力 守護是經. 所以者何 此經則爲 閻浮提人 病之良藥, 若人有病 得聞是經, 病卽消滅 不老不死.

宿王華, 汝若見 有受持是經者, 應以靑蓮花 盛滿末香 供散其上, 散已作是念言. '此人不久 必當取草 坐於道場 破諸魔軍, 當吹法螺 擊大法鼓 度脫一切衆生 老病死海.' 是故 求佛道者 見有受持 是經典人, 應當如是 生恭敬心."

23.4[29]

(1) 이 약왕보살본사품을 설하셨을 때 팔만사천의 보살들은 일체 중생의 말을 이해하는 다라니를 얻었다.

說是藥王菩薩本事品時 八萬四千菩薩　得解一切衆生語言陀羅尼.

(2) 다보여래께서는 보탑 안에서 수왕화보살을 찬탄하여 말씀하셨다.
　"훌륭하고 훌륭하도다. 수왕화여, 그대는 불가사의한 공덕을 성취하여 마침내 석가모니붓다께 이러한 일을 능히 물어서, 한량없는 일체의 중생들을 이익케 하였구나."

多寶如來　於寶塔中　讚宿王華菩薩言.
"善哉善哉. 宿王華, 汝成就　不可思議功德　乃能問　釋迦牟尼佛　如此之事, 利益無量　一切衆生."

---

29 이하 셋째 (1) 이 품을 듣고 이익 얻는 것과, 넷째 (2) 다보불께서 칭찬하시는 것은 모두 글과 같다.

妙法蓮華經
묘법연화경

卷第七
제7권

後秦 龜茲國 三藏法師 鳩摩羅什 奉 詔譯
후진 구자국 삼장법사 구마라집 봉 조역

묘법연화경 제7권　　　　　　妙法蓮華經 卷第七

　　　제24 묘음보살품[1]　　　　妙音菩薩品 第二十四

24.1[2]

(1) 그 때 석가모니붓다께서는 대인상인 육계肉髻에서 광명을 놓으시고, 그리고 미간의 백호상白毫相에서도 광명을 놓으시어, 동방 백팔만억 나유타 항하의 모래와 같은 제불세계를 두루 비추셨는데, 이 수를 지나서 정광장엄淨光莊嚴이라고 이름하는 세계가 있었다. 그 나라에는 명호를 정화수왕지淨華宿王智여래 응공 정변지 명행족 선서 세간해 무상사 조어장부 천

爾時 釋迦牟尼佛 放大人相 肉髻光明, 及放眉間 白毫相光, 遍照東方 百八萬億 那由他 恆河沙等 諸佛世界, 過是數已 有世界 名淨光莊嚴. 其國有佛 號淨華宿王智如來 應供 正遍知 明行足 善逝 世間解 無上

---

1 글 중에서 스스로 해석하고 있다. 과거 운뢰음왕불雲雷音王佛에게 십만 가지 음악을 바쳤으므로, 지금 다른 국토로 다니며 교화함에 음악이 스스로 따르고, 과거 팔만사천의 보배발우를 바쳤으므로, 지금 그만큼의 도의 그릇[道器]인 권속들이 위요하며, 과거 일체 중생의 말을 이해하는 다라니를 얻었으므로, 지금 보현색신삼매와 오묘한 음성을 시방에 외침으로써 이 가르침을 널리 펴니, 그래서 묘음품이라고 이름하였다. 이는 화타문 중 두 번째 뜻(=그 첫 번째는 전품에서 고행으로 일승을 타는 것이라고 하였고, 이 품과 다음 품은 삼매로 일승을 타는 것이라고 하였음)이다.
2 글에는 여섯이 있다. 첫째 24.1의 (1)은 광명 놓아 동방을 부르시는 것, 둘째 (2) 이하는 분부 받들어 서쪽에서 오는 것, 셋째 24.3은 시방에서 경전 펴는 것, 넷째 24.4의 (1)은 두 국토에서 이익 얻는 것, 다섯째 (2)는 본국으로 돌아가는 것, 여섯째 (3)은 품을 듣고 도를 증진하는 것이다.

인사 붓다 세존이라고 하는 붓다께서 계셔서, 한량없고 가이없는 보살대중들에게 공경받으면서 둘러 싸여 설법하고 계셨는데, 석가모니붓다의 백호상의 광명이 그 나라를 두루 비추었다.3

(2)4 ① 그 때 일체의 정광장엄국 안에 이름을 묘음妙音이라고 하는 한 보살이 있었는데, 오래도록 이미 온갖 선근[德本]을 심고 한량없는 천만억의 여러 붓다들을 공양하며 친근하여 매우 깊은 지혜를 모두 성취하였으며, 묘당상妙幢相삼매, 법화法華삼매, 정덕淨德삼매, 수왕희宿王戱삼매, 무연無緣삼매, 지인智印삼매, 해일체중생어언解一切衆生語言삼매, 집일체공덕集一切功德삼매, 청정淸淨삼매, 신통유희神通遊戱삼매, 혜거慧炬삼매, 장엄왕莊嚴王삼매, 정광명淨光明삼매, 정장淨藏삼매, 불공不共삼

士 調御丈夫 天人師 佛世尊, 爲無量無邊 菩薩大衆 恭敬圍繞 而爲說法, 釋迦牟尼佛 白毫光明 遍照其國.

爾時 一切 淨光莊嚴國中 有一菩薩 名曰妙音, 久已殖衆德本 供養親近 無量百千萬億諸佛 而悉成就 甚深智慧, 得妙幢相三昧 法華三昧 淨德三昧 宿王戱三昧 無緣三昧 智印三昧 解一切衆生語言三昧 集一切功德三昧 淸淨三昧 神通遊戱三昧 慧炬三昧 莊嚴王三昧 淨光明三昧

---

3 이제 이 광명을 놓아 본래의 제자를 부르시는 것은 중도의 경전을 펴서 큰 근기를 이익케 하시려는 것이다. 그리고 백호는 일승도의 청정에서 일어나는 것이니, 이제 이 광명을 놓으신 것은 이 법을 펴게 하시려는 것이다.
4 둘째 떠나서 오는 글에는 둘이 있으니, 처음은 떠나 오는 연이고, 뒤의 24.2는 바로 떠나서 오는 것이다. 전자 중에는 여섯이 있다. 첫째 ①은 경전 편집자가 그의 복덕과 지혜를 서술하는 것, 둘째 ②는 광명의 비침을 받는 것, 셋째 ③은 하직하는 것, 넷째 (3)의 ①은 경계하시는 것, 다섯째 ②는 뜻을 받는 것, 여섯째 (4)는 오는 모습을 나타내는 것이다.

매, 일선日旋삼매를 얻고, 이러한 등의 백천만억 항하의 모래와 같은 모든 큰 삼매를 얻었다.5

② 석가모니붓다의 광명이 그 몸을 비추니, ③ 곧 정화수왕지붓다께 말하였다.

"세존이시여, 저는 사바세계로 가서 석가모니붓다를 예배하고 친근하고 공양하며, 그리고 문수사리文殊師利법왕자보살과 약왕藥王보살, 용시勇施보살, 수왕화宿王華보살, 상행의上行意보살, 장엄왕莊嚴王보살, 약상藥上보살을 만나보려고 합니다."

(3) ① 그 때 정화수왕지붓다께서는 묘음보살에게 말씀하셨다.

"그대는 저 나라를 가벼이 보고 하열하다는 생각을 내지 말라. 선남자여, 저 사바세계는 높고 낮아서 평탄치 못하고 흙·돌과 여러 산으로 더러움 충만하며, 붓다의 몸도 작고 보살들의 그 형체도 역시 작다. 그런데 그대의 몸은 사만이천 유순이고, 내 몸은 육백팔십만 유순이며, 그대의 몸은 제일 단정하고 백천만 복덕

淨藏三昧 不共三昧 日旋三昧, 得如是等 百千萬億恒河沙等 諸大三昧.
釋迦牟尼佛 光照其身, 卽白 淨華宿王智佛言.
"世尊, 我當往詣 娑婆世界 禮拜親近供養 釋迦牟尼佛, 及見 文殊師利法王子菩薩 藥王菩薩 勇施菩薩 宿王華菩薩 上行意菩薩 莊嚴王菩薩 藥上菩薩."

爾時 淨華宿王智佛告妙音菩薩.
"汝莫輕彼國 生下劣想. 善男子, 彼娑婆世界 高下不平 土石諸山 穢惡充滿,
佛身卑小 諸菩薩衆 其形亦小. 而汝身 四萬二千由旬, 我身 六百八十萬由旬, 汝身 第一端正

---
5 '매우 깊은 지혜'는 곧 지혜의 장엄이고, 16삼매는 곧 복덕의 장엄이다.

으로 빛나고 아름답다. 그러니 그대는 가서 저 나라를 가벼이 여겨서 붓다나 보살 및 국토에 대해 하열하다는 생각을 내어서는 안된다."6

② 묘음보살이 그 붓다께 말하였다.

"세존이시여, 제가 이제 사바세계에 가는 것은 모두 여래의 힘과, 여래의 신통의 유희와, 여래의 공덕·지혜의 장엄 덕분입니다."7

(4)8 ① 이 때 묘음보살은 자리에서 일어나지 않고 몸을 움직이지도 않으며 삼매에 들어, 삼매의 힘으로써 기사굴산의 법좌에서 멀지 않은 곳에 팔만사천의 온갖 보배 연꽃을 변화로 만들었는데, 염부단금이 줄기가 되고, 백은이 잎이 되며, 금강이 꽃술이 되고, 견숙가보배9가 그 대

百千萬福 光明殊妙. 是故汝往 莫輕彼國 若佛菩薩 及國土 生下劣想."

妙音菩薩 白其佛言.
"世尊, 我今詣 娑婆世界 皆是 如來之力, 如來 神通遊戲, 如來功德智慧莊嚴."

於是 妙音菩薩 不起于座 身不動搖 而入三昧, 以三昧力 於耆闍崛山 去法座不遠 化作八萬四千 衆寶蓮華, 閻浮檀金 爲莖, 白銀 爲葉, 金剛 爲鬚, 甄叔迦寶 以

....
6 붓다께서 경계하신 것은, 법신보살은 의도적으로 경계하지 않아도 성취되지만, 이끄는 권속들 중에는 혹 아직 알지 못할 수도 있기 때문에 그에게 의탁하여 이를 경계하신 것이다.
7 '여래의 힘'은 여래의 자리(=일체법의 공)의 힘이고, '신통'의 힘은 방(=대자비심)의 힘이며, '장엄'의 힘은 옷(=유화인욕심)의 힘이다. 이는 홍경의 큰 뜻과 중생 이익함의 종요宗要를 받는 것이므로, 이 법회에서 움직이지 않고 시방을 다니며 교화할 수 있는 것이다.
8 여섯째 모습 나타내는 글에도 여섯이 있다. ①은 연꽃을 보내는 것, ②는 문수가 묻는 것, ③은 붓다께서 답하시는 것, ④는 문수가 청하는 것, ⑤는 공을 미루시는 것, ⑥은 오라고 분부하시는 것이다.

가 되었다.

② 그 때 문수사리 법왕자가 이 연꽃을 보고 붓다께 여쭈었다.

"세존이시여, 무슨 인연으로 먼저 이 상서가 나타났습니까? 여러 천만의 연꽃이 있어, 염부단금이 줄기가 되고, 백은이 잎이 되며, 금강이 꽃술이 되고, 견숙가보배가 그 대가 되었습니다."

③ 그 때 석가모니붓다께서 문수사리에게 말씀하셨다.

"이 묘음보살마하살이 정화수왕지붓다의 나라에서 그를 둘러싼 팔만사천의 보살들과 함께 이 사바세계로 와서 나를 공양하고 친근하며 예배하고자 하고, 또한 법화경을 공양하고 듣고자 하는 것이다."

④ 문수사리가 붓다께 말하였다.

"세존이시여, 이 보살은 어떤 선근을 심고 어떤 공덕을 닦았길래 이 큰 신통력을 가질 수 있습니까? 어떤 삼매를 행하는지, 저희들에게 이 삼매의 이름을 말씀해 주십시오. 저희들 역시 그것을 부지런히 수행하고자 합니다. 이 삼매를 행해

....
9 * '견숙가kiṃśuka'는 붉은 색의 보석 이름이다.

爲其臺.
爾時 文殊師利法王子 見是蓮華 而白佛言.
"世尊, 是何因緣 先現此瑞? 有若干 千萬蓮華 閻浮檀金 爲莖, 白銀 爲葉, 金剛 爲鬚, 甄叔迦寶 以爲其臺."
爾時 釋迦牟尼佛 告文殊師利.
"是妙音菩薩摩訶薩 欲從淨華宿王智佛國 與八萬四千 菩薩圍繞 而來至此 娑婆世界 供養親近 禮拜於我, 亦欲供養 聽法華經."
文殊師利 白佛言.
"世尊, 是菩薩 種何善本 修何功德 而能有是大神通力? 行何三昧, 願爲我等 說是三昧名字. 我等亦欲 勤修行之. 行此三昧 乃能見 是菩

제24 묘음보살품 605

야 이 보살의 모습의 크기와 가고 멈추는 행동을 볼 수 있겠습니다. 세존이시여, 신통력으로 저 보살을 오게 하시어 제가 볼 수 있도록 해 주시기 바랍니다."

⑤ 그 때 석가모니붓다께서 문수사리에게 말씀하셨다.

"오래 전에 멸도하셨던 이 다보여래께서 그대들을 위해 그 모습 나타나게 하실 것이다."

⑥ 그 때 다보불께서 그 보살에게 이르셨다.

"선남자여, 오라. 문수사리법왕자가 그대의 몸을 보고싶어 한다."

薩 色相大小 威儀進止. 唯願 世尊, 以神通力 彼菩薩來 令我得見."

爾時 釋迦牟尼佛 告文殊師利.

"此久滅度 多寶如來 當爲汝等 而現其相."

時多寶佛 告彼菩薩.

"善男子, 來. 文殊師利 法王子 欲見汝身."

24.2[10]

⑴ ① 그 때 묘음보살은 저 국토에서 사라져 팔만사천의 보살들과 함께 떠나서 오는데, 거치는 국토마다 여섯 가지로 진동하였고, 모두 다 칠보의 연꽃을 비내렸으며, 백천의 하늘음악이 연주 않아도 저

于時 妙音菩薩 於彼國沒 與八萬四千菩薩 俱共發來, 所經諸國 六種震動, 皆悉雨於 七寶蓮華, 百千天樂 不鼓自鳴.

---

[10] 이하 둘째 바로 떠나서 오는 글에는 여섯이 있다. 첫째 ⑴의 ①은 권속들과 함께 여러 국토 거치는 것, 둘째 ②는 모습 서술하는 것과 칠보대에 오르는 것, 셋째 ⑵의 ①은 문안하고 뜻 전하는 것, 넷째 ②는 다보불 뵙기를 청하는 것, 다섯째 ⑶의 ①은 세존이 전하는 것, 여섯째 ②는 탑 속에서 칭찬하시는 것이다.

절로 울렸다.

② 이 보살은 눈이 마치 넓고 큰 청련화 잎과 같고, 바로 백천만억의 달을 합친다고 해도 그의 면모 단정함은 이를 다시 초과하며, 몸은 진금색에 한량없는 백천의 공덕으로 장엄되어, 위덕이 가득하고 광명으로 빛나며 여러 상호 구족하여, 나라연의 견고한 몸과 같았다.

칠보대에 들어 땅에서 7다라수 되는 허공으로 올라서, 여러 보살대중들이 공경하며 둘러싼 가운데 이 사바세계의 기사굴산으로 왔다.

(2) ① 도착하고 나서 칠보대에서 내려 백천의 값 나가는 영락 지니고 석가모니붓다의 처소에 이르러, 발에 엎드려 예배하고 영락을 바친 다음 붓다께 말하였다.

"세존이시여, 정화수왕지붓다께서 세존께 안부 여쭈셨습니다. '병이나 괴로움 없고 기거하시기 가벼우며 안락하게 지내십니까? 사대는 조화롭고, 세상 일은 견딜 만하며, 중생은 제도하기 쉬운지, 많은 탐욕·진에·우치·질투·인색·교만은 없는지요? 부모에 불효하고 사문에게 불

是菩薩 目如廣大 青蓮華葉, 正使和合 百千萬月 其面貌端正 復過於此, 身眞金色 無量百千功德莊嚴, 威德熾盛 光明照曜 諸相具足, 如那羅延 堅固之身.

入七寶臺 上昇虛空 去地七多羅樹, 諸菩薩衆 恭敬圍繞 而來詣此 娑婆世界 耆闍崛山.

到已 下七寶臺 以價直百千 瓔珞持至 釋迦牟尼佛所, 頭面禮足 奉上瓔珞 而白佛言.

"世尊, 淨華宿王智佛 問訊世尊. '少病少惱 起居輕利 安樂行不? 四大調和不, 世事可忍不, 衆生易度不, 無多貪欲 瞋恚愚癡 嫉妬慳慢不? 無不孝父母 不敬

경하며, 사견과 불선한 마음, 5진에 대한 생각[五情]을 거두지 못함은 없습니까? 세존이시여, 중생들은 모든 악마를 능히 항복시킵니까? 오래 전 멸도하신 다보여래께서는 칠보탑 안에서 오셔서 법 들으시는지요?'라고.

또 다보여래께도, '편안하시고 괴로움 없으시며 오래 머물 만하신지요?'라고 안부 여쭈셨습니다.

② 세존이시여, 저는 지금 다보붓다의 몸도 뵙고 싶습니다. 세존이시여, 보이셔서 저로 하여금 뵙게 해 주소서."

(3) ① 그 때 석가모니붓다께서는 다보붓다께 말씀하셨다.

"이 묘음보살이 뵙고 싶다고 합니다."

② 그 때 다보붓다께서 묘음에게 말씀하셨다.

"훌륭하고 훌륭하도다. 그대는 능히 석가모니붓다를 공양하고, 그리고 법화경을 들으며, 아울러 문수사리 등을 보기 위해 이 곳에 왔구나."

沙門 邪見不善心 不攝五情不?
世尊, 衆生能降伏 諸魔怨不? 久滅度 多寶如來 在七寶塔中 來聽法不?'

又問訊 多寶如來, '安隱少惱 堪忍久住不?'

世尊, 我今欲見 多寶佛身. 唯願世尊, 示我令見."

爾時 釋迦牟尼佛 語多寶佛.
"是妙音菩薩 欲得相見."
時 多寶佛 告妙音言.

"善哉善哉. 汝能 爲供養 釋迦牟尼佛, 及聽法華經, 幷見 文殊師利等 故來至此."

24.3¹¹

⑴ 그 때 화덕보살이 붓다께 여쭈었다.

"세존이시여, 이 묘음보살은 어떤 선근을 심고 어떤 공덕을 닦았길래 이러한 신통력을 가졌습니까?"

爾時 華德菩薩 白佛言.
"世尊, 是妙音菩薩 種何善根 修何功德 有是神力."

⑵[12] 붓다께서 화덕보살에게 말씀하셨다.

"① 과거에 명호를 운뢰음왕雲雷音王 다타아가도 아라하 삼먁삼불타라고 하는 붓다께서 계셨는데, 나라 이름은 현일체세간現一切世間이고, 겁의 이름은 희견喜見이었다. 묘음보살은 일만이천 년 동안 십만 가지 음악으로 운뢰음왕붓다를 공양하였고, 아울러 팔만사천의 칠보발우를 바쳤으니, 이 인연의 과보로 지금 정화수왕지붓다의 나라에 태어나고 이런 신통력을 갖게 되었다.

② 화덕이여, 그대 생각에는 어떠한가? 그 때의 운뢰음왕붓다의 처소에서 음악 공양하고 보배발우 바친 묘음보살이 어

佛告 華德菩薩.
"過去有佛 名雲雷音王多陀阿伽度 阿羅訶 三藐三佛陀, 國名 現一切世間, 劫名 喜見.
妙音菩薩 於萬二千歲 以十萬種伎樂 供養雲雷音王佛, 幷奉上 八萬四千 七寶鉢, 以是因緣果報 今生 淨華宿王智佛國 有是神力.
華德, 於汝意云何?
爾時 雲雷音王佛所 妙音菩薩 伎樂供養 奉上

....
11 셋째 경전 넓히는 것에는 두 가지 문답이 있다. (처음에는) 먼저 어떤 선근 심었는가를 묻고, 둘째 이 신통력 가진 것에 대해 물었다[=둘째 문답의 글은 ⑷임]. 전자는 과거를 물은 것이고, 후자는 지금을 물은 것이다.
12 (처음 물음에 대해) 붓다께서 두 가지 뜻으로 답하셨다. 먼저 ⑵는 그 어떤 선근을 심었는가라는 물음에 답한 것이다. ①에서 과거에 음악 봉헌하고 그릇 바친 것이 그것이라고 하시고, ②에서는 고금을 연결하셨다.

찌 다른 사람이겠는가? 지금의 이 묘음보살마하살이 그였다.

화덕이여, 이 묘음보살은 한량없는 붓다들을 이미 공양 친근하면서 오래 선근을 심었고, 또 항하의 모래와 같은 백천만억 나유타의 붓다들을 만났었다.

(3)13 화덕이여, 그대는 단지 묘음보살의 그 몸이 여기 있는 것만 보겠지만, 이 보살은 갖가지 몸을 나투어 곳곳에서 여러 중생들을 위해 이 경전을 설한다.

혹은 범왕의 몸을 나투고, 혹은 제석의 몸을 나투며, 혹은 자재천의 몸을 나투고, 혹은 대자재천의 몸을 나투며, 혹은 하늘의 대장군의 몸을 나투고, 혹은 비사문천왕14의 몸을 나투며, 혹은 전륜성왕의 몸을 나투고, 혹은 여러 작은 왕들의 몸을 나투며, 혹은 장자의 몸을 나투고, 혹은 거사의 몸을 나투며, 혹은 관리의 몸을 나투고, 혹은 바라문의 몸을 나투며, 혹은 비구·비구니·우바새·우바이의

寶器者 豈異人乎? 今此 妙音菩薩摩訶薩是.

華德, 是妙音菩薩 已曾 供養親近 無量諸佛 久 殖德本, 又値 恒河沙等 百千萬億 那由他佛.

華德, 汝但見 妙音菩薩 其身在此, 而是菩薩 現 種種身 處處 爲諸衆生 說是經典.

或現 梵王身, 或現 帝 釋身, 或現 自在天身, 或現 大自在天身, 或現 天大將軍身, 或現 毘沙 門天王身, 或現 轉輪聖 王身, 或現 諸小王身, 或現 長者身, 或現 居 士身, 或現 宰官身, 或 現 婆羅門身, 或現 比 丘比丘尼 優婆塞優婆

---

13 이는 그 (둘째) 신통력에 대한 물음에 답하신 것이다.
14 * '비사문천왕'은 사대천왕 중 북방을 지키는 천왕으로서, 다문多聞천왕이라고도 부른다. 사대천왕 중 동방은 지국持國천왕이, 남방은 증장增長천왕이, 서방은 광목廣目천왕이 각각 지킨다.

몸을 나투고, 혹은 장자나 거사의 부인의 몸을 나투며, 혹은 관리 부인의 몸을 나투고, 혹은 바라문 부인의 몸을 나투며, 혹은 동남이나 동녀의 몸을 나투고, 혹은 천신이나 용, 야차, 건달바, 아수라, 가루라, 긴나라, 마후라가, 인비인 등의 몸을 나투어 이 경전을 설하고, 지옥, 아귀, 축생 및 온갖 난처에 있는 모든 중생들을 모두 능히 구제하며, 나아가 왕의 후궁에서는 여인의 몸으로 변하기까지 하여 이 경전을 설한다.

화덕이여, 이 묘음보살은 사바세계의 여러 중생들을 능히 구호하는 자이다. 이 묘음보살은 이와 같은 갖가지로 변화하여 몸 나투어 이 사바국토에 있으면서 여러 중생들 위해 이 경전 설하지만, 신통변화와 지혜에서는 손감되는 것이 없으니, 이 보살은 여러 가지 지혜로 사바세계를 밝게 비추어, 일체의 중생들로 하여금 알아야 할 바를 각각 얻게 하고, 시방의 항하의 모래와 같은 세계에서도 역시 또한 그러하다. 만약 성문의 모습으로 제도될 자에게는 성문의 모습 나투어 설법하고, 벽지불의 모습으로 제도될 자에

夷身, 或現 長者居士婦女身, 或現 宰官婦女身, 或現 婆羅門婦女身, 或現 童男童女身, 或現 天龍夜叉 乾闥婆阿修羅 迦樓羅緊那羅摩睺羅伽 人非人等身 而說是經, 諸有地獄 餓鬼畜生 及衆難處 皆能救濟, 乃至 於王後宮 變爲女身 而說是經.

華德, 是妙音菩薩 能救護 娑婆世界 諸衆生者. 是妙音菩薩 如是種種 變化現身 在此娑婆國土 爲諸衆生 說是經典, 於神通變化智慧 無所損減, 是菩薩 以若干智慧 明照娑婆世界, 令一切衆生 各得所知, 於十方 恒河沙世界中 亦復如是. 若應以聲聞形 得度者 現聲聞形 而爲說法, 應以辟支佛形 得度

게는 벽지불의 모습 나투어 설법하며, 보살의 모습으로 제도될 자에게는 보살의 모습 나투어 설법하고, 붓다의 모습으로 제도될 자에게는 곧 붓다의 모습 나투어 설법한다. 이렇게 갖가지로 제도될 바를 따라 모습을 나투며, 나아가 멸도로써 제도될 자에게는 멸도를 나타내 보이기까지 한다.

화덕이여, 묘음보살마하살은 큰 신통과 지혜의 힘을 성취하였으니, 그 일이 이와 같다."15

(4)16 ① 그 때 화덕보살이 붓다께 여쭈었다.

"세존이시여, 이 묘음보살은 선근을 깊이 심었군요. 세존이시여, 이 보살은 어떤 삼매에 머무길래 능히 이렇게 온갖 곳에 변화해 나타나서 중생을 도탈하는 것입니까?"

② 붓다께서 화덕보살에게 말씀하셨다.

"선남자여, 이 삼매는 현일체색신現一切

者 現辟支佛形 而爲說法, 應以菩薩形 得度者 現菩薩形 而爲說法, 應以佛形 得度者 卽現佛形 而爲說法. 如是種種 隨所應度 而爲現形, 乃至 應以滅度 而得度者 示現滅度.

華德, 妙音菩薩摩訶薩 成就大神通 智慧之力, 其事如是."

爾時 華德菩薩 白佛言.

"世尊, 是妙音菩薩 深種善根. 世尊, 是菩薩 住何三昧 而能如是 在所變現 度脫衆生?"

佛告 華德菩薩.

"善男子, 其三昧名 現

---
15 서른 네 가지 범부의 몸과 네 가지 성인의 몸을 보인 것은 십법계와 육도를 맺어 이룬 것이다.
16 이하 둘째 문답은, 지금 어떤 선정에 머무길래 이렇게 자재하게 이익할 수 있는지를 물었고, 이에 대한 붓다의 답은 글과 같다.

色身이라고 이름하니, 묘음보살은 이 삼매에 머물러서 능히 이렇게 한량없는 중생들을 요익하는 것이다."

一切色身, 妙音菩薩 住是三昧中 能如是饒益無量衆生."

24.4

(1) 이 묘음보살품을 설하셨을 때에 묘음보살과 함께 온 팔만사천의 사람들은 모두 일체의 색신을 나툴 수 있는 현일체색신삼매를 얻었고, 이 사바세계의 한량없는 보살들도 역시 이 삼매 및 다라니를 얻었다.17

說是 妙音菩薩品時 與妙音菩薩俱來者 八萬四千人 皆得現一切色身三昧, 此娑婆世界 無量菩薩 亦得是三昧 及陀羅尼.

(2) 그 때 묘음보살마하살은 석가모니붓다 및 다보불탑에 공양하고 나서 본토로 귀환하였는데, 거치는 국토마다 여섯 가지로 진동하였고 보배연꽃이 비내렸으며 백천만억의 갖가지 음악이 연주되었고,

爾時 妙音菩薩摩訶薩 供養釋迦牟尼佛 及多寶佛塔已 還歸本土, 所經諸國 六種震動 雨寶蓮華 作百千萬億 種種

---

17 이는 넷째 두 세계의 이익이다. 삼매와 다라니는 체는 하나이지만 작용이 다르다. 고요한 작용[寂用]은 삼매가 되고, 지니는 작용[持用]은 다라니라고 이름한다. 또 색신을 변현變現하는 것은 삼매라 이름하고, 음성으로 변설辯說하는 것은 다라니라 이름한다. 위의 약왕보살품에서 처음에는 현일체색신삼매를 얻었다고 하고, 몸을 바꾸어서는 해일체어언다라니를 얻었다고 하였는데, 음성도 마찬가지로 색법임을 알아야 한다. 그래서 체는 하나이지만 작용이 다르다고 말한 것이다. 또 설근舌根의 청정은 다라니라고 이름하고, 나머지 근의 청정은 삼매라고 이름하니, 모두가 육근청정의 법문일 뿐이다.

본국에 도착해서는 팔만사천 보살들이 둘러싼 가운데 정화수왕지붓다의 처소에 이르러 붓다께 말하였다.

"세존이시여, 저는 사바세계에 도착해서 중생들을 요익하고 석가모니붓다를 뵈었으며, 그리고 다보붓다의 탑을 보고 예배하며 공양하였고, 또 문수사리법왕자보살도 보았으며, 그리고 약왕보살, 득근정진력得勤精進力보살, 용시보살 등도 보았고, 또한 이 팔만사천의 보살들로 하여금 현일체색신삼매를 얻도록 하였습니다."18

(3) 이 묘음보살이 오고 간 품을 설하셨을 때 사만이천의 천자들은 무생법인을 얻었고, 화덕보살은 법화法華삼매를 얻었다.19

伎樂, 旣到本國 與八萬四千 菩薩圍繞 至淨華宿王智佛所 白佛言.

"世尊, 我到 娑婆世界 饒益衆生 見釋迦牟尼佛, 及見多寶佛塔 禮拜供養, 又見 文殊師利法王子菩薩, 及見 藥王菩薩 得勤精進力菩薩 勇施菩薩等, 亦令是 八萬四千菩薩 得現一切色身三昧."

說是 妙音菩薩來往品時 四萬二千天子 得無生法忍, 華德菩薩 得法華三昧.

---

18 이는 다섯째 본토로 돌아가는 것이다.
19 이는 여섯째 품을 듣고 도 증진한 것이다.

제25　　　　　　　　　　　觀世音菩薩普門品
관세음보살보문품1　　　　　　第二十五

1 이 품의 해석에는 공통적인 것이 있고, 개별적인 것이 있는데, 공통적인 것에는 열 쌍이 있고, 개별적인 것에는 다섯 가지가 있다.

열 쌍이란, 첫째의 인·법 내지 열째의 지·단이다. (첫째) 관세음이란 사람이고 보문이란 법인데, 사람에도 여러 가지가 있고, 법에도 여러 가지가 있다. 앞의 문답에 의해서는 관세음이란 사람을 논하고, 뒤의 문답에 의해서는 보문이란 법을 논하니, 인·법을 합쳐 제목하기 때문에 관세음보문품이라고 이름하였다.

둘째 관세음이란 대비大悲로 발고拔苦하는 것이니, 앞의 문답에 의하여 백천의 고뇌에서 모두 해탈케 한다고 하였고, 보문이란 대자大慈로 여락與樂하는 것이니, 뒤의 문답에 의하여 제도될 바로써 설법한다고 하였다.

셋째 관세음이란 지혜의 장엄이다. 지혜로써 능히 번뇌를 끊으니, 마치 밝을 때에는 어둠이 없는 것과 같다. 보문이란 복덕의 장엄이다. 복덕으로 능히 수명을 바꾸니, 마치 여의주가 보배를 비내리는 것과 같다.

넷째 관세음이란 관觀이 경계와 명합함이니, 곧 법신이고, 보문이란 근기 따라 응현함이니, 곧 응신이다.

다섯째 관세음이란 약수왕藥樹王이 온 몸의 병을 낫게 하는 것을 비유하고, 보문이란 여의주왕如意珠王이 뜻 따라 주는 것을 비유한다.

여섯째 관세음이란 그윽히 이익을 주되 보고 들음이 없게 하면서도 삼독과 칠난七難[=뒤의 25.1의 (3)] 모두 떠나게 해 두 가지 구하고 원함을 모두 만족케 하는 것이고, 보문이란 드러나게 이익을 주어, 서른세 가지 성인의 모습[=뒤의 25.2의 (2)]을 눈으로 보고, 열아홉 가지 존귀한 가르침[=뒤의 25.2의 (2)]을 귀로 듣게 하는 것이다.

일곱째 관세음이란 자의自意 따라 실지實智를 비추는 것이고, 보문이란 타의他意 따라 권지權智를 비추는 것이다.

여덟째 관세음이란 본제本際에서 움직이지 않는 것이고, 보문이란 자취를 근기에 맡기는 것이다.

아홉째 관세음이란 근본이 요인의 종자이고, 보문이란 근본이 연인의 종자이다.

열째 관세음이란 구경이 지덕이니, 열나흘 밤의 달빛과 같고, 보문이란 구경이 단덕이니, 스무아흐레밤 달의 삿된 빛이 곧 다하려는 것과 같다.

다섯 가지를 개별적으로 논하자면 첫째는 '관'이다. 관에는 여러 가지가 있으니, 석관析觀·체관體觀·차제관次第觀·원관圓觀을 말한다. 석관이란 색을 멸하고 공에 드는 것이고, 체관이란 색이 곧 공인 것이다. 차제관이란 석관

25.1²

(1) 그 때 무진의無盡意보살이 자리에서 일어나 오른 어깨를 드러내고 붓다 향해 합장하고서 이렇게 말하였다.³

爾時 無盡意菩薩 卽從座起 偏袒右肩 合掌向佛 而作是言.

> 에서 나아가 원관에 이르는 것이고, 원관이란 석관이 곧 실상이고, 나아가 차제관 역시 실상이라는 것이다. 지금은 3관을 가려내고 오직 원관만을 논한다.
> 둘째 '세'에도 역시 여러 가지가 있으니, 유위세·무위세·이변세二邊世·부사의세不思議世를 말한다. 유위세란 삼계의 세계이고, 무위세는 두 가지 열반(=유여의·무여의)이며, 이변세는 생사와 열반이고, 부사의세는 실상의 경계이다. 지금은 여러 세계를 가려내고 단지 부사의세만을 취한다.
> 셋째 '음'이란 근기[機]이다. 근기에도 역시 여러 가지가 있으니, 인천의 근기·이승의 근기·보살의 근기·붓다의 근기이다. 지금은 모든 음의 근기를 가려내고, 오직 불음佛音의 근기만을 취해 마땅함을 시설하니, 이 근기에 응하는 인연 때문에 관세음이라고 이름한 것이다.
> 넷째 '보'는 널리 두루한 것이다. 모든 법이 한량없지만, 만약 두루할 수 없다면 곧 치우친 법[偏法]이고, 만약 두루할 수 있다면 곧 원융한 법[圓法]이다. 간략히 열 가지 법에 의해 '보'를 밝히는데, 이 뜻을 얻고 나서 일체의 법을 유추하면 보 아닌 것이 없을 것이니, 소위 자비의 보, 큰 서원의 보, 수행의 보, 번뇌 여읨의 보, 법문에 듦[入法門]의 보, 신통의 보, 방편의 보, 설법의 보, 중생성취의 보, 공양제불의 보이다.
> 다섯째 '문'은, 종가입공從假入空에서는 공은 통하지만 가는 막히며, 종공입가從空入假에서는 가는 통하지만 공은 막히니, 한 쪽만 통하기 때문에 보가 아니고, 막혔기 때문에 문이 아니다. 중도는 공도 아니고 가도 아니어서 바로 실상에 통하니, 이제二諦를 쌍조雙照하기 때문에 보라고 이름하고, 바로 통하기 때문에 문이라고 이름한다.

2 이 품도 마찬가지로 보현색신삼매에 의한 화타의 유통이다. 글은 셋이 된다. 첫째는 묻는 것, 둘째는 답하시는 것, 셋째 25.4는 품을 듣고 이익 얻는 것이다. 문답은 두 번 이루어지는데(=25.3의 글은 별개의 문답으로 보지 않는 취지임), 처음의 물음은 둘이 된다. 앞은 경전 편집자의 서술이고, 뒤는 묻는 것이다.

3 '때'는 첫째 동방의 보살(=묘음)에 대해 설하기를 마쳤으므로, 다음 서방의 보살을 설할 때이고, 둘째 동방의 생선生善(=선을 일으킴)에 대해 설하기를 마쳤으므로, 다음 서방의 생선을 설할 때이며, 셋째 동방의 단의斷疑에

"세존이시여, 관세음보살은 무슨 인연으로 관세음이라고 이름했습니까?"

"世尊, 觀世音菩薩 以何因緣 名觀世音?"

(2)4 붓다께서 무진의보살에게 말씀하셨다.

"선남자여, 만약 한량없는 백천만억의 중생들이 모든 고뇌를 받을 때 이 관세음보살을 듣고 일심으로 이름 부른다면, 관세음보살은 즉시 그 음성을 알아듣고 모두 벗어나게 해 준다.5

佛告 無盡意菩薩.

"善男子, 若有無量 百千萬億衆生 受諸苦惱 聞是觀世音菩薩 一心稱名, 觀世音菩薩 卽時觀其音聲 皆得解脫.

대해 설하기를 마쳤으므로, 다음 서방의 단의를 설할 때이고, 넷째 동방의 득도得道에 대해 설하기를 마쳤으므로, 다음 서방의 득도를 설할 때이다.
4 붓다의 답은 셋이 된다. 처음 (2)는 총체적인 답, 다음 (3) 내지 (5)는 개별적인 답, 마지막 (6)은 수지하라고 권한 것을 답이라고 이름한 것이다.
5 총체적인 답은 넷이 되니, 첫째는 사람의 수, 둘째는 괴로움을 만나는 것, 셋째는 이름을 듣고 부르는 것, 넷째는 벗어나게 되는 것이다. 지금 글에서는 '백천만억의 중생들'이라고 했으니, 사람이 많고, '모든 고뇌를 받는다'고 했으니, 괴로움이 많은 것이다. 많은 것을 들어 적은 것을 나타내었으니, 많은 것도 오히려 능히 구제하는데, 하물며 적은 괴로움이겠는가라는 것이다. 괴로움을 만나는 것은 악이고, 이름 부르는 것은 선이니, 선과 악이 합쳐서 근기가 된다는 뜻이다. '벗어나게 해 준다'는 것은 응하는 것이니, 이는 근기가 감응하는 인연을 관세음이라고 이름한 것이다. 역시 이것도 인·법의 인연 내지 지·단의 인연을 관세음이라고 이름한 것이다.
  * 한역문의 '觀其音聲'을 '그 음성을 알아듣고'라고 번역한 것은, 다음과 같은 이원섭 선생의 해석(『법화문구』 p.2105, 1997년 영산법화사 출판부)에 따른 것이다. 「'관'은 깊은 선정에서 나오는 지혜로 바라보는 것이다. 따라서 이 관은 시각으로 보는 것이 아니라, 그 영역을 뛰어넘어 사물의 본질(실상)을 이해한다는 뜻이 된다. 그러므로 '그 음성을 관한다'는 것도, 소리를 청각으로 들을 뿐 아니라, 그런 소리를 낸 동기와 그 사람의 온갖 정신상태까지도 투철하게 이해한다는 말이 된다.」

(3)6 ① 만약 누군가가 이 관세음보살의 이름을 지닌다면 설령 큰 불에 들어가더라도 불이 태울 수 없으니, 이 보살의 위신력 때문이고, ② 만약 큰 물에 표류하더라도 그 명호를 부른다면 곧 얕은 곳을 얻는다.

③ 만약 백천만억의 중생들이 있어서 금·은·유리·차거·마노·산호·호박·진주 등의 보배를 구하기 위해 큰 바다에 들어갔을 때, 가사 태풍이 그 배에 닥쳐서 나찰귀의 나라에 표류하게 하여도, 그 중에 만약 나아가 한 사람이라도 관세음보살의 이름 부르는 자가 있다면, 이 모든 사람들은 모두 나찰의 재난에서 벗어나게 될 것이니, 이런 인연으로 관세음이라고 이름한 것이다.

④ 만약 다시 어떤 사람이 해를 당하게 되었을 때 관세음보살의 이름을 부른다면, 그가 쥔 칼과 몽둥이는 곧 토막토막 부러져 벗어나게 될 것이고, ⑤ 만약 삼천대천의 국토에 가득한 야차와 나찰

若有持　是觀世音菩薩名者　設入大火　火不能燒, 由是菩薩 威神力故, 若爲 大水所漂 稱其名號 卽得淺處.

若有 百千萬億衆生 爲求 金銀琉璃 車磲馬瑙 珊瑚虎珀 眞珠等寶 入於大海, 假使 黑風吹其船舫飄墮 羅刹鬼國, 其中若有 乃至一人 稱觀世音菩薩名者, 是諸人等 皆得解脫 羅刹之難, 以是因緣 名觀世音.

若復有人 臨當被害 稱觀世音菩薩名者, 彼所執刀杖 尋段段壞 而得解脫, 若三千大千國土滿中 夜叉羅刹 欲來惱

---

6 이하 개별적인 답에는 셋이 있으니, (3)은 구업에 의한 감응, (4)는 의업에 의한 감응, (5)는 신업에 의한 감응이다. 첫째 구업에 의한 감응에는 둘이 있으니, 처음 ① 내지 ⑦은 일곱 가지 재난[칠난七難]을 밝힌 것이고, 다음 ⑧은 맺은 것이다.

들이 사람에게 와 사람 괴롭히려고 할 때, 그 관세음보살 이름 부르는 것 들으면, 이 악귀들은 오히려 나쁜 눈으로 쳐다보지도 못할 것인데, 하물며 해를 가할 것이며, ⑥ 설령 다시 어떤 사람이 죄 있든 죄 없든 수갑·착고·칼·사슬로 그 몸이 매어 있더라도 관세음보살의 이름 부른다면, 모두 다 끊기고 부러져 곧 벗어나게 될 것이다.

⑦ 만약 삼천대천의 국토에 도적이 가득한데, 한 상주가 있어 상인들 이끌고 귀한 보배 지니고서 험한 길 지나갈 때, 그 중 한 사람이 외치기를, '선남자들이여, 두려워하지 말고 그대들은 일심으로 관세음보살의 명호를 부르라. 이 보살은 능히 무외無畏를 중생들에게 베풀므로 그대들이 만약 명호를 부른다면, 이 도적들에게서 벗어나게 될 것이다'라고 하여, 모든 상인들이 듣고 함께 소리내어 '나무 관세음보살'이라고 말한다면, 그 이름 부른 까닭에 곧 벗어나게 된다.

⑧ 무진의여, 관세음보살마하살의 위신의 힘이 높고 높음은 이와 같다.

人,
聞其稱觀世音菩薩名者,
是諸惡鬼 尙不能以 惡眼視之, 況復加害,
設復有人 若有罪 若無罪 杻械枷鎖 檢繫其身 稱觀世音菩薩名者,
皆悉斷壞 卽得解脫.

若三千大千國土 滿中怨賊, 有一商主 將諸商人 齎持重寶 經過嶮路, 其中一人 作是唱言, '諸善男子, 勿得恐怖 汝等應當一心 稱觀世音菩薩名號. 是菩薩 能以無畏 施於衆生 汝等 若稱名者, 於此怨賊 當得解脫', 衆商人聞 俱發聲言 '南無 觀世音菩薩', 稱其名故 卽得解脫.
無盡意, 觀世音菩薩摩訶薩 威神之力 巍巍如是.

(4)7 만약 어떤 중생이 음욕이 많더라도 항상 관세음보살을 새기고 공경하면 곧 음욕 여의게 되고, 만약 진에가 많더라도 항상 관세음보살을 새기고 공경하면 곧 진에 여의게 되며, 만약 우치가 많더라도 항상 관세음보살을 새기고 공경하면 곧 우치를 여의게 된다.

　무진의여, 관세음보살에게는 이러한 등의 큰 위신의 힘이 있어 요익하는 바가 많으니, 그러므로 중생들은 항상 마음으로 새겨야 한다.

若有衆生 多於婬欲 常念恭敬 觀世音菩薩 便得離欲, 若多瞋恚 常念恭敬 觀世音菩薩 便得離瞋, 若多愚癡 常念恭敬 觀世音菩薩 便得離癡.

無盡意, 觀世音菩薩 有如是等 大威神力 多所饒益, 是故衆生 常應心念.

(5) 만약 어떤 여인이 아들을 얻고자 해서 관세음보살에게 예배하고 공경하면, 곧 복덕과 지혜 갖춘 아들을 낳고, 딸 얻고자 하면 곧 단정하고 모습 갖춘 딸 낳으며, 전생에 선근 심어 사람들의 사랑과 존경 받을 것이다.8

　무진의여, 관세음보살에게는 이러한 힘이 있으니, 만약 어떤 사람이 관세음보살을 공경하고 예배한다면 복이 헛되지

若有女人 設欲求男 禮拜供養 觀世音菩薩, 便生福德 智慧之男, 設欲求女 便生端正 有相之女, 宿殖德本 衆人愛敬.

無盡意, 觀世音菩薩 有如是力, 若有衆生 恭敬禮拜 觀世音菩薩 福不

---

7 * 이는 '의업에 의한 감응'이라고 말한 것이다.
8 신업에 의한 감응은 둘이 되니, 먼저 여기까지는 두 가지를 구하는 것이고, 뒤의 그 아래는 맺는 것이다.

않을 것이다.

(6)⁹ ① 그러므로 중생들은 모두 관세음보살의 명호를 수지하여야 한다.

② 무진의여, 만약 어떤 사람이 육십이억 항하의 모래와 같은 보살들의 이름을 수지하고, 다시 목숨 다하도록 음식·의복·침구·의약을 공양한다면, 그대 생각에는 어떤가? 이 선남자 선여인의 공덕이 많겠는가?"

무진의가 말하였다.

"매우 많습니다, 세존이시여."

붓다께서 말씀하셨다.

"만약 다시 어떤 사람이 관세음보살의 명호를 수지하고 나아가 한 때라도 예배하고 공양한다면, 이 두 사람의 복은 꼭 같아서 다름이 없을 것이니, 백천만억의 겁에도 다할 수 없을 것이다.¹⁰

③ 무진의여, 관세음보살의 명호를 수지하면 이렇게 한량없고 가이없는 복덕의 이익을 얻게 된다."

唐捐.

是故衆生 皆應受持 觀世音菩薩名號.

無盡意, 若有人受持 六十二億 恒河沙菩薩名字, 復盡形供養 飮食衣服 臥具醫藥, 於汝意云何? 是善男子善女人 功德多不?"

無盡意言.

"甚多, 世尊."

佛言.

"若復有人 受持觀世音菩薩名號 乃至一時 禮拜供養, 是二人福 正等無異, 於百千萬億劫 不可窮盡.

無盡意, 受持觀世音菩薩名號 得如是 無量無邊 福德之利."

---

9 이하 셋째 이름 수지하라고 권하시는 글에는 셋이 있다. ①은 수지하라고 권하시는 것, ②는 교량하시는 것, ③은 맺고 찬탄하시는 것이다.
10 육십이억의 치우친 보살과 비교하면, 원융한 보살 하나와 같다는 것이다.

25.2

(1)11 무진의보살이 붓다께 여쭈었다.

"세존이시여, 관세음보살은 어떻게 이 사바세계에서 노닐고, 어떻게 중생 위해 설법하며, 방편의 힘 그 일은 어떠합니까?"

無盡意菩薩 白佛言.
"世尊, 觀世音菩薩 云何遊此 娑婆世界, 云何而爲 衆生說法, 方便之力 其事云何?"

(2)12 붓다께서 무진의보살에게 이르셨다.

"선남자여, 만약 어떤 국토의 중생이 붓다의 몸으로 제도될 자라면 관세음보살은 곧 붓다의 몸을 나투어 그를 위해 설법하고, 벽지불의 몸으로 제도될 자라면 곧 벽지불의 몸을 나투어 그를 위해 설법하며, 성문의 몸으로 제도될 자라면 곧 성문의 몸을 나투어 그를 위해 설법한다.

범천왕의 몸으로 제도될 자라면 곧 범천왕의 몸을 나투어 그를 위해 설법하고, 제석으로 제도될 자라면 곧 제석의 몸을 나투어 그를 위해 설법하며, 자재천의 몸으로 제도될 자라면 곧 자재천의 몸을

佛告 無盡意菩薩.
"善男子, 若有國土衆生 應以佛身 得度者 觀世音菩薩 卽現佛身 而爲說法, 應以辟支佛身 得度者 卽現辟支佛身 而爲說法, 應以聲聞身 得度者 卽現聲聞身 而爲說法.

應以梵王身 得度者 卽現梵王身 而爲說法, 應以帝釋身 得度者 卽現帝釋身 而爲說法, 應以自在天身 得度者 卽

---

11 두 번째의 물음은 셋이 된다. '어떻게 노니는가'는 신업을 묻는 것이고, '어떻게 설하는가'는 구업을 묻는 것이며, '방편'은 의업을 묻는 것이다.
12 붓다의 답에도 역시 셋이 있다. ⑵는 (세 가지에 대한) 개별적인 답이고, ⑶은 총체적인 답이며, ⑷ 이하는 공양하라고 권하시는 것이다.

나투어 그를 위해 설법하고, 대자재천의 몸으로 제도될 자라면 곧 대자재천의 몸을 나투어 그를 위해 설법하며, 하늘의 대장군의 몸으로 제도될 자라면 곧 하늘의 대장군의 몸을 나투어 그를 위해 설법하고, 비사문毘沙門의 몸으로 제도될 자라면 곧 비사문의 몸을 나투어 그를 위해 설법하며, 작은 왕[小王]의 몸으로 제도될 자라면 곧 작은 왕의 몸을 나투어 그를 위해 설법하고, 장자의 몸으로 제도될 자라면 곧 장자의 몸을 나투어 그를 위해 설법하며, 거사의 몸으로 제도될 자라면 곧 거사의 몸을 나투어 그를 위해 설법하고, 관리[宰官]의 몸으로 제도될 자라면 곧 관리의 몸을 나투어 그를 위해 설법하며, 바라문의 몸으로 제도될 자라면 곧 바라문의 몸을 나투어 그를 위해 설법한다.

비구나 비구니나 우바새나 우바이의 몸으로 제도될 자라면 곧 비구나 비구니나 우바새나 우바이의 몸을 나투어 그를 위해 설법하고, 장자나 거사나 관리나 바라문의 부인의 몸으로 제도될 자라면 곧 부인의 몸을 나투어 그를 위해 설법하며,

現自在天身　而爲說法, 應以大自在天身　得度者　卽現大自在天身　而爲說法, 應以天大將軍身　得度者　卽現天大將軍身　而爲說法, 應以毘沙門身　得度者　卽現毘沙門身　而爲說法, 應以小王身　得度者　卽現小王身　而爲說法, 應以長者身　得度者　卽現長者身　而爲說法, 應以居士身　得度者　卽現居士身　而爲說法, 應以宰官身　得度者　卽現宰官身　而爲說法, 應以婆羅門身　得度者　卽現婆羅門身　而爲說法.

應以　比丘比丘尼　優婆塞優婆夷身　得度者　卽現比丘比丘尼　優婆塞優婆夷身　而爲說法, 應以長者居士　宰官婆羅門　婦女身　得度者　卽現

동남童男이나 동녀童女의 몸으로 제도될 자라면 곧 동남이나 동녀의 몸을 나투어 그를 위해 설법하고, 천신이나 용이나 야차나 건달바나 아수라나 가루라나 긴나라나 마후라가나 인비인 등의 몸으로 제도될 자라면 곧 모두 그 모습을 나투어 그를 위해 설법하며, 금강저를 쥔 금강역사[執金剛身]의 몸으로 제도될 자라면 곧 금강역사의 몸을 나투어 그를 위해 설법한다.13

婦女身 而爲說法, 應以童男童女身 得度者 卽現童男童女身 而爲說法, 應以天龍夜叉 乾闥婆阿修羅 迦樓羅緊那羅 摩睺羅伽 人非人等身 得度者 卽皆現之 而爲說法, 應以執金剛身 得度者 卽現執金剛身 而爲說法.

(3) 무진의여, 이 관세음보살은 이와 같은 공덕을 성취하였으므로14 갖가지 모습으로 여러 국토에서 노닐면서 중생을 도탈케 하는 것이다.

無盡意, 是觀世音菩薩 成就如是功德 以種種形 遊諸國土 度脫衆生.

(4)15 그러므로 그대들은 응당 일심으로

是故汝等 應當 一心供

....
13 '…으로'라고 한 것은 방편의 힘에 답하신 것이고, 몸 나투는 것은 그 노니는가에 답하신 것이며, 설법한다는 것은 그 구업에 대한 물음에 답하신 것이다. 무릇 서른세 가지 몸과 열아홉 가지 설법(=서른세 가지 몸 중 비구·비구니·우바새·우바이, 장자·거사·관리·바라문의 부인, 동남·동녀 및 팔부신중에 대한 설법은 각각 하나로 묶었기 때문)이 있는 것이다.
14 여기까지는 개별적인 답을 맺는 것이고, 뒤의 그 아래는 총체적인 답을 연 것이다.
15 이하 셋째 공양하라고 권하시는 글에는 둘이 있다. 처음 ⑷는 권하시는 것이고, 뒤의 ⑸ 이하는 뜻을 받는 것이다.

관세음보살을 공양해야 한다.

이 관세음보살마하살은 두렵고 위급한 재난 속에서 능히 무외를 베푸니, 그래서 이 사바세계에서 모두 그를 이름지어 시무외자施無畏者라고 하는 것이다."

(5)16 ① 무진의보살이 붓다께 말하였다.

"세존이시여, 저는 지금 관세음보살을 공양하겠습니다."

곧 목에서 백천 냥 금의 값 나가는 온갖 보배구슬과 영락을 풀어 그에게 주면서 이렇게 말하였다.

"존자여, 이 법시法施의 진보 영락을 받으십시오."

② 그 때 관세음보살이 이를 받으려 하지 않자, ③ 무진의는 다시 관세음보살에게 말하였다.

"존자여, 우리들을 가엾게 여기시어 이 영락을 받아 주십시오."

④ 그 때 붓다께서 관세음보살에게 말씀하셨다.

養 觀世音菩薩.

是 觀世音菩薩摩訶薩 於怖畏 急難之中 能施無畏, 是故 此娑婆世界 皆號之爲 施無畏者."

無盡意菩薩 白佛言.

"世尊, 我今當供養 觀世音菩薩."

卽解頸 衆寶珠瓔珞 價直百千兩金 而以與之 作是言.

"仁者, 受此法施 珍寶瓔珞."

時觀世音菩薩 不肯受之, 無盡意復白 觀世音菩薩言.

"仁者, 愍我等故 受此瓔珞."

爾時 佛告 觀世音菩薩.

---

16 둘째 뜻을 받는 것[受旨]에는 여섯이 있다. ①은 분부 받드는 것, ②는 받으려 하지 않는 것, ③은 거듭 드리는 것, ④는 붓다께서 권하시는 것, ⑤는 곧 받는 것, ⑥은 맺는 것이다.

"이 무진의보살 및 사부대중들과 천신[天], 용龍, 야차夜叉, 건달바乾闥婆, 아수라阿修羅, 가루라迦樓羅, 긴나라緊那羅, 마후라가摩睺羅伽, 인비인人非人 등을 연민하여 이 영락을 받으라."

⑤ 즉시 관세음보살은 여러 사부대중들 및 천신, 용, 인비인 등을 연민하여 그 영락을 받아서 두 부분으로 나누어, 한 부분은 석가모니붓다께 올리고, 한 부분은 다보불탑에 바쳤다.

⑥ "무진의여, 관세음보살은 이렇게 자재한 신통의 힘을 가지고 사바세계에서 노닌다."

"當愍此 無盡意菩薩 及四衆 天龍夜叉 乾闥婆 阿修羅 迦樓羅緊那羅 摩睺羅伽 人非人等故 受是瓔珞."

卽時 觀世音菩薩 愍諸四衆 及於天龍 人非人等 受其瓔珞 分作二分, 一分奉 釋迦牟尼佛, 一分 奉多寶佛塔.

"無盡意, 觀世音菩薩 有如是 自在神力 遊於娑婆世界."

25.3[17]

(1) 이 때 무진의보살은 게송으로 여쭈어 말하였다.[18]

爾時 無盡意菩薩 以偈問曰.

---

17 * 이하 26수의 게송에 대해서는 『법화문구』에 설명이 없다. 그 이유에 대하여 『법화문구기』(제10권 하)는, 범본 경전 구본舊本에 게송이 빠져 있어서 구마라집의 번역에도 게송이 빠져 있었고, 그래서 이에 대한 주석이 없는 것이라고 하면서, 지금의 게송은 사나굴다闍那掘多Jñānagupta(523-600. 북인도 출신의 역경가)가 번역한 것을 덧붙인 것이라고 설명하고 있다. 같은 이유에서인지 길장의 『의소』에도 게송에 대한 주석이 없다. 여기에서는 규기의 『현찬』(제10권 말)에 의해 설명을 덧붙이고, 이 부분은 '「」'로 표시해 두겠다.

18 * 「이하 앞의 이름과 행의 두 가지 뜻(=『현찬』에서는, 25.1의 글은 '이름의 원인을 문답한 것', 25.2는 '교화의 행을 문답한 것'이라고 과목함)을 거

1️⃣ 오묘한 상 갖추신 세존께 　　　世尊妙相具
　　저 지금 거듭 여쭙니다 　　　　　我今重問彼
　　저 불자는 무슨 인연으로 　　　　佛子何因緣
　　관세음이라 이름했습니까19 　　　名爲觀世音

(2) 붓다의 답20

2️⃣ 오묘한 상 구족하신 세존께서 　　具足妙相尊
　　무진의에게 게송으로 답하셨다 　偈答無盡意
　　그대는 모든 근기에 잘 응하는 　汝聽觀音行
　　관세음의 행을 들으라 　　　　　善應諸方所

3️⃣ 큰 서원은 바다처럼 깊어서 　　　弘誓深如海
　　겁 거쳐도 사의할 수 없으니 　　歷劫不思議
　　많은 천억의 붓다들 섬기면서 　侍多千億佛
　　크고 청정한 서원 일으켰음을 　發大淸淨願

....
읊 노래한 것은 둘로 나누어지니, 처음 1수는 묻는 것이고, 뒤의 25수는 답하는 것이다.」 범본에는 이 게송들을 모두 붓다께서 읊으신 것으로 되어 있고, 그 중 이 1️⃣의 게송은 붓다께서 무진의가 질문한 취지를 인용하신 것으로 되어 있다.
19 *「단지 이름의 원인만을 물었지만, 아래에서는 겸하여 교화행에 대해서도 답하신다.」
20 * 한역문에는 이하가 붓다의 답이라는 뜻이 게송 2️⃣의 제1, 2행에 나타나 있을 뿐이다. 「이하의 답에는 넷이 있다. 첫째 4️⃣까지 처음 3수는 설할 것 허락함을 총체적으로 표방하시는 것, 둘째 5️⃣~1️⃣6️⃣의 12수는 이름의 원인에 대해 바로 답하시는 것, 셋째 1️⃣7️⃣~1️⃣9️⃣의 3수는 교화의 행에 답하시는 것, 넷째 2️⃣0️⃣ 이하 7수는 덕을 찬탄하고 귀의하라고 권하시는 것이다.」

4	내 그대 위해 간략히 설하자면	我爲汝略說
	이름 듣고 몸 보며	聞名及見身
	마음으로 새기면 헛되지 않아	心念不空過
	모든 괴로움 소멸시켜 주리라 했다	能滅諸有苦

5 21 가사 해치려는 뜻 일으켜 　　　假使興害意
　　큰 불구덩이에 밀어 떨어뜨려도 　推落大火坑
　　저 관세음 새기는 힘으로 　　　念彼觀音力
　　불구덩이가 못으로 변하고 　　　火坑變成池

6 22 혹은 큰 바다에서 표류하여 　　　或漂流巨海
　　용·물고기·귀신들의 재난 만나도 　龍魚諸鬼難
　　저 관세음 새기는 힘으로 　　　　念彼觀音力
　　파도가 가라앉히지 못하며 　　　　波浪不能沒

7 23 혹은 수미산 봉우리에 있다가 　　或在須彌峰
　　사람에게 밀려 떨어져도 　　　　爲人所推墮
　　저 관세음 새기는 힘으로 　　　　念彼觀音力
　　태양처럼 허공에 안주하고 　　　　如日虛空住

8 혹은 나쁜 사람에게 쫓겨 　　　　　或被惡人逐

---

21 * 「이하 12수의, 이름의 원인 바로 답하시는 것을 나누면 아홉이 된다. 처음 1수는 불의 재난[火難] 없애주는 것이다.」
22 * 「이 1수는 둘째 물의 재난[水難] 없애주는 것이다.」
23 * 「이하 2수는 셋째 산의 재난[山難] 없애주는 것이다.」

금강산에서 떨어지더라도	墮落金剛山
저 관세음 새기는 힘으로	念彼觀音力
털끝 하나 손상치 못하며	不能損一毛

⑨24 혹은 도적들이 둘러싸서 　　或値怨賊繞
　　 각각 칼 쥐고 해치려 하다가도 　各執刀加害
　　 저 관세음 새기는 힘으로 　　　念彼觀音力
　　 모두 곧 자애의 마음 일으키고 　咸卽起慈心

⑩ 혹은 왕난王難의 괴로움을 만나 　或遭王難苦
　 처형되어 목숨 끝나려 하다가도 　臨刑欲壽終
　 저 관세음 새기는 힘으로 　　　　念彼觀音力
　 칼이 곧 토막토막 부러지며 　　　刀尋段段壞

⑪25 혹은 칼과 사슬로 갇히고 　　　或囚禁枷鎖
　　 손발이 수갑과 착고에 묶여도 　手足被杻械
　　 저 관세음 새기는 힘으로 　　　念彼觀音力
　　 깨끗이 벗어나게 되고 　　　　　釋然得解脫

⑫26 저주나 여러 독약으로 　　　　咒詛諸毒藥
　　 몸의 해침 받으려는 자도 　　　所欲害身者

....
24 * 「이하 2수는 넷째 칼의 재난[刀難] 없애주는 것이다.」
25 * 「이 1수는 다섯째 구속의 재난[拘摯難] 없애주는 것이다.」
26 * 「이 1수는 여섯째 저주하고 욕하는 재난[詛詈難] 없애주는 것이다.」

| 저 관세음 새기는 힘으로   　念彼觀音力
       도리어 본인에게 되돌아가며   　還著於本人

13 27 혹은 악한 나찰이나   　或遇惡羅刹
       독룡이나 귀신들 만나더라도   　毒龍諸鬼等
       저 관세음 새기는 힘으로   　念彼觀音力
       그 때 모두 감히 해치지 못하고   　時悉不敢害

14 28 만약 악한 짐승에 둘러싸여   　若惡獸圍遶
       날카로운 이빨과 발톱 두렵더라도   　利牙爪可怖
       저 관세음 새기는 힘으로   　念彼觀音力
       먼 곳으로 도주해 없게 되며   　疾走無邊方

15   살모사 및 전갈이   　　蚖蛇及蝮蠍
       불타는 연기처럼 독기 뿜다가도   　氣毒煙火燃
       저 관세음 새기는 힘으로   　念彼觀音力
       곧 소리내며 스스로 돌아가고   　尋聲自迴去

16 29 구름에서 뇌성 울리고 번개 치며   　雲雷鼓掣電
       우박 내리고 큰 비 쏟아져도   　降雹澍大雨
       저 관세음 새기는 힘으로   　念彼觀音力

---

27 * 「이 1수는 일곱째 비인의 재난[非人難] 없애주는 것이다.」
28 * 「이하 2수는 여덟째 맹수의 재난[惡獸難] 없애주는 것이다.」 15 의 제4행 에서 '소리내며'라고 한 것은 급히 돌아간다는 뜻이다.
29 * 「이 1수는 아홉째 하늘의 재난[天災難] 없애주는 것이다.」

즉시 흩어져 사라지리라	應時得消散

17 30 중생들이 불행 당하여　　　　衆生被困厄
　　한량없는 괴로움이 몸에 닥쳐도　無量苦逼身
　　관세음은 묘지妙智의 힘으로　　觀音妙智力
　　능히 세간의 괴로움에서 구원하니　能救世間苦

18 　신통의 힘 구족하고　　　　　具足神通力
　　지혜의 방편 널리 닦아서　　　廣修智方便
　　시방의 여러 국토 중　　　　　十方諸國土
　　몸 나투지 못하는 국토 없으며　無刹不現身

19 　지옥, 아귀, 축생의　　　　　種種諸惡趣
　　갖가지 모든 악취에서의　　　地獄鬼畜生
　　생노병사의 괴로움을　　　　生老病死苦
　　점차 모두 사라지게 한다　　以漸悉令滅

20 31 진관, 청정관　　　　　　　眞觀淸淨觀

....
30 * 「이하 3수는 셋째 교화의 행에 답하신 것이다. 처음 1수는 괴로움 없애줌을 총체적으로 표방하시는 것, 다음 1수는 능히 여러 몸 나툰다는 것, 뒤의 1수는 괴로움 없애줌을 따로 보이신 것이다.」
31 * 「이하 7수의 넷째 덕 찬탄하고 귀의하기를 권하는 것은 여섯이 된다. 처음 1수는 5관을 표방하여 항상 원하고 우러러볼 것을 권하셨다.」 천태교학에서는 이 '진관'은 진제를 관찰하는 공관, '청정관'은 진사혹을 제거하는 가관, '광대한 지혜의 관'은 공·가를 쌍조하는 중도관으로 해석한다고 한다 (앞에 나온 이원섭의 『법화문구』 p.2121).

광대한 지혜의 관과	廣大智慧觀
비관 및 자관을	悲觀及慈觀
항상 원하고 항상 우러러보라	常願常瞻仰

21 32 때 없는 청정한 빛을 내는 　　　　無垢清淨光
　　　지혜의 태양은 모든 어둠 부수고　慧日破諸闇
　　　바람과 불의 재난 굴복시켜서　　能伏災風火
　　　두루 세간을 밝게 비추니　　　　普明照世間

22 33 연민하는 계율의 천둥 울리고　　悲體戒雷震
　　　자애하는 마음의 오묘한 큰 구름은　慈意妙大雲
　　　감로의 법비 쏟아부어　　　　　澍甘露法雨
　　　번뇌의 불 꺼서 없애며　　　　　滅除煩惱焰

23 34 쟁송으로 관청 거치고　　　　　諍訟經官處
　　　두려움 주는 군의 진영 중에서도　怖畏軍陣中
　　　저 관세음 새기는 힘으로　　　　念彼觀音力
　　　온갖 원한은 모두 다 물러가고　　衆怨悉退散

24 35 오묘한 음, 세상 관찰하는 음　　妙音觀世音

---

32 * 「이 1수는 둘째 큰 지혜가 능히 재난 소멸시킴을 밝히신 것이다.」
33 * 「이 1수는 셋째 법시法施로 능히 번뇌 제거함을 밝히신 것이다.」 한역문의 '悲體戒'는 연민을 자체로 하는 계라는 뜻이다.
34 * 「이 1수는 넷째 무외시로 능히 두려움 제거함을 밝히신 것이다.」
35 * 「이 1수는 다섯째 재시로 능히 빈궁의 괴로움 제거함을 밝히신 것이다.

청정한 음, 바다의 조수 같은 음	梵音海潮音
저 세간의 것들 뛰어난 음을	勝彼世間音
그러므로 항상 새겨서	是故須常念

25 36 염염에 의심 내지 말라　　　念念勿生疑
　　　청정하고 성스러운 관세음은　觀世音淨聖
　　　고뇌와 죽음의 재앙에서　　　於苦惱死厄
　　　능히 의지처가 되고　　　　　能爲作依怙

26 일체의 공덕 갖추어서　　　　　具一切功德
　　자애의 눈으로 중생들 보아　　慈眼視衆生
　　복덕의 무더기 한량없으니　　福聚海無量
　　그러므로 머리 숙여 예배할진저　是故應頂禮

25.4 37

(1) 그 때 지지持地보살은 곧 자리에서 일어나 앞으로 나가 붓다께 말하였다.

"세존이시여, 만약 어떤 중생이 이 관세음보살품에서 넓은 문으로 신통의 힘을 나타내 보이는 자재한 업을 듣는다면,

爾時 持地菩薩 卽從座起 前白佛言.

"世尊, 若有衆生 聞是觀世音菩薩品 自在之業 普門示現 神通力者,

여기에 5음이 있는데, '오묘한 음'은 즐거움 주는 것, '관찰하는 음'은 괴로움 뽑아주는 것, '청정한 음'은 깊고 청정한 것, '조수같은 음'은 때에 응하는 것, '뛰어난 음'은 출세간의 것이다.」

36 *「이하 2수는 여섯째 새기기를 권하신 것이다.」
37 이하는 이 품을 듣는 공덕을 밝히는 것이다.

이 사람은 공덕이 적지 않다고 알아야 할 것입니다."	當知是人 功德不少."
⑵ 붓다께서 이 보문품을 설하셨을 때 대중들 중 팔만사천의 중생들은 모두 견줄 것 없는[無等等]38 아뇩다라삼먁삼보리에 대한 마음을 일으켰다.	佛說 是普門品時 衆中 八萬四千衆生 皆發無等等 阿耨多羅三藐三菩提心.

---

38 ('견줄 것 없다'고 번역한) '무등등'은, 9법계의 마음은 이치[理]와 같을 수 없지만, 불법계佛法界의 마음은 이치와 같을 수 있기 때문에 '무등'이면서 '등'인 것이다. 또 필경의 이치는 같은 것이 없는데[無等], 처음으로 필경의 이치를 대상으로 해서 발심하여 능히 이치와 같게 되므로[等], '무등등'이라고 말한 것이다. 또 마음과 이치는 모두 얻을 수 없으니, 두엇을 가지고 무엇과 같다고 하여 '무등등'이라고 말하겠는가. 마음과 이치는 모두 말할 수 없는 것이지만, 말할 수 없는 것을 말하려니 부득이 이 마음과 이 이치는 같다고 설하기 때문에 '무등등'이라고 말하는 것일 뿐이다. 처음 것은 횡적인 해석이고, 다음 것은 종적인 해석이며, 뒤의 것은 비횡비종적인 해석이다.

제26 다라니품[1]　　　　　陀羅尼品 第二十六

26.1[2]

(1) 그 때 약왕보살은 곧 자리에서 일어　　爾時 藥王菩薩 卽從座

....
1 '다라니'는 여기에서는 총지總持라고 번역하니, 모두 지닌다면[總持] 악은 일어나지 않고 선은 잃지 않는다. 또 능차能遮나 능지能持라고 번역하니, 능히 선을 지니고[能持善], 능히 악을 막으며[能遮惡], 또 이것은 능히 극단의 악[邊惡]을 막고, 능히 중도의 선[中善]을 지닌다.
　　여러 경전에서 인정하고 부정하는 것이 같지 않다. 혹은 오로지 병 고치는 것으로 쓰고, 혹은 이 글의 경우처럼 오로지 법을 수호하게 하며, 혹은 오로지 죄 멸하는 것으로 쓰고, 혹은 병 고치고, 죄 멸하며, 경전 수호함에 공통으로 쓰기도 하고, 혹은 대명주大明咒・무상명주無上明咒・무등등명주無等等明咒는 곧 병 고침도 아니고 죄 멸함도 아니며 경전 수호함도 아닌 것이다. 만약 공통된 것이라면 역시 겸해도 되지만, 만약 개별적으로 논한다면 경전에 의할 필요가 있으니, 가르침을 어기지 않아야 한다.
　　논사들 중 혹은, "주咒란 귀신의 이름이니, 그 왕의 이름을 부르면 부하들은 주군을 존경하여 감히 비행을 저지르지 못하기 때문에 일체의 귀신들을 항복시킬 수 있다."라고 한다(제1해). 혹은, "주란 군대 중의 암구호를 불러 서로 맞으면 통과하지만, 만약 들어맞지 않으면 잡아서 죄 다스리듯, 주를 따르지 않으면 머리가 일곱 토막으로 깨어지지만, 주를 따른다면 곧 과실이 없다."라고 한다(제2해). 혹은, "주란 남모르는 말로 악을 다스려 악이 스스로 그치는 것이다. 남모르는 말로 악을 막되, 다른 자는 아는 자가 없게 하는 것이다."라고 한다(제3해). 혹은, "제불의 밀어密語이니, 마치 왕이 '선타바先陀婆saindhava'(=소금・그릇・물・말의 네 가지 뜻이 있다고 함)를 찾을 때 일체의 모든 신하는 능히 아는 자가 없지만, 오직 어떤 지혜로운 신하만이 능히 이를 아는 것처럼, 주도 역시 그러해서 이 하나의 법에 두루 모든 힘이 있어서 병이 낫고 죄가 없어지며 선이 일어나고 도에 합치한다."라고 한다(제4해). 이런 뜻 때문에 모두 본래의 음을 두고, 번역하는 사람이 번역하지 않은 뜻이 여기에 있다.
　　악세의 홍경에는 고난이 많을 것이므로, 주로써 이를 보호하여 도를 유통케 하신 것이다.
2 글은 넷이 된다. 첫째 26.1의 (1)은 경전 수지하는 공덕을 묻는 것, 둘째 (2)는 매우 많다고 답하시는 것, 셋째 26.2 이하는 주로써 지키겠다고 청하는 것, 넷째 26.7은 품을 듣고 이익 얻는 것이다.

나 오른 어깨를 드러내고 붓다 향해 합장하고서 붓다께 말하였다.

"세존이시여, 만약 선남자 선여인 중에 누군가가 법화경을 수지하거나, 독송하고 통달하거나, 경전 책을 쓰고 베낀다면 얼마 만큼의 복을 얻습니까?"

(2) 붓다께서 약왕보살에게 말씀하셨다.

"만약 어떤 선남자 선여인이 팔백만억 나유타 항하사와 같은 여러 붓다들을 공양한다면, 그대 생각에는 어떤가? 그가 얻는 복은 정녕 많겠는가?"

"매우 많겠습니다, 세존이시여."

붓다께서 말씀하셨다.

"만약 선남자 선여인이 능히 이 경전에서 나아가 사구게 하나만이라도 수지하여 독송하고 뜻 이해하며 설한 대로 수행한다고 해도, 공덕이 더 많다."3

起 偏袒右肩 合掌向佛 而白佛言.

"世尊, 若善男子善女人 有能受持 法華經者, 若 讀誦通利, 若書寫經卷 得幾所福?"

佛告 藥王.

"若有善男子善女人 供養 八百萬億 那由他 恒河沙 等諸佛, 於汝意云何? 其 所得福 寧爲多不?"

"甚多, 世尊."

佛言.

"若善男子善女人 能於 是經 乃至受持 一四句 偈 讀誦解義 如說修行, 功德甚多."

26.2[4]

---

3 * 한역문은 단순히 '공덕이 매우 많다[功德甚多]'고 되어 있지만, 범본에는 '더 많다'라고 표현되어 있다.
4 청하여 주를 설하는 것에 다섯이 있다. 첫째는 약왕보살, 둘째는 용시보살, 셋째는 비사문천왕, 넷째는 지국천왕, 다섯째는 십나찰녀이다. 약왕보살의 글은 넷이 된다. 첫째 (1)의 ①은 청하는 것, 둘째 ②는 설하는 것, 셋째 (2)

⑴ ① 그 때 약왕보살은 붓다께 말하였다. "세존이시여, 저는 이제 설법하는 자에게 다라니주를 주어서 이로써 그들을 수호하겠습니다."
② 곧 주문을 설하였다.5

안이anye(1) 만이manye(2) 마네mane(3) 마마네mamane(4) 지례citte(5) 차리제carite(6) 사미same(7) 사리다위samitāvi(8) 전제śānte(9) 목제mukte(10) 목다리muktatame(11) 사리same(12) 아위사리aviṣame(13) 상리samasame(14) 리jaye(15) 차예kṣaye(16) 아차예akṣaye(17) 아기니akṣiṇe(18) 전제śānte(19) 사리samite(20) 다라니dhāraṇi(21) 아로가바사바자비차니ālokabhāṣe-pratyavekṣaṇi(22) 녜비체nidhiru(23) 아변치 나녜리체abhyantara-niviṣṭe(24)

爾時 藥王菩薩 白佛言.
"世尊, 我今當 與說法者 陀羅尼咒 以守護之."
卽說咒曰.

安爾(一) 曼爾(二) 摩禰(三) 摩摩禰(四) 旨隸(五) 遮梨第(六) 賒咩(七) 賒履多瑋(八) 羶帝(九) 目帝(十) 目多履(十一) 娑履(十二) 阿瑋娑履(十三) 桑履(十四) 履(十五) 叉裔(十六) 阿叉裔(十七) 阿耆膩(十八) 羶帝(十九) 賒履(二十) 陀羅尼(二十一) 阿盧伽婆娑簸蔗毘叉膩(二十二) 禰毘剃(二十三) 阿便哆邏禰履剃(二十四)

의 ①은 찬탄하는 것, 넷째 ②는 인가하시는 것이다. 아래의 글들에는 앞의 세 가지만 있다.
5 * 병기한 영문자는 범본에 있는 것이다.

제26 다라니품 637

아단다파례수지abhyantara-pariśuddhi(25) 구구례mutkule(26) 모구례mutkule(27) 아라례araḍe(28) 바라례paraḍe(29) 수가차sukāṅkṣi(30) 삼마삼리asamasame(31) 불다비길리질제buddha-vilokite(32) 달마바리차제dharma-parīkṣite(33) 승가열구사녜saṃgha-nirghoṣaṇi(34) 바사바사수지bhayabhaya-viśodhani(35) 만다라mantre(36) 만다라차야다mantrākṣayate(37) 우루다rute(38) 우루다교사략ruta-kauśalye(39) 악차라akṣaye(40) 악차야다야akṣaya-vanatāye(41) 아바로valoḍa(42) 아마야나다야amanyanatāye(43)

阿亶哆波隸輸地(二十五) 漚究隸(二十六) 牟究隸(二十七) 阿羅隸(二十八) 波羅隸(二十九) 首迦差(三十) 三磨三履(三十一) 佛䭾毘吉利袟帝(三十二) 達磨波利差帝(三十三) 僧伽涅瞿沙禰(三十四) 婆舍婆舍輸地(三十五) 曼哆邏(三十六) 曼哆邏叉夜多(三十七) 郵樓哆(三十八) 郵樓哆憍舍略(三十九) 惡叉邏(四十) 惡叉冶多冶(四十一) 阿婆盧(四十二) 阿麼若那多夜(四十三)

⑵ ① "세존이시여, 이 다라니 신주는 육십이억 항하의 모래와 같은 붓다들께서 설하신 것이므로, 만약 누군가가 이 법사를 헐뜯는다면 곧 이 붓다들을 헐뜯는 것이 될 것입니다."

"世尊, 是陀羅尼 神咒 六十二億 恒河沙等 諸佛所說, 若有侵毀 此法師者 則爲侵毀 是諸佛已."

② 그러자 석가모니붓다께서 약왕보살을 칭찬하여 말씀하셨다.

"훌륭하고 훌륭하도다. 약왕이여, 그대는 이 법사를 염려하여 옹호하려고 이 다라니를 설하여, 여러 중생들에게 많은 이익을 주었다."

時 釋迦牟尼佛 讚藥王菩薩言.

"善哉善哉. 藥王, 汝愍念擁護 此法師故 說是陀羅尼, 於諸衆生 多所饒益."

26.3
⑴ ① 그 때 용시보살이 붓다께 말하였다.

"세존이시여, 저 역시 법화경을 독송하고 수지하는 자를 옹호하기 위해 다라니를 설하겠습니다. 만약 이 법사가 이 다라니를 얻는다면, 야차건 나찰이건 부단나건 길자吉遮6건 구반다건 아귀 등이건, 그 단점을 찾더라도 기회를 얻을 수 없을 것입니다."

② 곧 붓다 앞에서 주문을 설하였다.

爾時 勇施菩薩 白佛言.

"世尊, 我亦爲擁護 讀誦受持 法華經者 說陀羅尼. 若此法師 得是陀羅尼, 若夜叉 若羅刹 若富單那 若吉遮 若鳩槃茶 若餓鬼等, 伺求其短 無能得便."

卽於佛前 而說咒曰.

좌례jvale(1) 마하좌례mahājvale(2) 욱지ukke(3) 목지mutte(4) 아례aḍe(5) 아라바제aḍāvati(6) 열례제nṛtye(7) 열례다바제nṛtyāvati(8) 이치니iṭṭini(9) 위

痤隷(一) 摩訶痤隷(二) 郁枳(三) 目枳(四) 阿隷(五) 阿羅婆第(六) 涅隷第(七) 涅隷多婆第(八) 伊緻柅(九) 韋

---
6 * 범어 'kṛtya'의 음역어로, 기시귀起尸鬼(송장을 일으키는 귀신)이다.

치니vittini(10) 지치니cittini(11) 열례지니nṛtyani(12) 열리 지바저nṛtyāvati(13)	緻柅(十) 旨緻柅(十一) 涅隷墀柅(十二) 涅犂 墀婆底(十三)

⑵ "세존이시여, 이 다라니 신주는 항하의 모래와 같은 붓다들께서 말씀하시고 또한 모두 수희하셨으므로, 만약 누군가가 이 법사를 헐뜯는다면 곧 이 붓다들을 헐뜯는 것이 될 것입니다." | "世尊, 是陀羅尼 神咒 恒河沙等 諸佛所說 亦 皆隨喜, 若有侵毁 此法 師者 則爲侵毁 是諸佛 已."

26.4

⑴ ① 그 때 세상 수호하는 자인 비사문천왕이 붓다께 말하였다. | 爾時 毘沙門天王 護世 者 白佛言.

"세존이시여, 저 역시 중생들을 염려하고 이 법사를 옹호하기 위해 이 다라니를 설하겠습니다." | "世尊, 我亦爲 愍念衆 生 擁護此法師故 說是 陀羅尼."

② 곧 주문을 설하였다. | 卽說咒曰.

아리atte(1) 나리natte(2) 누 나리vanatte(3) 아나로anade(4) 나리nādi(5) 구나리kunādi(6)	阿梨(一) 那梨(二) 㝹 那梨(三) 阿那盧(四) 那履(五) 拘那履(六)

⑵ "세존이시여, 이 신주로써 법사를 옹호하고, 저 역시 스스로 이 경전 수지하 | "世尊, 以是神咒 擁護 法師, 我亦 自當擁護

는 자 옹호해서, 백 유순 안에서는 모든 재난이 없도록 하겠습니다."

持是經者, 令百由旬內 無諸衰患."

26.5

⑴ ① 그 때 지국천왕이 이 법회에 있다가 공경하여 둘러싼 천만억 나유타의 건달바들과 함께 붓다 계신 곳 앞으로 나아가 합장하고 붓다께 말하였다.

"세존이시여, 저 역시 다라니 신주로써 법화경 수지하는 자들을 옹호하겠습니다."

② 곧 주문을 설하였다.

爾時 持國天王 在此會中 與千萬億 那由他 乾闥婆衆 恭敬圍繞 前詣佛所 合掌白佛言.

"世尊, 我亦以 陀羅尼神咒 擁護 持法華經者."

即說咒曰.

　　아가녜agaṇe(1)　　가녜gaṇe(2)
　　구리gauri(3)　건다리gandhāri(4)
　　전다리caṇḍāli(5)　마등기mātaṅgi(6)　상구리saṃkule(7) 부루사니 vrūsali(8)　알저sisi(9)

阿伽禰(一)　伽禰(二)
瞿利(三)　乾陀利(四)
旃陀利(五)　摩蹬耆(六)
常求利(七)　浮樓莎柅(八)　頞底(九)

⑵ "세존이시여, 이 다라니 신주는 사십이억의 붓다들께서 말씀하신 것이므로, 만약 누군가가 이 법사를 헐뜯는다면 곧 이 붓다들을 헐뜯는 것이 될 것입니다."

"世尊, 是陀羅尼神咒 四十二億 諸佛所說, 若有侵毀 此法師者 則爲侵毀 是諸佛已."

제26 다라니품　641

26.6⁷

(1) ① 그 때 나찰녀들이 있어, 이름을 첫째는 람바Lambā, 둘째는 비람바Vilambā, 셋째는 곡치曲齒, 넷째는 화치華齒, 다섯째는 흑치黑齒, 여섯째는 다발多髮, 일곱째는 무염족無厭足, 여덟째는 지영락持瓔珞, 아홉째는 고제Kuntī, 열째는 탈일체중생정기奪一切衆生精氣라고 하였는데,⁸ 이 열 나찰녀들이 귀자모⁹와 그의 아들 및 권속들과 함께 붓다 처소로 가서, ② 같이 소리내어 붓다께 말하였다.

"세존이시여, 저희들 역시 법화경 독송하고 수지하는 자를 옹호하여 그 재난을 없애주고, 만약 누군가가 법사의 약점을 찾는다 해도 기회를 얻지 못하도록 하겠습니다."

곧 붓다 앞에서 주문을 설하였다.

爾時 有羅利女等, 一名 藍婆, 二名 毘藍婆, 三名 曲齒, 四名 華齒, 五名 黑齒, 六名 多髮, 七名 無厭足, 八名 持瓔珞, 九名 <睪>[皐]帝, 十名 奪一切衆生精氣, 是十羅利女 與鬼子母 幷其子 及眷屬, 俱詣佛所 同聲白佛言.

"世尊, 我等 亦欲擁護 讀誦受持 法華經者 除其衰患. 若有伺求 法師短者 令不得便."

卽於佛前 而說咒曰.

---

7 십 나찰녀의 글은 다섯이 된다. 첫째 (1)의 ①은 이름을 열거하는 것, 둘째 ②는 청하여 설하는 것, 셋째 (2)는 찬탄하는 것, 넷째 (3)의 ①은 서원하는 것, 다섯째 ②는 붓다께서 인가하시는 것이다.

8 * '람바', '비람바', '고제'는 본문에 병기한 범어의 음역어이다. 나머지는 의역어인데, '곡치'는 굽은 치아, '화치'는 좋은 치아, '흑치'는 검은 치아, '다발'은 머리카락이 많음, '무염족'은 만족함이 없음, '지영락'은 영락을 지님, '탈일체중생정기'는 일체 중생의 정기를 빼앗음이라는 뜻이다.

9 * 범어 'hārītī'를 번역한 것인데, 남의 어린아이를 잡아먹는 나찰녀였다가, 붓다의 교화를 받아 불법을 수호하고 어린아이의 양육을 돕는 신이 되었다고 한다.

| 이제리itime(1) | 이제민itime(2) | 伊提履(一) 伊提泯(二) |

이제리itime(3) 아제리itime(4) 伊提履(三) 阿提履(四)
이제리itime(5) 니리nime(6) 伊提履(五) 泥履(六)
니리nime(7) 니리nime(8) 니리nime(9) 니리nime(10) 루혜ruhe(11) 루혜ruhe(12) 루혜ruhe(13) 루혜ruhe(14) 다혜stuhe(15) 다혜stuhe(16) 다혜stuhe(17) 도혜stuhe(18) 누혜stuhe(19)

泥履(七) 泥履(八) 泥履(九) 泥履(十) 樓醯(十一) 樓醯(十二) 樓醯(十三) 樓醯(十四) 多醯(十五) 多醯(十六) 多醯(十七) 兜醯(十八) 㝹醯(十九)

⑵ "차라리 저희들의 머리 위로 올라갈지언정, 법사를 괴롭히지는 못할 것입니다.

　야차건 나찰이건 아귀건 부단나건 길자건 비다라毘陀羅건 건타犍馱건 오마륵가烏摩勒伽건 아발마라阿跋摩羅건 야차길자夜叉吉遮건 인길자人吉遮건, 열병熱病이 하루나 이틀이나 사흘이나 나흘이나 나아가 이레를 끌건 고질이 되어버린 열병이건, 남자의 모습이건 여자의 모습이건, 동남의 모습이건 동녀의 모습이건, 나아가 꿈속에서라도 역시 또한 괴롭히지 못할 것입니다."10

"寧上我頭上,
莫惱於法師.
若夜叉 若羅刹 若餓鬼 若富單那 若吉遮 若毘陀羅 若犍馱 若烏摩勒伽 若阿跋摩羅 若夜叉吉遮 若人吉遮, 若熱病 若一日 若二日 若三日 若四日 乃至七日 若常熱病, 若男形 若女形, 若童男形 若童女形, 乃至夢中 亦復莫惱."

---

10 야차는 첩질귀捷疾鬼(=매우 빠른 귀신)라고 번역하고, 나찰은 식인귀食人

제26 다라니품　643

곧 붓다 앞에서 게송으로 말하였다.	卽於佛前 而說偈言.

1 만약 나의 주문 거슬러　　　　若不順我咒
　설법하는 자를 괴롭힌다면　　　惱亂說法者
　머리 깨어져 일곱 조각으로　　　頭破作七分
　아리수의 가지처럼 될 것이니　　如阿梨樹枝

2 마치 부모를 살해한 죄와 같고　如殺父母罪
　또한 기름 짜는 자의 재앙　　　亦如壓油殃
　되와 저울 속이는 사람이나　　　斗秤欺誑人
　승가를 깬 조달의 죄와 같이　　調達破僧罪

3 이 법사를 범한 자는　　　　　犯此法師者
　이와 같은 재앙을 받게 되리라11　當獲如是殃

鬼라고 번역하는데, 이 두 부류는 북방의 천왕이 다스리는 자들이다. 부단나는 열병귀熱病鬼이고, 길자는 기시귀起尸鬼(송장을 일으키는 귀신)인데, 인간계이건 야차계이건 모두 이 귀신이 있다. 비다라는 적색의 귀신이고, 건타라는 황색의 귀신이며, 오마륵가는 까마귀색의 귀신이고, 아발마라는 청색의 귀신이다.

11 아리수의 가지는 땅에 떨어지면 자연히 부서져 일곱 조각이 된다. 부모를 살해하고 승가를 파괴하는 것은 삼역죄三逆罪이다. 외국에서 기름 짜는 자들은 깨를 찧어 벌레가 생기도록 두었다가 합쳐서 짜기도 하고, 기름이 많아지도록 살찌우기도 하는데, 이는 잘못이다. 되와 저울을, 내 줄 때는 가볍게, 받을 때는 무겁게 속이는 것은 도둑질하는 잘못이다. * 한역문의 '두斗'는 '말'(=열 되)이라는 뜻이지만, 곡식 측량의 단위를 속인다는 뜻으로 쓰인 것이므로 '되'라고 옮겼다.

(3) ① 나찰녀들은 이 게송을 설하고 나서 붓다께 말하였다.

"세존이시여, 저희들 역시 몸으로 이 경전 수지 독송하고 수행하는 자를 옹호하여, 안온 얻고 재난 떠나며 온갖 독약 사라지도록 하겠습니다."

② 붓다께서 나찰녀들에게 말씀하셨다.

"착하고 착하도다. 그대들이 다만 법화경의 이름만 수지하는 자를 옹호한다 해도 복이 헤아릴 수 없을 것인데, 어찌 하물며 갖추어서 수지하고 경전책에 꽃·향·영락, 말향·도향·소향, 번기·일산·음악을 공양하며, 우유등, 기름등, 소마나꽃 기름등·첨복꽃 기름등·파사가꽃 기름등·우발라꽃 기름등의 여러 향유등과 같은 갖가지 등불을 태우는 이러한 등의 백천 가지로 공양하는 자들이겠는가.

고제여, 그대들 및 권속들은 이러한 법사를 옹호하여야 한다."

26.7

이 다라니품을 설하셨을 때 육만팔천의 사람들이 무생법인을 얻었다.

諸羅刹女 說此偈已 白佛言.

"世尊, 我等亦當 身自擁護 受持讀誦 修行是經者, 令得安隱 離諸衰患 消衆毒藥."

佛告 諸羅刹女.

"善哉善哉. 汝等但能擁護受持 法華名者 福不可量, 何況擁護 具足受持 供養經卷 華香瓔珞 末香塗香燒香 幡蓋伎樂, 燃種種燈 酥燈油燈 諸香油燈, 蘇摩那華油燈 瞻蔔華油燈 婆師迦華油燈 優鉢羅華油燈 如是等 百千種 供養者. <睪>[皐]帝, 汝等及眷屬 應當擁護 如是法師."

說是陀羅尼品時 六萬八千人 得無生法忍.

제27   妙莊嚴王本事品
묘장엄왕본사품[1]   第二十七

27.1[2]

....
1 이 품의 인연은 다른 경전에 나온다.(=『문구기』에서도 어느 경전인지 확인 치 못했다고 함) 과거 붓다의 말법시에 네 비구가 있어 산림에 계契를 맺고 붓다 지혜를 구했다. 시일이 쌓일수록 옷과 식량이 바닥났는데, 그것을 갖추려면 번거로움은 많은데도 부족하지 않을 때가 없었다. 그러자 그 중 한 사람이 말하기를, "우리들은 사방이 막혀 몸을 보존할 수 없다. 그대 3인은 목숨 보존해 도를 받들고, 아침 먹을 일은 염려 말라. 나 한 사람이 이 몸의 힘을 던져 필수품을 공급하리라."고 하였다. 그리고 마을 다니며 문 두드려 구해서 계속 공급하여, 세 사람은 공功이 원만해져 일을 마치게 되었다.
　그 한 사람은 사람들 사이를 다니며 성색聲色에 부딪다 보니 구워지지 않은 기와나 그릇이 지켜지기 어렵듯 하였다. 우연히 왕이 말탄 것을 보고 집착하는 마음을 일으켜 그 광영을 사랑하게 되자, 그 간의 공덕이 훈수薰修 함으로써 생각을 따라 과보를 받아, 사람과 천상에서 항상 왕이 되었다. 세 사람은 득도한 후 만나서 의논하였다. "우리가 생사의 울타리를 면한 공은 이 왕에게 있는데, 그는 과보를 탐착하여 유위를 증장하고 있으니, 바르게 교화해야 한다. 이 왕은 애욕에 집착하는 데다가 사견까지 일으키니, 사랑의 낚시바늘이 아니고서는 건질 수 없을 것이다. 한 사람은 단정한 부인이 되고, 두 사람은 총명한 아이가 되면, 아이와 부인의 말은 필시 따를 것이니, 교화 베풀어 결과 얻어 잘못을 고칠 것이다."라고. 부인이란 묘음보살이 그이고, 과거의 두 아들이란 지금의 약왕·약상 두 보살이며, 과거의 왕이란 지금의 화덕보살이다. 이런 까닭에 백호의 광명으로써 동으로 부르고, 칠보대에 올라 서에서 이끌며, 신주로 경전 수호해 유통케 해서 크게 이익케 하니, 네 성인의 과거 인연을 설하기 때문에 묘장엄왕본사품이라고 이름한 것이다. '묘장엄'이란 묘법의 공덕으로 제근을 장엄하는 것이다.
2 앞 품에서는 주로써 수호함을 설하였고, 지금 품은 사람으로써 수호함을 설하였다. 사람으로 수호함이 오히려 이러하거늘, 주로써 수호함은 더욱 좋을 것이라 하여, 널리 유통을 권한 것이다.
　글은 여섯이 된다. 첫째 27.1의 (1)은 본사의 근본을 밝히는 것, 둘째 (2)는 교화의 주체와 대상을 쌍으로 표방하는 것, 셋째 27.2는 교화의 방편, 넷째 27.3은 교화 대상이 이익을 얻는 것, 다섯째 27.4는 고금을 연결하는 것, 여섯째 27.5는 품을 듣고 도를 깨닫는 것이다.

(1) 그 때 붓다께서 대중들에게 말씀하셨다.

"지나간 과거 한량없고 가이없으며 불가사의한 아승기 겁을 지나서, 명호를 운뢰음수왕화지雲雷音宿王華智 다타아가도 아라하 삼먁삼불타라고 하는 붓다께서 계셨는데, 나라 이름은 광명장엄光明莊嚴이고, 겁의 이름은 희견喜見이었다.

(2) 그 붓다의 법 중에 묘장엄이라고 이름하는 왕이 있었는데, 그 왕비는 정덕淨德이라고 이름하였고, 두 아들이 있어 첫째는 정장淨藏, 둘째는 정안淨眼이라고 이름하였다.

이 두 아들은 큰 신통의 힘과 복덕과 지혜를 가져서 오래도록 보살이 행할 도, 소위 단檀바라밀, 시라尸羅바라밀, 찬제羼提바라밀, 비리야毘梨耶바라밀, 선禪바라밀, 반야바라밀, 방편바라밀과 자·비·희·사慈悲喜捨 나아가 서른일곱 품의 조도법[三十七品助道法]에 이르기까지 닦아서 모두 다 분명하게 알고 통달하였고, 또 보살의 정淨삼매, 일성수日星宿삼매, 정광淨光삼매, 정색淨色삼매, 정조명淨照明삼매, 장장엄長莊嚴삼매, 대위덕장大威德藏삼매

爾時 佛告 諸大衆.

"乃往古世 過無量無邊不可思議 阿僧祇劫, 有佛 名雲雷音宿王華智多陀阿伽度 阿羅訶 三藐三佛陀, 國名 光明莊嚴, 劫名 喜見.

彼佛法中 有王 名妙莊嚴, 其王夫人 名曰淨德, 有二子 一名 淨藏, 二名 淨眼.

是二子 有大神力 福德智慧 久修菩薩 所行之道, 所謂 檀波羅蜜 尸羅波羅蜜 羼提波羅蜜 毘梨耶波羅蜜 禪波羅蜜 般若波羅蜜 方便波羅蜜 慈悲喜捨 乃至 三十七品助道法 皆悉 明了通達, 又得 菩薩淨三昧 日星宿三昧 淨光三昧 淨色三昧 淨照明三昧 長

를 얻어, 이러한 삼매들도 역시 모두 다 통달하였다.³

莊嚴三昧 大威德藏三昧, 於此三昧 亦悉通達.

27.2⁴

(1) ① 그 때 저 붓다께서는 묘장엄왕을 인도하려 하시고, 그리고 중생들을 가엾게 여기셔서 이 법화경을 설하셨다.⁵

爾時 彼佛 欲引導 妙莊嚴王, 及愍念衆生故 說是法華經.

② 그 때 정장과 정안 두 아들은 그 어머니 처소로 가서 열 손가락 모아 합장하고 말하였다.

時 淨藏 淨眼 二子 到其母所 合十指爪掌 白言.

'어머님, 운뢰음수왕화지붓다의 처소로 가시기 바랍니다. 저희들도 역시 모시고 가서 친근하고 공양하며 예배하겠습니다. 까닭이 무엇인가 하면 이 붓다께서는 일체의 천·인 대중들 속에서 법화경을 설하시므로, 청수해야 하기 때문입니다.'

'願母, 往詣 雲雷音宿王華智佛所. 我等亦當 侍從親近 供養禮拜. 所以者何 此佛 於一切天人衆中 說法華經, 宜應聽受.'

어머니는 아들들에게 말하였다.

母告 子言.

'너희들 아버지가 외도를 신수하여 바라문의 법에 깊이 집착하니, 너희들이 가

'汝父 信受外道 深著婆羅門法, 汝等 應往白父

---

3 교화되는 한 사람과 교화하는 세 사람 모두 그 이름을 내고, 따로 두 아들의 복덕과 지혜로서 육바라밀과 사홍(=자·비·희·사) 등을 드러내었다.
4 이하 셋째 교화의 방편에는 셋이 있다. 첫째 (1)의 ①은 때가 이른 것, 둘째 ②는 논의하는 것, 셋째 (2)는 변화를 나투는 것이다.
5 처음에 때가 이르렀다고 한 것은, 저 붓다께서 출세하시어 항상 정법을 펴셨지만, 왕과는 연이 미약하였으니 곧 그 때가 아니었다. 만약 법화경을 설하신다면 곧 그 때가 된 것이다.

서 말씀드려서 함께 가도록 하자.'

정장과 정안은 열 손가락을 모아 합장하고 어머니께 말하였다.

'저희들은 법왕의 아들들인데, 이 사견의 집안에 태어났습니다.'

어머니가 아들들에게 말하였다.

'너희들은 너희 아버지 염려하여 신통변화를 나투어라. 만약 보게 된다면 마음 필시 청정해져, 혹시 우리들의 붓다 처소로 가자는 것 허락할 것이다.'

(2) 그 때 두 아들은 그 아버지 생각해서 높이 7다라수의 허공에 솟아 올라 있으면서 갖가지 신통변화를 나투었다.

허공 중에서 가고 머물고 앉고 눕기도 하고, 몸 위로 물 뿜고 몸 아래로 불 뿜기도 하며, 몸 아래로 물 뿜고 몸 위로 불 뿜기도 하며, 혹은 큰 몸 나투어 허공에 가득했다가 다시 작아지고, 작아졌다가 다시 커지며, 허공 중에서 사라져 홀연 땅에 있고, 땅에 들어가기를 물인 듯하고 물 밟기를 땅인 듯하는 이러한 등의 갖가지 신통변화 나투어, 그 부왕으로 하여금 마음 청정히 신해하도록 하였다.

與共俱去.'

淨藏淨眼 合十指爪掌白母.

'我等 是法王子, 而生此邪見家.'

母告 子言.

'汝等當 憂念汝父 爲現神變. 若得見者 心必淸淨, 或聽我等 往至佛所.'

於是二子 念其父故 踊在虛空 高七多羅樹 現種種神變.

於虛空中 行住坐臥,
身上出水 身下出火,
身下出水 身上出火,
或現大身 滿虛空中 而復現小, 小復現大,
於空中滅 忽然在地,
入地如水 履水如地 現如是等 種種神變,
令其父王 心淨信解.

27.3

(1)6 그 때 부왕은 아들의 신통력이 이러함을 보고, 마음으로 크게 기뻐하여 미증유를 얻어서 합장하고 아들 향해 말했다.

'너희들의 스승은 누구이고, 누구의 제자이냐?'

두 아들이 말하였다.

'대왕이시여, 저 운뢰음수왕화지붓다께서 지금 칠보의 보리수 아래 법좌 위에 앉아 계시면서 일체 세간의 천·인 대중들 속에서 법화경을 널리 설하시는데, 이 분이 저희들의 스승이시고, 저희는 제자들입니다.'

부왕이 아들들에게 말하였다.

'나도 지금 또한 너희들의 스승을 보고 싶으니, 함께 가도록 하자.'

(2)7 그 때 두 아들은 공중에서 내려와 그 어머니 처소로 가서 합장하고 말했다.

'부왕께서 이제 신해하셔서서 아뇩다라

時父見子 神力如是, 心大歡喜 得未曾有 合掌向子言.

'汝等師爲 是誰, 誰之弟子?'

二子 白言.

'大王, 彼雲雷音宿王華智佛 今在七寶 菩提樹下 法座上坐 於一切世間 天人衆中 廣說法華經, 是我等師, 我是弟子.'

父語 子言.

'我今亦欲 見汝等師 可共俱往.'

於是二子 從空中下 到其母所 合掌白母.

'父王 今已信解 堪任發

---

6 이하 넷째 교화 대상이 이익을 얻는 것에 열이 있다. 첫째 (1)은 아들을 믿어서 스승을 승복하는 것이다.
7 이는 둘째 부왕이 이미 믿고 궁중의 팔만사천의 후궁들도 또 성숙하였으므로, 어머니께 기쁨을 말하고 출가 허락할 것을 청하니, 어머니 역시 허락하는 것이다.

삼먁삼보리에 대한 마음을 감당하여 일으켰습니다. 저희들은 부왕 위해 이미 불사를 지었으니, 어머니께서는 저 붓다 처소로 출가해 수도함을 허락해 주시기 바랍니다.'

 이 때 두 아들은 그 뜻을 거듭 펴고자 게송으로 어머님께 말하였다.

阿耨多羅三藐三菩提心. 我等爲父 已作佛事, 願母見聽 於彼佛所 出家修道.'

爾時 二子 欲重宣其意 以偈白母.

① 어머님, 저희들 출가하여
 사문되도록 놓아 주십시오
 붓다들은 매우 만나기 어려워
 저희들 붓다 따라 배우려 합니다

願母放我等
出家作沙門
諸佛甚難値
我等隨佛學

② 마치 우담발화와 같고
 붓다 뵙기는 이보다 더 어려우며
 여러 고난 벗어남도 또한 어려우니
 저희의 출가 허락해 주소서

如優曇鉢羅
値佛復難是
脫諸難亦難
願聽我出家

 어머님이 곧 말씀하셨다.
'너희의 출가를 허락한다. 왜냐 하면 붓다는 만나기 어렵기 때문이다.'

母卽告言.
'聽汝出家. 所以者何 佛難値故.'

(3)⁸ 그 때 두 아들은 부모님께 말하였다.　於是 二子 白父母言.
....
8 셋째 거듭 부모를 재촉하는 것이다. 지금이 바로 그 때라는 것이니, 붓다는

'감사합니다, 부모님. 곧 운뢰음수왕화지붓다의 처소로 가서 친근하고 공양하시기 바랍니다. 어째서인가 하면 붓다는 만나기 어려움이 마치 우담발화와 같고, 또 마치 외눈 거북이가 바다에 뜬 나무 구멍 만나는 것과 같기 때문입니다.

그렇지만 저희들은 과거의 복덕이 깊고 두터워 태어나 불법을 만났고, 그래서 부모님께서 저희들 출가토록 허락하셨습니다. 왜냐 하면 붓다들은 만나기 어렵고, 때 역시 만나기 어렵기 때문입니다.'

⑷9 그 때 묘장엄왕의 후궁들 팔만사천 명은 모두 다 이 법화경을 감당해 수지하였고, 정안보살은 법화삼매를 오래도록 이미 통달하였으며, 정장보살은 이미 한량없는 백천만억 겁 동안 이제악취離諸惡趣삼매를 통달하였으니, 일체의 중생들로 하여금 모든 악취를 떠나게 하고자 하였기 때문이고, 그 왕비는 모든 불집佛集삼매를 얻어 제불의 비밀한 법장을 능

'善哉, 父母. 願時往詣 雲雷音宿王華智佛所 親近供養. 所以者何 佛難得值 如優曇鉢羅華, 又如一眼之龜 値浮木孔.
而我等 宿福深厚 生値佛法, 是故父母 當聽我等 令得出家.
所以者何 諸佛難値, 時亦難遇.'

彼時 妙莊嚴王後宮 八萬四千人 皆悉 堪任受持 是法華經, 淨眼菩薩 於法華三昧 久已通達, 淨藏菩薩 已於無量 百千萬億劫 通達離諸惡趣三昧, 欲令 一切衆生 離諸惡趣故, 其王夫人 得諸佛集三昧 能知諸

만나기 어렵기 때문이다.
9 이는 넷째 교화하는 작용이 이미 현저하므로 붓다께서 공덕을 찬탄하시는 것이다.

히 알았다.

　두 아들은 이렇게 방편의 힘으로 그 아버지를 잘 교화하여, 마음으로 불법을 믿고 이해하며 좋아하게 하였다.10

(5)11 그 때 묘장엄왕은 여러 신하와 권속들과 함께, 정덕 부인은 후궁의 궁녀와 권속들과 함께, 그 왕의 두 아들은 사만 이천 명과 함께 일시에 같이 붓다 처소로 찾아가, 도착하고 나서 발에 엎드려 예배하고 붓다를 세 바퀴 돈 다음 한 편에 머물렀다.

　그 때 저 붓다께서 왕에게 설법하여 보이고 가르치며 이익주고 기쁘게 하니 왕은 크게 기뻐하였다. 그 때 묘장엄왕 및 그 부인은 목에서 백천의 값 나가는 진주 영락을 풀어 붓다 위에 뿌리니, 허공 중에서 변화하여 네 기둥의 보대가

佛 祕密之藏.

二子如是 以方便力 善化其父, 令心信解 好樂佛法.

於是 妙莊嚴王 與群臣 眷屬俱, 淨德夫人 與後宮婇女 眷屬俱, 其王二子 與四萬二千人俱 一時 共詣佛所, 到已 頭面禮足 繞佛三匝 却住一面.

爾時 彼佛 爲王說法 示教利喜 王大歡悅.

爾時 妙莊嚴王 及其夫人 解頸 眞珠瓔珞 價直百千 以散佛上, 於虛空中 化成 四柱寶臺,

---

10 '법화삼매'란 일체법을 거두어 하나의 실상으로 돌아가게 하는 것이다. '악취를 떠난다[離惡趣]'는 것은 대략은 삼도三途가 악취가 되지만, 갖추어 논한다면 25유有가 모두 진실을 어겨서 허망을 일으킨 것이므로 모두 다 악취이다. 이제 이들을 모두 떠나게 하니, 곧 25삼매로 25유를 파괴하는 것이다. '불집삼매'란 비밀한 법장에 붓다들이 그 안으로 모이는 것이니, 오직 붓다께서만 가시는 곳이고, 다른 사람들은 아니다.
11 이는 다섯째 함께 붓다의 처소로 가서 법 듣고 공양하며, 상서를 보고서 기뻐하는 것이다.

되었고, 보대 안에는 큰 보배상이 있어 백천만의 하늘옷이 깔렸는데, 그 위에 붓다께서 계셔 결가부좌하시어 큰 광명을 놓았다. 그러자 묘장엄왕은 생각하였다.
'붓다의 몸은 희유하고 단엄하며 빼어나, 으뜸 가는 미묘한 색을 성취하였구나.'

(6)12 그 때 운뢰음수왕화지붓다께서는 사부대중들에게 말씀하셨다.

'그대들은 이 묘장엄왕이 내 앞에서 합장하고 서 있는 것을 보는가? 이 왕은 나의 법 중에서 비구가 되어 불도 돕는 법을 정진하여 수습해서 장차 붓다 이루어 명호를 사라수왕娑羅樹王이라고 할 것이니, 나라 이름은 대광大光, 겁의 이름은 대고왕大高王일 것이다. 그 사라수왕붓다에게는 한량없는 보살대중들 및 한량없는 성문들이 있고, 그 나라는 평탄하며, 공덕은 이러할 것이다.'

(7)13 그 왕은 즉시 나라를 아우에게 주고 부인과 두 아들 및 여러 권속들과 함께

臺中 有大寶床 敷百千萬天衣, 其上有佛 結加趺坐 放大光明.
爾時 妙莊嚴王 作是念.
'佛身希有 端嚴殊特, 成就第一 微妙之色.'

時 雲雷音宿王華智佛 告四衆言.
'汝等見是 妙莊嚴王 於我前 合掌立不? 此王 於我法中 作比丘 精勤修習 助佛道法 當得作佛 號娑羅樹王, 國名大光, 劫名 大高王.
其娑羅樹王佛 有無量菩薩衆 及無量聲聞,
其國平正.
功德如是.'

其王卽時 以國付弟 與夫人二子 幷諸眷屬 於

---
12 이는 여섯째 붓다께서 수기하시는 것이다.
13 이는 일곱째 출가하여 수행하는 것이다.

붓다의 법 중에서 출가하여 수도하였다.
　왕은 출가하고 나서 팔만사천 년 동안 묘법화경을 항상 부지런히 정진하여 수행하였다.

佛法中 出家修道.
王出家已　於八萬四千歲 常勤精進修行 妙法華經.

(8)14 이를 지나고 나서 일체정공덕장엄삼매를 얻더니, 곧 7다라수 높이의 허공에 올라 붓다께 말하였다
　'세존이시여, 이 저의 두 아들은 불사를 지어 신통변화로써 저의 삿된 마음을 바꾸어 불법 중에 안주하게 하고, 붓다를 뵙게 하였습니다. 이 두 아들은 나의 선지식이니, 숙세의 선근을 일으켜 세워 저를 요익하고자 저의 집에 와서 태어났던 것입니다.'

過是已後　得一切淨功德莊嚴三昧,　卽昇虛空高七多羅樹 而白佛言.
'世尊, 此我二子 已作佛事 以神通變化 轉我邪心 令得安住 於佛法中, 得見世尊. 此二子者 是我善知識, 爲欲發起 宿世善根 饒益我故 來生我家.'

(9)15 그 때 운뢰음수왕화지붓다께서 묘장엄왕에게 말씀하셨다.
　'그래 그러해서 그대의 말과 같다. 만약 선남자 선여인이 선근을 심은 까닭에 세세에 선지식을 얻게 되면, 그 선지식은 능히 불사를 지어, 보이고 가르치며 이익

爾時　雲雷音宿王華智佛 告妙莊嚴王言.
'如是如是 如汝所言. 若善男子善女人　種善根故 世世得善知識, 其善知識 能作佛事, 示敎利

---

14 이는 여덟째 두 아들을 칭찬하는 것이다.
15 이는 아홉째 붓다께서 (두 아들의) 수행 높음을 서술하시는 것이다.

주고 기쁘게 해서 아뇩다라삼먁삼보리에 들게 한다. 대왕이여, 선지식은 큰 인연이니, 소위 교화하고 인도해서 붓다를 뵙게 하고 아뇩다라삼먁삼보리에 대한 마음을 일으키게 하는 사람이라고 알아야 한다.16

　대왕이여, 그대는 이 두 아들을 보는가? 이 두 아들은 육십오백천만억 나유타 항하사의 붓다들을 이미 공양하여 친근하고 공경하였고, 모든 붓다들의 처소에서 법화경 수지하여, 사견의 중생들 가엾이 여겨 정견에 머물게 하였다.'

(10)17 묘장엄왕은 곧 허공에서 내려와 붓다께 말하였다.

　'세존이시여, 여래께서는 매우 희유하십니다. 공덕과 지혜로 정수리의 육계는 광명이 환히 비치고, 그 눈은 길고 넓으며 감청색이고, 미간의 털 모습은 하얗기

喜　令入阿耨多羅三藐三菩提. 大王 當知, 善知識者 是大因緣, 所謂化導 令得見佛 發阿耨多羅三藐三菩提心.

大王, 汝見 此二子不? 此二子 已曾供養 六十五百千萬億 那由他 恒河沙諸佛 親近恭敬, 於諸佛所 受持法華經, 愍念邪見衆生 令住正見.'

妙莊嚴王　卽從虛空中下 而白佛言.
'世尊, 如來甚希有.
以功德智慧故　頂上肉髻 光明顯照, 其眼長廣而紺靑色, 眉間毫相　白

---

16 붓다께서 선지식을 찬탄하신 것에는 큰 뜻이 있다. '선지식이 능히 불사를 짓는다'는 것은 곧 외호外護의 선지식이고, '보이고 가르치며 이익주고 기쁘게 한다'고 한 것은 교수敎授의 선지식이며, '소위 교화하고 인도해서 붓다를 뵙게 한다'고 한 것은 동행同行의 선지식이고, '보리에 들게 한다'고 한 것은 실제實際와 실상實相의 선지식이다.
17 이는 열째 붓다를 찬탄하고 스스로 맹세하는 것이다.

가 달 같으며, 치아는 하얗고 가지런하며 빽빽하고 항상 광명 있으며, 입술색은 불그레해 마치 빈바18의 과실 같습니다.'

그 때 묘장엄왕은 이러한 등의 한량없는 백천만억의 공덕으로 붓다를 찬탄하고 나서, 여래 앞에서 일심으로 합장하고 다시 붓다께 말하였다.

'세존이시여, 일찍이 없던 일입니다. 여래의 법은 불가사의하고 미묘한 공덕을 갖추어 성취하여, 가르침 따라 행함은 안온하고 즐거우니, 저는 오늘부터 다시는 마음 가는 것을 따르지 않고, 사견과 교만, 진에의 여러 악한 마음을 내지 않겠습니다.' 이렇게 말하고 나서 붓다께 예배하고 떠났다."

如珂月, 齒白齊密 常有光明, 脣色赤好 如頻婆果.'

爾時 妙莊嚴王 讚歎佛 如是等 無量百千萬億 功德已, 於如來前 一心 合掌 復白佛言.

'世尊, 未曾有也. 如來之法 具足成就 不可思議 微妙功德, 教誡所行 安隱快善, 我從今日 不復自隨心行, 不生邪見 憍慢瞋恚 諸惡之心.' 說是語已 禮佛而出."

27.4

붓다께서 대중들에게 말씀하셨다.19

"① 어떻게 생각하는가? 묘장엄왕이 어찌 다른 사람이겠는가? 지금의 화덕보살이 그이다. 그 정덕부인은 지금 붓다

佛告 大衆.

"於意云何? 妙莊嚴王 豈異人乎? 今華德菩薩 是. 其淨德夫人 今佛前

---
18 * 범어 'bimba'의 음역어로, 붉은 색 과일이 열리는 나무이다.
19 이하 넷째 고금을 연결하시는 것에 둘이 있다. 먼저 ①은 연결하시는 것이고, 뒤의 ②는 두 보살을 찬탄하시는 것이다.

제27 묘장엄왕본사품 657

앞에 있는 광조장엄상보살이 그이니, 묘장엄왕 및 여러 권속들을 가엾이 여겼기 때문에 그 안에서 태어났었다. 그 두 아들은 지금의 약왕보살과 약상보살이 그들이었다.

② 이 약왕과 약상보살은 이와 같은 여러 큰 공덕들을 성취하고, 이미 한량없는 백천만억의 여러 붓다들에게서 심은 온갖 선근으로 불가사의한 여러 선한 공덕들을 성취하였으니, 만약 어떤 사람이 이 두 보살의 이름을 안다면, 일체 세간의 여러 천신과 인간들은 또한 예배해야 할 것이다."

光照莊嚴相菩薩是, 哀愍 妙莊嚴王 及諸眷屬故 於彼中生. 其二子者 今藥王菩薩 藥上菩薩是.

是藥王藥上菩薩 成就如此 諸大功德, 已於無量 百千萬億諸佛 所殖衆德本 成就 不可思議 諸善功德, 若有人識 是二菩薩名字者, 一切世間 諸天人民 亦應禮拜."

27.5

붓다께서 이 묘장엄왕본사품을 설하셨을 때 팔만사천의 사람들은 번뇌의 때를 멀리 여의고, 모든 법 중에서 법안의 청정을 얻었다.

佛說 是妙莊嚴王本事品時 八萬四千人 遠塵離垢, 於諸法中 得法眼淨.

제28					普賢菩薩勸發品
보현보살권발품[1]			第二十八

28.1[2]

(1) ① 그 때 보현보살은 자재한 신통력　　爾時 普賢菩薩 以自在
과 위덕과 명성으로, 한량없고 가이없으　　神通力 威德名聞, 與大
며 수를 말할 수 없는 대 보살들과 함께　　菩薩 無量無邊 不可稱

---

1 《비화경悲華經》에서 이르기를, 「"내 더럽고 악한 세계에서 보살도 행해 청정케 할 것을 서원하니, 나의 행은 반드시 여러 보살들보다 뛰어날 것이다."라고 하니, 보장불寶藏佛께서, "이 인연으로 지금 그대 이름을 고쳐 보현이라고 이름하라."고 말씀하셨다.」고 하였다.
　　종래 염처念處에서 사선근에 이르기까지 통칭해서 '보현'이라고 하고, 개별적으로는 세제일법의 관점에서 진실에 인근하고 성인에 가까움을 '현'이라고 칭하였는데, 이는 삼장교의 설이다. 이제 밝히자면 조복하는 도의 꼭대기[伏道之頂]는 그 인因이 널리 두루하므로 '보'라고 하고, 끊는 도의 끝[斷道之後]은 극성極聖에 가까운 것을 '현'이라고 한다. … 이제 논하자면 등각等覺의 위계는 온갖 조복하는 도의 정상에 있어 조복하는 도가 널리 두루하기 때문에 '보'라고 하고, 끊는 도가 막 다하여 비교할 것이 얼마 없어 종극에 인접하기 때문에 '현'이라고 이름하는 것이다.
　　'권발'이란 법을 사모하는 말이다. 멀리 저 국토에 있으면서 이 경전을 갖추어 들고 시말에 이미 두루해서, 자리와 이타가 길이 그침이 없게 하고자 하기 때문에, 동에서 오고 서에서 와서 권해 일으키는 것이다.
　　위에서 유통분을 가려 셋으로 하였다. (분별공덕품의) 19수의 게송 이후의 3품반은 경전의 힘이 큼을 들어 유통을 권한 것이고, 약왕품 이하 5품은 보살의 교화하는 도의 힘이 큼을 들어 유통을 권한 것인데, 이 1품은 보현의 서원의 힘이 큼을 들어 유통을 권한 것이다.(=p.495에서의 분단과는 차이가 있는 표현임)
2 글을 나누면 넷이 된다. 첫째 28.1의 (1)은 떠나 오는 것[發來], 둘째 (2) 이하는 권해 일으키는 것[勸發], 셋째 28.3는 권발을 인정하시는 것[述發], 넷째 28.4는 권발의 이익[發益]이다.
　　처음 경전 편집자가 떠나 오는 것을 서술하는 것에 셋이 있다. ①은 위로 공양하는 것, ②는 아래로 교화하는 것, ③은 공경하는 것이다.

동방에서 오는데, 거치는 국토마다 널리 모두 진동하고, 보배연꽃이 비내리며, 한량없는 백천만억의 갖가지 음악이 연주되었다.3

② 또 수없는 여러 천신, 용, 야차, 건달바, 아수라, 가루라, 긴나라, 마후라가, 인비인 등의 대중들이 둘러싸고 각각 위덕과 신통의 힘을 나투는 가운데 함께4
③ 사바세계의 기사굴산 중에 도착해서 머리 엎드려 석가모니붓다께 예배하고 오른 쪽으로 일곱 바퀴 돈 다음,

⑵ 붓다께 말하였다.5

"세존이시여, 저는 보위덕상왕붓다의 나라에서, 멀리 이 사바세계에서 법화경 설하시는 것을 듣고 한량없고 가이없는

數 從東方來, 所經諸國 普皆震動, 雨寶蓮華, 作無量百千萬億 種種 伎樂.

又與無數 諸天龍夜叉 乾闥婆阿修羅 迦樓羅 緊那羅 摩睺羅伽 人非人等 大衆圍繞 各現威德 神通之力, 到娑婆世界 耆闍崛山中 頭面禮釋迦牟尼佛 右繞七匝,

白佛言.

"世尊, 我於寶威德上王佛國, 遙聞 此娑婆世界 說法華經 與無量無邊

---

3 '자재'는 이일이고, '신통'은 행일이며, '위덕'은 인일이고, '명성'은 교일이다. 또 자재는 상, 신통은 락, 위덕은 아, 명성은 정이기도 하다. 정의 힘 때문에 꽃을 비내리고, 락의 힘 때문에 음악을 연주하며, 신통 때문에 땅을 진동하고, 자재한 힘 때문에 뜻 따라 꽃을 비내리니, 보현과 권속들이 보살의 몸으로 네 가지 덕의 힘을 쓰고, 와서는 사일을 권발한다. 거치는 곳마다 자리행으로 위에 공양하는 그 일은 이러하다.
4 이는 거치는 곳마다 아래로 교화하여 이익하는 것이니, 남의 근기를 따라 팔부신중의 모습을 나투는 것이다. 간략히 두 가지 힘(=위덕과 신통의 힘)만을 쓴 것은 감당하는 능력을 따른 것이다.
5 권발하는 것에 둘이 있으니, 첫째는 청해 물어서[請問] 권발하는 것이고, 둘째 뒤의 28.2는 서원해서 권발하는 것이다. 각각 물음과 답이 있다.

백천만억의 보살대중들과 함께 듣고 받으려고 왔습니다. 오직 세존이시여, 설해 주시기만 바랍니다. 만약 선남자 선여인이 여래의 멸도 후라면, 어떻게 해야 이 법화경을 얻을 수 있겠습니까?"[6]

百千萬億 諸菩薩衆 共來聽受. 唯願 世尊, 當爲說之. 若善男子善女人 於如來滅後, 云何能得 是法華經?"

(3) 붓다께서 보현보살에게 말씀하셨다.[7]

"① 만약 선남자 선여인이 네 가지 법을 성취한다면 여래의 멸도 후 이 법화경을 얻을 것이다. ② 첫째 붓다들에게 호념되는 것, 둘째 온갖 선근을 심는 것, 셋째 정정취正定聚에 드는 것, 넷째 일체중생 구하려는 마음을 일으키는 것이다.[8]

佛告 普賢菩薩.
"若善男子善女人 成就四法 於如來滅後 當得是法華經. 一者 爲諸佛護念, 二者 殖衆德本, 三者 入正定聚, 四者 發救一切衆生之心.

....
6 물음은, 멀리서 경전을 듣고 법을 사모해 그침이 없었으니, 멀리서 온 뜻은, 그 뜻이 권발함에 있는 것이다. 그러므로 다시 정설正說을 청해 자리를 권발하고, 다시 유통을 청해 이타를 권발하는 것이니, 만약 여래께서 허락하신다면 두 가지 길이 다시 펼쳐져서 빛이 끝없을 것이다. 그래서 쌍으로 청한 것이다.
7 붓다의 답은 셋이 된다. ①은 총체적으로 답하시는 것, ②는 개별적으로 답하시는 것, ③은 맺으신 것이다.
8 그가 이미 쌍으로 청했으므로 여래께서 교묘하게 답하셨으니, 간략히 넷을 열거하여 모두를 덮었다. 왜냐 하면 넷의 요점이 정설과 유통을 포괄하기 때문이다. 어째서 그런가?
 붓다께서는 비록 치우침이 없으시기는 하지만, 만약 능히 악을 멀리 하고 선을 따르며, 미혹을 등지고 정도에 돌아가며, 방편의 지견 열어 붓다의 지견 드러내는 자라면, 곧 성인의 마음과 일치하므로 '붓다들께서 호념하실 것'이고, 만약 붓다의 지견이 열린다면 곧 반야가 밝게 비출 것이니, 이는 '온갖 선근을 심는 것'이면서 또한 '정정취에 드는 것'이며, 어지럽지도 않고 맛들이지도 않으며 집착하지도 않고 버리지도 않는다면, 이는 또한 '중생

③ 선남자 선여인이 이렇게 네 가지 법을 성취한다면 여래의 멸도 후 반드시 이 경전을 얻을 것이다."9

善男子善女人 如是 成就四法 於如來滅後 必得是經."

구하려 함을 일으키는 것'이 된다. 따라서 이 넷은 개권현실과 이름이 다를 뿐, 자체는 같아서 둘도 없고 다름도 없는 것이다. 또 붓다께서 호념하시는 것은 붓다의 지견을 여는 것[開]이고, 온갖 선근을 심는 것은 붓다의 지견을 보이는 것[示]이며, 중생 구하려 함을 일으키는 것은 붓다의 지견을 깨닫는 것[悟]이고, 정정취에 드는 것은 붓다의 지견에 드는 것[入]이니, 적문의 요지는 이 넷에 거두어진다. 또 수적이라는 것은 곧 근본이 있다는 것이다. 본불의 개시오입을 쫓기 때문에 적문 중의 개시오입이 있는 것이므로, 지금 적문을 여는 것은 곧 본문을 드러내는 것이다. 본문과 적문은 둘도 없고 다름도 없으므로, 네 가지 법으로써 그 정설 청함에 답하신 것이 됨은, 뜻이 분명하다.

네 가지 법으로 유통 청함에 답하셨는데, 유통의 방법은 오직 셋이고, 오직 넷이라 하신 것이다. 중생 구하려 함을 일으키는 것은 여래의 방에 드는 것이고, 정정취에 들어 붓다께서 호념하시는 바 되는 것은 여래의 옷을 입는 것이며, 온갖 선근을 심는 것은 여래의 자리이니, 이는 펴서 넓히는 것의 요체가 곧 넷이면서 셋인 것이다. 또한 중생 구하려 함을 일으키는 것은 서원의 안락행이고, 정정취에 드는 것은 의업의 안락행이며, 온갖 선근 심는 것은 구업의 안락행이고, 호념하시는 바 되는 것은 신업의 안락행이니, 4안락행은 앞의 네 가지 법이라고 알아야 한다.

그러므로 하나의 답으로 두 가지 청에 답하셨다는 것이다.

9 셋째 맺으셨다는 것은 여래의 멸도 후 반드시 이 경전 얻을 것이라고 하신 것이다. 예전에는 능히 4법을 행한다면 미래세에 항상 손으로 이 경전 얻는다는 뜻이라고 해석하였지만, 지금 말한다면 그렇지 않다.

위의 글에서 "모든 법의 진실한 모습과 뜻, 이미 그대들에게 설하였으니"(=1.2.4(2)의 24)라고 하였고, 또 "중생들로 하여금 붓다의 지견에 개·시·오·입케 하였다."(=2.6의 (1)다 글의 요지)라고 하였으니, 대개 법화경의 바른 체[正體]는 능히 4법을 행해서 반드시 이 이해를 얻는 것이다. 그러므로 이 이해를 경전이라고 이름한 것이니, 이는 정설 청하는 물음에 대해 맺는 것이다.

다른 한편 만약 능히 이 이해의 행을 운반하여 남에게 전하는 것이라면, 이것은 그 유통을 청하는 물음에 대해 맺는 것이 된다. 이 뜻을 보지 못하고 함부로 달리 말해서야 되겠는가.

28.2[10]

(1) 그 때 보현보살이 붓다께 말하였다.

"㈎ 세존이시여, 후오백세의 혼탁한 악세 중에 그 누군가가 이 경전을 수지한다면, 저는 수호하여 그의 재난 없애고 안온케 해서, 그 기회를 얻으려고 엿보는 자가 없도록 하겠습니다. 악마나 악마의 아들이나 악마의 딸이나 악마의 백성이나 악마에게 붙들린 자나, 야차나 나찰이나 구반다나 비사사나 길자나 부단나나 위타라[11] 등의 사람 괴롭히는 모든 자들 모두 기회를 얻지 못하게 하겠습니다.

㈏[12] 이 사람이 가거나 서거나 이 경전 독송한다면, 저는 그 때 육아六牙의 흰 코끼리왕을 타고 대 보살대중들과 함께 그의 처소로 가서 몸 나투어 공양하고 수호해서 그의 마음 안온케 할 것이니, 역시 법화경에 공양하기 위해서입니다.

爾時 普賢菩薩 白佛言. "世尊, 於後五百歲 濁惡世中 其有受持 是經典者, 我當守護 除其衰患 令得安隱, 使無伺求 得其便者. 若魔 若魔子 若魔女 若魔民 若爲魔所著者, 若夜叉 若羅刹 若鳩槃茶 若毘舍闍 若吉遮 若富單那 若韋陀羅 等 諸惱人者 皆不得便. 是人 若行若立 讀誦此經, 我爾時乘 六牙白象王 與大菩薩衆 俱詣其所 而自現身 供養守護 安慰其心, 亦爲供養 法華經故.

---

10 이하 둘째 서원해서 권발하는 글에 둘이 있다. 첫째 (1)과 (2)는 사람을 수호하는 것이고, 둘째 (3)은 가르침을 수호하는 것이다. 전자의 글에는 여섯이 있으니, 첫째 (1)의 ㈎는 그 외적인 재난을 물리치는 것이다. 둘째 ㈏ 내지 ㈑는 그에게 내적인 법을 가르치는 것이다.
11 * 범어 'vetāda'의 음역어로, 역시 기시귀의 일종이다.
12 내적인 법을 가르치는 것에 세 번의 가르침이 있다. 첫째 ㈏는 가거나 서서 독송한다면 육아(=여섯 개의 이빨)의 흰 코끼리왕 타고 그 마음 안온케 한다는 것이다.

(다)13 이 사람이 만약 앉아서 이 경전 사유한다면, 그 때 저는 다시 흰 코끼리 왕을 타고 그 사람 앞에 나타날 것이고, 그 사람이 만약 법화경에서 구절 하나나 게송 하나라고 잊어버리는 것이 있다면, 저는 그것을 가르치고 함께 독송해서 다시 통달하도록 할 것입니다.

그러면 법화경을 수지 독송하는 자는 나의 몸을 보게 되어 매우 크게 기뻐하면서 더욱 더 정진하고, 저를 본 까닭에 삼매와 다라니를 얻을 것이니, 선旋다라니와 백천만억선다라니와 법음法音방편다라니라고 이름하는 이러한 등의 다라니를 얻을 것입니다.14

(라)15 세존이시여, 만약 미래의 후오백세의 혼탁한 악세 중에 비구나 비구니나 우바새나 우바이로서, 이 경전을 찾는 자나 수지하는 자나 독송하는 자나 쓰고 베끼는 자가 수습하고자 한다면, 21일

是人若坐 思惟此經,
爾時我復 乘白象王 現其人前,
其人 若於法華經 有所忘失 一句一偈,
我當敎之 與共讀誦 還令通利.
爾時 受持讀誦 法華經者 得見我身 甚大歡喜 轉復精進, 以見我故 卽得三昧 及陀羅尼, 名爲旋陀羅尼 百千萬億旋陀羅尼 法音方便陀羅尼 得如是等 陀羅尼.
世尊, 若後世 後五百歲 濁惡世中 比丘比丘尼 優婆塞優婆夷, 求索者 受持者 讀誦者 書寫者 欲修習 是法華經, 於三

---

13 이는 둘째 앉아서 사유한다면 다시 육아의 코끼리를 타고 그에게 경전 가르쳐 보이고 그에게 삼매를 얻게 한다는 것이다.
14 '선다라니'는 가를 전환하여 공에 드는 것[旋假入空]이고, '백천만억선다라니'는 공을 전환하여 가로 나오는 것[旋空出假]이며, '법음방편다라니'는 두 가지를 방편도로 해서 중도 제일의제에 들게 되는 것이다.
15 이는 셋째 21일 동안 일심으로 정진한다면 다시 육아의 코끼리를 타고 나타나 시·교·이·희케 할 것이라고 하고, 주문을 설하는 것이다.

동안 일심으로 정진해야 할 것입니다.

21일이 차고 나면 저는 육아의 흰 코끼리를 타고 한량없는 보살들이 둘러 싼 가운데, 일체 중생들이 보기 좋아하는 몸으로 그 사람 앞에 나타나 설법해서 보이고 가르치며 이익주고 기쁘게 하며, 또한 다시 그에게 다라니주를 주겠습니다.

이 다라니를 얻은 까닭에 파괴할 수 있는 비인이 없을 것이고, 또한 여인에게 어지럽혀지지 않을 것이며, 저의 몸 역시 항상 이 사람을 지킬 것입니다. 원하옵건대 세존이시여, 저가 이 다라니주 설하는 것을 허락하여 주소서."

곧 붓다 앞에서 주문을 설하였다.

아단지adaṇḍe(1) 단다파지daṇḍa-pati(2) 단다바제daṇḍāvartāni(3) 단다구사례daṇḍakuśale(4) 단다수다례daṇḍasudhāri(5) 수다례sudhāri(6) 수다라파저sudhārapati(7) 불타파전네buddhapaśyane(8) 살바다라니아바다니sarvadhāraṇiāvartani (9) 살바바사아바다니(10)16 수아바

七日中 應一心精進.
滿三七日已 我當乘 六牙白象 與無量菩薩 而自圍繞, 以一切衆生 所喜見身 現其人前 而爲說法 示敎利喜, 亦復與其 陀羅尼咒.
得是陀羅尼故 無有非人 能破壞者, 亦不爲女人 之所惑亂, 我身亦自常護是人. 唯願世尊, 聽我說此 陀羅尼咒."

卽於佛前 而說咒曰.

阿檀地(一) 檀陀婆地(二) 檀陀婆帝(三) 檀陀鳩舍隸(四) 檀陀修陀隸(五) 修陀隸(六) 修陀羅婆底(七) 佛馱波羶禰(八) 薩婆陀羅尼阿婆多尼(九) 薩婆婆沙阿婆多尼(十) 修阿婆多尼(十一) 僧伽

다니saṃvartani(11) 승가파리차니saṃghaparīkṣite(12) 승가열가타니saṃghanirghātani(13) 아승기(14) 승가바가지(15) 제례아타승가두략아나제파나제(16) 살바승가삼마지가난지(17) 살바달마수파리찰제(18) 살바살타루타교사략아누가지sarvarutakauśalyānugate(19) 신아비길리지제siṃhavikrīḍite(20)

婆履叉尼(十二) 僧伽涅伽陀尼(十三) 阿僧祇(十四) 僧伽波伽地(十五) 帝隷阿惰僧伽兜略阿羅帝婆羅帝(十六) 薩婆僧伽三摩地伽蘭地(十七) 薩婆達磨修波利刹帝(十八) 薩婆薩埵樓馱憍舍略阿㝹伽地(十九) 辛阿毘吉利地帝(二十)

(2)17 "① 세존이시여, 만약 어떤 보살이 이 다라니를 듣게 된다면, 보현의 신통의 힘이라고 알아야 할 것입니다. 만약 법화경이 염부제에 행하여져 수지하는 자 있다면, 모두 보현의 위신의 힘이라고 생각해야 할 것입니다.18

② 만약 누군가가 수지하고 독송하며

"世尊, 若有菩薩 得聞是陀羅尼者, 當知 普賢神通之力. 若法華經 行閻浮提 有受持者, 應作此念 皆是普賢 威神之力.

若有 受持讀誦 正憶念

---

16 * 이 책이 의거한 범본에는 이 10과 뒤의 14 내지 18에 해당하는 주문이 없고, 다만 19의 주문 앞에 'dharmaparīkṣite'라는 주문, 그리고 20의 주문 다음에 'anuvarte', 'vartani', 'vartāli'라는 주문이 더 있다.
17 (2)의 ①은 셋째 신통력으로써 덮어주는 것, ②는 넷째 수승한 원인임을 보이는 것, ③은 다섯째 가까운 과보를 보이는 것, ④는 총결하는 것이다.
18 듣거나 수지하거나 보현의 신통력 아닌 것이 없다는 뜻이다.

바르게 기억하고 그 뜻을 이해하며 설한 대로 수행한다면, 이 사람은 보현의 행을 행하고, 한량없고 가이없는 붓다들의 처소에서 선근을 깊이 심었으며, 모든 여래께서 손으로 그의 머리 쓰다듬으신다고 알아야 할 것입니다.19

③ 단지 쓰고 베끼기만 해도 이 사람은 죽고 나서 도리천상에 태어나고, 이 때 팔만사천의 천녀들이 온갖 음악 연주하며 와서 영접하며, 그 사람은 곧 칠보의 관을 쓰고 궁녀들 속에서 오락하며 즐길 것인데, 어찌 하물며 수지하고 독송하며 바르게 기억하고 그 뜻을 이해하며 설한 대로 수행함이겠습니까.

만약 어떤 사람이 수지 독송하고 그 뜻을 이해한다면, 이 사람은 죽고 나서 천 분의 붓다께서 손 내밀어 두렵지 않게 하고, 악취에 떨어지지 않고 곧 도솔천 위의 미륵보살 처소로 갈 것인데, 삼

解其義趣 如說修行,
當知 是人 行普賢行,
於無量無邊 諸佛所 深種善根, 爲諸如來 手摩其頭.

若但書寫 是人命終 當生忉利天上, 是時 八萬四千天女 作衆伎樂 而來迎之, 其人卽著 七寶冠 於婇女中 娛樂快樂, 何況 受持讀誦 正憶念解其義趣 如說修行.

若有人 受持讀誦 解其義趣, 是人命終 爲千佛授手 令不恐怖,
不墮惡趣 卽往兜率天上 彌勒菩薩所, 彌勒菩

---

19 만약 능히 오종법사가 된다면 곧 삼세의 붓다 처소에서 심었고[種], 성숙하며[熟] 벗어나는 것[脫]이 되니, 이 사람은 미래의 제불께서 득탈得脫하시는 것과 같을 것이기 때문에 '보현행을 행한다'라고 말하였고, 이 사람은 이미 과거 붓다에게서 선근을 심었던 것이기 때문에 '선근을 깊이 심었다'고 말했으며, 이 사람은 현재의 붓다에 의해 성숙되기 때문에 '손으로 그의 머리를 쓰다듬으신다'라고 말하였다.

십이상을 가진 미륵보살은 대 보살들에게 둘러싸이고 백천만억의 천녀 권속들과 함께 있는, 그 가운데 태어나는 이러한 등의 공덕과 이익이 있을 것입니다.

④ 그러므로 지혜로운 자는 응당 일심으로 스스로 쓰거나 남 시켜 쓰게 하고, 수지하며 독송하고 바르게 기억하며 설한 대로 수행해야 할 것입니다.

⑶ 세존이시여, 저는 이제 신통력으로 이 경전을 수호해서, 여래의 멸도 후 염부제 안에서 널리 유포되게 하여 단절되지 않도록 하겠습니다."

薩 有三十二相 大菩薩衆 所共圍繞 有百千萬億 天女眷屬, 而於中生 有如是等 功德利益.

是故智者 應當 一心自書 若使人書, 受持讀誦 正憶念 如說修行.

世尊, 我今 以神通力故 守護是經, 於如來滅後 閻浮提內 廣令流布 使不斷絕."

28.3[20]

⑴ 그 때 석가모니붓다께서 찬탄하셨다.

"훌륭하고 훌륭하도다. 보현이여, 그대는 이 경전을 수호하고 도와서 많은 중생들을 안락하고 이익케 하였으니, 그대는 이미 불가사의한 공덕과 깊은 대자비를 성취하였다. 아득한 옛날부터 아뇩다

爾時 釋迦牟尼佛 讚言.

"善哉善哉. 普賢, 汝能護助是經 令多所衆生 安樂利益, 汝已成就 不可思議功德 深大慈悲. 從久遠來 發阿耨多羅

---

20 이하 셋째 권발을 인정하시는 것은, 곧 여래께서 뛰어난 것을 들어 그 열등한 것을 인정하시어, 수행자를 증진시켜 용감하게 널리 펴게 하시는 것이다. 먼저 ⑴은 법 지키는 것을 인정하시는 것이다.

라삼먁삼보리에 대한 뜻 일으켜서 능히 이 신통의 서원 지어 이 경전 수호했으니, 나는 신통의 힘으로써 보현보살의 이름 수지하는 자들을 수호하겠다.

三藐三菩提意 而能作是 神通之願 守護是經, 我當 以神通力 守護 能受持 普賢菩薩名者.

(2)21 ① 보현이여, 만약 이 법화경을 수지 독송하고 바르게 기억하며 수습하고 베껴 쓰는 자가 있다면, 이 사람은 곧 석가모니붓다를 보고 붓다의 입으로부터 이 경전 들은 것과 같다고 알아야 하고, 이 사람은 석가모니붓다를 공양한 것이라고 알아야 하며, 이 사람은 붓다가 훌륭하다고 찬탄한 것이라고 알아야 하고, 이 사람은 석가모니붓다가 손으로 그 머리 쓰다듬은 것이라고 알아야 하며, 이 사람은 석가모니붓다가 옷으로 덮어 준 것이라고 알아야 한다.22

普賢, 若有 受持讀誦 正憶念 修習書寫 是法華經者, 當知是人 則見釋迦牟尼佛 如從佛口 聞此經典,
當知是人 供養釋迦牟尼佛, 當知是人 佛讚善哉,
當知是人 爲釋迦牟尼佛 手摩其頭, 當知是人 爲釋迦牟尼佛 衣之所覆.

....

21 이하는 둘째 그의 사람 수호한 것을 인정하시는 것이다. 비록 차례대로는 아니지만 인정하시는 뜻은 충분하다. '이 사람은 곧 석가모니붓다를 본 것이라고 알아야 한다'라고 한 것은, 그의 몸 나투어 법 가르친 것[=28.2의 (1)의 (나) 내지 (라)]을 인정하신 것이다.
22 그는 오히려 나의 만덕萬德의 과보신[果身]을 볼 것인데, 하물며 그대의 인행 중의 육아의 흰 코끼리일 것이며, 그는 오히려 붓다의 입으로부터 경전을 갖추어 들을 것인데, 하물며 그대의 잃어버린 구절 가르침일 것이며, 그는 오히려 붓다의 입으로 찬탄하고 손으로 쓰다듬으며 붓다의 옷으로 덮어줄 것인데, 하물며 그대 같은 인위의 사람의 다라니로 덮어줌이겠는가.

②23 이러한 사람은 다시는 세간의 즐거움 탐착하지 않고, 외도의 경서와 글 좋아하지 않으며, 또한 다시는 그 사람 및 백정이나 돼지·양·닭·개 기르는 자나 사냥꾼이나 여색 파는 악인들 친근하는 것을 좋아하지 않을 것이다.

이 사람은 마음이 질직해서 바른 기억 가지고 복덕의 힘 가지며, 이 사람은 삼독으로 괴롭혀지지 않고, 또한 질투·아만·사만邪慢·증상만으로 괴롭혀지지 않으며, 이 사람은 소욕하고 지족해서 능히 보현의 행을 닦을 것이다.

③24 보현이여, 만약 여래의 멸도 후 후오백세에 어떤 사람이 법화경 수지 독송하는 것을 본다면 이렇게 생각해야 한다. '이 사람은 머지 않아 도량으로 가서 악마의 무리 깨트리고 아뇩다라삼먁삼보리를 얻어서, 법륜을 굴리고 법고를 치며 법라를 불고 법우를 비내리며, 천신과 인

如是之人 不復 貪著世樂, 不好外道 經書手筆, 亦復不喜 親近其人 及諸惡者 若屠兒 若畜 豬羊雞狗 若獵師 若衒賣女色.

是人 心意質直 有正憶念 有福德力, 是人不爲三毒所惱, 亦復不爲 嫉妒我慢 邪慢增上慢 所惱, 是人 少欲知足 能修 普賢之行.

普賢, 若如來滅後 後五百歲 若有人見 受持讀誦 法華經者 應作是念. '此人不久 當詣道場 破諸魔衆 得阿耨多羅三藐三菩提, 轉法輪 擊法鼓 吹法螺 雨法雨, 當

------

23 이는 그의 수승한 원인 든 것[=⑵의 ②]을 인정하시는 것이다. * '사만'은 덕 없는 자가 덕 있다고 거만한 것을 말한다.
24 이는 그 가까운 과보 든 것[=⑵의 ③]을 인정하시는 것이다. 그 사람은 도량으로 가서 반드시 먼 과보까지 성취할 것인데, 하물며 가까운 과보이겠는가? 또한 현세에서도 그 가까운 과보 얻을 것이니, 다만 천상에 태어나는 것만이 아니라는 것이다.

간 대중들 속에서 사자의 법좌 위에 앉을 것이다.'라고.

보현이여, 만약 미래세에 이 경전 수지하고 독송하는 자라면, 이 사람은 다시 의복·침구·음식 등의 살림살이에 집착하지 않고도 원하는 바가 헛되지 않을 것이며, 또한 현세에도 그 복의 과보를 얻을 것이다.

④25 만약 어떤 사람이 그를 헐뜯어서, '그대는 미친 사람이다. 헛되이 이 짓 해서 끝내 얻는 것 없으리라'라고 말한다면, 이러한 죄의 과보로 세세에 눈이 없을 것이고, 만약 공양하고 찬탄하는 자 있다면, 금생에 현재의 과보 얻을 것이다.

만약 다시 이 경전 수지하는 자 보고 그의 허물 들춰 낸다면, 사실이든 사실 아니든 이 사람은 현세에 백라병을 얻을 것이고, 만약 비웃는 자 있다면, 세세에 치아 성글고 빠지며 추한 입술과 납작코에 손발 뒤틀리고 눈은 사팔뜨기에 몸에서 악취나며 악창에 피고름 흐르고 헛배와 해소의 여러 나쁜 중병에 걸리리라.

坐 天人大衆中 師子法座上'.

普賢, 若於後世 受持讀誦 是經典者, 是人不復貪著衣服 臥具飲食 資生之物 所願不虛,
亦於現世 得其福報.

若有人 輕毀之言,
'汝狂人耳. 空作是行 終無所獲',
如是罪報 當世世無眼,
若有供養 讚歎之者,
當於今世 得現果報.

若復見 受持是經者 出其過惡, 若實若不實 此人現世 得白癩病,
若有 輕笑之者, 當世世 牙齒疎缺 醜脣平鼻 手腳繚戾 眼目角睞 身體臭穢 惡瘡膿血 水腹短氣 諸惡重病.

---
25 이는 그의 외적인 재난 물리치는 것[=(1)의 ㈎]을 인정하시는 것이다.

⑤[26] 그러므로 보현이여, 만약 이 경전 수지하는 자 본다면, 일어나 멀리서 영접해 붓다 공경하듯 해야 한다."

是故 普賢, 若見受持是經典者, 當起遠迎 當如敬佛."

28.4[27]
(1) 이 보현권발품을 설하셨을 때 항하의 모래와 같이 한량없고 가이없는 보살들이 백천만억의 선다라니를 얻었고, 삼천대천세계의 미진과 같은 보살들이 보현의 도를 갖추었다.[28]

說是 普賢勸發品時 恒河沙等 無量無邊菩薩 得百千萬億 旋陀羅尼, 三千大千世界 微塵等 諸菩薩 具普賢道.

(2) 붓다께서 이 경전 설하셨을 때 보현 등의 보살들과 사리불 등의 성문들 및 여러 천·용, 인비인 등 일체 법회의 대중들은 모두 크게 기뻐하여 붓다의 말씀을 수지하고 예배한 후 물러갔다.[29]

佛說是經時 普賢等 諸菩薩 舍利弗等 諸聲聞及諸天龍 人非人等 一切大會 皆大歡喜 受持佛語 作禮而去.

....
26 이는 그 믿는 자의 공덕 맺은 것[=⑵의 ④]을 인정하시는 것이다.
27 이하 넷째 권발의 이익에는 둘이 있다. 첫째 (1)은 이 품을 들은 이익이고, 둘째 ⑵는 경전을 들은 이익이다.
28 '선다라니'는 초지의 지위이고, '보현의 도 갖춘 것'은 십지의 지위이다.
29 여기에 와서까지 어째서 여전히 성문이라고 칭했는가? 이는 경전 편집자가 그 본래의 지위를 말한 것일 뿐이다. 또 경전 편집자는 그를 대승의 성문이라고 칭한 것이니, 불도의 소리[聲]를 일체로 하여금 듣게[聞] 한다는 것에 의해, 이 뜻은 더욱 드러난다.

찾아보기

일러두기에서 언급했듯이 각주에서 설명된 용어만을 모은 것이다

ㄱ

개권현실 21
개근현원 360, 451
개비 142
개삼현일 62
개시오입 83
개현開顯 222
건타라 644
겁탁 87
견가라 586
견숙가 605
견탁 87
견화비 143
결연 245
경법經法 173
계주유 425
과과불성 554
과불성 554
관세음 615
관심석 24
관화 34
광대한 지혜의 관 631
광목천왕 610
광위타설 495
광택 29
교일 83
교향 584

구반다 160
궁자유 185
권발 659
권전 270
권지 62
극각 434
극과 282
금륜왕 81
기감 468
기시귀 639
길자 644

ㄴ

나라 407
나바마리 594
난처 178
내범 334
내비외현 568
네 가지 불토 89
네 가지 해석 24
능지 635
능차 635
니건자 407

ㄷ

다라니 613, 635

다라수 504
다마라발 242
다문천왕 610
당기 41
당도 28
당번 41
대치실단 436
대통지승불 245
도루바 584
도사비 280
도전道前 216
도종지 63
도중道中 216
도향 239
도후道後 216
독고毒鼓 561
돈교 24
동륜왕 511
득해 183
등사대거비 143

ㄹ

로가야타 407

ㅁ

말향 239

명명 531
명탁 87
묘법당 536
묘장엄 646
무등등 634
무량의 30
무사지 154
무수無受 403
무차별의 비유 215
무학 323
무행無行 403
무허망비 143

ㅂ

방편 62
방편유여토 89
백법계 32
번기 41
번뇌탁 87
범복 519
법설 79
법설주 73
법위法位 108
법주法住 108
법화삼매 653
법화칠유 142
별교 24
별비別譬 109
보소寶所 281
보처補處 134
보탑 357
본문 21
본불 21
본사 555

본적석 24
부가업비 185
부단나 644
부동 403
부자상견비 185
부자상실비 185
부정교 24
분입分入 282
불승 153
불완전한   법[半字法] 269
불집佛集삼매 653
불호不護 218
붓다의 지혜 577
비다라 644
비밀 464
비밀교 24
비사문천왕 610
비사사 161
비설 79
비설주 73
비유 123
비장 345
빈바라 586
빔비사라 28

ㅅ

사궤용거비 143
사나굴다 626
사마보거 37
사변재 23
사불장 81
사신四信 495
4실단 436

사일四一 83
사홍四弘 648
산화 34
삼거화택유 142
삼계화택유 142
삼매 613
삼장교 24
삼전三轉 270
삼제 254
삼주설법 73
3지智 217
삼초이목 216
3현賢 334
생선生善 616
석가장 81
석공 519
석관 615
석법 519
석제환인 26
선법당 536
선旋다라니 664
선타바 635
성복 519
세계실단 436
소향 239
수결受決 231
수기受記 231
수기授記 231
수량 462
수만 509
수별 231
수승전[勝殿] 536
수왕 42
수적 303
수희 515

숙세인연설 79
시교이희 275
시전 270
신력 565
신해 183
실단 436
실보국 280
실보무장애토 280
실지 62
심신관성 495
십묘 83
십법계 32, 65
십보산 591
십여시 65
십육행 270
십이행상 270

ㅇ

아리수 644
아발마라 644
아비발치 173
아사세 28
아유월치 173
아일다 449
아제목다가 508
아촉파 586
안락행 403
약교석 24
약초유 215
약해언취 495
양의치자비 474
어리석은 자의 말 417
여래 462
여래의 방[如來室] 349

여래의 옷[如來衣] 349
여래의 자리[如來座] 349
여래의 지혜 577
여섯 가지 뜻 81
역로가야타 407
연민의 선정 39
오도 26
오둔사 87
오리사 87
오마륵가 644
오승五乘 100
오시팔교 24
오종법사 334
오종불남 408
오종불녀 408
5주住 406
오탁 86
오품 503
완전한 법[滿字法] 269
왕자의 말 417
외범 334
용거비 143
우담발화 81
우두산 209
원관 616
원교 24
원융한 법[圓法] 616
위인실단 436
위제희 28
위지가업비 185
유여국 278
유여국토 89
유저산삼매 452
육아六牙 663

육종진동 31
응화 468
의리계주유 316
의자유 474
의주유 316
의처義處 30
2선善 472
25유有 468
2악惡 472
이일 83
이제 254
이지二智 62
익물 450
인비인 31
인연석 24
인연설주 73
인일 83
인자 42
일념신해 495
일대사인연 82
일체종지 63
임지 585

ㅈ

자연의 지혜 154, 577
자연지自然智 154
잡중 26
장교 24
장도비 280
장자궁자유 185
적문 21
전타라 407
점교 24
제근 272

찾아보기 675

제바달다 376
제일의실단 436
중생탁 87
증도손생 487
증장천왕 610
증전 270
지국천왕 610
지종地種 246
지혜로운 자의 말 417
진관 631
진사혹 280

ㅊ

차별의 비유 215
차제관 615
찬달라 407
천여시 32
천열 376
철륜위 496
첨복 509
첩질 45
첩질귀 639
청정한 관 631
체공 519
체관 615
체법 519
초주 24
촉루 576
총비總譬 109
총지 635
추유비 185
치우친 법[偏法] 616
치자실익비 474
친근처 405

7과법문 192
7난難 618
7방편 214
7선善 215
7현賢 426
침수 584

ㅌ

통교 24
통리通利 272

ㅍ

파라라 594
파라타 45
파리사가 594
팔교 24
팔난 178
팔무가 178
8자재 569
평온의 선정 39
폐근현원 568
피박被縛 28
필력가 584

ㅎ

학 323
합비 142
합정合定 30
해차안전단 583
행일 83
행처 405
향음 28

현실顯實 21
현원顯遠 360, 451
현일顯一 62
홍경 334
화가라 231
화법사교 24
화성 245
화성유 280
화의사교 24
화택유 142
후향 28
훈륙 584
희견성 28

역자의 다른 책들

불교는 무엇을 말하는가 (개정판)
불교를 알고 싶어 하는 분들을 위한 불교 입문서. 불교의 근본이치와 수행의 원리를 고집멸도라는 사성제의 가르침에 의해 소상히 설명하고, 불교에 관한 갖가지 의문에 대해서도 설명을 함께 곁들여서, 누구나 불교가 무엇을 말하는지를 완전히 이해할 수 있도록 하였다.
김윤수 지음 / 반양장본 / 417쪽 / 값 20,000원 / 한산암

참 불교를 알고 싶어 하는 이들을 위한
육조단경 읽기 (개정판)
선불교가 의지하는 근본 성전의 하나로 평가되는 육조 혜능의 《단경》에 대한 주해서. 돈황본 육조단경을 한문대역으로 옮기고, 불교의 근본원리와 대승불교의 이치에 기한 주해를 붙여서, 우리나라의 선불교가 의지하는 불교의 이치를 이해하도록 하였다.
김윤수 역주 / 양장본 / 380쪽 / 값 15,000원 / 한산암

불교의 근본원리로 보는
반야심경·금강경 (개정판)
대승불교의 기본경전인 반야심경과 금강경을 초기불교의 가르침에 기초하여 해석한 역주서. 서부에서 불교의 전개과정을 개관하면서 초기불교와 대승불교의 상호관계를 알아 본 다음, 제1부와 제2부에서 두 경전을 초기불교의 가르침에 의지하여 한 점의 모호함이 없이 이해할 수 있도록 하였다.
김윤수 역주 / 양장본 / 536쪽 / 값 20,000원 / 한산암

자은규기의 술기에 의한
주석 성유식론
유식의 뼈대를 이루는 〈유식삼십송〉의 주석서 〈성유식론〉에 대한 우리말 번역주해서. 본문에서 현장 역 〈성유식론〉을 우리말로 번역하고, 그에 대해 현장의 문인 지은규기 스님이 주석한 〈성유식론술기〉를 우리말 최초로 번역하여 각주로서 대비하여 수록함으로써 유식 전반에 대한 체계적인 이해를 가능하도록 하였다.
김윤수 편역 / 양장본 / 1,022쪽 / 값 40,000원 / 한산암

한문대역
여래장 경전 모음
우리 불교에 큰 영향을 미친 여래장사상의 중요 경전과 논서를 한문대역으로 번역하고, 주석과 함께 소개하여 여래장사상의 개요를 이해하게 하였다. 수록 경론은 대방등여래장경, 부증불감경, 승만경, 보성론, 불성론, 열반종요, 대승기신론 일곱 가지이다.
김윤수 역주 / 양장본 / 848쪽 / 값 30,000원 / 한산암

규기의 소에 의해 대역한
설무구칭경·유마경
대승불교의 선언문과도 같은 유마경을 자은규기의 소에 의거해 번역하고 주석하면서, 구라마집 역의 유마힐소설경과 현장 역의 설무구칭경을 한역문과 함께 대조 번역하였다.
김윤수 역주 / 양장본 / 746쪽 / 값 30,000원 / 한산암

지의의 법화문구에 의한
묘법연화경
최고의 불교경전이라는 찬사와 함께, 불교의 근본에서 벗어난 경전이라는 비판을 동시에 받는 법화경을 한문대역으로 번역하고, 각주에서 찬사를 대표하는 천태지의의 주석을 비판적 시각에서 소개함으로써 경전의 전반적인 의미를 이해하도록 하였다.
김윤수 역주 / 양장본 / 676쪽 / 값 25,000원 / 한산암

청량의 소에 의한
대방광불화엄경
대승불교 경전의 궁극이라고 하는 80권본 화엄경을, 이 경전 주석의 백미로 평가되고 있는 청량징관의 「소초」에 의거하여 우리말로 번역하고 해설한 책. 결코 읽기 쉽지는 않지만 어려움을 극복하고 다 읽고 나면, 난해하다는 화엄경도 이해하지 못할 부분이 없을 것이다.
김윤수 역주 / 양장본 / 6,020쪽(전7권) / 값 300,000원 / 한산암

보신의 주에 의한
대승입능가경
보리달마가 2조 혜가에게 여래 심지의 요문으로 전했다고 해서 중국 선종의 소의경전으로서 한 시대를 풍미한 능가경. 그중 가장 번역이 잘된 7권본 대승입능가경을, 보신의 「주」에 의거해 우리말로 번역하고 해설하여 완전한 이해가 가능하도록 하였다.
김윤수 역주 / 양장본 / 752쪽 / 값 30,000원 / 한산암

원측의 소에 의한
해밀심경
유식사상의 가장 근본이 되는 해밀심경을, 이 경전 주석의 백미로 평가되고 있는 원측 스님의 「소」에 의거하여 우리말로 번역하고 해설한 책. 신라의 왕손으로서 중국에서 불교학에 일가를 이룬 스님의 소를 통해 당대 우리나라 불교의 수준을 알 수 있다.
김윤수 역주 / 양장본 / 456쪽 / 값 20,000원 / 한산암

한문대역
잡아함경
붓다의 가르침의 핵심을 담고 있으면서, 그 가르침의 원형에 가장 가까운 잡아함경을 한문대역으로 번역하면서, 기존의 연구성과를 반영하여 경의 체제와 오류를 바로잡고, 상응하는 니까야의 내용을 소개하며, 이해에 필요한 설명을 덧붙여서, 가르침의 뜻을 이해할 수 있도록 하였다.
김윤수 역주 / 양장본 / 3,840쪽(전5권) / 값 160,000원 / 한산암

인류의 스승, 붓다께서는
이렇게 말씀하셨다
붓다의 가르침의 핵심을 담고 있으면서, 그 가르침의 원형에 가장 가까운 잡아함경을 쉬운 우리말로 번역함으로써, 독자들이 가까이에 두고 언제든지 펼쳐볼 수 있도록 한 1권본 잡아함경 완역본.
김윤수 역주 / 양장본 / 1,612쪽 / 값 50,000원 / 한산암